Personalisierung internetbasierter Nachhaltigkeitskommunikation

# Markt und Konsum

Herausgegeben von Prof. Dr. Dr. h.c. Ursula Hansen

Band 20

PETER LANG
Frankfurt am Main · Berlin · Bern · Bruxelles · New York · Oxford · Wien

Daniel-Sascha Roth

# Personalisierung internetbasierter Nachhaltigkeitskommunikation

## Theoretische Analyse und empirische Einsichten am Beispiel der Automobilindustrie

PETER LANG
Internationaler Verlag der Wissenschaften

**Bibliografische Information der Deutschen Nationalbibliothek**
Die Deutsche Nationalbibliothek verzeichnet diese Publikation in der Deutschen Nationalbibliografie; detaillierte bibliografische Daten sind im Internet über <http://www.d-nb.de> abrufbar.

Zugl.: Hannover, Univ., Diss., 2007

D 89
ISSN 0946-5995
ISBN 978-3-631-56883-5



www.peterlang.de

# Geleitwort

Nachhaltiges Wirtschaften wurde seit der Rio-Konferenz 1992 zu einem wirtschaftspolitischen Programm für alle Wirtschaftsakteure proklamiert. Die Unternehmen sahen sich in Folge zunehmend vielfältigen Verantwortungszuschreibungen und Verständigungserfordernissen ausgesetzt, die ihnen über ökonomischen Erfolg hinausgehend eine Übernahme von sozial-ökologischer Verantwortung und eine hiermit verbundene Rechenschaft abverlangt. Mit dem Instrument der Nachhaltigkeitskommunikation existiert zwar ein Ansatz, eine große Bandbreite von verschiedenen Stakeholdern zu adressieren, allerdings stellt die begrenzte Informationsverarbeitungskapazität der Stakeholder einen natürlichen Engpass dieser Nachhaltigkeitskommunikation dar. Eine zusätzliche Problematik entsteht insbesondere durch die „zweifache Heterogenität" der Adressaten, denn einerseits sieht sich eine Unternehmung mit sehr verschiedenen Stakeholdergruppen konfrontiert, andererseits sind diese im Einzelnen noch heterogen strukturiert. Ein Mittel der Kommunikationseffizienz stellt in solchen Fällen eine Personalisierung der Kommunikation dar, die es prinzipiell ermöglicht, die Kommunikationsprozesse quantitativ und qualitativ auf den Informationsbedarf der unterschiedlichen Stakeholdergruppierungen zuzuschneiden. Dazu bietet das Internet gute Chancen mit seiner Möglichkeit der „massenhaften Individualisierung" von Kommunikationsbeziehungen. Mit dem Ansatz einer personalisierten internetbasierten Nachhaltigkeitskommunikation (PIN) widmet sich Herr Roth in seiner Dissertation somit einer vielschichtigen, innovativen und in hohem Maße praxisrelevanten Problematik.

Herr Roth befasst sich zu Beginn seiner Arbeit mit theoretischen Grundlagen der Nachhaltigen Entwicklung. Er nähert sich der Phänomenbeschreibung auf zwei Ebenen, nämlich der Ebene der wirtschaftenden Individuen und der Unternehmung. Es folgt die Darstellung der Nachhaltigkeitskommunikation im Allgemeinen und der internetbasierten Nachhaltigkeitskommunikation im Speziellen, wobei besonderes Augenmerk auf eine ausgewogene Darstellung von Anforderungen und Spezifika der Kommunikation gelegt wird. Herr Roth präsentiert hierbei ein sehr valentes Aussagengeflecht, das über die bislang dieses Feld dominierenden, z. T. unvollständigen Deutungsrudimente weit hinausgeht.

Einen zentralen Dreh- und Angelpunkt der Arbeit stellt das Kapitel fünf der Arbeit dar, in dem Herr Roth einen eigenständigen Bezugsrahmen der Arbeit ableitet und dabei sowohl theoretische als auch empirisch-methodische Aspekte berücksichtigt. Die Chance zur Personalisierung wird dem Internet von vielen Autoren zugeschrieben, ohne dass die Problemseite hinreichend erörtert wurde. Diese sieht Herr Roth in zahlreichen Schwierigkeiten der Transmission zwischen den Konstrukten des Informationsbedarfs, der Informationsnachfrage und des Informationsangebots. Zur theoretischen Fundierung legt er Erkenntnisse des

Relationship-Managements sowie der Neuen Institutionenökonomik zugrunde, die mit wissenschaftlicher Kreativität zur Interpretation des PIN-Konstrukts angewendet werden. Beide Theoriebereiche werden dann konsequent verarbeitet in den beiden Aspekten der Personalisierungsprozesse und -ergebnisse, mit denen die strukturelle Basis der folgenden Kapitel sechs bis acht geschaffen wird.

In Fortführung der theoretischen Erkenntnisse werden in Kapitel sechs die Aspekte der Informationsintegration behandelt. Die Teilproblematik der Informationsgewinnung wird dabei am Beispiel der Volkswagen AG behandelt und empirisch mit einer Online-Nutzerbefragung sowie der Analyse von Server-Log-Dateien unterfüttert. Die empirische Untersuchung dient auch einer Eignungsprüfung empirischer Methoden als Mittel der Informationsbedarfsanalyse und -befriedigung, die Herr Roth mit kritischer Distanz und souveränem Analysevermögen relativiert. Als zweiter zentraler Aspekt der Prozessanalyse wird im siebten Kapitel die Integration von Nutzern dargestellt. Der Integrationsprozess wird in den Dimensionen der Integrationstiefe und -intensität untersucht. Auf der Basis der prozessorientierten Betrachtung wird im achten Kapitel in einer ergebnisorientierten Betrachtung das Personalisierungspotenzial einer Website beschrieben, um darauf aufbauend eine Typologie der PIN zu entwickeln. In Kapitel neun werden die bereits zuvor immer wieder erkennbaren Legitimationsfragen und Anwendungsprobleme der PIN vom Autor souverän weiter aufgefächert. Darüber hinaus wird eine Vielzahl handlungspragmatischer Empfehlungen entwickelt, welche die Anwendbarkeit des zuvor entwickelten Konzepts fördern dürfte. Abschließend gelangt Herr Roth in Kapitel zehn zu interessanten, weiterführenden Handlungsempfehlungen und Forschungsausblicken.

Die Arbeit von Herrn Roth stellt eine hervorragende innovative Leistung dar. Mit dem differenziert ausformulierten und hinsichtlich seiner Herleitung wohl begründeten Rahmenkonzept und der veranschaulichenden Empirie wird ein sehr guter Basisstein für die gegenwärtig noch bestehende Lücke im Argumentationsfeld einer PIN erarbeitet. Das Themenfeld hat hohe Relevanz und drängt nach schlüssigen Lösungskonzepten für die Unternehmenspraxis der nachhaltigen Berichterstattung. Der Volkswagen AG sei daher gedankt, dass sie es Doktoranden ermöglicht, in praxisrelevanten Feldern kritisch zu forschen. Der Arbeit von Herrn Roth wünsche ich vor diesem Hintergrund, dass sie einen breiten interessierten Leserkreis findet.

Hannover, Mai 2007

Professor Dr. Dr. h.c. Ursula Hansen

# Vorwort

Die Verwirklichung der Prinzipien einer Nachhaltigen Entwicklung bedarf nach weitläufiger Auffassung keiner „One Man-Show(s)“, sondern vielmehr pluralistischer Ansätze. Diese Einschätzung gilt m. E. in besonderer Weise für wissenschaftliche Arbeiten, die sich mit dem Konzept der Nachhaltigen Entwicklung auseinandersetzen – wie im vorliegenden Fall meiner Dissertation. Genau genommen suggeriert der Buchrücken dieser Arbeit, auf dem lediglich mein Name genannt wird, eben diese Art von Singularität, in der viele wertvolle Begegnungen schlechterdings unerwähnt bleiben. In diesem Sinne möchte an dieser Stelle die Gelegenheit nutzen, all denen meinen Dank auszusprechen, ohne die die Arbeit in der vorliegenden Form undenkbar gewesen wäre.

Großer Dank gilt zunächst meiner „Doktor-Mutter“, Prof. Dr. Dr. h.c. Ursula Hansen vom Lehrstuhl Marketing 1: Markt und Konsum (MuK) an der Gottfried Wilhelm Leibnitz Universität Hannover. Sie hat meine Arbeit durch ihre engmaschige, konstruktive und herzliche Betreuung in zahlreichen Einzelgesprächen und Kolloquien in hohem Maße bereichert. Dies ist besonders hervorzuheben, da die vorliegende Dissertation im Kontext der Praxis entstanden ist – eine Konstellation, die neben vielfältigen Chancen und Synergien auch zahlreiche Abstimmungserfordernisse mit sich zieht. Ein herzliches Dankeschön gilt auch Prof. Dr. Claus Steinle für die Anfertigung des Zweitgutachtens, Prof. Dr. Klaus-Peter Wiedmann für die Übernahme des Vorsitzes der Prüfungskommission der Disputation und Dr. Christina Hoon für den wissenschaftlichen Beisitz. Bedanken möchte ich mit auch für die Hilfsbereitschaft und zahlreichen konstruktiven Anregungen der Mitarbeiter des MuK-Lehrstuhls: Inge Brauns, PD Dr. Ulf Schrader, Mark Wendlandt, Silja Halbes und Dirk Moosmayer.

Auch auf „praktischer Seite“ der Volkswagen AG haben viele, die ich glücklicherweise auch heute noch zu meinen Kollegen zählen darf, zum Gelingen meines Dissertationsvorhabens maßgeblich beigetragen. Ganz besonderer Dank gilt meinem Betreuer Dr. Ulrich Menzel für seine unermüdliche Unterstützung und Inspiration. Dr. Horst Minte, Leiter der Abteilung Umwelt Strategie in der Konzernforschung, danke ich sehr herzlich für seine Unterstützung und die Möglichkeit, meine Dissertation in einer wissenschaftlich fruchtbaren Abteilung anfertigen zu können. Werner Treiß und Rainer Hartung möchte ich für ihre Hilfe bei vielen kleinen und großen Anliegen danken. Besonderer Dank für eine tolle Arbeitsatmosphäre gilt auch den Kollegen des Berichterstattungs-Teams der Umwelt Strategie, Dr. Ina Thurn, Martin – Sir – Gebhardt, Florian Hamburger, Dr. Christiane von Finckenstein-Wang sowie den Strategen Dr. Georg Bäuml, Dr. Michael Mesterharm, Dr. Julia Koplin, Wolfgang Gädicke, Wolfgang Kottsieper und, last but not least, Dominik Laumann.

Dass man sich aufgrund des Pensums während der Dissertationszeit gelegentlich etwas rar machen muss, haben zahlreiche Verwandte und Freunde erfahren müssen. Claus, Biene, Phili sowie Rulli und Siggi danke ich in diesem Sinne „nachhaltig" für ihr Verständnis und ihre Unterstüzung. Nicht vergessen möchte ich neben Hanne Roth auch meinen Onkel Ernst Roth, der leider viel zu früh verstorben ist. Sascha Ottilige danke ich für die gründliche Durchsicht meiner Arbeit und die vielen anregenden Gespräche in den vergangenen Jahren. Meine liebe Melanie hat mich mit viel Herz durch eine spannende Zeit begleitet.

Allergrößter Dank gilt meinen Eltern. Mit ihrer uneingeschränkten Unterstützung und Liebe – zu jeder Zeit und in allen Lebenslagen – haben sie mir die nötige Kraft gegeben. Ihnen ist diese Arbeit gewidmet.

Hannover, Mai 2007

Daniel-Sascha Roth

Die Meinungen und Schlüsse dieser Dissertation sind nicht notwendiger die der Volkswagen AG.

# Inhaltsverzeichnis

# Abbildungsverzeichnis

# Tabellenverzeichnis

# Abkürzungsverzeichnis

| | |
|---|---|
| ACCA | Association of Chartered Certified Accountants |
| ACEA | Association des Constructeurs Européens d'Automobiles |
| ACM | Association of Computing Machinery |
| ACTA | Allensbacher Computer- und Telekommunikations-Analyse |
| AG | Aktiengesellschaft |
| ARD | Arbeitsgemeinschaft der öffentlich-rechtlichen Rundfunkanstalten der Bundesrepublik Deutschland |
| ASP | Active Server Page |
| ASPI | Advanced Sustainability Performance Index |
| BAUM | Bundesdeutscher Arbeitskreis für Umweltbewusstes Management |
| BBD | Bulletin Board Dienst |
| BDI | Bundesverband der deutschen Industrie |
| BDSG | Bundesdatenschutzgesetz |
| BITC | Business in the Community |
| BMBF | Bundesministerium für Bildung und Forschung |
| BMI | Bundesministerium des Innern |
| BMU | Bundesministerium für Umwelt, Naturschutz und Reaktorsicherheit |
| BP | British Petroleum |
| BSR | Business for Social Responsibility |
| BT | British Telecom |
| BUND | Bund für Umwelt und Naturschutz Deutschland |
| BWL | Betriebswirtschaftslehre |
| CASE | Computer-Assisted Self-Explication |
| CC | Corporate Citizenship |
| CD-ROM | Compact Disc-Read Only Memory |
| CGI | Common Gateway Interface |

| | |
|---|---|
| CME | Computer-Mediated Environment |
| CMS | Content Management System |
| CR | Corporate Responsibility |
| CRISP-DM | Cross Industry Standard Process for Data Mining |
| CRM | Customer Relationship Management |
| CSR | Corporate Social Responsibility |
| CTO | Chief Technology Officer |
| DAX | Deutscher Aktienindex |
| DEFRA | Department for Environment, Food and Rural Affairs |
| DIN | Deutsches Institut für Normung |
| DIW | Deutsches Institut für Wirtschaftsforschung |
| DJSI | Dow Jones Sustainability Index |
| DMA | Direct Marketing Association |
| DNIS | Databases in Networked Information Systems |
| DTD | Document Type Definition |
| DTI | Department of Trade and Industry |
| DV | Datenverarbeitung |
| DWH | Data Warehouse |
| ECA | Embodied Conversational Agent |
| ECLF | Extended Common Logfile Format |
| EMAS | Environmental Management and Audit Scheme |
| EPA | Environmental Protection Agency |
| EPIC | Electronic Privacy Information Center |
| EPM | Ethical Portfolio Manager |
| ESI | Ethibel Sustainability Index |
| EU | Europäische Union |
| EVA | Economic Value Added® |
| FAQ | Frequently Asked Question |
| FASB | Financial Accounting Standards Board |
| FN | Fußnote |

| | |
|---|---|
| FONA | Forschung für Nachhaltigkeit |
| FTC | Federal Trade Commission |
| FTP | File Transfer Protocol |
| FTSE | Financial Times Stock Exchange |
| GF500 | Global Fortune 500 |
| GM | General Motors |
| GOM | Gesellschaftsorientiertes Marketing |
| GRI | Global Reporting Initiative |
| HTML | Hypertext Markup Language |
| HTTP | Hypertext Transfer Protocol |
| HSE | Health, Safety and Environment |
| ID | Identity |
| IEEE | Institute of Electrical and Electronics Engineers |
| IFEU | Institut für Energie- und Umweltforschung |
| IIS | Internet Information Server |
| IKT | Informations- und Kommunikationstechnologie |
| IMD | Institute for Management Development, Lausanne |
| imug | Institut für Markt, Umwelt und Gesellschaft |
| IÖW | Institut für ökologische Wirtschaftsforschung |
| IP | Internet Protocol |
| IRC | Internet Relay Chat |
| ISO | International Standardization Organization |
| IUI | Intelligent User Interfaces |
| IuKDG | Informations- und Kommunikationsdienstegesetz |
| IVW | Informationsgemeinschaft zur Feststellung der Verbreitung von Werbeträgern |
| IWÖ | Institut für Wirtschaft und Ökologie |
| JAMA | Japan Automobile Manufacturers Association |
| KMO | Kaiser-Meyer-Olkin Maß |
| KMU | Kleine und mittlere Unternehmen |

| | |
|---|---|
| KSK-U | Konzernsteuerkreis Umwelt (VOLKSWAGEN-Gremium) |
| LAP | Liberty Alliance Project |
| MDStV | Mediendienstestaatsvertrag |
| MIME | Multipurpose Internet Mail Extensions-Protokoll |
| NIÖ | Neue Institutionenökonomik |
| NGO | Non-Governmental Organization |
| OECD | Organisation for Economic Co-operation and Development |
| OEM | Original Equipment Manufacturer |
| OFT | Operational Financial Review |
| OLAP | Online Analytical Processing |
| P3P | Platform for Privacy Preferences |
| PC | Personal Computer |
| PDF | Portable Document File |
| PEP | Privacy Enhanced Personalization |
| PIN | Personalisierung internetbasierter Nachhaltigkeitskommunikation |
| PSI | Pacific Scoring Index |
| RDF | Resource Description Framework |
| RNE | Rat für Nachhaltige Entwicklung in Deutschland |
| SA8000 | Standard 8000 for Social Accountability |
| SAM | Sustainable Asset Management |
| SDC | Sustainable Development Commission |
| SPSS | Statistical Package for the Social Sciences |
| SRI | Socially Responsible Investment |
| SSL | Secure Socket Layer |
| TBLI | Triple Bottom Line Investing Conference |
| TCP | Transmission Control Protocol |
| TDDSG | Teledienstedatenschutzgesetz |
| TU | Technische Universität |
| UBA | Umweltbundesamt |

| | |
|---|---|
| UFZ | Umweltforschungszentrum Leipzig-Halle |
| UMA | Umweltmarkenausschuss (VOLKSWAGEN-Gremium) |
| UN | United Nations |
| UNCTAD | United Nations Conference on Trade and Development |
| UNEP | United Nations Environment Programme |
| UNHCR | United Nations High Commissioner for Refugees |
| URI | Uniform Resource Identifier |
| URL | Uniform Resource Locator |
| VoIP | Voice over IP |
| VW | VOLKSWAGEN |
| VZBV | Verbraucherzentrale Bundesverband |
| W3C | World Wide Web Consortium |
| WBCSD | World Business Council for Sustainable Development |
| WWW | World Wide Web |
| XML | Extensible Markup Language |
| XNS | Extensible Name Service |
| XSL | Extensible Stylesheet Language |
| ZDF | Zweites Deutsches Fernsehen |
| ZEW | Zentrum für Europäische Wirtschaftsforschung |

*"The individual is always mistaken."*

RALPH WALDO EMERSON

(1803-1882)

# 1. Einleitung

## 1.1. Einführung in das Thema

Multi-national agierende Unternehmen sind in der Informationsgesellschaft zunehmend einem Druck öffentlicher kritischer Diskussion und Verantwortungszuweisung ausgesetzt:[1] Die in 2004 und 2005 in Deutschland intensiv geführte Debatte um Dieselpartikelemissionen (Feinstaub) zog für viele deutsche Automobilhersteller eine gravierende Publizitätskrise nach sich.[2] Zudem wurden Unternehmen im Rahmen nationaler Bestimmungen für Unternehmensleitung und -überwachung (Corporate Governance) mit zunehmenden Transparenzanforderungen konfrontiert.[3] Diese beiden Beispiele stehen dabei stellvertretend für eine große Bandbreite und Zahl problematischer Themen, die zumeist isoliert agierende unternehmerische Handlungsräume (z. B. Finanzpublizität, Umweltmanagement, Arbeitsbeziehungen) tangieren und in engem Zusammenhang mit der seit knapp 20 Jahren intensivierten Debatte um eine *Nachhaltige Entwicklung* stehen. Diese verkörpert als normativ-ethisches Postulat[4] ein umfassendes Verantwortungsverständnis, welches regelmäßig in die drei Dimensionen Ökologie, Ökonomie und Soziales (Triple-Bottom-Line) analytisch aufgeschlüsselt wird.[5]

Aus der Sicht der Unternehmen stellt sich zunehmend die Frage, wie sie auf der von DYLLICK skizzierten *Bühne der Öffentlichkeit*[6] ihre internen und externen Informations- und Kommunikationsflüsse adäquat gestalten können, um den

---

1 Vgl. ähnlich Hansen, 1996, S. 37.

2 Vor diesem Hintergrund fand das Thema z. B. auch in dem Nachhaltigkeitsbericht 2005/2005 der Volkswagen AG seinen Niederschlag: *„In der öffentlichen Diskussion um Feinstaub und Dieselpartikelfilter gelingt es uns nicht angemessen, die Vorteile unserer integrierten und langfristig angelegten Kraftstoff- und Antriebsstrategie zu vermitteln."* (Volkswagen AG, 2005, o. S. (vordere Klappseite), Rubrik „Highlights und Lowlights").

3 Für die in Deutschland geltenden Regeln vgl. Regierungskommission Deutscher Corporate Governance Kodex, 2005.

4 Vgl. BUND/Misereor, 1996, S. 24.

5 Vgl. ausführlicher Kapitel 2.1.

6 Vgl. Dyllick, 1992, S. 13.

gesteigerten Rechenschaftspflichten und Verständigungserfordernissen entlang der Triple-Bottom-Line gerecht werden zu können. In der Vergangenheit haben folglich zahlreiche Unternehmen in verstärktem Maße neben einer i. d. R. gesetzlich geforderten finanziellen Rechnungslegung auch Instrumente der Umwelt- und Sozialberichterstattung verwendet, um einer interessierten Öffentlichkeit Einsichten in die unternehmensspezifischen Problemstellungen z. B. des Umweltmanagements oder ihrer Rolle als (globaler) Arbeitgeber zu geben. Diese meist isoliert agierenden und monologisch konzipierten Instrumente einer Unternehmenskommunikation sollten, so das Ziel, durch das Konzept der Nachhaltigkeitskommunikation integriert werden und die Anspruchsgruppen („Stakeholder") in den Mittelpunkt eines symmetrischeren Kommunikationsansatzes stellen. Die Inhalte der Nachhaltigkeitskommunikation sollten sich zudem an der „Nachfrage" einer großen Bandbreite von Stakeholdern orientieren und diese für die Partizipation an Entscheidungsprozessen qualifizieren.[7]

Allerdings kann angesichts der großen Bandbreite sowie der hohen Komplexität und Kompliziertheit der Kriterien einer Nachhaltigen Entwicklung angenommen werden, dass weniger informationstechnologische Kapazitäten, sondern limitierte Informationsverarbeitungskapazitäten der beteiligten Akteure einen zentralen Engpass der Verständigungsprozesse darstellen. So wird auf die Gefahr verwiesen, die Empfänger der Unternehmenskommunikation würden zu „Informationsriesen", aber zugleich zu „Wissenszwergen" werden, da sie zwar einfachen Zugang zu immer mehr Informationen hätten, aber immer weniger davon adäquat verarbeiten, verstehen oder vergleichend bewerten könnten.[8] Aus Unternehmenssicht wird die Konzipierung einer Nachhaltigkeitskommunikation zusätzlich durch einen Umstand erschwert, der hier als „zweifache Heterogenität" bezeichnet werden soll: Zunächst wird bezweifelt, dass eine „uniforme" Nachhaltigkeitskommunikation – z. B. in Form von regelmäßig veröffentlichten Print-Nachhaltigkeitsberichten – angesichts der Heterogenität der Beziehungen *zwischen Unternehmen und Stakeholdern* als effizient zu bezeichnen ist. Print-Berichte können stets „nur" einen Kompromiss darstellen, da diese die verschiedenartigen Informationsbedarfe (z. B. Kunden versus Analysten) hinsichtlich Inhalt, Zeitpunkt etc. lediglich bedingt befriedigen können. Dieses Problem erweitert sich zusätzlich durch die vermutete Heterogenität der Informationsbedarfe *innerhalb der einzelnen Stakeholdergruppen*. So wird angenommen, dass innerhalb einer Stakeholdergruppe (z. B. Kunden) die Informationsbedarfe derart verschiedenen sind, dass die Erklärungskraft des Stakeholder-Modells für die praktische Realisation der Nachhaltigkeitskommunikation und die zielgenaue Zuweisung von Inhalten stark eingeschränkt ist. Analog zur sozialen und marktlichen Fragmentierung des Unternehmensumfelds, die eine Ausdifferenzierung

---

7 Vgl. Severin, 2005, S. 66f.
8 Vgl. Lenz, 2003, S. 2.

des Instrumentariums der Marktbearbeitung erfordert[9], scheinen so mit Blick auf die Nachhaltigkeitskommunikation Ansätze geboten, die der vermuteten Zerklüftung vom „*[...] einzelnen bis zur Gesamtheit aller tatsächlichen und potentiellen Kunden, von privaten Verbänden und öffentlichen Institutionen bis hin zum amorphen Ganzen [...]*“[10] gerecht werden können.

Zur Lösung dieses Dilemmas werden neuen Medien wie z. B. dem *Internet* mit seinen *interaktiven Eigenschaften* hohe Unterstützungspotenziale zugeschrieben, die einem Bedürfnis nach individualisierter Information – zumindest scheinbar – nachkommen.[11] Zahlreiche Unternehmen haben mittlerweile erkannt, dass sich die Charakteristika des Internet, wie etwa ort-zeitlich unbeschränkte Disponibilität von Informationen und Möglichkeiten der verstetigten Kommunikation der Inhalte, auch zum Vorteil der Nachhaltigkeitskommunikation einsetzen lassen. Besonders die Potenziale der personalisierten Kommunikation im Internet scheinen einen interessanten Lösungsbeitrag für die eingangs aufgeworfene Problemstellung der „zweifachen Heterogenität“ zu bieten, indem sie eine angestrebte „massenhafte Individualisierung“ der Kommunikationsbeziehungen zwischen Unternehmen und individuellen Stakeholdern fördern. Da jedoch sowohl die „konventionelle“ Nachhaltigkeitskommunikation als auch die Möglichkeiten der Personalisierung für viele Unternehmen „Neuland“ darstellen, sehen sich Unternehmen mit einer anspruchsvollen Herausforderung konfrontiert, deren eingehende Beleuchtung Gegenstand der vorliegenden Arbeit sein soll.

## 1.2. Der Forschungsbeitrag und die Zielsetzung der Arbeit

Trotz der allgegenwärtigen Diskussion des Konzepts der Nachhaltigen Entwicklung[12] sowie verwandter Begriffe wie Corporate Social Responsibility (CSR) oder Corporate Citizenship (CC)[13] etc. liegen z. Zt. nur wenige Arbeiten zur internetbasierten Nachhaltigkeitskommunikation von Unternehmen vor. Das Konzept der Personalisierung wurde zudem in der Literatur vornehmlich mit primär marktökonomischem und IKT-Fokus untersucht.[14] Eine kombinierte, ganzheitliche Untersuchung beider Forschungszweige im Sinne einer *personali-*

---

9 Als exemplarische Ansätze seien Maßnahmen der Direktkommunikation genannt (vgl. Hansen/Bode, 1999, S. 289f.).

10 Wimmer, 1996, S. 110.

11 Vgl. Hansen, 1996, S. 36; Isenmann, 2005, S. 165; Lenz, 2003, S. 3.

12 Vgl. Borken/Höpfner, 2004.

13 Zum Begriff der CSR vgl. vertiefend Hansen/Schrader, 2005. Zum Begriff des CC vgl. vertiefend die Arbeiten von Schrader, 2003 sowie Weiß, 2002. Zu den Abgrenzungsproblemen der Begriffe vgl. vertiefend Kapitel 2.1.1 in dieser Arbeit.

14 Vgl. exemplarisch Peppers/Rogers, 1996, die grundlegende Arbeiten zum Personalisierungskonzept vorgelegt haben.

*sierten internetbasierten Nachhaltigkeitskommunikation* (fortan kurz: PIN) hat bislang nicht stattgefunden.[15]

Vor diesem Hintergrund sei zunächst das Hauptziel dieser Arbeit formuliert, ein umfassendes und zugleich differenziertes Bild der Möglichkeiten und Grenzen einer PIN zu gewinnen. Ein wesentlicher Beitrag des Dissertationsprojekts soll dabei in der problemorientierten Untersuchung der PIN entlang eines umfassenden und in dieser Arbeit zu entwickelnden Bezugsrahmens liegen. Neben den zahlreichen deduktiv ableitbaren plausiblen Motiven der PIN und der in der Literatur verbreiteten – bisweilen euphorischen – Forderung nach maßgeschneiderter internetbasierter Nachhaltigkeitskommunikation [16] wird vermutet, dass auch gravierende „Fallstricke" und kritische Gestaltungsaspekte einer PIN existieren. So ist fraglich, inwiefern das gegenwärtig in der Personalisierungsliteratur dargebotene Instrumentenspektrum (z. B. in Form von Methoden der Informationsbedarfsermittlung oder Personalisierungsalgorithmen) im Rahmen der internetbasierten Nachhaltigkeitskommunikation sinnvoll angewendet werden kann.

Da die Ableitung stakeholderseitiger Informationsinteressen in der Literatur aufgrund vermuteter nutzerseitiger Artikulationsprobleme fast ausnahmslos deduktiv[17] vorgenommen wurde[18], soll ein *zusätzlicher Forschungsbeitrag* in der *automobilsektorspezifischen empirischen Unterfütterung* der theoretischen Diskussion liegen. Als Basis dient hierbei zum einen eine Online-Nutzerbefragung in 2004, die auf dem Portal *„Mobilität und Nachhaltigkeit"* der VOLKSWAGEN AG geschaltet wurde. Neben den dort explizit artikulierten Interessen der Nutzer und den gewonnen Erkenntnissen zur Struktur der Nutzerschaft werden zum anderen Untersuchungsergebnisse dargestellt, die auf der *Analyse der Server-Logfiles* des genannten Portals („Web Log Mining") fußen. Dabei stehen nicht nur die einzelnen auszuweisenden Ergebnisse einzelner Partialanalysen (z. B. die Analyse der thematischen Interessen) im Vordergrund, vielmehr soll hier auch die grundsätzliche Eignung der genannten empirischen Methoden, die Informationsbedarfe individueller Nutzer zu erheben und belastbar abzubilden und somit die PIN sinnvoll zu stützen, eingehend analysiert werden.

---

15 Eine Ausnahme stellt die Arbeit von Lenz, 2003, dar, die sich jedoch in erster Linie mit speziellen informationstechnologischen Aspekten der *XML-Technologie* im Rahmen einer empfängerorientierten *Umwelt*berichterstattung befasst.

16 Vgl. Ahsen/Herzig/Pianowski, 2006, S. 33f.; Barth, 2005, S. 265; Blanke et al., 2004, S. 20; Isenmann, 2005, S. 165; Kim, 2005, S. 126; Morhardt/Adidjaja, 2004, S. 125; Steinert, 2005; SustainAbility, 2002.

17 Als exemplarische Ausnahmen, die jedoch das Feld der *Print*-Nachhaltigkeits*berichterstattung* fokussieren, seien die Studien von ECC Kohtes Klewes, 2003 bzw. Pleon Kohtes Klewes, 2005, genannt.

18 Vgl. exemplarisch Lenz, 2003, S. 216-231.

## 1.3. Der Aufbau der Arbeit

Zunächst werden in *Kapitel 2* Grundlagen des Leitbildes der Nachhaltigen Entwicklung dargestellt. Dabei werden analog zu den in dieser Arbeit primären Akteuren der (internetbasierten) Nachhaltigkeitskommunikation (Nutzer, Unternehmen) sowie einer übergeordneten, begriffsbezogenen Sicht verschiedene Betrachtungsfoki auf zwei Ebenen gewählt. Hierduch wird ein differenziertes Bild der Akteursspezifika der Nachhaltigen Entwicklung gewonnen: Die Darstellung der *begrifflichen Metaebene* gibt einen Überblick zu den historischen Entwicklungslinien der Nachhaltigkeitsdiskussion sowie den gegenwärtigen Problemen der begrifflichen Konklusion. Hinsichtlich der *Realebene der für die Untersuchung zentralen Akteure* werden zunächst Akzentuierungen spezifiziert, die sich aus der Sicht individueller Akteure ergeben. Die Erörterung der Unternehmensperspektive schließlich zielt auf die Spezifika der Operationalisierung des Leitbildes der Nachhaltigen Entwicklung aus der Sicht von Unternehmen unter besonderer Berücksichtigung des Automobilsektors.

Auf der Basis dieser Sichten werden erste spezifische Operationalisierungsprobleme offensichtlich, die die *Relevanz einer Nachhaltigkeitskommunikation* betonen. Deren Grundlegung wird in *Kapitel 3* zunächst auf der Basis heuristisch wertvoller kommunikationstheoretischer Grundlagen im Sinne gezielt ausgewählter Kommunikationsansätze vorgenommen. Im Anschluss daran erfolgt nach begrifflich-konzeptionellen Erörterungen eine nähere Charakterisierung der Nachhaltigkeitskommunikation, welche die Darstellung von Zielen, Funktionen und spezifischen Merkmalen umfasst. Von großem Interesse für diese Arbeit sind dabei die Anforderungen an die Nachhaltigkeitskommunikation: In diesem Unterabschnitt stehen zunächst die inhaltlichen Anforderungen bestehender Leitfäden, Normen und Initiativen sowie die Interessen der Stakeholder von Unternehmen und deren Ermittlung im Vordergrund. Das Kapitel schließt mit der Betrachtung gestaltungsbezogener Anforderungen in Form von Grundsätzen und Prinzipien, die als zentrale qualitative Eckpfeiler der Nachhaltigkeitskommunikation die in der Arbeit später erfolgende kritische Betrachtung der PIN analytisch stützen werden.

In *Kapitel 4* werden grundlegende Ausführungen zu den Potenzialen und Grenzen der *internetbasierten Nachhaltigkeitskommunikation* vorgenommen. Dies umfasst zunächst eine kompakte Charakterisierung des Internet und seinen Diensten sowie der Spezifika der Internet-Kommunikation im Sinne von Potenzialen und Limitationen. Das Kapitel schließt mit grundlegenden Ausführungen zur internetbasierten Nachhaltigkeitskommunikation, wobei besonderes Augenmerk auf den gegenwärtigen Stand der *Diffusion* der internetbasierten Nachhaltigkeitskommunikation in die Unternehmenspraxis sowie auf die *Unterstützungspotenziale und -grenzen* des Internet für die Nachhaltigkeitskommunikation gelegt wird.

Die *Konzeptualisierung des* als zentrales Unterstützungspotenzial identifizierten *Personalisierungsprinzips* im Rahmen der internetbasierten Nachhaltigkeitskommunikation wird in *Kapitel 5* vorgenommen. Da, wie in Kapitel 1.2 angedeutet, die kombinierte Betrachtung des Personalisierungskonzepts und der internetbasierten Nachhaltigkeitskommunikation bislang in der Literatur noch gänzlich aussteht, soll in diesem Kapitel ein eigenständiger Bezugsrahmen entwickelt werden. Dabei bilden zweierlei Perspektiven die analytische Basis für die Ableitung konzeptioneller Eckpunkte: Zunächst dient die Betrachtung der Partialansätze der *Neuen Institutionenökonomik* (NIÖ) als erster Rahmen für die Diskussion der reziproken Informationsasymmetrien, die zwischen den direkt tangierten Akteuren der PIN (Nutzer versus Unternehmen) bestehen. Dabei wird nicht nur auf den unvermeidlichen Wissensvorsprung des Unternehmens hinsichtlich der zu kommunizierenden unternehmensspezifischen Nachhaltigkeitsinformationen abgestellt, sondern auch die Problematik berücksichtigt, dass Unternehmen im Rahmen der PIN belastbare Informationen der bzw. über Nutzer benötigen, um eine hinreichende Qualität der PIN gewährleisten zu können. Weitere wichtige Erklärungsbeiträge verspricht sich der Autor von der Betrachtung des Konzepts des *Relationship Management* und der zugehörigen Prinzipien: Die Erfahrungen aus der marktökonomischen Operationalisierung des Personalisierungskonzepts haben gezeigt, dass der Versuch der gezielten Abbildung der Nutzerspezifika in Produkten und Leistungen (Mass Customization, Personalisierung) meist der Etablierung langfristig funktionierender Beziehungen („Learning Relationships“) zwischen den direkt beteiligten Akteuren bedarf. Fraglich ist jedoch, inwieweit die Prinzipien des marktökonomischen Relationship Managements auf die PIN übertragbar sind bzw. ob Modifikationserfordernisse bestehen. Auf der Basis dieser Untersuchungsergebnisse wird darauf folgend der Bezugsrahmen dargestellt, der die weitere Untersuchung leitet. Dabei erfolgt eine Unterscheidung zwischen *Gestaltungsobjekten* (Prozesse und Ergebnisse der Personalisierung, die sich auf *Kapitel 6 bis 8* beziehen) und *Gestaltungsaspekten* der Personalisierung (*Kapitel 9*), deren weitere Ausdifferenzierung in den einzelnen Kapiteln vorgenommen wird. Neben diesen theoretischen Vorbemerkungen wird in Kapitel 5 auch die VOLKSWAGEN AG als Basis des empirischen Forschungsprogramms vorgestellt. Dabei wird in einem ersten Schritt der Status Quo der (internetbasierten) Nachhaltigkeitskommunikation der VOLKSWAGEN AG dargestellt. In einem zweiten Schritt erfolgt die nähere Charakterisierung des VOLKSWAGEN-Portals „Mobilität und Nachhaltigkeit“, welches als Basis der empirischen Einsichten in Kapitel 6 fungiert.

Als Resultat der in 5 vorgenommenen Konzeptualisierung wird in *Kapitel 6* zunächst die Perspektive der sog. Informationsintegration eingenommen. Die Integration von Informationen stellt dabei letztlich eine Säule des Integrationsprozessparadigmas der PIN dar, indem aus informationstechnologischer Sicht gefragt wird, wie Nutzerinformationen gewonnen, zusammengeführt und DV-gestützt verarbeitet werden können. So wird die Betrachtung der sog. reaktiven und nicht-reaktiven Methoden der Informationsbedarfsermittlung zunächst in Kombination mit empirischen Erkenntnissen im Kontext der VOLKSWAGEN AG vorgenommen. Daran anschließend werden die Möglichkeiten und Grenzen der Nutzermodellierung, d. h. des Aufbaus und der Pflege individueller Nutzerprofile, die die Basis für die PIN bilden, erörtert. Im Anschluss daran werden PIN-spezifische Aspekte des Content-Managements thematisiert, die sich in erster Linie auf die Gestaltung geeigneter Datenbank-Systeme beziehen.

Die zusätzliche Thematisierung der *Nutzerintegration* in *Kapitel 7* erweitert letztlich die am *Content*-Management[19] orientierte Perspektive des Integrationsprozessparadigmas um die eines *Beziehungs*-Managements. Somit wird in diesem Kapitel die begrenzte Sicht der Integration von Nutzerinformationen im Sinne der Informationsbedarfsermittlung und weiteren Verarbeitung (s. o.) verlassen. Vielmehr wird gefragt, welche Möglichkeiten der weitergehenden Partizipation der Nutzer bestehen und welche instrumentellen Konsequenzen hiermit verbunden sind. Dabei werden zwei Teildimensionen unterschieden: Die *Dimension der Integrationstiefe und -intensität* widmet sich der Frage, welche konkreten Ansatzpunkte der Integration von Nutzern im Rahmen der PIN bestehen und wie „tief" diese Integration sinnvoll erfolgen kann. Dabei dient eine in dieser Arbeit zu erstellende Prozesskette als Basis. Die *Dimension der Eingriffshäufigkeit und -struktur* bezieht sich auf die chronologischen und instrumentellen Aspekte der Nutzerintegration: So wird gefragt, welche Instrumente der Personalisierung konkret für die PIN als geeignet erscheinen und wie diese im Kontext singulärer Nutzungsepisoden sowie einer übergeordneten dynamischen Beziehungsbetrachtung in ihrer Relevanz variieren.

In *Kapitel 8* wird die in *Kapitel 5* aufgeworfene Perspektive der Gestaltungsobjekte abgeschlossen, indem die sog. Ergebnisperspektive, d. h. die Sicht einzelner Websites als Ergebnis der zuvor diskutierten Betrachtungen der Informations- und Nutzerintegration, eingenommen wird. Zunächst wird – auf den vorigen Untersuchungen aufbauend – das objektive Personalisierungspotenzial einer Nachhaltigkeitswebsite resümierend dargestellt und diskutiert. Als Abrundung der Betrachtung der Gestaltungsobjekte wird anschließend eine Typologie erstellt, die die zuvor ermittelten Untersuchungsergebnisse explizit aufgreift und abschließend systematisiert.

In *Kapitel 9* wird schließlich eine umfassende Darstellung von Gestaltungsaspekten der PIN vorgenommen, in der die kritischen Legitimations- und Implementationsaspekte im Vordergrund stehen. Dieser Abschnitt greift dabei den Gedanken

---

[19] So nimmt z. B. die Untersuchung von Lenz (vgl. Lenz, 2003) die eher technologische Perspektive der effizienten Gestaltung von empfängerorientierten internetbasierten *Umwelt*berichterstattungssystemen ein.

auf, dass nicht zwingend von einer Gewünschtheit der PIN ausgegangen werden kann. Aus der Sicht individueller Nutzer bleibt zunächst unklar, ob die PIN überhaupt als solche wahrgenommen wird bzw. welchen Einfluss das *Wahrnehmungsproblem* auf die weitergehende Legitimation der PIN haben kann. Im weiteren Verlauf werden die spezifischen Legitimationsaspekte, die sich durch die *Betrachtung der Partialansätze der NIÖ* ergeben, vertieft. Da das Problem des *Privatsphäre- und Datenschutzes* einen hohen Stellenwert innerhalb des Personalisierungskonzepts einnimmt, wird eine gesonderte Untersuchung der hiermit verbundenen Problemstellungen vorgenommen. Zudem werden durch die Implementation einer PIN gravierende Zielkonflikte mit den an eine Nachhaltigkeitskommunikation gestellten *gestaltungsbezogenen Anforderungen* befürchtet. Schließlich stellt sich die Frage, ob die mit einer PIN verbundenen Konsequenzen z. B. aus der Sicht von Normungsinstitutionen und anderen Akteuren, die an einer hohen Qualität der Nachhaltigkeitskommunikation sowie einer weitreichenden begrifflichen Diffusion interessiert sind, als legitim erachtet werden.

In *Kapitel 10* wird zunächst eine thesenartige Zusammenfassung der zentralen Untersuchungsergebnisse vorgenommen. Auf der Basis der PIN-Typologie aus Kapitel 8 werden zentrale Handlungsempfehlungen für Unternehmen dargestellt. Die Arbeit schließt mit einem Ausblick.

In Abbildung 1 wird der Aufbau der Arbeit integriert dargestellt.

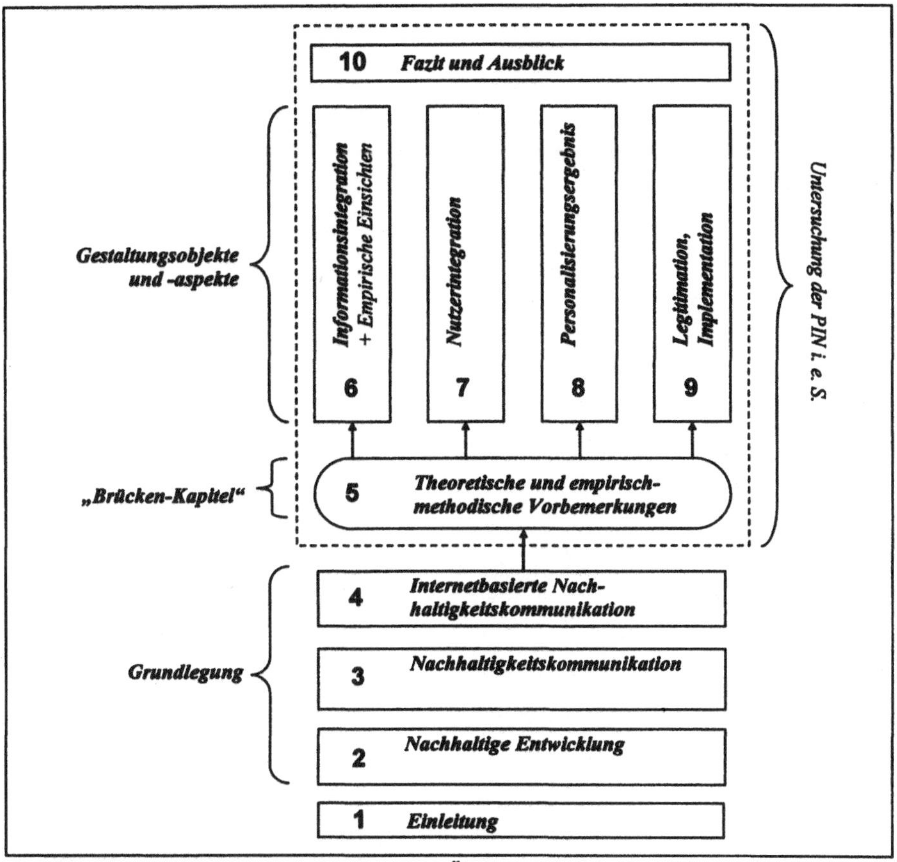


Abbildung 1: Gliederungslogik der Arbeit im Überblick.
Quelle: Eigene.

# 2. Die Entwicklungslinien und Facetten des Konzepts der Nachhaltigen Entwicklung

Ziel des vorliegenden Abschnitts ist es, einen differenzierten und für die weitere Untersuchung hinreichenden Überblick über den Status Quo und Akzentuierungen der Nachhaltigkeitsdiskussion zu geben. Dabei werden zwei Betrachtungsebenen gewählt: Die *begriffliche Metaebene* (Kapitel 2.1) liefert eine Bestandsaufnahme der internationalen Diskussion um eine terminologische Ausgestaltung des Konzepts der Nachhaltigen Entwicklung. Die *Realebene* der für die vorliegende Untersuchung *zentralen Wirtschaftsakteure* (Kapitel 2.2) konzentriert sich zunächst auf die Ebene individueller Stakeholder. Die Thematisierung der Unternehmensebene liefert zudem Aufschlüsse, inwieweit das Konzept der Nachhaltigen Entwicklung auch für Unternehmen des Automobilsektors von besonderer Relevanz ist.

## 2.1. Die begriffliche Metaebene

### 2.1.1. Die historische Entwicklung des Nachhaltigkeitsbegriffs

Es bestehen wenige Zweifel, dass der Begriff der Nachhaltigen Entwicklung bereits seit vielen Jahren „Konjunktur“ hat. Im allgemeinen Sprachgebrauch kann indes eine beinahe inflationäre, teilweise entstellende[20] Verwendung des Begriffes beobachtet werden.[21]

Sicher hingegen scheint zunächst, dass die Konkretisierung des Begriffs einer Nachhaltigen Entwicklung keineswegs ein Phänomen der Gegenwart ist. Neben dem oft als Urform der Nachhaltigkeit klassifizierten forstwirtschaftlichen Nachhaltigkeitsbegriff[22] existieren auch weitere Äquivalente nachhaltiger Denk- und Handlungsweisen in verschiedenen Kulturkreisen und -epochen.[23] Die in

---

20 *„Der inflationäre Gebrauch des Wortes Nachhaltigkeit diskreditiert dessen Inhalt wie Ziel […].“* (RNE, 2004, S. 56).

21 Vgl. Borken/Höpfner, 2004.

22 Die vermeintlich erste Erwähnung des forstwirtschaftlich geprägten Nachhaltigkeitsbegriffs wurde 1713 von Carlowitz mit der „Sylvicultura Oeconomica: Die naturgemäße Anweisung zur wilden Baumzucht“ vorgenommen. Vgl. hierzu Kim, 2005, S. 55; Liessmann, 2003; Loew et al., 2004, S. 56 sowie Steurer, 2005, S. 264.

23 Der verantwortliche Umgang mit der (Um-) Welt sowie den Phänomenen Wachstum und Entwicklung wurde z. B. auch von Plato sowie in neuerer Zeit von Fromm und Jonas reflektiert (vgl. hierzu Harbourth, 1993, S. 17). Zudem wird auch den National-Ökonomen des 19. Jahrhunderts wie Malthus oder Mill ein wesentlicher Einfluss auf die gegenwärtige Terminologie der Nachhaltigen Entwicklung zugeschrieben: *„For the Victorian thinkers, conserving nature while trying to improve the distribution of wealth was not a paradox, but*

dieser Arbeit interessierende Konkretisierung der Inhalte und Werte des Begriffes Nachhaltigkeit („Sustainability") hat jedoch durch die Aktivitäten einer UN-Experten-Kommission für Umwelt und Entwicklung im Jahre 1987 einen wesentlichen Impuls erhalten. Im Abschlussbericht *„Our Common Future"*[24] der sog. BRUNDTLAND-Kommission[25] wird Nachhaltigkeit im Kern als eine globale gesellschaftliche Entwicklung charakterisiert, die langfristig tragbar sein soll: *„Eine nachhaltige Entwicklung (Sustainable Development) ist eine Entwicklung, die die Bedürfnisse der Gegenwart befriedigt, ohne zu riskieren, dass zukünftige Generationen ihre eigenen Bedürfnisse nicht befriedigen können."*[26] Dabei wird vornehmlich die *inter*generative Gerechtigkeit betont, die auf die Möglichkeit der Bedürfnisbefriedigung zukünftiger – auch gegenwärtig ungeborener – Generationen abzielt. Nachhaltige Entwicklung verkörpert zudem nach weitläufiger Auffassung ein umfassendes Verantwortungsverständnis, welches im Rahmen einer *intra*generativen Gerechtigkeit die langfristige Verbesserung der Lebensbedingungen für die heute existierenden, sozial schwächeren Gruppen fordert und dabei insbesondere die Ungleichheit zwischen vergleichsweise reichen Industrienationen und relativ armen Entwicklungsländern thematisiert.[27]

Hieraus ableitbare, sowohl einzel- als auch volkswirtschaftlich interpretierbare Handlungsanweisungen lassen sich so mit der Forderung, „von den Zinsen zu leben", umschreiben. Die so implizit vollzogene Erhaltung eines Kapitalstocks kann dabei als eine Metapher aufgefasst werden, die die Notwendigkeit der Stabilisierung der interdependenten Systeme Umwelt, Gesellschaft und Wirtschaft umschreibt. Die Kernbotschaft der BRUNDTLAND-Definition wird so auch alternativ als *Prinzip der Substanzerhaltung*[28] verstanden, für das zwei mittlerweile geläufige Betrachtungsvarianten existieren: Die eher normative, anthropozentrische Perspektive der *schwachen Nachhaltigkeit* geht davon aus, dass für

---

*a moral duty [...]. [...] the manner in which these thinkers conceptualised their theories and ideas represents the nineteenth century origins of sustainability concepts."* (Lumley/Armstrong, 2003, S. 367). Des Weiteren finden sich gemäß Ishikawa in der Edo-Epoche Japans (1603-1867) Indizien systematisch vollzogener, nachhaltiger Denk- und Handlungsweisen. Vgl. Ishikawa, 2003. Zur Historie des Begriffes vgl. vertiefend Szerenyi, 1999, S. 3.

24 World Commission on Environment and Development, 1987.

25 Der Name geht dabei auf die ehemalige Ministerpräsidentin Norwegens, Gro Harlem Brundtland, zurück, die den Vorsitz der „World Commission of Environment and Development" der Vereinten Nationen innehatte.

26 Hauff, 1987, S. 46. Im deutschen Sprachraum existierte einige Zeit kein einheitliches Begriffsverständnis, so dass auch der Begriff „Zukunftsfähigkeit" für Sustainable Development zu finden ist (vgl. hierzu BUND/Misereor, 1996, S. 24). Steinle, 2005, S. 195, stellt zudem auf die Möglichkeit der Wahl des Lebensstils ab. Die von der Brundtland-Kommission vorgenommene Definition gilt bis dato als die meistzitierte (vgl. Steurer, 2005, S. 264; Umwelt- und Verkehrsministerium Baden-Württemberg, 2003, S. 8).

27 Vgl. Schulz, 2003, S. 5.

28 Vgl. Scherhorn, 2004.

fast alle Funktionen des *natürlichen Kapitals* ein Ersatz durch andere Kapitalarten möglich ist, während das Konzept der *starken Nachhaltigkeit* den (Mindest-) Bestand *verschiedener Kapitalarten* als notwendig erachtet und deren gegenseitige Substituierbarkeit nur eingeschränkt anerkennt.[29]

Seit der begrifflichen Präzisierung durch die BRUNDTLAND-Kommission befindet sich das Leitbild der Nachhaltigen Entwicklung jedoch in einem intensivierten, kontinuierlichen Entwicklungsprozess.[30] Als Eckpfeiler dieser *Entwicklung der Nachhaltigen Entwicklung*[31] sei zunächst der UN Weltgipfel in Rio de Janeiro 1992 genannt, dessen Handlungsprogramm für das 21. Jahrhundert (Agenda 21) Nachhaltigkeit als einen globalen Politikentwurf einführte und zu der Popularisierung der inhaltlich „dreidimensionalen" Betrachtungsweise (die sog. Triple-Bottom-Line von Ökologie, Ökonomie und Sozialem) beitrug. Der Fokus der Nachhaltigkeitsdiskussion lag dabei analog zum forstwirtschaftlichen Ursprung (s. o.) sowie aus Befürchtung möglicher Ressourcenengpässe und Assimilationsgrenzen zunächst auf dem Bereich der ökologischen Dimension[32], die auch gegenwärtig noch die fortgeschrittenste Operationalisierung aufweist.[33] Der zehn Jahre später folgende – daher oft „Rio+10" genannte – UN Weltgipfel für Umwelt und Entwicklung in Johannesburg 2002 setzte neben dem Umwelt- und Ressourcenschutz die Bekämpfung der Armut wieder stärker auf die Agenda.[34]

In diesem skizzierten Zeitrahmen folgte nach einer *„Phase der abgehobenen Abstraktion"*[35], die die als moralischen Appell formulierte Forderung nach Gerechtigkeit in den Mittelpunkt rückte, die *„Phase des Chaos"*[36], in der unzählige, oft interessengeleitete und zueinander widersprüchliche[37] Begriffe und Interpretationen der Nachhaltigen Entwicklung veröffentlicht wurden.[38] Die

---

29 Zur Unterscheidung zwischen starker und schwacher Nachhaltigkeit vgl. Michelsen/Godemann, 2002, S. 329; Schaltegger/Burritt/Petersen 2003, S. 23f.

30 Vgl. im Folgenden Majer, 2003, S. 935f.

31 Den Begriff der Nachhaltigen Entwicklung sieht Sachs daher auch in der Tradition der Füllung der Begriffshülse „Entwicklung", die reale Konflikte – etwa zwischen sozialer Gerechtigkeit und intragenerativer Gerechtigkeit – eher verdeckt als austrägt. Wenn schon nicht klar sei, was Entwicklung überhaupt wolle, werde der Begriff bald selbstreferentiell (vgl. ausführlich Sachs, 2002, S. 88-103).

32 Vgl. z. B. Hillebrand et al., 2000, S. 30 sowie Knörzer, 2001, S. 15.

33 Vgl. Hansen/Schrader, 2001, S. 23.

34 Vgl. Frings, 2003, S. 3.

35 Majer, 2003, S. 935.

36 Majer, 2003, S. 935.

37 Vgl. Mast/Fiedler, 2005, S. 567.

38 Vgl. Majer, 2003, S. 935. So betont z. B. die Europäische Kommission (vgl. Europäische Kommission, 2004) die Nähe des Nachhaltigkeitsbegriffs zu den Grundwerten demokratischer Verfassungen, während die Schweizer Vermögensverwaltungsgesellschaft und Research-Institution SAM – entgegen der inhaltlichen Verwandtschaft der Nachhaltigkeit

einsetzende Resignation einzelner Akteure lässt sich mit der daraus resultierenden inhaltlichen Leere und Beliebigkeit entstandener Definitionen begründen. FRINGS konstatiert, dass insbesondere das „Drei-Säulen-Konzept“ einer zunehmenden Beliebigkeit in der Themenwahl Vorschub leiste(te) und sich damit immer mehr von den ursprünglichen Intentionen der Nachhaltigen Entwicklung entferne.[39] Dennoch existiere laut STEGER entgegen aller Schwierigkeiten, dieses *schwer konkret fassbare Konzept*[40] zu operationalisieren, ein impliziter Commonsense, dass das Wirtschaften der Gegenwart nicht nachhaltig sei.[41]

### 2.1.2. Die Problemfelder der Konklusion des Nachhaltigkeitsbegriffs

Als wesentliches Problemfeld der begrifflichen Operationalisierung erweist sich die Aushandlung[42] unterschiedlich gelagerter (Partikular-) Interessen, die interpersonal, international/-regional und intertemporal variieren. So wird z. B. auch die auf der Nachhaltigkeitsdiskussion basierende Nachhaltigkeitskommunikation als diskursives Feld begriffen, in dem konkurrierende Akteure um Definitionsmacht kämpfen.[43] Zwar betont die EUROPÄISCHE KOMMISSION insbesondere die Nähe des Leitbildes zu demokratischen Verfassungen.[44] Der Versuch indes, das im Pluralismus begründete „Problem“ konträrer Partikularinteressen im dialektischen Sinne aufzulösen, erscheint wünschenswert – dürfte sich jedoch aufgrund unterschiedlicher Wahrnehmungshorizonte, soziokultureller Prägungen der beteiligten Akteure und kommunikativer Barrieren in der Umsetzung als problematisch erweisen. PIETSCHMANN identifiziert zudem ein grundsätzliches Problem, welches in dem Versuch, dieses Dilemma rein logisch zu lösen, begründet ist und dem durch die Dialektik – ansatzweise – begegnet werden kann: *„Gelten etwa Widersprüche im logischen Denken als Fehler und sind daher zu eliminieren, so erkennt sie die Dialektik als Quelle neuer Entwicklun-*

---

zum Stakeholder-Modell – den unternehmerischen Shareholder-Value fokussiert (vgl. DJSI, 2004a).

[39] Vgl. Frings, 2003, S. 3. Es wird kritisiert, die inhaltliche Ausweitung würde das Umweltengagement unterminieren und der Anschaulichkeit entziehen. Gleichzeit muss hier auch angemerkt werden, dass die Vorstellung von den zitierten „ursprünglichen Intentionen“ unklar sein dürfte.

[40] Vgl. Renner, 2002, S. 36. Vgl. ähnlich BDI, 2003.

[41] Steger, 2002, S. 7. Das Lexikon der Nachhaltigkeit der Aachener Stiftung Kathy Beys verzeichnet neben der zitierten Brundtland-Definition weitere 35 Definitionen der Nachhaltigkeit (vgl. Aachener Stiftung Kathy Beys, 2004).

[42] *„Im konkreten Einzelfall wird nachhaltige Entwicklung immer aushandeln müssen, wie ‚ökologisch verträglich', ‚wirtschaftlich profitabel' und ‚sozial förderlich' in Einklang gebracht werden können. Dabei wird es nicht immer möglich sein, für alle Bedürfnisse eine vollständig befriedigende Lösung zu finden.“* (econsense, 2004).

[43] Vgl. Brand, 2005, S. 153.

[44] Vgl. erneut FN 38 sowie RNE, 2004, S. 61.

*gen an, die lebendige Prozesse in Gang setzt. Menschliche Partnerschaften können sich beispielsweise durch Konflikte vertiefen und intensivieren. Widersprüche müssen – im Sinne der Dialektik – ernst genommen werden.*"[45] Das Bestreben um begriffliche Konklusion kontroverser Themen, Interessen und Aussagen („Synthese") gestaltet sich in der Tat schwierig, da für die involvierten Akteure die Beschäftigung mit Dingen außerhalb individueller Erfahrungsbereiche („Logik des Scheins") unausweichlich zu schwer auflösbaren Widersprüchen und Irritationen führt. Die Akzeptanz der „Unvollendung" scheint daher eine wichtige Prämisse eines anzustrebenden Konsensbildungsprozesses zu sein. Die konkreten inhaltlichen, strukturellen, prozessualen und räumlichen Problemfelder einer Konklusion können anhand einer exemplarischen Sammlung von Konfliktfeldern illustriert werden (vgl. Tabelle 1).

Schließlich werden die skizzierten Eingrenzungs- und Operationalisierungsprobleme noch durch den Umstand erschwert, dass verwandte Begriffe wie z. B. Corporate Social Responsibility (CSR) und Corporate Citizenship (CC)[46] mittlerweile oft synonym mit Nachhaltigkeit verwendet werden[47] und darüber hinaus unvermeidliche, z. T. unklare[48] Überschneidungen und Interdependenzen aufweisen, weswegen diese Konzepte in der Theoriebildung mitunter nebeneinander verwendet werden, wie die folgende Aussage von WARHURST illustriert: „*We argue, that Corporate Social Responsibility (CSR) is key to operationalising the strategic role of business in contributing towards this sustainable development process, so that business is able to engage and contribute to society as corporate citizen.*"[49] Die Begriffe Nachhaltige Entwicklung, CSR, CC usw. haben jeweils ihre eigenen Fürsprecher mit teilweise stark differierenden Vorstellungen hinsichtlich der Gewichtung einzelner kriterieller (Teil-) Aspekte.[50]

---

45 Pietschmann, 2001.

46 Auf eine erschöpfende Wiedergabe der Abgrenzungsdebatte um die Termini „Corporate Social Responsibility" und „Corporate Citizenship" soll hier verzichtet werden. Vgl. vertiefend die Arbeit von Loew et al., 2004 sowie Weiß, 2002, S. 111-145.

47 Vgl. Brunner, 2003. Demnach sei in den USA der Begriff CSR sehr verbreitet, während in Europa die meisten Unternehmen auf die Termini Nachhaltigkeit und Corporate Citizenship abstellen.

48 „*From Tokyo to New York, there are more CSR Reports, conferences and newsletters than ever before, but the impression is more often one of fog, or at worst a smoke screen, than one of laser sharp precision.*" (Crowther, 2003, S. 6).

49 Warhurst, 2001, S. 61.

50 ECC Kohtes Klewes fragen: „*Gibt es einen Unterschied zwischen nachhaltigem Wirtschaften, Corporate Social Responsibility (CSR) und Corporate Citizenship? Wer das Prinzip Verantwortung verstanden hat, für den sind die – absurde Ausmaße annehmenden – Abgrenzungsversuche der deutschen Corporate Citizenship-Debatte irrelevant.*" (ECC Kohtes Klewes, 2002, S. 4). Die Eruierung von Fragen wie z. B., welches Konzept (z. B. CSR vs. Nachhaltigkeit) denn nun älter sei (vgl. Future e.V./IÖW, 2004, S. 9), erscheint in diesem Zusammenhang wenig zielführend.

| Konfliktfeld | Erläuterung |
|---|---|
| **Individuelle Opfer- versus Täterrolle** | In der Nachhaltigen Entwicklung sind alle Täter und Opfer zugleich, d. h. es gibt wohl keinen, der nur „nachhaltig" agiert – vice versa.[51] |
| **Individueller Aktionismus versus (welt-) gesellschaftliche Akzeptanzbildungsprozesse** | Der häufige, bisweilen inflationäre Gebrauch des Nachhaltigkeitsbegriffs unterminiert individuell „gut gemeinten" Aktionismus. Zusätzlich kann der Versuch der Beschleunigung der Diffusion durch individuelle Akteure die Akzeptanz zahlreicher anderer Akteure „ausbremsen", da u. U. nicht genügend Ressourcen für einen Konsensbildungsprozess bestehen. |
| **Gegenwärtige versus zukünftige Bewertungsmaßstäbe** | Der Begriff der Nachhaltigen Entwicklung ist zeit- und beobachterabhängig: *„Die Abholzung der Wälder Istriens und Dalmatiens durch die Römer hat ziemlich nachhaltig gewirkt: [...] daß viele diese karge Landschaft mittlerweile als unglaublich schön empfinden, zeigt übrigens einiges von der seltsamen Dialektik der Nachhaltigkeit."*[52] Ähnlich argumentiert Rosenberger: *„Durch Übernutzung wurden den Böden jahrtausendelang die Nährstoffe vorenthalten, sodass die heute vertraute ‚Natur' oft nur das Ergebnis einer gerade nicht nachhaltigen Bewirtschaftung in der Vergangenheit darstellt."*[53] |
| **Globale Konsensbildung versus interkulturelle Blockaden** | Eine dialogorientierte Operationalisierung und Umsetzung des Nachhaltigkeitskonzepts stößt in einer vielsprachigen Welt an natürliche Grenzen. Erschwert wird dies zusätzlich durch den Umstand, dass etwaige Nachhaltigkeitsdiskurse global inhaltlich bzw. normativ unterschiedlich geführt werden, da die beteiligten Akteure jeweils ihr eigenes geschichtliches Umfeld haben und auf unterschiedlichen kulturellen oder religiösen Prägungen basieren. |

Tabelle 1: Konfliktfelder im Prozess der begrifflichen Konklusion des Leitbildes Nachhaltiger Entwicklung.
Quelle: Eigene.

Vor diesem Hintergrund warnt ELKINGTON davor, Sinn und Unsinn unterschiedlicher Nomenklaturen gegeneinander „auszufechten" – dadurch drohe unweigerlich die Gefahr, dass „die Sache" Traktion einbüßt.[54] Begriffe seien letztlich beliebig, *„[...] die Inhalte sind es nicht."*[55] Derartige „Wortgefechte" lassen sich gegenwärtig im Internet z. B. in der freien Enzyklopädie WIKIPEDIA beobachten: Auf der Basis von Beiträgen und Modifikationen zahlreicher Autoren kann eine öffentliche und offene Diskussion des Begriffs der Nachhaltigen Entwicklung nachvollzogen werden (vgl. Abbildung 2).

---

51 Vgl. ähnlich RNE, 2004, S. 16.
52 Liessmann, 2003.
53 Rosenberger, 2001, S. 438f.
54 Interessanterweise sind auch Unternehmen – wie z. B. die „British Telecom" – dazu übergegangen, ihre eigenen Glossare zu veröffentlichen, in denen das unternehmensspezifische Begriffsverständnis zu Termini wie „Sustainable Development", „Triple-Bottom-Line", „Diversity" etc. dargelegt wird. Vgl. exemplarisch BT, 2005.
55 Lunau, 2004, S. 14. Das Wirrwarr der Nomenklaturen kann indes nach Elkington gravierende Folgen haben: *„Read between the lines an inescapable message: We are in a new bubble economy – and it will inevitably burst."* (Elkington, 2003, S. 4).

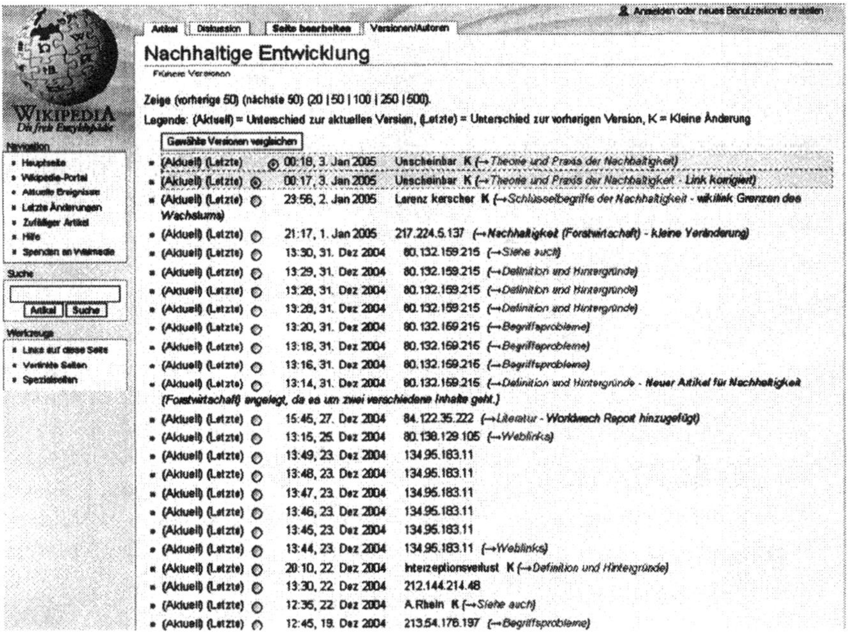


Abbildung 2: Ergebnisoffener Konklusionsprozess des Begriffs der Nachhaltigen Entwicklung bei der Enzyklopädie „Wikipedia".
Quelle: http://de.wikipedia.org/, abgerufen am 05.01.2005.

Im Lichte dieser Befunde sind *Konkretisierungs- und Standardisierungsbemühungen* beobachtbar – besonders die einflussreiche International Standardization Organization (ISO) unternimmt mit Blick auf das inhaltlich verwandte Konzept der CSR eine Reihe von Anstrengungen, eine konsensfähige begriffliche Konkretisierung zu bewirken und diese zum adäquaten Zeitpunkt in einer Norm abzubilden.[56] Diesen Bestrebungen stehen jedoch mitunter nationale Bedenken entgegen, wie z. B. der Beschluss des Präsidiums des Deutschen Instituts für Normung (DIN) in 2002, sich gegen eine etwaige CSR-Normierung auszusprechen, unterstreicht.[57]

Im Lichte dieser skizzierten Problemfelder, die sich um den Prozess der Konkretisierung des „amorphen" Nachhaltigkeitsleitbildes ranken, charakterisiert HOMANN Nachhaltige Entwicklung als regulative Idee, die als normatives Leitbild *wegweisend* für konkrete Umsetzungsbemühungen, jedoch *nie abschlie-*

---

56 Vgl. Schoenheit, 2005, S. 93.

57 *„Daher wird Deutschland nach heutigem Stand gegen einen etwaigen Vorschlag zur Aufnahme an Arbeiten für eine CSR-Norm stimmen."* (Loew et al., 2004, S. 46).

*ßend konkretisier- und bestimmbar* sei.[58] Sie stellt damit ein erkenntnistheoretisches Konstrukt dar, das dem menschlichen Verstand bei Such- und Lernprozessen eine Richtung weist: *„Sustainable Development, therefore, is considered to be a construct of human subjects reflecting their attempts to sort out a problematic reality."*[59] Da es jedoch keinen *eindeutigen, direkten* Weg zur Umsetzung in Richtung Ideal geben kann, ist und bleibt das Konzept der Nachhaltigen Entwicklung für alle Akteure *„Sisyphusarbeit"*[60] – und Orientierungswissen *die* knappe Ressource[61] der Nachhaltigkeitsdiskussion.

Vor dem Hintergrund dieser Bestandsaufnahme und der skizzierten Probleme sei auf eine eindeutige, statische Arbeitsdefinition verzichtet und auf die BRUNDTLAND-Definition als begriffliche Basis verwiesen. Die weitaus größere Herausforderung liegt in einer gelungenen Operationalisierung der „regulativen Idee" der Nachhaltigkeit. Deren Diffusion scheint in entscheidendem Maße vom Wirken der Akteure auf Unternehmensebene bzw. der Individuen sowie der Effizienz ihrer Vernetzung abzuhängen. Auf die besondere Rolle der in dieser Arbeit interessierenden Akteure (Individuen, Unternehmen) soll im Folgenden näher eingegangen werden. Nachhaltige Entwicklung kann, wie im weiteren Verlauf dieser Arbeit gezeigt wird, auch aus diesen Perspektiven als Kommunikationsproblem aufgefasst werden.

## 2.2. Die Realebene der in der Untersuchung zentralen Wirtschaftsakteure

### 2.2.1. Die Rolle des Individuums in der Nachhaltigkeitsdiskussion

#### 2.2.1.1. Die Relevanz produktökologischer und verbraucherspezifischer Fragestellungen

Die Debatte um *individuelle Aspekte* der Nachhaltigen Entwicklung und deren Implikationen hat in der Theoriebildung bislang vornehmlich produktökologische und verbraucherspezifische Fragestellungen berührt.[62] Ein Grund hierfür mag in dem Umstand liegen, dass das Verständnis einer Nachhaltigen Entwicklung,

---

58 Homann, 1996, zitiert nach Renner, 2002, S. 35. Vgl. auch Steinle, 2005, S. 195, demzufolge der Begriff einer Nachhaltigen Entwicklung nicht exakt zu definieren ist.

59 Cornelissen, 2003, S. 11.

60 Renner, 2002, S. 35.

61 Vgl. ähnlich RNE, 2004, S. 7.

62 Vgl. exemplarisch die Arbeiten von Jakubowicz, 2002; Reusswik, 1994; Rink, 2002 sowie Scherhorn, 2004.

ausgearbeitet durch die BRUNDTLAND-Kommission[63], mit dem Stichwort der Substanzerhaltung und den damit verbundenen gesellschaftlichen Zielen [64] umschrieben wurde. Sollen diese Ziele erreicht werden, erscheint es logisch, dass auch der „Einzelne" im Sinne dieser Ziele handeln muss – setzt sich doch jegliche Kategorisierung sozialer Gemeinschaften aus mehr oder minder vielen konstituierenden Einheiten (Individuen) zusammen. Eine mögliche Übersetzung dieser Ziele in ein Konzept *„individueller Nachhaltigkeit"* [65] stellt laut SCHERHORN an diese(n) „Einzelnen" sowohl quantitative als auch qualitative Anforderungen: zum einen, dass sie sich an konkreten Aufgaben wie Energieeinsparung, $CO_2$-Reduktion, Rückführung gebrauchter Ressourcen oder Kauf von Nachhaltigen Produkten beteiligen, zum anderen, dass sie in ihrem Nachfrageverhalten maßvoll agieren, sodass die Gesamtnachfrage nicht schneller steigt als z. B. die Effizienz des Ressourceneinsatzes pro Produkt. Andernfalls drohen Rebound-Effekte die Fortschritte des Umweltschutzes zu unterminieren.[66] Diese Gedanken stehen dabei implizit im Zusammenhang mit bereits in den 60er und 70er Jahren des 20. Jahrhunderts bemängelten „Fehlentwicklungen" in der Bedürfnisorientierung einer Marketingkonzeption. Einerseits falle die primäre Berücksichtigung kurzfristiger individueller Bedürfnisse[67] zulasten langfristiger kollektiver Bedürfnisse[68], andererseits sei eine individuelle Verfolgung, „falscher" bzw. „künstlicher" Bedürfnisse[69] zu verzeichnen. Ein weiterer Grund für die konsumspezifische Fokussierung mag in der *Wahl des Bedürfnisbegriffs* liegen, der der BRUNDTLAND-Konzeption zugrunde gelegt wurde. Dieser ist durch zwei Annahmen gekennzeichnet: Zum einen bezieht er sich nicht auf die Ebene der Güterwünsche, sondern auf die der Grundbedürfnisse, zum anderen – wie bereits skizziert – nicht nur auf die gegenwärtige, sondern auch auf die zukünftige Befriedigung materieller und immaterieller Bedürfnisse. Insbesondere die adäquate Ausbalancierung zwischen materiellen und immateriellen Bedürfnissen („Haben" und „Sein") wird als eine zentrale Voraussetzung für einen „Nachhaltigen Konsum" erachtet. Hieraus wird abgeleitet, dass eine geeignete Umsetzung eines Nachhaltigen Konsums eine Herausforderung für die Sozialisation des Individuums und somit dessen Bildung darstellt.[70]

---

63 Vgl. erneut Kapitel 2.1.1.
64 Vgl. erneut FN 28.
65 Scherhorn, 2004.
66 Vgl. Scherhorn, 2004.
67 Potter postulierte bereits 1954, dass Konsumenten durch das Marketing gelernt haben, zu mögen, was sie bekommen, statt zu bekommen, was sie mögen. Vgl. Potter, 1954, S. 188.
68 Vgl. Arndt, 1978, S. 103.
69 Diese Kategorisierungen basieren auf den Postulierungen von Fromm und Marcuse. Vgl. vertiefend Hansen/Bode, 1999, S. 121-123.
70 Vgl. Scherhorn, 2004.

Ungeachtet der offensichtlichen immanenten Operationalisierungsprobleme[71] des Nachhaltigen Konsums erweist sich das Problem individueller Nachhaltigkeit bei genauer Betrachtung als vielschichtiger. So können mindestens drei weitere, z. T. direkt aus dem Feld des Nachhaltigen Konsums ableitbare Aspekte identifiziert werden, die sowohl „für sich" als auch im Verbund mit der Diskussion des Nachhaltigen Konsums von großer Relevanz sind (vgl. folgend).

#### 2.2.1.2. Die Probleme der individuellen Wahrnehmung der Phänomene einer Nachhaltigen Entwicklung

Eine gelebte Kultur der Nachhaltigkeit bzw. nachhaltiger Konsummuster bedarf offensichtlich einer soliden Fundamentierung, die auf eine adäquate Sozialisation – also eine bewusste (kulturelle) Evolution individuellen *Wahrnehmens und Handelns* – abstellt.[72] Basis hierfür ist die Idee, dass als grundlegende Voraussetzung für eine *globale* Nachhaltige Entwicklung zunächst eine *individuelle* Nachhaltige Entwicklung erforderlich sei.[73] Diese werde laut MAYER durch das unaufhörlich voranschreitende Auseinanderbrechen des biologischen und kulturellen *Koevulotionszusammenhangs* eingeschränkt.

Dieser Denkansatz stellt sowohl auf das Bewusstsein für die *Wahrnehmung des Wahrnehmbaren* als auch auf die *Wahrnehmung des* aus biologisch evolutionärer Perspektive betrachteten *Nichtwahrnehmbaren* sowie auf das aus kulturell-evolutionärer Perspektive betrachtete *Nichtwahrgenommene* ab. Die natürlichen Beschränkungen individueller Erfahrbarkeit sozialer und ökologischer Handlungsfolgen sind dabei sowohl in der Realitätskonstruktion des menschlichen Gehirns[74] als auch in elementaren kognitiven Interpretationsmechanismen (z. B. in Form von Vorurteilen) begründet. Als exemplarische Problemaspekte seien in diesem Zusammenhang das individuelle Zeitverständnis, die Handhabung von Licht-Linearitäten, die Abstraktion von Unterschiedlichkeiten, der Umgang mit Wahrscheinlichkeiten und die gelegentliche „menschliche" Neigung zur Selbstüberschätzung genannt.[75]

---

71 Vgl. erneut Tabelle 1 als Anhaltspunkt.

72 Zu den Problemen der Wahrnehmbarkeit vgl. auch Mast/Fiedler, 2005, S. 569.

73 Vgl. hierzu vertiefend die Arbeit von Mayer, 1999.

74 Dieses Argument bezieht sich implizit auf die Theorie des (Radikalen) Konstruktivismus, auf die in Kapitel 3.1 ausführlicher eingegangen wird.

75 Vgl. vertiefend Mayer, 1999, S. 12f.

### 2.2.1.3. Die mangelnde Diffusion des Leitbildes der Nachhaltigen Entwicklung auf individueller Ebene

Dieses skizzierte Vermittlungsproblem wird letztlich durch empirische Befunde untermauert, denen zufolge das Leitbild der Nachhaltigen Entwicklung beim Einzelnen faktisch „noch nicht angekommen" sei. Dies bezieht sich sowohl auf die Wahrnehmung des Leitbildes[76] als auch auf die Einstellung und das darauf fußende beobachtbare (Konsum-) Verhalten.[77] Nach einer repräsentativen Untersuchung der DEUTSCHEN BP AG gaben 67% der Befragten an, von dem Begriff der Nachhaltigen Entwicklung noch nichts gehört zu haben. Jene 26%, denen der Begriff geläufig ist, haben zudem recht diffuse Vorstellungen von der Thematik. Diese Befunde stehen dabei in einer Art Widerspruch zu der recht beachtlichen Medienpräsenz des Nachhaltigkeitsbegriffs. Zudem wird darauf verwiesen, dass vornehmlich höher gebildete Befragte mit der Thematik vertraut seien.[78] Dass besonders bildungsferne Gesellschaftsschichten das Nachhaltigkeitskonzept nicht kennen, mag an der geringen semantischen Attraktivität des Wortes „Nachhaltigkeit" liegen.[79] Vor diesem Hintergrund werden oft Bildungs- und Anschauungsprogramme zur Nachhaltigen Entwicklung thematisiert, wie ROSENBERGER ausführt: *„Um die Menschen wirklich zu erreichen [...] bedarf es geeigneten Anschauungsmaterials. Dazu wird eine Ästhetik der Nachhaltigkeit benötigt."*[80]

### 2.2.1.4. Die sozioökonomischen Individualisierungs- und Fragmentierungstendenzen

Ist im Rahmen der Nachhaltigkeitsdiskussion von Gesellschaft, gesellschaftlichen Gruppen oder Individuen die Rede, so täuschen diese Sammelbegriffe oft darüber hinweg, dass es sich hierbei um vielfältig strukturierte, heterogene Aggregate handelt, die in einem zunehmend instabilen und unsystematischen Verhältnis zueinander stehen. Die beobachtbaren gesellschaftlichen Fragmentierungstendenzen brechen sich dabei bis auf die Ebene individueller Akteure herunter. Individualisierungs- und Fragmentierungstendenzen in „der" Gesell-

---

76 Zu diesem Ergebnis kommt der Rat für Nachhaltige Entwicklung in seiner „Momentaufnahme 2004", in der dieses Problem mit Blick auf die Bundesrepublik Deutschland untersucht wird (vgl. RNE (2004), S. 14). Vgl. ähnlich Michelsen/Godemann, 2002, S. 330.

77 Vgl. Scherhorn/Weber, 2002.

78 Zu den genannten Ergebnissen vgl. Deutsche BP AG, 2005, S. 6. Ähnliche Ergebnisse weist auch Michelsen, 2005, S. 27, aus.

79 Vgl. Grunenberg/Kuckartz, 2005, S. 204. Problematisch ist in diesem Zusammenhang, dass der Nachhaltigkeitsbegriff im Gegensatz zu Leitbildern wie Demokratie oder Menschenrechte ein geringes individuelles Mobilisierungspotenzial aufweist und so auch als *„Vision ohne Herzblut"* (Mast/Fiedler, 2005, S. 570) bezeichnet wird.

80 Rosenberger, 2001, S. 443.

schaft werden dabei besonders in marktökonomischen[81] und soziologischen Bezügen[82] thematisiert.

Aus *soziologischer Perspektive* kann die Individualisierung als eine neue Form der Lebensgestaltung der Menschen und deren persönlicher Biographie aufgefasst werden. Die „Normalbiographie" werde, so die weitläufige Auffassung, zur „Bastelbiographie" – mit anderen Worten: Eine große Zahl an Definitionsleistungen wird den Individuen selbst abverlangt.[83] Aufgrund der damit – ceteris paribus – unvermeidlich verbundenen individuellen „Perspektivverengung" hat dies wiederum eine dynamisierende Wirkung auf das bereits in Kapitel 2.2.1.2 skizzierte Auseinanderbrechen des biologischen und kulturellen Koevulotionszusammenhangs. Die Tragweite der „Individualisierung" manifestiert sich BECK zufolge anhand von drei Dimensionen:[84] Während die *Freisetzungsdimension* die individuelle Herauslösung aus historisch vorgegebenen Sozialformen und -bindungen im Sinne traditioneller Herrschafts- und Versorgungszusammenhänge umschreibt, subsumiert die *Entzauberungsdimension* den Verlust von traditionellen Sicherheiten im Hinblick auf Handlungswissen, Glauben und leitende Normen. Die *Kontroll- und Reintegrationsdimension* skizziert letztlich eine neue Art der sozialen Einbindung – womit die Bedeutung der Individualisierung gleichsam in ihr Gegenteil verkehrt wird.

Während die hier vornehmlich soziologisch einzuordnende Individualisierung soziale Fragmentierungsentwicklungen thematisiert, lässt sich zudem vermuten, dass die *marktökonomischen Fragmentierungstendenzen* des Unternehmensumfeldes[85] sich auf die gedankliche Unterteilung des *Unternehmens*umfelds in Stakeholdergruppen[86] zumindest mittelbar auswirkt und somit auf die Diffusion der Idee der Nachhaltigen Entwicklung rückwirkt. Somit ist letztlich der gesellschaftliche Kontext von Unternehmen als multidimensional[87] und fragmentiert einzustufen – auch mit Blick auf die Gestaltung der Kommunikation –, schließlich *„[...] vereinen sich ähnlich geartete Lebenslagen zu unterschiedlichen sozialen Milieus, mit unterschiedlichen Kommunikationsmustern und –gewohn-*

---

81 Vgl. exemplarisch Hansen/Bode, 1999, S. 197f.; Schnäbele, 1997, S. 9-15; Wiswede, 1991, 35-37.

82 Vgl. die Arbeit von Beck, 1986.

83 Vgl. Weiß, 2002, S. 54f.

84 Vgl. im Folgenden Beck, 1986, S. 206.

85 Vgl. ausführlich z. B. Schnäbele, 1997, S. 7-21.

86 Zum Stakeholderkonzept vgl. ausführlicher Kapitel 2.2.2.3.

87 Dies gilt zunächst für die Bezüge, in denen Unternehmen und unterschiedliche gesellschaftliche (Teil-) Gruppierungen sowie deren konstituierende Individuen zueinander im Verhältnis stehen. Diese können beispielsweise – grob vereinfachend – organisatorisch-substantieller (Mitarbeiter), marktlicher (Absatz- und Beschaffungsmärkte), kooperativer (Wissenschaft), politisch-rechtlicher (Politik, Exekutive und Verbände) und kultureller (Sponsoring) Art sein.

*heiten.*“[88] So wird unmittelbar deutlich, dass auch Unternehmen mit gravierenden Herausforderungen bei der Operationalisierung des Konzepts der Nachhaltigen Entwicklung konfrontiert sind, deren nähere Erläuterung Gegenstand des folgenden Kapitels sein soll.

### 2.2.2. Die Rolle von Unternehmen in der Nachhaltigkeitsdiskussion unter besonderer Berücksichtigung des Automobilsektors

#### 2.2.2.1. Die Begründung der Verantwortung von Automobilunternehmen

Der im deutschsprachigen Raum durch ULRICH geprägte Begriff des Unternehmens als *quasi-öffentliche Institution*[89] basiert auf der Annahme einer komplexen, dynamischen Umwelt, mit der Unternehmen zur langfristigen Sicherung ihrer Existenz in vielfältiger Weise interagieren müssen.[90] Unternehmen können demnach nicht länger als autonom in ihren privatwirtschaftlichen Entscheidungen angesehen werden, sondern unterliegen – ähnlich öffentlichen Organisationen – gesteigerten Begründungs- und Legitimationszwängen.[91] Insbesondere die im Rahmen der Globalisierung multinational agierenden Unternehmen sehen sich dabei mit einer wachsenden gesellschaftlichen Erwartungshaltung konfrontiert, die ihnen eine wesentliche Mitverantwortung bei der Verwirklichung zentraler gesellschaftlicher Ziele zuschreibt.[92] FOMBRUN präzisiert diese umfassende Erwartungshaltung – der zufolge die Rollenzuweisung auch soziale Integration und moralische Verantwortungsübernahme umfasst: *„Companies are not only engines of economic growth but also pivotal agents of social and political integration.*"[93]

Diese zunehmende *Verantwortungszuschreibung an Unternehmen* resultiert in erster Linie aus Veränderungen der Position des Wirtschaftssektors zwischen Staat und Zivilgesellschaft, wobei von allen drei Sektoren Einflüsse ausgehen

---

88 Michelsen/Godemann, 2004, S. 336.

89 Vgl. Ulrich, 1977, der zu der Verbreitung des Begriffes im deutschsprachigen Raum maßgeblich beigetragen hat. Der englische Begriff der „quasi public corporation“ wurde bereits früher geprägt. Vgl. Berle/Means, 1932, S. 333.

90 Vgl. Lenz, 2003, S. 9f. Vgl. auch ähnlich Steinle, 1995, S. 914.

91 Vgl. Dyllick, 1992, S. 460. Aktuell wird die Debatte um Rechte und Pflichten von Unternehmen gegenüber der Gesellschaft besonders intensiv unter dem Begriff „Corporate Citizenship“ (vgl. erneut Kapitel 2.1.1) geführt. Vgl. vertiefend die Arbeiten von Hansen/Schrader, 2005; Maignan/Ferrell/Hult, 1999; Seitz, 2002; Ulrich, 2000; Warhurst, 2001 sowie Weiß, 2002.

92 Vgl. imug, 1997, S. 45.

93 Fombrun, 1997, S. 28.

und zwischen ihnen Interdependenzen bestehen.[94] Nationalstaaten haben insofern weltweit einen Bedeutungsverlust erlitten, als ihre Gestaltungsmacht in wirtschaftlicher und rechtlicher Sicht[95] gesunken ist.[96] Diesen Befunden steht ein Bedeutungsgewinn des privatwirtschaftlichen Sektors gegenüber. Besonders große, multi-national agierende Unternehmen haben gegenüber den nationalstaatlichen Institutionen an Machtpotenzial gewonnen. Ihre gewichtige Rolle bedingt sich nicht ausschließlich durch ihre Produktionstätigkeit und den damit verbundenen (externen) Effekten, sondern auch durch ihren Einfluss auf die bereits in Kapitel 2.2.1.1 diskutierten Lebensstile und Konsummuster sowie ihre Funktion als Arbeitgeber und Ort sozialer, ökonomischer und ökologischer Innovationen.[97] Dabei wird betont, dass im Zuge der veränderten Machtbalance zusätzliche *Handlungsspielräume* entstehen, die sich in einer gesteigerten Verantwortungszuschreibung durch Staat und Zivilgesellschaft manifestieren. Zudem werden Unternehmen regelmäßig durch Nichtregierungsorganisationen (NGOs) und (umweltbewusste) Verbraucher[98] kritisiert oder aber diese bieten den Unternehmen ihre Kompetenzen im Rahmen von Kooperationen an.[99]

So kann gefolgert werden, dass sich insbesondere für viele große Unternehmen der Handlungskontext über den reinen Markt hinaus in Politik und Gesellschaft hinein vergrößert und ausdifferenziert hat.[100] Vor diesem Hintergrund scheint es nahe liegend, das Konzept der Nachhaltigen Entwicklung auch auf die Unternehmensebene zu transferieren[101] – gemäß ELKINGTON aufgrund mittelbarer ökonomischer Effekte: *„Many businesses that are doing 'it' authentically and creatively will outperform those who are simply in compliance mode.“*[102] Die Diskussionen um die Bedeutung einer Nachhaltigen Entwicklung für Unternehmen reichen jedoch noch nicht sehr lange zurück, wenngleich z. B. der WORLD BUSINESS COUNCIL FOR SUSTAINABLE DEVELOPMENT (WBCSD) als Zusammen-

---

94 Vgl. Hansen/Schrader, 2005, S. 377.

95 Die wirtschaftliche Sicht bezieht sich auf den Umstand, dass überwiegend defizitäre Staatshaushalte immer weniger Finanzmittel für politische Interventionen bereitstellen können. Die rechtlichen Einschränkungen beziehen sich auf den im Zuge der Globalisierung schrumpfenden Wirkungskreis rechtlicher Lenkungsmittel (vgl. ähnlich Hansen/Schrader, 2005, S. 377).

96 Zu den genannten Aspekten vgl. Hansen/Schrader, 2005, S. 377f.

97 Vgl. Fichter, 1998, S. 3.

98 Vgl. Steinle/Lawa/Schollenberg, 1993, S. 7.

99 Vgl. Hansen/Schrader, 2005, S. 378. Vgl. ähnlich SustainAbility, 2004a.

100 Vgl. ähnlich Hansen/Schrader, 2005, S. 378.

101 Grill zog anlässlich des beendeten "World Summit on Sustainable Development“ in Johannesburg (2002) ein düsteres Fazit – in dem er das bis dato uneingelöste Versprechen einer verbindlichen institutionellen Verankerung der Prinzipien Nachhaltiger Entwicklung anmahnt: *„Weder Zeitrahmen noch Zielvorgaben, die Finanzierung offen und wieder kein Konzept, wie all die hehren Vorsätze institutionell zu verankern wären [...]. Der Aktionsplan für Nachhaltige Entwicklung – eine Litanei des Unverbindlichen.“* (Grill, 2002).

102 Elkington, 2003, S. 4.

schluss international agierender Großunternehmen sich bereits seit der genannten Rio-Konferenz 1992 um die Konkretisierung und Umsetzung dieses globalen Leitbildes bemüht. Der Status Quo der Debatte um die konkreten inhaltlichen Facetten der Nachhaltigen Entwicklung sei im folgenden Kapitel am Beispiel des Automobilsektors näher beleuchtet.

#### 2.2.2.2. Die inhaltliche Ausdifferenzierung der Nachhaltigen Entwicklung aus der Perspektive des Automobilsektors

Aus einer *Managementperspektive* kann festgestellt werden, dass im Rahmen der unternehmerischen Beschäftigung mit Nachhaltigkeit insbesondere die ökologische Dimension systematisch in die Unternehmensführung integriert wurde.[103] Durch Instrumente wie Öko-Controlling und Umweltmanagementsysteme wie EMAS I/II oder ISO 14001 wurde die ökologische Dimension in betriebliche Entscheidungen einbezogen.[104] Erst in neuerer Zeit rückt die soziale Verantwortung von Unternehmen zunehmend als strategisches Thema in den Mittelpunkt des Interesses. So wurden die anfänglich noch stark ökologisch dominierten Operationalisierungsversuche auf Unternehmensebene neuerdings durch soziale und finanzielle Aspekte angereichert.[105] Vor dem Hintergrund der skizzierten Forderung nach umfassender Verantwortungsübernahme wird hierzu ein Wertewandel zugunsten einer nachhaltigen Unternehmenspolitik[106] sowie eine entsprechende dreidimensionale Ausrichtung und Anpassung des Zielsystems, der unternehmerischen Strukturen und Prozesse unter dem Gesichtspunkt eines *Nachhaltigkeitsmanagements* gefordert.[107] Nachhaltige Entwicklung hat sich im Zuge dessen zu einem Managementthema und zu einem Trend der Unternehmenspolitik(en) entwickelt, zu dem sich vor allem immer mehr global agierende Großunternehmen – wenngleich mit unterschiedlichem Elaborationsgrad und inhaltlichen Akzenten – in ihren Grundsätzen und Leitbildern bekennen.[108] Da

---

[103] Vgl. Loew, 2001, S. 10. Demgegenüber verfügt im Bereich der Berichterstattung die betriebliche Sozialdebatte eigentlich über eine längere Tradition, die sich aber nicht etablieren konnte. Vgl. zur Entstehung der Sozialbilanzierung Teichert, 1995, S. 21-26. So hat die Volkswagen AG bereits von 1979-1982 eigenständig Sozialberichte veröffentlicht. Vgl. Weiß, 2002, S. 250.

[104] Vgl. Schneidewind, 1997, S. 73 sowie Loew, 2001, S. 10.

[105] Vgl. Weiß, 2002, S. 135.

[106] Vgl. Clausen/Mathes, 1998, S. 43.

[107] Vgl. Schulz/Burschel/Losen, 2001, S. 2f.

[108] Zu diesem Ergebnis kommt die Schweizer Research-Agentur SAM, die jährlich im Auftrag der Dow Jones Sustainability Indexes Serie (DJSI) die Nachhaltigkeitsperformance börsennotierter Unternehmen überprüft. „*Sustainability strategies are further integrated into companies' core businesses. New principles in codes of conduct, wider scope and coverage of environmental and social performance measurement systems and alignment of sustainability targets with remuneration are examples for this trend.*" (DJSI, 2004, S. 8). So weist

die betriebswirtschaftliche Praxis den Nachhaltigkeitsbegriff jedoch schneller aufgenommen zu haben scheint als die Managementlehre und -praxis selbst, weisen derartige Dokumentationsversuche häufig eine inhaltliche Unschärfe und Theorielosigkeit auf.[109] Zusätzlich wird die Befürchtung geäußert, der Nachhaltigkeitsbegriff könne durch interessengeleitete Definitionen, mit denen betriebliche Entscheidungen und Vorstellungen begründet und legitimiert werden können, letztlich verwässert werden.[110] Gegenwärtig werden die einzelnen „Standbeine" der Nachhaltigkeit oft isoliert und nicht gleichberechtigt betrachtet, da es trotz der verstärkten Bemühungen zur Entwicklung von Instrumentarien wie Sustainability Balanced Scorecards[111], Nachhaltigkeitsaudits[112] oder wertorientierten Unternehmensführungskonzepten wie Economic Value Added® (EVA)[113] noch an geeigneten und etablierten Denk- und Handlungsanleitungen zur integrierten Betrachtung aller drei Dimensionen fehlt und meist noch keine hinreichende Klarheit über deren Interdependenzen, Zielkonflikte[114] und Lösungsmöglichkeiten besteht.

Hinsichtlich etwaiger *automobilsektorspezifischer Nachhaltigkeitskriterien und Indikatoren* existieren mittlerweile jedoch zahlreiche Bestrebungen einer inhaltlichen Ausdifferenzierung des Leitbildes, die einzelnen Unternehmen eine Orientierung für die Implementation der Prinzipien einer Nachhaltigen Entwicklung liefern und sich oft an dem Schlagwort der „Nachhaltigen Mobilität" orientieren.[115] Als ein Ansatz der Diskussion um Inhalte und Aspekte einer Nachhaltigen Mobilität sei das seitens der Automobilindustrie im Jahr 2000 initiierte Kooperationsprojekt *„Mobility 2030: Meeting the challenges to sustainability"*[116] des WBCSD genannt.[117] Der Begriff der Nachhaltigen Mobilität wird im WBCSD-Projekt dabei wie folgt verstanden: *"Sustainable Mobility is the ability to meet*

---

z. B. die Volkswagen AG „Nachhaltigkeit" als einen von insgesamt sieben Konzernwerten aus (vgl. hierzu Volkswagen AG, 2003a, S. 14f.).

109 Vgl. ähnlich Müller-Christ, 2001, S. 87; Schulz, 2003, S. 8.

110 Vgl. Hansen/Schrader, 2001, S. 24.

111 Vgl. hierzu vertiefend z. B. Arnold/Freimann/Kurz, 2001, S. 74; Schulz, 2003, S. 10.

112 Vgl. hierzu vertiefend z. B. Empacher/Kluge/Lux, 2001, S. 68ff., zitiert nach Schulz, 2003, S. 10.

113 Zur Praxisanwendung vgl. exemplarisch Volkswagen AG, 2003, S. 105-107.

114 Zur Thematisierung von Zielkonflikten in Nachhaltigkeitsberichten vgl. z. B. Volkswagen AG, 2005, S. 8f.

115 Vgl. exemplarisch WBCSD, 2004; UBA, 2004 sowie EU, 2004.

116 WBCSD, 2004.

117 Die beteiligten Unternehmen des Automobilsektors verfolgten mit der Initiative das Ziel, eine Vision für eine Nachhaltige Mobilität im Jahr 2030 zu entwickeln und etwaigen Handlungsbedarf zu identifizieren. Rund 200 Experten der beteiligten Unternehmen (u. a. auch Volkswagen) hatten im Rahmen der Initiative in Arbeitsgruppen Lösungsansätze erarbeitet. Initiiert wurde dies durch weltweit durchgeführte Stakeholderdialoge, auf deren Basis Meinungen und Einstellungen externer Stakeholder der Unternehmen im Hinblick auf Problemfelder und mögliche Lösungsansätze in Erfahrung gebracht werden konnten.

*the needs of society to move freely, gain access, communicate, trade, and establish relationships without sacrificing other essential human or ecological values, today or in the future."*[118] Das Verständnis einer Nachhaltigen Mobilität wurde dabei auf der Basis von sieben Zielfeldern weiter ausdifferenziert, die kriterielle Akzentuierungen deutlich werden lassen:[119]

a. *Ensure that the emissions of transport-related conventional pollutants do not constitute a significant public health concern anywhere in the world*
b. *Limit transport-related GHG emissions to sustainable levels*
c. *Significantly reduce the total number of road vehicle-related deaths and serious injuries from current levels in both the developed and the developing worlds*
d. *Reduce transport-related noise*
e. *Mitigate congestion*
f. *Narrow the "mobility opportunity divides" that inhibit the inhabitants of the poorest countries and members of economically and socially disadvantaged groups within nearly all countries from achieving better lives for themselves and their families*
g. *Preserve and enhance mobility opportunities for the general population of both developed and developing-world countries*

Trotz derartiger freiwilliger Bemühungen, konstatieren einige Autoren, dass etwaige Implementationsansätze von (Automobil-) Unternehmen eher reaktiven denn aktiven Charakter aufweisen.[120] Grund hierfür sei, dass Unternehmen – oft aufgrund ihrer Rolle als Kapitalgesellschaft – traditionell bestrebt sind, Aktivitäten und Themen in erster Linie unter ökonomischen, durch die „Taktung der Finanzmärkte" induzierten kurzfristig kostenorientierten Gesichtspunkten zu beurteilen und somit die ökonomische Dimension der Nachhaltigkeit als primäres Denkmodell verwenden.[121] Insofern birgt das komplexe Querschnittsthema Nachhaltigkeit für global agierende Automobilunternehmen konzeptimmanentes Konfliktpotenzial: *„Das liegt [...] daran, dass dieses Potenzial schon im Begriff Nachhaltigkeit selbst lauert, weil dieser Begriff eine Optimierungsfunktion über mindestens drei Faktoren* (gemeint ist die „Triple-Bottom-Line"; D.-S. R.) *beschreibt. [...] Das Problem ist, dass die Wirtschaftlichkeit gleich zweimal vorkommt. Sie ist einer der drei Faktoren und zudem die Größe, an der alle drei gemessen werden. "*[122] Problematisch ist hierbei insbesondere, dass eine einheitliche, belastbare und quantifizierbare Operationalisierung sozialer und ökologi-

[118] WBCSD, 2004a.
[119] Vgl. WBCSD, 2004, S. 58-66.
[120] Vgl. ähnlich Brunner, 2003, S. 21; Steven, 2001, S. 29.
[121] Vor diesem Hintergrund sei auch der Volkswagen Umweltbericht 2003/2004 zitiert: *„Unternehmen müssen nach ökonomischen Gesichtspunkten handeln. Ihre Grundfunktion besteht darin, ökonomische Werte zu schaffen und die Bedürfnisse ihrer Kunden zu befriedigen. Um dies langfristig zu gewährleisten, müssen sich die Unternehmen jedoch auch ihrer gesellschaftlichen und ökologischen Wirkungen bewusst sein und diese vorausschauend und gestaltend in ihre Unternehmenspolitik mit einbeziehen."* (Volkswagen AG, 2003, S. 8).
[122] Zimmerli, 2003.

scher Kriterien sowie inter-dimensionaler Vergleichsmaßstäbe bislang noch aussteht.

Sektorspezifische Operationalisierungsversuche des Problems der Nachhaltigen Mobilität dienen freilich eher der Illustration *möglicher* Inhalte und stellen hingegen sicherlich keine erschöpfende Sammlung *sämtlicher* Aspekte dar. Ebenso wie die variierenden Auffassungen des Leitbildes der Nachhaltigen Entwicklung ein Spiegel des individuellen Erfahrungsbereiches darstellen, sind Ergebnisse von Kooperationsprojekten wie die des WBCSD bzw. anderen nationalen oder supranationalen Initiativen als heterogen und interessengeleitet einzustufen.[123]

Vor diesem Hintergrund nehmen die regelmäßig stattfindenden *Nachhaltigkeits-Assessments* zahlreicher Research-Institutionen die Funktion eines Korrektivs sowie einer inhaltlichen Orientierungshilfe ein. Diese Bewertungsprozesse basieren i. d. R. auf sektorspezifisch – z. T. bereits auch unternehmensspezifisch – konzipierten Fragebögen und werden durch die Analyse von zahlreichen Unternehmenspublikationen (z. B. Geschäftsberichte, Umwelt- und Nachhaltigkeitsberichte etc.) flankiert. Die Ergebnisse dieser Analysen dienen oft auch der Selektion von Wertpapieren in Nachhaltigkeitsindices internationaler Börsenplätze. [124] Eine Zusammenschau [125] der Bewertungskriterien verschiedener Research-Institutionen liefert ein umfassendes Set potenziell relevanter Kriterien automobilsektorspezifischer Nachhaltigkeit (vgl. Tabelle 2).

Einzelne Teilaspekte eines derartigen Kriteriensets weisen bereits in sich hohe Komplexitätsgrade auf, die sowohl die untersuchten Unternehmen als auch die untersuchenden Research-Institutionen vor Herausforderungen stellen. Aus Unternehmenssicht gestaltet sich insbesondere die Dokumentation dieser Aspekte aufwändig. Die Research-Institutionen stehen hingegen vor der Herausforderung, geeignete Messmethoden und Beurteilungskriterien zu entwickeln, die es ermöglichen, Unternehmen der Automobilindustrie, die oft erheblich verschiedene Fertigungstiefen und Zielmärkte/-gruppen aufweisen, hinsichtlich ihrer „Nachhaltigkeitsperformance“ vergleichend zu bewerten. Als problematisch

---

[123] Vgl. hierzu exemplarisch die Publikationen zur Nachhaltigen Mobilität des BMU sowie der Europäischen und Japanischen Automobilverbände ACEA und JAMA (vgl. BMU, 2003 sowie ACEA/JAMA, 2002).

[124] Als gegenwärtig prominente Beispiele seien hier zum einen die New Yorker Dow Jones Sustainability Index-Serie (DJSI, vgl. www.sustainablity-indexes.com), basierend auf den Bewertungen von SAM sowie das Londoner Pendant FTSE4Good (vgl. www.ftse4good.com), basierend auf den Bewertungen der Institute EIRIS und imug, genannt. Weitere Indices sind der Ethibel Sustainability Index (ESI) sowie der Advanced Sustainability Performance Index (ASPI) (alle URLs abgerufen am 25.05.2004).

[125] Es sei an dieser Stelle angemerkt, dass die Kriteriensets einzelner Research-Institutionen in ihrer Struktur sehr verschieden sind. So gesehen kann konstatiert werden, dass sich die begriffliche Vielfalt auch in diesen Operationalisierungsversuchen widerspiegelt.

erweist sich in diesem Zusammenhang zudem der Umstand, dass das unternehmerische Umfeld in seiner Struktur als heterogen zu bezeichnen ist und dementsprechend die Relevanz einzelner in Tabelle 2 dargestellter Kriterien betrachterabhängig variiert. Symbolisiert wird dieses Problem durch den verbreiteten Denkansatz des Stakeholder-Modells, der hier abschließend als weiterer zentraler Mosaikstein der Operationalisierung der Nachhaltigen Entwicklung auf Unternehmensebene dargestellt werden soll.

| Dimension | Kriterien | |
|---|---|---|
| *Ökonomie* | • Corporate Governance<br>• Informationsoffenheit/Berichterstattung (Nachhaltigkeit)<br>• Management der Lieferantenkette<br>• Risiko- & Krisenmanagement<br>• Unternehmensgrundsätze/-leitlinien<br>• Customer Relationship Management | • Investor Relations<br>• Internationale Verflechtung(en)<br>• Marken- und Reputationsmanagement<br>• Produktqualität<br>• Scorecard- und strategische Messsysteme<br>• Strategische Planung und Organisationsentwicklung |
| *Ökologie* | • $CO_2$-Intensität des Produktportfolios inkl. Reduktionsstrategien<br>• Klimastrategie<br>• Kreislaufbetrachtung (Recycling, Lebenszyklusanalysen)<br>• Umweltberichterstattung<br>• Umweltperformance in der Beschaffung<br>• Umweltperformance in der Produktion<br>• Umweltperformance/Öko-Effizienz im Produkt<br>• Umweltpolitik und -management | • Emissionen mit innerstädtischer Relevanz<br>• Gebäude-Ökologie<br>• Investitionen in Innovationen, Forschung für Umweltschutz<br>• Landnutzung, Bodenkontamination und Biodiversität<br>• Transportlogistik<br>• Umweltperformance After-Sales, Services<br>• Umweltrisiken (unternehmens- und sektorspezifisch) |
| *Soziales* | • Arbeits- und Beschäftigungspraktiken<br>• (Globale) Standards für Lieferanten inkl. deren Arbeitsbedingungen<br>• Arbeitsschutz, -sicherheit<br>• Gleichberechtigung, Nichtdiskriminierung<br>• Menschenrechte<br>• Sozialpolitik, -standards (extern)<br>• Vereinigungsfreiheit, Interessenvertretung<br>• Corporate Citizenship/Philanthropy<br>• (Lokales) Stakeholder Engagement, Stakeholderbeziehungen | • Ausschlusskriterien: Produktion und Verkauf von Alkohol, Waffen, Pelzen, Tabakwaren, Waffen sowie Glücksspiel<br>• Personalentwicklung<br>• Schaffung und Sicherung von Arbeitsplätzen<br>• Sozialberichterstattung<br>• Standortentwicklung<br>• Talentegewinnung und -bindung<br>• Wissensmanagement<br>• Organisationales Lernen |

Tabelle 2: Zusammenschau automobilsektorspezifischer Kriterien der Nachhaltigen Entwicklung internationaler Nachhaltigkeitsratings.

Quelle: Eigene Zusammenstellung..

### 2.2.2.3. Das Stakeholder-Konzept als zentraler unternehmerischer Operationalisierungsansatz der Nachhaltigen Entwicklung

Das Stakeholder-Konzept impliziert – analog zu den Ausführungen im Kapitel 2.2.2.1 – ein umfassendes Verständnis von Unternehmen hinsichtlich ihrer gesellschaftlichen Funktion und Legitimation.[126] In Anlehnung an ULRICH & FLURI kann ein Unternehmen als multifunktionale, pluralistisch legitimierte Wertschöpfungseinheit verstanden werden, die sozioökonomische Funktionen für verschiedene Anspruchsgruppen (Stakeholder) [127] erfüllt. [128] Die durch das Unternehmen vollzogene Wertschöpfung dient neben der Schaffung ökonomischer Werte (Produkte, Leistungen) der Erfüllung weiterer Funktionen, zu denen u. a. die Einkommenserzielung sowie soziale und kulturelle Aufgaben zählen. Der Erfolg des Unternehmens ist somit nicht nur von primär marktlichen, sondern auch nicht-marktlichen Faktoren abhängig.[129]

Im internationalen Raum wird die Diskussion des Stakeholder-Ansatzes auf FREEMAN zurückgeführt[130]. Der Autor subsumiert unter „dem" Stakeholder *„[...] any group or individual who can affect or is affected by the achievement of the organisation's objectives."*[131] Der Terminus „stake" (Anspruch) ist dabei als Erweiterung des „share"-Begriffs zu verstehen, demzufolge lediglich die qua Wertpapierbesitz legitimierten Anteilseigner als strategisch relevant angesehen werden. Der Stakeholder-Theorie folgend verorten sich Unternehmen in einem komplexen und dynamischen Netzwerk verschiedener Stakeholdergruppen, auf deren Akzeptanz sie angewiesen sind.[132] Mittlerweile existieren in der Theoriebildung zahlreiche unterschiedliche Strukturierungsversuche des Unternehmensumfeldes.[133]

Als zentrales Merkmal des Stakeholder-Ansatzes können zahlreiche wechselseitige Beziehungszusammenhänge zwischen dem Unternehmen und den Anspruchsgruppen identifiziert werden [134], die sich in vielfältigen bilateralen

---

126 Vgl. Schoenheit, 2005, S. 176.

127 Im Folgenden sollen die Begriffe Anspruchsgruppe und Stakeholder(-cluster) synonym verwendet werden.

128 Vgl. Ulrich/Fluri, 1995, S. 60, vgl. auch Schoenheit, 2005, S. 176.

129 Vgl. Schoenheit, 2005, S. 175.

130 Die Idee der Unternehmung im Kontext des gesellschaftlichen Interesses geht auf Freeman zurück. Dabei lehnt sich diese Theorie an die Anreiz-Beitrags-Theorie (vgl. Barnhard, 1938) sowie die Koalitionstheorie (vgl. Cyert/March, 1963) an.

131 Freeman, 1984, S. 46.

132 Vgl. Freeman, 1984, S. 46; Schoenheit, 2005, S. 174.

133 Für einen exemplarischen Strukturierungsansatz vgl. Volkswagen AG, 2003, S. 9.

134 Vgl. Hansen/Bode, 1999, S. 383.

Austausch- und Kommunikationsbeziehungen spiegeln.[135] Die *genaue* begriffliche Weite, welche Akteure bzw. Subkategorien der Anteilseigner, Teilöffentlichkeiten, Bezugs- oder Interessensgruppen[136] strategisch bedeutsam sind, variiert indes und ist zudem nur schwer zu klären.[137] Je nach Beitrags- und Sanktionspotenzial können die Beziehungen zwischen Unternehmen und Stakeholdern gestuft bzw. kategorisiert dargestellt werden. So werden nach CLARKSON[138] *primäre und sekundäre Stakeholder* wie folgt unterschieden:[139] Während zwischen der Organisation und den *primären Stakeholdern*, wie etwa Anteilseignern, Mitarbeitern, Kunden und Lieferanten, unmittelbare, oft vertragliche Abhängigkeitsverhältnisse bestehen, die als elementar für den Fortbestand der Unternehmung angesehen werden müssen, ist die Beziehung zu den *sekundären Stakeholdern* indirekter Art. Trotz ihrer nur indirekten Anbindung an das Unternehmen verfügen diese dennoch über weit reichende Möglichkeiten der Mobilisierung öffentlichen, politischen oder marktlichen Drucks[140] und können – auch durch ihren Einfluss auf die primären Stakeholder – beträchtliche Reputationsschäden für Unternehmen bewirken. Die nahe liegende begriffliche Suggestion, bei sekundären Stakeholdern handle es sich zugleich um weniger bedeutende Akteure, erweist sich somit als Trugschluss. Zum Verständnis der Komplexität des Beziehungsgefüges ist es weiterhin von Bedeutung, dass Stakeholder oftmals dem Unternehmen gegenüber multiple Rollen einnehmen und bspw. gleichzeitig Mitarbeiter, Kunden, Nachbarn und Aktionäre sein können.

Alternativ werden nach JANISCH Stakeholder gemäß der Intensität ihrer Ansprüche und ihrem Einfluss auf das Unternehmen in drei Kategorien, die auf den Dimensionen „Machtgrundlage“ und „Wille zur Machtausübung“ basieren, eingeteilt: Sämtliche soziale Gruppen, mit denen das Unternehmen tatsächlich oder potenziell sowie (un)mittelbar in Kontakt steht, werden als *Bezugsgruppen*

---

135 Vgl. Schmid, 1997, S. 634. Die skizzierte Komplexität manifestiert sich insbesondere auch durch die Heterogenität der Informationsbedarfe von Stakeholdern, auf die in den Kapiteln 3.4.1.2 und 6.1.1.3.3 vertiefend eingegangen werden soll.

136 Die deutschen Synonyme des Stakeholder-Begriffs sind demnach vielfältig – insbesondere aufgrund der unterschiedlichen Blickwinkel verschiedener Disziplinen, die den Begriff aufgenommen haben. Vgl. hierzu Lenz, 2003, S. 15 sowie vertiefend Achleitner, 1985, S. 76.

137 Vgl. Steurer et al., 2005, S. 276.

138 Vgl. Clarkson, 1995, S. 106f.

139 Alternative Strukturierungen, die hier nicht weiter vertieft werden sollen, fungieren meist als zweidimensionale, dyadische Analyseraster auf der Basis von Kriterien wie „Integration in das Unternehmen/Marktbezogenheit“ (vgl. Mesterharm, 2001, S. 328), „Visibility/Issues Overlap“ (vgl. Cottman, 2002, S. 4), „Level of Interest/Level of Influence“ (vgl. WBCSD, 2002, S. 17), „Kooperationsbereitschaft/Bedrohungspotenzial“ (vgl. Savage et al., 1991, S. 65) oder segmentieren, wie durch Gröner & Zapf vorgenommen, in „funktionale“, „autorisierend-kontrollierende“, „normative“ und „diffuse“ Untergruppen (vgl. Gröner/Zapf, 1998, S. 52-57).

140 Vgl. Clarkson, 1995, S. 106f.

klassifiziert.[141] Gruppen, die in tatsächlich direkter oder indirekter Beziehung zum Unternehmen stehen und somit ein unmittelbares und unmissverständliches Interesse am Unternehmen und dessen Verhaltensweisen bekunden, sind *Interessensgruppen (Quasi-Anspruchsgruppen)*. Ihr Wille zur Machtausübung ist in Abgrenzung zu den Bezugsgruppen deutlich stärker ausgeprägt. Schließlich verfügen sog. *strategische Anspruchsgruppen* über eine große Macht zur Durchsetzung ihrer Ansprüche. Sie artikulieren konkrete Interessen direkt oder durch Dritte und stellen daher konkrete Ansprüche gegenüber dem Unternehmen.[142]

Die unterschiedlichen Grundansätze der genannten Kategorisierungen sind jedoch z. T. mit unumgehbaren Problemen verbunden. Zunächst ist davon auszugehen, dass die Eignung einzelner Ansätze bzw. der hiermit verbundenen Kategorien *unternehmens-* und *zweckspezifisch* variiert. Ist die Auswahl eines bestimmten Ansatzes getroffen worden, ergibt sich unmittelbar ein Messproblem durch die Auswahl, Anwendung und Messung valider Kriterien, auf deren Basis einzelne Akteure in adäquate Untergruppen kategorisiert werden. Da vergleichsweise abstrakte Konstrukte wie z. B. „Machtgrundlage" (s. o.) durch zahlreiche Determinanten gespeist werden[143], erweist sich JANISCHs vordergründig praktikable kategorische Dreiteilung bei genauerer Betrachtung in ihrer Anwendung als weitaus komplexer und komplizierter und teilweise in ihrer Fassung unscharf.[144] Sollte indes der Schritt zur Erhebung und Kategorisierung der Stakeholder vollzogen sein, weisen SAVAGE et al.[145] m. E. zu Recht darauf hin, dass die unternehmensspezifische Bedeutung von Anspruchsgruppen situativ und beobachterabhängig variiert – insbesondere aufgrund der strukturellen Dynamik in der sozio-politischen Öffentlichkeit bzw. der Art und Signifikanz der zu einem fixen Zeitpunkt einschlägigen Issues. Diese Befunde führen schließlich zu einer beträchtlichen Dynamik in der unternehmensspezifischen Topographie des Stakeholderumfeldes, wie Abbildung 3 schematisch verdeutlicht.

So können – exemplarisch betrachtet – gegenwärtige „Bezugsgruppen" (②) bzw. deren Akteure zukünftige „strategische Anspruchsgruppen" (①) darstellen – vice versa, etc. Zudem können die statisch gültigen, gewählten Segmentierungsgrenzen sich verschieben oder gar „aufweichen", wie in Abbildung 3 durch die gestrichelten Linien angedeutet. Eine kontinuierliche Revision der Klassifikationen scheint demnach geboten.[146] In diesem Lichte fassen STAEHLE & NORK unter

141 Vgl. Janisch, 1993, S. 127.
142 Vgl. Janisch, 1993, S. 127f.; Lenz, 2003, S. 17.
143 Achleitner, 1985, S. 122-126, nennt Vertrautheits- oder Unsicherheits-, Abhängigkeits- und Einflussgrad.
144 Zudem sind insbesondere wenig trennscharfe Kategorisierungen wie die durch Gröner & Zapf vorgestellte (vgl. FN 139) als begrenzt praktikabel einzustufen. Vgl. zu dieser Kritik Mesterharm, 2001, S. 326f.
145 Vgl. Savage et al., 1991, S. 62f.
146 Vgl. Achleitner, 1985, S. 76.

aufgeklärten Unternehmen[147] diejenigen, welche eine kooperativ-problemorientierte Strategie im Kontext ihrer Anspruchsgruppen verfolgen.

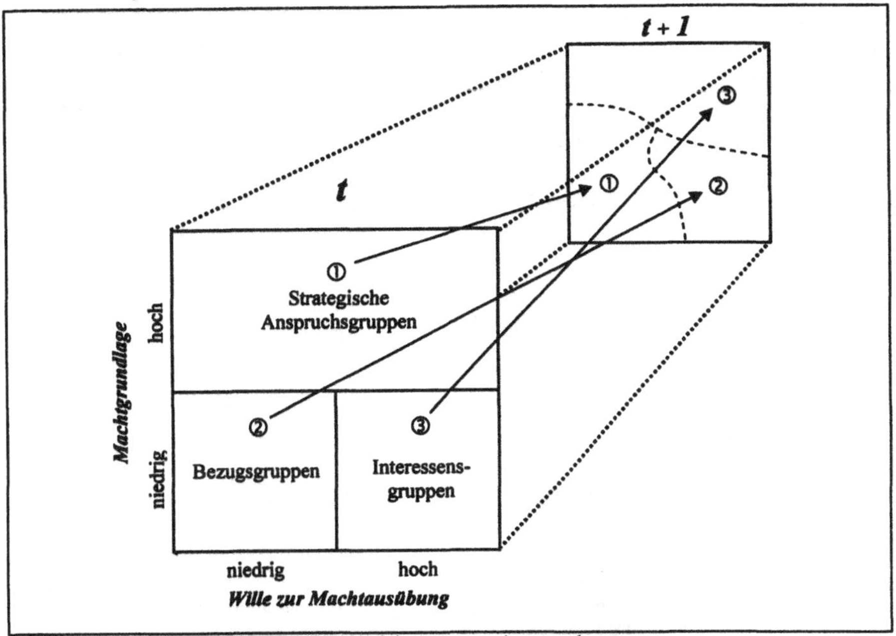


Abbildung 3: Dynamik in der Kategorisierung von Anspruchsgruppen.
Quelle: Eigene.[148]

## 2.3. Fazit

In den vorangegangenen Untersuchungen wurde deutlich, dass das Konzept der Nachhaltigen Entwicklung in vielerlei Hinsicht die beteiligten Akteure im Allgemeinen, die in dieser Arbeit interessierenden Akteure im Speziellen vor große Herausforderungen stellt. Die Problematik(en) der Operationalisierung des Leitbildes haben sich insbesondere bei der Beleuchtung „individueller" und „automobiler" Aspekte herauskristallisiert. Neben der Frage des *Gegenstands* Nachhaltiger Entwicklung in Form von konkreten automobilsektorspezifischen Kriterien (-sets) wurde insbesondere das inhärente *Vermittlungsproblem* des

[147] Vgl. Staehle/Nork, 1992, S. 175.

[148] Die Abbildung greift dabei einen Gedanken von Hansen, 1988, S. 714, auf. Die statische Strukturierung des Stakeholderumfelds in „Strategische Anspruchsgruppen", „Bezugsgruppen" und „Interessensgruppen" basiert auf dem zuvor skizzierten Ansatz von Janisch, 1993, S. 126.

Leitbildes offensichtlich. Neben dem offenkundigen *Verbreitungsdefizit* (Diffusion) sehen sich die Grundprinzipien der Nachhaltigen Entwicklung vor allem mit *Friktionen der heterogenen, individuellen menschlichen Wahrnehmung* konfrontiert. So bestehen bereits aus dieser Sicht zahlreiche Kommunikationsanlässe, die eine inhaltliche Ausdifferenzierung und weitere Diffusion des Leitbildes der Nachhaltigen Entwicklung erforderlich erscheinen lassen. Aus der *Sicht der Unternehmen* bleibt zudem fraglich, wie sie die Informations- und Kommunikationsflüsse angemessen gestalten können, um den ihnen zugeschrieben gesteigerten Legitimationszwängen gerecht werden zu können (vgl. auch Abbildung 4).

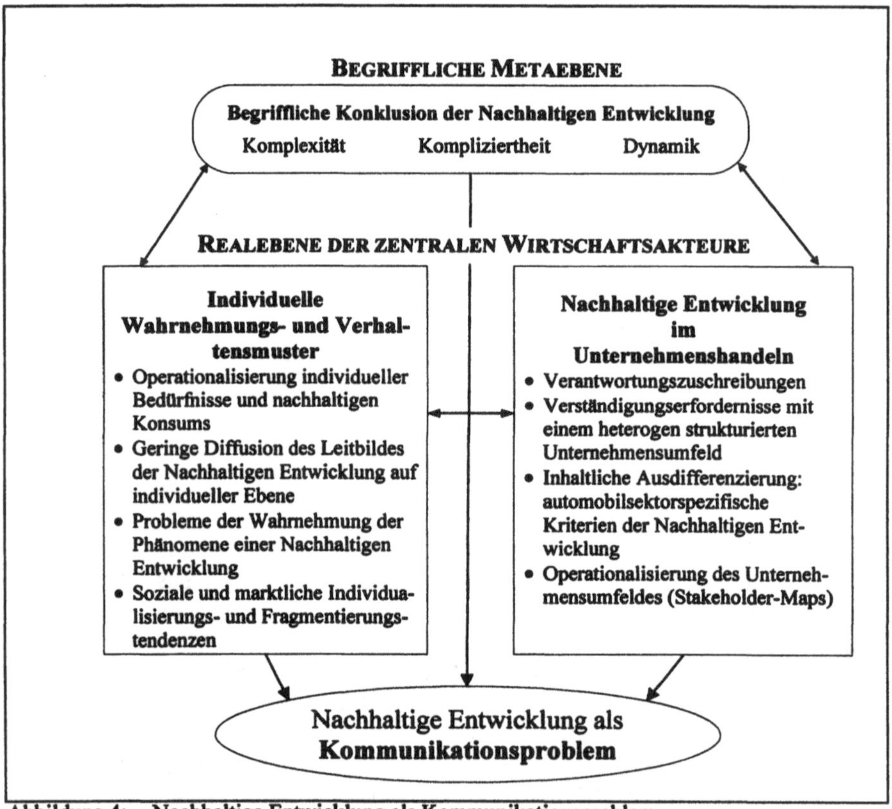


Abbildung 4: Nachhaltige Entwicklung als Kommunikationsproblem.
Quelle: Eigene.

Das kommunikative Potenzial von Unternehmen scheint vor diesem Hintergrund eine entscheidende Rolle zu spielen, um sich in der von FRANCK geschilderten

*Ökonomie der Aufmerksamkeit*[149] zu positionieren und zugleich auf der von DYLLICK skizzierten *Bühne der Öffentlichkeit*[150] zu bestehen.[151] JANISCH zufolge spielen dabei unter anderem die drei folgenden Fähigkeiten von Unternehmen eine zentrale Rolle:[152]

- *Anpassungsfähigkeit*: Der Einbezug der Ziele der Stakeholder ermöglicht es der Unternehmensführung, antizipativ Entscheidungen und Verhalten anzupassen und notwendige reaktive Anpassungen auf situative Einflüsse zu begrenzen.
- *Kommunikationsfähigkeit*: Durch wechselseitige Kommunikation sollte die Unternehmensführung die Interessen und Ziele der Anspruchsgruppen sowie die aktuellen und kritischen Issues erkennen können.
- *Lernfähigkeit*: Die mittels Kommunikation sowie dem Feedback aus Scanning und Monitoring erkannten Ziele der Anspruchsgruppen fließen in das Zielsystem des Unternehmens ein.

Das Konzept der Nachhaltigen Entwicklung scheint somit pro-aktive und ganzheitlich ausgelegte Kommunikationsstrategien nahe zu legen, wie LUNAU unterstreicht: *„Nur Unternehmen, die im gesellschaftlichen Diskurs [...] Positionen vertreten und dabei ihre zukünftige Politik zur Disposition stellen, ziehen konsequent die Lehre aus der Erkenntnis, dass ihnen niemand die Arbeit abnehmen kann: Es geht darum, eigene Orientierung zu finden im Wust verschiedenster Diskussionsstränge unter Stichworten wie Nachhaltigkeit, Corporate Citizenship oder eben sozialer Verantwortung."*[153] Letztlich bedeutet dies aber auch, dass die verschiedenen gesellschaftlichen Akteure nur dann einen Beitrag zur nachhaltigen Entwicklung leisten können, wenn sie durch entsprechende Informationen in die Lage versetzt werden, die Konsequenzen ihres Handelns zu überschauen und zu beurteilen. Die im Nachhaltigkeitskonzept betonte Notwendigkeit zur Kooperation und Verständigung verdeutlicht daher die Relevanz einer *an der Nachhaltigkeit orientierten Kommunikation von Unternehmen*[154], deren nähere Untersuchung Gegenstand des folgenden Abschnitts sein soll.

---

149 Vgl. Franck, 1998.

150 Vgl. Dyllick, 1992, S. 13.

151 Vgl. auch Lenz, 2003, S. 9. Diese Argumentation wird zudem auch durch Zollingers These gestützt, dass durch stetig wachsende Informationsbedarfe eine grundlegende Reformierung und Erweiterung der Unternehmensberichterstattung und -kommunikation nötig geworden sei. *„Der Druck auf Unternehmen, von Kopf bis Fuß transparenter zu werden, hat dazu geführt, dass zunehmend über die finanziellen und ökologischen Resultate hinaus eine mehrdimensionale und integrierte Betrachtungsweise verlangt wird."* (Zollinger, 2000, S. 69).

152 Vgl. Janisch, 1993, S. 141f.

153 Lunau, 2004, S. 9.

154 Vgl. auch Clausen/Mathes, 1998, S. 42.

# 3. Die Grundlagen der Nachhaltigkeitskommunikation

In dieser Arbeit steht der Kommunikationsbegriff in vielerlei Hinsicht im Zentrum: So haben die Ausführungen im vorangegangenen Kapitel ergeben, dass die Aspekte um die Diffusion und Operationalisierung des Konzepts einer Nachhaltigen Entwicklung nicht zuletzt ein Problem der „konzertierten" Wahrnehmung, Vermittlung bzw. Verteilung relevanter Daten, Informationen oder Wissensbestandteile darstellen. Für Unternehmen, die in dieser Arbeit einen zentralen Akteur der Problemstellung darstellen, erfordert allein die Ausdifferenzierung und Operationalisierung des Leitbildes der Nachhaltigen Entwicklung adäquate kommunikative Aktivitäten. Um einen angemessenen Begriff des Phänomens Kommunikation herauszuarbeiten und die spätere kritische Untersuchung der Spezifika der Internet-Kommunikation bzw. der PIN im Speziellen zu fundieren, soll zunächst eine knappe Darstellung und Diskussion relevanter Kommunikationstheorien und -modelle erfolgen.

## 3.1. Die Modelle und Theorien der Kommunikation und ihre Konsequenzen für die weitere Untersuchung

„Kommunikation" zählt zweifelsohne zu den schillerndsten Begriffen der Gegenwart. Zum einen gibt es wohl kein Wort, welches so häufig als Chiffre für Vermittlung, Zusammenhang oder Verständigung verwendet wird, wie Kommunikation. Zum anderen ist der subjektive und soziale Bedarf, durch eben diese Kommunikation Zusammenhänge herzustellen, stabil zu halten bzw. Austauschprozesse zu organisieren, unübersehbar.[155] Aufgrund der Vielfalt der disziplinären Anknüpfungspunkte der Kommunikation[156] existieren in der Theorie-

[155] Als Ursachen dieses Bedarfs werden sowohl der Unterschiedsreichtum (Ausdifferenzierung) bzw. die gesellschaftliche Positionenvielfalt (Pluralisierung) als auch die in der Soziologie thematisierte Ablösung des einzelnen Menschen von dauerhaft festen sozialen Einheiten (Individualisierung) – zu Lasten seiner soziokulturellen Integriertheit – genannt (vgl. Faßler, 2002, S. 27).

[156] Neben der mittlerweile etablierten Kommunikationswissenschaft reklamieren z. B. sozialwissenschaftliche Disziplinen (Linguistik, Soziologie, Psychologie und Philosophie) und naturwissenschaftliche Disziplinen (Biologie, Physik, Informationstechnik und Kybernetik) Kommunikation bzw. deren Teilprozesse als z. T. ureigensten Kompetenzbereich. Vgl. Thayer, 1968, S. 49 zitiert nach Merten, 1977, S. 9. Vgl. ähnlich Severin, 2005, S. 64. Bereits 1977 konnte Merten 160 verschiedene Definitionen der Kommunikation registrieren (vgl. Merten, 1977, S. 29 sowie auch Faßler, 2002, S. 47) – eine Zahl, die mit Blick auf den Bedeutungszuwachs der Kommunikationswissenschaften sowie die Diffusion des Internet in den 90er Jahren stark gestiegen sein dürfte. Auf eine tief greifende und wenig Ziel führende, z. B. etymologische Erörterung des Kommunikationsbegriffs wird jedoch in dieser Arbeit verzichtet. Vielmehr sei sowohl auf vergleichsweise frühe Arbeiten (vgl. z. B.

bildung gegenwärtig unzählige Definitions- und Operationalisierungsversuche, die i. d. R. zum Ziel haben, diesen Sammelbegriff handhabbar zu machen – jedoch aufgrund der disziplinären Fokussierung bzw. Denktradition der jeweils einschlägigen „Schule“ oft in zwangsläufig verkürzter Form. Die Folge ist, dass die hier skizzierten Ansätze aus wissenschaftstheoretischer Sicht nicht durchgehend miteinander kompatibel sind und somit nur begrenzt verknüpft angewendet werden können.[157]

Im Folgenden soll daher zunächst ein *komprimierter* Überblick über die genannte *Facettenvielfalt der Kommunikation* im Sinne theoretischer Schlaglichter gegeben werden – der Anspruch einer vollständigen Darstellung wird hier jedoch nicht erhoben. Im Anschluss erfolgt eine Darstellung der Konsequenzen für die weitere Untersuchung.

➲ **Ausgangsbetrachtung: Das nachrichten-technische, informationstheoretische Kommunikationsmodell von SHANNON & WEAVER:** Hinsichtlich der Untersuchung und Herleitung von Kommunikationsmodellen und -theorien wird häufig zunächst auf massenmediale Kommunikationsmodelle zurückgegriffen[158], deren Wurzeln fast ausnahmslos im „Informationstheoretischen Modell“ von SHANNON & WEAVER liegen.[159] Dieses *Sender-Transmitter-Empfänger-Schema* charakterisiert sowohl die technische Realisation als auch die Interaktionslogik der meisten *technischen* Kommunikationseinrichtungen. In diesen tritt ein *Sender* mit einem *Empfänger* über einen *Kommunikationskanal* in eine *Kommunikationsverbindung.* Aus einer *Nachrichtenquelle* wird eine Nachricht in ein für die Übertragung geeignetes Signal transformiert, deren *Codierung* abhängig vom gewählten Kommunikationskanal ist. Die dadurch empfängerseitig notwendige *Decodierung* gewährleistet einen Abschluss der Übertragung. Gründe einer misslungenen Kommunikation können im Modell in kanal-externen *Störquellen* liegen, die die flüssige Nachrichtenübertragung beeinträchtigen. Diese logisch-technische Abfolge der Kommunikation kann somit als nachrichten-technisch verkürzte Variante der ebenfalls in den 1940er Jahren formulierten LASSWELLschen Kommunikationsformel („Who says what in which channel to whom with what effect?“) aufgefasst werden.[160]

Durch seinen *syntaktischen*, d. h. auf die rein physikalische Übertragung fokussierenden Charakter sowie die (von SHANNON & WEAVER weder beabsichtigte noch unbewusst ver-

---

Merten, 1977) sowie aktuellere Bestandsaufnahmen (vgl. z. B. Lenz, 2003, S. 25-31; Kim, 2005, S. 31f. sowie Mesterharm, 2001, S. 45-50) verwiesen.

157 So verfolgen z. B. die informationstheoretischen Ansätze (z. B. nach Shannon & Weaver) und linguistischen Ansätze (z. B. nach Austin & Searle) grundsätzlich jeweils völlig unterschiedliche Erkenntnisinteressen, welche sich einerseits in einem sehr unterschiedlichen fachspezifischen Vokabular manifestieren und andererseits zu gelegentlich unverhältnismäßigen Kritikäußerungen führen (vgl. auch die verbreitete Kritik an der syntaktischen Fokussierung des informationstheoretischen Kommunikationsmodells nach Shannon & Weaver weiter unten).

158 Vgl. z. B. Bruhn, 1997, S. 21-25; Burkart/Hömberg, 1997, S. 71-88; Hofmann/Novak, 1996, S. 52f.; Hünerberg, 1996, S. 107-110.

159 Der Ansatz geht auf die Arbeit von Shannon/Weaver, 1949, zurück.

160 Vgl. Lasswell, 1948, S. 37.

nachlässigte!)[161] Übertragung der nachrichten-technischen Kommunikationslogik auf (personale) Prozesse der Individual- und Massenkommunikation ist dieses Kommunikationsmodell besonders im Feld der Kommunikationsforschung bis heute Gegenstand intensiver Kritik sowie zahlreicher modelltheoretischer Erweiterungen. Die Integration eines Feedback-Kanals, durch den der einseitige, unidirektionale Charakter der Kommunikation relativiert wird, findet sich folglich in zahlreichen neueren, auf dem nachrichten-theoretischen Verständnis basierenden Kommunikationsmodellen wieder.[162] Zudem vermissen zahlreiche Autoren die Aspekte des *Verstehens*, des *Interpretierens* und der *Bedeutung* der Nachricht sowie den Umstand, dass an der Kommunikation beteiligte Akteure in *verschiedene soziale, politische, wirtschaftliche und kulturelle Kontexte* eingebettet sind.[163] Gleiches gilt für eine beeinträchtigte oder misslingende Kommunikation, als deren Gründe SHANNON & WEAVER lediglich externe Störquellen, nicht aber die persönlichen Charakteristika der Sender und Empfänger, anführen.

➲ **Die Erweiterung der syntaktischen Betrachtung der Kommunikation um semantische und pragmatische Aspekte:** Das sprachtheoretische, semiotische Kommunikationsverständnis[164] erweitert die *syntaktische* Kommunikationsauffassung um eine *semantische* und eine *pragmatische* Ebene. Dabei umfasst die *semantische Ebene* die *Bedeutung* der physikalisch übertragenen Informationen, d. h. die Beziehungen zwischen den Signalen und den ihn zugeordneten Tatbeständen. Neben einem *gemeinsamen Zeichenvorrat* von Sender und Empfänger sind zudem auch gemeinsam bekannte Verbindungsregeln und Begriffszuordnungen notwendig. Die *pragmatische Ebene* umfasst *zusätzlich* den *Beziehungsaspekt* zwischen den beteiligten Akteuren sowie *intentionale Aspekte* wie Absichten oder Ziele.[165] Die pragmatische Ebene berücksichtigt somit sämtliche persönlich-psychologischen und konstitutionellen Faktoren, die ein Kommunikationsereignis vom anderen unterscheidet.[166] Die drei genannten Ebenen bauen – ähnlich einem Schalenmodell – aufeinander auf. Als Bedingung einer gelungenen Kommunikation müssen dementsprechend idealerweise alle drei Ebenen erfüllt sein. Mögliche Ursachen einer „gestörten" Kommunikation liegen demnach auch nicht nur in Fehlern der syntaktischen Ebene, sondern betreffen auch Friktionen auf der semantischen und pragmatischen Ebene.[167] Auf der Basis dieser *Mehrebenen-Betrachtung* lassen sich auch Informationen von Daten unterscheiden: Während Daten

---

161 Das Bedeutungsproblem wird dabei von Shannon & Weaver kurz abgefasst: *„Oft haben Nachrichten Bedeutung, das heißt sie beziehen sich auf gewisse physikalische oder begriffliche Größen, oder sie befinden sich nach irgendeinem System mit diesen in Wechselwirkung. Diese semantischen Probleme sind belanglos für die technischen Probleme."* (Shannon/Weaver, 1976, S. 41, zitiert nach Faßler, 1996, S. 61).

162 Die in Deutschland prominenteste Erweiterung dieses Modells wurde durch Maletzkes „Feldschema der Massenkommunikation" vorgenommen. Massenkommunikation wird hier als eine Form der Kommunikation verstanden, bei der Aussagen *öffentlich* durch *technische Verbreitungsmittel indirekt* und *einseitig* an ein *disperses Publikum* vermittelt werden. Vgl. Maletzke, 1963, S. 32.

163 Vgl. z. B. Köck, 1987, S. 345, zitiert nach Mesterharm, 2001, S. 52f.

164 Vgl. Picot/Reichwald/Wigand, 2003, S. 89-91 sowie Carnap, 1942 und Morris, 1955, zitiert nach Lenz, 2003, S. 33.

165 Vgl. Picot/Reichwald/Wigand, 2003, S. 89.

166 Vgl. Picot/Reichwald/Wigand, 2003, S. 89.

167 Zu den genannten Aspekten vgl. Lenz, 2003, S. 33.

Bedeutungen repräsentieren, die nicht unmittelbar zweckorientiert sind, können Informationen in bestimmten Handlungskontexten unmittelbar zweckorientiert verwendet werden.[168]

➲ **Die sozialpsychologische Axiomatik der Kommunikation nach WATZLAWICK, BEAVIN & JACKSON:** Trotz der Erweiterungen, die durch das sprachtheoretische, semiotische Modell der Kommunikation vollzogen wurden, bleiben zahlreiche wesentliche sozialpsychologische und verhaltensbezogene Aspekte ungeklärt. Eine bedeutsame Erweiterung stellt die axiomatische Ordnung der Kommunikation von WATZLAWICK, BEAVIN & JACKSON[169] dar, die die vielfältigen Beziehungsgeflechte personaler Kommunikation, die Bedeutung nonverbaler Kommunikationselemente und mögliche Störungen menschlicher Kommunikationsvorgänge entlang *fünf pragmatischer, metakommunikativer Axiome* herausarbeiten.

*Im ersten* und wohl prominentesten *Axiom* wird vom reinen sprachlichen Informations- bzw. Nachrichtentransport abstrahiert. Vielmehr gerät der Aspekt der Kommunikation als (Nicht-) Handlung in den Vordergrund. Alles *menschliche*, bzw. mit Blick auf Unternehmen *institutionelle*, Verhalten habe auch Mitteilungscharakter und sei daher auch der Kommunikation zuzuordnen. Da das Verhalten *existierender* Subjekte bzw. sozialer Einheiten jedoch kein logisches Gegenteil hat *(„Man kann sich nicht nicht verhalten.“*[170]*)*, gilt folglich für die Kommunikation, dass eine Nicht-Kommunikation *nicht* möglich ist, weswegen das erste Axiom lautet: *„Man kann nicht nicht kommunizieren.“*[171]

Das *zweite Axiom* thematisiert implizit die Relevanz nonverbaler Kommunikationsbestandteile und postuliert: *„Jede Kommunikation hat einen Inhalts- und einen Beziehungsaspekt, derart, daß letzterer den ersteren bestimmt und daher eine Metakommunikation ist.“*[172] Die Kernelemente der an das bereits oben skizzierte syntaktische Verständnis erinnernden Informationsübermittlung (Inhaltsaspekt) sowie der sozialen Einordnung der Kommunikationssubjekte zueinander (Beziehungsaspekt) sind daher sehr eng gekoppelt. Dabei wird der Beziehungsaspekt oft unbewusst oder nonverbal artikuliert. Als nonverbale Aspekte der Kommunikation können dabei die Subkanäle der vokalen (Intonation), visuellen (Mimik, Gestik), taktilen (Gefühl), olfaktorischen (Geruch), thermalen (Wärme) und gustatorischen (Geschmack) Kommunikation genannt werden. Je unproblematischer die sozialen Beziehungen sind, desto leichter können Sachinformationen (Inhaltsaspekt) ausgetauscht werden.

Dass *Kommunikationsbeziehungen* grundsätzlich *kreisförmig* seien, postuliert das *dritte Axiom*, welches die *Interpunktion von Kommunikationsabläufen* thematisiert.[173] Jedes Ereignis der Kommunikation kann demzufolge zugleich Reiz, Reaktion oder Verstärkung sein.[174] Die Interpretation indes, welche Aktivität bspw. den Reiz darstellt, variiert akteursabhängig. Während ein Sender z. B. das eigene Verhalten als Reiz wertet, kann ein weiterer Akteur dieses als Reaktion auffassen. Den hiermit zwangläufig verbundenen Interessenskonflikten und Quellen gestörter Kommunikation liegt daher oft ein Misstrauensvorschuss zu Grunde – oder aber *„[...] die unerschütterliche Überzeugung [...], dass es nur eine Wirklichkeit gebe, nämlich die Welt, wie ich sie sehe und dass jede Wirklichkeitsauffassung,*

---

168 Vgl. Picot/Reichwald/Wigand, 2003, S. 91.
169 Vgl. die Arbeit von Watzlawick/Beavin/Jackson, 1996.
170 Watzlawick/Beavin/Jackson, 1996, S. 51.
171 Watzlawick/Beavin/Jackson, 1996, S. 53.
172 Watzlawick/Beavin/Jackson , 1996, S. 56.
173 Vgl. Picot/Reichwald/Wigand, 2003, S. 90.
174 Vgl. Watzlawick/Beavin/Jackson, 1996, S. 57.

*die von der meinen abweicht, ein Beweis für die Irrationalität des Betreffenden oder seine böswillige Verdrehung der Tatsachen sein muss."*[175]

Das *vierte Axiom* widmet sich der Frage, wie *Inhalts- und Beziehungsaspekte* in der Kommunikation *übertragen* und *verarbeitet* werden. Demnach bedient sich personale Kommunikation sowohl *digitaler* als auch *analoger Modalitäten*.[176] *Digitale* Kommunikation verwendet zwar eine komplexe und vielseitige Syntax, bietet aber eine nur unzureichende Semantik. Durch sie werden meist Zeichen, Texte oder Worte (Inhaltsaspekt) übermittelt. *Analoge* (nonverbale) Kommunikation hingegen beinhaltet dieses semantische Potenzial – jedoch fehlt die für eine eindeutige Kommunikation notwendige logische, verbindliche Syntax.[177]

Im *fünften Axiom* wird schließlich eine Unterscheidung zwischen *symmetrischen* und *komplementären* Kommunikationsbeziehungen vorgenommen. Von *symmetrischen* Beziehungen wird gesprochen, wenn die beteiligten Akteure, z. B. aus hierarchischer Sicht, einer Ebene zugehören. Die kommunikativen Möglichkeiten werden als ähnlich bis gleich eingestuft, weswegen von einer *Symmetrie* ausgegangen wird. Dagegen werden Akteurskonstellationen, die sich ergänzende Unterschiede (z. B. die Konstellation Vorgesetzter – Mitarbeiter) aufweisen, als *komplementär* eingestuft.[178]

Die axiomatische Betrachtung von WATZLAWICK, BEAVIN & JACKSON liefert ein in sich geschlossenes, jedoch nicht vollständiges Bild der Kommunikation. Insbesondere für die Gestaltung unternehmensinterner wie -externer Kommunikationsbeziehungen sowie den Einsatz bestimmter Kommunikationsmedien werden hilfreiche Anhaltspunkte geliefert. Zudem werden erste Andeutungen zum Aspekt der intersubjektiven Wirklichkeitskonstruktion formuliert, die im weiteren Verlauf dieses Kapitels im Rahmen des (Radikalen) Konstruktivismus geschildert werden. Eine nützliche, gedankliche Erweiterung stellt zudem die Auffassung der Kommunikation als Sprechhandlung dar, auf die zunächst eingegangen werden soll.

➲ **Die Theorie der Sprechakte nach AUSTIN & SEARLE:** *„Es ist das Verdienst der Sprechakttheorie, auf das weite Spektrum von Handlungen aufmerksam gemacht zu haben, die durch Kommunikation als sprachliche Handlung in vielfältigen Formen stattfinden."*[179] Im Zentrum dieser *linguistischen Theorie* steht die Frage nach dem pragmatischen, funktionalen Aspekt kommunikativer *Äußerungen*. Dabei haben AUSTIN[180] & SEARLE[181] eine umfassende Taxonomie entworfen, die die intentionalen Aspekte von Sprechhandlungen bzw. Sprechakten differenziert klassifiziert. Die Theorie verneint die enge Auffassung, die Funktion kommunikativer Äußerung sei nur die Mitteilung im syntaktischen Sinne (s. o.).[182] *Äußerungen* werden in zwei Klassen geteilt: Als *performative Akte* werden Äuße-

---

175 Veil, 1993, S. 55, zitiert nach Mesterharm, 2001, S. 61.

176 Vgl. Lenz, 2003, S. 35. Es sei angemerkt, dass die genannte Dichotomie zwischen Digitalität und Analogität sich *nicht* auf die Beschaffenheit der Kommunikationsmedien (z. B. im Sinne digitaler Online-Medien) bezieht.

177 Vgl. Watzlawick/Beavin/Jackson, 1996, S. 67.

178 Vgl. ähnlich Lenz, 2003, S. 35.

179 Picot/Reichwald/Wigand, 2003, S. 99.

180 Vgl. Austin, 1985.

181 Vgl. Searle, 1988.

182 Vgl. Picot/Reichwald/Wigand, 2003, S. 98f.

rungen klassifiziert, die zugleich Handlungen konstituieren.[183] Handlungen, die man vollzieht, indem man etwas sagt, werden hingegen als *illokutionäre Akte* bezeichnet. Letztere werden in fünf Kategorien eingeteilt: (i) *Assertative Akte* umschreiben Feststellungen, mit denen sich der Sprecher an bestimmte Sachverhalte bindet. (ii) *Kommissive Akte* kennzeichnen Versprechen, mit denen sich der Sprecher auf bestimmte zukünftige Handlungen verpflichtet. (iii) *Expressive Akte* bringen den psychischen Zustand des Sprechers zum Ausdruck. (iv) *Direktive Akte* beschreiben sprachliche Handlungen, die mit Aufforderungen gegenüber dem Zuhörer verbunden sind. (v) *Deklarative Akte* stellen schließlich Äußerungen dar, die den Inhalt als reales Faktum konstituieren.[184] Einzelne Sprechakte(klassen) stehen jedoch nicht isoliert für sich, sondern stehen meist – besonders mit Blick auf ihr Gelingen – im Kontext weiterer Sprechakte. Durch diese Sicht können auch Organisationen als Netzwerke von Konversationen interpretiert werden. Computersystemen kommt so z. B. die Rolle von Konversationsunterstützungssystemen zu.[185]

➲ **Der Ansatz des (Radikalen) Konstruktivismus:** Der (Radikale) Konstruktivismus kann als eine Kognitionstheorie klassifiziert werden, die sich auf den individuellen Erkenntnisvorgang, seine Wirkungen und Resultate stützt.[186] Es wird betont, dass „Wirklichkeit" das Ergebnis von Kommunikation, d. h. von sozialer Interaktion ist, wobei es dementsprechend eine Vielzahl möglicher, interindividuell verschiedener Wirklichkeiten gibt. Demnach hängt das *Konstrukt* der Wirklichkeit von der Relativität der individuellen Betrachtung ab – der die Akteure umgebende visuelle, auditive bzw. sprachliche und nonverbale Raum ist somit ein Konstrukt des Gehirns, das eine eigene „individuelle Wirklichkeit" hervorbringt. Kommunikation „reizt" das kognitive (menschliche) System zu systemspezifischen Operationen an.[187] Die Funktionsweise des Gehirns wird als *funktional* und *semantisch selbstreferentiell* bezeichnet: *funktional*, da die Komponenten des Systems „Gehirn" die jeweiligen Zustände des Systems in funktional geschlossener, zirkulärer und rekursiver Weise bestimmen; *semantisch*, da das System seinen internen Zuständen auch *autonom* Bedeutungen zuweist.[188] Die Betrachtung der in der Sprachpsychologie verbreiteten dichotomen Unterscheidung zwischen *denotativer* und *konnotativer Bedeutung* von Symbolen verdeutlicht die Rolle der Bedeutungszuweisung im Konstruktivismus: Die denotative Bedeutung bringt die Beziehung zwischen einem Zeichen oder Wort und einem Objekt der „Realität" zum Ausdruck. Die konnotative Bedeutung umfasst hingegen alle gefühlsmäßigen und wertenden Assoziationen, die mit einem Zeichen verbunden sind. Diese konnotative Be-

---

183 Als Beispiel sei das Ja-Wort der Eheschließung genannt. Vgl. Picot/Reichwald/Wigand, 2003, S. 99.

184 Vgl. Picot/Reichwald/Wiegand, 2003, S. 99.

185 So basiert mittlerweile eine ganze Klasse von konversationsorientierten Systemen, Nachrichtensystemen und Gruppenunterstützungssystemen zumindest implizit auf der Sprachakttheorie. Vgl. Picot/Reichwald/Wigand, 2003, S. 100.

186 Ausgangspunkte des Konstruktivismus, wie er z. B. von Maturana und Varela vertreten wird, sind kognitionsbiologische Erkenntnisse über die Funktionsweise von Wahrnehmung und Erkenntnis der Lebewesen, insbesondere der Menschen. Vgl. ausführlich Roth, 1985, S. 229 sowie Mesterharm, 2001, S. 78.

187 Vgl. Schmidt, 1990, S. 75.

188 Diese funktionale und semantische Geschlossenheit wird indes nicht zwangsläufig als Nachteil betrachtet, sondern als ein Prinzip der Bewältigung einer komplexen Umwelt. Vgl. Roth, 1985, S. 239 sowie Mesterharm, 2001, S. 80.

deutungszuweisung variiert individuenspezifisch, während die denotative Zuweisung streng genommen vom Konstruktivismus negiert wird.[189]

Die *individuelle Konstruktion der Wirklichkeit* ist dabei als ein dynamischer Lernprozess aufzufassen: Im ständigen Erproben, Bestätigen und Verwerfen von individuellen Konstruktionen wird explizit und implizit ausgehandelt, was in einer sozialen Gruppe als „Wirklichkeit" Bestand hat.[190] Wissen wird somit nicht passiv konsumiert, sondern in einem aktiven Prozess kumuliert. Laut MATURANA kann aus diesem Verständnis der Wirklichkeit im Radikalen Konstruktivismus die *Einzigartigkeit und Unentbehrlichkeit des Individuums* gefolgert werden, da in ihm der empirische Ort gesellschaftlicher Wirklichkeits-, Sinn- und Wertproduktion lokalisiert wird.[191]

Voraussetzung für den genannten Ordnungsbildungsprozess ist eine strukturelle Kopplung der beteiligten Individuen, deren Basis Interaktionen sowie adäquate Bezüge bilden.[192] Das „Band" der strukturellen Kopplung bilden dabei medienvermittelte Interaktionen zwischen den Lebewesen – die gesonderte Thematisierung der Charakteristika unterschiedlicher Medien im Kommunikationsprozess nimmt daher eine wesentliche Rolle ein.[193]

Die Implikationen des (Radikalen) Konstruktivismus relativieren zudem auch das Bild von der individuellen Manipulierbarkeit durch Kommunikation: Da die interne Umsetzung und Verarbeitung empfangener Informationen, der Theorie folgend, vornehmlich „Sache des Empfängers" ist und die Beobachtung des Manipulierenden durch „blinde Flecken" gekennzeichnet ist, gilt die unmittelbare Manipulierbarkeit des „Hörers" folglich als eher unwahrscheinlich. Der Anschein der Einwirkung von Medienangeboten auf das Bewusstsein entsteht vielmehr aufgrund von Gemeinsamkeiten der Mediensozialisation, der die Funktion individuen-übergreifender Stabilisierungsmuster zukommt. Die Existenz eines „Systems blinder Flecken" legt zudem die Durchführung einer kritischen Selbstreflexion auf Seiten des Kommunizierenden nahe. Dabei ist nicht zwangsläufig von einer Dominanz nicht gelingender Kommunikation bzw. einer totalen Fehlfunktion eines Systems blinder Flecken auszugehen: Gleiche oder ähnliche (individuelle) Wirklichkeitskonstruktionen, sog. *konsensuelle Bereiche*, begünstigen eine gelungene Kommunikation im Sinne der Verständigung.[194] Auf ein Unternehmen gemünzt bedeutet dies, den Versuch einer differenzierten Wahrnehmung des Unternehmensumfeldes sowie des Abgleichs mit der intern konstruierten Wirklichkeit systematisch zu vollziehen.

Durch die vorangegangene, kompakte Charakterisierung des Kommunikationsphänomens wurde die Vorstellung von zwangsläufig gelingender, linearer Kommunikation, gezielter Steuerbarkeit der Kommunikation im Sinne des Transports von Informations-Paketen sowie Manipulierbarkeit des Informations- bzw. Nachrichten-Empfängers relativiert. Vielmehr kann Kommunikation auch Gegenstand zahlreicher Pathologien sein – deren Relevanz soll im Folgenden am Beispiel des Kommunikationsgegenstands der Nachhaltigen Entwicklung im Automobilsektor knapp geschildert werden: Dabei soll sowohl auf drohende

189 Vgl. Picot/Reichwald/Wigand, 2003, S. 104.
190 Vgl. Schmidt, 1990, S. 179.
191 Vgl. Mesterharm, 2001, S. 86.
192 Vgl. Mesterharm, 2001, S. 82.
193 Vgl. Mesterharm, 2001, S. 85.
194 Vgl. Picot/Reichwald/Wigand, 2003, S. 104.

Fallstricke der organisatorischen und individuellen Wissensgewinnung und -verarbeitung hingewiesen sowie auf das u. U. konfligierende kommunikative Verhältnis dieser Akteursebenen eingegangen werden.

Wird z. B. aus der Sicht kritischer Stakeholder – z. B. in Unternehmensberichten – eine Stellungnahme zu kritischen, sensiblen Themen vermisst, so wird dies regelmäßig *nicht* als Versäumnis, sondern eher als Versuch der Verheimlichung oder gar Vertuschung interpretiert. Ähnliches gilt für das themenunabhängige – wie auch immer begründete[195] – unternehmensseitige Nichtbeachten kritischer Stakeholder. Die Relevanz des *Ersten Metakommunikativen Axioms*, demzufolge Akteure *nicht* nicht kommunizieren können, wird in solchen Situationen deutlich unterstrichen.[196] Dass in derartigen Konfliktsituationen die Ursachen für derartige Pathologien oft jeweils im (kommunikativen) Gegenüber gesucht und genannt werden, verdeutlicht die Relevanz von „Interpunktionskonflikten" (*Drittes Metakommunikatives Axiom)*, welche die akteursabhängige Einschätzung, was genau Reiz oder Reaktion der Kommunikation darstellt, umfassen. Während z. B. kritische Stakeholder Automobilunternehmen mitunter das fehlende Angebot verbrauchsarmer Antriebskonzepte vorwerfen, verweisen die Unternehmen wiederum oft auf eine stakeholderseitige geringe Nachfrage.[197] Begibt man sich im Rahmen derartiger Konflikte auf die Suche nach Lösungen, wird die *Relevanz der Beziehungsebene* deutlich: Gelegentlich sind die „Fronten" zwischen beteiligten Akteuren derart verhärtet, dass diese nur unter Zuhilfenahme Dritter, z. B. auf der Basis von Unternehmensdialogen[198] oder Mediationsverfahren[199] geschlichtet werden können. Derartige Konstellationen basieren letztlich oft auf Blockaden in der Beziehungsebene der Kommunikation (*Zweites Metakommunikatives Axiom)*. Diese lassen sich hingegen gemäß dem *Vierten Metakommunikativen Axiom* – unabhängig vom eingesetzten Schlichtungsinstrument – nicht ausschließlich auf der Sachebene, z. B. durch Austausch von Fakten und Sachargumenten (Digitalität), sondern eher auf der Beziehungsebene (Analogien) „beseitigen".

Die aufgeführten Kommunikationstheorien zeigen implizit auch die Grenzen monologischer Kommunikation durch Unternehmen auf: Inhalte eines Unternehmensberichts müssen z. B. stakeholderseitig nicht zwingend als solche wahrgenommen werden. Vielmehr können diese auch als gezieltes Instrument

---

195 Anstatt einer (unterstellten) Mutwilligkeit des Unternehmens, sind oft jedoch eher Gründe wie knappe Ressourcen (z. B. Zeit, Personal etc.) ursächlich für mögliche Irritationen.

196 Vgl. ähnlich Mesterharm, 2001, S. 59.

197 Vgl. exemplarisch Volkswagen AG, 2005, S. 9.

198 Unternehmensdialoge dienen auf der Grundlage diskursethischer Verfahrensregeln der Konsensbildung in Konfliktsituationen und können je nach Anlass zur Konfliktbewältigung, der Akzeptanzgewinnung oder Legitimierung potenziell konfliktträchtiger Pläne genutzt werden. Vgl. Hansen/Bode, 1999, S. 413 sowie vertiefend Hansen et al., 2001, S. 109-125.

199 Vgl. Mesterharm, 2001, S. 554f.

der Beeinflussung verstanden werden. Derartige Einschätzungen beruhen meist auf den spezifischen Erfahrungen und kognitiven Settings individueller Rezipienten – auf dieser Basis werden verschiedene (externe) Akteure mit Unternehmen und den sie umgebenden Sachverhalten unterschiedliche Assoziationen verbinden. Dieser Effekt *inter*individuell verschiedener situativer Bedeutungszuweisungen verweist auf die Existenz unterschiedlicher „Welttheorien" und deren Konstruktion im Sinne des (Radikalen) Konstruktivismus. Um den hiermit unumgehbar verbundenen Pathologien mittel- bis langfristig begegnen zu können, sind im Sinne des Konstruktivismus *Konsistenz* und *Kontinuität* für Kommunikationsprozesse von wesentlicher Bedeutung. Dabei finden diese Wirklichkeitskonstruktionen sowohl auf verschiedenen Ebenen der unternehmerischen Umwelt als auch unternehmensintern in einem „System blinder Flecken" statt, wodurch die Kommunikationsaufgabe aus der Sicht von Unternehmen auch zu einer Aufgabe der Komplexitätsbewältigung avanciert. So können bereits im Falle interner Kommunikationen hierarchiebedingte Verzerrungen beobachtet werden – diese werden in der ökonomischen Theorie unter dem Schlagwort der *Influence Activities* subsumiert,[200] durch die tendenziell die Anpassungs- und Innovationsfähigkeit der betroffenen Unternehmen gemindert wird. Etwaige „semantische Fallen" sind indes oft auch im menschlichen Streben nach Konsistenz begründet: Ein oft zur Konfliktlösung zwingend notwendiger offener und unvoreingenommener Meinungsaustausch findet meist eher zwischen Gleichgesinnten statt – der meist fruchtbarere kontroverse Austausch wird so oft vermieden.[201]

Letztlich sehen sich Unternehmen vor dem Hintergrund eines diskontinuierlichen und heterogenen Unternehmensumfeldes mit dem Problem konfrontiert, ihre Kommunikationsbemühungen auf verschiedenen Ebenen und Feldern *anschlussfähig* zu halten. Dabei kommt auch der Wahl des jeweils thematisch und situativ geeigneten Mediums eine gewichtige Rolle zu.

Mit Blick auf die hier exemplarisch genannten Fallstricke kann es dem Kommunikator nicht ausschließlich um die Beachtung der Prinzipien erfolgreicher Kommunikation (z. B. durch die Befolgung von „Best Practice"-Leitfäden) gehen. Vielmehr scheint die Anerkennung einer begrenzten „Machbarkeit", die Negierung eines deterministischen „Königswegs", kurz: die Grundannahme einer nicht zwangsläufig gelingenden Kommunikation geboten. Der Berücksichtigung dieses Umstands kommt im Rahmen der unternehmensstrategischen und kommunikationspolitischen Planung[202] auf diese Weise ein besonderer Stellenwert zu.

---

200 Oft werden negative Informationen von unteren zu höheren Hierarchieebenen beschönigt oder gar ganz verschwiegen – z. B. um negative Sanktionen zu vermeiden oder Machtvorsprünge zu wahren oder auszubauen. Vgl. auch Picot/Reichwald/Wigand, 2003, S. 87.

201 Demzufolge wird die Bestätigung der eigenen Meinung höher gewertet als ein etwaiger Widerspruch. Vgl. Picot/Reichwald/Wigand, 2003, S. 87.

202 Vgl. Mesterharm, 2001, S. 102.

So gesehen kommen die Akteure nicht umhin, spezifische Verfahrenskompetenz zur Kommunikation im Sinne kontinuierlicher Lernprozesse zu akkumulieren. Gelingende Kommunikation ist demzufolge davon abhängig, ob ein Unternehmen in der Lage ist, die Wirklichkeitskonstruktionen externer Anspruchsgruppen bzw. ihrer Akteure nachzuvollziehen und zu interpretieren – und dies nicht nur vor dem Hintergrund etwaiger vorökonomischer, philanthropischer Motive als „Corporate Citizen", sondern auch mit Blick auf konkrete ökonomische Ziele des sinnvollen, effizienten Einsatzes der Unternehmensressourcen. Die ergebnisoffene, rekursive, dialogbereite Ausrichtung der unternehmerischen Kommunikation kann somit die organisationsbezogene Resonanzfähigkeit gewährleisten und eine adäquate Vermittlung zwischen den vielschichtigen Innen- und Außenverhältnissen ermöglichen.

## 3.2. Der Begriff der Nachhaltigkeitskommunikation

Die vorangegangenen Untersuchungen haben zum einen eine große begriffliche Vielfalt mit Blick auf die Ausdifferenzierung und Operationalisierung des Leitbildes der Nachhaltigen Entwicklung identifiziert und zum anderen die Relevanz einer *an der Nachhaltigkeit orientierten Kommunikation* deutlich werden lassen. Zudem wurde offensichtlich, welche Probleme mit dem Phänomen der Kommunikation verbunden sind.[203] Vor diesem Hintergrund erstaunt es nicht, dass das Feld der Nachhaltigkeitskommunikation bislang noch wenig – und wenn, dann uneinheitlich – interpretiert und operationalisiert worden ist.[204]

---

203 Vgl. Kapitel 3.1.

204 Analog zu der in Kapitel 2.1.1 identifizierten oft geringen Trennschärfe der praktischen Verwendung der Begriffe Nachhaltige Entwicklung, Corporate Social Responsibility und Corporate Citizenship sei auch hier angesichts der zu verzeichnende begrifflichen Vielfalt auf eine wenig Ziel führende Differenzierung zwischen Nachhaltigkeits- oder CSR-Kommunikation u. dgl. verzichtet. Ähnlich wird für das Feld der Berichterstattung argumentiert: *„Unter Bezeichnungen wie ‚Sustainability', ‚Umwelt- und Sozialberichte', ‚Community Reports', ‚Environment, Health and Safety', ‚Corporate Citizenship', ‚Corporate Social Responsibility', oder ‚Partnership Report' bereiten Unternehmen immer mehr und immer bessere Informationen auf."* (Zollinger, 2000, S. 69). Wenngleich diese Berichte oft verschiedenartige Strukturierungen aufweisen, so kann dieser Befund allerdings nicht als ursächlich für die differierenden Nomenklaturen angesehen werden. Auch die GRI verwendet den Begriff „ Nachhaltigkeitsberichterstattung" synonym mit „Citizenship Reporting", „Social Reporting", „Triple-Bottom-Line Reporting" und anderen Begriffen, welche die ökonomischen, ökologischen und gesellschaftlichen Aspekte der Leistung einer Organisation umfassen (vgl. GRI, 2002, S. 1). Oft wird aus diesem Grund im Bereich der Untersuchung der externen Berichterstattung von Unternehmen die Gesamtheit dieser Konzepte in Abgrenzung zur Geschäftsberichtserstattung als „Non-Financial-Reporting" oder „Extra-Financial-Reporting" bezeichnet – ein Oberbegriff, der *„[...] alle berichtsorientierten Unternehmenspublikationen über unternehmerische Leistungen umfasst, die nicht unter die*

Die begriffliche Topographie der Nachhaltigkeitskommunikation fällt dementsprechend komplex aus.[205]

Aus einer grundlegenden Perspektive kann Nachhaltigkeitskommunikation zunächst als jegliche, auf das Leitbild der Nachhaltigen Entwicklung bezogene *Unternehmenskommunikation* aufgefasst werden.[206] Dennoch sind auch in diesem vergleichsweise jungen und oft atheoretisch bearbeiteten Forschungsgebiet Schwierigkeiten in der Begriffsfindung offensichtlich. So existiert gegenwärtige keine Theorie der Nachhaltigkeitskommunikation – vielmehr wird mit verschiedensten wissenschaftlichen „Anleihen" unterschiedlicher Disziplinen gearbeitet.[207]

Allerdings lassen sich auch einige Kristallisationspunkte identifizieren. Zum einen besteht weitgehend Einigkeit, dass der Gegenstand einer Nachhaltigkeitskommunikation die als „Triple-Bottom-Line" bezeichneten Dimensionen der Nachhaltigkeit umfasst.[208] Als Hauptinstrument einer solchen „mehrdimensionalen" Kommunikation[209] wird dabei häufig der (regelmäßig erscheinende) Nachhaltigkeitsbericht genannt.[210] Einige Autoren bemerken jedoch in diesem Zusammenhang, dass eine isolierte Betrachtung und Darstellung der ökonomischen, ökologischen und sozialen Performance nicht ausreiche und fordern zudem eine integrative Herangehensweise, unter besonderer Berücksichtigung der Interdependenzen, Synergien und Zielkonflikte zwischen den Teildimensionen.[211] Neben quantitativen Kommunikations- bzw. Berichtsbestandteilen sollte

---

*Geschäftsberichterstattung (engl. ‚Financial Reporting') fallen."* (ECC Kohtes Klewes, 2003, S. 16).

205 Für verschiedene Begriffsfassungen vgl. BDI, 2004, S. 1; Burschel/Losen, 2002, S. 25; Kim, 2005, S. 61f.; Lass/Reusswig, 2001, S. 19; Schulz, 2003, S. 12f.; Wild, 2002, S. 322; Zerfaß, 2004, S. 398.

206 Vgl. Lass/Reusswig, 2001, S. 19. Das ebenfalls schillernde und in der Theoriebildung heterogen bearbeitete Begriffsfeld der Unternehmenskommunikation soll hier nicht vertieft werden. Es sei vielmehr darauf verweisen, dass das Feld der Nachhaltigkeitskommunikation mit seiner integrativen und gesellschaftsorientierten Konnotation zahlreiche konzeptionelle Überschneidungen mit Forschungsansätzen zu „Marketing und Gesellschaft" aufweist, wie z. B. das Konzept des „Gesellschaftsorientierten Marketing" (GOM) von Raffée & Wiedmann (vgl. Wiedmann, 1986; Wiedmann, 1993), welches den in dieser Arbeit skizzierten Veränderungsprozessen in Markt, Umwelt und Gesellschaft sowie den gesteigerten Rechenschafts- und Legitimationszwängen vergleichsweise umfassend Rechnung trägt (vgl. auch Hansen/Bode, 1999, S. 390-396). Zur weiteren Vertiefung der Unternehmenskommunikation vgl. exemplarisch Mesterharm, 2001, S. 111-180.

207 Vgl. Michelsen, 2005, S. 32.

208 Vgl. exemplarisch WBCSD, 2002, S. 7; Wild, 2002, S. 322; Zerfaß, 2004, S. 398.

209 Vgl. Zerfaß, 2004, S. 398.

210 Vgl. Herzig/Schaltegger, 2004, S. 5; Loew et al., 2004, S. 88 sowie Wild, 2002, S. 322.

211 Vgl. Burschel/Losen, 2002, S. 25; GRI, 2002, S. 9; Hauth/Raupach, 2001, S. 25; Schönborn/Steinert, 2001, S. 67 sowie Zollinger, 2000, S. 70.

dabei in einem qualitativen Part[212] beschrieben werden, inwieweit das per Definition informationsoffene und konkretisierungsbedürftige Leitbild der Nachhaltigen Entwicklung[213] auf das jeweilige Unternehmen hin konkretisiert wird.[214] Analog zu den Ausführungen zum Stakeholder-Konzept[215] weist eine derartige Kommunikation sowohl eine externe als auch interne Zielrichtung auf[216] – und dies idealerweise nicht bloß im Sinne einer „Vermittlung", sondern vielmehr einem Austausch- und Verständigungsprozess entsprechend. Letzteres begründet sich wiederum durch die implizite Offenheit und Dynamik des Konzepts der Nachhaltigen Entwicklung: *„Angesichts der Dynamik, die nachhaltiges Wirtschaften besitzt, und angesichts der sich stetig wandelnden Anforderungen an Unternehmen, entwickeln sich Art und Umfang der Nachhaltigkeitskommunikation kontinuierlich weiter. Darüber hinaus ist Nachhaltigkeitskommunikation, welche die ökologischen, sozialen und wirtschaftlichen Aktivitäten des unternehmerischen Handelns umfasst, ein integraler Bestandteil der Unternehmenskommunikation."*[217]

Unter einer *Nachhaltigkeitskommunikation* soll dementsprechend die integrierte Gesamtheit aller kommunikativen Handlungen eines Unternehmens verstanden werden, die zum einen die Teildimensionen der Nachhaltigen Entwicklung systematisch und integriert den internen und externen Stakeholdern zu vermitteln beabsichtigt und zum anderen dialogisch-partizipativ das unternehmenseigene System der Kommunikation kontinuierlich einer kritischen Überprüfung unterzieht.[218] Ziel ist hierbei insbesondere die Schaffung von Akzeptanz und Glaubwürdigkeit gegenüber dem Unternehmen sowie von Vertrauen in die sozialökologische Vorteilhaftigkeit des Produkt- und Leistungsangebots. Im Zentrum der Nachhaltigkeitskommunikation stehen vorwiegend Instrumente wie etwa der sog. Nachhaltigkeitsbericht oder zugehörige bzw. mitunter auch autark fungierende Nachhaltigkeits-Internetportale.

Eine derart generische Fassung einer Nachhaltigkeitskommunikation lässt weitergehende Fragen der spezifischen Charakteristika einer Nachhaltigkeitskommunikation offen. Die Schilderung der genauen Ziele und Funktionen einer Nachhaltigkeitskommunikation sollen daher Gegenstand des folgenden Kapitels sein.

---

212 Vgl. KPMG, 2002, S. 7.

213 Vgl. Lass/Reusswig, 2001, S. 19.

214 Vgl. Wild, 2002, S. 322. Für eine weitergehende Schilderung der inhaltlichen Anforderungen an eine Nachhaltigkeitskommunikation vgl. ausführlicher Kapitel 3.4.1.

215 Vgl. Kapitel 2.2.2.3.

216 Vgl. WBCSD, 2002, S. 7.

217 BDI, 2004.

218 Dieser Aspekt trägt dabei dem offenkundigen Umstand Rechnung, dass Nachhaltigkeitskommunikation bzw. -berichterstattung i. d. R. keiner verpflichtenden Standardisierung und Überprüfung unterliegt. Vgl. auch ausführlicher Kapitel 3.4.1.

## 3.3. Die Charakteristika der Nachhaltigkeitskommunikation

### 3.3.1. Die Ziele und Funktionen

Wie oben angedeutet, können die Vermittlung bzw. der laterale Austausch nachhaltigkeitsbezogener Informationen als zentrales Handlungsziel der Nachhaltigkeitskommunikation angesehen werden. Für die Durchführung und die auch per definitionem anzustrebende stetige Revision des/der (Systems der) Nachhaltigkeitskommunikation lässt sich darüber hinaus auch eine große Bandbreite von Zielen und Funktionen identifizieren, die aus Unternehmenssicht oft in symbiotischer Weise ökonomische Ziele (z. B. Umsatz, Gewinn, Deckungsbeitrag) und vorökonomische Effekte (Vertrauen, Emotionen etc.) verbinden können. Die im Folgenden näher zu spezifizierenden Ziele lassen sich dabei anhand von drei Feldern klassifizieren: (i) externe Absatz-, Beschaffungs- und Kapitalmärkte, (ii) Unternehmen (intern) und (iii) gesellschaftspolitische Öffentlichkeit.[219]

Ad (i): Insbesondere wenn die im Rahmen der Nachhaltigkeitskommunikation dargelegten Inhalte ein aus Kundensicht relevantes Kaufkriterium darstellen, kann eine *absatzmarktorientierte* Nachhaltigkeitskommunikation der Marktprofilierung[220] – z. B. im Sinne von Vertrauensschaffung – und dem Geschäftserfolg[221] des Unternehmens dienen.[222] Angesichts zahlreicher evidenter Problemfelder in den Absatzmärkten[223] wie massiver Preisdruck und schwindende Differenzierungsmöglichkeiten[224] kann die Nachhaltigkeitskommunikation einen gewichtigen Zusatznutzen generieren und somit auch die unternehmensspezifische Markenreputation bzw. kundenspezifische Markenbindung begünstigen. Durch den vergleichsweise breiten Fokus der Nachhaltigkeitskommunikation wird Nachhaltigkeit somit auch für Unternehmen interessant, die sich nicht auf „Öko-Themen“ festlegen lassen wollen und auf dieser Basis kritische und interessierte Zielgruppen außerhalb einer „Öko-Nische“ erreichen können.[225] Ferner kann festgehalten werden, dass das Determinantenset beim Kauf durch Kunden mittlerweile vergleichsweise umfassend ist: Neben der oft zu verzeichnenden Prämisse, einen möglichst hohen Gegenwert für den Kaufpreis zu

---

219 Vgl. auch IÖW/imug, 2001, die eine ähnliche Unterteilung vornehmen. Eine alternative, weniger differenzierte Klassifizierung unterscheidet z. B. zwischen externen und internen Zwecken. Vgl. Fichter, 1998b, S. 46f.; Jaeckel, 1994, S. 112.

220 Vgl. IÖW/imug, 2001, S. 10.

221 Vgl. GRI, 2002, S. 4.

222 Vgl. ähnlich Figge/Schaltegger, 2000.

223 Diese Problemfelder und -schwerpunkte variieren freilich in Abhängigkeit vom Betrachtungszeitpunkt sowie des jeweiligen Sektors.

224 Vgl. auch BDI, 2004, S. 2.

225 Vgl. BDI, 2004, S. 2; Schönborn/Steinert, 2001, S. 71 sowie Schulz, 2003, S. 14.

erhalten, reflektieren Kunden darüber hinaus oft, ob die Erbringung der Leistung mit ihren ethischen Vorstellungen konform gehen.[226]

*Beschaffungsseitig* können Geschäftspartner wie z. B. Zulieferer innerhalb einer integrierten Wertschöpfungskette durch die Nachhaltigkeitskommunikation zusätzlich in die Lage versetzt werden, spezifische Anforderungen (z. B. bezüglich Umweltperformance), welche an sie gestellt werden, in einem größeren, integrierten Zusammenhang zu sehen[227] bzw. sich bei der eigenen Planung auf die kommunizierte Nachhaltigkeitsstrategie von Großunternehmen auszurichten. Hierdurch kann etwaigen Missverständnissen im operativen Geschäft im Sinne einer *Sensibilisierungsfunktion* vorgebeugt werden.[228]

Zudem kann Nachhaltigkeitskommunikation *kapitalmarktseitig* motiviert sein, da erfolgreich am Kapitalmarkt positionierte Unternehmen eine tendenziell bessere Ausgangsbasis für Akquisitionen innehaben[229], indem sie die Investoren in die Lage versetzen, das Unternehmen ganzheitlich zu bewerten, d. h. die Führung eines Unternehmens auf ihre Fähigkeit einschätzen, Chancen und Risiken rechtzeitig zu erkennen.[230] Schließlich können Schwankungen und Unsicherheiten in der Aktienkursentwicklung börsennotierter Unternehmen verringert und so indirekt auch die Kapital(beschaffungs)kosten reduziert werden.[231]

Ad (ii): Eine fundierte Nachhaltigkeitskommunikation kann zudem auch durch die Pflege der „Innenverhältnisse" des Unternehmens motiviert sein und dabei auf Mitarbeiter, Management sowie auf die Optimierung zahlreicher interner Prozesse zielen. Zum einen kann Nachhaltigkeitskommunikation zwischen den Mitgliedern der Unternehmung der organisationsinternen Verständigung über den Stellenwert der Verantwortungsübernahme im Zielsystem des Unternehmens dienen.[232] In diesem Zusammenhang weisen kommunikative Maßnahmen einen Kultur bildenden Effekt auf und fördern maßgeblich die Etablierung von gemeinsam getragenen, Einheit stiftenden, nachhaltigen Wertemustern bei den Mitarbeitern. Zudem besitzt Nachhaltigkeitskommunikation auch eine Struktur bildende und steuernde Funktion, da die internen Kommunikationshandlungen erheblich

---

226 Vgl. Zollinger, 2000, S. 69.
227 Vgl. Hauth/Raupach, 2001, S. 29.
228 Vgl. Zollinger, 2000, S. 69.
229 Vgl. BDI, 2004, S. 2.
230 Vgl. Zollinger, 2000, S. 69. *„Imagine, as an investor, a company that can't or won't provide you with reliable financial statements and representations of the state of their business, its competitive situation and market risks and opportunities. Now ask yourself, are environmental risks and opportunities important to business? [...] In my view, quality of environmental management and reporting tell a lot about a company's management quality in general. An investor who ignores this clearly increases risk and misses out on opportunities."* (Joly, 1997, zitiert nach SustainAbility/UNEP, 1998, S. 8).
231 Vgl. GRI, 2002, S. 2.
232 Vgl. Fichter, 1998b, S. 280f.

zur Umsetzung und Revision der Nachhaltigkeitsstrategie, der Sozial- und Umweltpolitiken sowie entsprechender Ziele beitragen.[233] Besonders hervorgehoben werden zudem oft die motivierenden Wirkungen auf die gegenwärtigen, aber auch auf etwaige zukünftige Mitarbeiter[234], die so gebunden bzw. gewonnen werden können. *„Gerade in einer Phase der Vollbeschäftigung werden die ‚richtigen Talente' oft von Unternehmen als knappste Ressource bezeichnet."*[235] Als potenzielle interne Zielgruppen lassen sich dabei auch weitere Funktionalbereiche des Unternehmens, wie z. B. das Controlling oder die Unternehmensführung, nennen. Nachhaltigkeitskommunikation kann dabei als interne Schnittstelle durch die Informationen – analog zu den beschaffungsseitig aufgeführten Argumenten (vgl. erneut (i)) – einen erweiterten Kontext für die eigenen zu treffenden Entscheidungen generieren[236] und typischerweise getrennte und in sich geschlossene Funktionsbereiche eines Unternehmens – Finanzen, Marketing, Forschung und Entwicklung – in einer strategischen Art und Weise miteinander in Verbindung bringen. Nachhaltigkeitskommunikation öffnet so den Weg zu interner Kommunikation, die sonst nicht stattfinden würde.[237]

Ad (iii): Auch mit Blick auf das sozio-politische Unternehmensumfeld kann der Nachhaltigkeitskommunikation eine bedeutende Schnittstellenfunktion zukommen. Diese kann z. B. im Sinne einer strategischen Frühwarnung die Aufgabe der Identifikation, Internalisierung und Verarbeitung relevanter „Issues" sowie kritischer Außensichten der Bezugsgruppen wahrnehmen.[238] Hierdurch werden grundsätzlich sowohl eine kontinuierliche Eigenkontrolle als auch ein profundes Risikomanagement unterstützt: Im Idealfall verhilft die Nachhaltigkeitskommunikation dem Unternehmen zu Feedback und ermöglicht so die Reflexion des

---

233 Vgl. Hardtke/Prehn, 2001, S. 220.

234 *„Three in five people want to work for a company whose values are consistent with their own. There is increasing evidence that the proportion of people wanting to work for a responsible organisation is growing. 81% of young people have a strong belief in the power of responsible business practice to improve profitability over time. Corporate Responsibility is increasingly the key factor in attracting and retaining a talented and diverse workforce."* (Arthur D. Little/BITC, 2003, S. 6, die sich dabei vor allem auf einer repräsentative Studie von Environics unter Studenten stützen). Vgl. ähnlich BDI, 2004, S. 2.

235 Zollinger, 2000, S. 69. Vgl. ähnlich IÖW/imug, 2001, S. 11. Dieser Aspekt stellt konsequenterweise auch seit vielen Jahren ein zentrales Element der von der Züricher Agentur SAM durchgeführten Nachhaltigkeitsassessments für die Dow Jones Sustainability Indexes (DJSI) dar.

236 Vgl. IÖW/imug, 2001, S. 11. *„Ein effektives Management in einer globalen Wirtschaft, in der Informationen (verlässliche oder nicht verlässliche) mit Internetgeschwindigkeit weitergeleitet werden, bedarf einer proaktiven Betrachtungsweise. Vergangene und voraussichtliche Leistung zu messen und darüber zu berichten, ist ein bedeutendes Werkzeug des Managements in der heutigen, superschnellen, vernetzten ‚24-Stunden-Nachrichten'-Welt."* (GRI, 2002, S. 4).

237 Vgl. GRI, 2002, S. 4.

238 Vgl. Leitschuh-Fecht, 2002, S. 35; Meyer, 1997, S. 78.

eigenen Verhaltens und die Verringerung – bis hin zur Vermeidung – möglicher Risiken.[239] Transparenzschaffende Kommunikation über Ziele, Maßnahmen und Ergebnisse nachhaltigen Engagements kann so eine positive Unternehmensreputation[240] induzieren und Glaubwürdigkeit aufbauen, wodurch die öffentliche Akzeptanz und Legitimation[241] des Unternehmens unterstützt werden kann.[242] Dies hat letztlich insgesamt einen möglichen positiven Effekt auf die gesellschaftlichen Vertrauensbeziehungen zum Unternehmen.[243] Gemäß HOPFENBECK & ROTH kommt dem Dialog mit den gesellschaftlichen Anspruchsgruppen demnach eine zentrale Rolle zu[244], um einerseits eine Art kommunikative „Permeabilität" des Unternehmens zu erreichen und andererseits den offenkundigen gestiegenen Informationsbedarfen der Öffentlichkeit adäquat begegnen zu können. Hierdurch erhöhen sich prinzipiell sowohl die *Wahrnehmungs- als auch die Anpassungsfähigkeit* des Unternehmens an gesellschaftliche Veränderungsprozesse.

### 3.3.2. Die spezifischen Merkmale der Nachhaltigkeitskommunikation

Die vorangegangenen Schilderungen haben die in vielerlei Hinsicht unterstützende Wirkung einer Nachhaltigkeitskommunikation mit Blick auf die spezifischen Entscheidungsprozesse interner und -externer Empfänger und die hierauf fußende Motivation verdeutlicht. Durch den spezifischen Charakter ökonomischer, sozialer und ökologischer Aspekte sowie deren „Zusammenwirken" ergeben sich jedoch bei der Informationsvermittlung auch besondere Problemfelder, deren Schilderung Gegenstand dieses Abschnitts sein soll.

#### 3.3.2.1. Die asymmetrischen Nutzen- und Informationsverteilungsstrukturen

Der Aspekt der Asymmetrien erweist sich in zweierlei Hinsicht als relevant. Zum einen mit Blick auf das „Gut" Umwelt, welches sowohl individuellen als auch gesellschaftlichen Nutzen stiften kann, zum anderen hinsichtlich der hiermit zusammenhängenden Problematik der Informationsvermittlung.

---

239 Vgl. BDI, 2004, S. 2.
240 Vgl. Schaltegger, 2003, S. 4.
241 Vgl. Herzig/Schaltegger, 2004, S. 1.
242 Vgl. IÖW/imug, 2002, S. 12. Vgl. ähnlich auch Derieth, 1995, S. 149, die auf die Legitimations- und Präventionsfunktion der Unternehmenskommunikation abstellt.
243 Vgl. Wild, 2002, S. 332. Zum Vertrauensaspekt vgl. auch BDI, 2004, S. 2; GRI, 2002, S. 4.
244 Vgl. Hopfenbeck/Roth, 1994, S. 160.

Erstgenannter Aspekt fußt auf der Ansicht, dass insbesondere die ökologische Dimension der Nachhaltigkeit knappe, oft nicht reproduzierbare Kollektivgüter („public goods") subsumiert, deren Verwendung u. U. hohe externe Effekte („public bads") z. B. in Form von Schadstoffausstößen induziert. Problematisch ist hierbei insbesondere, dass der Verursacher diese Effekte – aufgrund von oft zu verzeichnenden räumlichen und zeitlichen Fernwirkungen, fehlenden Eigentumsrechten oder auch hohen Kosten der Internalisierung – nicht in sein einzelwirtschaftliches Entscheidungskalkül mit einbezieht.[245] Angesichts dieser Problematik tendieren die Akteure mangels adäquater Anreize prinzipiell zu einem Trittbrettfahrer-Verhalten[246], da durch die individuelle Förderung nachhaltiger Produkte nur marginale Verbesserungseffekte zu erwarten sind. Der resultierende Nutzen ist zudem nicht vollständig internalisierbar, sondern lässt simultan auch andere Akteure – „kostenlos" – profitieren.[247] Ein wahrgenommener individueller Nutzen kann in der Vorteilhaftigkeit der Produkte und Leistungen bestehen (z. B. in der Förderung der Gesundheit) – jedoch auch interindividuell stark variieren, da Bedürfnisse nach Selbstachtung, einem besseren Gewissen oder sozialer Anerkennung ein bereits vorhandenes, ausgeprägtes „Nachhaltigkeitsbewusstsein" voraussetzen. Zwar wird der Kommunikationspolitik von Unternehmen eine wichtige Rolle bei der Bildung einer solchen Bedürfnisstruktur und der Unterstützung der Wahrnehmung des konsumentenseitigen Individualnutzens zugeschrieben. Es wird jedoch auch erkannt, dass dies nur teilweise durch Unternehmen beeinflusst werden kann und zusätzlich durch das Wirken anderer meinungsbildender Akteure gefördert werden muss.[248]

Mit Blick auf das Kommunikationsverhältnis zwischen Unternehmen und Stakeholdern erweisen sich ferner existierende Informationsasymmetrien als problematisch. Die „Beschaffung" unternehmens- und nachhaltigkeitsbezogener Informationen verursacht jedoch stakeholderseitig mitunter hohe (Transaktions-) Kosten – sofern die Informationen überhaupt zugänglich sind.[249] Vor dem

---

245 Vor diesem Hintergrund ist die Einführung des Europäischen anlagenbezogenen Emissions-Zertifikate-Handels 2005 konzipiert worden. Die Idee basiert dabei zunächst auf der Verteilung von Emissionsrechten für $CO_2$-Emissionen an Unternehmen gemäß einem spezifischen Verteilungsschlüssel. Diese Rechte werden jedes Jahr, entsprechend der zugesagten $CO_2$-Zielminderung, reduziert und damit verknappt. Inhaber von Emissionsrechten dürfen $CO_2$ emittieren – zusätzlich benötigte Rechte müssen über eine Börse erworben, überschüssige Rechte können veräußert werden. Zur Darstellung und Kritik des Konzepts vgl. exemplarisch Zahrnt/Rudolph, 2004.

246 Vgl. Hansen/Bode, 1999, S. 192.

247 Vgl. Bohnet-Joschko, 2001, S. 460.

248 Vgl. ähnlich Schulz, 2003, S. 18f.

249 Vgl. Herzig/Schaltegger, 2004, S. 4. So konstatieren die Autoren zudem ein in der Praxis geringes Interesse der Stakeholder an Nachhaltigkeitsberichten, da durch die Berichte scheinbar kein entsprechender Nutzen generiert werde. Es wäre jedoch ein Trugschluss,

Hintergrund der skizzierten Komplexität und Operationalisierungsprobleme des Leitbildes der Nachhaltigen Entwicklung scheint es zudem wichtig, der Frage nachzugehen, wie eine hohe individuell beigemessene Informationsqualität erzielt werden kann. Als treibende Faktoren der Informationsasymmetrien identifizieren HERZIG & SCHALTEGGER erstens einen oft mangelnden Adressatenbezug, zweitens eine geringe Zahl aussagekräftiger Leistungsindikatoren mangels allgemein akzeptierter Standards über die Art der offen zu legenden Informationen, drittens eine zu große Informationsfülle durch die zumeist „additive" Behandlung ökologischer, ökonomischer und sozialer Aspekte sowie viertens nicht zuverlässige Bewertungs- und Auditverfahren, die eine Validität kommunizierter Daten gewährleisten.[250]

### 3.3.2.2. Die Komplexität und Wahrnehmbarkeit

Themenkomplexe entlang der Triple-Bottom-Line zeichnen sich zudem durch eine vergleichsweise hohe Komplexität und schwierige Wahrnehmbarkeit aus.[251] Dies bezieht sich zum einen auf die bereits eingangs skizzierten räumlichen und zeitlichen Fernwirkungen und zum anderen auf eine allgemein diffuse Informationslage hinsichtlich komplexer ökologischer Ursache-Wirkungszusammenhänge, die z. T. selbst auf wissenschaftlicher Ebene entweder nicht erschlossen oder aber umstritten sind. Die sich hieraus ergebenden Interpretations- und Entscheidungsspielräume erfordern von der Nachhaltigkeitskommunikation, zwischen wissenschaftlicher Erkenntnisformulierung und nicht-wissenschaftlicher Kommunikationskonventionen als Mittler oder „Übersetzer" aufzutreten.[252] Unternehmen sehen sich zudem mit der Problematik der internen Messbarkeit einzelner Kriterien entlang der Triple-Bottom-Line konfrontiert.[253] Erschwerend kommt hinzu, dass die integrierte Quantifizierung der Nachhaltigkeitsperformance im Vergleich zur relativ weit fortgeschrittenen Operationalisierung von Schlüsselindikatoren der ökonomischen Dimension sich schwierig gestaltet ist bzw. deren Operationalisierung noch weitgehend aussteht.[254]

---

wenn diese Erscheinung dahingehend interpretiert wird, dass Stakeholder an Umwelt- und Sozialthemen nicht interessiert seien.

250 Vgl. Herzig/Schaltegger, 2004, S. 4.

251 Vgl. erneut Kapitel 2.2.

252 Vgl. Bohnet-Joschko, 2001, S. 461.

253 Vgl. ähnlich Bennett/James, 1999, S. 47 sowie Raupach/Clausen, 2001, S. 27.

254 Vgl. auch Herzig/Schaltegger, 2004, S. 4.

### 3.3.2.3. Der Glaubwürdigkeits- und Vertrauensbedarf

Marktendogene Unsicherheiten, wie sie durch die in Kapitel 3.3.2.1 skizzierten Informationsasymmetrien zwischen Unternehmen und deren Stakeholdern hervorgerufen werden, erweisen sich in mindestens zweierlei Hinsicht als problematisch: Zum einen können sie in stakeholderseitigen Unsicherheits- bis hin zu Ohnmachtsgefühlen münden und zum anderen unternehmensseitigen opportunistischen Verhaltensweisen Vorschub leisten – wobei sich diese Aspekte durchaus gegenseitig bedingen können. Problematisch ist hierbei insbesondere, dass die jeweiligen Kriterien der zu kommunizierenden Themen und Aspekte stakeholderseitig nur schwierig zu bewerten sind bzw. die hierfür notwendigen Informationen nicht oder nur zu prohibitiv hohen Kosten zu erhalten sind.[255] Vertrauen und Glaubwürdigkeit sind somit weitere zentrale Gestaltungsaspekte der Nachhaltigkeitskommunikation.[256] Aufgrund dieser fehlenden Bewertungsmöglichkeiten besteht unternehmensseitig ein größerer Anreiz zur Ausnutzung der Marktintransparenz („Moral Hazard“), indem negative Informationen zurückgehalten oder falsche Informationen an die Stakeholder vermittelt werden. Da diese hingegen i. d. R. nur schwer zwischen den behaupteten und tatsächlichen Qualitäten und Intentionen differenzieren können, kann dies zu einer Senkung der Preisbereitschaft führen und das Phänomen der Negativauswahl („Adverse Selection“) begünstigen, bei der sich Anbieter guter Qualität aus dem Markt zurückziehen und von Anbietern schlechter Qualität ersetzt werden.[257] Diese Problematik ist in ihrer Struktur auch innerhalb komplexer Wertschöpfungssysteme von hoher Relevanz, da zwischen Management, Fachabteilungen oder Zulieferern Informationsprobleme herrschen können. International stark arbeitsteilige und fragmentierte Wertketten mit einer großen Zahl an (Vor-) Lieferanten und Subunternehmern erschweren es einzelnen Entscheidungsträgern des Unternehmens, die Eigenschaften von Einsatzstoffen oder Vorprodukten entlang der vertikalen Produktionsstufen bis hin zum Endprodukt – und somit auch Folgewirkungen der Produkt- bzw. Leistungsnutzung – nachzuvollziehen.[258]

## 3.4. Die Anforderungen an die Nachhaltigkeitskommunikation

Die bisherigen Ausführungen haben zentralen Aspekte und Spezifika der Nachhaltigkeitskommunikation verdeutlicht. Auf der Basis einer ganzheitlich und integriert ausgerichteten inhaltlichen Perspektive – anstatt einer bloßen inhaltlichen Addition uni-dimensionaler Informationen – können sich interessier-

---

255 Vgl. Schulz, 2003, S. 17.

256 Vgl. ähnlich Fichter, 2000, S. 271.

257 Vgl. Schulz, 2003, S. 17.

258 Vgl. Mesterharm, 2001, S. 38 sowie Schulz, 2003, S. 17.

te Nutzer *prinzipiell* ein differenziertes Gesamtbild des jeweiligen Unternehmens und dessen Beitrags zu einer Nachhaltigen Entwicklung verschaffen.

Die nähere Betrachtung der spezifischen Merkmale in Kapitel 3.3.2 hat einige zentrale Problemfelder offenbart – z. B. in punkto Vertrauen und Glaubwürdigkeit – die einem angestrebten reibungslosen und adäquaten Informationsaustauschprozess entgegenstehen können. *„Trust in business and in markets is likely to be strongest and most resilient where there are high levels of transparency and accountability."* [259] Da Nachhaltigkeitskommunikation im Allgemeinen, Nachhaltigkeitsberichte im Speziellen gegenwärtig in der Mehrzahl der Länder noch keiner Standardisierung im Sinne einer gesetzlichen Verpflichtung unterliegen[260], verbleibt unabhängig von der (vermuteten) Integrität des betrachteten Unternehmens stets ein etwaiger (Rest-)Verdacht der bewusst vollzogenen inhaltlichen Verkürzung oder Verzerrung.[261] Diese Aspekte lassen sich – abstrakt betrachtet – auf einen sowohl unternehmens- als auch nutzerseitigen Mangel an Orientierung bzw. Orientierungswissen im Feld der Nachhaltigkeitskommunikation zurückführen. Die daher im Grundsatz unvermeidlich hohen „Transaktionskosten" bei der Nachhaltigkeitskommunikation betreffen dabei insbesondere die Kontrolle der Informationen im Sinne einer angemessenen Interpretation. Diese „Kosten" können dabei zum einen durch den Versuch der Einführung verbindlicher inhaltlicher und formaler Standards[262], zum anderen durch die gezielte Berücksichtigung der Informationsbedarfe der Stakeholder[263] reduziert werden.[264]

In diesem Rahmen sind zahlreiche Initiativen einzuordnen, deren Ziel es allgemein ist, den zuvor genannten Problemen besser begegnen zu können bzw. eine Übergangs- und Konsolidierungsphase bis hin zu einer möglichen gesetzlich verpflichtenden Berichterstattung zu begleiten. Derartige Leitfäden, Guidelines,

---

259 SustainAbility/UNEP, 2004, S. 2.

260 Erste Bestrebungen in Richtung Pflichtberichterstattung sind in diesem Zusammenhang in Frankreich, Dänemark, Norwegen, Niederlande und Großbritannien beobachtbar. Diese Regulativen zielen dabei jedoch in erster Linie auf die Integration von ökologischen und sozialen Aspekten in die Geschäftsberichterstattung (Frankreich, vgl. Nahal, 2002 sowie o. V., 2004a) bzw. in den Lagebericht der Geschäftsberichte (Norwegen, vgl. Nyquist, 2003) ab. Richtlinien wie die dänischen („Grüne Bilanzen", vgl. Danish EPA, 2003) oder die niederländischen („Umweltberichterstattung", vgl. Drieënhuizen, 2001) weisen daneben einen alleinigen Bezug zur ökologischen Dimension der Nachhaltigkeit auf. Vgl. vertiefend auch KPMG, 2002, S. 29f.

261 Vgl. ähnlich IÖW/imug, 2002, S. 80.

262 Vgl. Kapitel 3.4.1.1 und 3.4.2.

263 Vgl. Kapitel 3.4.1.2.

264 Dass die Nachhaltigkeitskommunikation mitunter nur einen geringen Anteil der gewünschten Nutzerschaft erreicht, sei hingegen kein rein nachhaltigkeitsbezogenes Phänomen, sondern Schicksal der gesamten professionellen Kommunikation. Vgl. Herzig/Schaltegger, 2004, S. 6.

Richtlinien oder Normen haben vornehmlich die internationale Harmonisierung inhaltlicher und formaler Gestaltungsaspekte der Nachhaltigkeitskommunikation zum Ziel, deren Schilderung im Folgenden vorgenommen wird.

### 3.4.1. Die inhaltlichen Anforderungen

#### 3.4.1.1. Die inhaltlichen Anforderungen durch Leitfäden, Normen und Initiativen am Beispiel der GRI

Zwar können gegenwärtig signifikante Fortschritte in der unternehmerischen Kommunikationspraxis hinsichtlich der gleichgewichtigen, reflektierten Ausdifferenzierung der Inhalte einer Nachhaltigkeitskommunikation verzeichnet werden[265] – allerdings gemäß SUSTAINABILITY & UNEP noch nicht auf breiter Basis: „*Even the best reports suggest continuing, fundamental weaknesses [...] in their ability to identify, assess and manage priority non-financial issues.*“[266] Diese Einschätzung verdeutlicht bestehende Differenzen zwischen tatsächlicher Nachhaltigkeitskommunikationspraxis und Erwartungshaltungen an eine glaubwürdige und ausgewogene Nachhaltigkeitskommunikation. Gleichzeitig kann zum gegenwärtigen Zeitpunkt kein internationaler Konsens über Inhalte und Indikatoren aufgezeigt werden, auf den sich supranationale Gremien oder nationale Regierungen geeinigt haben.[267]

Dementsprechend weit verbreitet[268] und zugleich kontrovers diskutiert[269] ist die Forderung nach einer stärkeren Standardisierung der Nachhaltigkeitskommunikation. Unternehmensseitig wird oft argumentiert, dass eine zu frühe Standardisierung dezentrale Entwicklungsprozesse vernachlässigen, Kreativität einschränken und sektorspezifische Besonderheiten unberücksichtigt lassen kann.[270] Demgegenüber steht die Argumentation, dass eine zunehmende inhalts- und gestaltungsbezogene Verbindlichkeit sowohl eine Entlastung auf Seiten der Unternehmen bei der Erstellung der Berichte bewirken und zum anderen eine bessere Vergleichbarkeit, Transparenz und Aussagefähigkeit der enthaltenen Informationen gewährleisten kann. Vor diesem Hintergrund haben zahlreiche Initiativen Leitfäden, Richtlinien und Normen veröffentlicht, deren Ziel vor allem die

---

265 Vgl. SustainAbility/UNEP, 2004, S. 8.
266 SustainAbility/UNEP, 2004, S. 4.
267 Vgl. Wild, 2002, S. 332.
268 Vgl. Hauth/Raupach, 2001, S. 31; IÖW/imug, 2002, S. 80; Schulz, 2003, S. 43f.
269 Vgl. exemplarisch Frings, 2003, S. 1; Hauth/Raupach, 2001, S. 31.
270 Vgl. exemplarisch BDI, 2004, S. 3; SustainAbility/UNEP, 2004, S. 5; Volkswagen AG, 2003, S. 10.

Harmonisierung bis in zur Standardisierung von Nachhaltigkeitsberichten ist.[271] Gegenstand ist meist die Entwicklung und Etablierung von Systemen von Kennzahlen und Indikatoren, die eine einheitlichere Bewertung der Unternehmensleistung sowie deren Auswirkungen aus ökologischer, ökonomischer und sozialer Perspektive erleichtern sollen. Leitfäden dienen als Handlungsorientierung, während Richtlinien, die zum Beispiel von Verbänden und Ministerien herausgegeben werden, einen verbindlicheren Charakter besitzen. Normen werden durch Normierungsorganisationen entwickelt und sind z. T. die Grundlage für mögliche Zertifizierungsprozesse.[272]

In dieser Arbeit soll das Framework der Global Reporting Initiative (GRI) aufgrund der gegenwärtig großen Verbreitung und strategischen Relevanz[273] *exemplarisch* näher untersucht werden. Die 1997 in Boston gegründete GRI hat

---

271 Vgl. die Publikationen von Clarmont McKenna College, 2005; GRI, 2002; IÖW/imug, 2000; IÖW/imug, 2001; Loew, 2004; Loew/Clausen/Westermann, 2005; SustainAbility/UNEP, 2004.

272 Vgl. Herzig/Schaltegger, 2004, S. 6.

273 Vgl. exemplarisch SustainAbility/UNEP, 2004, S. 38-42; Wheeler/Elkington, 2001, S. 5. Die gesonderte Vorstellung weiterer, ähnlicher Rahmenwerke erscheint aus folgenden Gründen als wenig Ziel führend: (i) Zahlreiche der hier nicht weiter konkretisierten Initiativen beziehen sich entweder explizit auf das GRI-Framework oder weisen zahlreiche Überschneidungen mit diesem auf (so z. B. „Der Nachhaltigkeitsbericht – ein Leitfaden zur Praxis der glaubwürdigen Kommunikation für zukunftsfähige Unternehmen“ vom IÖW & imug, der sich stärker als das GRI-Framework auch auf kleine und mittlere Unternehmen bezieht (vgl. IÖW/imug, 2001, S. 2; Wild, 2002, S. 334) – andere wiederum können als komplementär mit diesem angesehen werden (dies gilt z. B. für die OECD Leitfaden für Multinationale Unternehmen, vgl. OECD, 2000). (ii) Einige Initiativen und Normen weisen zudem für diese Arbeit entweder wegen ihres speziellen bzw. eindimensionalen Anwendungsbereichs oder aufgrund ihrer inhaltlichen Abdeckung eine geringe(re) Erklärungskraft für die inhaltlichen Anforderungen an eine Nachhaltigkeitskommunikation auf. Normen wie z. B. die ISO 14063 beziehen sich so z. B. insbesondere auf die ökologische Teildimension der Nachhaltigkeit und lassen eine umfassende Betrachtung des Nachhaltigkeitsleitbildes unberücksichtigt (aus ähnlichen Gründen wird hier auch auf die detaillierte Schilderung weiterer verbreiteter umweltschutzbezogener Normen oder Management- und Audit-Systeme wie EMAS I & II oder ISO 14001 verzichtet und auf weiterführende Literatur verwiesen (vgl. ausführlich z. B. Empacher/Kluge, 1999, S. 88; Lenz, 2003, S. 88-93). Selbiges gilt aus sozialer Sicht für den Social Accountability Standard für Arbeitsbedingungen (SA 8000) (vgl. www.SA8000.org, abgerufen am 01.07.2005). (iii) Alternative, teils komplementäre Leitfäden wie der vom future e.V. und IÖW vorgestellte Anforderungskatalog (vgl. Loew et al., 2004, S. 81-88) weisen zudem – im Gegensatz zur GRI – zum gegenwärtigen Zeitpunkt keine Berücksichtigung sektorspezifischer Besonderheiten auf. (iv) Leitfäden wie die OECD Leitlinien (s. o.) sind vor allem auch für Zwecke jenseits der Kommunikation bzw. Berichterstattung erstellt worden. Der Standard AA1000 zielt hingegen in erster Linie auf die Zertifizierung von Berichten, die z. B. anhand des GRI-Frameworks erstellt wurden. Zum Verhältnis weiterer Initiativen mit der GRI – aus Sicht der GRI – vgl. auch www.globalreporting.org/about/initiatives.asp (abgerufen am 01.07.2005) sowie auch Wild, 2002, S. 332-334.

sich aufbauend auf der Praxis der Umweltberichterstattung die Entwicklung eines weltweit anwendbaren, branchenübergreifenden und bedarfsgerechten Standards zur Nachhaltigkeitsberichterstattung zum Ziel gesetzt. Hierzu verfolgt sie im Rahmen eines Multi-Stakeholder-Ansatzes z. B. den anspruchsgruppenseitigen Einbezug in die Leitfadenerstellung.[274] Dabei hat die Anwendung des GRI-Frameworks[275] mittlerweile eine weite Verbreitung gefunden. *„[...] GRI has been enormously successful in achieving the widespread adoption and acceptance of the guidelines.“*[276] Während die relative Reichweite der Anwendung des Frameworks aufgrund einer unsicheren absoluten Zahl von berichterstattenden Unternehmen ungeklärt sein dürfte, ist insbesondere die Geschwindigkeit der Verbreitung als sehr hoch einzustufen: So sind Anfang 2005 625[277] anwendende Unternehmen im Vergleich zu 140 anwendenden Unternehmen im Jahre 2002 zu verzeichnen. Darüber hinaus bleibt festzustellen, dass nahezu alle der nach SUSTAINABILITY & UNEP in 2004 als „Top 50“ gerankten Unternehmen (47 von 50) sich explizit auf die GRI beziehen.[278]

Innerhalb der Dokumenten-Familie des GRI-Frameworks[279] stellt der Leitfaden für die Nachhaltigkeitsberichterstattung das Fundament dar, auf dem die weiteren Dokumente wie die „Technischen Protokolle“ sowie „Sektorspezifischen Ergänzungen“ basieren. Zudem können Anleitungen („Guidance Documents“) als unterstützende Dokumente für die Berichterstellung hinzugezogen werden.[280] Ziel des Leitfadens ist dabei die Festlegung spezifischer Inhalte, die Unternehmen bei der Erstellung eines vergleichsfähigen, glaubwürdigen[281] Nachhaltigkeitsberichtes unterstützen und die Einbeziehung von Stakeholden erleichtern.[282] Dabei wird explizit betont, dass der Leitfaden nicht als Verhaltenskodex oder eine Sammlung von Verhaltensprinzipien, Leistungsstandard (z. B. ein Emissionsziel für einen bestimmten Schadstoff) oder ein Managementsystem anzusehen ist bzw. konkrete Handlungsanweisung hinsichtlich der unternehmensspezifischen Umsetzungsprozesse bereitstellt.[283]

Der zentrale Beitrag des Leitfadens zur Konkretisierung der Berichtsinhalte liegt in der Bereitstellung eines umfangreichen und branchenübergreifenden Indikatorensets entlang der Nachhaltigkeitsdimensionen. Dabei wird zwischen sog.

274 Vgl. GRI, 2002, S. i.
275 Zur begrifflichen Klärung vgl. unten.
276 SustainAbility/UNEP, 2004, S. 5.
277 Vgl. www.globalreporting.org/guidelines/reports/search.asp (abgerufen am 07.01.2005).
278 Vgl. SustainAbility/UNEP, 2004, S. 38.
279 Vgl. GRI, 2002, S. 10.
280 In dieser Arbeit soll sich auf die Schilderung des Leitfadens sowie der sektorspezifischen Ergänzung für den Automobilsektor beschränkt werden.
281 Vgl. GRI, 2002, S. 16.
282 Vgl. GRI, 2002, S. 7.
283 Vgl. GRI, 2002, S. 7.

*Kernindikatoren*, die für die meisten Bericht erstattenden Organisationen und Stakeholder als relevant[284] erachtet werden sowie *Zusatzindikatoren* unterschieden, die zusätzliche, interessante Informationen darstellen.[285] Das Indikatorenset ist in sechs Subkategorien unterteilt, die neben den einzelnen Nachhaltigkeitsdimensionen auch Angaben zu *Vision und Strategie* (Beschreibung der Strategie der Bericht erstattenden Organisation im Hinblick auf die Nachhaltigkeit), *Profil* (Überblick über die Struktur der Bericht erstattenden Organisation und ihre Aktivitäten sowie über den Umfang des Berichts) sowie *Kontrollstruktur und Managementsysteme* (Beschreibung des Organisationsaufbaus, der Verfahrensregelungen und der Managementsysteme einschließlich der auf die Einbindung von Stakeholdern gerichteten Aktivitäten) umfasst.[286] Ein weiterer zentraler Bestandteil des Leitfadens sind Berichterstattungsprinzipien[287], die einer *„ausgewogenen und angemessenen Berichterstattung"*[288] dienen sollen. Die Dokumentation hinsichtlich des Erfüllungsgrades einzelner Teilindikatoren erfolgt idealerweise in einem sog. *Content Index*, der (Seiten-) Verweise zum Bericht beinhaltet. Der Leitfaden ist so als eine organisationale Selbstbeschreibung von Nachhaltigkeit zu lesen.[289] Die Interpretation indes, inwieweit die jeweiligen zu lokalisierenden Informationen als qualitativ hinreichend zu erachten sind, und wie diese im Vergleich zu anderen Untenehmen zu interpretieren sind, bleibt dem Berichtsleser weitgehend überlassen.

Ungeachtet der großen Zahl an Indikatoren[290] bleibt fraglich, inwieweit deren Struktur für Unternehmen unterschiedlicher Sektoren mit unterschiedlichen Anforderungen geeignet ist, die Nachhaltigkeitsperformance angemessen abzubilden.[291] Mit den sektorspezifischen Leitfadenergänzungen trägt die GRI dem Umstand Rechnung, dass Marktbesonderheiten, Geschäftsprozesse und Themenrelevanz entlang der Nachhaltigkeitsdimensionen in erster Linie von der Zugehörigkeit eines Unternehmens zu bestimmten Sektoren abhängig sind. Dementsprechend stehen derzeit für unterschiedliche Sektoren wie Automobilbau, Banken/Finanzdienstleistungen, Bergbau, Reiseveranstalter, Telekommunikation, Logistik und Öffentliche Behörden Branchenergänzungen[292] zur Verfügung, die nicht substitutiv, sondern komplementär angewendet werden können.[293] Das sog. Automotive Sector Supplement[294] beinhaltet – wie auch der oben

284 Vgl. GRI, 2002, S. 11.
285 Vgl. GRI, 2002, S. 11.
286 Vgl. GRI, 2002, S. 29.
287 Vgl. ausführlicher Kapitel 3.4.2.
288 GRI, 2002, S. 18.
289 Vgl. Ziemann, 2005, S. 129.
290 So können im Jahr 2005 140 Kern- und Zusatzindikatoren gezählt werden.
291 Zu dieser Kritik vgl. exemplarisch Burschel/Losen, 2002, S. 28.
292 Vgl. www.globalreporting.org/guidelines/sectors.asp (abgerufen am 07.01.2005).
293 Vgl. GRI, 2002, S. 9.

skizzierte Kernleitfaden – ökonomische, ökologische und soziale Leistungsindikatoren, die speziell auf die Automobilindustrie maßgeschneidert sind.[295]

*Zusammenfassend* kann konstatiert werden, dass das Framework der GRI in hohem Maße zur fortschreitenden Diffusion und zunehmenden Konsistenz der Nachhaltigkeitskommunikation bzw. -berichterstattung beigetragen hat.[296] Die angestrebten Standardisierungs- und Harmonisierungsbemühungen haben dabei in erster Linie die Vereinheitlichung der Struktur und des Umfangs der Darstellung der Inhalte entlang der Nachhaltigkeitsdimensionen bewirkt, die allmählich ihren Niederschlag in der Berichterstattungspraxis findet.[297] Gleichzeitig sollte jedoch festgehalten werden, dass die tatsächliche Qualität der kommunizierten Informationen hierdurch bislang meist nicht betroffen ist und sich so die angestrebte objektive zwischenbetriebliche Vergleichbarkeit als problematisch erweist. Ursächlich hierfür sind i. d. R. uneinheitliche Erfassungsmethoden nachhaltiger Unternehmensperformance mangels Konsens über die valide Messung und Zusammenstellung unternehmensinterner Daten und Informationen entlang der Indikatoren.[298] So konnten Leitfäden wie der der GRI aus transaktionskostentheoretischer Sicht insbesondere einen Beitrag zur Senkung der Informations*beschaffungs*kosten für Nutzer, jedoch keinen direkten Beitrag zur Senkung der Informations*kontroll*kosten leisten. Dies begründet sich aus Nutzersicht zum einen durch das vergleichsweise aufwändige „Nachverfolgen" der einzelnen Indikatoren mittels des unternehmensspezifischen GRI-Content-Index, der im Extremfall mehrere Hundert Querverweise entlang der 140 Kern- und Zusatzindikatoren enthält[299] und zum anderen in der Einschätzung der Glaubwürdigkeit der identifizierten Informationen. Die mitunter kritisierte Länge und Unübersichtlichkeit des Leitfadens[300] schmälert somit prinzipiell das Verständnis des Berichts für „normale" Zielgruppen und vermag *nicht* die Vermittlung der unternehmensspezifischen Vision – wenngleich diese Teil des Indikatorensets

---

294 Vgl. GRI, 2004a.

295 Zu neuen, automobilspezifischen Indikatoren, die im Kernleitfaden nicht enthalten sind, zählt z. B. Ökoeffizienz von Volumenmodellen. Zudem gilt es, sektorspezifische Probleme einer Nachhaltigen Mobilität (vgl. erneut Kapitel 2.2.2) entlang der Wertschöpfungskette „narrativ" zu schildern. Es bleibt hingegen fraglich, inwieweit eine Vergleichbarkeit von Automobilherstellern, die unterschiedliche Fertigungstiefen und -intensitäten oder Formen der Lieferantenintegration aufweisen, gewährleistet ist (vgl. SustainAbility/UNEP, 2004, S. 32).

296 Vgl. ähnlich SustainAbility/UNEP, 2004, S. 39.

297 Vgl. auch die Einschätzung Loews, dem zufolge sich erst zum gegenwärtigen Zeitpunkt Klarheit über die Inhalte einer Nachhaltigkeitsberichterstattung entwickelt. Vgl. Loew, 2004, S. 10.

298 Vgl. Herzig/Schaltegger, 2004, S. 9.

299 Zur Illustration vgl. exemplarisch Volkswagen AG, 2004.

300 Vgl. Loew et al., 2004, S. 81.

der GRI ist – effektiv zu fördern.[301] So sind die verschiedenen Versionen der Leitlinien oft starker Kritik ausgesetzt worden.[302]

Mit Blick auf die sich gegenwärtig abzeichnende Hypertrophie an Nachhaltigkeits-Regelwerken besteht zudem die Befürchtung, dass deren strikte Befolgung zu bloßem Formalismus führt. Somit stünde ein bloßes Reagieren auf Überarbeitungen in Regelkatalogen im Widerspruch zu der in Kapitel 2.1.2 identifizierten Notwendigkeit der pro-aktiven und ergebnisoffenen Diskursbereitschaft der beteiligten Akteure einer Nachhaltigen Entwicklung. Gleichzeitig birgt die „sklavische" Befolgung der Leitfäden grundsätzlich auch die Gefahr, die Berücksichtigung der Informationsbedarfe der Nutzer zu vernachlässigen. Dennoch sollte erwähnt werden, dass die GRI mit ihren den Entscheidungsprozessen zu Grunde liegenden Multi-Stakeholder-Prozessen diesem Vorwurf im Ansatz zu begegnen versucht. In diesem Lichte ist die mittlerweile verbreitete Forderung nach einer Einschränkung der inhaltlichen Anforderungen auf ein überschaubares und handhabbares Maß im Sinne eines „Pflicht-Kern-Sets" an Indikatoren bzw. näher zu definierenden Mindestanforderungen [303] zu sehen. Diese können zusätzlich durch „Kür-Elemente" angereichert werden, wodurch auch zusätzlicher Raum für die spezifischen, individuellen Besonderheiten [304] einzelner Unternehmen und deren Kreativität[305] gewahrt wird.[306] Gleichzeitig eröffnet dies, wie zu zeigen sein wird, auch Räume für Medien wie das Internet, welches sich wie kein zweites als Archiv-Medium für interessierte Nutzer anbietet. Vor diesem Hintergrund sind parallel zu verzeichnende Initiativen zur Verifizierung bzw. Zertifizierung der Nachhaltigkeitskommunikation bzw. -berichterstattung einzuordnen, deren Konzeption jedoch noch im Aufbau befindlich und Gegenstand intensiver Diskussionen[307] ist.[308]

---

301 Vgl. Clausen/Klaffke, 2000, S. 4 sowie German Environmental Institutes, 2000, S. 4, zitiert nach Schulz, 2003, S. 44.

302 *„In Deutschland sind die GRI-Leitlinien mit kaum verhaltener Kritik aufgenommen worden – ausgerechnet die gestrengen Deutschen empfinden das Regelwerk als zu umfangreich und zu unflexibel. [...] De facto nämlich setzen die GRI-Leitlinien keineswegs so strenge unflexible Grenzen: Nicht einmal die DIN-Norm für Geschäftsberichte hat dazu geführt, dass dieses Medium die Kreativität über Gebühr einschränkt – wie sollte da ein freiwilliges Leitlinienraster eine Industrienorm übertrumpfen?"* (ECC Kohtes Klewes, 2002, S. 6).

303 Vgl. Hauth/Raupach, 2001, S. 31.

304 Vgl. BDI, 2004, S. 3.

305 Vgl. Volkswagen AG, 2003, S. 10. Vgl. ähnlich auch Herzig/Schaltegger, 2004, S. 9.

306 Vgl. imug/IÖW, 2000, S. 77f.

307 Vgl. Wheeler/Elkington, 2001, S. 9.

308 Während der grundsätzliche Nutzen einer Verifizierung veröffentlichter Daten eher selten angezweifelt wird, bestehen momentan doch weit reichende prozessuale und finanzielle Hindernisse hinsichtlich einer Zertifizierung und Verifizierung (vgl. hierzu exemplarisch SustainAbility/UNEP, 2004, S. 32 sowie die Arbeit von Clausen/Loew, 2005).

### 3.4.1.2. Die inhaltlichen Anforderungen durch die Informationsinteressen relevanter Anspruchsgruppen

Angesichts einer steigenden Zahl von Leitfäden und Indikatorenkatalogen stehen viele Unternehmen vor der unsicheren Entscheidung, wie sie über ihre ökologischen, gesellschaftlichen und ökonomischen Verantwortungsbereiche integriert kommunizieren sollen.[309] Einige Unternehmen bezweifeln inzwischen, dass ihre Berichte eine angemessene Beachtung finden – andere wiederum beobachten zwar eine große Nachfrage, gehen aber davon aus, dass sie vor allem als Symbol funktionieren und nicht wegen ihrer Inhalte.[310] Insbesondere existieren diffuse Vorstellungen von der Struktur der Anspruchsgruppen[311] sowie weit reichende Unsicherheiten in Bezug auf deren Informationsinteressen. Deren Ermittlung kann indes von hoher Relevanz sein, wie die folgende Aussage verdeutlicht: *„Man stelle sich vor, ein Unternehmen betreibt jahrelange Produktentwicklung und wirft dann ein Produkt auf den Markt, dessen Nutzen niemand anerkennt und das keinen gesellschaftlichen Bedarf erfüllt. Auch ein Nachhaltigkeitsbericht ist ein solches Produkt. Er wird nicht verkauft und generiert folglich keine Umsätze, aber die beabsichtigte Reputationssteigerung hat den gleichen Effekt auf die wirtschaftliche Situation eines Unternehmens.“*[312] Aus diesem Grund sollen im vorliegenden Kapitel die Relevanz der Einschätzung der Informationsbedarfe von Anspruchsgruppen sowie die hiermit verbundenen Herausforderungen an die Informationsbedarfsermittlung thematisiert werden.

Die zentrale Grundannahme dieser konzeptionellen Perspektive ist zunächst, dass verschiedene Anspruchsgruppen aus unterschiedlichen Gründen sowie an ebenso unterschiedlichen Aspekten der Unternehmensaktivitäten interessiert sind. Aus dieser Annahme wird – ähnlich der „traditionellen“ (Markt-) Segmentierung – oft die Forderung nach einer „zielgruppenspezifischen“ Gestaltung der Nachhaltigkeitskommunikation abgeleitet. *„A failure to clearly identify the intended audience and assess their requirements will produce a document which is neither relevant nor clearly understood by its readers.“*[313] In inhaltlicher Hinsicht ist somit für die (anspruchgruppenbezogene) *Wesentlichkeit* („Materiality“)[314] der

---

309 Vgl. erneut Kapitel 2.1.2. Wurde dort abschließend festgehalten, dass Orientierungswissen *die* knappe Ressource in der Nachhaltigkeitsdiskussion sei, so greift dieses Argument aus der Sicht von Unternehmen auch im Feld der Nachhaltigkeitskommunikation.

310 Vgl. ECC Kohtes Klewes, 2002, S. 6.

311 Vgl. erneut Kapitel 2.2.2.3.

312 ECC Kohtes Klewes, 2003, S. 55.

313 Azzone et al., 1997, S. 700.

314 Vgl. exemplarisch Zadek/Merme, 2003, insbesondere S. 11. In Großbritannien wird so derzeit die Integrierbarkeit eines Materiality-Kriteriums in das Unternehmensrecht (Corporation Law) geprüft. Dabei wird unter anderem vorgesehen, dass im OFT (Operational Financial Review) die Geschäftsführung auf alle „material issues“ eingeht. Vgl. Loew et al., 2004, S. 113.

Informationen zu sorgen, da Kommunikation *„[...] nicht Fragen beantworten, die keiner stellt, die tatsächlichen Fragen aber unbeantwortet lassen [...]“*[315] soll. Insbesondere mit Blick auf die thematische Breite und Tiefe des Leitbildes der Nachhaltigen Entwicklung besteht andernfalls die Gefahr, dass die kommunizierten Informationen derart allgemein gehalten sind, dass diese aus Sicht individueller Stakeholder als wertlos bzw. nicht entscheidungsrelevant erachtet werden („Carpet Bombing Syndrom“).[316]

Die systematischen Antizipation bzw. Einschätzung der Informationsbedarfe der Stakeholder stellt somit einen wesentlichen Aspekt dieses Ansatzes dar. Aus einer grundlegenden Perspektive kann unter dem Informationsbedarf der Mangel an entscheidungsdienlichem Wissen verstanden werden, der die zur Entscheidungsfindung oder zur Beurteilung der Zielerreichung nach Art und Menge notwendigen Informationen beinhaltet.[317] Oft wird hierbei eine analytische Trennung zwischen *objektivem* und *subjektivem* Informationsbedarf der Stakeholder vorgenommen: Während erstgenannte Variante die Gesamtheit des Wissens subsumiert, welches für eine optimale Entscheidung als *objektiv* notwendig erachtet wird, beschreiben dagegen die individuell vom Entscheidungsträger empfundenen Informationswünsche, die Entscheidungsrisiken auf ein tolerierbares Maß zu reduzieren, den *subjektiven* Informationsbedarf.[318]

Prinzipiell ist zu erwarten, dass Stakeholder meist nur einen Teil ihres – objektiven – Informationsbedarfs „wahrnehmen“ und artikulieren (können).[319] Deshalb ist aus informationstheoretischer Sicht die *Informationsnachfrage*, d. h. die konkret nachgefragte Informationsmenge, *nicht deckungsgleich* mit dem subjektiven Informationsbedarf.[320] Sie ist zudem nach GEMÜNDEN insbesondere von vier Faktoren abhängig[321], zu denen implizit auch Aspekte des *Informationsangebots*, d. h. die Gesamtheit betriebsinterner und -externer Informationen, die einem Nachfrager zu einem bestimmten Zeitpunkt an einem bestimmten Ort zur Verfügung stehen[322], gehören: (i) personenbeschreibende Merkmale (soziodemographisch, kognitiv und motivational), (ii) Merkmale der zu lösenden Aufgabe (Relevanz, Unsicherheit und Zeitdruck, unter der eine derartige Aufgabe zu lösen ist), (iii) Merkmale des eingesetzten Systems, das im wesentlichen Qualität des Informationsangebots (und somit indirekt auch die Informationsnachfrage)

---

315 Dyllick, 1992, S. 480.
316 Vgl. Kolk, 1999, S. 227; SustainAbility/UNEP, 2004, S. 24 & 34.
317 Vgl. Gottschalk, 2000, S. 170 und Schulz, 1995, S. 43. Für eine alternative Definition vgl. Picot/Reichwald/Wigand, 2003, S. 81.
318 Vgl. exemplarisch Gemünden, 1993, S. 1726; Gottschalk, 2000, S. 171; Szyperski, 1980, S. 905f.
319 Vgl. ähnlich Mayer 1999a, S. 165.
320 Vgl. ähnlich Picot/Reichwald/Wigand, 2003, S. 81.
321 Vgl. Gemünden, 1992, S. 1016-1022.
322 Vgl. Mayer 1999a, S. 166.

bestimmt sowie (iv) umfeldbezogene Merkmale, zu denen externe Faktoren (z. B. rechtliche Vorschriften, IKT-Infrastruktur) und im weiteren Sinne auch interne Faktoren (z. B. Unternehmenspolitik, interne IKT-Infrastruktur) zählen. Für das Feld der Nachhaltigkeitskommunikation ergeben sich erste Implikationen:

Ad (i): Mit Blick auf die in Kapitel 2 skizzierte inhaltliche Komplexität der Nachhaltigen Entwicklung sowie die zahlreichen Komplexitätstreiber (Internationalität, Intertemporalität) ist zu erwarten, dass die soziodemographischen und kognitiven Personenmerkmale einen vergleichsweise starken Einfluss auf die Informationsnachfrage ausüben. Oft sind Personen jedoch nicht in der Lage, ihren Informationsbedarf adäquat zu artikulieren – z. B. aufgrund mangelnder kognitiver Voraussetzungen oder Kenntnisse im Umgang mit den der Kommunikation zugrunde liegenden Informationssystemen. Zudem ist vor dem Hintergrund dieser Determinanten aus Sicht des Unternehmens von einer starken Heterogenität sowohl der Informationsbedarfe als auch der -nachfrage auszugehen: Mit Blick auf die Kategorisierung des Unternehmensumfeldes in Stakeholdergruppen kann sich die Heterogenität auf die Informationsbedarfe und -nachfrage *zwischen den Gruppen* sowie auf die – inter-individuelle – Verschiedenartigkeit *innerhalb einer Gruppe* beziehen („zweifache Heterogenität").

Ad (ii): Ähnliches gilt für die „aufgabenbezogenen Merkmale". Zwar mag grundsätzlich von einer hohen Relevanz des Themas der Nachhaltigen Entwicklung ausgegangen werden. Diese schlägt sich jedoch – ersten empirischen Befunden zufolge – kaum in einer klar wahrnehmbaren und damit korrespondierenden gesellschaftlichen Diffusion nieder.[323] Besonders die in Kapitel 2.2.1.3 dargestellte marginale soziale bzw. individuelle Diffusion des Nachhaltigkeitsleitbildes nährt Zweifel, ob ausreichend viele individuelle Nutzer in der Lage sind, eine belastbare und nachvollziehbare Einordnung ihrer Informationsinteressen vorzunehmen. Mit Blick auf die thematische Breite und Tiefe der Nachhaltigen Entwicklung besteht zudem die Gefahr, dass Personen ihren tatsächlichen Informationsbedarf bewusst verzerrt bzw. überhöht artikulieren, z. B. aus der Angst heraus, eine (zu) geringe Kompetenz zu signalisieren, was zu einer Art „Pseudoversorgung" führen kann. Hieraus kann in Verbindung mit den skizzierten personenbezogenen Aspekten (s. Punkt (i)) gefolgert werden, dass sowohl die Zahl der Nachfragenden als auch die „Qualität" der Nachfrage gering – zumindest aber heterogen und schwankend – sein kann.

Ad (iii): Unternehmensseitig ist mittlerweile in verstärktem Maße eine Kommunikation über nachhaltigkeitsbezogene Themen zu verzeichnen.[324] Umfang,

---

[323] Vgl. exemplarisch RNE, 2004, S. 14.

[324] Zwar werden z. B. Nachhaltigkeitsberichte erst seit relativ kurzer Zeit und bislang nur von einer vergleichsweise kleinen Gruppe – meist multinational agierender – Unternehmen veröffentlicht, zeichnet sich dennoch ein sichtbares Interesse an dieser Berichtsform ab. Vgl. ähnlich Frings, 2002a, S. 100.

Qualität und Verfügbarkeit unternehmensbezogener Informationen zur Nachhaltigen Entwicklung sind in diesem Sinne im Steigen begriffen. Dabei gewinnen neben Print-Publikationen auch zunehmend „neue" Medien wie das Internet an Bedeutung. Fraglich bleibt indes, inwieweit die verwendeten Systeme eine Artikulation individueller Informationsinteressen hinreichend unterstützen, indem z. B. Kontaktangebote angeboten werden oder Evaluationsmethoden (Befragungen etc.) Anwendung finden bzw. die Nutzer auch hinreichend motiviert werden, eine Artikulation ihrer Interessen vorzunehmen.

Ad (iv): Das Thema Nachhaltigkeitskommunikation unterliegt – mit einigen nationalen Ausnahmen – momentan noch einer als gering zu bezeichnenden internationalen Harmonisierung bzw. Regulierung. Daher ist von einem noch recht unsystematischen, schwer antizipierbaren Einfluss einer (gesetzlichen) Regulierung auf die Informationsnachfrage auszugehen. Dass das Thema der Nachhaltigen Entwicklung einen zunehmenden Stellenwert erlangt und somit auch auf die sich nachfrageseitig manifestierende Relevanz der Nachhaltigkeitskommunikation rückwirken dürfte, deutet sich z. B. in den stetig steigenden Zuwächsen des Nachhaltigen bzw. Socially Responsible Investment (SRI) an.[325] Die skizzierten Zusammenhänge werden in Abbildung 5 dargestellt.

Zudem kann aus einer übergeordneten Perspektive festgestellt werden, dass sowohl objektive als auch subjektive Informationsbedarfe und somit auch die Informationsnachfrage keine statischen Größen darstellen, sondern vielmehr im Lichte der bereits skizzierten Determinanten und Diskontinuitäten Schwankungen unterliegen. Dabei ist das Problem adäquater Kommunikation mit Bezug auf grundlegende kommunikationstheoretische Aspekte nicht nur eine Frage von Art und Umfang der Informationen (wie in Abbildung 5 thematisiert), sondern eine der passenden – sprachlichen – Form.

Austausch- und Verständigungsprozess mit den Anspruchsgruppen im Rahmen einer Nachhaltigkeitskommunikation bedürfen so auch der Berücksichtigung unterschiedlicher sozialer Kontexte und Kenntnisse der jeweiligen Anspruchsgruppen bei der Konzeption von Maßnahmen. PICOT, REICHWALD & WIGAND zufolge ist dementsprechend der *Informationsbedarf nur vage bestimmbar* und hängt vor allem von der zugrunde liegenden Aufgabenstellung, den angestrebten Zielen und den psychologischen Eigenschaften des Entscheidungsträgers ab.[326] Diese Aspekte haben wiederum Auswirkungen auf die *Ermittlung* der Informationsbedarfe, auf die im Folgenden kurz eingegangen werden soll.

---

325 Vgl. exemplarisch DJSI, 2004; Schröder, 2005, S. 2.
326 Vgl. Picot/Reichwald/Wigand, 2003, S. 106.

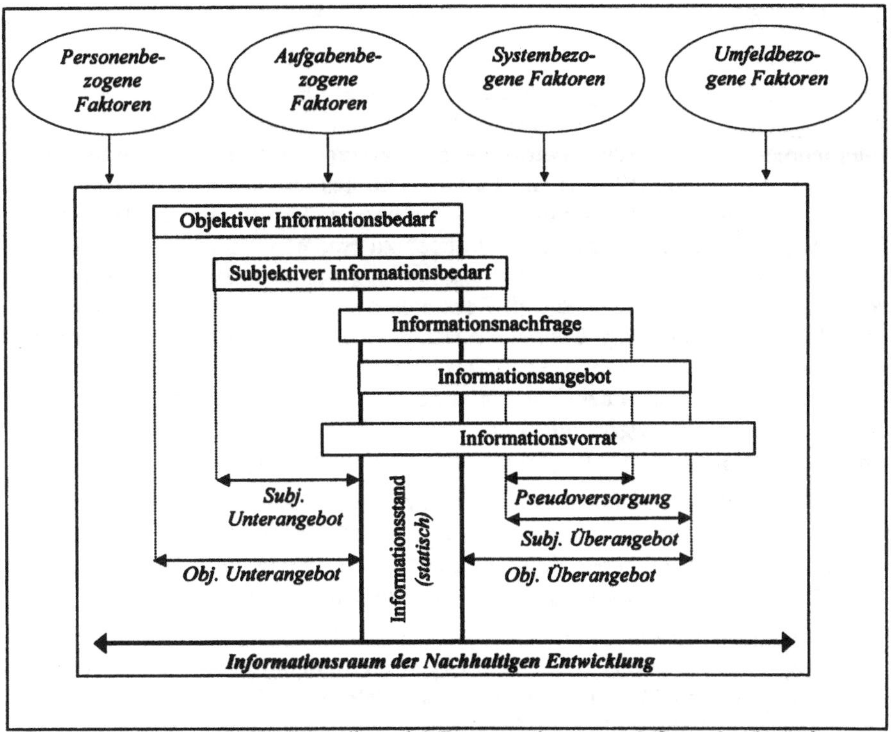


Abbildung 5: Schematische Darstellung des Zusammenhangs von Informationsbedarf, -nachfrage und -angebot im Informationsraum der Nachhaltigen Entwicklung.
Quelle: Eigene, mit Elementen von Strauch, 2002, S. 70.

Die Ermittlung eines *Mangels an Informationen* kann auf der Basis unterschiedlicher Methoden vollzogen werden. Zunächst kann sowohl zwischen *deduktiven* und *induktiven* Methoden der Ermittlung objektiver und subjektiver Informationsbedarfe unterschieden werden.[327] Die *deduktive* Ableitung von Informationsinteressen basiert auf der systematischen, logischen und eher theoriegeleiteten Ermittlung von (meist objektiven) Informationsbedarfen.[328] Als Methoden kommen die (rein) deduktiv-logische Analyse und die Modellanalyse[329] in Frage. Hierbei bestehen insofern konzeptionelle Anklänge an das von ZADEK & MERME im Rahmen der Nachhaltigkeitskommunikation operationalisierte Materiality-Kriterium, als – wie auch beim „klassischen" Materiality-Begriff – auf die

[327] Vgl. Lenz, 2003, S. 60f.; Picot/Reichwald/Wigand, 2003, S. 81.
[328] Vgl. ähnlich Gemünden, 1993, S. 1728.
[329] Vgl. Lenz, 2003, S. 61.

Beurteilung der Wesentlichkeit auf der Basis einer hypothetischen vernünftigen Person[330] abgestellt wird.

Diese praktische Umsetzung des Materiality-Kriteriums ist dabei mit erheblichen Schwierigkeiten verbunden. Dies liegt in erster Linie in dem Umstand, dass das Unternehmen bzw. dessen betroffene(r) Akteur(e) die Entscheidung(en) – idealerweise in vollem Wissen und Bewusstsein des komplexen und diskontinuierlichen Unternehmenskontextes – treffen muss, inwieweit einzelne Teilaspekte als relevant für eine bestimmte „Zielgruppe" zu erachten sind. Diese Schwierigkeit besteht auch im vergleichsweise etablierten Feld der Finanzmarktkommunikation, wie SUSTAINABILITY & UNEP festhalten: *„Even in the financial accounting field, where materiality has been a recognized issue for decades, there is no simple answer to the question, what is material?"*[331] Insbesondere die erforderliche Antizipation relevanter Themen erweist sich als problematisch: *„[...] no one has the gift of foresight sufficient to predict how an issue that may not be top of mind might threaten the very foundations of a major company."*[332]

*Induktive Ermittlungsmethoden* analysieren hingegen „tatsächliche" Manifestationen eher subjektiver Informationsbedarfe.[333] Zu den prominentesten Instrumenten zählen hier Methoden der Befragung und Beobachtung, deren Ergebnisse die Erkenntnisgrundlage allgemeingültiger Rückschlüsse darstellen.[334]

Beide Methoden bergen dabei immanente Mängel:[335] *Nachteile der induktiven Methoden*, insbesondere Befragungen, liegen zum einen in der unvermeidlichen (subjektiv gefärbten) Vorauswahl potenziell relevanter Informationen, die als Grundlage einer Abfrage dienen. Zukünftige, gegenwärtig noch unbekannte bzw. nicht artikulierte Aspekte bleiben daher stets unberücksichtigt. Daher ist zu vermuten, dass (subjektive und objektive) Informationsbedarfe und die -nachfrage einerseits sowie das Informationsangebot andererseits sich über die Zeit betrachtet gegenseitig beeinflussen. Für die Durchführung einer Befragung bedeutet dies konkret, dass das Vorhandensein eines bestimmten Informationsangebots Auswirkungen auf die Zusammensetzung einer zu ziehenden Stichprobe haben. Befragte sind zudem oft (z. B. aus einer „Unwissenheit" heraus) nicht

---

330 Diese Maßgabe lehnt sich dabei z. B. an die Definition des „Financial Accounting Standards Board" (FASB) an, die Materiality als *„[...] the magnitude of an omission or misstatement of accounting information that, in the light of surrounding circumstances, makes it probable that the judgement of a reasonable person relying on the information would have been changed or influenced by the omission or misstatement."* definieren (vgl. hierzu Bos, 1995, S. 1). Vgl. ähnlich DTI, 2003, S. 16.

331 SustainAbility/UNEP, 2004, S. 34.

332 SustainAbility/UNEP, 2004, S. 36.

333 Vgl. Lenz, 2003, S. 61.

334 Induktive Methoden der Befragung und Beobachtung und deren Eignung für die PIN werden am Beispiel der Volkswagen AG in den Kapitel 6.1.1.3 & 6.1.2.2 dargestellt.

335 Vgl. zu den folgenden Aspekten Lenz, 2003, S. 61 sowie Schulz, 1995, S. 45.

in der Lage oder willens, ihren Informationsbedarf zu artikulieren, zumal, wenn die Entscheidungssituation selbst neu oder sehr komplex ist. Deduktive Methoden können hingegen auch nicht artikulierte, unmittelbar plausible Informationsbedarfe im Sinne eines „theoretischen Commonsense" abbilden. Fraglich bleibt hingegen, inwieweit vor dem Hintergrund der in Kapitel 2.2 skizzierten sozialen Individualisierungs- und Fragmentierungstendenzen von der Allgemeingültigkeit typisierender „Rollenmustern" (Typ Mitarbeiter, Typ Kunde etc.), die der Deduktion implizit zugrunde liegen, ausgegangen werden kann. So kann mitunter trotz einer sorgfältig vollzogenen Deduktion die hierauf fußende Zuweisung von Informationsangeboten und Kommunikationsstilen empfängerseitig zu gewichtigen Irritationen führen, da die Nutzer sich systematisch missverstanden fühlen. Vor dem Hintergrund der sich hier andeutenden Komplementarität empfehlen Autoren die kombinierte Anwendung induktiver und deduktiver Methoden[336], deren Erkenntnisse dialogisch-partizipativ und kontinuierlich in sog. Profilen[337] zusammengeführt werden.

### 3.4.2. Die gestaltungsbezogenen Anforderungen in Form von Grundsätzen und Prinzipien

Neben inhaltlichen Anforderungen werden in den zahlreichen Leitfäden und Initiativen Grundsätze und Prinzipien formuliert, die auf die Erstellungsprozesse der Nachhaltigkeitskommunikation gerichtet sind. Derartige Verfahrensregeln sollen dem Kommunikator als Orientierungshilfe dienen und insbesondere bei fehlenden Vorschriften oder Unsicherheiten eine Interpretationshilfe sein, wie und in welchem Umfang aussagekräftige und relevante Informationen dargestellt werden sollten.[338] Diese weisen z. T. Ähnlichkeiten mit (inter)national geltenden Anforderungen an eine ordnungsmäßige Rechnungslegung[339] auf, weswegen einige Autoren z. B. Umweltberichterstattungsprinzipien in Rahmengrundsätze und ergänzende Grundsätze unterteilen.[340]

Einen vergleichsweise stärker ausdifferenzierten und hinsichtlich Nachhaltiger Entwicklung konkretisierten Ansatz hat die GRI für die Nachhaltigkeitsberichter-

---

336 Vgl. Küpper, 2001, S. 149.

337 Zum Konzept der Nutzerprofile vgl. ausführlicher Kapitel 6.2.

338 Vgl. Herzig/Schaltegger, 2004, S. 6.

339 Vgl. exemplarisch Leffson, 1987, S. 173-492. Vgl. auch Wild, 2002, S. 334. Dabei hat Keller diese z. B. auf die Umweltberichterstattung hin konkretisiert. Vgl. Keller, 1996, S. 126-142.

340 Vgl. Lenz, 2003, S. 84; Keller, 1996, S. 126-142. Vgl. auch die Ausführungen der GRI, 2002, S. 18, die eine explizite Anlehnung an die Prinzipien der Finanzberichterstattung erkennen lassen.

stattung[341] vorgelegt[342], der sich explizit auf die genannten Rechnungslegungsprinzipien bezieht[343] und diese in vier Kategorien untergliedert. In Tabelle 3 werden die zentralen Anforderungen der GRI dargestellt.

Bei genauerer Betrachtung des Prinzipiensystems wird deutlich, dass zwischen den aus den Prinzipien ableitbaren Anforderungen Zielkonflikte und Anwendungsprobleme bestehen, auf die im Folgenden näher eingegangen werden soll. Zunächst ergeben sich Schwierigkeiten insbesondere durch potenziell mögliche inter-individuell bzw. -institutionell unterschiedliche Interpretationen einzelner (Teil-) Prinzipien. Die vergleichsweise häufige – und an sich unvermeidliche – Verwendung „weicher" Definitionen und mangelnder notwendiger konkreter Folgedefinitionen erschweren die Anwendung und Befolgung im Grundsatz „richtiger" Prinzipien und tragen unter bestimmten Voraussetzungen dazu bei, die Wirkung des Prinzipiensystems zu unterminieren. Werden z. B. unter Vollständigkeit alle Informationen verstanden, die *„[...] für die Adressaten wichtig sind, um die Nachhaltigkeitsleistung einer Organisation zu beurteilen [...]"*[344], ergibt sich automatisch für das Unternehmen ein Beurteilungsproblem angesichts der bereits skizzierten Heterogenität der Vorstellungen und Informationsbedarfe[345] der Adressaten.[346] In diesem Licht erscheint die oft zusätzlich geforderte *Willkürfreiheit*[347] zwar als prinzipiell sinnvolle, jedoch zugleich schwer erfüllbare Forderung. Vielmehr dürfte diese vom jeweiligen Standpunkt des Betrachters abhängen. Daneben existieren zwischen den Prinzipien zahlreiche Interdependenzen, die teilweise komplementärer, aber auch latentkonfliktärer Art sind. So kann z. B. die Erfüllung von *Aktualität* zugleich als wichtige Determinante für die *Klarheit* und *Genauigkeit* angesehen werden.

---

341 Es sei an dieser Stelle darauf hingewiesen, dass die GRI sich zwar terminologisch auf die Nachhaltigkeitsberichterstattung bezieht, allerdings explizit (vgl. GRI, 2002, S. 1, FN 2) auch andere Kommunikationsformen mit einbezieht, weswegen im Folgenden mit Blick auf den Untersuchungsgegenstand stets der Begriff der Nachhaltigkeitskommunikation verwendet wird.

342 Auf diese Prinzipien beziehen sich z. B. auch andere Institutionen, vgl. z. B. IÖW/imug, 2001, S. 80.

343 Vgl. Wild, 2002, S. 334f.

344 GRI, 2002, S. 22.

345 Vgl. auch erneut das in Kapitel 2.2 sowie das in Kapitel 3.4.1.2 identifizierte Heterogenitätsproblem.

346 Ähnliches gilt für die Umschreibung des Prinzips der „Relevanz", das durch den Grad der Bedeutung, die einem besonderen Indikator zugemessen wird, definiert wird. Hier stellt sich automatisch die Folgefrage nach der Festlegung einer adäquaten, „richtigen Schwelle", ab der Informationen so bedeutsam sind, dass diese als relevant eingestuft werden können.

347 Vgl. Leffson, 1987, S. 203; Lenz, 2003, S. 86.

| Katego-rie | Anforderung/ Prinzip | Beschreibung |
|---|---|---|
| *Rahmen* | ***Transparenz*** | *„Die vollständige Offenlegung von Prozessen, Verfahren und Annahmen der Berichtserstellung ist für die Glaubwürdigkeit eines Berichts unerlässlich."* |
| | ***Einbeziehung*** | *„Die berichterstattende Organisation sollte ihre Stakeholder systematisch einbeziehen, um die Qualität ihrer Berichte kontinuierlich zu präzisieren und zu erhöhen."* |
| | ***Überprüfbar-keit*** | *„Berichtete Daten und Informationen sollten auf eine Weise erfasst, zusammengestellt, analysiert und offen gelegt werden, die es internen oder externen Auditoren ermöglicht, deren Zuverlässigkeit zu attestieren."* |
| *Umfang* | ***Vollständigkeit*** | *„Alle Informationen, die für die Adressaten wichtig sind, um die Nachhaltigkeitsleistung einer Organisation zu beurteilen, sollten in einer Form im Bericht erscheinen, die mit den für den Bericht angegebenen Bilanzierungsgrenzen, dem angegebenen Bereich („scope") und dem Zeitraum, auf den sich der Bericht bezieht, konsistent ist."* |
| | ***Relevanz*** | *„Relevanz ist der Grad der Bedeutung, die einem besonderen Aspekt, Indikatoroder einer Information zugemessen wird. Sie stellt die Schwelle dar, ab der Information so bedeutsam wird, dass über sie berichtet werden sollte."* |
| | ***Nachhaltig-keitskontext*** | *„Die berichterstattende Organisation sollte versuchen, ihre Leistung in den größeren Kontext ökologischer, gesellschaftlicher oder anderer Grenzen oder Einschränkungen zu stellen, insbesondere dann, wenn ein solcher Kontext die Verständlichkeit der berichteten Informationen grundlegend erhöht."* |
| *Qualität* | ***Genauigkeit*** | *„Das Prinzip der Genauigkeit bezieht sich auf das Erreichen eines bestimmten Grades an Exaktheit der berichteten Informationen. Ziel ist es eine niedrige Fehlerquote zu erreichen, damit die Nutzer ihre Entscheidungen auf Basis von sehr verlässlichen Informationen treffen können."* |
| | ***Neutralität*** | *„Berichte sollten Vorurteile und Verzerrungen in der Wahl und der Darstellung von Informationen vermeiden. Sie sollten außerdem um eine ausgewogene Darstellung der Unternehmensleistung bemüht sein."* |
| | ***Vergleichbar-keit*** | *„Einmal gewählte Grenzen und Bereiche sollten bei der Berichterstat-tung beibehalten werden. Von der berichtenden Organisation wird verlangt, dass sie alle Änderungen offen legt und zuvor berichtete Informationen weiterhin veröffentlicht."* |
| *Zugang* | ***Klarheit*** | *„Informationen sollten in der Form verfügbar gemacht werden, dass sie eine größtmögliche Anzahl von Stakeholdern ansprechen und dabei ein geeigneter Detaillierungsgrad aufrechterhalten wird. Dies wird dem berichtenden Unternehmen durch die aktuelle und laufende Information über die verschiedenen Ansprüche und Hintergründe ihrer Stakeholdergruppen ermöglicht."* |
| | ***Aktualität*** | *„Berichte sollten regelmäßig veröffentlicht werden, um die Bedürfnisse der Adressaten zu erfüllen und dem Charakter der Informationen zu entsprechen."* |

Tabelle 3: Das Prinzipiensystem der GRI Sustainability Reporting Guidelines 2002 im Wortlaut.

Quelle: Eigene Zusammenstellung mit Elementen von GRI, 2002, S. 19-27.

Werden jedoch die Prinzipien hoher *Transparenz* und *Vollständigkeit* in Verbindung mit einem umfangreichen Indikatorensystem befolgt, kann dies gleichzeitig vor dem Hintergrund begrenzter Unternehmensressourcen zu einer Beeinträchtigung des *Nachhaltigkeitskontextes* führen. Ähnliches gilt für das Gebot der *Neutralität*, welches angesichts zahlreicher, skizzierter subjektiver Interpretationsspielräume auf Unternehmensseite als schwer einlösbar erscheint. Die ebenfalls grundsätzlich sinnvolle Forderung nach *Vergleichbarkeit* durch Beibehaltung einmal gewählter Grenzen und Bereiche bei der Berichterstattung erscheint im Lichte starker Diskontinuitäten im Marktumfeld von Unternehmen und daraus resultierender Anpassungsmaßnahmen ebenfalls als problematisch.

# 4. Die Potenziale und Grenzen der Nachhaltigkeitskommunikation im Internet

Wie so oft bei neuen Medien sind auch beim Internet Diffusion und Popularisierung schnell vorangeschritten, wohingegen die wissenschaftliche Reflexion über dieses vielgestaltige Medium erst seit vergleichsweise kurzer Zeit stattfindet. So ist einerseits ein stetig steigender Verbreitungsgrad des Internet und seiner Dienste zu verzeichnen (vgl. auch Kapitel 4.1.1), andererseits werden neben den sich hieraus ergebenden Chancen auch die inhärenten Risiken eines weltweiten, Nationalstaaten überspannenden Netzes regelmäßig aufgegriffen – allerdings oft in spektakulärer, dramatisierender oder verkürzter Form.[348] Durch die zahlreichen Attribute des Internet wie einfache Benutzbarkeit, scheinbar unbegrenzter Wissenszugriff und hohe kommunikative Flexibilität (vgl. ausführlicher Kapitel 4.1.3) ist es bereits kurz nach dessen kommerzieller Etablierung zu einem *mythischen Faszinosum* avanciert, was sich durch Metaphern wie *„Information Superhighway“*[349] oder *„raffinierte Ausweitung des preußischen Postsystems“*[350] andeutet. Derartige Attribute verweisen auf viel versprechende Möglichkeiten, die hinsichtlich der Nachhaltigkeitskommunikation thematisierten inhaltlichen und gestaltungsbezogenen Anforderungen wie z. B. Transparenz sowie Zielgruppen- und Dialogorientierung[351] adäquat zu verwirklichen.[352]

## 4.1. Die Grundlagen der Internet-Kommunikation

### 4.1.1. Das Internet: Struktur, relevante Dienste und weitere Entwicklungen

Das Internet als weltweit größter Verbund eigenständiger, dezentral verwalteter Computernetzwerke[353] ist vorrangig eine Plattform zur Veröffentlichung und zum Austausch von „Informationen“. Informationen sind in diesem Sinne digitalisierte Daten, die wiederum beim Empfänger gelesen werden können, je nach Art und Programm als Wort, Ton, Bild oder Zeichen. Der technische und logische Aufbau des Internet lehnt sich dabei an eine traditionelle *Client-Server-Architektur* an[354], die sich gegenwärtig auch in der konventionellen Netzwerkstruktur zahlreicher Unternehmen – miniaturisiert – spiegelt. Die physikalische

---

348 Vgl. ähnlich Debatin, 2002, S. 220.
349 Besser, 1995. Vgl. auch Kleinsteuber/Hagen, 1998, S. 73.
350 Maresch, 2001, S. 64.
351 Vgl. erneut Kapitel 3.4.
352 Vgl. auch vertiefend Debatin, 1997.
353 Vgl. Versen, 1999, S. 5.
354 Vgl. Wirtz, 2001a, S. 394.

Verbindung von Client-Server-Systemen wird über ein internationales Datenverbindungsnetz ermöglicht, wobei breitbandige Datenleitungen – sog. Backbones – das „Rückgrat“ dieser Struktur bilden.[355] Die Datenübertragung erfolgt im Sinne eines paketvermittelnden Transfers zwischen verschiedenen *Clients* und *Servern* bzw. zwischen Clients und Servern befindlichen *Proxy-Servern*. Zu übertragende Datenpakete werden mit notwendigen Attributen wie Sende- und Empfangsadresse, Sequenznummer etc. versehen und werden vom Empfänger in der korrekten Reihenfolge wieder zusammengesetzt (Decodierung). Basis hierfür ist ein einheitlicher Protokoll-Standard, der auf drei zentralen Prinzipien basiert, die für die vergleichsweise rasante Etablierung des Internet und seinen Diensten als ursächlich angesehen werden können: (i) Unabhängigkeit der Datenübertragung vom Übertragungsmedium, (ii) eine Kommunikation auch von Netzwerken abweichender Hardware-Spezifikationen und (iii) eine gegen Störungen wenig anfällige Datenübertragung.[356] Der *TCP/IP-Protokoll-Standard* setzt sich aus zwei zentralen Komponenten zusammen: Das sog. Transmission Control Protocol (TCP) teilt Daten in gekennzeichnete Pakete und sorgt auf Seiten des Empfängers für die Zusammenführung in korrespondierender Reihenfolge.[357] Das Internet Protocol (IP) ermöglicht die Übertragung der Datenpakete durch die verschiedenen Netzwerke, indem die einzelnen Komponenten mit entsprechenden Informationen (Header) versehen werden. Die eindeutige Adressierung des Empfängers der Datenpakete erfolgt auf der Basis von IP-Adressen, die jedem Rechner fest zugeordnet sind.[358]

In seiner gegenwärtigen[359] Form konstituiert sich das Internet durch verschiedene Dienste zur Daten- und, Informationsübermittlung, die sich z. B. in Basisdienste (E-Mail, Telnet, FTP), Bulletin Board Dienste (Usenet, Listserv, Mailinglisten, News), Informationsrecherchedienste (WWW, Archie und Gopher), Verzeichnisdienste (z. B. WHOIS) und Kommunikationssysteme (Talk, IRC) klassifizieren lassen.[360] Im Folgenden sollen die für diese Arbeit relevanten Dienste kurz erläutert werden:

➲ **Electronic Mail (E-Mail):** Dieser Dienst steht schon seit den 70er Jahren zur Verfügung. Er ermöglicht den – zeitversetzten – Datenaustausch zwischen Personen und Institutionen. Eine verbreitete Variante stellt hierbei die Verteilkommunikation über Mailinglisten (Listserver) dar. Die Übertragung der Daten bleibt durch das Multipurpose Internet Mail Extensions-Protokoll (MIME) oder Base 64 nicht nur auf Textdateien im ASCII-Format be-

---

355 Vgl. Wirtz, 2001a, S. 394.
356 Vgl. Bornemann, 2004, S. 94f.
357 Vgl. Bornemann, 2004, S. 94; Wirtz, 2001a, S. 394;
358 Vgl. zu den genannten Aspekten ausführlicher Alpar, 1998, S. 23-28; Becker, 2003, S. 24-36 sowie Wirtz, 2001a, S. 393f.
359 Auf die Schilderung der Entwicklung des Internet soll hier verzichtet werden – vielmehr sei auf Wiedmann/Stoll, 2001, S. 5-7 sowie Wirtz, 2001, S. 602-604 verwiesen.
360 Vgl. Scheller, 1994, S. 2.

schränkt, sondern kann auch auf Bild-, Video- und Audiodaten erweitert werden. In diesem Zusammenhang gewinnen auch E-Mails im Hypertext Markup Language (HTML)-Format an Bedeutung, die, ähnlich einer WWW-Seite, durch ihre hypermedialen Möglichkeiten gekennzeichnet sind und dem Nutzer ein Gefühl des „Surfens" vermitteln können. Personalisierte E-Mails gelten mittlerweile als wichtiges Werkzeug empfängerorientierter Kommunikationsbemühungen.[361]

- **Bulletin Board Dienste (BBD) und Internet Relay Chat (IRC):** Als BBDs werden Plattformen umschrieben, die für einen themenspezifischen Informationsaustausch – etwa in Form von Diskussionsforen (Newsgroups) oder Mailinglists, deren Basis oft E-Mail (s. o.) ist. BBDs sind zum Teil im USENET, einem Subnetz des Internet, oder auch „ganz normal" über das WWW (s. u.) auf Unternehmensportalen oder proprietären Online-Diensten zu finden. Sie funktionieren wie öffentliche, elektronische schwarze Bretter, auf denen Mitteilungen und Reaktionen zu speziellen Themen „gepostet" („per Aushang bekannt gegeben") werden können.[362] Während BBDs meist zeitversetzt funktionieren, lassen sich über IRC „Gespräche" in Echtzeit führen. Mitglieder gemeinsamer Interessenlage können so mittels einer technischen Plattform an Chats teilnehmen oder auch virtuelle Gemeinschaften bilden. Ähnlich wie bei Newsgroups lässt sich der Gesprächskreis nach Themengebieten aufteilen. Die Diskussionssprache ist dabei meist Englisch. Neue Systeme erlauben nicht nur den Chat per Text, sondern auch die Integration von Audioelementen und Bildern. Letztere werden mitunter als Avatare bezeichnet und können z. B. Nutzer als grafisches Symbol repräsentieren. Der damit verbundene potenziell mögliche anonyme Identitätswechsel kann einen besonderen Reiz darstellen. Häufig werden die Gesprächsverläufe protokolliert und gespeichert, wie dies bei Expertenchats oft der Fall ist. Diese nehmen insofern eine Sonderrolle ein, als sie nicht dauerhaft, sondern innerhalb eines definierten Zeitrahmens stattfinden. Sinn und Zweck der Chats sind meist weniger der Austausch von Informationen, sondern eher die lockere Unterhaltung. IRC wird ebenfalls ein hohes Potential für personalisierte Kommunikation zugeschrieben.[363]

- **World Wide Web (WWW):** Die Informationsrecherchedienste dienen der Suche und Klassifikation von im Internet zur Verfügung stehenden Daten und Informationen. Das wohl bekannteste Recherchesystem, welches die gegenwärtig höchste Nutzungsintensität aufweist, ist das 1993 etablierte WWW. Die starke Verbreitung des WWW beruht zweifelsohne auch auf der grafikfähigen, multimedialen und diensteintegrierenden Oberfläche, die durch sog. „Browser" bzw. „Frontends" in Anspruch genommen werden kann. Da diese Oberfläche die direkte Schnittstelle zum Nutzer darstellt, wird das WWW oft fälschlicherweise mit dem Internet gleichgesetzt.[364]. Die Basistechnologie des WWW ist das Hypertext Transfer Protocol (HTTP)[365], auf dessen Basis mittels einzelner Worte oder Grafiken Wegweiser (Hyperlinks) zu anderen Adressen des Internet (Uniform Resource Locator, URL) gelegt werden können. Populäre Recherchedienste wie Google oder Lycos präsentieren folglich ihre Rechercheergebnisse in Form von Hyperlinks. WWW-Seiten basieren meist auf der Skript- bzw. Auszeichnungssprache HTML (vgl. o.) oder HTML-ähnlichen Derivaten. HTML ist neben dem Übertragungsprotokoll HTTP und dem URI- bzw. URL-Schema quasi die dritte Säule des WWW.

---

361 Vgl. Datz, 2002, S. 24; Reichardt, 2002, S. 214-220.
362 Vgl. Wirtz, 2001, S. 605; Datz, 2002, S. 25.
363 Vgl. Paul/Runte, 1999, S. 124.
364 Vgl. Wirtz, 2001, S. 604f.
365 Vgl. vertiefend Fielding et al., 1998.

➲ **Semantic Web:** Ziel eines semantischen WWW (Semantic Web) ist es, Informationen auf der Basis von Metadaten (sog. Annotationen und Ontologien) mit einer maschinenlesbaren Bedeutung zu versehen. Auszeichnungssprachen ermöglichen Textformatierungen, ohne dabei auf die Trennung von Inhaltlichem und Gestalterischem zu verzichten. Die Formatierungen werden dabei in Form von Auszeichnungsmarkierungen („Tags“) in den Text eingearbeitet, verändern aber nicht die Information an sich. Insgesamt können verschiedene Formen von Auszeichnungen unterschieden werden.[366] (i) *Physische* – layoutorientierten – Auszeichnungen weisen WWW-Dokumenten[367] Formatierungen zu, nehmen jedoch keine Angaben zur logischen Stellung eines Dokument(bestandteil)s innerhalb der übergeordneten Struktur vor. (ii) *Logische* Auszeichnungen präzisieren dagegen die logische Stellung eines Dokument(bestandteil)s innerhalb einer Dokumentenstruktur. Durch *logische* Auszeichnungen können abstrakte Strukturen wie z. B. (Kapitel-) Gliederungen originalgetreu abgebildet werden. Logische Auszeichnungen treffen jedoch keine Aussage über *inhaltliche* Bedeutungen enthaltener Elemente. (iii) Hier setzt der Gedanke des *Semantic Web* an. Die physische und logische Auszeichnung von Dokumentbestandteilen (vgl. erneut „WWW“) wird somit um eine semantische Ebene erweitert. Dieser Ansatz wird so einerseits als das Eingeständnis interpretiert, dass künstliche Intelligenz immer noch eine ferne Zukunftsvision darstellt[368] und andererseits als pragmatische Lösung erachtet, mit Metadaten Aussagen über Datenquellen zu machen und Beziehungen zwischen ihnen herzustellen. Als Standards für die semantische Annotierung hat das W3C das XML-Derivat „Resource Description Framework“ (RDF) normiert. Im RDF werden die Auszeichnungen in „Triplets“, bestehend aus Subjekt, Prädikat und Objekt (z. B. Webadresse des Dokuments, Autor, Thema), angegeben.[369] RDF-Daten können auf der Basis verschiedener Abfragesprachen – ein Beispiel ist die RDF Query Language (RDQL)[370] – erhoben werden. Die Definition einer Auszeichnungssprache wird als Document Type Definition (DTD) bezeichnet. Eine DTD beinhaltet alle Elemente und deren mögliche Attribute, die es in der Auszeichnungssprache geben soll.[371] Als mittlerweile weit verbreitete und akzeptierte Meta-Sprache gilt die Extensible Markup Language (XML), die auf einer leicht erlernbaren und vom WWW-Konsortium (W3C) getragenen Spezifikationen beruht. Neben der inhärenten Trennung von Inhalt, Struktur und Darstellung haben insbesondere die Möglichkeiten einer maschinellen Verarbeitung und Transformation eines Dokument(bestandteil)s zu dessen Verbreitung beigetragen. Aufgrund dieser Attribute wird der Metasprache XML ein hohes Potenzial zur Personalisierung von Inhalten im WWW zugeschrieben.[372] Neben Stimmen, die im Semantic Web eine adäquate Plattform für die Syndizierung von Web-Inhalten oder für personalisierte Web-Dienste sehen[373], bestehen auch Zweifel an der Prak-

---

[366] Vgl. Lenz, 2003, S. 134f.

[367] Gleichwohl soll an dieser Stelle darauf hingewiesen, dass Auszeichnungssprachen auch andere Internet-Dienste jenseits des WWW tangieren, jedoch im WWW ihr Potenzial am stärksten entfalten.

[368] Vgl. Brake, 2005.

[369] Vgl. vertiefend zum Semantic Web und den zugehörigen Spezifikationen www.w3.org/2001/sw/#spec, abgerufen am 15.05.2005.

[370] Die RDQL erinnert dabei sehr an die aus relationalen Datenbanken bekannte Structuerd Query Language (SQL), da für Suchanfragen bekannte Begriffe wie SELECT, WHERE, etc. verwendet werden.

[371] Vgl. ähnlich Isenmann, 2005, S. 191.

[372] Vgl. Lenz, 2003, S. 133-151; Tochtermann et al., 2000, S. 399.

[373] Vgl. Bry/Henze, 2005, S. 232f.

tikabilität, semantische Unzulänglichkeiten des WWW aktiv zu reintegrieren, wie BRIN, Mitbegründer der Internet-Suchmaschine Google, herausstellt: *„I'd rather make progress by having computers understand what humans write, than by forcing humans to write in ways computers can understand."*[374] Problematisch ist insbesondere, dass komplexe Begriffe wie Gerechtigkeit oder Nachhaltigkeit durch Annotationen nur schwer bzw. mit hohem manuellem Aufwand zu kennzeichnen sind, so dass die Güte semantischer Kennzeichnungen stets betrachterabhängig und nie frei von Unschärfen ist.

### 4.1.2. Die soziale Diffusion des Internet

Das Internet ist mittlerweile zu einem veritablen Massenmedium[375] avanciert, welches in zunehmendem Maße den alltäglichen Medien-Gebrauch relativ breiter Nutzerschichten bestimmt. Dieser dynamische Diffusionsprozess verlangsamt sich jedoch: Während von 2002 bis 2003 in Deutschland noch ein überproportionaler Zuwachs an Internet-Nutzern verzeichnet werden konnte, verlangsamte sich dieser im Jahr 2004 deutlich. So lag der Anteil der „Onliner" an der deutschen Gesamtbevölkerung 2004 bei 55,3 %. Im Zuge dieser starken Zunahme konnte auch ein Wandel in der Nutzerstruktur verzeichnet werden: Während das Internet, insbesondere das WWW, bis in die späten 90er Jahre noch ein Medium einer Minderheit vorwiegend männlicher, gebildeter und technisch versierter 20-39 jähriger „Internet-Pioniere" war, entwickelt es sich mittlerweile zu einer Art Massenmedium, dessen Nutzerschaft sich langfristig immer mehr den Bevölkerungsdurchschnitten angleichen dürfte[376] und dessen durchschnittliche tägliche

---

[374] Brin, 2002, zitiert nach Nee, 2005. Brin liefert mit dem Produkt-Suche-Derivat „Froogle" (vgl. www.froogle.com, abgerufen am 15.05.2005) einerseits ein prominentes Beispiel für eine Semantic Web-Applikation. Andererseits liefert die sperrige Prozedur, mit denen Händler ihre Angebote in „Froogle" eintragen müssen (vgl. www.google.com/froogle/merchants/de/basic_feed_instructions.html, abgerufen am 15.05.2005) einen Anhaltspunkt für die eingangs zitierte Skepsis an der ergonomischen Potenzialen des Semantic Web.

[375] Es sei an dieser Stelle angemerkt, dass das Attribut "Massenmedium" hier auf den Diffusionsgrad und nicht auf die in Kapitel 4.1.3 identifizierten kommunikativen Spezifika abstellt.

[376] Vgl. Eimeren/Gerhard/Frees, 2004, S. 351. In diesem Zusammenhang sei auf die tendenziell ähnlichen Ergebnisse folgender Studien zur Vertiefung verwiesen: (i) die regelmäßigen „Nielsen-Netrating"-Erhebungen (vgl. www.nielsennetratings.com), (ii) die regelmäßigen „W3B"-Umfragen von Fittkau und Maaß (vgl. Fittkau & Maaß, 2004), (iii) die 2004er Allensbacher Computer- und Telekommunkationsanalyse (ACTA) (vgl. Institut für Demoskopie Allensbach, 2004) sowie (iv) die regelmäßig stattfindenden Studien der Initiative @facts (vgl. www.atfacts.de). Interessanterweise stellen diese Studien – entgegen der globalen Reichweite des Internet – i. d. R. stets auf einen nationalen, *begrenzten* Nutzerkreis ab.

Nutzungsvolumina mittlerweile die der klassischen Printmedien deutlich überschreitet.[377]

Die Nutzungssequenzen zahlreicher Nutzer können indes als habitualisiert und zielstrebig – und so auch als weniger experimentierfreudig als noch vor einigen Jahren – bezeichnet werden.[378] Dabei zeigen sich starke Unterschiede zwischen einzelnen Nutzergruppen: Während das Gros der Internetnutzer ein sehr eingeschränktes Koordinatensystem der Nutzung[379] aufweist, nutzen es die technisch Versierten in einem wesentlich breiteren Umfang aus. Letztgenannte Nutzertypen bilden innerhalb der gesamten Nutzerschaft meinungsstarke Gruppen, stellen aber dennoch eine Minderheit dar.[380] Insofern ist zunächst davon auszugehen, dass das Internet bislang eine vergleichsweise geringe Rolle bei der Beschaffung nachhaltigkeitsbezogener Informationen spielt. Es ist allerdings auch davon auszugehen, dass insbesondere kritische Nutzer, die zudem einen hohen Einfluss auf die Meinungen anderer Individuen haben dürften, das Internet vergleichsweise intensiv und routiniert nutzen. Die Erweiterung der Nachhaltigkeitskommunikation auf das WWW kann somit den Kontakt zu kritischen Nutzern und Anspruchsgruppen mit einem zu erwartenden Multiplikatoreffekt erleichtern.[381] Mit Blick auf die zu erwartende kontinuierlich voranschreitende soziale Diffusion des Internet kann zukünftig von einer steigenden Zahl von Personen ausgegangen werden, die nachhaltigkeitsbezogene Informationen aus dem Internet beziehen werden.

### 4.1.3. Die Spezifika der Internet-Kommunikation

#### 4.1.3.1. Die Potenziale der Internet-Kommunikation

##### 4.1.3.1.1. Die Interaktivität

Die *Interaktivität* wird als *die* Schlüsseleigenschaft des Internet bezeichnet.[382] Bei genauer Betrachtung kann hinsichtlich des Interaktivitäts-Merkmals zwischen *personalen* und *maschinellen Formen* unterschieden werden: So kann im erstgenannten Fall nach weitläufiger Auffassung ein *„aufeinander bezogenes*

---

377 Vgl. o. V., 2004b.
378 Vgl. auch Institut für Demoskopie Allensbach, 2004, S. 8.
379 Vgl. Eimeren/Frees, 2005, S. 367.
380 Vgl. Eimeren/Gerhard/Frees, 2004, S. 369.
381 Vgl. Meyer, 1997, S. 180-189; Schulz, 2003, S. 54.
382 Vgl. Kleinsteuber/Hagen, 1998, S. 63. Vgl. auch Barth, 2005, S. 265.

*Handeln zweier oder mehrerer Personen"*[383] verstanden werden. Aktion und Reaktion der beteiligten Akteure können dabei nach beliebig langen Zeitintervallen aufeinander folgen. Begünstigt durch die oben identifizierten typischen Merkmale persönlicher, individueller Kommunikation – nämlich reziproke, direkte oder medial vermittelte Kommunikationsbeziehungen *durch das Medium* zwischen Personen – verlieren Empfänger im Internet ihre traditionell passive Rolle und werden oft selbst zum Sender.[384] Die *maschinelle Interaktivität* bezeichnet hingegen *„[...] the extent to which users can participate in modifying the form and content of a mediated environment in real time."*[385], wodurch die nutzerseitigen Möglichkeiten der Selektion und Modifikation von Inhalten charakterisiert werden. *Maschinelle Interaktivität* kann je nach technischer Ausgestaltung fünf unterschiedliche Niveaus erreichen.[386] Je höher dieses Niveau ist, desto individueller kann ein Dialog geführt werden: (i) Bei der *Ein-Aus-Interaktivität* kann der Nutzer lediglich über den Programmabbruch entscheiden. (ii) *Start-Interaktivität* ermöglicht dem Nutzer die Wahl, ob er ein Programm nutzen möchte oder nicht. (iii) *Menü-Interaktivität* umfasst unterschiedliche Kommunikationsmöglichkeiten, die jedoch in eine starre (Auswahl-)Struktur eingebettet sind. (iv) Weiter gehende Navigationsmöglichkeiten werden dem Nutzer durch *Steuerungs-Interaktivität eröffnet.* (v) Kann der Nutzer schließlich vollkommen selbständig „Programme" erstellen, in diese aktiv eingreifen und sie in ihrem Ablauf beeinflussen, ist die stärkste Ausprägung dieses Kontinuums der maschinellen Interaktivität erreicht. Wird in dieser Stufe der Nutzer in die Leistungserstellungsprozesse mit einbezogen, wird der *Übergang von der Interaktion zur Integration* vollzogen.[387] Hinsichtlich der Realisierung der Integration bestehen im Internet vielfältige Möglichkeiten: Nutzer können z. B. relevante Wertschöpfungsprozesse detailliert einsehen[388], indirekt beeinflussen oder anbieterseitige Leistungen in eigene Internet-Seiten integrieren. Mit Blick auf die Kommunikation sind etwaige Inhalte kein geschlossenes Signal mehr, sondern in „Computer-Mediated Environments" (CME)[389] integriert, die vom Empfänger erfahren werden (können). Die Güte der Botschaftsübertragung wird insbesondere durch die Güte der Integration des Empfängers („Immersion") in CME determiniert. In diesem Zusammenhang wird hierbei häufig auf das von

---

383 Link/Tiedtke, 2001, S. 4.

384 Vgl. Hansen/Bode, 1999, S. 356. Im Optimalfall entsteht durch diesen Rollentausch ein Dialog, wie z. B. asynchron durch E-Mail oder synchron durch IRC.

385 Steuer, 1992, S. 84. Vgl. auch Kleinsteuber/Hagen, 1998, S. 63.

386 Vgl. hierzu Diller, 1997, S. 526.

387 Vgl. Duncan/Moriarty, 1998, S. 8.

388 So kann z. B. die direkte, individuelle Messung der Nutzung (personalisierter) Online-Zeitungen die Inhaltebeschaffung, die redaktionellen Erstellungsprozesse und die Vertriebswege (individuelle Endgeräte) beeinflussen.

389 Zum Begriff der CME vgl. ausführlich Hoffman/Novak, 1996, S. 53.

CSIKSZENTMIHALYI begründete Flow-Erlebnis [390] rekurriert: Flow, nach HOFFMAN & NOVAK *„[...] the state occuring during network navigation, which is (1) characterized by a seamless sequence of responses facilitated by machine interactivity, (2) intrinsically enjoyable, (3) accompanied by a loss of self-consciousness and (4) self-reinforcing"*[391], wird durch zwei zentrale Merkmale charakterisiert: Die Ausübung von Aktivitäten wird als *erfreulich* empfunden und es findet eine *Verzerrung des Zeitgefühls* statt.[392] HOFFMAN, NOVAK & YUNG nennen als Determinanten *"high levels of skill and control"* [393] sowie *"high levels of challenge and arousal"*[394]. Auf der Basis des Flow-Konstrukts werden zahlreiche Potenziale abgeleitet: So wird postuliert, dass das Erreichen von Flow-Zuständen zusätzlichen Anreiz zur Nutzung eines Online-Angebots darstellen. Sie manifestieren sich in höherer Konzentriertheit, informierterem Entscheidungsverhalten, steigendem Vertrauen, erhöhtem Risikoverhalten, längeren Verweildauern, Wiederholungsbesuchen und erhöhter Akzeptanz der Nutzer und ermöglichen es so Unternehmen, ein kommunikatives Alleinstellungsmerkmal zu etablieren. Die Personalisierung von Internet-Angeboten wird dabei als ein viel versprechender Ansatz erachtet, nutzerseitige Flow-Zustände zu erreichen[395] – insbesondere die nutzerseitige Wahrnehmung erhöhter Kontrollmöglichkeiten, schnelle Reaktion(smöglichkeit)en, geringe Abwicklungszeiten[396] und übersichtliche Navigationsstrukturen werden als förderlich für Flow-Zustände angesehen.[397]

#### 4.1.3.1.2. Die Hypermedialität

Die *Multimedialität* bezeichnet die Integration statischer (z. B. Text, Grafik) und dynamischer (z. B. Video, Audio) Elemente. Mit dem *Hypertextprinzip* wird zudem das starre Linearitätsprinzip sowohl bei Darbietungsabfolgen als auch beim nutzerseitigen Erschließen von Inhalten *(„Lesen von der ersten bis zur letzten Seite")* durchbrochen und die Vernetzung bzw. Modularisierung von Inhalten auf der Basis hervorgehobener Links ermöglicht.[398] In Kombination mit der bereits oben skizzierten Multimedialität wird auch oft der Begriff *Hyperme-*

---

390 Vgl. Bauer/Grether, 2004, S. 113; Csikszentmihalyi, 1993; Hoffman/Novak, 1996, S. 57; Takatalo, 2002, S. 3
391 Hoffman/Novak, 1996, S. 57.
392 Vgl. Bauer/Grether, 2004, S. 113.
393 Hoffman/Novak/Yung, 1999, S. 6.
394 Hoffman/Novak/Yung, 1999, S. 6.
395 Vgl. Bauer/Grether, 2004, S. 123; Hoffman/Novak, 1996, S. 64f.
396 Die gegenwärtig stark steigende Verbreitung von Breitband-Internet-Verbindungen wird hier als vorteilhaft angesehen.
397 Vgl. Bauer/Grether, 2004, S. 123.
398 Vgl. Wiedmann/Stoll, 2001, S. 39.

*dialität* verwendet.[399] Die Hypermedialität ermöglicht im Rahmen von Rezeptionsprozessen von Texten u. ä. im Internet eine kreative *Interaktion* zwischen Leser, Autor und Inhalten. Durch das Betätigen von Links vermag ein Nutzer seinen Informationsbedarf in einer ihm entgegenkommenden, frei assoziierbaren Reihenfolge zu befriedigen sowie über die situativ angemessene Informationsbreite und -tiefe zu bestimmen.[400] Neben unvermeidlichen Problemen der hiermit verbundenen (Menge an) Selektionsentscheidungen wird die *Reversibilität* der Selektionsentscheidungen auch als Vorteil angeführt: Jede Betätigung eines Links kann durch die „Back-Funktion" des Browsers revidiert werden, weswegen häufig sog. *„Nabe-Speiche-Navigationsmuster"*[401] bzw. *„Zick-Zack-Reisen über Gedankenfelder"*[402] im Internet beobachtbar sind. Der Begriff des Hyper*text*prinzip deutet indes auch die besondere Bedeutung textlicher Kommunikationsbestandteile der Internet-Kommunikation an: So wird z. B. via E-Mail- oder forengestützter Kommunikation – einmal abgesehen von audio-visuellen Bestandteilen – die Reduktion eines potenziellen Sprechaktes auf eine rein textliche Ebene vorgenommen, wodurch *Sprechakte* gewissermaßen in *Textakte* verwandelt werden. Empfangene Informationen bzw. Nachrichten werden so in erster Linie auf Aussage, inhaltliche und formale Formulierung hin geprüft. Neben den in Kapitel 4.1.3.2 zu schildernden Problemen ist festzuhalten, dass hierdurch eine tendenzielle Versachlichung der Kommunikation gefördert wird.

#### 4.1.3.1.3. Die Ubiquität

Die *Mächtigkeit der Datennetze* kann als eine zusätzliche Erfolgsdeterminante des Internet angesehen werden. Seine gegenwärtige Popularität verdankt das Internet vor allem den niedrigen Produktions- und Verbreitungskosten von Informationen sowie der *Telepräsenz* von Inhalten.[403] Individuellen Nutzern werden so differenziertere und individualisierte Recherche-, Daten- und Informationsgewinnungsmöglichkeiten eröffnet. Zudem existiert der traditionelle, in „klassischen" Massenmedien existierende und durch die vergleichsweise hohen Distributionskosten begründete Trade-off zwischen der Reichhaltigkeit und der Reichweite von Informationen im Internet nicht mehr zwingend, so dass etwaige

---

399 Vgl. Hoffman/Novak, 1996, S. 53.

400 Vgl. Becker/Bachem, 1996, S. 552; Schulz, 2003, S. 49. Dies setzt freilich voraus, dass der via Hyperlinks erschließbare „Informationsraum" auch alle erwünschten Inhalte erhält, was im Rahmen der internetbasierten Nachhaltigkeitskommunikation nicht zwangsläufig der Fall sein muss.

401 Seibold, 2002, S. 15. Hierbei folgt der Nutzer von einer Seite einem Link, kehrt dann zur Ursprungsseite zurück und folgt einem weiteren Link und so fort.

402 Bolz, 1993, S. 204.

403 Vgl. Neuberger/Tonnemacher, 1999, S. 36. So ist in diesem Zusammenhang auch vom *Globalen Datenkörper* die Rede. Vgl. Becker, 2003, S. 195.

Informationsasymmetrien leichter abgebaut werden können.[404] Unter der Berücksichtigung der angedeuteten orts- und zeitunabhängigen Disponibilität von Information(en), kann auch von der *Ubiquität von Information(en)* gesprochen werden. Im Internet ermögliche sich gemäß FAẞLER ein inter- und massenkultureller Zugriff auf und eine Speicherung von „Wirklichkeit", wie es im Rahmen der abstrakt-symbolisch, hierarchisch organisierten *„Gutenberg-Galaxis"*[405] der Print-Medien undenkbar ist.[406]

### 4.1.3.1.4. Die Multi-Optionalität

Die *Multi-Optionalität* des Internet[407] stützt zunächst die Konvergenzthese hinsichtlich traditioneller Kommunikationsformen.[408] Trotz des oft betonten individuellen Charakters der Internet-Kommunikation sollten daher internetbasierte Kommunikationssequenzen nicht isoliert betrachtet werden. Vielmehr sind Nutzer als in Kommunikationsnetzwerke eingebunden zu sehen – Internet-Kommunikation in CMEs kann in diesem Sinne einer ergänzenden *Anschlusskommunikation* (z. B. Telefon oder Face-to-Face) vorausgehen. Die Vermischung von Kommunikationstypen verweist dabei auf die innovative Komponente des *„Integrationsmediums Internet"*[409]. Einerseits ist es der Empfänger einer Information, der spezifische Kontexte heranzieht und sie mit dem Text in Beziehung setzt. Andererseits ist die Information i. d. R. selbst schon in sich in Text und Kontext, in Geschehen und situativen Hintergrund ausdifferenziert, weil sie meist narrativ strukturiert ist. Im Internet sind demnach neben den „Sub-Medien" und den Kommunikationspartnern auch die für die Kommunikation bedeutsamen kommunikativen Kontexte – und damit die angetragenen Sinnangebote – variabel.[410]

### 4.1.3.1.5. Fazit

Vor dem Hintergrund der genannten Potenziale soll abschließend auf den *symbiotischen Charakter der Internet-Kommunikation* verwiesen werden, der die „klassische" Dichotomie zwischen massenmedialer und personaler (Face-to-Face-) Kommunikation im Prinzip auflöst. Aufgrund der skizzierten spezifischen Merkmale besitzt das Internet somit eine zu den konventionellen Massenmedien

---

404 Vgl. Evans/Wurster 2000, S. 23-32.
405 Bolz, 1993, S. 183.
406 Vgl. ähnlich Faßler, 2001, S. 271 sowie Hörisch, 1995, S. 15-18, zitiert nach Faßler, 2001, S. 271.
407 Vgl. Neuberger/Tonnemacher, 1999, S. 49.
408 Vgl. Bruhn, 1997, S. 30.
409 Krotz, 1998, S. 118.
410 Vgl. Krotz, 1998, S. 118.

konträre Architektur, die deren inhärente Asymmetrie zwischen (wenigen) Sendern und (vielen) Empfängern teilweise einebnet.[411] Dementsprechend vielfältig stellen sich die Akteurskonstellationen der Internet-Kommunikation (One/Few/Many-to-One/Few/Many) dar. Internet-Kommunikation umfasst schließlich personelle *und* maschinelle Interaktivität *mit dem* und *durch das* Medium – und dies auf asynchrone und synchrone sowie öffentliche und nicht-öffentliche Art und Weise.

Vor diesem Hintergrund ermöglicht das Internet *individuelle Interaktionen auf Massenebene*: In diesem Rahmen wird den Akteuren auf „beiden" Seiten des Kommunikationskanals ein Identitätswechsel (z. B. *„gender-swapping"*[412]) bis hin zur Anonymisierung bzw. Pseudonymisierung ermöglicht. Neben hiermit verbundenen, nachvollziehbaren Bedenken[413] bleibt auch festzuhalten, dass eine anonymisierte oder pseudonymisierte Kommunikation etwaigen Vorurteilen zwischen den Akteuren weniger „Angriffsfläche" bietet, da etwaige „verräterische" Kommunikationsbestandteile regelmäßig buchstäblich gegenstandlos bleiben.[414]

Die Betrachtung der Internet-Kommunikation erfordert somit ein erweitertes Kommunikationsmodellverständnis, welches von verkürzten Sender-Empfänger-Beziehungen[415] abstrahiert.[416] Insgesamt eröffnen die skizzierten Potenziale individuelle Gestaltungs- und Aktionsräume, die durch den Nutzer im Internet aktiv geöffnet werden können. Hierdurch bieten sich dem Nutzer neue *Ausdifferenzierungschancen für Individualität:*[417] Aus konstruktivistischer Perspektive, die im Individuum den empirischen Ort gesellschaftlicher Wirklichkeits-, Sinn und Wertproduktion lokalisiert[418] und Wirklichkeit als das (individuelle) Ergebnis von Kommunikation und sozialer Interaktion interpretiert, eröffnet sich so ein zusätzlicher, mächtiger und buchstäblich virtueller Manövrierraum für Kommunikation, der auf der Basis einer tendenziell dynamischeren und vielseitigeren Informationsversorgung letztlich auch einen Einfluss auf die individuelle Wirklichkeitskonstruktion ausübt. *„Das WWW bietet einen voluminösen Reso-*

---

411 Vgl. ähnlich Berghaus, 1999, S. 38.

412 Krotz, 1998, S. 128.

413 Vgl. ausführlicher Kapitel 4.1.3.2.

414 Ein beobachtbares Verhaltensmuster der Internet-Kommunikation in Bulletin-Board-Diensten ist das sog. „gender switching", durch das Akteure z. B. eines Geschlechts in die Rolle des jeweils anderen Geschlechts schlüpfen, z. B. um etwaige Reaktionen zu erfahren und Rückschlüsse für das eigene Verhalten zu ziehen.

415 Vgl. erneut das nachrichtentechnische Kommunikationsverständnis in Kapitel 3.1.

416 Vgl. z. B. das netzwerkartige „Online-Kommunikationsmodell" von Hünerberg, 1996, S. 168 sowie das „Modell elektronisch mediatisierter Gemeinschaftskommunikation" von Burkhart/Hömberg, 1997, S. 84.

417 Vgl. Faßler, 2001, S. 271.

418 Vgl. erneut Kapitel 3.1.

*nanzkörper für das ungewöhnlich frequenzreiche Sozialsystem Gesellschaft. Es ist ein internationales und globalisiertes Kommunikationsgeflecht und dahingehend ein Selbstbeschreibungsmodus der Weltgesellschaft.*"[419]

### 4.1.3.2. Die Limitationen der Internet-Kommunikation

#### 4.1.3.2.1. Die eingeschränkte Informationsreichhaltigkeit

Mit Blick auf die in Kapitel 3.1 geschilderten Aspekte und Facetten der Kommunikation stellen Friktionen der Beziehungsebene *die* zentrale Limitation der Internet-Kommunikation dar. Wichtige Basisregeln, die die Face-to-Face-Kommunikation konstituieren, werden außer Kraft gesetzt.[420] So unterstreicht das *Zweite Metakommunikative Axiom* nach WATZLAWICK, BEAVIN & JACKSON[421] die Bedeutung des *Beziehungsaspekts als Metakommunikation.* Da viele der für die soziale Einordnung der Kommunikationsmitglieder sowie die hinreichende Interpretation der Informationen notwendigen *analogen Modalitäten* bei personaler Kommunikation über die nonverbalen Subkanäle transportiert werden, ergeben sich folglich gravierende Einschränkungen für die Internet-Kommunikation – die Reichhaltigkeit übertragender Informationen muss so als partiell eingeschränkt bezeichnet werden. Dieser Aspekt ist insbesondere von Bedeutung, da aufgrund des noch jungen Alters des Internet die meisten Nutzer nicht mit diesem Medium (kommunikativ) sozialisiert wurden und zahlreiche erlernte kommunikative Verhaltensweisen mangels vertrauter Orientierungspunkte der personalen Kommunikation im Internet nur begrenzt artikuliert werden können. Mangels Intonation und Sprachmelodie ergeben sich beispielsweise Einschränkungen darin, die Aufrichtigkeit einer Äußerung zu belegen oder die Ironie einer Aussage nachzuvollziehen.[422] Vor diesem Hintergrund haben sich im Rahmen der Internet-Kommunikation textliche Hilfsmittel[423] oder sog.

---

419 Bornmann, 1997, S. 77.

420 Vgl. Krotz, 1998, S. 130.

421 Vgl. Kapitel 3.1.

422 Eine Ausnahme stellen hingegen internetbasierte Videokonferenzen dar, die Teile der nonverbalen Kommunikation zu kompensieren vermögen.

423 Für die Kompensation des Fehlens nonverbaler bzw. kontextueller Kommunikationsschichten sind in der internetbasierten, textlichen Kommunikation gegenwärtig eine Reihe verschiedener (textlicher) „Hilfsmittel" verbreitet. Sog. Emoticons (Kunstwort aus „Emotion" und „Icon") stellen ein inzwischen etabliertes Textelement dar, auf dessen Basis Gefühle u. ä. dem Empfänger zum Ausdruck gebracht werden sollen. Durch „Smileys" – z. B. „:-)" – wird z. B. Freude, Lachen oder Sympathie zum Ausdruck gebracht. Neben diesen beinahe etablierten Hilfs-Zeichen der Internet-Kommunikation existieren auch abstraktere, weniger verbreitete Elemente. Durchschnittliche „Chatter" kennen etwa 35 „Vokabeln", die sie ständig verwenden, darunter neben den genannten Emoticons auch Abkürzungen

Awareness-Dienste[424] etabliert, auf deren Basis die reduzierte Informationsreichhaltigkeit teilweise, jedoch nie vollständig kompensiert werden kann. Die geminderte Informationsreichhaltigkeit internetbasierter Kommunikation wirkt sich so auf nahezu alle nach AUSTIN & SEARLE klassifizierten illokutionären Sprechakte[425] aus. So finden Sprechakte im Internet (abgesehen von IRCs[426]) zeitlich indirekt bzw. versetzt statt. *Assertative* (bindende Feststellungen) und *deklarative Akte* (Deklaration einer Aussage als Faktum) sind aufgrund etwaiger Misstrauensmomente, die durch die Anonymität der Akteure bedingt sind, weniger gewichtig. *Expressive Akte* (Gefühlsausbrüche), sind – wie angedeutet – nur mit Hilfsmitteln *teilweise* kompensierbar. *Direktive Akte* (Handlungsaufforderungen), dürften – neben dem skizzierten Aspekt der Zeitversetztheit – auch aufgrund der Teilanonymität und gelegentlich beobachtbarer belangloser Kommunikation nur eingeschränkt wirken. Problematisch ist insbesondere, dass eine derartige teilweise Kompensation kontextueller, nonverbaler Kommunikationsbestandteile nur im Falle einer *bewussten Verwendung* der hiermit verbundenen Symbole illokutionärer Sprechakte greift. Zahlreiche Sprechakte werden jedoch *unbewusst* vollzogen, weswegen sie sich zwangsläufig ihrer nachträglichen Behelfs-Kennzeichnung entziehen.

### 4.1.3.2.2. Die Anonymität der Akteure

Durch eine eingeschränkte nonverbale Kommunikation ist zudem die *Authentifizierbarkeit der Akteure* eingeschränkt, weswegen sich insbesondere in Bulletin-Board-Diensten[427] eine *anonymisierte* bzw. *pseudonymisierte* Kommunikation durchgesetzt hat. Dies hat, neben den bereits skizzierten Vorteilen aber auch oft eine Herabsetzung bestehender Hemmschwellen zur Folge. Neben dem positiven Umstand, dass auf diese Weise vergleichsweise schnell intime Gespräche aufgebaut werden, gilt dies jedoch auch für enthemmte expressive Sprachakte im

---

von Anglizismen (z. B. lol = laugh out loud; afk = away from keyboard; re = Begrüssung eines Chatters, der wiederkommt bzw. Antwort auf Grüsse und Aktionen etc.), Kursiv-Schreibung nonverbaler Kommunikationsbestandteile, Kennzeichnung der Richtung von Sprechakten via „@“ (z. B. *„Ingo flüstert@Uschi“*), Verwendung von Großbuchstaben für expressive Sprechakte (*„HotLatino05: WO IST HIER EIN HEISSES GIRL????“*) etc. (vgl. ähnlich Hinner, 2000). Auch wenn diese Regeln oft unterbewusst internalisiert sind, haben sie den Status von Konventionen und stellen für „Neulinge“ eine Art Zutrittsbarriere dar: Jemand, der sich den zugrunde liegenden Regeln zuwider verhält, fällt entsprechend auf.

424 Hierzu gehört z. B. das Übermitteln von Nachrichten wie z. B. das Verlassen eines Raumes, das Aufzeigen von Handlungsoptionen, Kontextinformationen (z. B. die hierarchische Position eines Sprechers oder die Darbietung der Historie bereits abgeschlossener Dialogsequenzen („threaded discussion“).

425 Vgl. erneut Kapitel 3.1.

426 Vgl. erneut Kapitel 4.1.1.

427 Zur Beschreibung dieser Dienste vgl. erneut Kapitel 4.1.1.

negativen Sinne wie z. B. verbale Angriffe auf Personen.[428] In diesem Lichte muss jedoch davon ausgegangen werden, dass der Aufbau und Erhalt von *(Geschäfts-) Beziehungen*, die meist einen eindeutigen, belastbaren Identitätsnachweis erfordern, erschwert wird, da die nutzerseitige *Einschätzung der Seriosität* eines Kommunikationspartners nur eingeschränkt möglich ist. Zudem ist davon auszugehen, dass die Menge der kommunizierten Informationen im Intermedienvergleich tendenziell höher ausfällt, wodurch die Komplexität der Kommunikation prinzipiell gesteigert wird (vgl. folgend).

#### 4.1.3.2.3. Die gesteigerte Komplexität der Kommunikation

Die browsergestützte augenscheinliche Uniformität der WWW-Nutzeroberfläche und die Schnelligkeit des Datenverkehrs erzeugen mitunter den *trügerischen Schein von Authentizität und Zuverlässigkeit.*[429] Zudem ist von einer drohenden *informationellen Überflutung des Nutzers* im Internet auszugehen. Die abrufbaren Informationen sind mitunter schlecht strukturiert und hinsichtlich ihrer Qualität schwer zu beurteilen, weswegen dem Aspekt der Vertrauenswürdigkeit einer Website für die Qualität der Internet-Kommunikation eine hohe Bedeutung zukommt. Die *Komplexität*, insbesondere die Menge und Beliebigkeit der Informationen, die *„[...] Konfrontation mit Wissensfragmenten, Unsicherheiten, Widersprüchen, Interpretationsräumen, offenen Fragen"*[430], mündet so oft in einer Desorientierung und Überforderung des Nutzers („Lost in Hyperspace").[431] Die zur Beurteilung von Wahrheitsansprüchen wesentliche Zuschreibbarkeit von Aussagen zu einem Urheber ist im Internet oft nicht gegeben oder aber intransparent. Dieses Zuschreibungsproblem wird oft durch die hypertextuell gestützte Dekontextualisierung noch erschwert – auf diese Weise entsteht die Tendenz einer kaum zu entflechtenden Vermischung von Realität und Virtualität.[432]

Daher stellt der zuvor skizzierte Ubiquitätsaspekt in Verbindung mit der Hypermedialität implizit auch erhöhte Anforderungen an die *Selektionsleistung* der

---

428 Das sog. „Flaming" wird als Bezeichnung für rohe, beleidigende Kommentare bzw. Beiträge in Newsgroups, Chats o. ä. verwendet. Da diese der sog. Netiquette (Kunstwort aus „net" und „etiquette", eine Art Knigge der Internet-Kommunikation) widersprechen, werden sie von Foren-Moderatoren meist mit einer Verwarnung geahndet. Es sei angemerkt, dass derartige Flamings mit Blick auf die eingeschränkte Informationsreichhaltigkeit der Internet-Kommunikation auch weniger verletzend sein dürften als „reale" (Face-to-Face-) Sprechakte. Vgl. ähnlich Debatin, 2002, S. 231.

429 Im Internet können Inhalte in ein selbst-referentielles Netzwerk von Querverweisen eingebunden werden, was den Anschein gut belegter Wahrheit erweckt. Vgl. Debatin, 2002, S. 224-226.

430 Möller, 2005, S. 81.

431 Zur Komplexität des Hypertextes vgl. auch Möller, 2005, S. 80.

432 Vgl. Debatin, 2002, S. 226.

Nutzer. Hyperlinks können insofern als Manifestationen notwendiger Selektionsentscheidungen verstanden werden. Der Nutzer „*[...] kann sich nicht mehr auf das Verstehen, Verarbeiten und Verwenden von Kommunikation beschränken, er muß sich auch mit einem mißtrauischen Verfolgen und Selektieren kommunikativer Angebote beschäftigen. [...] es entstehen distanzierte Rezeptionsweisen, die beim Fernsehen schon lange zu beobachten sind.*“[433] Vor diesem Hintergrund kommt dem Aspekt des souveränen Umgangs mit qualitativ heterogenen Internetquellen eine besondere Bedeutung zu: In Abhängigkeit von Bildungsgrad, Medienkompetenz, Zeitbudget und Erfahrung im Umgang mit dem Internet kann es zu einer Wissenskluft (Digital Divide) kommen zwischen denjenigen, die das Internet gezielt als Quelle des Wissenserwerbs einzusetzen verstehen und Nutzern, für die das Internet in erster Linie ungeordnet, beliebig und in seinem Zustandekommen schwer durchschaubar erscheint.[434] Hierzu fehlen gegenwärtig etablierte Mechanismen und Indikatoren, nach denen die Glaubwürdigkeit von Internet-Quellen beurteilt werden kann.[435] Angesichts der Heterogenität der Internet-Nutzerschaft scheint daher die Beantwortung der Frage, ob das Medium Internet verschleiert, verführt, abschirmt, vermittelt, entlastet, Wirklichkeiten eröffnet oder bloß verarbeitet, speichert und überträgt[436], zwangsläufig nur differenziert beantwortbar.

#### 4.1.3.2.4. Fazit

Die genannten Limitationen haben für Kommunikatoren gewichtige Implikationen. Im Rahmen der Konzipierung einer Mitteilung muss der Umstand eines beschränkten Sets von Ausdrucksmitteln berücksichtigt werden. Es gilt so z. B. genau einzuschätzen, welche Teile des Kontextes der Kommunikationspartner wahrnimmt bzw. wahrgenommen haben kann und welche Teile daher zu expli-

---

433 Krotz, 1998, S. 130.

434 Maresch bemängelt in diesem Zusammenhang die oft unzureichende Nachvollziehbarkeit des Zustandekommens von Kommunikationsangeboten und befürchtet, dass die „ *[...] Möglichkeitsräume, die der User beim Lesen, Auswerten und Zustellen der Daten zweifelsohne besitzt, sich sehr schnell als jene schillersche Geistesfreiheit erweisen, die auch ein Gefangener hinter Kerkermauern genießt.* “ (Maresch, 2001, S. 62).

435 Vgl. Debatin, 2002, S. 225. Vor diesem Hintergrund ist auch gegenwärtig eine Debatte zwischen Vertretern freier, internetbasierter Enzyklopädien und den Pendants traditioneller Verlagshäuser entbrannt. Während die Erstgenannten (das wohl prominenteste Beispiel ist die Wikipedia, vgl. http://de.wikipedia.org/, abgerufen am 20.05.2005) grundsätzlich jedem Nutzer unabhängig von dessen (verbriefter) „Sachkenntnis“ das Recht einräumen, Artikel einzustellen und zu verändern (vgl. erneut die offene Diskussion um den Begriff der Nachhaltigen Entwicklung bei Wikipedia in Abbildung 2), verweisen traditionelle Verlagshäuser regelmäßig auf den Umstand, dass die freien Enzyklopädien im Gegensatz zu den eigenen Produkten (z. B. Brockhaus) wenig fundiert und bisweilen fehlerhaft seien.

436 Vgl. Maresch, 2001, S. 61.

zieren sind. Teile des Ausdrucks werden u. U. nicht richtig erkannt oder der Empfänger konzentriert sich (nach Meinung des Senders) nicht hinreichend auf die wesentlichen Inhalte der Nachrichten. Gelegentlich fehlt es den Empfängern am nötigen Kontextwissen, ohne dass dies wiederum vom Sender bemerkt wird. Zwar mag dies, im Sinne des (Radikalen) Konstruktivismus, durch die Vorstellungskraft des Senders kompensiert werden. Gleichzeitig muss aber auch eingeräumt werden, dass z. B. im Rahmen der Nachhaltigkeitskommunikation mit einer vermuteten heterogenen Nutzerschaft im Lichte begrenzter Unternehmensressourcen dies nur schwer einlösbar erscheint. Zudem haben die Ausführungen zum (Radikalen) Konstruktivismus eine stets unvollständige bzw. -vollkommene Nachvollziehbarkeit interner Operationen individueller Akteure postuliert. Durch die eingeschränkte nonverbale Kommunikation ist so auch die treffsichere, auf (gemeinsamer) Sozialisation beruhende Einschätzung des Gegenübers problematisch. Etwaige konsensuelle Bereiche bleiben so stets lückenhaft – und somit auch der Grad der wahrgenommenen Unvollkommenheit der Internet-Kommunikation.

Letztlich verursacht die im Internet verstärkte *Notwendigkeit einer aktiven Metakommunikation* automatisch einen *höheren Aufwand*, zumal es i. d. R. auch den Kommunikationserfolg im Nachhinein zu überprüfen gilt. Da zahlreiche Anwender sich dieser Fallstricke nicht bewusst sein dürften, ist von latenten qualitativen Einbußen bei Kommunikationshandlungen auszugehen.

So erweist sich die *Beobachtbarkeit der Internet-Kommunikation* als zweischneidig: Zwar können zahlreiche abgeschlossene Sprechakte bzw. kommunikative Handlungen mittels (Meta-) Suchmaschinen und -katalogen oft „1 zu 1“, auch von eigentlich unbeteiligten Dritten, „augenscheinlich“ nachvollzogen werden, wodurch unmittelbar Transparenz schaffende Effekte ausgehen.[437] Da aufgrund der oben skizzierten Friktionen zahlreiche semantische Bausteine regelmäßig nicht nachvollzogen werden (können), bleibt diese Beobachtbarkeit jedoch stets unvollkommen. Zudem kann vermutet werden, dass Nutzer sich nicht immer der Beobachtbarkeit im Klaren sind oder, falls doch, ihre Aussagen aus diesem Grund bewusst verkürzen.

[437] Dies gilt z. B. für archivierte Dialoge in Chaträumen, Mailinglisten-Archive und Gästebücher privater Homepages.

## 4.2. Das Internet als Medium der unternehmerischen Nachhaltigkeitskommunikation

### 4.2.1. Die Diffusion der internetbasierten Nachhaltigkeitskommunikation in die Unternehmenspraxis

Unternehmens-Websites, die mitunter bereits als *postindustrielles Äquivalent zur traditionellen Hauptgeschäftsstelle* [438] bezeichnet werden, gewinnen für die Kommunikation mit dem Unternehmensumfeld zunehmend an Bedeutung. Vor diesem Hintergrund operieren Unternehmen gegenwärtig – wie DYLLICK es bezeichnet – nun verstärkt auf einer *globalen Bühne der Öffentlichkeit* [439], in der bedingt durch neue Informations- und Kommunikationstechnologien das Unternehmenshandeln für einen stark erweiterten Betrachterkreis eine größere Wahrnehmbarkeit und somit auch Angreifbarkeit erlangt.[440] Gerade für kritische Akteure ergeben sich durch das Internet neue Möglichkeiten, zu relativ geringen Kosten sowie zeitlichen und räumlichen Restriktionen politischen sowie letztlich auch ökonomischen Druck auf Unternehmen auszuüben.[441] So gesehen kann dass Internet als verstärkender globaler *Resonanzkörper sich wandelnder Machtverhältnisse* zwischen Nationalstaaten, Unternehmen und NGOs betrachtet werden.[442]

Das Internet scheint sich gegenwärtig als geeignetes und zunehmend beliebtes Medium der der Nachhaltigkeitskommunikation zu etablieren.[443] Allerdings wird neben dem zu verzeichnenden hohen quantitativen Verbreitungsgrad die qualitativ unbefriedigende Nutzung des Internet bemängelt. Gegenwärtig nutzt z. B. die Mehrzahl der DAX30- und GF500-Unternehmen das Internet, um über Nachhal-

---

438 Vgl. Mundorf/Zwick/Dholakia, 1999, S. 83.

439 Vgl. erneut Kapitel 1.1.

440 Vgl. ähnlich Schulz, 2003, S. 51.

441 So haben in 2004 zahlreiche in Nordamerika operierende Automobilunternehmen gegen die verbindliche Fixierung von CO2-Grenzwerten in Kalifornien geklagt, ohne sich jedoch gegen eine grundsätzliche Grenzwertfixierung auszusprechen: *„[...] die Klage richtet sich nicht gegen Umweltnormen, sondern gegen die Störung des einheitlichen US-Binnenmarkts.“* (Volkwagen AG, 2005, S. 15). Diese Aktivitäten hatten jedoch 2004/2005 massive Protestaktion von NGOs provoziert, die durch zahlreiche Internetplattformen (vgl. exemplarisch www.ausbremsen.de, abgerufen am 15.05.2005) eine zusätzliche Dimension erhielten. Kritische Nutzer konnten dort vorformulierte Beschwerde-E-Mails an Entscheidungsträger (z. B. Vorstandsvorsitzender, Leiter Unternehmenskommunikation etc.) der betroffenen Automobilunternehmen versenden (vgl. vertiefend Robin Wood, 2005), was zu einer regelrechten „Überflutung“ ihrer elektronischen Postfächer führte.

442 Vgl. hierzu erneut die Ausführungen in Kapitel 2.2.2.1.

443 Vgl. Isenmann, 2005a, S. 617.

tigkeit zu kommunizieren.[444] Besonders die zahlreichen Unterstützungspotenziale wie z. B. dialogische Integrationsmöglichkeiten des Internet für die Nachhaltigkeitskommunikation[445] werden gegenwärtig nur in Ansätzen oder gar nicht genutzt.[446] *„As it now stands, many, if not most scholars studying the Web, recognize that Web sites are very poorly used dialogic tools. In spite of the recommendations of scholars to incorporate two-way (and dialogic) communication channels most Web sites fail to effectively maintain open channels of communication with stakeholders."*[447] Die eingehende Schilderung von Unterstützungspotenzialen soll daher im folgenden Abschnitt näher erfolgen.

### 4.2.2. Die Unterstützungspotenziale der Nachhaltigkeitskommunikation im Internet

#### 4.2.2.1. Die zeitlich-räumliche Entkopplung der Kommunikation

Da im Gegensatz zur Offline-Kommunikation (z. B. Print-Berichte) die internetbasierte Kommunikation keinen direkten Restriktionen durch die Kapazität des Mediums unterliegt, bestehen zusätzliche *Freiheitsgrade bei der* unternehmensseitigen *Wahl der zu kommunizierenden Informationsmenge*. So existiert im Rahmen der konventionellen Print-Berichterstattung aus Kapazitätsgründen oft das Problem, dass nur ein vergleichsweise stark komprimierter, oft nutzerseitig als unvollständig empfundener Überblick über die nachhaltigkeitsbezogene Performance des Unternehmens gegeben werden kann, der angesichts der hier unterstellten Heterogenität der Informationsinteressen individueller Nutzer nur eine geringe Zielgenauigkeit aufweisen dürfte. So kann durch den sich hieraus ergebenden oft erheblichen Umfang der Berichte bei u. U. gleichzeitig wahrgenommener Unvollständigkeit eine irritierende bis abschreckende Wirkung auf Teile der Stakeholder die Folge sein.[448] Die Erweiterung der Informationsmenge im Internet bezieht sich dabei sowohl auf die thematische Breite als auch auf die Tiefe der nachhaltigkeitsbezogenen Inhalte.[449] Hinsichtlich der thematischen

---

444 Vgl. Ahsen/Herzig/Pianowski, 2006, S. 30-35; Blanke et al., 2004, S. 21f.; Kim, 2005, S. 130 sowie Maitland, 2003. Die in der DAX30-Studie von Blanke et al., 2004, mit 26 Unternehmen genannte Zahl ist insofern interessant, als lediglich 20 dieser Unternehmen zum Untersuchungszeitpunkt Print-Nachhaltigkeitsberichte o. ä. veröffentlichen.

445 Vgl. vertiefend Kapitel 4.2.2.

446 Vgl. Ahsen/Herzig/Pianowski, 2006, S. 31-35; Blanke et al., 2004, S. 34f.; Kent/Taylor/White, 2003, S. 74.

447 Kent/Taylor/White, 2003, S. 74.

448 Vgl. ähnlich Schönborn/Steinert, 2001, S. 74.

449 Vgl. Isenmann/Warkotsch, 1999, S. 1515; Jones/Alabaster/Hetherington, 1999, S. 77; Schulz, 2003, S. 55.

Breite können so zum einen eine höhere Zahl unmittelbar themenrelevanter Aspekte zu meist geringen Kosten offeriert werden, zum anderen auch Inhalte integriert werden, die nicht in direktem Zusammenhang mit „klassischen" Nachhaltigkeitsindikatoren stehen. Die zusätzliche inhaltliche Vertiefung kann durch weiterführende Informationen zu Zahlen & Fakten, Rankingergebnissen, Leitfäden, Kooperationsprojekten oder Initiativen – z. B. durch Verlinkungen, ausführlichere Beschreibungen sowie ansprechende Aufbereitung – geschehen.[450] Zudem kann die internetbasierte Kommunikation grundsätzlich *vom konventionellen Veröffentlichungstakt entkoppelt, verstetigt* vollzogen werden und somit einen *höheren Aktualitätsgrad* und zeitliche Relevanz aufweisen.[451]

#### 4.2.2.2. Die Möglichkeiten der Kontexterweiterung und Vernetzung

Durch die skizzierten Aspekte der zeitlichen und räumlichen Entkopplung ermöglicht die internetbasierte Nachhaltigkeitskommunikation prinzipiell eine direktere und differenzierte Kontextualisierung der jeweiligen Inhalte. Fungiert die unternehmensspezifische Nachhaltigkeitswebsite z. B. als Basis der Nutzer(inter)aktionen, bieten sich so Möglichkeiten einer umfassenden, ganzheitlichen Darstellung der Unternehmensaktivitäten, indem z. B. die Darstellung der betrieblichen Produktpalette und der Nachhaltigkeitsperformance integriert, zumindest aber kombiniert oder vernetzt erfolgt. Zudem ergibt sich mit Blick auf den Aspekt der zeitlichen Entkopplung die Möglichkeit, dass sich der interessierte Nutzer mit vergleichsweise geringem Aufwand zeitraumübergreifend ein differenziertes Bild von der Nachhaltigkeitsperformance des Unternehmens verschafft, indem bestimmte Indikatoren oder Kriterien mit bereits zu früheren Zeitpunkten veröffentlichten Inhalten verglichen werden können. Vorhandene Inhalte könne zudem bei großer Suchtiefe mit einer geringen Suchzeit verwaltet werden.[452] Werden solche Inhalte mit weiteren Kooperationsprojekten, externen Partnern oder gar anderen Unternehmen vernetzt, können hohe Transparenzgrade erreicht werden, die dem Nutzer einen Mehrwert bei gleichzeitig niedrigen (Transaktions-) Kosten verschaffen und zugleich der Dokumentation der Aufgeschlossenheit des Unternehmens dienen. Ein derartiges *Vernetzungskonzept*[453] kann bereits im regelmäßig veröffentlichten Print-Bericht seinen Ausgangspunkt finden, in dem bereits Internet-Links (sog. URLs) als Verweisquelle genutzt werden. Im Rahmen einer derartigen medialen „Verschmelzung" gestattet es das

---

450 Vgl. ähnlich Schulz, 2003, S. 55.
451 Vgl. ähnlich Lenz, 2003, S. 153.
452 Vgl. Isenmann/Warkotsch, 1999, S. 1514.
453 Vgl. hierzu auch die spätere Darstellung der internetbasierten Nachhaltigkeitskommunikation Volkswagens in Kapitel 5.3.

Internet, „kurzlebige“, aktuelle Echtzeitdaten einzubinden[454], wodurch eine Verstetigung der Nachhaltigkeitskommunikation bewirkt wird.

#### 4.2.2.3. Die Effizienzpotenziale

Die skizzierten Aspekte bergen letztlich zahlreiche Effizienzpotenziale. Zum einen können nachhaltigkeitsbezogene Informationen aufgrund ihrer meist digitalen Form zu vergleichsweise geringen *variablen*[455] Kosten zur Verfügung gestellt und aktualisiert werden. Etwaige Rationalisierungspotenziale liegen in der z. T. erheblichen Senkung von Kosten für Druck, Papier, Lagerung und Distribution durch die implizite Minderung der Print-Auflage zu Gunsten der internetbasierten Kommunikation.[456] Dies birgt im Übrigen positive ökologische Nebeneffekte i. S. e. „E-Substitution“, d. h. einer (ökologieverträglicheren) Substitution physischer Güter durch elektronische Äquivalente.[457] Im Idealfall kann die internetbasierte Veröffentlichung von Indikatoren direkt mit den zugehörigen unternehmensspezifischen, plattformunabhängigen und automatisierten Datenbanken verknüpft sein, wodurch sich erhebliche *Flexibilitäts-* und *Effizienzpotenziale bei der Verwaltung und Distribution* von nachhaltigkeitsbezogenen Daten ergeben. Dieses auch als *Single-Source – Multiple-Media* bezeichnete Prinzip ermöglicht eine effiziente Trennung von Inhalt, Struktur und Darstellung[458], die insbesondere bei der Implementation eines integrierten Nachhaltigkeitskommunikationssystems, welches die Nutzung verschiedener Medien systematisch verknüpft, Effizienzpotenziale entfaltet. Mit Blick auf die bereits skizzierten[459] Auszeichnungs(meta)sprachen wie z. B. XML kann so dem Umstand Rechnung getragen werden, dass etwaige Daten nicht nur für die sofortige Veröffentlichung bestimmt sind, sondern auch der – u. U. automatisierten – Weiterverarbeitung und -verwendung (z. B. in weiteren Instrumenten der internen und externen DV und/oder Unternehmenskommunikation) dienen können.[460] Ein weiterer Aspekt besteht in der *frühzeitigen Integrierbarkeit* der im Rahmen eines strategischen Frühwarnsystems gewonnenen Informationen in interne Steuerungsinstrumente. Diese positiven Effekte entfalten besonders dann

---

[454] Vgl. ähnlich Shepherd/Abkowitz/Cohen, 2001, S. 313.

[455] Es sei indes angemerkt, dass die Gesamtkosten zusätzlich durch einen Fixkostenblock determiniert werden, der sich z. B. durch Kosten des Datenbank- und Portalaufbaus zusammensetzt.

[456] Vgl. Shepherd/Abkowitz/Cohen, 2001, S. 309. Die Druckkosten eines erstellten Nachhaltigkeitsberichts können nach Erfahrung des Autors – abhängig vom Distributionsumfang – einen erheblichen Teil des veranschlagten Gesamtbudgets einnehmen.

[457] Vgl. Fichter, 2001, S. 13 sowie Lenz, 2003, S. 155.

[458] Vgl. Hess/Rawolle, 2000, S. 56f.

[459] Vgl. erneut Kapitel 4.1.1.

[460] Vgl. ähnlich Lenz, 2003, S. 161.

ihr Potenzial, wenn die dargebotenen Inhalte auf eine breite und interessierte Nutzerschaft stoßen. Werden z. B. hohe Reichweiten als (Unter-) Ziel einer Nachhaltigkeitskommunikation aufgefasst[461], können diese mit vergleichsweise geringem Aufwand erzielt werden. In Kombination mit den bereits thematisierten Aspekten der Entkopplung und des erweiterten Kontextes ergeben sich zudem insgesamt positive Auswirkungen auf die absatz-, beschaffungs- und kapitalmarktseitigen Austauschbeziehungen, die jedoch einer vergleichsweise hohen Bereitschaft zur Informationsbeschaffung und -interpretation aller beteiligten Akteure bedürfen. Ähnliches gilt für die Pflege der Innenverhältnisse[462] (z. B. Kultur bildende Effekte, Motivation der Mitarbeiter etc.), die durch die Dynamik der Internet-Kommunikation eine zusätzliche Qualität erlangen kann.

#### 4.2.2.4. Die Integration der Nutzer durch dialogische Kommunikation und emotionale Ansprache

Das Internet ermöglicht eine neue Qualität in der Integration bestehender und neuer Nutzer sowie für eine erhebliche Erweiterung des Dialogspektrums, welches sich in den verschiedenen, bereits skizzierten Akteurs-Konstellationen (One/Few/Many-to-One/Few/Many) [463] manifestiert. Insbesondere dem Aspekt der Interaktivität wird dabei eine gewichtige Rolle zugeschrieben: *„[...] there is enormous potential for [...] creating significant value both for corporations and their stakeholders through the development of truly interactive (cybernetic) corporate sustainability reports and communications delivered via the internet and other channels."*[464] Aufgrund des bestehenden, direkt und zeitnah fungierenden Rückkanals kann der bi- bzw. multilaterale Informations- und Meinungsaustausch zwischen dem Unternehmen und seinen Stakeholdern gefördert werden, ohne dass es dabei zu Medienbrüchen kommt.[465] In Verbindung mit dem Aspekt der hypermedialen Darstellungsweise wird angenommen, dass komplexe Sachverhalte im Internet vergleichsweise anschaulich, verständlich und adäquat vernetzt – integriert – dargestellt werden können.[466] Die hiermit eng verbundenen vielfältigen multimedialen Gestaltungsoptionen ermöglichen darüber hinaus, dass die Informationen über mehrere Sinneskanäle der Nutzer gleichzeitig aufgenommen werden, wodurch ein rascheres Verständnis und ein höherer Erinne-

---

461 Dies korrespondiert bspw. mit den in Kapitel 3.3.1 identifizierten Zielen der Nachhaltigkeitskommunikation, insbesondere der Erreichung positiver ökonomischer Effekte sowie Reputationsgewinn.

462 Vgl. erneut Kapitel 3.3.1.

463 Vgl. erneut Kapitel 4.1.3.

464 Wheeler/Elkington, 2001, S. 1.

465 Vgl. ähnlich Versen, 1999, S. 127.

466 Vgl. Isenmann/Warkotsch, 1999, S. 1515; Schraml/Schoop, 1996, S. 69; Schulz, 2003, S. 56.

rungsgrad als in klassischen Medien erreichbar ist.[467] Hierbei können unterstützende Formen der emotionalen Ansprache i. S. v. EcoTainment[468] u. ä. genutzt werden, *„[...] to get people interested and thinking about the issues in the report.“*[469] Damit einher geht die Chance, unternehmensseitig die Ernsthaftigkeit und Glaubwürdigkeit des eigenen Handelns zu untermauern, indem z. B. O-Töne von der Unternehmensleitung zu relevanten Inhalten transportiert werden.[470] Die *Palette der Trägerinstrumente* einer dialogischen, internetbasierten Nachhaltigkeitskommunikation ist vielfältig: Neben der Möglichkeit, Fragen zu Nachhaltigkeitsaspekten per E-Mail bzw. automatisierten Feedback-Formularen[471] oder Frequently-Asked-Questions Rubriken (FAQs) zu erörtern, können interessierte, registrierte Nutzer regelmäßig elektronische Newsletter erhalten, die aktuelle, unternehmensspezifische und nachhaltigkeitsbezogene Informationen beinhalten. Der multilaterale Gedankenaustausch kann in von Unternehmensseite eingerichteten Gesprächsforen und Newsgroups ermöglicht werden. Derartige Foren können auch unternehmensseitig gezielt als Instrument der Kritikstimulierung verwendet werden, wodurch sich abzeichnende, „gepostete“ Meinungstrends oder problematische Unternehmenssichten im Rahmen einer Risikofrüherkennung identifiziert und mit entsprechenden kommunikativen Maßnahmen be- und verarbeitet werden können. Mittlerweile gehen Unternehmen auch dazu über, ihrerseits die Wahrnehmung und Verarbeitung des Geschehens in der Unternehmensumwelt in Online-Tagebüchern (Web Logs, kurz: Blogs) zu verarbeiten, welche gleichzeitig oft auch umfassende Feedbackmöglichkeiten bereithalten.[472] Mit Blick auf den Umstand, dass die unternehmerische internetbasierte Nachhaltigkeitskommunikation gegenwärtig zwar verbreitet, die hier geschilderten instrumentellen Potenziale jedoch weitestgehend ungenutzt bleiben[473], können

---

467 Vgl. Meffert, 2000, S. 769.

468 Vgl. Lichtl, 1999.

469 ACCA/Next Step Consulting, 2001, S. 21.

470 Vgl. ACCA/Next Step Consulting, 2001, S. 20.

471 Vgl. Jones/Walton, 1999, S. 421.

472 Vgl. exemplarisch General Motors' Fastlane Web Log (http://fastlane.gmblogs.com/, abgerufen am 30.04.2005). Gleichwohl muss angemerkt werden, dass die Nutzung von Blogs im Rahmen der Nachhaltigkeitskommunikation gegenwärtig kaum stattfindet und die zukünftige Rolle dieses neuen „Mediums“ noch nicht absehbar ist. Heidegger postuliert z. B., dass die gegenwärtige Rolle von Weblogs in der heutigen Medienöffentlichkeit *„[...] auffallend viele Übereinstimmungen mit der Kultur der Pamphletisten im 18. Jahrhundert [...]“* (Heidegger, 2003) aufweise, da diese oft große, unerschlossene Teilöffentlichkeiten adressieren und Debatten mit einer stark ethischen Schlagseite provozieren.

473 Vgl. Ahsen/Herzig/Pianowski, 2006, S. 31-35; Blanke et al., 2004, S. 36f.

die aus einem Dialogangebot generierten Nutzereinstellungen gezielt für die permanente kritische Überprüfung des Internetangebots verwendet werden.[474]

### 4.2.2.5. Die Personalisierung der Kommunikation

Das Internet kann prinzipiell aufgrund seiner Kommunikationspotenziale und den Möglichkeiten der DV-gestützten Nutzer-Profilbildung den skizzierten Fragmentierungstendenzen im Unternehmensumfeld Rechnung tragen und die Etablierung *einzigartiger Beziehungen* ermöglichen. Nach SEVERIN müssen Unternehmen *„[...] erkennen, dass das mit Nachhaltigkeitskommunikation einhergehende Kommunikationsmodell ihnen zwar neue Möglichkeiten der Vertrauensbildung und Profilierung verschafft, sie aber auch auf symmetrischere, offenere und diskursivere Kommunikationsformen verpflichtet.“*[475] Das Medium Internet scheint dieser Forderung angesichts der in dieser Arbeit skizzierten Spezifika in idealer Weise gerecht zu werden. Gegenüber den klassischen Medien, wie Rundfunk, Fernsehen und Printmedien eröffnet das Internet so ein größeres Potenzial für eine individuelle Informationsvermittlung. Durch die Digitalisierbarkeit der Informationsübermittlung muss ein Anbieter nicht mehr auf die anonyme Massenkommunikation zurückgreifen, sondern kann prinzipiell mit jedem Akteur, sofern dieser online erreichbar ist, individuell in Kontakt treten.[476] Vor diesem Hintergrund identifiziert ISENMANN die prinzipielle Möglichkeit der Maßschneiderung von Informationen als eines von drei Schlüsselpotenzialen einer internetbasierten Nachhaltigkeitskommunikation.[477] Dabei existieren hinsichtlich der genauen Ausprägung der Personalisierung verschiedene „Schattierungen“: Wird angenommen, dass z. B. ein Print-Nachhaltigkeitsbericht in einen statischen „One-Size-Fits-All“-Internetauftritt konvertiert wurde, fördert die Hypertextualität der Internet-Kommunikation zunächst eine „Quasi-Personalisierung“ der nutzerseitigen Informationsbeschaffung, weswegen auch von einer *immanenten Personalisierung* im WWW gesprochen werden kann.[478] Hierbei nimmt der Nutzer selbst eine schrittweise Eingrenzung des Informationsangebotes vor. Dies setzt zunächst voraus, dass das Informationsangebot diese Eingrenzung durch geeignete Linkstrukturen ermöglicht. Zudem muss der Nutzer die verschiedenen Detaillierungsebenen auch als solche wahrnehmen. In Abgrenzung zur immanenten Personalisierung durch Eigenselektion

[474] Demgegenüber prognostiziert Klenner einen Trend im Nutzungsverhalten im Mediensystem, demzufolge die traditionellen Massenmedien gegenüber den interaktiven Medien in den Hintergrund treten (vgl. Klenner, 2000, S. 257).

[475] Severin, 2005, S. 74.

[476] Vgl. Wamser, 2000, S. 84.

[477] Vgl. Isenmann, 2005, S. 180-184.

[478] Vgl. auch Lenz, 2003, S. 157f. Vgl. auch Isenmann/Warkotsch, 1999a, S. 78; Schulz, 2003, S. 57.

bestehen auch Potenziale der „echten" Personalisierung, z. B. indem Informationsmodule gemäß zuvor (individuell) erhobener Informationsbedarfe einem Nutzer (dynamisch) zugeteilt werden bis hin zu dem Punkt, dass das „komplette" Informationsangebot an den Informationsbedarfen eines individuellen Stakeholders ausgerichtet wird.

### 4.2.3. Die Grenzen der Nachhaltigkeitskommunikation im Internet

#### 4.2.3.1. Die Glaubwürdigkeit der Kommunikation

Während die Erzielung von Glaubwürdigkeit eine zentrale Anforderung an die Nachhaltigkeitskommunikation darstellt [479], bestehen begründete Zweifel, inwieweit dieser Forderung im Rahmen der internetbasierten Nachhaltigkeitskommunikation nachgekommen werden kann.

Als problematisch erweisen sich in diesem Zusammenhang besonders die Implikationen aus der Betrachtung der Theorie der Sprachakte nach AUSTIN & SEARLE sowie der Axiomatik der Kommunikation nach WATZLAWICK, BEAVIN & JACKSON:[480] Aufgrund der eingeschränkten Informationsreichhaltigkeit der Internet-Kommunikation und den skizzierten Limitationen bei Aufbau und Pflege persönlicher Beziehungen sind Vertrauensverluste bzw. Misstrauensmomente besonders im Rahmen der internetbasierten Nachhaltigkeitskommunikation zu erwarten. Dieser Umstand ist insofern gravierend, als unternehmerische Nachhaltigkeitsportale in erster Linie auf assertativen (bindende Feststellungen) und deklarativen (Deklaration einer Aussage als Faktum) illokutionären Sprechakten[481] basieren und zudem Vertrauenseigenschaften[482] aufweisen: Die individuelle Einschätzung der Glaubwürdigkeit kommunizierter Inhalte dürfte somit tendenziell – bewusst und unbewusst – besonders kritisch erfolgen und so einen zusätzlichen Kommunikations- bzw. Rechtfertigungsaufwand beim Unternehmen erzeugen[483], wie die Ergebnisse eines Intermedienvergleichs aus dem Jahre 2002 andeuten: *„Die Sorge, ob Glaubwürdigkeit im Internet grundsätzlich schwieriger zu erreichen ist, scheint gemäß der aktuellen Studie ‚Umweltbewusstsein 2002' durchaus berechtigt zu sein, da das Internet im Intermedienvergleich als glaub-*

---

[479] Vgl. Kapitel 3.3.2.3.

[480] Zu den folgenden Argumenten vgl. auch erneut Kapitel 4.1.3.2.1.

[481] Vgl. erneut Kapitel 3.1.

[482] Vgl. ähnlich Schulz, 2003, S. 60f.

[483] Problematisch sind in diesem Zusammenhang auch Konstellationen, in denen entgegen der augenscheinlichen Aktualität und Dynamik der Internet-Kommunikation die Inhalte eines Nachhaltigkeitsportals nicht auf dem aktuellsten Stand sind bzw. gar nicht mit einem Hinweis auf ein Erstellungsdatum gekennzeichnet sind. Vgl. ACCA/Next Step Consulting, 2001, S. 30; Isenmann, 2005a, S. 625.

*würdige Quelle ökologischer Informationen lediglich den letzten Platz belegt.“*[484] Aufgrund der permanenten Aktualisierbarkeit von Inhalten im Internet unterliegen diese Informationen, verglichen mit Print-Berichten, tendenziell einer größeren Manipulationsgefahr, was die Unsicherheit der Nutzer zusätzlich erhöht.[485] Problematischerweise ergeben sich aufgrund eben dieser leichteren unternehmensseitigen Modifizierbarkeit neue Herausforderungen für eine aussagekräftige Überprüfung und Beglaubigung der Informationen durch externe Dritte im Sinne einer Testierung.

Aus Unternehmenssicht besteht letztlich die Schwierigkeit, das Glaubwürdigkeitsproblem im Rahmen der internetbasierten Nachhaltigkeitskommunikation angemessen zu operationalisieren. Sollte ein Unternehmen über keinerlei Informationen über die Struktur der Nutzerschaft eines Portals aus induktiver Primärforschung (z. B. Online-Befragungen) verfügen, bleibt stets unklar, als wie heterogen die individuelle Erfahrung der Nutzer mit dem Umgang des Internet, mit der Thematik der Nachhaltigen Entwicklung sowie den hiermit verbundenen Spezifika des Unternehmens bzw. des jeweiligen Sektors zu bezeichnen sind. Je nach Ausprägung(en) sind unternehmensseitig unterschiedliche zusätzliche Informationen und kommunikative Aktivitäten erforderlich, die die Glaubwürdigkeit der Inhalte eines Nachhaltigkeitsportals unterstreichen.

#### 4.2.3.2. Die Inflationierung von Informationen und die Komplexität der Nutzung

Eng mit dem Glaubwürdigkeitsaspekt verknüpft ist ein Problemfeld, welches hier als Inflationierung von Informationen bezeichnet werden soll. Die thematische Breite und Vielfalt des Leitbildes der Nachhaltigen Entwicklung sowie die Möglichkeit, im Internet permanent und vergleichsweise problemlos Inhalte einzustellen oder zu aktualisieren (z. B. Artikel oder Foren-Beiträge) bergen die Gefahr, dass die kommunizierten Informationen allgemein, episodenhaft gehalten sind oder vergleichsweise unsorgfältig erstellt wurden, so dass diese aus Sicht individueller Nutzer als z. T. nicht entscheidungsrelevant oder gar wertlos angesehen werden. Wird bereits bei Print-Nachhaltigkeitsberichten auf die Gefahr des „Carpet Bombing“ verwiesen[486], so ist besonders mit Blick auf das Online-Angebot zu befürchten, dass über die Zeit das Internetangebot zunehmend verwirrend bzw. schwer durchschaubar wird. Oft fungiert nach SUSTAINABILITY & UNEP das Internet als „Abladestelle“ für in Print-Berichten nicht mehr platzierbare Informationen, weswegen Nachhaltigkeitsportale mitunter als *„[...] corporate 'black holes' – with virtually infinite gravitational*

484 Schulz, 2003, S. 61.
485 Vgl. Schulz, 2003, S. 61.
486 Vgl. SustainAbility/UNEP, 2004, S. 24 & 34.

*conditions from which data-hunters would find no escape"*[487] bezeichnet werden. Zudem kann bei Internet-Diensten wie IRC oder BBD aufgrund der eingeschränkten Authentifizierbarkeit der Teilnehmer[488] eine Herabsetzung von verbalen Hemmschwellen erwartet werden. Während dies im positiven Sinne zu einer aktiven Beteiligung zahlreicher Akteure führen kann, die bislang nicht in der diskursiven Arena der Nachhaltigen Entwicklung präsent waren, kann dies im negativen Sinne zu einer gewissen Belanglosigkeit oder Hypertrophie an Inhalten führen.

Beliebige Inhalte mögen so im Ergebnis in ein (portalinternes) schwer durchschaubares selbstreferentielles Netzwerk von Querverweisen (Links) eingebunden sein, was den (u. U. trügerischen) Eindruck gut belegter Wahrheit erweckt.[489] Problematisch ist letztlich auch, dass mit der tendenziell hohen Menge und Vielfalt von Informationen auch gesteigerte Anforderungen an die Selektionsleistung der Nutzer einhergehen, die sich mit jedem zusätzlichen Hyperlink erhöhen.[490] Ob die angesichts der Komplexität und Kompliziertheit der Nachhaltigen Entwicklung notwendige kritische *inhaltliche Kompetenz* der Nutzer als ausreichend bezeichnet werden kann, bleibt zwangsläufig nur differenziert beantwortbar. Dieses Argument lässt sich zudem auf den Aspekt der nutzerseitigen *Mediennutzungskompetenz* übertragen, da vermutet wird, dass ein hohes Maß an erforderlicher Selektionsleistung auch unvermeidbar einen routiniert-souveränen Umgang mit der Internettechnologie (Browser, Applikationen etc.) voraussetzt. Letztlich stellen die genannten Probleme erhöhte Anforderungen an die in Nachhaltigkeitsportalen bereitgestellten Suchmaschinen und -funktionen bzw. an die ergonomische Gestaltung der Websites.[491]

#### 4.2.3.3. Die Erreichbarkeit der Nutzer

Mit Blick auf die in Kapitel 4.1.3.2.3 geschilderte Digital Divide-Problematik ergeben sich aus Nutzersicht besonders für die internetbasierte Nachhaltigkeitskommunikation gravierende Limitationen. So ist davon auszugehen, dass ein großer Anteil der potenziellen Interessenten eines Nachhaltigkeitsportals sowohl in globaler als auch in nationaler Hinsicht nicht über einen (hinreichend „schnellen" und kostengünstigen) Internetzugang verfügt und sich somit der Zugang zu Informationen als schwierig gestaltet. *„Reichweite und Wirkungstiefe hängen von einer geeigneten IKT-Infrastruktur ab, sowohl bei den berichterstattenden*

---

487 SustainAbility/UNEP, 2004, S. 24.
488 Meist loggen sich Teilnehmer in Chatforen lediglich per Nutzername und Passwort ein.
489 Vgl. auch Debatin, 2002, S. 225f.
490 Vgl. auch erneut Kapitel 4.1.3.2.3.
491 Zu den Aspekten von Internet-Suchfunktionen vgl. vertiefend Kapitel 7.2.2.3.3.

*Unternehmen als auch bei deren Zielgruppen.“*[492] Würden Unternehmen dazu übergehen, Nachhaltigkeitsinformationen ausschließlich im Internet bereitzustellen, bliebe auch mehr als 10 Jahre nach der kommerziellen Initiierung des WWW (1993) ein großer Teil der Adressaten[493] nicht erreicht oder (un)bewusst ausgegrenzt.[494] Verschärft wird dieses Dilemma noch durch den Umstand, dass das Internet ein weitgehend nachfrageorientiertes Informationsmedium darstellt, bei dem Informationen aktiv von den Nutzern abgerufen werden müssen. Mit Blick auf die Themen der Nachhaltigen Entwicklung setzt dies entweder ein intrinsisches Interesse der Nutzer oder aber zusätzliche unternehmensseitige Maßnahmen der Online- und Offline-Site-Promotion voraus.[495] Da zu erwarten ist, dass „werbliche“ Maßnahmen im Zusammenhang mit der Nachhaltigkeitskommunikation von Teilen der Adressaten als unseriös empfunden werden, ist die Erreichbarkeit von Stakeholdern im Internet aus Unternehmenssicht auch aus diesem Grund als problematisch einzustufen. So bleibt zu bemerken, dass die mit dem „Digital Divide“ unvermeidlich einhergehenden „informationellen Disparitäten“ mit der integrativen Konnotation des Leitbildes der Nachhaltigen Entwicklung zu konfligieren drohen.

---

492 Isenmann, 2005, S. 625.

493 Nach einer aktuellen Untersuchung des Instituts für Demoskopie Allensbach liegt in Europa der jeweils nationale Anteil der Onliner an der Gesamtbevölkerung zwischen 28% (in Polen) und 74% (in Schweden). In Deutschland beträgt 2005 der Anteil der Onliner 57%. Vgl. ausführlich Institut für Demoskopie Allensbach, 2005.

494 Vgl. Schulz, 2003, S. 62; Shepherd/Abkowitz/Cohen, 2001, S. 309.

495 Vgl. ähnlich Schulz, 2003, S. 62f. Die Möglichkeiten der Site-Promotion werden in dieser Arbeit im Rahmen der Untersuchung der PIN, Kapitel 7.2.2.1, vertieft und sollen daher hier nicht weiter ausgeführt werden.

# 5. Die Personalisierung der internetbasierten Nachhaltigkeitskommunikation: theoretische und empirisch-methodische Vorbemerkungen

Nachdem in den vorangegangenen Ausführungen die Grundlegung der internetbasierten Nachhaltigkeitskommunikation vorgenommen und die Personalisierung als zentrales Unterstützungspotenzial identifiziert wurde, soll im vorliegenden Kapitel die Konzeptualisierung der PIN erfolgen. Dabei steht die kritische Durchsicht und Reflexion der Personalisierungsliteratur zunächst im Vordergrund. Danach werden ausgewählte theoretische Ansätze, die Neue Institutionenökonomik und das Relationship Marketing, auf ihr heuristisches Analysepotenzial hin untersucht. Abschließend werden grundlegende Ausführungen zur Geschichte und zum Status Quo der internetbasierten Nachhaltigkeitskommunikation der VOLKSWAGEN AG gemacht.

## 5.1. Begriffliche und konzeptionelle Vorbemerkungen

Die in der Literatur zur (internetbasierten) Nachhaltigkeitskommunikation beinahe omnipräsente Forderung nach einer Personalisierung [496] wird zum gegenwärtigen Zeitpunkt durch *zahlreiche Limitationen* eingeschränkt.

Wie bereits in Kapitel 3.4.1.2 deutlich wurde, bestehen grundsätzliche Probleme in der Ermittlung stakeholderseitiger Informationsbedarfe bzw. zahlreiche „Transmissionsprobleme" zwischen den Konstrukten des Informationsbedarfs, der Informationsnachfrage und des Informationsangebots. Zudem existieren zum gegenwärtigen Zeitpunkt nahezu keine praktischen Erfahrungen mit der kombinierten Realisation der internetbasierten Nachhaltigkeitskommunikation und dem Personalisierungskonzept.[497] Erschwert wird dies noch durch den Umstand, dass eine erschöpfende theoretische Untersuchung einer PIN gänzlich aussteht. Um die so notwendige Herleitung eines *eigenständigen Bezugsrahmens* zunächst terminologisch zu fundieren, soll eine Zusammenschau von Definitionen und Entwicklungslinien des Personalisierungsbegriffs vorgenommen werden. Die Darstellung der Begriffsfacetten ermöglicht zunächst die Identifizierung zentraler

---

[496] Vgl. exemplarisch Ahsen/Herzig/Pianowski, 2006, S. 33-35; Barth, 2005, S. 265; Blanke et al., 2004, S. 20; Isenmann, 2005, S. 165; Kim, 2005, S. 126; Morhardt/Adidjaja, 2004, S. 125; Steinert, 2005; SustainAbility, 2002; Umweltdialog, 2005.

[497] So existiert bspw. im Rahmen innerhalb der sog. Global Fortune 500 (GF 500) gemäß einer aktuellen Studie von Kim, 2005, S. 155f., mit StoraEnso ein einziges Unternehmen, das eine Personalisierung einer Nachhaltigkeits-Webseite im Sinne eines rudimentären Log-In/Log-Out-Modus anbietet. Im eingeloggten Modus können die angeklickten Seiten in den Bookmarks für die nächsten Besuche gespeichert werden. Zudem können auch Druckversionen von Berichten an die Adresse geliefert werden, die bei der Registrierung angegeben wurde.

konzeptioneller Eckpunkte. Im Anschluss daran sollen auf der Basis heuristisch wertvoll erscheinender theoretischer Ansätze Schlussfolgerungen für die Konzeptualisierung der PIN gezogenen werden.

### 5.1.1. Die begriffliche Grundlegung der PIN

Die Durchsicht einschlägiger Literatur liefert zunächst ein heterogenes Bild, welches durch die große Zahl unterschiedlicher Objekte individualorientierter Ansätze begründet werden kann.[498] So nennen KLEIN, GÜLER & LEDERBOGEN Inhalte (z. B. Informationen, Angebote und Produkte), Interaktionen oder die Medienkonfiguration (z. B. Interface und Darstellung) als mögliche Ansatzpunkte einer Personalisierung.[499] Gleichzeitig bemängeln Autoren mitunter eine begriffliche „Enge", so z. B. SEARBY: *"Some definitions of personalisation are very limited and focus on targeting content at users based on their expressed interests [...]."*[500] Gleichzeitig deutet sich durch die häufige synonyme bzw. uneinheitliche Verwendung[501] der Termini „Personalisierung" oder „Individualisierung" eine geringe bzw. uneinheitliche theoretische Fundierung an.

Tabelle 4 gibt einen exemplarischen Überblick über verbreitete Begriffsfassungen der Personalisierung sowie die für diese Arbeit interessanten Charakteristika. Zunächst lässt sich festhalten, dass das Personalisierungskonzept oft mit dem Interaktivitäts- und Dialogattribut explizit in Zusammenhang gebracht wird.[502] Zudem verweisen einige Autoren auf die Notwendigkeit bzw. Potenziale einer Etablierung von individuellen Beziehungen zu Nutzern.[503] Zahlreiche Begriffsfassungen betonen die Notwendigkeit der Erhebung nutzerseitiger Informationsbedarfe[504] sowie die Reziprozität der Austauschbeziehungen.[505] Uneinigkeit besteht hinsichtlich der Relevanz von sog. *Nutzerprofilen*[506], die die individuellen Nutzerinformationen systematisch – meist unternehmensseitig – abspeichern.[507]

---

498 Die Notwendigkeit einer differenzierten Betrachtung und Verwendung individualorientierter Konzepte („Customizing Customization") wurde so auch von Lampel & Mintzberg erkannt. Vgl. Lampel/Mintzberg, 1996, S. 21-30.

499 Vgl. Klein et al., 2000, S. 90f.

500 Searby, 2003, S. 13. Vgl. ähnlich Duray et al., 2000, S. 606.

501 Vgl. exemplarisch Reiß/Koser, 2001, S. 135f.; Runte, 2000, S. 8.

502 Vgl. Tabelle 4, Nr. 1, 3, 4 & 9.

503 Vgl. Tabelle 4, Nr. 3 & 4.

504 Vgl. Tabelle 4, Nr. 1, 3, 5, 6, 10 & 13.

505 Vgl. Tabelle 4, Nr. 4.

506 Vgl ausführlicher Kapitel 6.2.

507 Einige Autoren verweisen auf die Möglichkeit der bereits in Kapitel 4.2.2 (Pkt. „Personalisierung") dargestellten „Quasi-Personalisierung" durch Eigenselektion (vgl. Tabelle 4, Nr. 3, ähnlich auch Nr. 13), die ohne Profilbildung auskommt.

| Nr. | Quelle | Begriffsverständnis | Besonderheit(en) |
|---|---|---|---|
| 1 | **Bonett, 2001.** | *"Personalization involves a process of gathering user-information during interaction with the user, which is then used to deliver appropriate content and services, tailor-made to the user's needs."* | • Prozessbetonung<br>• Interaktionsbetonung |
| 2 | **Gießer, 2001.** | *"Personalization is the concept of deciding – given a large set of possible choices – what has the highest value to an individual."* | • Relevanz der Selektionsentscheidung |
| 3 | **Lasica, 2002.** | *„Personalization* (von Online-Zeitungen; D.-S. R.) *is a slippery concept to get our arms around. As Sohn from Yahoo! pointed out, 'just clicking on a hyperlink is personalization – you're deciding where you want to go'. [...] True personalization requires an extra step: a recurring set of interactions between news provider and news consumer that permits you to tailor the news to your specific interests."* | • Thematisierung des Aspekts der „Eigenselektion"<br>• Betonung der Interaktions- und Beziehungsorientierung |
| 4 | **Lenz, 2003, S. 212.** | *„Die Personalisierung ist [...] die Identifizierung konkreter Personen aus der realen Welt und deren Eigenschaften. Mittels Personalisierung kann eine echte Beziehung aufgebaut und diese für eine ,echte' dialogische Kommunikation oder darüber hinaus gehende Zwecke genutzt werden."* | • Relevanz der Beziehungsorientierung<br>• Relevanz der Dialogorientierung |
| 5 | **Mertens, 2004, S. 6.** | *„Die Personalisierung und die Benutzermodellierung sind eng verwandt. Wir gehen davon aus, dass ein Benutzermodell die Benutzereigenschaften in IV-Systemen dokumentiert, während die Personalisierung eine Anpassung an individuelle Eigenschaften, wie etwa Bedürfnisse, Präferenzen, Aversionen, Fähigkeiten oder Vorwissen, bezeichnet. Die Individualisierung umfasst sowohl die Anpassung an persönliche Eigenschaften (subjektives Moment) als auch die Adaption an Rechte und Pflichten (objektives Moment)."* | • Implizite Thematisierung der Relevanz und Struktur der Nutzermodellierung<br>• Thematisierung von „Rechten und Pflichten"<br>• Nebeneinander der Begriffe Personalisierung und Individualisierung |
| 6 | **Murti/ Sarkar, 2003, S. 1344.** | *"Personalization and customization are two important ways in which a firm can create and deliver products or services that are tailored to a customer's needs. Customization refers to the ability of a firm to create and deliver a tailor-made product based on heterogeneous customer needs. On the other hand, personalization is the process of gathering information explicitly or implicitly about a customer, which enables the firm to target products or recommendations that best match the [...] tastes."* | • Unterscheidung zwischen „Customization" und „Personalization"<br>• Thematisierung impliziter und expliziter Informationsbedarfsermittlung |
| 7 | **Nanda, 2000.** | *"In a nutshell, personalization is the art of changing your website's appearance and behavior so that it is tailored to an individual."* | • „Verhalten" von Websites |
| 8 | **Negroponte, 1995, S. 203.** | *„[...] die wahre Personalisierung hat schon begonnen. [...] Computer verstehen uns mit dem gleichen (oder höheren) Einfühlungsvermögen, das wir auch von Menschen gewöhnt sind. Selbst persönliche Eigenarten [...] und vollkommen zufällige [...] Ereignisse gehören dazu."* | • Anthropomorphe Personalisierung: Computer entwickeln „Einfühlungsvermögen" |

| | | | |
|---|---|---|---|
| 9 | **Personalization Consortium, 2002.** | ***„Personalization is the combined use of technology and customer information to tailor electronic commerce interactions between a business and each individual customer."*** | • Relevanz der Interaktivität |
| 10 | **Pierrakos et al., 2003, S. 311.** | ***"Web Personalization is the task of making web-based information systems adaptive to the needs and interests of individual users, or groups of users. Typically, a personalized Web site recognizes its users, collects information about their preferences and adapts its services, in order to match the users' needs."*** | • Unterscheidung zwischen nutzerindividueller und typisierter Personalisierung |
| 11 | **Piller, 2003.** | ***"Personalization must not be mixed up with customization. [...] Personalization in general is about selecting or filtering information objects for an individual by using information about the individual [...] and then negotiating the selection with the individual."*** | • Personalisierung als „Verhandlungssache" |
| 12 | **Reiß/ Koser, 2001, S. 135f.** | ***„[...] das Internet eignet sich [...] als Medium für personalisierte Kommunikation [...]. Häufig ist im Internetkontext statt von ‚Individualisierung' auch von ‚Personalisierung' die Rede. Diese beiden weit gehend synonymen Konzepte signalisieren die Abkehr von der Standardisierung [...]."*** | • Synonymität „Individualisierung" und „Personalisierung" |
| 13 | **Searby, 2003, S. 13.** | ***"Whenever something is modified in its configuration or behaviour by information about the user, this is personalization."*** | • Generisches Begriffsverständnis, welches eine Profilbildung nicht zwingend voraussetzt |

Tabelle 4: Personalisierungsbegriffe im Überblick.
Quelle: Eigene Zusammenstellung.

Im Lichte dieser Befunde ähnelt die begriffliche Vielfalt der Personalisierung[508] und die z. T. beobachte konzeptionelle Schärfe an die in Kapitel 2.1.2 dargestellten terminologischen Probleme rund um das Konzept der Nachhaltigen Entwicklung. Daher sei im weiteren Verlauf eine eigene Arbeitsdefinition zu Grunde gelegt. So sollen im weiteren Verlauf der Arbeit unter der PIN *alle regelmäßig wiederkehrenden kommunikativen Aktivitäten von Unternehmen und Nutzern im Rahmen der der internetbasierten Nachhaltigkeitskommunikation verstanden werden, die darauf abzielen, die individuellen Informationsbedürfnisse einzelner Nutzer differenziert zu ermitteln, vorherzubestimmen und zu befriedigen und die unternehmensseitigen strategischen und operativen Entscheidungen auf eine umfassende und differenzierte Wissensbasis zu stellen.*

508 So wird z. B. massenhafte Produktdifferenzierung (Mass-Customization) auch als Personalisierung definitert etc. (vgl. exemplarisch Brandtweiner, 2000, S. 111 sowie Rapp, 2000, S. 205).

### 5.1.2. Der Erklärungsbeitrag ausgewählter theoretischer Ansätze

Wie eingangs angedeutet, soll neben der begrifflichen Erörterung der Personalisierung auch der Versuch unternommen werden, einen eigenen Bezugsrahmen zu entwickeln, auf dessen Basis eine umfassende Sicht auf Möglichkeiten und Grenzen der PIN eröffnet wird. Dabei wird folgende zweistufige Vorgehensweise gewählt:

Zunächst sollen *verwandte* theoretische Disziplinen auf mögliche Erklärungsbeiträge hin untersucht werden. Dabei stehen hier die Ansätze der (i) *Neuen Institutionenökonomik (NIÖ)* und (ii) des *Relationship Management* im Vordergrund, und zwar aus folgenden Gründen:

Ad (i): Im Rahmen der Personalisierungs- bzw. Individualisierungsliteratur wird oft auf die *Neue Institutionenökonomik (NIÖ)* zurückgegriffen[509], da diese eingehend Probleme etwaiger *Informationsasymmetrien*[510] thematisiert, welche auch im Rahmen der Nachhaltigkeitsdiskussion, der Nachhaltigkeitskommunikation sowie schließlich auch der PIN bedeutsam sind. Die akteursspezifische Unvollkommenheit der benötigten Informationen gilt dabei sowohl für den Nutzer, der sich von einer Personalisierung ein qualitativ höheres Informationsniveau verspricht als auch für das Unternehmen, welches sich durch die PIN u. a. ein höheres Maß an Transparenz hinsichtlich der Struktur des Unternehmensumfeldes erhofft. Die dem Ansatz der NIÖ zu Grunde gelegte zentrale Rolle relationaler Verträge (besonders durch den Partialansatz der Property-Rights-Theorie)[511], in denen die wechselseitigen Recht und Pflichten der Akteure für eine gelingendes institutionelles Arrangement fixiert werden, deutet sich z. B. auch in der Begriffsfassung von PILLER an.[512]

Ad (ii): Die inhaltliche Verwandtschaft des PIN-Konzepts mit dem Relationship Management wurde bereits von zahlreichen Autoren im Rahmen der Nachhaltigkeitskommunikation erkannt[513] und findet sich auch in zahlreichen Begriffsfassungen der Personalisierungsliteratur wieder.[514] Allerdings haben diese theoretischen „Anklänge" bislang nicht zu einer Verknüpfung dieser beiden Themenkomplexe geführt, weswegen auch hier von einer *Forschungslücke und -chance* zugleich gesprochen werden kann. Vor diesem Hintergrund soll in Kapitel 5.1.2.2 der Erklärungsbeitrag des Relationship Management für die PIN eingehend geprüft werden.

---

509 Vgl. hierzu die Arbeiten von Marra, 1999, S. 45-86; Schnäbele, 1997, S. 141-153.

510 Vgl. erneut Kapitel 3.3.2.1.

511 Vgl. Kapitel 5.1.2.1.

512 Vgl. Tabelle 4, Nr. 11.

513 Vgl. exemplarisch die Arbeiten von ECC Kohtes Klewes, 2002b; Hauth/Raupach, 2001 sowie Wheeler/Elkington, 2001, besonders S. 6, die einen Zusammenhang zwischen den Feldern der Nachhaltigkeitskommunikation und einem Beziehungsmanagement herstellen.

514 Vgl. Tabelle 4, Nr. 3 & 4.

Auf der Basis dieser Betrachtungen soll dann anschließend in Kapitel 5.2 ein eigenständiger Bezugsrahmen abgeleitet werden.

#### 5.1.2.1. Die Neue Institutionenökonomik

Die Neue Institutionenökonomik (NIÖ) erweitert das ursprünglich *volkswirtschaftliche* Anwendungsfeld neoklassischer Institutionenökonomik [515] um die Annahme der Unvollkommenheit von Märkten bzw. der zu Grunde liegenden (Modell-)Annahmen. [516] Ihre Bedeutung für den vorliegenden Problemzusammenhang liegt in der sehr guten Übertragbarkeit und Anwendbarkeit auf Probleme asymmetrischer Informationsverteilung im Rahmen von – hier generisch verstandenen – Austauschbeziehungen.[517] Dieser Aspekt hat dabei für die PIN doppelte Relevanz – und dies im reziproken Sinne: Zum einen bezieht er sich auf die *Informationen über Nutzer*, die im Rahmen der Nutzerprofilbildung unternehmensseitig zu evaluieren sind.[518] Zum anderen bilden *unternehmensseitige Nachhaltigkeitsinformationen* aus Nutzersicht *das* zentrale Objekt und zugleich den „Motor" der Austauschbeziehungen.[519] Die PIN sei vor diesem Hintergrund als Manifestation eines Koordinationsmechanismus aufgefasst, der aufgrund der skizzierten Probleme unvollkommener Informationen und befürchteter Verhaltensunsicherheiten des jeweils anderen Akteurs nicht „kostenlos" in Anspruch genommen werden kann. Derartige Kosten sind jedoch stets nicht-monetärer Art und lassen sich vielmehr als Opportunitäts- oder Transaktionskosten charakterisieren.[520]

Der Erklärungsbeitrag der NIÖ soll dabei in dieser Arbeit auf der Basis von drei *zentralen* [521] Partialansätzen dargestellt werden, indem die jeweils spezifischen Fragestellungen mit der PIN konfrontiert werden:

---

515 Vgl. Schnäbele, 1997, S. 141.

516 Vgl. Richter/Furubotn, 1996, S. 2-9.

517 Zum generischen Austauschverständnis vgl. auch die Ausführungen zu Beginn von Kapitel 5.1.2.2. Der NIÖ, insbesondere dem Prinzipal-Agenten-Ansatz, wird durch Arrow eine beträchtliche Reichweite der Modelle reklamiert, in dem er sie als *„virtually universal in economy, representing a significant component of almost all transactions"* (Arrow, 1985, S. 37) sieht. Aufgrund dieses breiten Anwendungsbezugs ist die NIÖ jedoch auch intensiver Kritik ausgesetzt, wie Hansen/Bode, 1999, S. 255-257 sowie Marra, 1999, S. 52 ausführen.

518 Vgl. hierzu erneut die Begriffsfassungen in Tabelle 4, Nr. 1, 3, 5, 6 & 10.

519 Dieser Austauschcharakter kommt indirekt auch bei den Begriffsfassungen der Personalisierung von Mertens und Piller zum Ausdruck (vgl. erneut Tabelle 4, Nr. 5 & 11).

520 Zur Neutralität des Institutionenbegriffs vgl. Richter/Furubotn, 1996, S. 10.

521 Nach weitläufiger Auffassung stellen der Property-Rights-Ansatz, die Transaktionskostentheorie und der Prinzipal-Agenten-Ansatz die *zentralen* Partialansätze der NIÖ dar (vgl. Picot/Dietl/Franck, 2005, S. 45-141; Riske, 2002, S. 91-124; Voigt, 2002, S. 94-115). Steinle, 2005, S. 449 hebt besonders die Transaktionskostentheorie und den Prinzipal-Agenten-Ansatz hervor. Hansen/Bode, 1999, S. 250 und Schoenheit, 2005, S. 141, fassen

(i) Der ***Property-Rights-Ansatz***: Wie kann die optimale Verteilung sog. Verfügungsrechte aussehen?

(ii) Der ***Transaktionskostenansatz***: Welche Kosten entstehen bei der Nutzung von Koordinationsmechanismen und welche Arrangements führen zu ihrer Minimierung?

(iii) Der ***Prinzipal-Agenten-Ansatz***: Wie können die auftretenden Probleme von Delegation und Kooperation möglichst effizient gelöst werden?

Ad (i): Dem ***Property-Rights-Ansatz*** wird eine *grundlegende* Rolle für die Analyse spezifischer Aspekte von Austauschbeziehungen zugeschrieben.[522] Der Wert eines Austauschobjekts – im Falle der PIN Nachhaltigkeitsinformationen oder Nutzercharakteristika für die Profilbildung – bestimmt sich demnach nicht nur aus dessen Substanz, sondern vor allem aus dessen Transformationspotenzialen und -rechten. Verfügungsrechte können in vier Einzelrechte untergliedert werden:[523] das *Nutzungsrecht („usus)*, das *Fruchtziehungsrecht („usus fructus")*, das *Recht, Veränderungen von Form und Substanz vorzunehmen („abusus")* und das *Recht der Überlassung von (Teil-) Rechten an Dritte*. So stellt sich im Rahmen der PIN z. B. aus Unternehmenssicht die Frage, in welchem Umfang Nutzer in die unternehmensspezifischen und -internen Prozesse integriert werden können. Individuelle Nutzer wiederum dürften sich fragen, in welchem Umfang das Unternehmen Kenntnis über die spezifischen, persönlichen Charakteristika erlangen darf oder soll. Da sich meist aufgrund der Komplexität des Arrangements nicht alle möglichen Umweltlagen und Verhaltensweisen der beteiligten Akteure (vertraglich) regeln lassen[524], ist die Übertragung und Ausübung von Verfügungsrechten jedoch fast immer mit *Transaktionskosten* verbunden, wie im Folgenden geschildert wird.

Ad (ii): Im Rahmen der ***Transaktionskostentheorie*** werden Transaktionen und die akteursseitigen Kosten der Durchführung durch verschiedene Faktoren determiniert:[525]

➲ Die Verhaltensannahme der *begrenzten Rationalität* geht davon aus, dass die Akteure zwar versuchen, rational zu handeln, aber diese Absicht aufgrund individuell verschiedener Informationsverarbeitungskapazitäten und damit verbundener Kommunikationsprobleme nur in eingeschränktem Maße erfüllen. So kann z. B. unternehmensseitig vermutet werden, dass

---

wiederum auch den Ansatz der Informationsökonomik hierunter, während andere Autoren diesen Partialansatz als „*Spezialgebiet*" (Richter/Furubotn, 1996, S. 52; vgl. auch ähnlich Schnäbele, 1997, S. 142) bezeichnen. Der Anspruch auf vollständige Behandlung aller Facetten der NIÖ sei hier daher nicht erhoben.

522 Vgl. auch Marra, 1999, S. 57.

523 Vgl. hierzu Picot/Dietl/Franck, 2005, S. 46; Schnäbele, 1997, S. 143.

524 Vgl. Marra, 1999, S. 57.

525 Vgl. Picot/Dietl/Franck, 2005, S. 58-62; Williamson, 1975, S. 40.

die im Rahmen der PIN nutzerseitig bereitgestellten Informationen z. T. – ungewollt – fehlerhaft oder flüchtig übermittelt worden sind.

- Die Annahme *opportunistischen Verhaltens* postuliert, dass Menschen versuchen, ihre eigenen Interessen durchzusetzen, auch wenn diese Haltung den Schaden anderer und die Unterminierung sozialer Normen zur Folge hat. Da die internetbasierte Nachhaltigkeitskommunikation bzw. die PIN im Speziellen keinerlei Standardisierung oder Normierung unterliegen, kann nutzerseitig ein opportunistisches Verhalten von Unternehmen vermutet werden. Während die Print-Nachhaltigkeitsberichte oft sog. unabhängige „Testate" aufweisen, stellt die unabhängige Prüfung der Glaubwürdigkeit von Nachhaltigkeitsportalen ein nach wie vor ungelöstes Problem dar.

- Die Annahme des Vorhandenseins von *Unsicherheiten* bezieht sich einerseits auf Verhaltensunsicherheiten und zum anderen auf die Unsicherheit zukünftiger System- bzw. Umweltzustände. Individuelle Nutzer mögen sich so z. B. fragen, welche genauen Auswirkungen das Übermitteln persönlicher Informationen mit sich zieht. Das Unsicherheitsproblem der PIN wird zudem durch den Umstand verstärkt, dass die zu übertragenden *Nachhaltigkeitsinformationen* (Unternehmen → Nutzer) zum Spezifikationszeitpunkt schwer „begreifbar" und lediglich „ideeller" und sehr unsicherer Natur sind.[526] Darüber hinaus ist aus Nutzersicht insbesondere ein hohes Maß an Vorwissen, Erfahrung und kognitiver Leistung notwendig, um die *Qualität der Personalisierung* (z. B. in Form einer personalisierten Nachhaltigkeitswebsite) einschätzen zu können.[527] *Vor, während* und *nach* einem für die Personalisierung erforderlichen *Spezifikationsprozess* der PIN ist die Beurteilungssituation durch *Unsicherheiten, ggf. Misstrauen und Risiko* gekennzeichnet. Dieser Aspekt lässt sich dabei auch auf die Unternehmensperspektive übertragen: So sind mit Blick auf die in Kapitel 3.4.1.2 deduzierten Friktionen der Informationsbedarfsermittlung Zweifel hinsichtlich der Reliabilität der durch die Nutzer zur Verfügung gestellten Informationen (Abfragen, Befragungen etc.) angebracht. Ähnliches gilt für die Antizipation von Nutzercharakteristika, die aus Unternehmenssicht meist einen hohen Unsicherheitsfaktor bergen. So kann der PIN aus dieser Perspektive insgesamt ein „intangibler" – buchstäblich schwer begreifbarer – Charakter attestiert werden, der vertrauensschaffende bzw. unsicherheitsreduzierende Maßnahmen erforderlich erscheinen lässt.

- Die Eigenschaft der *Transaktionsspezifität* zielt auf Investitionen ab, die bestimmte Transaktionen notwendig erscheinen lassen. In engem Verhältnis hierzu wird die *Häufigkeit* der Transaktionen gesehen. Von Unternehmensseite kann so z. B. überlegt werden, ob die zu hohen Kosten, die mit der Implementation einer PIN zu erwarten sind, durch den erhofften Nutzen (z. B. Transparenzsteigerungseffekte im Stakeholderumfeld) kompensiert werden. Ähnliches gilt für den Nutzer, der sich fragen mag, ob der zu erwartende persönliche Spezifikationsaufwand durch einen unsicheren Nutzen kompensiert wird.

---

526 Begründet wird dies durch die in Kapitel 3.3.2.1 dargestellten inhärenten Probleme der Nachhaltigkeitskommunikation i. e. S. (z. B. Informationsasymmetrien, hohe nutzerseitige Transaktionskosten bei der Informationsbeschaffung etc.). Diese dürften im Rahmen der PIN durch die nutzerseitige Unsicherheit, ob durch die Personalisierung tatsächlich die interessierenden und wesentlichen Informationen übermittelt werden, gesteigert werden.

527 Im Gegensatz zum Feld der Mass-Customization, in dem das in Anspruch zu nehmende, meist tangible Gut i. d. R. nach der Erstellung physische Gestalt annimmt, bleibt bei kommunikations- und interaktionsintensiven Leistungen wie der PIN die Immaterialität und somit auch z. T. die Intangibilität nach der Inanspruchnahme zunächst erhalten.

Die skizzierten Einflussgrößen und Momente können dabei eine „Verkeilung" des für die PIN eminent wichtigen Interaktions- und Informationsaustauschprozesses bewirken, wie Abbildung 6 verdeutlicht.

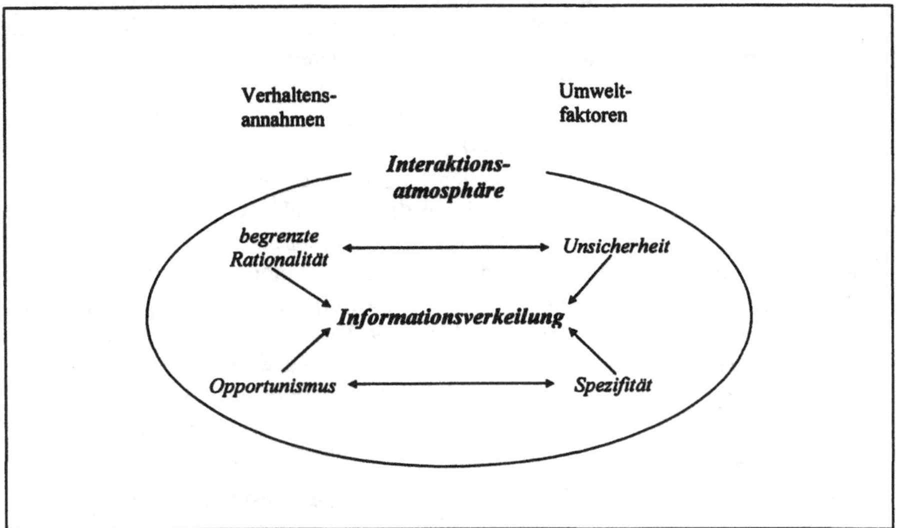


Abbildung 6: Das Problem der Informationsverkeilung im Rahmen der PIN.
Quelle: In Anlehnung an Williamson, 1975, S. 40.

Auf der Basis dieser Spezifika können verschiedene „Kostenarten", die mit einer Transaktion verbunden sind, unterschieden werden.[528] Der Kostenbegriff stellt dabei zunächst auf sog. *Such- und Informationskosten* ab, die ein Akteur aufwenden muss, um sich über die Rahmenbedingungen einer Transaktion, z. B. in Form von potenziellen Risiken, zu informieren. *Abwicklungskosten* zielen auf die mit der Durchführung einer Transaktion verbundenen Kosten z. B. in Form von Zeitaufwand oder, allgemeiner, Opportunitätskosten ab. *Durchsetzungs- und Überwachungskosten* beziehen sich auf die Notwendigkeit der Kontrolle der Einhaltung von Vereinbarungen.[529]

Die Aufspaltung des Kostenbegriffs und dessen genauere Betrachtung verdeutlicht, dass bestimmte Kostenarten im Zeitverlauf eines Arrangements schwanken. So mag sich ein Nutzer eines personalisierbaren Nachhaltigkeitsportals die Frage stellen, ob sich die Übermittlung persönlicher, intimer Informationen „lohnt". Diese Frage erweist sich besonders dann als virulent, wenn die Vertrauenswürdigkeit des Unternehmens angezweifelt wird: *„Der Abbildungsprozeß, im*

[528] Vgl. Picot/Dietl/Franck, 2005, S. 57.
[529] In Anlehnung an Schoenheit, 2005, S. 142.

*Rahmen dessen Daten generiert werden, ist [...] der Willkür des Abbildenden bzw. seinen subjektiven Einflüssen unterworfen.“*[530]

Dabei verweist der Aspekt der *Transaktionsspezifität* auf den Mechanismus, dass *Überwachungskosten* mit zunehmender Häufigkeit der Transaktion sinken können, da hiermit i. d. R. ein höheres Transparenzniveau im Sinne einer zunehmend belastbaren Einschätzung der Vertrauenswürdigkeit des Transaktionspartners verbunden ist (Routinisierungseffekte). Die dargestellten Momente sind letztlich Ausdruck der *Transaktionsspezifität(en)* der PIN, die sich aus Unternehmenssicht auf alle geschilderten Teilkostenarten der Transaktionskostentheorie auswirken. Die Effekte tangieren dabei sowohl individuelle Beziehungen zu Nutzern als auch eine nutzerübergeordnete Perspektive, wobei diese beiden Sichtweisen in einem systematischen Zusammenhang stehen: Einmalige Nutzungsepisoden mit unterschiedlichen Nutzern sind durch einen hohen Grad endogener Unsicherheit bestimmt, die durch die Erhöhung der Nutzungshäufigkeit gesenkt werden kann.[531] Zudem dürfte sich die insgesamt steigende Menge unterschiedlicher Nutzer positiv auf die unternehmensseitigen Lerneffekte und kontextuellen Synergien auswirken. Das Verständnis sinkender Transaktionskosten ist somit dualer Art, wie in Abbildung 7 verdeutlicht wird.

Ad (iii): Ebenso bedeutsam ist die Betrachtung meist asymmetrisch verteilter Informationen. So wird angenommen, dass Kooperationspartner hinsichtlich der spezifischen Sachverhalte einer Austauschbeziehung ein ungleich verteiltes und unvollständiges Wissen aufweisen. Daraus ergeben sich häufig sowohl Gemeinsamkeiten als auch Abhängigkeiten sowie Interessenskonflikte.[532] Der ***Prinzipal-Agenten-Ansatz*** thematisiert in diesem Zusammenhang die Beziehung zwischen einem Prinzipal (~Auftraggeber) und einem Agenten (~Auftragnehmer).[533] Diese Rollenbeziehung gilt im Rahmen der PIN, wie eingangs angedeutet, in reziproker Weise (Reziprozität der Agency-Situation): So nimmt der Nutzer, indem er persönlich Informationen dem Unternehmen zur Verfügung stellt, die Rolle des Prinzipals bzw. das Unternehmen die Rolle des (ausführenden) Agenten ein. Umgekehrtes gilt beim zweiten Fall, d. h. der (personalisierten) Übermittlung von Nachhaltigkeitsinformationen durch das Unternehmen in Richtung Nutzer (Parallelität der Austauschbeziehung). Das *binäre Risikopotenzial* der Agency-Situation aus Sicht des Unternehmens verweist zudem auf den Umstand, dass es einerseits die Risikowahrnehmung des Nutzers zu minimieren hat (um dessen persönlichen Charakteristika für die Nutzerprofilbildung ermitteln zu können) und andererseits das Verhalten des Nutzers so beeinflussen muss, dass es selbst keinen Opportunismus von Nutzerseite zu befürchten hat.

---

530 Jacob, 1995, S. 84.
531 Vgl. hierzu ähnlich Schnäbele, 1993, S. 153.
532 Vgl. Schoenheit, 2005, S. 143.
533 Vgl. Picot/Dietl/Franck, 2005, S. 72.

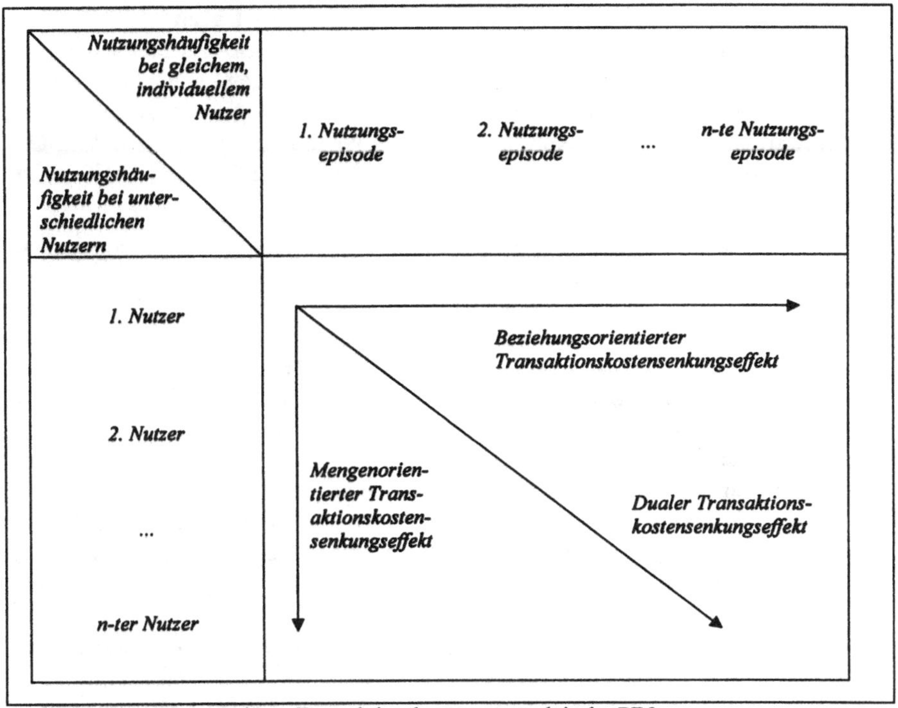


Abbildung 7: Das erweiterte Transaktionskostenverständnis der PIN.
Quelle: In Anlehnung an Schnäbele, 1997, S. 154.

Die Bedeutung dieser Aufgaben verschiebt sich im Verlauf der Austauschbeziehung(sprozesse): Zu Beginn steht die Risikominimierung im Vordergrund, im weiteren Verlauf gilt es, denkbaren Opportunismus einzudämmen.[534]

Die Ausführungen zu den Partialansätzen der NIÖ haben nicht zuletzt die *Notwendigkeit einer prozessualen Betrachtung der PIN* sowie die bereits in Kapitel 5.1.2 identifizierte Relevanz der Betrachtung von Beziehungsaspekten deutlich werden lassen. Vor diesem Hintergrund ist die Ebene der Betrachtung eines (statischen) Content-Managements um die eines dynamischen Beziehungsmanagements zu erweitern, wie im Folgenden näher ausgeführt wird.

### 5.1.2.2. Der Ansatz des Relationship Management

Dem Internet wird mit Blick auf die bereits skizzierten Kommunikationsspezifika[535] grundsätzlich das Potenzial attestiert, den offenkundigen Fragmentierungs-

[534] Vgl. ähnlich Jacob, 1995, S. 168-171; Schnäbele, 1997, S. 145f.

tendenzen im unternehmerischen Umfeld Rechnung zu tragen[536] und einen Beitrag zur Schaffung *einzigartiger Beziehungen*[537] zu leisten. Als Treiber hierfür kann die Digitalisierbarkeit der Informationsübermittlung genannt werden, aufgrund derer Unternehmen nicht mehr ausschließlich auf Instrumente der (anonymen) Massenkommunikation zurückgreifen müssen, sondern *prinzipiell* mit jedem Akteur, sofern dieser online erreichbar ist, individuell in Kontakt treten können.

Bislang wird das Management von Beziehungen meist mit markt-ökonomischen Bezügen (z. B. im Rahmen des Konsum- und Investitionsgüter-Marketings/ -Management) thematisiert und kann als *„[...] establishing, developing, and maintaining successful relational exchanges"*[538] verstanden werden. Wenngleich die Eckpunkte des Beziehungs-Managements des *Markt-Felds* nicht widerspruchsfrei auf das Konzept der PIN übertragbar sind, so können doch – wie zu zeigen sein wird – zahlreiche interessante Ansatzpunkte und konzeptuelle Synergien in Form von Grundprinzipien identifiziert werden, die für diese Arbeit von hohem heuristischem Potenzial zu sein scheinen.[539] Das Management von Beziehungen sei demnach in dieser Arbeit *nicht (vornehmlich) utilitaristisch*, d. h. auf klassische marktökonomische Transaktionen bezogen, sondern *symbolisch* verstanden, wodurch auch psychologische, soziale, intangible und nichtmonetäre Aspekte Berücksichtigung finden.[540] Zur näheren Einordnung der Rolle eines Beziehungsmanagements seien dabei zunächst in der Relationship Management-Literatur verbreitete Prinzipien dargestellt und deren Eignung sowie Modifikationserfordernisse für die Konzeptualisierung der PIN umrissen:[541]

➲ **Beziehungsorientierung:** Im „klassischen" Beziehungsmanagement (Markt-Feld) stellen sog. Beziehungen *das* konstitutive Element dar. Hierdurch wird letztlich der enge, kurzfristig orientierte Denkrahmen *singulärer Episoden* und *kurzfristig orientierter ökonomischer Kenngrößen* um eine *längerfristig orientierte Perspektive der Beziehungen* und *vorökonomischer Indikatoren* erweitert. Einzelne Transaktionen werden zudem nicht mehr isoliert,

---

535 Vgl. erneut Kapitel 4.1.3.

536 Vgl. ähnlich Diller, 2001, S. 69.

537 Dieser Aspekt wird zwar in der Literatur vornehmlich mit marktökonomischem Fokus (E-Commerce etc.) thematisiert, findet jedoch mittlerweile auch im Feld der Nachhaltigkeitskommunikation Beachtung. Vgl. exemplarisch ECC Kohtes Klewes, 2002b, S. 1; Hauth/Raupach, 2001, S. 30; Wheeler/Elkington, 2001, S. 6.

538 Morgan/Hunt, 1994, S. 22.

539 Vgl. auch erneut Tabelle 4, Nr. 4.

540 So existieren auch Auffassungen, die ein Nebeneinander der Markt- und Stakeholderperspektive vertreten: *„[...] The building and nurturing of long-term mutually beneficial exchange relationships that an organization has with its customers and other stakeholders."* (Murphy/Steven/McLeod, 1997, S. 44). Dieses dyadische Grundverständnis geht auf Bagozzi, 1975, S. 36f. zurück.

541 Zu den Prinzipien vgl. auch vertiefend Diller, 1995, S. 443f.; Hennig-Thurau, 1998, S. 20-25.

sondern als Bestandteil einer Kette aufeinander folgender und miteinander in *systematischem Zusammenhang* stehender Transaktionen betrachtet.[542] Das konzeptuelle Äquivalent im Rahmen der PIN können singuläre Nutzungsepisoden von Stakeholdern auf (Nachhaltigkeits-) Portalen darstellen, die die Keimzelle eines längerfristig ausgelegten und zu begünstigenden Informationsaustauschprozesses bilden. Die Beziehungsorientierung kann so auf sämtliche Stakeholdergruppen im Sinne eines umfassenden *Stakeholder Relationship Management*[543] zielen.[544] Diese Erweiterung des klassischen Betrachtungsfokus des Relationship *Marketing* lässt sich nicht zuletzt durch die mittelbare ökonomische Relevanz des Nachhaltigkeitsmanagements begründen, da dieses (un-)mittelbaren Einfluss auf (vor)ökonomische Zielvariablen des Unternehmens ausübt.[545]

➲ **Investive Perspektive:** Beziehungen zu Stakeholdern können grundsätzlich als Investitionen aufgefasst werden. Investitionen, per Definition *„[...] das Inkaufnehmen eines sicheren Nachteils jetzt in der Erwartung eines unsicheren zukünftigen Vorteils [...]“*[546] erfordern wiederum eine langfristig orientierte und umfassend konzipierte Kenngröße, anhand derer der Wert einer Investitionsentscheidung bemessen wird: In dieser Arbeit soll in Anlehnung an bestehende Konzepte des Kundenwerts[547] der Begriff des *Stakeholderwerts* vorgeschlagen werden, der mehrere für die PIN relevante Komponenten beinhaltet: Neben der rein ökonomischen Betrachtung (z. B. getätigte Umsätze in der Rolle des Kunden) – die hier optional und *nicht* obligatorisch ist – können weitere, für die PIN wesentliche Komponenten wie z. B. der *Informationswert* eines Stakeholders (Fachwissen, kommunikative Aktivität), dessen *Referenzwert* (Nutzen als Referenzgeber, Meinungsführer oder „Networker“)[548], *Kooperationswert* (Verbundenheit des Stakeholders), *Innovationswert* (Potenzial als Ideenträger/Innovator) oder dessen *Eskalationspotenzial* (z. B. kritische NGOs)[549] von

542 Die besondere Bedeutung der Beziehungsperspektive hat sich auch im Rahmen der Diskussion der NIÖ angedeutet, vor allem Effekte im Zeitverlauf sinkender Transaktionskosten aufgrund geringerer wechselseitiger Unsicherheiten, Veränderungen von Rollenkonflikten der Prinzipal-Agenten-Situation im Zeitverlauf oder aber die Verschiebung zwischen Erfahrungs- und Vertrauenseigenschaften der PIN (vgl. Kapitel 5.1.2.1).

543 Vgl. exemplarisch Stößlein/Mertens, 2001.

544 Vgl. auch Payne/Rapp, 1999, S. 4f., die einen ähnlichen Gedanken verfolgen. Für die PIN ergeben sich streng genommen zwei Varianten: Für den Fall, dass die PIN keinen zentralen Bestandteil eines Unternehmenssteuerungskonzepts einnimmt, kann „konzept-intern“ eine Beziehungsorientierung eingenommen und isoliert verfolgt werden. Für den umgekehrten Fall der Integration der PIN in die (strategische) Unternehmensführung kann die Beziehungsorientierung im Markt-Feld und der PIN integriert-synergetisch erfolgen.

545 Vgl. Kapitel 3.3.1.

546 Schmidt, 1983, S. 18.

547 Der sog. „Customer Lifetime Value“ umfasst alle Zahlungsströme, die ein Kunde in ein Unternehmen während der „Lebenszeit“ einer Beziehung einfließen lässt: Neben zentralen – u. U. diskontierten – ökonomischen Komponenten (Deckungsbeitrag etc.) sind auch vorökonomische Komponenten von Relevanz. Vgl. Hennig-Thurau, 1998, S. 22.

548 Dieser Aspekt ist besonders für die in Kapitel 7.2.2.3.2 vorzustellenden Zuweisungsalgorithmen im Rahmen der PIN von großem Interesse.

549 Ein „Eskalationsfaktor“ sei dabei nicht als Größe verstanden, die zu einer „Desinvestition“ in die Beziehung führen kann, sondern vielmehr als strategische Triggergröße, die potenzielle bzw. konsequente Risiken operationalisiert und somit eine Risiko-Sensibilisierungsfunktion einnimmt.

essenziellem Interesse sein[550] und einer Operationalisierung zugeführt werden. Sollte das implementierende Unternehmen ein systematisches Stakeholder-Mapping vollziehen, scheint eine Anlehnung an die dort zu Grunde gelegten Segmentierungskriterien (z. B. Machtgrundlage/Wille zur Machtausübung oder Integration in das Unternehmen/Marktbezogenheit)[551] geboten. Da viele der genannten Teilaspekte keine statischen Größen darstellen, ist eine dynamische Betrachtungsweise einer Stakeholderbeziehung unumgänglich. So kann eine Beziehung zu einem Stakeholder einer Lebenszyklusbetrachtung im Sinne einer Ordnungsheuristik unterzogen werden (z. B. im Sinne einer funktionalen Verknüpfung des Stakeholderwerts (Ordinate) über die Zeit (Abszisse)). Grundsätzlich stellt sich indes die Frage nach der inneren Zwangsläufigkeit der „Lebenszyklusprozesse" bzw. der Übertragbarkeit auf eine(n) Beziehung(sprozess) zu einem Stakeholder im Rahmen der PIN. So können z. B. Beziehungen zu kritischen Stakeholdern oft sehr plötzlich im Sinne einer Eskalation emergieren und oft auch ebenso schnell (unerwünscht!) „abbrechen" – die hierdurch verursachten Reputationsschäden und Informationsverluste können dabei angesichts der Dynamik der Internet-Kommunikation gravierend sein. Zudem sind zahlreiche Stakeholderbeziehungen nicht zwingend (streng genommen nur beim Stakeholder-Cluster „Kunden") mit monetären Transaktionen verbunden (Kauf eines/r Produkts/Leistung, s. o.) und können oft nur anhand vorökonomischer Komponenten wie des geschilderten Informations- und/oder Referenzwerts usw. operationalisiert werden. Wenngleich die Operationalisierung derartiger Größen zahlreiche Probleme mit sich zieht[552], können ihrer Betrachtung Transparenz schaffende Effekte und hohes strategisches Potenzial zugeschrieben werden, welches sich mittelfristig auch auf die Effizienz des strategischen Entscheidungssystems auswirken dürfte.

➲ **Selektion und Priorisierung:** Dieses Prinzip, welches in engem Zusammenhang mit dem Vorigen steht, zielt vor dem Hintergrund begrenzter Unternehmensressourcen auf die Notwendigkeit einer selektiven Betrachtung von Stakeholderbeziehungen ab.[553] Unter Rückgriff auf die zuvor dargestellte Größe des Stakeholderwerts können Stakeholderbeziehungen dabei gezielt *selektiert* und *priorisiert* bzw. das Stakeholder-Portfolio (z. B. auf der Basis der in Kapitel 2.2.2 dargestellten Instruments des Stakeholder-Mappings) systematisch ausbalanciert werden.[554] Mit der Verfolgung dieses Prinzips wird zugleich auch gestaltungsbezogenen Anforderungen der GRI nachgekommen: *„Jeder systematische Ansatz zur Einbeziehung* (von Stakeholdern; D.-S. R.) *erfordert von einer Organisation daher die Festlegung einer Vorgehensweise zur Gruppierung und Priorisierung der Stakeholder im Hinblick auf ihr Engagement."*[555] Da es im Rahmen einer PIN unrealistisch anmutet, *jedem* individuellen Stakeholder eine persönliche, individuelle Betreuung zu ermöglichen und gleichzeitig vermutet wird, dass auch die Möglichkeiten einer Vollautomatisierung der PIN gegenwärtig begrenzt sind, erscheint es sinnvoll, auch Stakeholder-Beziehungen einer Se-

---

550 Vgl. Datz, 2002, S. 91f.

551 Vgl. erneut Kapitel 2.2.2.3.

552 Die Schwierigkeiten ähneln dabei den grundsätzlichen Problemen der Bewertung von Vermögen und der Verrechnung von Transaktionen im internen und externen Rechnungswesen, insbesondere die Probleme der zeitlichen und sachlichen Zuordnung, der Bewertung *nicht*-monetärer Bestimmungsgrößen sowie der Generierung zukunftsgerichteter Prognosen, die im Sinne einer Diskontierung notwendig erscheinen.

553 Vgl. Diller, 1995, S. 443; Hennig-Thurau, 1998, S. 24f.

554 Vgl. Hennig-Thurau, 1998, S. 24f.

555 GRI, 2002, S. 21.

lektion und Priorisierung zu unterziehen. Dabei besteht aus instrumenteller Sicht ein enger Zusammenhang zwischen der Lebenszyklusbetrachtung und der Portfolio-Perspektive.

- **„Learning Relationships" durch Interaktion und Integration:** BLECKER postuliert, dass die Interaktionsfähigkeit eines Unternehmens als strategischer Erfolgsfaktor begriffen werden muss – diese Auffassung begründet sich einerseits durch einen Bedarf nach einer gezielten Informationsversorgung und andererseits durch den Druck, immer schneller auf externe Anforderungen zu reagieren.[556] Die Beziehungsorientierung sollte vor diesem Hintergrund mit einer gesteigerten Interaktionsintensität[557] zwischen Unternehmen und Stakeholder sowie der Integration von Stakeholdern in Leistungserstellungs- und strategische Entscheidungsbildungsprozesse einhergehen.[558] Dies zieht eine sukzessive Substitution monologischer Kommunikation durch dialogische, interaktive Formen mit sich, die nicht nur zwischen Unternehmen und Stakeholdern, sondern auch zwischen Stakeholdern im Rahmen der IKT-Infrastruktur des Unternehmens stattfinden kann.[559] Kontinuierliche Interaktivität ermöglicht zudem interaktive Lernprozesse: Sog. *Learning Relationships*[560] basieren dabei in weiten Teilen auf einem Echtzeit-Dialog, in dessen Verlauf das Unternehmen Wissen über Stakeholder akkumulieren und verfeinern kann. Aus technologischer Perspektive steht dabei im Rahmen dieser Arbeit das Konzept des Nutzermodells bzw. -profils im Vordergrund: Auf der Basis der Dialogfähigkeit besteht die Möglichkeit, immer detailliertere Profile über Stakeholder aufzubauen und diese auf der Basis einzelner Nutzungsepisoden i. S. e. Lernkurve zu verfeinern. Begünstigt wird dieser Umstand durch die in Kapitel 5.1.2.1 (Abbildung 7) skizzierten dualen Transaktionskostensenkungseffekte. Nicht zuletzt wird auch durch die Etablierung von Learning Relationships einer zentralen Anforderung des GRI-Prinzipiensystems nachgekommen: Die Einbeziehung der Stakeholder ist *„[...] ein dynamischer Prozess. Richtig ausgeführt, resultiert er wahrscheinlich in einem dauerhaften inner- und außerbetrieblichen Lernprozess und stärkt das Vertrauen zwischen Berichterstatter und Adressaten. Vertrauen wiederum erhöht die Glaubwürdigkeit des Berichts, welches selbst ein wesentliches Ziel des von der GRI formulierten Berichtsrahmens ist."*[561]

- **Individualorientierung:** Stakeholder haben heterogene Informations- und Nutzungsinteressen.[562] Um diese adäquat abbilden zu können, erscheint eine Orientierung an Stakeholdern im Sinne realer Personen sinnvoll. Durch den Einsatz individualorientierter Konzepte kann die Individualität einzelner Stakeholder mit ihren Merkmalen gezielt berücksichtigt

---

556 Vgl. Blecker, 1999, S. 150ff., zitiert nach Osmers, 2004, S. 9.

557 Die erneute Betrachtung einschlägiger Definitionen zur Personalisierung sowie die Spezifika der Internet-Kommunikation verdeutlichen unmittelbar die Relevanz von Interaktionen, durch die den Nutzern eine aktive, gestaltende Rolle zugewiesen wird (vgl. erneut Tabelle 4, Nr. 1, 3, 9 & 11).

558 Vgl. ähnlich Diller, 1995, S. 443f.; Hennig-Thurau, 1998, S. 23.

559 Vgl. Diller, 1995, S. 443f.; Hennig-Thurau, 1998, S. 24. Die dialogische Kommunikation zwischen Stakeholdern kann so z. B. im Rahmen von IRCs bzw. Communities (vgl. erneut Kapitel 4.1.1) stattfinden (vgl. Diller, 2001, S. 80f.). Zu den Formen der Interaktivität und des Verhältnisses zum Integrationsbegriff vgl. erneut Kapitel 4.1.3.1.1).

560 Der Begriff der Learning Relationships geht auf Peppers & Rogers zurück (vgl. Peppers/Rogers, 1996, S. 14-16), die zum Personalisierungskonzept grundlegende Arbeiten vorgelegt haben.

561 GRI, 2002, S. 21.

562 Vgl. erneut Kapitel 3.4.1.2.

werden. Das Internet kann prinzipiell aufgrund seiner Kommunikationspotenziale[563] und den Möglichkeiten der Profilbildung (s. o.) Individualisierungs- und Fragmentierungstendenzen Rechnung tragen. Kommunikationspolitische Aktivitäten basieren dabei zunehmend weniger auf anonymisierten, nutzerübergreifenden Primär- bzw. Sekundärforschungsdaten, sondern vielmehr auf individuellen Stakeholderinformationen, die in Profilen verdichtet werden. Durch die Digitalisierbarkeit der Information kann ein Unternehmen prinzipiell mit jedem Akteur, sofern dieser via WWW erreichbar ist, individuell in Kontakt treten.

Als Zielgrößen eines systematisch vollzogenen Beziehungsmanagements werden regelmäßig zwei verschiedene Bindungseffekte thematisiert: die *Ge*bundenheit und die *Ver*bundenheit.[564] Während erstere primär auf utilitaristische Verflechtungen im Markt-Feld zielt („Nicht wechseln *können*" aufgrund ökonomischer oder rechtlicher Abhängigkeiten i. S. v. „Lock-In"), soll in dieser Arbeit vornehmlich auf die *Ver*bundenheit („Nicht wechseln *wollen*") abgestellt werden. Es muss jedoch darauf hingewiesen werden, dass im Rahmen der Nachhaltigkeitskommunikation – im Gegensatz zum „Lock-In"-Phänomen im Markt-Feld – die Exklusivität einer Stakeholderbeziehung nicht zwingend anzustreben ist. Vielmehr ist davon auszugehen, dass ein interessierter Stakeholder sich unternehmensübergreifend über nachhaltigkeitsorientierte Inhalte informiert und sich somit das „Wechseln" als wenig problematisch darstellt: Da der Informations- und Referenzwert als Komponenten des Stakeholderwerts identifiziert wurden, ist dies sogar durchaus im Sinne des betrachteten Unternehmens.[565] Alternativ soll so die *Verbundenheit als Ausdruck einer hohen nutzerseitig wahrgenommenen Qualität* des Nachhaltigkeitsportals verstanden werden, die einen Nutzer zu einem erneuten Aufsuchen des Portals motiviert, ohne glaubwürdigkeitsmindernde wechselseitige Abhängigkeiten aufzubauen oder unseriös anmutende Formen der „Nutzerrekrutierung" zu verwenden. So sei mit der Fokussierung des *Ver*bundenheitsaspekts auf die Notwendigkeit verwiesen, dass das Konzept einer PIN langfristig auszulegen ist und dass es mit der Qualität der nutzerseitig artikulierten Informationen „steht und fällt". Die Verbundenheit kann dabei als das Ausmaß der Loyalität eines Stakeholders zu einem Unternehmen verstanden werden, durch das die persönliche Bereitschaft, sich vertrauensvoll via Informationen in diese Beziehung selbst einzubringen, zum Ausdruck kommt. *„Ein Individuum kann sich nicht guten Gewissens preisgeben, wenn kein Vertrauen da ist."*[566] FIGGE & SCHALTEGGER verweisen zudem auf die ökonomische Relevanz des Vertrauensaspekts, indem sie den Zusammenhang zwischen Stakeholder-Beziehung(en), Vertrauensressourcen und Unternehmenswert wie folgt skizzieren: *„Nehmen wir die Ressourcen-Perspektive ein, so entsteht aus Sicht des*

---

563 Vgl. vertiefend erneut Kapitel 4.1.3.1.
564 Vgl. exemplarisch Bliemel/Eggert, 1998, S. 37-46.
565 Dies kommt beispielsweise dem Referenzwert eines Stakeholders (s. o.) zu Gute.
566 Kelly, 2001, S. 186.

*Shareholder Value genau dann Unternehmenswert, wenn über die Ansprüche der nichteigenkapitalgebenden Stakeholder hinaus ein Überschuss verbleibt. [...] Um Unternehmenswert schaffen zu können, brauchen Unternehmen den Beitrag von Stakeholdern [...]. Stakeholder sind, aus der Perspektive der Shareholder, daher Lieferanten mehr oder weniger knapper Ressourcen, die zum Unternehmenswert beitragen. Zur Effizienz der Stakeholder-Beziehungen tragen nicht nur die Ressourcen Finanz-, Natur- oder Realkapital bei, sondern auch Vertrauensressourcen wie gesellschaftliche Akzeptanz, Information und Knowhow. "*[567]

Wechselseitiges Vertrauen erweist sich dabei bei internetbasierten Unternehmensaktivitäten als essenzielle Ressource – wie auch die informationsökonomische Charakterisierung der PIN in Kapitel 5.1.2.1 ergeben hat und auch an anderer Stelle bereits früh erkannt wurde: *„The network economy is founded on technology, but it can only be built on relationships. It starts with chips and ends with trust."*[568]

## 5.2. Die Systematisierung des Personalisierungsproblems aus theoretischer Perspektive: Herleitung eines Bezugsrahmens

Die vorangegangenen Untersuchungen haben zentrale Charakteristika der PIN deutlich werden lassen: Zunächst sei auf die besondere Relevanz der *Integration von Nutzerinformationen* verwiesen, wie diese sich in einer großen Zahl von Begriffsfassungen der Personalisierung widerspiegelt.[569] Neben dieser Perspektive hat besonders die Betrachtung der Partialansätze der NIÖ, insbesondere der Property-Rights- und der Prinzipal-Agenten-Ansatz, die *Relevanz der Beziehungsperspektive* sowie *Möglichkeiten und Grenzen einer Nutzerintegration* angedeutet. Zudem haben die Ausführungen – z. B. die Betrachtung der auf Informationsasymmetrien beruhenden Probleme – verdeutlicht, dass *nicht generell von einer Gewünschtheit der PIN* auszugehen ist.

---

567 Figge/Schaltegger, 2000. Vgl. ähnlich auch o. V., 2002, S. 21.

568 SustainAbility/UNEP, 1999, S. 1. Die besondere Rolle des Vertrauensaspekts erörtern so auch SustainAbility & UNEP im 2002er Ranking internationaler Nachhaltigkeitsberichte – betitelt „Trust Us": *"If the decade 1992–2002 has been the Transparency Decade, the decade through to 2012 could be the Trust Decade, so long as we work out how to address these three areas* (gemeint sind Materiality, Governance und Branding; D.-S. R.) *effectively – and soon. But why focus on trust? Well, like a jumper's bungee cord, trust is an elastic connection that gives us all – and gives companies – space in which to manoeuvre. [...] Miscalculate the length of the cord, however, or overload it, and disaster can ensue. And even if disaster is avoided, the result can be increased friction in our societies and economies, slowing progress and raising costs. [...] The corporate social responsibility (CSR) and sustainable development (SD) agendas depend on high levels of trust to ensure accurate problem recognition – and the efficient and effective development and delivery of solutions."* (SustainAbility/UNEP, 2002, S. 2).

569 Vgl. Tabelle 4, besonders Nr. 1, 3, 6, 9 & 10.

Auf dieser Basis soll in den folgenden Kapiteln ein Bezugsrahmen vorgestellt werden. Ziel dieses Grundansatzes ist es, angesichts der Innovativität des Themenfeldes der PIN und der marginal vorhandenen empirischen Erkenntnisse im Rahmen der internetbasierten Nachhaltigkeitskommunikation einen umfassenden Analyseansatz zu generieren, mit dem das Personalisierungsproblem möglichst umfassend und differenziert zugleich beleuchtet wird. Dabei soll zunächst die Relevanz einer analytischen Trennung von Prozessen und Ergebnissen begründet werden.

### 5.2.1. Die analytische Unterscheidung von Prozessen und Ergebnissen

Die Betrachtung des zuvor aufgeworfenen *Interaktions- und Integrationsparadigmas* sowie der Ansätze der NIÖ und des Relationship Management hat verdeutlicht, dass sich ein Personalisierungssystem bzw. -konzept nicht nur mit dem Personalisierungspotenzial einer Nachhaltigkeits-Website (Personalisierungsergebnis), sondern auch mit dem determinierenden Informations- und Nutzerintegrations*prozess* auseinander zu setzen hat[570], wodurch die *Objektsperspektive der PIN* stark erweitert wird.[571] Betont wird in diesem Zusammenhang, dass es sich bei der Unterscheidung zwischen *Prozess(en)* und *Ergebnis(sen)* zwar um „ *[...] zwei unterschiedliche voneinander unabhängige Blickwinkel*"[572] handelt. Dennoch muss angemerkt werden, dass die Ergebnisperspektive i. d. R. die Konsequenz singulärer Prozesse im Sinne mindestens einer Interaktionsepisode darstellt.[573] Die im Folgenden näher beleuchtete Prozessperspektive zielt auf die Gewinnung eines differenzierteren Verständnisses der Integrativität.

---

570 Diese Sichtweise ist bspw. in der Dienstleistungsliteratur im Rahmen der Leistungstypologisierung verbreitet. Vgl. z. B. Engelhardt, 1992, S. 35 und Well, 2001, S. 12f.

571 Die Dualität der Objektsperspektive lehnt sich dabei an Untersuchungen innerhalb der Dienstleistungsliteratur an (vgl. exemplarisch Well, 2001, S. 12f.). Die Übertragbarkeit dieser Perspektive auf die PIN lässt sich so begründen, dass komplexe Internet-Portale – zu denen die internetbasierte Nachhaltigkeitskommunikation im Prinzip zu zählen ist – mitunter als *augmentierte Service-Konzepte* eingestuft werden, in denen verschiedene „Dienstleistungen" in Form von Informations-, Transaktions- und Kommunikationsdienstleistungen gebündelt werden bzw. zusammenlaufen können (vgl. Bauer/Hammerschmidt, 2004, S. 196f.).

572 Kleinaltenkamp, 1998, S. 40.

573 Insofern kann eine *dimensionale Unabhängigkeit* im Sinne einer fehlenden Ursache-Wirkungs-Kopplung *nicht* unterstellt werden. Vielmehr kann vermutet werden, dass (Teil-) Standardisierungen eines Personalisierungsprozesses auch eine (Teil-) Standardisierung eines Personalisierungsergebnisses zur Folge hat – im Umkehrschluss: Personalisierte Ergebnisse werden durch personalisierte Prozesse grundsätzlich begünstigt, vice versa. Allerdings sind freilich auch (seltene) Konstellationen denkbar, in denen unterschiedliche Prozesse zu identischen Ergebnissen führen.

#### 5.2.1.1. Der Personalisierungsprozess: Verständnis der Integrativität

Abstrakt betrachtet kann die Prozessperspektive zunächst als ein Kontinuum aufgefasst werden, welches durch die Endpole „integrativ" bzw. „autonom" aufgespannt wird.[574] Als „autonom" sei dabei ein Verständnis klassifiziert, welches die alleinige Personalisierungsprozessgestaltung und -bearbeitung durch das Unternehmen bzw. dessen assoziierte Mitarbeiter und Dienstleister[575] vorsieht – vice versa. Folgt man dem zuvor an verschiedenen Stellen aufgeworfenen *Interaktionsparadigma*, so interessiert aus Prozesssicht die *Interaktionsintensität* und deren Operationalisierung.

Das *Verständnis der Integrativität* kann letztlich zweierlei Aspekte adressieren: (i) Integration von *Informationen* und (ii) Integration von *Nutzern.*[576] Diese dichotome Betrachtung trägt dem Umstand Rechnung, dass *Informationen* zwar im Rahmen einer Personalisierung die Rolle des „kleinsten gemeinsamen Nenners" zugeschrieben werden kann[577] und deren informations-technologische und -infrastrukturelle *Integration* eine gewichtige Aufgabe im Rahmen der Personalisierung einnimmt. Deren isolierte Thematisierung ließe hingegen zentrale problemrelevante Aspekte unberücksichtigt, insbesondere die dargestellten Problemfelder der NIÖ, die Besonderheit der eingeschränkten Informationsreichhaltigkeit der Internet-Kommunikation sowie die zu erwartenden Implikationen eines Managements von Beziehungen. So gesehen ist die (verengte) und im

---

574 Alternative Kategorisierungen nehmen eine noch weitergehende Unterteilung in die Teildimensionen Interaktions- und Individualisierungsgrad vor (vgl. hierzu ausführlicher Well, 2001, S. 14, FN 5). Dieser Auffassung kann nach Engelhardt entgegen gehalten werden, dass die Individualität einer Leistung vor allem *„[...] durch die Art und Weise bestimmt wird, wie externe Faktoren* (hier: die Nutzer, D.-S. R.) *auf betriebliche Prozesse Einfluss nehmen. [...] Insofern resultiert der Individualisierungsgrad unmittelbar aus dem Ausmaß der Integrativität."* (Engelhardt/Kleinaltenkamp/Recken-felderbäumer, 1995, S. 676). Dieser Auffassung soll hier gefolgt werden, da im Rahmen der PIN Integration und Personalisierung sich eher unmittelbar bedingen, als voneinander unabhängige, trennscharfe Dimensionen darstellen.

575 Gemeint sind hier z. B. redaktionelle (Kommunikations-) Agenturen bzw. IKT-Dienstleister.

576 Vgl. auch die Argumentation von Schnäbele, der dem verbreiteten Verständnis, eine Orientierung am Nutzer beruhe alleinig auf Informationen, zu Recht widerspricht (vgl. Schnäbele, 1997, S. 95).

577 Vgl. ähnlich Jacob, 1995, S. 52.

Rahmen der Personalisierung stark verbreitete Perspektive[578] eines *Content*-Managements[579] um die eines *Beziehungs*-Managements zu erweitern.

Ad (i): Die *Integration von Informationen* gilt zunächst als vergleichsweise unproblematisch, da diese relativ einfach programmiert, komprimiert, übertragen und dokumentiert werden können. Als grundsätzlich integrationsfähig können hierbei sowohl *anonyme, nutzerübergreifende* Informationen erachtet werden, die für eine personalisier*bare* Internet-Kommunikation erhobenen wurden (z. B. anonyme Umfragen, „klassische" Marktforschungsdaten etc.). Ähnliches gilt auch für *individuelle Informationen*, die der *personalisierten* Internet-Kommunikation mit (namentlich bekannten) Nutzer dienen, jedoch auch eine spezielle, individuelle und DV-gestützte Aufbereitung erfordern. Individuelle Informationen bergen dabei vielfältige Nutzenpotenziale: Sie besitzen zunächst eine hohe *sachliche* und *zeitliche Informationsqualität*, die dem Abbau von nutzerseitigen Unsicherheiten und Irritationen dienlich sein können. Schließlich kann durch eine angestrebte persönliche Nähe zum Nutzer auch der Wert *anonymer Informationen gesteigert* werden, da durch die präziseren Bezüge eine verbesserte Kontextualisierung und Interpretation nutzer*übergreifender* Informationen gewährleistet werden kann. Sie können so z. B. personenübergreifend für Zuweisungsalgorithmen nutzbar gemacht werden und helfen, die Zuweisungsgüte im Zeitverlauf zu verbessern.

Die Erhebung und Verarbeitung individueller Information ist indes als aufwändiger Prozess zu begreifen. In dieser Arbeit ist somit im Rahmen der *Informationsintegration* vornehmlich von Interesse, *welche Informationen* mit welchen *Methoden der Informationsbedarfsermittlung* über den Nutzer sinnvoll genutzt und in „virtuellen Nutzerkarteien" *(Nutzerprofilen)* verdichtet werden können und in *adäquate IKT-Infrastrukturen* eingebettet werden sollten. Die hiermit verbundenen Möglichkeiten und Grenzen werden so in Kapitel 6 vertieft.

Ad (ii): Im Vergleich zur reinen *Informations*integration eröffnet die Betrachtung der *Nutzer*integration zusätzliche, besonders instrumentelle Perspektiven. Grundsätzlich kann mit einer Einbringung des Nutzers in die Unternehmensprozesse der Übergang von der Interaktion zur Integration vollzogen werden.[580] Die *Güte der Integrativität* kann dabei durch zwei verschiedene Blickwinkel klassifi-

---

578 *„Previous work on personalization of interactive applications focused on specific techniques. [...] In general, these methods attempt to predict user interests or goals and automatically personalize and adapt the presentation of information. Although the previous work mentioned above is substantial, it usually focuses on a specific technique, a rather narrow context.* " (Karat et al., 2003, S. 686).

579 So nimmt z. B. die Untersuchung von Lenz (vgl. Lenz, 2003) die eher technologische Perspektive der effizienten Gestaltung von empfängerorientierten internetbasierten Umweltberichterstattungssystemen ein.

580 Vgl. ähnlich Duncan/Moriarty, 1998, S. 8 sowie die Ausführungen in Kapitel 4.2.2.4.

ziert werden[581], nämlich (a) die Integrations*tiefe* bzw. *-intensität*, d. h. der Anzahl der Stufen, die ein Nutzer entlang einer (Erstellungs-) Prozesskette rückwärts schreitet und (b) die chronologische Interaktions- bzw. Integrations*häufigkeit* und *-struktur*.[582]

Ad (a): Hinsichtlich der geeigneten *Integrationstiefe* soll in dieser Arbeit zunächst ein adäquates *Prozessverständnis* erarbeitet werden, auf dessen Basis ein operationalisierbares Maß der Integrationstiefe abgeleitet werden kann.[583] Interessant ist insbesondere die Frage, inwiefern eine Einbeziehung des Nutzers jenseits des fast ausschließlich in der Personalisierungsliteratur dargestellten Spezifikationsprozesses (Eingrenzung des Informationsbedarfes i. S. v. „Informationsintegration", vgl. o.), sinnvoll erscheint und welche Formen hierfür denkbar sind.

Ad (b): Die Perspektive der *Integrationshäufigkeit und -struktur* bezieht sich schließlich auf die *Anzahl einzelner Eingriffe und deren chronologische Strukturierung* im Rahmen der Nutzerintegration.[584] Als gedankliche Basis kann hierbei in Anlehnung an das Prinzip der Individualorientierung im Relationship Management[585] ein Prozessverständnis fungieren, in dem wiederkehrende Nutzungsepisoden – *„[...] a recurring set of interactions"*[586] – die Keimzelle(n) *lernender Beziehungen* und der Erstellung von Nutzerprofilen bilden. Die Diskussion des Aspekts der Eingriffshäufigkeit führt dabei unmittelbar zu unterschiedlichen Betrachtungsfoki, und zwar der einzeltransaktionsbezogenen und der beziehungsorientierten Sicht. Während im erstgenannte Fall singuläre Interaktions-Episoden erfasst werden, kann im zweitgenannten Fall bereits von Routinisierungseffekten gesprochen werden, da im Beziehungszeitverlauf von sinkenden Transaktionskosten auszugehen ist – und somit auch von einem Verzicht auf (Teile) etwaige(r) Eingriffsprozeduren.

---

581 Entgegen alternativer Strukturierungsversuche aus der Dienstleistungsliteratur, die z. B. eine Unterteilung in Eingriffstiefe, -dauer, -häufigkeit und -intensität vorsehen, soll sich in dieser Arbeit aus Gründen der gebotenen Trennschärfe auf die o. g. wesentlichen Aspekte beschränkt werden – aus folgenden Gründen: (i) Aus der Sicht des Autors ist der Aspekt der Eingriffs*intensität* direkt mit dem Aspekt der Eingriffs*tiefe* verbunden. So wird unter der Intensität *Art und Umfang* der Integration verstanden (vgl. Schnäbele, 1997, S. 102). Der Aspekt des Umfangs der Eingriffsintensität bestimmt, inwieweit der Nutzer die Personalisierung „auslöst" (Trigger), im weiteren Verlauf jedoch passiv bleibt – oder aber auch darüber hinaus aktiv mit gestaltet. Hierdurch ist jedoch letztlich zwingend der Aspekt der Eingriffstiefe tangiert, weswegen diese beiden Aspekte *nicht gesondert, sondern integriert* diskutiert werden sollen. (ii) Für Eingriffsdauer und Eingriffsintensität ist ebenfalls von einem engen Kopplungsverhältnis auszugehen. (iii) Demgegenüber soll neben dem skizzierten, eher qualitativen Verständnis die chronologische Strukturierung der Personalisierungsprozesse gesondert vorgenommen werden, da der Autor sich hierdurch lohnende Erkenntnisse in instrumenteller Perspektive verspricht.

582 Vgl. ähnlich Engelhardt/Freiling, 1995; Schnäbele, 1997 S. 101.

583 Dabei soll auch auf die Erfahrungen des Autors in der Berichterstattungspraxis bei der Volkswagen AG zurückgegriffen werden.

584 Die Relevanz einer chronologischen Strukturierung des Personalisierungsproblems deutet sich im Übrigen auch in zahlreichen Definitionen individuumszentrierter Konzepte an. Vgl. erneut Tabelle 4, insbesondere Nr. 1, 3, 4, 10 & 11.

585 Vgl. erneut Kapitel 5.1.2.2.

586 Lasica, 2002.

Zusammenfassend kann festgehalten werden, dass die Herleitung eines geeigneten Prozessverständnisses sowie die Diskussion der Relevanz einzelner Teilaspekte wie die unter Punkt (ii) identifizierten Güteaspekte der Integrativität von zentraler Bedeutung für die PIN erscheinen. Deren eingehende Erörterung im Zusammenhang existierender Instrumente und bereits praktizierter Methoden soll daher in Kapitel 7 intensiv vorgenommen werden.

Das Prozessverständnis sowie die zugehörigen Instrumente haben grundsätzlich einen Einfluss auf das Personalisierungsergebnis in Form von einzelnen bzw. verschiedenen Websites. Dabei steht die Frage des Personalisierungsergebnisses in engem Zusammenhang mit dem objektiven Personalisierungspotenzial von Websites, wie im Folgenden näher ausgeführt wird.

#### 5.2.1.2. Das Personalisierungsergebnis: Notwendigkeit der potenzialbezogenen Charakterisierung von Websites

Die Perspektive des Personalisierungsergebnisses lenkt die Betrachtung auf das *Personalisierungspotenzial* einer Nachhaltigkeitswebsite und stellt die Frage nach dem Vorhandensein einer hinreichend großen Zahl unterschiedlicher, variabler Eigenschaften und Attribute, denen eine *Konfigurierbarkeit* attestiert werden kann. Ein *Personalisierungsergebnis* kann aus einer übergeordneten, analytischen Perspektive als das Resultat einer Gesamtfunktion verstanden werden, die sich aus mehreren veränderbaren Teileigenschaften zusammensetzt. Die Summe der *veränderbaren* Teileigenschaften und zugehörigen Eigenschaftsausprägungen konstituiert das *objektiv nachvollziehbare Personalisierungspotenzial* und im Realisierungsfall das Ergebnis der PIN. Diese können sich z. B. in Anlehnung an die Ausführungen zum Semantic Web[587] in inhaltliche, struktur- und darstellungsbezogene Parameter unterteilen lassen. Aus analytischer Sicht wird dieses Problem somit durch eine Matrix aufgespannt, deren Zahl der Eigenschaften und zugehöriger Ausprägungen den *objektiven Komplexitätsgrad* des zu personalisierenden Objekts abbilden.[588] In Verbindung mit den Ausführungen der Prozessperspektive sollen die Erkenntnisse in einer Typologie zusammengefasst werden, welches das sich abzeichnende Kontinuum mit den Endpolen „vollständige Gestaltungsautonomie des Unternehmens" und „vollständige Personalisierung" näher präzisiert (vgl. abschließend Abbildung 8).

---

[587] Vgl. Kapitel 4.1.1.

[588] Vgl. ähnlich Schnäbele, 1997, S. 53.

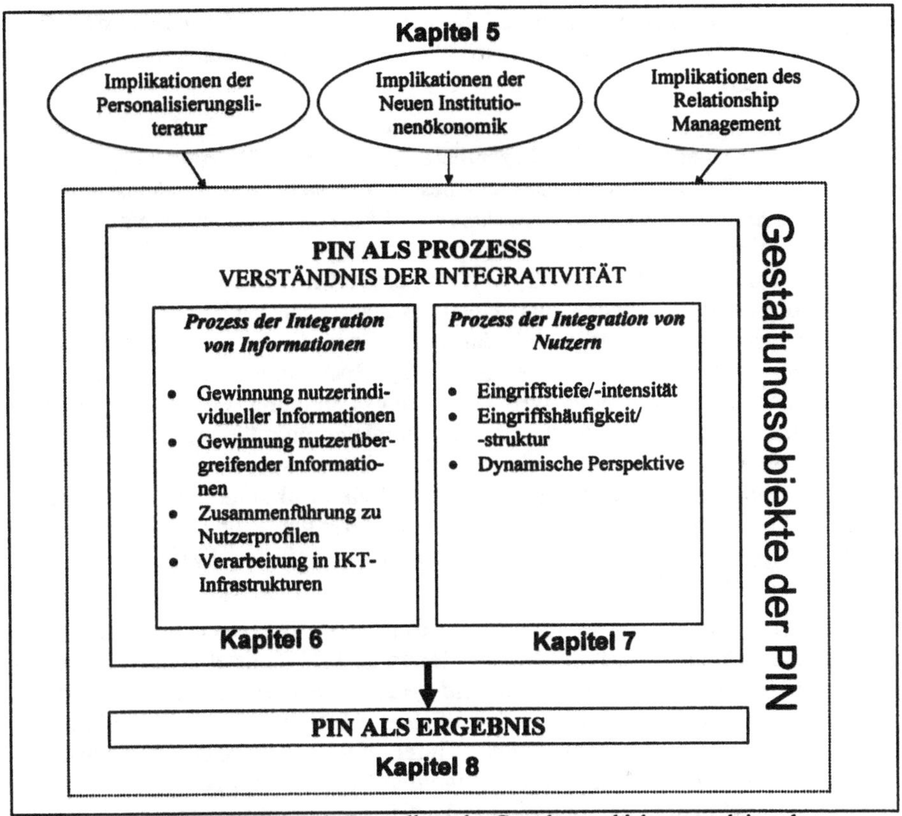


Abbildung 8: Zusammenfassende Darstellung der Gestaltungsobjektsperspektive: der Personalisierungsprozess als Determinante des Personalisierungsergebnisses.

Quelle: Eigene.

### 5.2.2. Die kritischen Gestaltungsaspekte der PIN

Die Objektsperspektive des Personalisierungsproblems eröffnet zunächst einen umfassenden Blick auf zahl- und facettenreiche prozessuale und ergebnisbezogene Aspekte einer PIN. Gleichzeitig steht diese Sichtweise im Kontext weiterer kritischer Gestaltungsaspekte. Besonders die Betrachtung der Partialansätze der NIÖ hat verdeutlicht, dass die im Rahmen der PIN virulenten Informationsasymmetrien bewirken können, dass die PIN insgesamt, sowohl aus Unternehmens- als auch aus Nutzersicht, als problematisch betrachtet werden kann.

Zunächst ist somit von Interesse, inwieweit die PIN aus Unternehmens- und Nutzersicht sowie der Perspektive weiterer Akteure (i) *gewünscht* bzw. *legiti-*

*miert* wird. Besonders aus Nutzersicht ist hierfür eine Voraussetzung, dass personalisierte Prozesse und Ergebnisse überhaupt als personalisiert (ii) *wahrgenommen* werden.[589]

Ad (i): Ausgangspunkt der Legitimationsgesichtspunkts ist die Annahme, dass *nicht* von einer generellen Gewünschtheit einer Personalisierung ausgegangen werden kann. Der Legitimationsaspekt beschränkt sich dabei zunächst auf das *laterale Verhältnis zwischen Unternehmen und Nutzer(n)* bzw. des vermittelnden Kommunikationskonzepts der PIN. Fraglich ist dabei zunächst, ob die Externalisierung im Sinne einer Verlagerung von Prozessbestandteilen in Richtung Nutzer (~Verfügungsrechte) sowohl aus Unternehmens- als auch aus Nutzersicht gewünscht ist bzw. inwiefern sich das bereits aus dieser basalen Perspektive erkennbare, offensichtlich unvermeidliche Spannungsverhältnis zwischen vollständiger unternehmensseitiger Gestaltungsautonomie einerseits (welches meist in nutzerseitig wahrgenommener Standardisierung mündet) und vollständiger Integration des Nutzers andererseits bewältigt werden kann. Basis der Diskussion bilden dabei zum einen denkbare Zielkonflikte mit den im Grundlagenteil diskutierten gestaltungsbezogenen Anforderungen[590] und zum anderen die Probleme asymmetrischer Informationsverteilung auf der Basis der bereits aufgeworfenen NIÖ.

Bei genauerer Betrachtung tangiert der Legitimationsaspekt auch Beurteilungsinstanzen, die – übergeordnet – nicht der lateralen PIN-Konstellation (Unternehmen – Nutzer) zuzuordnen sind. So wird gefragt, welche möglichen Bedenken durch Normierungsinstitutionen und ähnlichen Akteuren, die an einer Etablierung bzw. Wahrung der Qualität einer (internetbasierten) Nachhaltigkeitskommunikation interessiert sind, artikuliert werden könnten. Als Beispiel sollen die weitgehend unabhängig agierenden Standardisierungsinstitutionen (wie z. B. die GRI)[591], die eine internationale Harmonisierung der Nachhaltigkeitskommunikation anstreben, genannt werden. So scheint z. B. auch aus dieser Perspektive eine Diskussion geboten, inwieweit eine PIN mit den in den einschlägigen Leitfäden zur Nachhaltigkeitskommunikation enthaltenen Gestaltungsanforderungen[592] zu vereinbaren ist.

---

589 Vgl. hierzu auch Well, 2001, S. 15-18, der einen ähnlichen Ansatz verfolgt. Allerdings führt der Autor dort neben der Wahrnehmungs- und Legitimierungskomponente noch eine dritte Dimension ein, die Interaktionsdimension. In dieser Arbeit soll hingegen auf die nähere Schilderung der Interaktion *im Rahmen der Gestaltungsaspekte* verzichtet werden. Vielmehr ist die Interaktivität zentraler Bestandteil des Integrativitätsverständnisses und somit Teil der prozessualen Betrachtung der PIN, wie dies bereits in Kapitel 5.2.1.1 erörtert wurde.

590 Vgl. Kapitel 3.4.2.

591 Vgl. erneut Kapitel 3.4.1.1 & 3.4.2.

592 Vgl. erneut Kapitel 3.4.2.

Ad (ii): Wird die Individualität des Nutzers im Sinne seiner „Einzigartigkeit" respektiert, dürfte es zunächst aus einer übergeordneten Perspektive – bei vollständiger Nutzerheterogenität – keine zwei identischen Prozess-/Ergebnis-Konstellationen geben.[593] Dennoch werden diese – ceteris paribus – von Nutzern als eher standardisiert oder aber als eher personalisiert *wahrgenommen.*[594] Fraglich ist hingegen, z. B. vor dem Hintergrund begrenzter Unternehmensressourcen, wann etwas genau als personalisiert – oder aber standardisiert – wahrgenommen wird, wie das in dieser Arbeit zuvor diskutierte Instrumentarium der PIN sinnvoll eingesetzt werden kann und die Personalisierung als solche beim Nutzer kenntlich zu machen ist.[595] Die Thematisierung der Wahrnehmung als Voraussetzung für die Legitimation der PIN aus Nutzersicht macht somit eine nähere Eingrenzung des Wahrnehmungsbegriffs nötig, die in Kapitel 9.1 als Voraussetzung der Legitimation der PIN erfolgt.

## 5.3. Die empirisch-methodischen Vorbemerkungen

Die in dieser Arbeit erfolgende umfassende theoretische Analyse soll zudem durch empirische Einsichten fundiert werden. Als Basis hierfür dienen Forschungstätigkeiten, die der Autor als Mitarbeiter der VOLKSWAGEN AG durchgeführt hat. Die Forschungsbeiträge lassen sich in Analogie zu den in Kapitel 3.4.1.2 vorgenommenen Ausführungen (~Informationsbedarfsanalyse) in zwei Teile untergliedern, die jeweils auf die induktiven Methoden der Informationsbedarfsermittlung abstellen und somit der Perspektive der Informationsintegration zuzuordnen sind (vgl. auch Abbildung 9 als Erweiterung von Abbildung 8). Dabei stehen nicht nur die einzelnen auszuweisenden Ergebnisse im Vordergrund – vielmehr soll auch die grundsätzliche Eignung der genannten empirischen Methoden, die Informationsbedarfe individueller Nutzer zu erheben und belastbar abzubilden, analysiert werden.

---

593 Gleichwohl ist diese Annahme eher unwahrscheinlicher, theoretischer Art. Vielmehr ist in der Praxis von einer Zahl sich ähnelnder Konstellationen auszugehen.

594 Im Extremfall kann ein Nutzer auch vollständig standardisierte Prozesse und Ergebnisse als einzigartig wahrnehmen, vice versa. In dieser Arbeit soll jedoch eher der Auffassung gefolgt werden, dass ein personalisier*bare* Prozesse und Ergebnisse eine *notwendige Bedingung* der subjektiven Beurteilung der „Individualität" darstellen. Die *hinreichende Bedingung* der Individualität liegt dann letztlich in der „Hoheit" des Nutzers im Sinne seiner *Wahrnehmung*. Vgl. Schnäbele, 1997, S. 88, der ähnlich argumentiert.

595 Vgl. Gersch, 1995, S. 8 & S. 77; Well, 2001, S. 17.

- Zunächst sei die im Sommer 2004 geschaltete *Online-Nutzerbefragung* auf dem VOLKSWAGEN-Nachhaltigkeitsportal „Mobilität und Nachhaltigkeit“ genannt, die mit Blick auf ein geplantes „Redesign“ der Website einen Überblick über Nutzungs- und Informationsinteressen sowie die Struktur der Portalnutzerschaft vermitteln sollte (vgl. ausführlich Kapitel 6.1.1.3).
- Zusätzlich wurde eine *nicht-reaktive, induktive Analyse nutzerseitiger Informationsinteressen auf der Basis von Server-Logfiles* vorgenommen (Web Log Mining, vgl. ausführlich Kapitel 6.1.2.2).

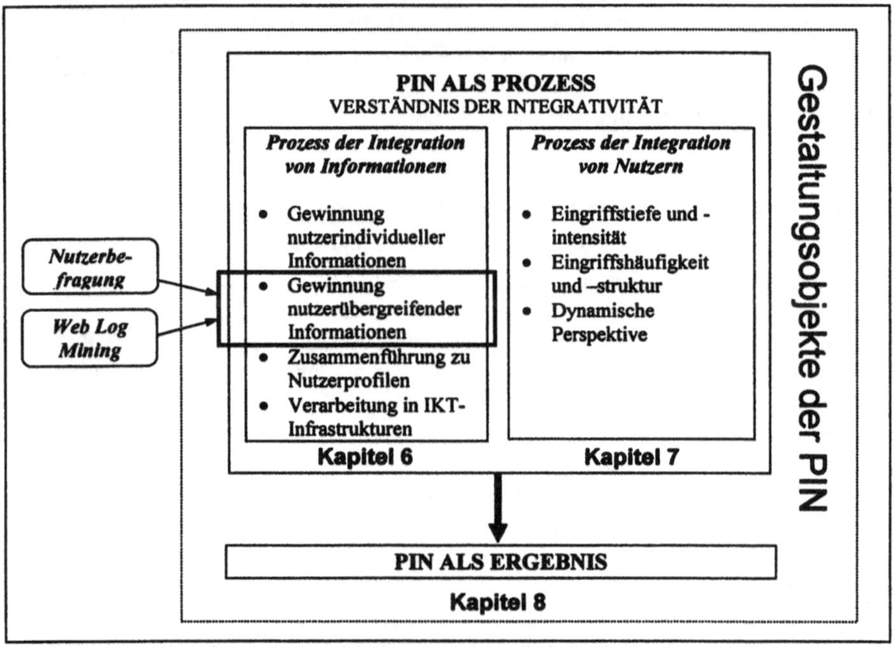


Abbildung 9: Einordnung der empirischen Forschungsbeiträge in den Bezugsrahmen der Untersuchung.
Quelle: Eigene.

Um den Kontext der empirischen Forschungsbeiträge zu verdeutlichen, soll in den beiden folgenden Kapiteln ein erster Überblick über die internetbasierte Nachhaltigkeitskommunikation der VOLKSWAGEN AG gegeben werden.

### 5.3.1. Die Entwicklung der Umwelt- und Nachhaltigkeitskommunikation bei der Volkswagen AG

Der gegenwärtige Stand der internetbasierten Umwelt- und Nachhaltigkeitskommunikation bei der VOLKSWAGEN AG[596] ist das Ergebnis eines kontinuierlichen und systematisch vollzogenen Entwicklungsprozesses. Seit 1973 wurden bereits nicht-finanzielle Aspekte in die Geschäftsberichterstattung integriert[597] und von 1979-1982 eigenständige Sozialberichte veröffentlicht. 1995 wurde der erste Print-Umweltbericht der Marke VOLKSWAGEN[598] veröffentlicht, der als Ausgangspunkt der Nachhaltigkeitskommunikation VOLKSWAGENs i. e. S. betrachtet werden kann.

Die seit 1995 im zweijährigen Rhythmus erscheinenden Umweltberichte der Marke VOLKSWAGEN werden ebenso wie die Aktivitäten der internetbasierten Umwelt- und Nachhaltigkeitskommunikation von der Abteilung „Umweltstrategie Geschäftsprozesse", die in der Konzernforschung angesiedelt ist, betreut.[599] Die Umweltberichte enthielten ab 1997 in zunehmendem Maße auch explizit Beiträge zur Nachhaltigen Entwicklung. Die inhaltliche Struktur des fünften Print-Umweltberichts der Marke VOLKSWAGEN (Umweltbericht 2003/2004)[600] orientiert sich dabei konsequent und explizit an der Triple-Bottom-Line und wies als erster VOLKSWAGEN Umweltbericht[601] auch die URL des korrespondierenden Nachhaltigkeitsportals auf der Titelseite aus, wodurch der Stellenwert des integrierten und medial vernetzten Konzepts versinnbildlicht wurde (vgl. Abbildung 10).[602]

Die Aspekte der elektronischen Berichtsmedien und Vernetzung wurden indes schon früh berücksichtigt. Bereits der erste VOLKSWAGEN Umweltbericht 1995 griff das Thema „Neue Medien" auf, indem eine CD-ROM-Version zur Verfügung gestellt wurde.

---

596 Es sei an dieser Stelle angemerkt, dass die weiteren Angaben sich auf die Aktivitäten auf Konzernebene und Ebene der Marke Volkswagen beschränken. Dabei seien jedoch nicht die Aktivitäten der Umwelt- und Nachhaltigkeitskommunikation zahlreicher weiterer Gesellschaften des Volkswagen-Konzerns verschwiegen (für einen Überblick vgl. z. B. Volkswagen AG, 2003, S. 111).

597 Dies betraf z. B. die Themen „Forschung", „Umweltschutz" und später auch „Nachhaltigkeit".

598 Vgl. Volkswagen AG, 1995.

599 Neben diesem Kernteam sowie verschiedenen Kommunikations-Agenturen, die regelmäßig redaktionelle und technische Beratung leisteten, sind zahlreiche weitere Mitarbeiter des Konzerns mit bereichsspezifischen Informationen unterstützend tätig.

600 Vgl. Volkswagen AG, 2003.

601 Insofern ist der Titel „Umweltbericht" ein wenig irreführend, da in ihm (wie jedoch in zahlreichen Umweltberichten anderer Unternehmen auch) die Ebene der reinen Darstellung produkt- und betriebsökologischer Sachverhalte inhaltlich stark erweitert wurde.

602 Vgl. auch vertiefend die Arbeiten von Minte et al., 2005, S. 643f.; Weiß, 2002, S. 239-262.

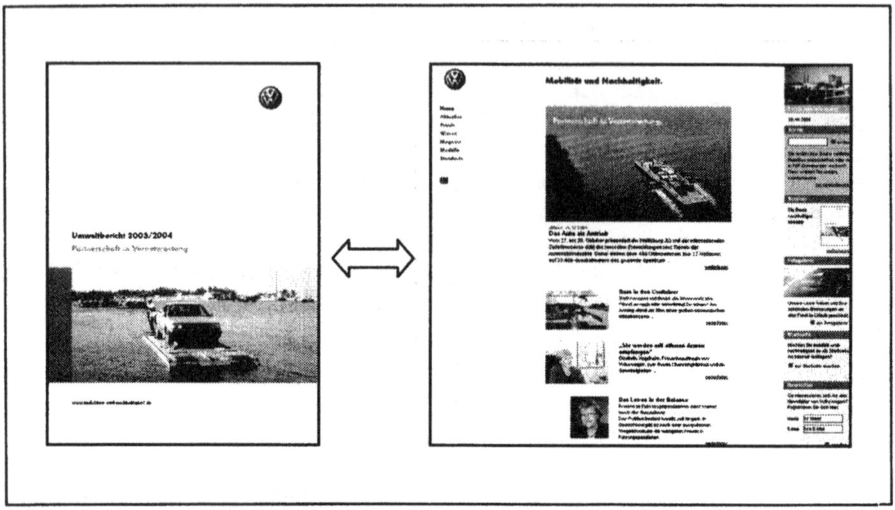

Abbildung 10: Volkswagen Umweltbericht 2003/2004 und korrespondierendes Nachhaltigkeitsportal „Mobilität und Nachhaltigkeit" (Stand: 18.10.2004).
Quelle: Eigene (Volkswagen AG).

Im weiteren Zeitverlauf spielte das Medium Internet eine zunehmend bedeutende Rolle – die hiermit verbundene Evolution der internetbasierten Umwelt- und Nachhaltigkeitskommunikation der Marke VOLKSWAGEN lässt sich in fünf Phasen einteilen:

(i) Der VOLKSWAGEN Umweltbericht 1995[603] wurde auf CD-ROM gepresst. Eine HTML-Kurzfassung wurde im Internet unter der Homepage www.vw-online.de veröffentlicht.

(ii) Die Inhalte des VOLKSWAGEN Umweltberichts 1997[604] wurden als Portable Document File (PDF) ins Internet eingestellt.

(iii) Zwischen 1999 und 2001 wurde mit der Veröffentlichung des VOLKSWAGEN Umweltberichts 1999/2000[605] das Internetangebot unter http://www.volkswagen.de/umwelt kontinuierlich erweitert.[606] Die insbesondere von professionellen Nutzern erwartete und geforderte Verstetigung der Kommunikation[607] wird seitdem sukzessive vollzogen.

603 Vgl. Volkswagen AG, 1995.

604 Vgl. Volkswagen AG, 1997.

605 Vgl. Volkswagen AG, 1999.

606 Die Website enthielt die Rubriken „Umweltpolitik", „Umweltbericht 1999/2000", „Standorte", „Händler und Werkstätten", „Produkte", „Download" sowie „Info-Material".

607 Aktuelle Meldungen zu Ereignissen rund um Volkswagen erscheinen 2-3x pro Woche. Größere Beiträge wie Reportagen, Interviews oder Hintergrundberichte werden wöchentlich veröffentlicht. Zudem werden wesentliche Kennzahlen usw. entsprechend des Veröffentlichungstaktes der Print-Berichte aktualisiert.

(iv) Mitte 2001 wurde dann der Schritt in Richtung zunehmend verstetigter und integrierter Umwelt- und Nachhaltigkeitskommunikation vorgenommen: Auf der inhaltlich und funktional stark erweiterten[608] eigenen, zweisprachigen Domäne www.volkswagen-umwelt.de, der ein Rubrikenkonzept[609] zu Grunde gelegt wurde, fand zunächst ein speziell entwickeltes Redaktionssystem und darauf folgend ein dynamisches Content-Management-System (CMS)[610] Verwendung.[611]

(v) Mit Veröffentlichung des VOLKSWAGEN Umweltberichts 2003/2004[612] wurde die Website schließlich vor dem Hintergrund des zunehmenden Gewichts sozialer und finanzieller Themen im Dezember 2003 in die Domäne www.mobilitaet-und-nachhaltigkeit.de überführt. Die Themenrecherche und Artikelgenerierung übernimmt das Redaktionsteam der genannten Fachabteilung und bedient sich dabei zum einen der VOLKSWAGEN-Konzernmedien und -gremien[613], zum anderen zahlreicher externer Medien, um portalrelevante politische, gesellschaftliche und technische Themen rund um die Themenkomplexe „Nachhaltige Entwicklung“ und „Mobilität“ in regelmäßig stattfindenden Redaktionssitzungen zu evaluieren.

Die skizzierte Evolution betraf somit drei wesentliche Ebenen: die Ebene des *Berichtsinhalts* (von der Umwelt- zur Nachhaltigkeitskommunikation), die Ebene des *Berichtsgegenstands* (von der Marke VOLKSWAGEN zum VOLKSWAGEN-Konzern) und die Ebene des *Kommunikationsmediums* (von der reinen Print-Berichterstattung inkl. CD-ROM zur systematisch vernetzten Kommunikation) (vgl. Abbildung 11).

Abschließend sei angemerkt, dass der VOLKSWAGEN Umweltbericht 2003/2004 als der letzte Print-Umweltbericht der Marke VOLKSWAGEN zu bezeichnen ist. Grund hierfür ist der Umstand, dass die Umwelt- und Nachhaltigkeitskommunikation der Marke VOLKSWAGEN ab Dezember 2005 ausschließlich internetbasiert, verstetigt vollzogen wird – und die Print-Berichterstattung auf den Konzern (VOLKSWAGEN AG) übertragen wurde.

---

608 Durch Web-Verweise und Kontaktadressen verbesserten sich die Response-Möglichkeiten für den Leser deutlich, das Download-Angebot wurde erheblich ausgebaut – wie z. B. um mehrsprachige Fassungen des Umweltberichts oder Umwelterklärungen einzelner Volkswagen-Standorte als PDF.

609 Vgl. Kapitel 5.3.2, Tabelle 5.

610 Als CMS wurde das System „RedDot Professional“ implementiert. Aufgrund der leichten Bedienbarkeit konnte der administrative Anwenderkreis (einstellen, pflegen) erweitert werden.

611 Vgl. Horstmann/Menzel, 2002, S. 96.

612 Vgl. Volkswagen AG, 2003.

613 Hier sind in erster Linie die internen und externen Publikationen der Finanzanalytik, Investor Relations, Unternehmenskommunikation, Konzern-Außenbeziehungen sowie diverse Arbeits- und Steuerkreise wie z. B. der Konzernsteuerkreis Umwelt (KSK-U), der Umweltmarkenausschuss (UMA), der Jour Fix Nachhaltigkeit etc. zu nennen.

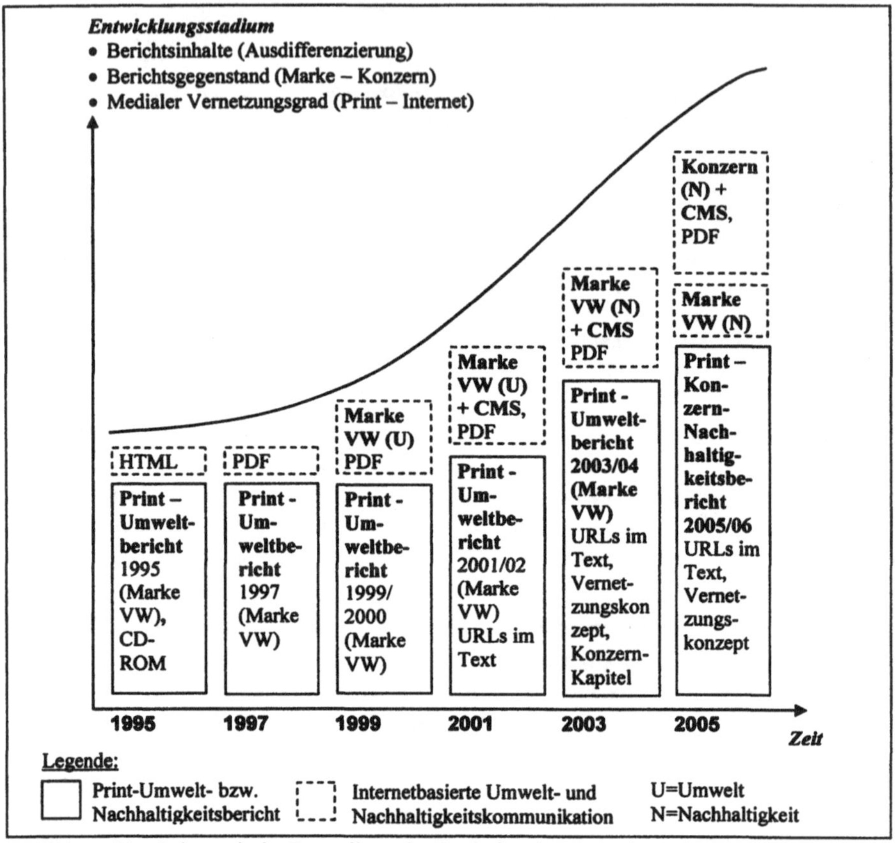


Abbildung 11: Schematische Darstellung der Evolution der Umwelt- und Nachhaltigkeitskommunikation bei der Volkswagen AG.
Quelle: Eigene.

Durch die Fokussierung der Print-Nachhaltigkeitsberichterstattung auf den Konzern wurde ein wichtiger Schritt in der Evolution der Nachhaltigkeitskommunikation im Konzern vollzogen. Hierdurch konnte erstmals über die Umwelt- bzw. Nachhaltigkeitsaktivitäten einzelner Konzernmarken (VOLKSWAGEN, AUDI, SEAT, SKODA usw.) integriert berichtet werden. Gleichzeitig wird ein aus Nutzersicht verwirrendes Nebeneinander verschiedener Marken- und Konzern-Print-Berichte vermieden.

### 5.3.2. Die Charakterisierung der internetbasierten Nachhaltigkeitskommunikation der Volkswagen AG

Um einen Überblick hinsichtlich inhaltlicher Facetten und wesentlicher Parameter der internetbasierten Nachhaltigkeitskommunikation VOLKSWAGENs zu geben, soll in diesem Abschnitt eine kompakte Charakterisierung des Portals *„Mobilität und Nachhaltigkeit"* vorgenommen werden. Hierfür werden die Unterstützungspotenziale der internetbasierten Nachhaltigkeitskommunikation aus Kapitel 5.3.2, d. h. (i) zeitlich-räumliche Entkopplung, (ii) Kontexterweiterung und Vernetzung, (iii) Effizienzpotenziale, (iv) Integration der Nutzer durch dialogische Kommunikation und emotionale Ansprache und (v) Personalisierung als Strukturierungshilfe dienen.

Ad (i): Hinsichtlich des Aktualisierungstakts ist festzuhalten, dass mehrmals wöchentlich im Portal aktuelle Meldungen veröffentlicht werden. Wichtige Berichtsinhalte wurden und werden – vom Veröffentlichungstakt entkoppelt – häufiger *aktualisiert.*[614] Für die regelmäßig gepflegten einzelnen Navigationsrubriken „Aktuelles", „Praxis", „Umfrage" und „Magazin" stehen Archive für die vorangegangenen Jahre bzw. Quartale zur Verfügung. Zudem werden im Portal z. T. *weiterführende Informationen* zu Zahlen & Fakten, Rankingergebnissen, Leitfäden und Kooperationsprojekten bereitgestellt. Eine Linkdatenbank, d. h. eine systematische Sammlung interessanter themenbezogener Links zu externen Websites, ist hingegen nicht im Portalkonzept berücksichtigt.

Ad (ii): Auf der Basis eines sehr umfangreichen und durch eine PDF-Suchmaschine referenzierten Downloadbereiches sind Nutzer mit vergleichsweise geringem Aufwand in der Lage, sich einen umfassenden und differenzierten Überblick über die betrieblichen Aktivitäten VOLKSWAGENs zu verschaffen. Da jedoch das Nachhaltigkeitsportal aus dem Umweltportal www.volkswagen-umwelt.de erwachsen ist, überwiegen die Aspekte der Produkt- und Betriebsökologie im Informationsangebot, weswegen das inhaltliche *Kontextualisierungspotenzial* nicht voll ausgeschöpft wird. Mit Blick auf die Vernetzung kann das Portals neben der direkten Eingabe der eingängigen, jedoch in ihrer Zuordenbarkeit problematischen URL[615], über weitere internetbasierte Kommunikationsme-

---

614 So wurde z. B. der GRI-Content-Index inkl. des Automotive Sector Supplements einer jährlichen Aktualisierung unterzogen.

615 So leicht die URL www.mobilitaet-und-nachhaltigkeit.de zu merken ist und so sehr sie sich für die Registrierung in Suchmaschinen eignet, so sperrig ist sie in ihrer Handhabung (Länge, Umlaut). Durch das Fehlen des Namens „Volkswagen" in der Adresse wird zudem kein direkter Bezug zum redaktionellen Urheber hergestellt – flüchtige Nutzer könnten so irritiert werden, es handle sich bei der URL um ein unabhängiges Nachhaltigkeitsportal, welches von Volkswagen zweckentfremdet oder gar missbraucht wird.

dien VOLKSWAGENs[616] erreicht werden. Zudem wurde das Portal bei über 400 verschiedenen Internet-Suchmaschinen bzw. -katalogen registriert. Mit dem *Vernetzungskonzept* des Umweltberichts 2003/2004 wurden die beiden Hauptmedien der Umwelt- und Nachhaltigkeitskommunikation VOLKSWAGENs eng verknüpft. Neben der direkten Angabe von URLs im Fließtext des Berichts wurden die dem Print-Umweltbericht zuordenbaren Inhalte im Portal auf einer eigenen Verteilerseite zusammengestellt.

Ad (iii): *Effizienzaspekte* im Sinne der Ausführungen in Kapitel 4.2.2.3 werden im Portal nur rudimentär genutzt. Durch das umfangreiche Downloadangebot und die Möglichkeit der Stichwortsuche in PDF-Dokumenten wird grundsätzlich zur intensiven Nutzung von elektronischen Äquivalenten von Print-Berichten und -Broschüren angeregt. Allerdings bleiben die Potenziale der *XML-Technologie*, die eine effiziente Trennung der Kommunikationsschichten „Inhalte", „Struktur" und „Darstellung" ermöglichen, weitgehend ungenutzt.

Ad (iv): Das Portal ist entsprechend seiner konzeptionellen Ausrichtung sehr wissensintensiv und in seiner Tonalität als technisch-sachlich zu charakterisieren. Dementsprechend dominieren in vielen Unterrubriken die Textanteile, während die Bebilderung als sparsam und das Farbklima als dezent zu bezeichnen ist. Bilder und Abbildungen werden – abgesehen von gestalterischen Elementen wie z. B. den Key-Visuals – in sog. Bildboxen bereitgestellt, die separat geöffnet werden können und durch Miniaturversionen („Thumbnails") angekündigt werden. Der Einsatz *hypermedialer Gestaltungselemente* findet jedoch nur eingeschränkt statt. Dies betrifft z. B. den Anteil von animierten visuellen Elementen (z. B. Flash-Animationen, Kurzfilme[617]) und Audio-Dateien. Durch den weitestgehenden Verzicht auf derartige „spielerische" Elemente wird zwar einerseits die Chance ausgelassen, komplexe und komplizierte Sachverhalte auch für nicht-spezialisierte Nutzer verständlich darzustellen, andererseits aber die seriöse Anmutung des Portals gewahrt.

Hinsichtlich der *Interaktions- und Dialogangebote* wird im Portal auf gängige Funktionalitäten zurückgegriffen: Auf der Startseite können Nutzer in einem regelmäßig aktualisierten Voting ihre Meinung zu aktuellen Themen abgeben. Auch in den monatlich veröffentlichten Newslettern ist eine Voting-Komponente, die die Zufriedenheit mit dem Newsletter misst, berücksichtigt. Eine weitere interaktive Besonderheit stellt die automatische Verlinkung von Fachbegriffen im Fließtext mit dem Portal-Glossar dar. Dem Nutzer werden zudem Kontaktmöglichkeiten mit Nachhaltigkeitsbezug per E-Mail, Fax oder Postweg offeriert,

---

616 So kann das Portal z. B. über die zentrale Marken-Website www.volkswagen.de gegenwärtig per „2-Click-Distance" (*Unternehmen → Umwelt*) erreicht werden.

617 Ein Video stellt jedoch Projekte für Straßenkinder vor, in denen sich Volkswagen in Kooperation mit der Kinderhilfsorganisation „terre des hommes" engagiert.

um z. B. fachspezifische Fragen klären zu können. Etwaige Fragen werden innerhalb weniger Tage mit der Unterstützung der jeweiligen Fachabteilung beantwortet. Mit dem sog. Verbrauchsspiel bietet VOLKSWAGEN eine weitergehende Interaktionsmöglichkeit an, die dem Nutzer die spielerische Vertiefung seiner Nachhaltigkeitskenntnisse (Quizz) ermöglicht und dem Unternehmen Anhaltspunkte über den Wissensstand seiner Nutzerschaft liefert. Ein Interaktionstool mit konkretem Praxisnutzen stellt die bereits 1999 [618] bereitgestellte *Verbrauchs- und Emissionsdatenbank (VED)* dar, in der der Nutzer den Kraftstoffverbrauch und die $CO_2$-Emissionswerte von bis zu fünf VOLKSWAGEN-Pkw-Modellen parallel vergleichen kann. Schließlich bot VOLKSWAGEN den Nutzern in der *Online-Nutzerbefragung* im Mai/Juni 2004 [619] die Möglichkeit, ihre Einschätzung zum Portal sowie ihre Informations- und Nutzungsinteressen kund zu tun.

Allerdings bietet das Portal keine wechselseitigen, (a)synchronen Dialogmöglichkeiten, z. B. in Form von Diskussionsforen, FAQs, Online-Chats, Audio- und Videokonferenzen oder Online-Stakeholderdialogen, an.

Ad (v): Hinsichtlich etwaiger *Personalisierungsmöglichkeiten* befindet sich das Portal in einem eher frühen Entwicklungsstadium. Allerdings zählt die Personalisierung zu den wesentlichen expliziten Fernzielen der weiteren Evolution der internetbasierten Nachhaltigkeitskommunikation VOLKSWAGENS.[620] Einen ersten Schritt in Richtung konsequenter Orientierung an nutzerseitigen Informationsinteressen stellt das sog. *Rubrikenkonzept* dar, welches den durch VOLKSWAGEN identifizierten zielgruppenspezifischen Informationsbedarfen Rechnung zu tragen versucht (vgl. Tabelle 5).

---

618 Vgl. o. V., 2001, S. 390f.

619 Vgl. ausführlicher Kapitel 6.1.1.3.2.

620 Vgl. Umweltdialog, 2005.

<table>
<tr><th>Zielgruppe[621]</th><th>Exemplarische Schlüsselaspekte und -themen</th><th>Rubrik</th></tr>
<tr><td>Kunden, Händler</td><td>Produktökologie (z. B. Verbrauchs- und Emissionsdatenbank), Praxistipps (z. B. Sprit sparendes Fahrverhalten)</td><td>Praxis</td></tr>
<tr><td>Lieferanten</td><td>F&E-Informationen, Internationale Materialdatenbank (IMDS), Sonderthemen (z. B. Ökobilanzen)</td><td>Modelle<br>Wissen</td></tr>
<tr><td>Wissenschaft, NGOs</td><td>Forschungsthemen, Kennzahlen, LCAs, Projekte/Kooperationen (z. B. WBCSD Sustainable Mobility 2030)</td><td>Wissen</td></tr>
<tr><td>Medien, Politik</td><td>News, Veranstaltungen/Präsentationstermine, Rankings, Stellungnahmen, Story-Ideen</td><td>Aktuelles<br>Wissen</td></tr>
<tr><td>Fremdkapitalgeber, Versicherungen, Eigentümer, Analysten</td><td>Infos von Analysten, externe Bewertungen, Investorenpräsentationen, Berichte zum Nachhaltigen Investment, Analysen und Berichte von NGOs, Rankings, Zukunftsperspektiven und -strategien</td><td rowspan="2">Wissen<br>Standorte</td></tr>
<tr><td>Mitarbeiter</td><td>Umweltpolitik, Konzernwerte und -leitlinien, Standortinformationen</td></tr>
<tr><td>Jugendliche</td><td>Umweltinformationen für Ausbildung, Initiativen/Kooperationen m. Schulen, Vereinen etc., Angebote für Engagement, Wettbewerbe etc., Spiel- und Freizeitangebote, Internet-Förderung an Schulen</td><td>Magazin<br>Service</td></tr>
<tr><td>Anwohner</td><td>Standortinformationen, Serviceangebote (z. B. Kontakt)</td><td>Standorte<br>Service</td></tr>
<tr><td>Interessierte Öffentlichkeit</td><td>Allgemeine Informationen zu Auto und Umwelt, Entscheidungshilfe für den Autokauf, Modellvergleichsinfos, Überprüfung des umweltpolitische Engagements, allgemeine Praxishilfen, Themen Lärm, Diesel, Motorsport, Glossar</td><td>Praxis<br>Wissen<br>Modelle<br>Standorte<br>Magazin</td></tr>
</table>

Tabelle 5: Eckpunkte des Rubrikenkonzepts im Portal „Mobilität und Nachhaltigkeit".[622]
Quelle: Eigene (Volkswagen AG).

621 Für eine Strukturierung der Stakeholder Volkswagens vgl. Volkswagen AG, 2003, S. 9.

622 Dabei gilt es zu beachten, dass die in Tabelle 5 geschilderte Typisierung zum einen auf einer statischen Bestandsaufnahme beruht und zum anderen in ihrem Umfang zwangsläufig unvollständig und nicht frei von Überschneidungen ist. Grundtenor ist hingegen, dass mit dem Portal der – in der Realisierung durchaus anspruchsvolle – Versuch unternommen wurde, ohne aufwendiges Personalisierungssystem den heterogenen Informations- und Nutzungsinteressen verschiedener Anwender(kreise) gerecht zu werden.

# 6. Die Perspektive des Prozesses der Informationsintegration

*„Der Computer paßt sich dem Menschen an und nicht der Mensch dem Computer.“*[623] Auch nach weit mehr als 15 Jahren mutet dieses Postulat wie „Zukunftsmusik“ an. Es wird dabei angenommen, dass Probleme beim Management der Informationen, die *die* zentrale Ressource einer Systemanpassung und somit einer PIN bilden, eine Schlüsselstellung bei der Anpassungsfähigkeit von IKT-Systemen zukommt. Vor diesem Hintergrund soll im vorliegenden Abschnitt das komplexe Thema der Informationsintegration theoretisch erörtert und mit empirischen Einsichten illustriert werden.

Die Informationsintegration stellt sich dabei als 3-stufiger Prozess dar: So ist zunächst von Interesse, *auf welchem Wege* Informationen über Nutzer gewonnen werden können (Kapitel 6.1). Zudem ist fraglich, wie die gewonnen Informationen *zu Nutzerprofilen verdichtet* (Kapitel 6.2) und anschließend in *adäquate IKT-Infrastrukturen* eingebettet (Kapitel 6.3) werden sollten.

## 6.1. Die Gewinnung nutzerseitiger Informationen

### 6.1.1. Die Gewinnung von Anpassungsinformationen durch reaktive Verfahren

Die Gewinnung von nutzerspezifischen Anpassungsinformationen durch bewusstes Agieren oder Explizieren des Nutzers kann unter dem Sammelbegriff *reaktiver Verfahren der Personalisierung* gefasst werden. Hierdurch sollen allgemeine Merkmale, Bedürfnisse, Präferenzen etc. der Nutzer erhoben werden. Dabei weisen die Informationsquellen i. d. R. unterschiedliche Bezüge auf. In erster Linie können *nutzerindividuelle Informationen* direkt in der Erstellung individueller Profile münden.[624] Zudem können *nutzerübergreifende, anonyme Informationen* entweder bereits gewonnene individuelle Informationen hinreichend kontextualisieren oder den Unternehmen einen ersten Überblick über die Zusammensetzung ihrer Nutzerschaft verschaffen (z. B. auf der Basis einer Online-Nutzerbefragung[625]) sowie die darauf aufbauende Gewinnung nutzerindividueller,

---

623 Balzert, 1988, S. 373.

624 Vgl. Buxel, 2001, S. 25; Clarke, 1993. In der Personalisierungsliteratur wird jedoch fast ausschließlich der erstgenannte Typus expliziter Informationsgewinnung thematisiert. Mit Blick auf die unternehmensseitig noch geringen Erfahrungen mit der internetbasierten Nachhaltigkeitskommunikation scheint hingegen auch die Thematisierung des Aspekts der Gewinnung nutzerübergreifender Informationen opportun, um einen Eindruck von der Struktur des unternehmensspezifischen Stakeholderumfeldes zu erhalten.

625 Vgl. erneut Kapitel 6.1.1.3.

profilrelevanter Informationen fundamentieren. Dieser innovative Grundgedanke erweitert dabei die verengte Auffassung, Personalisierung habe sich lediglich mit der getreuen „Abbildung" individueller Informationsbedarfe zu befassen. Vielmehr gilt es nach Auffassung des Autors besonders aus der Sicht des Unternehmens auch zu berücksichtigen, dass individuelle Informationen und folglich auch die beteiligten Individuen in Kontexte eingebettet sind, die zum einen für Art und Umfang der artikulierten Informationen ursächlich sind und gleichzeitig den Schlüssel für die belastbare Auswertung individueller Informationen darstellen. Abbildung 12 veranschaulicht diesen Zusammenhang.

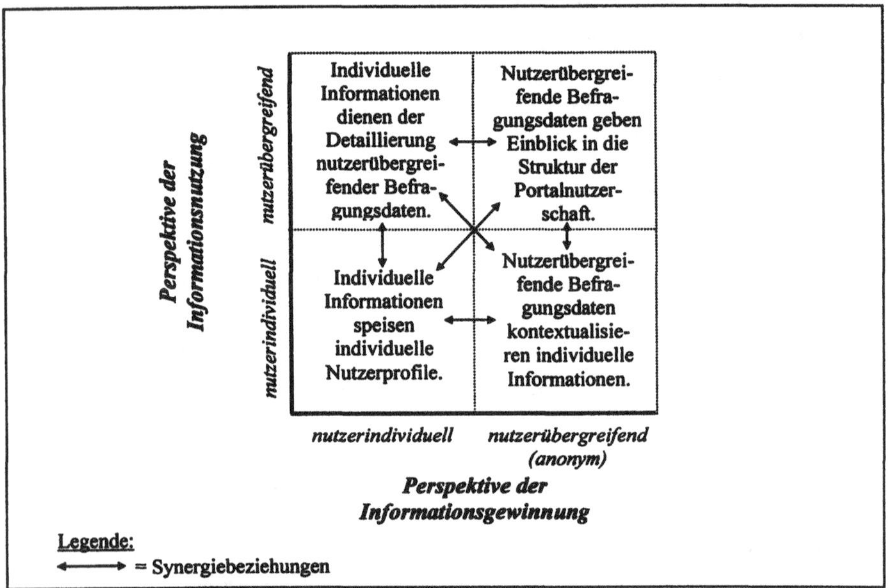


Abbildung 12: Synergiebeziehungen zwischen nutzerindividuell und nutzerübergreifend gewonnenen Informationen.
Quelle: Eigene.

Die beiden *Basistypen* der reaktiven Nutzerinformationsgewinnung sollen im Folgenden näher charakterisiert werden.

#### 6.1.1.1. Die Gewinnung nutzerindividueller Informationen

Für die erstgenannte Form der *Gewinnung nutzerindividueller Informationen*, die bspw. einer „echten", nutzerindividuellen PIN dienen können, steht eine Vielzahl an Methoden zur Verfügung. Basis hierfür ist eine *Selbsteinschätzung* des jeweiligen Nutzers und somit auch dessen Auskunftsbereitschaft. Als Instrumente werden in der Literatur (kurze) *interaktive Online-Befragungen*, die Eingangsinterviews und -tests umfassen, sowie *Fragebögen* genannt.[626] Einige Systeme ermöglichen es auch den Nutzern, direkt Eintragungen in Profilen[627] – sofern die Nutzer von der Bildung von Nutzerprofilen Kenntnis haben – vorzunehmen. Als zu erhebende Informationen werden vor allem solche genannt, die sich in erster Linie auf Eigenschaften und Spezifika von Nutzern beziehen, z. B. *Identifikationsdaten* (z. B. Login, Passwort, Name, Adresse), *Deskriptionsdaten* (sozio- und psychographische Daten) und *Kommunikationsdaten* (z. B. Beschwerdegrund, Eckpunkte von Gesprächsinhalten). Bezüglich der Datengewinnungsmethoden stehen im Internet *geschlossene Formularfelder* (manuelle Eingabe, eingeschränkte Freiheitsgrade), *offene Formularfelder* (manuelle Eingabe, uneingeschränkte Freiheitsgrade) und *Wahlmenüs* (Auswahl fixer Alternativen) zur Verfügung.[628]

Reaktiv gewonnene Anpassungsinformationen werden normalerweise *getrennt* von der eigentlichen Interaktion mit dem Portal („surfen") bereitgestellt – und zwar entweder *ex ante* (vor einer Sitzung) oder *ex post* (nach einer Sitzung), indem nutzerspezifische Informationen durch den Nutzer bewertet und ggf. nachjustiert werden. Insbesondere eine permanente Überprüfbarkeit der Profile kann als förderlich für eine hinreichende nutzerseitige Akzeptanz angesehen werden. Gewonnene Informationen können dabei entweder ungefiltert oder nach einer später erfolgenden Interpretation und Berechnung (z. B. im Sinne von Plausibilitätsprüfungen)[629] in das System einfließen.[630]

Grundsätzlich stellt die (reaktive) Bereitstellung von Informationen für individuelle Nutzer einen zusätzlichen Aufwand dar. Sofern sich die Nutzer über den konkreten Nutzen dieses Aufwands bewusst sind – was meist aktiver Kommunikationsbemühungen des Unternehmens bedarf[631] – kann von einer „Kooperationsbereitschaft" der Nutzer ausgegangen werden. Nutzer dürften nur dann zu etwaigen „Offenbarungseiden" bereit sein, wenn ihnen die inhärenten Vorteile deutlich sind, der Erhebungsaufwand nicht als lästig empfunden wird und die Sicherheit ihrer Daten[632] gewährleistet erscheint. Aspekte der wahrgenommenen Vertrauenswürdigkeit des Unternehmens erscheinen als zentral und erfordern Transparenz schaffende, dialogische Maßnahmen, z. B. hinsichtlich der Verwertungsprinzipien (Privacy Code of Conduct) oder etwaiger Sicherheitsstandards.

---

626 Vgl. Lenz, 2003, S. 206f.; Meier/Stößlein/Mertens, 2001, S. 244; Kobsa/Koenemann/Pohl, 2001, S. 122-126; Zaczek, 2004.

627 Vgl. ausführlicher Kapitel 6.2.

628 Vgl. Buxel, 2001, S. 84-88.

629 Problematisch ist mitunter, dass Nutzer in Formularen und Wahlmenüs z. T. bewusst Falschangaben machen (z. B. „Napoleon Bonaparte" als Vor- und Nachname).

630 Vgl. Lenz, 2003, S. 206 sowie Mertens/Höhl, 1999, S. 12.

631 Vgl. Teltzrow/Kobsa, 2004, S. 3-5.

632 Vgl. Link/Tietdke, 2001, S. 110.

Die Gestaltung von Gegenleistungen, z. B. in Form von Incentives[633], kann die Datengewinnung zwar beschleunigen, ist aber oft mit dem Stigma unseriöser „Lockversuche" behaftet und beeinflusst zudem, abhängig von Art und Wert der Incentives, meist erheblich die Struktur der gezogenen Stichprobe.

So scheint es von Bedeutung, dass Nutzer ihren eigenen Personalisierungsbedarf wahrnehmen, diesen zu artikulieren verstehen und im Sinne einer Vertrauensbasis auch bereit sind, dem beteiligten Unternehmen persönliche Details zu übermitteln. Andernfalls greift regelmäßig das von CARROLL & ROSSON formulierte *Paradox des aktiven Nutzers.*[634] Dieses basiert auf der Annahme eines Nutzertypus, dessen vornehmliches Ziel es ist, die anvisierte Aktivität (z. B. Informationsbeschaffung, Berichts-Download etc.) möglichst schnell und unvermittelt zu erledigen[635], wodurch dem *„Zerrbild vom hyperaktiven Rezipienten"*[636] widersprochen wird. Zentrales Charakteristikum dieser Verhaltensweise ist es, nicht von anderen verfolgten Zielen abgelenkt zu werden.[637] Dies kann insofern als Paradoxon eingestuft werden, als Nutzer langfristig *Transaktionskosten* der Informationsbeschaffung *verringern* bzw. vermeiden könnten, indem sie anfänglich einige wenige relevante Angaben dem Unternehmen bzw. System zur Verfügung stellen: *„[...] in cases of competing information sources, users may simply refuse to visit the site if they have to respond to an interview first."*[638] Zwar ist im Rahmen der internetbasierten Nachhaltigkeitskommunikation bei *unternehmensspezifischen* Informationsinteressen des Nutzers nicht zwingend von konkurrierenden Informationsquellen auszugehen.[639] Gleichzeitig dürfte jedoch auch die Dringlichkeit des empfundenen Informationsinteresses sowohl *inter*individuell als auch *intra*individuell dynamisch oder situativ schwanken. Zudem kann nicht zwangsläufig von einem Nutzertyp ausgegangen werden, der Nachhaltigkeitswebsites ein und desselben Unternehmens regelmäßig, sondern vielmehr sporadisch bzw. selten aufsucht[640] – in diesen Fällen dürfte das individuelle Aufwand-Nutzen-Kalkül negativ ausfallen bzw. die Angabe eigener

---

633 Vgl. Welsch-Lehmann, 2001, S. 141f.

634 Vgl. Carrol/Rosson, 1987.

635 Demnach sei es unrealistisch, davon auszugehen, dass Nutzer sich umfassenden Selbsterklärungsprozeduren und Tutorien widmen, die ihnen einen aus ihrer Sicht eher unklaren, wenig konkreten zukünftigen Vorteil verschaffen. Von diesem Paradox sind viele Aspekte der Systemnutzung betroffen, wie Nielsen, 2001, S. 46, konstatiert.

636 Weischenberg, 1998, S. 54.

637 Vgl. Meier et al., 2001, S. 245.

638 Kobsa/Koenemann/Pohl, 2001, S. 122f.

639 Ausnahmen bestehen insofern, als Nutzer z. B. bei deutschstämmigen Unternehmen meist über spezielle Umwelt- und Nachhaltigkeitsberichte einerseits, als auch über Pflichtbestandteile von Geschäftsberichten andererseits (vgl. Clausen/Loew, 2005, S. 26) Zugang zu den „Nachhaltigkeitsrealitäten" eines Unternehmens erlangen.

640 Diese Vermutung wird auch durch die Erkenntnis der Online-Nutzerbefragung auf „Mobilität und Nachhaltigkeit." gestützt (vgl. Kapitel 6.1.1.3.2).

Informationen und Motive als zusätzlicher Komplexitäts- bzw. (Transaktions-) Kostentreiber wahrgenommen werden – weswegen das genannte Paradoxon als gewichtig einzustufen ist.

Neben den Bedenken, die direkt mit dem zusätzlichen kognitiven bzw. zeitlichen Aufwand verbunden sind, existieren *weitere Problemfelder*. So ist zu bedenken, dass (auch) aufgrund des zusätzlichen nutzerseitigen Aufwands reaktiv gewonnene Anpassungsinformationen stets *unvollständig*[641] und auch *fehlerhaft*[642] sind. Wird der Nutzer z. B. mit einem unternehmensseitig definierten Fragenset konfrontiert, ist dieses ggf. per se unvollkommen bzw. *induziert* durch die gewählte(n) Struktur, Inhalte und Umfang *ein bestimmtes Antwortverhalten*. Dieser Aspekt wird auch durch psychologische Untersuchungen gestützt, denen zufolge der Mensch eigene kognitive Vorgänge oft nur unzureichend erkennen und explizieren kann[643] bzw. derartige Informationen stark von der jeweiligen sozialen Gruppenzugehörigkeit oder weiteren situativen Faktoren beeinflusst werden.[644]

Insgesamt konnte verdeutlicht werden, dass die Informationsgewinnung für individuelle Nutzerprofile als problematisch einzustufen ist. Einige der hier genannten Friktionen lassen sich darauf zurückführen, dass Unternehmen oft nur in unbefriedigendem Maße Kenntnis von der Zusammensetzung ihres Stakeholderumfeldes bzw. der Nutzerschaft ihrer Kommunikationsinstrumente besitzen. So besteht die Gefahr, dass auf der Basis wenig belastbarer, weitgehend Kontext freier und nicht-sektorenspezifischer Informationen Determinanten isoliert werden, auf deren Grundlage (u. U. vorschnelle) Rückschlüsse auf den Informationsbedarf individueller Nutzer gezogen werden – und dadurch auf Nutzerseite durch wenig präzise Bezüge u. U. Irritationen entstehen.[645] Individuelle Nutzer können im ungünstigsten Falle das Zustandekommen des Informationsangebots nicht mehr nachvollziehen und die Seriosität und Zuverlässigkeit des Kommunikators als beeinträchtigt ansehen. Problematisch ist dies besonders dann, wenn

---

641 Vgl. Schwab, 1989, S. 33.

642 Vgl. Lenz, 2003, S. 206.

643 Vgl. Lenz, 2003, S. 206 sowie Rich, 1979. Zudem seien Nutzer sich ihrer eigenen Informationsbedarfe, Fähigkeiten, Ziele oft nicht bewusst. Vgl. exemplarisch Hothi/Hall, 1998.

644 Vgl. auch erneut die Ausführungen in Kapitel 3.4.1.2, in dem die Zusammenhänge zwischen objektiven und subjektiven Informationsbedarfen, Informationsangebot sowie die hiermit zusammenhängenden Friktionen geschildert wurden.

645 Es sei angemerkt, dass derartige Irritationen nicht zwangsläufiger Natur sind. Erfahrungen mit der Personalisierung existieren diesbezüglich z. B. im Rahmen des internetbasierten Bücherversands, z. B. bei Amazon (vgl. www.amazon.com). Dort verursachen nutzerindividuelle Empfehlungen, die auf ermittelten „Geschmacks-Korrelationen“ basieren *(„Kunden, die dieses Buch gekauft haben, haben auch diese Bücher gekauft:... “)*, Irritationen bei den Kunden, da diese Rückschlüsse nicht immer die tatsächliche situative Befindlichkeit der Kunden treffen. Vgl. ähnlich Nanda, 2000.

die hierfür zu Grunde liegenden Informationen lediglich auf Nutzer(-gruppen) abstellen, die von einem Personalisierungsangebot Gebrauch machen – und nicht auf die Nutzerschaft oder die umfassendere Grundgesamtheit der Nachhaltigkeitskommunikation in Gänze. Neben der Frage der *Genauigkeit* der zu Grunde liegenden Informationen ist mit Blick auf die zu erwartende geringe situative Auskunftsbereitschaft der Nutzer von Interesse, wie ein *„schlankes" Erhebungsdesign* für die Nutzerprofilbildung entwickelt werden kann.

Es kann daher zusammenfassend konstatiert werden, dass im Rahmen der hier genannten reaktiven Methoden eine Erweiterung des Betrachtungsfokus (nutzerübergreifend) vorteilhaft erscheint. Die Möglichkeiten des hiermit verbundenen Ansatzes sollen im folgenden Abschnitt dargestellt und durch empirische Einsichten unterfüttert werden.

#### 6.1.1.2. Die Gewinnung nutzerübergreifender, anonymer Informationen

Damit etwaige nutzerindividuelle Anpassungsinformationen ihren Nutzungszweck erfüllen können, ist es nach Meinung des Autors sinnvoll, sie in einen adäquaten, unternehmensspezifischen Kontext einordnen zu können. Diese Forderung leitet sich aus der Vermutung ab, dass selbst innerhalb eines Sektors – wie z. B. der Automobilindustrie – die Zusammensetzung des Stakeholderumfeldes als heterogen zu bezeichnen ist. Etwaige Variationen lassen sich z. B. im Automobilsektor durch verschiedene Fertigungstiefen der OEM und teilweise sehr unterschiedliche bearbeitete (Kern-) Märkte begründen.

Beabsichtigt bspw. ein Unternehmen – wie skizziert – nutzerindividuell gewonnene Informationen aus Eingangs-Interviews (Stakeholder-) Stereotypen zuzuweisen[646], sollte im Idealfall auf unternehmensseitig vorhandene fundierte *Stereotypen* und deren unternehmensspezifische beschreibende Merkmale rekurriert werden oder – alternativ – auf Erkenntnisse (deduktiver) Sekundärforschung[647] zurück gegriffen werden. Dabei können insbesondere im Rahmen der genannten (Primär-) Erhebungen zahlreiche nützliche Erkenntnisse generiert werden, die indirekt auch auf die im vorangegangenen Kapitel geschilderte nutzerindividuelle Informationsgewinnung rückwirken und deren Interpretation in angemessener Weise kontextualisieren. So kann bspw. verglichen werden, ob individuell artikulierte Informationsinteressen und Nutzungsgewohnheiten dem „Portaldurchschnitt" entsprechen oder aber als eher speziell zu bezeichnen sind.

---

[646] Dies fordern z. B. Kobsa/Koenemann/Pohl, 2001, S. 122f.

[647] Hier können entweder deduktive Untersuchungen zu stereotypen Informationsbedarfen (vgl. z. B. Lenz, 2003, S. 215-232; Schulz, 2003, S. 24-31) hilfreich sein – diese könnten zudem mit den Erkenntnissen aus Stakeholdermapping-Prozessen (vgl. erneut Kapitel 2.2.2.3) hinreichend kontextualisiert werden.

Hiermit verbundene Forschungsinteressen zielen auf folgende Aspekte: (i) Gewinnung eines ersten Überblicks über die „durchschnittlichen" Informationsinteressen, Nutzungsgewohnheiten und Identitäten der Portalnutzerschaft und (ii) Vorhandensein von stereotypen Informationsbedarfen.[648] Zu diesen Aspekten sollen am Beispiel des Portals *„Mobilität und Nachhaltigkeit"* exemplarisch empirische Einsichten geschildert werden.

### 6.1.1.3. Die Gewinnung nutzerübergreifender Informationen am Beispiel des Volkswagen-Portals „Mobilität und Nachhaltigkeit"

#### 6.1.1.3.1. Einordnung der Studie und methodische Vorbemerkungen

Die vom 6. Mai bis zum 29. Juni 2004 geschaltete Online-Nutzerbefragung[649] auf dem Portal „Mobilität und Nachhaltigkeit" diente in erster Linie dem Zweck, einen Überblick über die Nutzungs- und Informationsinteressen, die Struktur der Portalnutzerschaft sowie die Zufriedenheit der Nutzer mit dem Informationsangebot zu gewinnen. Hierdurch sollte dem bereits skizzierten Problem begegnet werden, dass die Konzipierung des Portals ausschließlich auf logisch-deduktiv vorgenommenen Überlegungen beruhte und so weitestgehend von Nutzermeinungen und -interessen entkoppelt stattfand. Zudem weist die Untersuchung – in Abgrenzung zu den wenigen aktuellen Studien[650] stakeholderseitiger Informationsinteressen[651] – einen *automobilsektor*- und *nachhaltigkeits*spezifischen Fokus

---

[648] Die Suche nach Stereotypen kann dabei freilich auch jenseits der Informationsinteressen (z. B. psychographische Segmentierung etc.) vollzogen werden. Hier soll jedoch in erster Linie auf das Konstrukt der Informationsbedarfe abgestellt werden, da dieses im Vordergrund des Interesses steht bzw. vermutet wird, dass andere Variablen eher indirekte Relevanz für die PIN aufweisen.

[649] Die Schaltung des Fragebogens diente einem Abteilungs-Workshop zur internetbasierten Nachhaltigkeitskommunikation im Sommer 2004, der der inhaltlichen und strukturellen Weiterentwicklung („Redesign") der Website „Mobilität und Nachhaltigkeit" zum Ziel hatte. Der Zeitpunkt wurde zudem bewusst in den Sommer 2004 gelegt, da 6 Monate zuvor der Umweltbericht 2003/2004 veröffentlicht wurde. Die Annahme war, dass durch diese Veröffentlichung zusätzlicher Traffic auf der Website verursacht wurde, der sowohl in Umfang und Struktur nicht dem üblichen Maße entsprach und so zu eher verzerrten Ergebnissen geführt hätte.

[650] Vgl. hierzu Lenz, 2003, S. 220.

[651] Hier seien in erster Linie die Studien von ECC Kohtes Klewes genannt (vgl. exemplarisch ECC Kohtes, Klewes 2002; ECC Kohtes, Klewes 2003), die sich hingegen nicht auf sektorspezifische Interessen konzentrieren. Ferner wurden deduktive Untersuchungen mit Fokus Umweltberichterstattung (vgl. exemplarisch Lenz, 2003, S. 215-232) durchgeführt oder Informationsbedarfe des „Corporate Responsibility Reporting" unterstellt, ohne auf deren Zustandekommen bzw. Erhebungsmethode hinreichend einzugehen (vgl. exempla-

auf. Der Innovationsgrad einer solchen Befragung wird auch durch eine aktuelle Untersuchung zur internet-gestützten Nachhaltigkeitskommunikation von DAX30-Unternehmen gestützt, der zufolge ein einziges Unternehmen eine Nutzerbefragung, die über reine Voting-Aspekte hinausgeht, vollzogen hat.[652]

Bei der Konzeption des Online-Fragebogens standen *zwei gewichtige Probleme* im Vordergrund: (i) Zum einen wurden das adäquate *Anspruchsniveau* und der geeignete *Umfang* des Fragebogens innerhalb der Fachabteilung sowie mit Beteiligung der betreuenden Kommunikationsagentur kontrovers diskutiert. Dabei wurde ein unvermeidbarer Trade-Off zwischen qualitativem und quantitativem Umfang einerseits sowie der Teilnehmerzahl andererseits unterstellt: Da die Ausführungen in Kapitel 2.2.1.3 eine sehr geringe soziale Diffusion des Leitbildes der Nachhaltigen Entwicklung ergeben haben, wurde die Vermutung geäußert, dass weite Teile der Portalnutzerschaft mit der Beantwortung vergleichsweise fach-spezifischer (Teil-) Aspekte der Nachhaltigen Entwicklung und/oder (internetbasierten) Nachhaltigkeitskommunikation[653] u. U. überfordert seien, so ihre Aussage verweigern und dementsprechend in der Stichprobe unterrepräsentiert blieben („undercoverage"), während bspw. wissenschaftliche bzw. intrinsisch überdurchschnittlich motivierte Kreise ggf. überrepräsentiert wären („overcoverage").[654] (ii) Ein weiteres Problem bestand in der *mangelnden Kenntnis der Zusammensetzung der Grundgesamtheit* der vorliegenden Untersuchung bzw. in fehlenden gesicherten Erkenntnissen, welcher Personenkreis als relevant erachtet und somit adressiert werden musste.[655] Im Hinblick auf ein relativ unerforschtes Untersuchungsobjekt wie der (internetbasierten) Nachhaltigkeitskommunikation waren die Voraussetzungen für eine rein quantitativ

---

risch BITC, 2005, S. 15). Schoenheit hat z. B. die konsumentenseitigen Informationsbedarfe zum Nachhaltigen Konsum untersucht (vgl. VZBV, 2004).

652 Vgl. Blanke et al., 2004, S. 32. Vgl. auch Ahsen/Herzig/Pianowski, 2006, S. 34f.

653 Denkbar wären hier z. B. Fragen zum begrifflichen Verständnis (Definition einer Nachhaltigen Entwicklung) oder zu bestimmten Initiativen (z. B. das Automotive Sector Supplement der Global Reporting Initiative, vgl. Kapitel 3.4.1.1)

654 Letztlich basierten diese Annahmen eher auf Vermutungen als auf belastbaren Daten. So konnte dieser Verdacht auch durch die Analyse der (freilich nicht repräsentativen) E-Mails, die an die Kontaktadresse info@mobilitaet-und-nachhaltigkeit.de geschickt wurden, weder bestätigt noch entkräftet werden. Während die zugesandten E-Mails oft *Fach*fragen zu *Fach*themen (z. B. umweltfreundliche Kraftstoffe) enthielten, konnte auch eine hohe Zahl von E-Mails verzeichnet werden, die einen direkten, fundierten und fachlichen Bezug der Portalnutzerschaft zu diesem Thema vermissen ließen. Zu den Phänomenen der under- und overcoverage vgl. auch vertiefend Theobald, 2000, S. 30.

655 Vgl. ähnlich Mesterharm, 2001, S. 276. Theoretisch könnten alle Nutzer des Portals als Grundgesamtheit definiert werden. Hierdurch blieben jedoch – mit Blick auf das Vernetzungskonzept zwischen Print-Berichterstattung und Internet-Kommunikation – potenzielle Nutzer des Portals ausgeklammert. Eine Orientierung am Bevölkerungsdurchschnitt schließlich ließe die unternehmensspezifischen strukturellen Akzentuierungen im Stakeholderumfeld unberücksichtigt.

orientierte Forschung daher *nicht ausreichend* gegeben. Insofern konnte die hier vorgestellte Befragung *erste Anhaltspunkte* über die Zusammensetzung der Nutzerschaft von Unternehmen liefern. Die Interpretation bzw. Verallgemeinerung der Teilergebnisse ist jedoch mangels Repräsentativität (s. u.) zwangsläufig behutsam zu vollziehen. Scharf konturierte „Beweise" zu etwaigen Zielen, Fragen und Thesen können jedoch *nicht* generiert werden – vielmehr lassen die Ergebnisse der Untersuchung *Tendenzaussagen* über die Konturen und Charakteristika der Portalnutzerschaft zu und können interessante Aufschlüsse für Folgeforschung induzieren. Zudem wurde vermutet, dass die Anwendung Strukturen entdeckender Verfahren (Faktorenanalyse, Clusteranalyse) durch wenig fundierte Quotierungen unnötig verzerrt bzw. etwaige Gruppierungen künstlich induziert würden.

Vor dem Hintergrund der skizzierten Probleme fiel die Entscheidung für eine *selbst selektierende Stichprobe*[656], um erste, *nicht* durch Quotierungsverfahren verzerrte Anhaltspunkte von der Zusammensetzung der Portalnutzerschaft zu erhalten. Um zusätzliche Verzerrungen zu vermeiden – wurde die Teilnahme mit lediglich geringwertigen Sachpreisen incentiviert. Zudem wurden insgesamt lediglich 10 Fragen, die jedoch z. T. zahlreiche Unterfragen aufwiesen, gestellt sowie statistische Angaben zur Person abgefragt. Im Zentrum dieses Fragensets standen dabei die Selbsteinschätzungen des nutzerseitigen Themeninteresses der Nachhaltigen Entwicklung, auf deren Basis weitere Untersuchungen vorgenommen wurden.

Als problematisch hat sich zudem die Frage nach der *Platzierung des Fragebogens auf dem Portal* erwiesen. Da die Untersuchung im Rahmen des „laufenden Betriebs" der Website stattfinden sollte[657], standen zwei grundsätzliche Varianten zur Verfügung: (i) die Programmierung neuer (ASP-) Seiten, die in die existierende Portalstruktur eingebettet würden oder (ii) die Verwendung eines sog. Popup-Fensters. Vor dem Hintergrund finanzieller und zeitlicher Implikationen[658] sowie der Notwendigkeit einer hinreichend auffälligen Platzierung der

---

656 Hauptmanns & Lander messen dem Repräsentativitätsaspekt bei explorativen Nutzerumfragen auf einer Website (wie im vorliegenden Falle) eine geringe Bedeutung bei. Die Autoren konstatieren, dass die oft als alternatives „Ideal" postulierte *echte Zufallsstichprobe* im WWW kaum realisierbar sei. Was, bei genauer Betrachtung der in der Praxis bestehenden und kaum zu lösenden Restriktionen stets bleibe, ist eine selbst selektierende Stichprobe. Vgl. Hauptmann/Lander, 2003, S. 34 & 38.

657 Dies schloss z. B. die Buchung externen „Webspaces" – z. B. eines Dienstleisters – aus.

658 Das Anlegen neuer Templates (~Formatvorlagen im CMS) im Rahmen des bestehenden Portals hätte – im Vergleich zur Programmierung eines Popups – hohe Folgekosten sowie einen hohen Zeitaufwand verursacht. Diese Restriktionen hatten in Verbindung mit technischen Limitationen des Portals (es werden bspw. keine Persistent-Cookies (vgl. Kapitel 6.1.2.1) auf Client-Rechnern gesetzt) zudem auch einen Verzicht auf zahlreiche, z. T. mittlerweile geläufige „Features" von Online-Befragungen zur Folge: (i) So konnte die Mehr-

Befragung auf der Seite wurde die Entscheidung zu Gunsten der Popup-Variante gefällt, was wiederum mit unvermeidlichen – und mit Blick auf den Stichprobenumfang vermutlich gravierenden – Folgeproblemen verbunden war: Popup-Fenster werden nutzerseitig häufig als lästig und störend empfunden, weswegen viele Nutzer sie ungesehen schließen. Zahlreiche Browser bzw. Patches auf der Ebene der Client-seitigen Betriebssysteme sind zudem auch mit „Popup-Blockern" u. ä. Tools ausgestattet – die den Nutzer entweder „beiläufig" oder aber überhaupt nicht über das Blockieren von Popups informieren. Schließlich konnte technisch nicht ermittelt werden, wie häufig ein derartiges Popup beim Nutzer tatsächlich angezeigt wurde, da aufgrund von Proxyserver- und Client-Caches nicht jeder Popup-Aufruf auch seinen Niederschlag in den protokollierenden Server-Log-Dateien des Unternehmens fand. Dies hatte zur Folge, dass gängige Stichprobenkontrollmaße (z. B. die Methode des n-ten Besuchers)[659] nicht anwendbar waren. So kann retrospektiv nur *vermutet* werden, dass von den 43.361 PC-Visits[660], die während der Schaltung der Online-Befragung registriert wurden, eine *sehr hohe Zahl* realer Nutzer aus den genannten Gründen *keine Kenntnis* von der Befragung erlangt bzw. das Popup bewusst ignoriert hat. Empirische Gewissheit besteht hierzu jedoch aus den genannten Gründen nicht. Aufgrund der hohen Verbreitung von „Popup-Blockern" ist hingegen davon auszugehen, dass sich diese Probleme in erster Linie auf den *Umfang* der Stichprobe, nicht aber auf deren *Struktur bzw. Zusammensetzung* ausgewirkt hatten.

Um zu vermeiden, dass nur regelmäßig wiederkehrende Nutzer von der Umfrage erfahren, fiel die Entscheidung für eine über sechs Wochen dauernde Schaltung der Umfrage.[661]

#### 6.1.1.3.2. Die deskriptive Statistik

Insgesamt konnten 164 Teilnehmer gezählt werden, die den Fragebogen *vollständig* bearbeitet hatten – davon 23 (= ~14%) auf dem englischsprachigen Pendant www.mobility-and-sustainability.com.[662] Nach Abzug von fünf Ausrei-

---

fachbearbeitung durch einen Probanden mangels Cookies u. ä. nicht kontrolliert bzw. sanktioniert, (ii) die zufällige Variation von Antwortreihenfolgen konnte ebenfalls programmiertechnisch nicht vorgenommen und schließlich (iii) das Nichtbeantworten einzelner (Unter-) Fragen nicht per Kommentar, Erinnerung o. ä. sanktioniert werden.

659 Vgl. Theobald, 2000, S. 37-40.

660 Zur deskriptiven Statistik des Web Log Mining vgl. ausführlicher Kapitel 6.1.2.2.2. Es sei bereits an dieser Stelle angemerkt, dass sich hinter der Zahl der Visits keineswegs 43.361, sondern vermutlich eine weitaus geringere Zahl *verschiedener* realer Nutzer verbergen.

661 Vgl. Theobald, 2000, S. 30.

662 Dieser moderate Rücklauf korrespondiert dabei mit zahlreichen Untersuchungen, denen zufolge Online-Befragungen stets sehr niedrige Rücklaufquoten erzielen (vgl. Sohn/Lee,

ßern flossen 159 Teilnehmer in die Untersuchungsstichprobe ein. Es konnten Nutzer aus insgesamt 20 verschiedenen Nationen registriert werden, wenngleich das Stammland der VOLKSWAGEN AG, Deutschland, mit ~62% weit überdurchschnittlich repräsentiert war. Die Nutzerschaft bestand mit ~73% mehrheitlich aus männlichen Nutzern und war zu je ~45% 18-29 bzw. 30-50 Jahre alt. Ca. 74% der Nutzer gaben an, über mindestens das Abitur oder gar ein abgeschlossenes Hochschulstudium zu verfügen.[663] Hinsichtlich der Zuordnung der Nutzer zu Stakeholder-Clustern [664] waren die Anteile der Cluster „Kunden“ (~30%), „Privat“ (~20%), „Forschung/Lehre“ (~15%) und „Mitarbeiter“ (~11%) am häufigsten vertreten – die Übrigen mit weniger als je ~5%. Diese Ergebnisse – wenngleich nicht repräsentativ – weisen so z. B. eine vollkommen unterschiedliche Struktur auf als verbreitete Sekundärstudien[665], wodurch die Relevanz einer unternehmensspezifischen Primärforschung unterstrichen wird.

Hinsichtlich der Nutzungsgewohnheiten war vornehmlich von Interesse, wie häufig die Nutzer die Seite aufsuchten. So haben 76,1% der Nutzer angegeben, die Website monatlich oder seltener zu besuchen.

Als sehr aufschlussreich hat sich die Analyse der zahlreichen, zum Teil sehr ausführlichen und engagierten Kommentare in den offenen Fragen erwiesen. Im Rahmen der Antworten bspw. auf die Frage, was *„[...] generell an unserer Website verbessert werden könnte [...]“* offenbarten sich teils sehr unterschiedliche Interessen und Vorstellungen hinsichtlich inhaltlicher Vorlieben oder der Tonalität („zu viel“ vs. „zu wenig Wissenschaftlichkeit“ etc.). Viele Nutzer attestierten der Site zudem Verbesserungspotenzial hinsichtlich des Dialogangebots zwischen den Nutzern, z. B. in Form von Chatforen und Online-Spielen.

Schließlich wurde eine vergleichende Betrachtung der *Mittelwerte nutzerseitiger Informationsinteressen* entlang 20 ausgewählter Kriterien der Nachhaltigen Entwicklung durchgeführt. Dabei hat sich ein „Spiegelbild“ des inhaltlichen

---

2005; Sheehan, 2002). Mit Blick auf die Themen der Nachhaltigen Entwicklung, CSR etc. vermuten Pleon Kohtes Klewes eine Informationsübersättigung von potenziellen Probanden, die sich gravierend auf die Rücklaufquoten von spezifischen Befragungen ausübt: *„In den letzten Jahren hat die Anzahl der Umfragen und Forschungspublikationen zum Thema CSR weltweit stark zugenommen – so stark, dass viele professionelle Leser der Lektüre von Studien oder der Teilnahme an Umfragen überdrüssig geworden sind. [...] Durch diese Situation ist die Anzahl der Teilnehmer an dieser Studie erheblich gesunken. Nahmen 2003 noch knapp 1.700 Personen teil, waren es 2005 nur noch 500 – obwohl dieselbe Methodik zum Einsatz kam [...].“* (Pleon Kohtes Klewes, 2005, S. 8 & 81).

663 Lediglich 10 % der Befragten gaben an, keine allgemeine Hochschulreife zu besitzen.

664 Die Strukturierung der unternehmensspezifischen Stakeholder wurde dabei an die im aktuellen Volkswagen Umweltbericht vorgenommene Unterteilung – mit leichten Modifikationen – angelehnt. Vgl. Volkswagen AG, 2003, S. 9.

665 Vgl. exemplarisch ECC Kohtes Klewes, 2003, S. 37; Pleon Kohtes Klewes, 2005, S. 24.

Charakters des Portals[666] ergeben: So haben ökologierorientierte Kriterien (Energie, Klima etc.) sowie „Nachhaltige Entwicklung" die höchsten Mittelwerte erzielt, während soziale, ökonomische bzw. andere nicht-ökologische, z. T. begrifflich sperrige und bisweilen uneindeutige Themen[667] eher geringere Bedeutungszuweisungen erhielten (vgl. Abbildung 13). Diese Verteilung lässt zweierlei Schlussfolgerungen zu: Zunächst kann sie als eine Manifestation intrinsischer Informationsinteressen interpretiert werden, die im Durchschnitt eine deutliche Bevorzugung von Sachverhalten des betriebs- und produktökologischen Umweltschutzes erkennen lässt. Alternativ kann auch vermutet werden, dass diese Verteilung das Ergebnis eines über längere Zeit andauernden Angleichungsprozesses darstellt, in dem die auf dem Portal „historisch gewachsene" Überrepräsentiertheit ökologischer Themen (~Angebot) sukzessive ihre nutzerseitige Entsprechung (~Nachfrage) gefunden hat.

Besonders interessant ist der Vergleich dieser Rangreihung mit anderen bestehenden Untersuchungen. So kommen PLEON KOHTES KLEWES in einer Studie aus dem Jahr 2005 im kriteriellen Vergleich zu teilweise völlig gegensätzlichen Ergebnissen: Im Rahmen ihrer weltweiten Befragung haben die Probanden z. B. das Thema „Menschenrechte" als wichtigstes Kriterium eingestuft, während dieses in der hier dargestellten Online-Nutzerbefragung im Mittelfeld rangiert.[668] Deutlich unterschiedliche Einschätzungen bestehen auch zu den Kriterien „Corporate Governance", „Recycling" und „Gesundheits- und Arbeitsschutz". Zwar ist bei induktiven Sekundärstudien davon auszugehen, dass die unterschiedlichen Akzentuierungen in den Ergebnissen auch auf unterschiedlich strukturierte Stichproben zurückzuführen sind. Gleichzeitig muss aber im Lichte dieses Vergleiches auch angemerkt werden, dass die Eignung von Sekundärstudien als Referenz für Identifizierung stakeholderspezifischer Informationsinteressen nur sehr eingeschränkt sinnvoll und belastbar erscheint. Dies schließt auch – ungeachtet des didaktischen Werts – deduktive Studien, wie z. B. durch LENZ vorgenommen, mit ein.[669] Gleiches dürfte für die Strukturierung der Nutzerschaft gelten, deren Heterogenität im Folgenden untersucht wird.

---

[666] Vgl. erneut die Ausführungen in Kapitel 5.3.2, in denen ein deutliches Übergewicht produkt- und betriebsökologischer Themen identifiziert wurde.

[667] Hierzu sind z. B. die Kriterien CSR, CRM und Corporate Governance zu zählen.

[668] Vgl. Pleon Kohtes Klewes, 2005, S. 11. Ähnliche Ergebnisse wurden bei Kriterien, die eine hohe mediale Aufmerksamkeit erfahren, ausgewiesen, wie z. B. „Energie" und „Klima".

[669] Vgl. Lenz, 2003, S. 215-232.

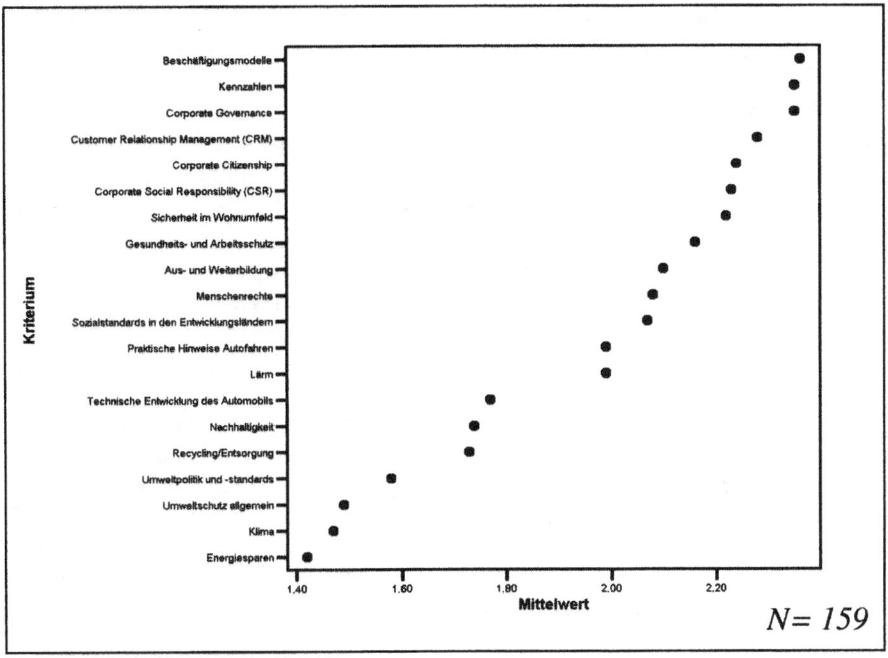


Abbildung 13: Kriterielle Betrachtung der Informationsinteressen (Mittelwerte).[670]
Quelle: Eigene (Volkswagen AG).

#### 6.1.1.3.3. Die Untersuchung der Heterogenität der Nutzerschaft

Die in der Befragung ermittelten Nutzerangaben zu den Informationsinteressen sollten vor allem der Klärung der Frage dienen, inwieweit die Informationsinteressen einer Segmentierung unterworfen werden können. Den Ausgangspunkt bildete die Überlegung, dass analog zur Unterteilung des Unternehmensumfeldes in Stakeholdergruppen u. U. auch scharf konturierte Typen von Informationsinteressen existieren. Vor diesem Hintergrund wurden Nutzerangaben auf der Basis einer Clusteranalyse näher untersucht. Durch diese Analyse sollte so auch ermittelt werden, als wie heterogen die Informationsbedarfe der Nutzerschaft des Portals bezeichnet werden können.

Individuelle Nutzer würden – so die Idee – im Rahmen einer PIN aufgrund ihrer reaktiv bzw. nicht-reaktiv manifestierten Informationsinteressen und der als

---

670 Die dargestellten Mittelwerte beziehen sich auf die Skalierung der Frage hinsichtlich Informationsinteressen („sehr interessant" bis „uninteressant").

„Trigger" identifizierten zugehörigen Nutzercharakteristika wiederum den gewonnenen Stereotypen zugeordnet werden. Zu diesem Zweck wurden die Angaben der Befragung auf der Basis einer Clusteranalyse[671] als Strukturen entdeckendes Verfahren, durch die in sich möglichst homogene, untereinander möglichst heterogene Gruppen identifiziert werden sollten, näher untersucht.

Gedanklicher Ausgangspunkt dieses Forschungsaspekts war die Vermutung, dass es regelmäßig wiederkehrende Interessensprofile gibt, die ähnliche „Verläufe" in den Angaben zu 20 inhaltlichen automobilsektorspezifischen Kriterien der Nachhaltigen Entwicklung (=manifeste Variablen) aufweisen und dass verschiedene Nutzer diesen Interessens-Stereotypen zugeordnet werden können. Dabei wurde zunächst der Clusteranalyse eine *explorative Faktorenanalyse* vorgeschaltet[672], da vermutet wurde, dass die betrachteten 20 manifesten Variablen – z. B. aufgrund thematischer „Verwandtschaft"[673] – teilweise hoch korreliert sind. Dabei konnten die genannten 20 manifesten Variablen durch die Hauptkomponentenmethode[674] auf vier latente Faktoren bei gleichzeitig als gut zu bezeichnenden Gütemaßen reduziert werden: Die Betrachtung der zugehörigen manifesten Variablen, Hauptkomponenten und Markiervariablen ergab, dass der Faktor 1 ökologische Themen sowie Nachhaltigkeit, Faktor 2 eher übergeordnete, globale soziale Kriterien, Faktor 3 eher mitarbeiter- und anwohnerbezogene soziale Kriterien und Faktor 4 ökonomische sowie automobilpraxisbezogene Themen repräsentiert.

Auf der Basis dieser vier Faktoren sowie der zugehörigen Faktorwerte wurde eine *Clusteranalyse* durchgeführt. Hierbei wird oft auf den Umstand verwiesen, dass die Wahl des geeigneten Fusionierungsalgorithmus sowie des zu Grunde liegenden Proximitätsmaßes oft einen starken Einfluss auf Art und Umfang der ausgewiesenen Gruppenlösungen ausüben, weswegen großes Augenmerk auf die Stabilität dieser Gruppenlösungen zu richten ist.[675] Im vorliegenden Fall wurden aus sach-logischen Erwägungen vornehmlich Ähnlichkeitsmaße als Proximitätsmaße näher betrachtet.[676] Hinsichtlich der zu verwendenden Fusionierungsalgo-

---

671 Vgl. Backhaus et al., 2003, S. 479-542; Büschken/Thaden, 2000, S. 339-380; Freter/Obermeier, 2000, S. 740-763 sowie Rudolf/Müller, 2003, S. 151-176.

672 Vgl. Backhaus et al., 2003, S. 538; Rudolf/Müller, 2003, S. 153.

673 So liegt die Vermutung nahe, dass im Rahmen der Triple-Bottom-Line zusammengehörige Kriterien (z. B. alle Ökologie-Themen) auch aus Nutzersicht stark korrelieren.

674 Vgl. Rudolf/Müller, 2003, S. 127. Von Interesse ist in diesem Zusammenhang, wie die auf einen Faktor hoch ladenden Variablen durch einen *Sammelbegriff* (Komponente) zusammengefasst werden können, weswegen hier die Hauptkomponentenmethoden – und nicht alternative Verfahren wie z. B. die Hauptachsenanalyse verwendet wurde. Vgl. exemplarisch Backhaus et al., 2003, S. 293.

675 Vgl. exemplarisch Büschken/Thaden, 2000, S. 340.

676 Die Präferenz von Ähnlichkeitsmaßen in der vorliegenden Analyse kann auch so begründet werden, dass hier der „Gleichlauf" der nutzerseitigen Präferenzprofile (vgl. Backhaus et al.,

rithmen wurde zunächst das Single-Linkage-Verfahren angewandt, um Ausreißer (4 Stk.) zu eliminieren. Auch im weiteren Verlauf wurden bei der Wahl der Fusionierungsalgorithmen lediglich hierarchische Verfahren berücksichtigt, da der vorliegende Stichprobenumfang als eher gering zu bezeichnen ist.[677]

Die Betrachtung der Gruppenlösungen bei Variation des Fusionierungsalgorithmus sowie der Proximitätsmaße hat hingegen *keine stabile Lösung* erkennen lassen. Um zu klären, ob die mit der vorgeschalteten Faktorenanalyse unvermeidbar einhergehenden Informationsverluste möglicherweise die Ergebnisse beeinflusst haben, wurde die Clusteranalyse in einem zweiten Schritt direkt auf der Basis der 20 manifesten Kriterien bei Verwendung zwei verschiedener Ähnlichkeitsmaße und verschiedener hierarchischer Fusionierungsverfahren durchgeführt. Allerdings wurden ähnliche Ergebnisse induziert – d. h., dass auch hier unterschiedliche Fusionierungsalgorithmus-Distanzmaß-Kombinationen zu unterschiedlichen Gruppenlösungen geführt haben. BÜSCHKEN & THADEN warnen bei instabilen Gruppenlösungen vor der Darstellung artifizieller Lösungen, die lediglich statistische Artefakte – nicht aber real vorhandene, klar voneinander unterscheidbare Gruppierungen darstellen.[678]

Instabile Ergebnisse in der vorliegenden Form lassen zweierlei Schlussfolgerungen zu, nämlich (i) entsprechend einer *Homogenitäts*vermutung und (ii) entsprechend einer *Heterogenitäts*vermutung:

Ad (i): Denkbar ist, dass die genannten Präferenzen innerhalb der Stichprobe sich derart homogen darstellen, dass die Identifizierung von Clustern technisch ausgeschlossen ist. Hiergegen sprechen jedoch die Befunde, die sich bei der Betrachtung der Variationskoeffizienten der artikulierten Interessen an den einzelnen Kriterien, d. h. die Relation zwischen Standardabweichung und dem korrespondierenden arithmetischen Mittel, ergeben haben: Hierzu wurden im Sinne einer Kreuztabellierung die durchschnittlichen arithmetischen Mittelwerte und Streuungsmaße der einzelnen Kriterien für jeden Stakeholder-Cluster in einer Matrix abgetragen. Diese Form der Darstellung liefert ein Abbild der

---

2003, S. 496) von Interesse ist und weniger das absolute Niveau der Präferenzen. So sind Konstellationen denkbar, in denen z. B. ein Proband für alle abgefragten manifesten Kriterien angibt, diese „interessant" zu finden und ein weiterer Proband äußert, alle „sehr interessant" zu finden. In diesem direkten Vergleich ist vornehmlich die relative Einschätzung der Kriterien von Interesse, d. h. dass beide Probanden *alle Kriterien als gleich wichtig* beurteilen – die Tatsache, dass beide die Beurteilung auf *unterschiedlichem Niveau* („interessant" und „sehr interessant") vornehmen, ist eher von untergeordneter Bedeutung, da vermutet wird, dass diese Nuancierung auf Stimmungen oder persönlichen Grundeinstellungen beruhen.

677 Zur Begründung vgl. ausführlich Freter/Obermeier, 2000, S. 761. Zur Unterscheidung zwischen hierarichischen und partitionierenden Verfahren vgl. Backhaus et al,. 2003, S. 499-515.

678 Vgl. Büschken/Thaden, 2000, S. 363.

Heterogenität bzw. Homogenität der Informationsinteressen – sowohl innerhalb eines Stakeholder-Clusters als auch Stakeholder-Cluster übergreifend (kumulativ). Die Variationskoeffizienten betrugen wenigstens 23,19%, maximal 43,42%. Vereinfacht betragen die Schwankungen der individuellen Präferenzen verschiedener Nutzer bezüglich eines inhaltlichen Kriteriums *im Mittel* eine viertel bis zu einer halben Einheit auf der zu Grunde liegenden 4er-Skala („*sehr interessant*" bis „*uninteressant*") und sind somit als wesentlich zu betrachten. Geringe Variationskoeffizienten (z. B. <10%), die als Indiz für homogene Verteilungen gewertet werden könnten, waren nicht zu beobachten.

Ad (ii): Daher lautet die alternative Folgerung, dass die Informationsinteressen innerhalb der analysierten Stichprobe als heterogen bzw. sehr variant zu bezeichnen sind und sich individuelle Nutzer im Lichte dieser Untersuchung *nicht* sinnvoll etwaigen Stereotypen zuordnen lassen. Gestützt wird diese Vermutung durch die bereits intensiv thematisierten Vermutungen eines fragmentierten Nachfragerumfeldes (Individualisierungstendenzen, vgl. erneut Kapitel 2.2), die in bestehenden Studien als heterogen deklarierten Informationsbedarfe in anderen Stakeholder-Clustern (z. B. Investoren[679]) sowie die gravierende Rolle regional-kultureller Differenzen als Determinante der Informationsbedarfe.[680] So existieren auch hier zwischen den verschiedenen Teilgruppen (private und institutionelle Investoren, Fond-Manager und -analysten) z. T. sehr unterschiedliche Vorstellungen hinsichtlich einer inhaltlichen Ausdifferenzierung der Begriffskonzepte Nachhaltige Entwicklung oder CSR. Es kann jedoch auch vermutet werden, dass u. U. sinnvolle Clusterlösungen jenseits einer 10er-Lösung existieren, die allerdings bei nicht-repräsentativen Stichproben – wie im vorliegenden Falle – kaum reliabel gemessen werden können.

Sollten sich die genannten Befunde im Rahmen einer Folgeforschung[681] bestätigen, darf bezweifelt werden, dass das Stakeholder-Konzept sowie eine Selbstzuordnung von Nutzern zu verbreiteten Stakeholder-Stereotypen eine sinnvolle Basis für die PIN im Sinne der Antizipation der nutzerseitigen Informationsbedarfe darstellen.

#### 6.1.1.3.4. Die kritische Würdigung der Gewinnung nutzerübergreifender Informationen

Die vorangegangenen Ergebnisse, haben die Relevanz sektor- und unternehmensspezifischer Primärforschung, oder – anders formuliert – die Risiken von Fehlinterpretationen und vorschnellen Konsequenzen im Rahmen der PIN, die

679 Vgl. hierzu exemplarisch BITC, 2005, S. 17.

680 Vgl. hierzu Pleon Kohtes Klewes, 2005, S. 7 & 21.

681 So wäre denkbar, dass ähnliche Untersuchungen auch in anderen Unternehmen anderer Sektoren durchgeführt werden.

durch die Konsultation von Sekundärstudien entstehen können, deutlich werden lassen. Neben den zahlreichen Aufschlüssen, insbesondere zur Heterogenität der Informationsinteressen der Portalnutzerschaft sind jedoch auch zahlreiche Problemfelder offensichtlich geworden: Zunächst haben Unternehmen für die Durchführung derartiger Studien einerseits ausreichend Ressourcen und andererseits ein hinreichendes Methodenwissen vorzuhalten, um belastbare Ergebnisse ableiten zu können. Zudem bestehen bei der Konzeption einer Studie kaum umgehbare Limitationen durch unklare Vorstellungen hinsichtlich der Grundgesamtheit der unternehmerischen Nachhaltigkeitskommunikation. So kann aus dieser Sicht argumentiert werden, dass das Erforschen der Zusammensetzung einer Portalnutzerschaft und der interessierenden Nutzermeinungen und -einstellungen weniger eine einmalige als eine kontinuierliche Aufgabe der Transparenzschaffung im Unternehmensumfeld darstellt. Ein gegenwärtig bestehendes Problem sind auch die gegenwärtig auf Nachhaltigkeitsportalen vergleichsweise geringen Nutzer- und Nutzungsvolumina, die die Möglichkeiten einer statistisch reliablen oder gar repräsentativen Erhebung einschränken.

Darüber hinaus bestehen auch grundsätzlich bei Befragungen kritisierte methodische Probleme, wie z. B. der nutzerseitig zusätzlich anfallende Zeitaufwand oder die schwer umgehbaren Kapazitätseinschränkungen, aufgrund derer meist nur unvollständige Eindrücke individueller oder übergreifender Nutzercharakteristika gewonnen werden können. Neben etwaigen Fehleinschätzungen der Nutzer entstehen durch die Vorauswahl von Befragungsitems auch stets Beeinflussungseffekte in Richtung Nutzer. Den *nicht-reaktiven Verfahren* werden vor diesem Hintergrund weiter reichende, komplementäre Potenziale der Ermittlung von Informationsbedarfen zugeschrieben, wie im Folgenden näher erörtert wird.

### 6.1.2. Die Gewinnung von Nutzerinformationen durch nicht-reaktive Verfahren

#### 6.1.2.1. Die Instrumente der nicht-reaktiven Informationsgewinnung

Dreh- und Angelpunkt nicht-reaktiver Verfahren bildet die Aufzeichnung von Daten im Internet, die aus dem Nutzungsverhalten individueller Nutzer im Internet entstehen. Dabei existiert eine Vielzahl von Instrumenten, die speziell für die Sammlung dieser Daten im Internet konzipiert wurden.[682] Neben dem wohl prominentesten Verfahren, dem Web Log Mining, existieren zahlreiche weitere Methoden, die eine quasi-biotische, nutzerseitig weitgehend unbemerkte – und daher oft heftig kritisierte[683] – Sammlung von Nutzerinformationen

682 Vgl. Buxel, 2001, S. 60; Cooley, 2000, S. 19-23; Srivastava, 2000, S. 12-23.
683 Vgl. exemplarisch Hoofnagle, 2005.

ermöglichen. Im Folgenden soll eine knappe Darstellung gängiger nicht-reaktiver Verfahren vorgenommen werden.[684]

- **Log-Dateien** zeichnen automatische Informationen über den Austausch von Dateien zwischen Server und Client auf (Datenzu- und -abgänge). Aus ihnen können detaillierte Daten über die Nutzer von Websites, deren Interessen und Nutzungszeiten gewonnen werden. Zusätzlich lassen sich Aussagen über die zeitliche Verteilung von Zugriffen sowie die technische Ausstattung des Nutzers (Betriebssystem, Browser etc.) gewinnen.[685]

- **Umgebungsvariable** halten – ähnlich wie Log-Dateien – indirekt Ereignisse fest, die auf Nutzeraktionen zurückzuführen sind. Anstatt eher statisch orientierte HTML-Dokumente abzurufen, kann der Client-Rechner auch ein Programm – z. B. in Form eines Common-Gateway-Interface-Scripts (CGI) – auf dem Server abrufen. Als Folge des Starts eines CGI-Scripts werden Umgebungsvariable vom Server gesetzt, aus denen Hinweise auf die Zugriffsmuster der Nutzer extrahiert werden. Umgebungsvariable beinhalten entweder den Client beschreibende (z. B. REMOTE_HOST), die Anfrage beschreibende (z. B. REQUEST_METHOD) oder aber den Server beschreibende Informationen (z. B. SERVER_SOFTWARE).

- **Session-/Persistent-/Third-Party-Cookies** sind Textdateien, die durch einen Server auf dem Nutzer-Client ablegt und auch wieder ausgelesen werden. Cookies werden häufig im Verbund mit Daten aus Log-Dateien analysiert, um Informationen über die Interessen der Nutzer zu gewinnen. Dreh- und Angelpunkt von Persistent-Cookies sind zumeist die Identifizierungscodes, mit denen Browser(inter)aktionen in zeitlich versetzten Sequenzen ein und desselben Nutzers bzw. Rechners zusammenhängend interpretiert werden können. Session Cookies haben hingegen nur innerhalb einer Sitzung Gültigkeit. Third Party-Cookies beruhen auf Content-Elementen von Dritten, die z. B. im Rahmen von Syndikation oder Bannerwerbung auf einem bestimmten Portal integriert sind.

- **Software-Agenten** bezeichnen spezielle Anwendungen oder Programme, mit deren Hilfe Daten über die Internetnutzung des Nachfragers auf der Seite des Nutzers aufgezeichnet werden, ohne dass dieser sich dessen bewusst ist. Besonders verbreitet sind Agenten in Form von Java-Scripts/-Applets (Sun) sowie Active-X-Komponenten (Microsoft).

- **Modifizierte Browser (Client Logs)** sind spezielle Browser, die um eine Protokollkomponente erweitert worden sind, um Daten über die Internetnutzung des Nachfragers auf Seiten des Nutzers aufzuzeichnen.[686]

- **Packet-Sniffing-Technologien** bezeichnen spezielle Programme, meist in lokalen Netzwerken befindlich, mit deren Hilfe die im Internet versandten Dateien hinsichtlich Inhalt sowie Ankunfts- und Zielort analysiert werden können („Mitlesen vom Datenverkehr").

- **Web Bugs** können als Links bezeichnet werden, die beim Aufruf einer Website Einträge in Log-Dateien auf anderen Servern, oft in Form von kleinen Grafikdateien, hinterlassen, die darauf schließen lassen, wann ein Nutzer diese Website besucht hat. Auf diese Weise kann

---

684 Für die Methoden vgl. ausführlicher Buxel, 2001, S. 60-83; Cooley, 2000, S. 19-23.

685 Vgl. ausführlicher Kapitel 6.1.2.2.

686 Eine Frühform stellt die 1995 vorgestellte Browsertechnologie „Letizia" dar, die dem Nutzer für ihn interessante Websites vorschlägt (vgl. http://lcs.www. media.mit.edu/people/ lieber/Lieberary/Letizia/Letizia-Intro.html, abgerufen am 28.05.2005).

die Protokollierung individueller Clickstreams externalisiert werden, indem speziell präparierte Web Bugs eines Dienstleisters in die HTML-Seiten einer Website integriert werden. Der besondere Vorteil von Web Bugs liegt zum einen in der Möglichkeit, Sammelprofile mehrerer Websites zu erstellen, wenn der Fremdserver eines einzelnen Dienstleisters verwendet wird, zum anderen besteht die Chance, das Öffnen von E-Mails und Dateien zu überwachen.

Der praktische Einsatz der genannten Verfahren ist hingegen oft mit wesentlichen Problemen verbunden. So sind zahlreiche Verfahren nur mit bewusster Kooperation des Nutzers anwendbar.[687] Einige Methoden können aufgrund ihres problematischen „Images" (z. B. Packet-Sniffing-Technologien) oder aufgrund ihrer kapazitätsbedingt stark limitierten Informationsreichhaltigkeit (Umgebungsvariable, z. T. auch Cookies) in der Praxis kaum sinnvoll – oder nur konzertiert – eingesetzt werden.[688] Zudem bestehen (z. B. bei Web Bugs)[689] Bedenken hinsichtlich des Schutzes der Privatsphäre, die im weiteren Verlauf dieser Arbeit vertieft diskutiert werden.[690]

Der Nutzbarmachung von Daten aus Server-Logs ist in den vergangenen Jahre verstärkt Aufmerksamkeit zuteil geworden, da mit dieser Methode kontinuierlich vergleichsweise umfassende und differenzierte Informationen registriert werden. Vor diesem Hintergrund soll dieses Verfahren am Beispiel des Portals *„Mobilität und Nachhaltigkeit"* als empirische Methode exemplarisch vorgestellt und hinsichtlich ihrer Eignung als Instrument der Informationsbedarfsanalyse im Rahmen der PIN beleuchtet werden.

### 6.1.2.2. Die Darstellung der Analysepotenziale des Web Log Mining am Beispiel des Portals „Mobilität und Nachhaltigkeit"

#### 6.1.2.2.1. Einführende Bemerkungen

Die Log-Dateien des Portals „Mobilität und Nachhaltigkeit" ermöglichen sowohl quantitative als auch eher qualitativ-strukturelle Auswertungen: Zunächst können mengenbezogene Informationen i. S. e. Seitennutzungsstatistik (Häufigkeiten, Zeilenbetrachtung) extrahiert werden. Die 21 verschiedenen Basisfelder jeder Zeile der Log-Dateien beinhalten darüber hinaus detaillierte Informationen zu jeder abgerufenen Datei („Page-File"). Auf dieser Basis können, so die Grundidee, prinzipiell Rückschlüsse auf den Nutzungskontext gezogen werden: Hierzu zählen z. B. Daten, die der *Nutzeridentifikation* dienen (z. B. durch IP-Adressen

---

687 Vgl. vertiefend Buxel, 2001, S. 90-93.
688 Vgl. vertiefend Buxel, 2001, S. 90-93.
689 Vgl. Hoofnagle, 2005, S. 5.
690 Vgl. Kapitel 9.3.

oder User-IDs, Client-Browser) oder *Nutzer- bzw. Nutzungsinteressen.*[691] Die Analysepotenziale stehen dabei meist am Ende eines Web Log Mining-Prozesses, der vorgeschaltete vor- und aufbereitende Aktivitäten umfasst (vgl. Abbildung 14). Zu den gängigsten Auswertungsmethoden zählen in diesem Zusammenhang *clusteranalytische Verfahren* sowie die *Assoziations-* und *Pfad-* bzw. *Sequenzanalyse.*[692] Im weiteren Verlauf wird eine kompakte[693] Darstellung der Assoziations- und Sequenzanalyse vorgenommen. *Clusteranalytische Verfahren* konnten im vorliegenden Falle, wie in Abbildung 14 durch die gestrichelten Linien angedeutet, nicht angewandt werden. Gründe hierfür liegen in fehlenden *reaktiv* erhobenen Daten (z. B. Nutzerprofile, Datenbanken) und *technischen Limitationen* des Portals i. S. v. fehlenden nicht-reaktiven Verfahren. So werden auf „Mobilität und Nachhaltigkeit" weder Cookies auf Clients gesetzt noch Nutzer-Logins ermöglicht. Zwar existieren für eine eindeutige Nutzidentifizierung alternative Verfahren (z. B. die kombinierte Betrachtung einer Client-IP und des Client-Browsers, da angenommen wird, dass identische Kombinationen eher selten auftauchen) – problematisch ist jedoch die in Unternehmen und im privaten Bereich durch Online-Provider und sog. Firewalls weit verbreitete dynamische Allokation von IP-Adressen.[694] Die eindeutige, *statistisch belastbare Abgrenzung* von Nutzungsvorgängen individuell verschiedener Nutzer ist demnach auf diesem Portal zum gegenwärtigen Zeitpunkt *technisch ausgeschlossen.*[695]

---

691 Vgl. Buxel, 2001, S. 67. Dieser Rückschluss ist indes nur eingeschränkt zu ziehen, da die Motive des Aufrufs meist nicht bekannt sind. So kann eine Anfrage auch zustande kommen, da der Nutzer nicht alle verfügbaren Alternativen erkannt hat oder unaufmerksam bzw. abgelenkt war. Vgl. ähnlich Kobsa/Koenemann/Pohl, 2001, S. 118.

692 Vgl. exemplarisch Gronover/Bach, 2000, S. 37-40; Hettich/Hippner, 2001; Schögel/Schmidt, 2002, S. 49; Zaczek, 2004, S. 13-22. Das hier gewählte Phasenmodell (vgl. ähnlich auch Koutri/Avouris/Daskalaki, 2004), welches mit seinen Approximationsstufen freilich eine Vereinfachung der komplexeren Realität darstellt, lehnt sich dabei implizit an den industrieübergreifenden Prozessstandard des Data Mining an (Cross Industry Standard Process for Data Mining (CRISP-DM), vgl. www.crisp-dm.org/, abgerufen am 15.05.2005).

693 Eine erschöpfende Darstellung sämtlicher instrumentell-methodischer Facetten und Fallstricke der Analyse von Log-Dateien würde den Rahmen dieser Arbeit sprengen. Vielmehr werden hier die wesentlichen Aspekte diskutiert – zur Vertiefung sei auf die Arbeiten von Buxel, 2001; Cooley, 2000 sowie Zaïane/Xin/Han, 1998 verwiesen.

694 Hierdurch erhalten Nutzer bei jeder Sitzung eine neue IP-Adresse – nur in wenigen Fällen wird individuellen, realen Nutzern zweimal dieselbe IP-Adresse zugewiesen, weswegen diese Methode als Identifikationsmittel ausscheidet. Vgl. ausführlich Buxel, 2001, S. 106f.; Cooley, 2000, S. 47f. Zur Bedeutung von IP-Adressen vgl. erneut Kapitel 4.1.1.

695 Hierdurch wird auch die Anwendung anspruchsvoller Analyseverfahren wie z. B. Neuronale Netze (für einen Überblick vgl. die Arbeit von Wiedmann/Buckler/Buxel, 2001) eingeschränkt.

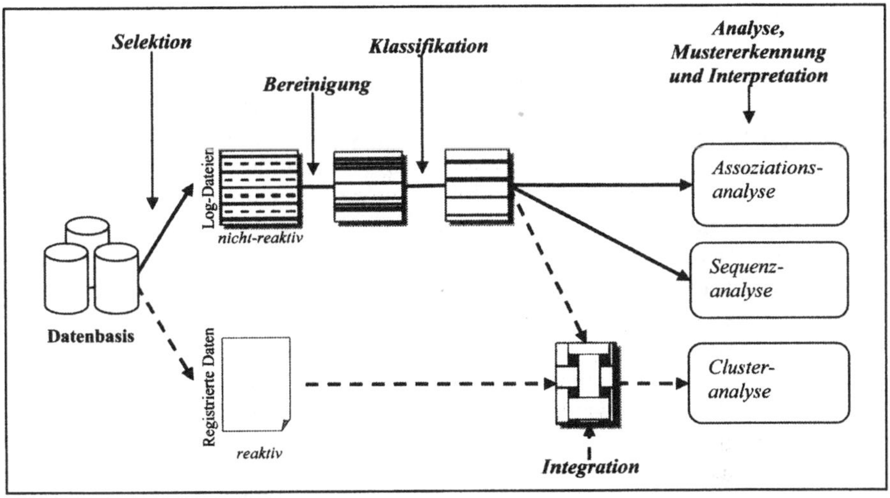


Abbildung 14: Der Prozess des Web Log Mining im Portal „Mobilität und Nachhaltigkeit“[696].
Quelle: Eigene, mit Elementen von Cooley, 2000, S. 2; Hippner/Merzenich/Wilde, 2002, S. 11; Zaïane/Xin/Han, 1998.

Notwendige Voraussetzung für die Mustererkennung und Interpretation ist zunächst eine *Bereinigung der selektierten Log-Dateien,* da diese in ihrem Rohzustand sämtliche angefallenen Zugriffe, d. h. auch Vorgänge, die nicht den interessierenden Nutzungsvorgängen realer Nutzer i. e. S. zuzuordnen sind, beinhalten.[697] Daher wurden die Dateien des Befragungszeitraums (s. o.) um Zugriffe von „web robots/spider s“[698], des verwendeten Sicherheitssystems[699] sowie administrativen Aktivitäten[700] bereinigt.

696 Die im unteren Abbildungsbereich befindlichen Analysekomponenten (gestrichelte Pfeile) konnten aufgrund technischer Limitationen des Portals nicht durchgeführt werden.

697 Vgl. Cooley, 2000, S. 43-47.

698 Als solche werden automatisierte Agentensysteme (z. B. von Suchmaschinen und -katalogen) bezeichnet, welche die Hyperlinkstruktur des Internet durchsuchen, um Informationen zu lokalisieren und zu gewinnen. Vgl. Tan/Kumar, 2000, S. 9f.; UNCTAD, 2005, S. 178.

699 Auf dem Portal wurde aus Sicherheitsgründen ein Monitoring-System (Mercury Topaz) installiert, welches den Server, ähnlich einem Echolot, permanent mit Anfragen „bombardiert“: Für den Fall, dass der im Betrieb befindliche Server innerhalb eines definierten Zeitraumes keine Antwort sendet, wird der Administrator per SMS über den Ausfall informiert. Die hierdurch verursachten Zugriffe verursachten ein hohes Traffic-Volumen.

700 So wurden z. B. die Aktivitäten, die mit dem CMS in Zusammenhang stehen (z. B. Aktualisierung und Pflege der Portalinhalte) sowie die Aktivitäten des sog. Projekt-Servers (ein auf dem Server befindliches Extranet, welches dem Datenaustausch zwischen der Fachabteilung und der betreuenden Kommunikationsagentur dient) aus den Log-Dateien entfernt.

In einem weiteren Schritt ist die *Klassifikation bzw. Bündelung* der nutzerseitig induzierten Seitenaufrufe („Page Views") vorzunehmen. Dies ist notwendig, da die Sequenzen in einem kryptischen, schwer interpretierbaren Zustand vorliegen. Einzelnen spezifischen URLs [701] werden dabei in einem manuellen Prozess sinnvolle, interpretierbare und problemadäquate Klassifikationsetiketten zugeteilt, die eine Interpretation von Klick-Sequenzen und Assoziationsregeln ermöglichen. Dieser Schritt erfordert zunächst eine eingehende Kenntnis der Struktur des Portals sowie dessen inhärenter „Navigationslogik", da mit der Erteilung von Etiketten auch automatisch eine Entscheidung für ein adäquates, der anschließenden Interpretation angemessenes Aggregationsniveau getroffen wird. Dabei kommt an dieser Stelle das bereits in Kapitel 5.3.2 (insbesondere Tabelle 5) skizzierte *Rubrikenkonzept* von „Mobilität und Nachhaltigkeit" zum Tragen: So scheint eher der Zusammenhang zwischen den sieben Rubriken und anderen wichtigen Portalbestandteilen von Interesse – anstatt jede singuläre Ressource[702] und deren spezifische inhaltliche Identität(en) nachzuverfolgen, in anderen Worten: Aus inhaltlich-interpretatorischer Sicht interessiert vornehmlich, welche *(Unter-) Rubrik* mit einem Page-View aufgerufen wurde. Weitergehende Informationen, *welcher Artikel oder aktuelle Meldung genau* gelesen wurde, sind im Rahmen der Assoziations- und Sequenzanalyse von *eher untergeordneter Bedeutung* bzw. induzieren eine nicht mehr „manuell" handhab- und interpretierbare Komplexität der Datenbasis.[703] Daher wurde jede einzelne Ressource in einem manuellen Prozess entsprechend ihrer Zugehörigkeit zu der jeweiligen (Unter-) Rubrik klassifiziert.[704] Die so bereinigten und klassifizierten Log-Dateien wurden dabei auf der Basis einer deskriptiven Statistik, einer Assoziationsanalyse und einer Sequenzanalyse näher untersucht.

#### 6.1.2.2.2. Die deskriptive Seitennutzungsstatistik

Im Untersuchungszeitraum (6.5.-29.6.04) konnten insgesamt rund 43.000 Nutzungsvorgänge von PCs registriert werden, von denen 71% auf die deutschsprachige, der Rest auf die englischsprachige Version des Portals entfielen. Pro Visit wurden im Gesamtdurchschnitt rund 2,7 Page-Views gezählt. Hinsichtlich der Dokumenten-Downloads zählte auch sechs Monate nach der

---

701 So verbirgt sich beispielsweise hinter der Ressource */_content/04_wissen/wissen_21079.asp* die Startseite des „GRI Content Index".

702 Insgesamt wurden ca. 750 verschiedene Ressourcen (~Seiten) pro Sprachversion identifiziert.

703 Eine detaillierte Ausweisung jeder singulären Ressource würde zudem zu einer kaum handhabbaren Komplexität führen, da angesichts der zahlreichen verschiedenen theoretischen Navigationsmöglichkeiten nur selten zwei identische reale Sequenzen identifiziert werden dürften.

704 Beispiele sind „Wissen – GRI" oder „Praxis – Rat und Tat".

Veröffentlichung des VOLKSWAGEN Umweltberichts 2003/2004 dieser zu den am häufigsten heruntergeladenen PDF-Dokumenten (rund 600), gefolgt von der VOLKSWAGEN Broschüre zum UN Global Compact aus dem Jahr 2002 (rund 350).

Neben der übergeordneten Seitennutzungs- und Download-Statistik ist besonders von Interesse, wie sich das beobachtbare Nutzungsverhalten auf einzelne Portalbestandteile verteilt und wie in einzelnen Portalrubriken die Verweildauern („*Stickiness*“) verteilt sind. In Abbildung 15 wird eine Stichprobe der Visits auf beiden Sprachversionen des Portals eines definierten Zeitraumes (hier: Zeitraum der Online-Nutzerbefragung) als Scatterplot visualisiert.

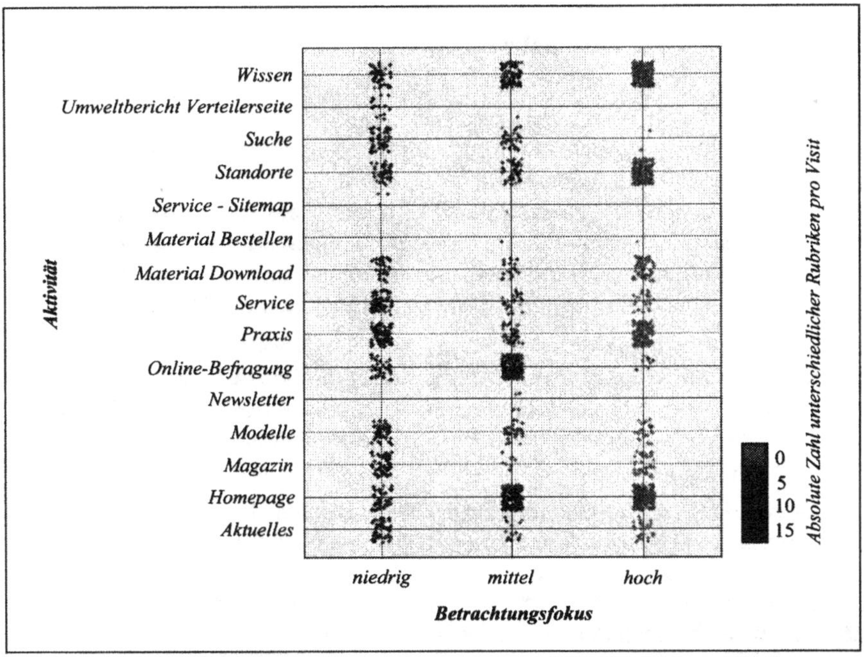


Abbildung 15: Integrierte Darstellung von Betrachtungshäufigkeiten und Verweildauern auf „Mobilität und Nachhaltigkeit“.
Quelle: Eigene (Volkswagen AG).

Die Punkte entsprechen dabei stichprobenartig ausgewählten PC-Visits. Der Scatterplot enthält dreierlei Informationen: die Frequentierung einer Rubrik durch die Punktdichte(n) in einer Zeile, die Verteilung des Betrachtungsfokus auf der Basis vorher definierter Bandbreiten und schließlich die Anzahl verschiedener Aktivitäten (hier: besuchte Rubriken) pro Visit durch die Grauschattierung der Punkte.

Auffällig sind hierbei zunächst die Häufungen in den Rubriken Homepage, Online-Befragung, Standorte und Wissen, die zu den am häufigsten frequentierten Rubriken im Betrachtungszeitraum zählen, während andere eher selten bis fast nie frequentiert wurden (z. B. „Material bestellen“ oder „Sitemap“).

Durch die dominanten hellblauen Färbungen (z. B. in der Spalte „hoch“ bei „Wissen“, „Standorte“, „Praxis“ & „Homepage“) deuten sich Häufungen von Aktivitäten an, die keine oder nur wenige Folgeaktivitäten verzeichnen konnten – u. U. spielen hier ergonomische Mängel eine Rolle. In den Rubriken „Magazin“, „Praxis“ und „Standorte“ konnten hingegen vergleichsweise viele verschiedene Aktivitäten pro Visit registriert werden.

#### 6.1.2.2.3. Die Assoziationsanalyse

Die Suche nach Regelmäßigkeiten im Nutzerverhalten, die sich durch *Abhängigkeiten zwischen* den einzelnen *Untersuchungsobjekten* äußern, wird auch als Assoziationsanalyse bezeichnet.[705] Im vorliegenden Falle war vornehmlich von Interesse, welche Seitenbestandteile bzw. Rubriken innerhalb einzelner Visits Verbundbeziehungen aufweisen. So können die im Rahmen der Assoziationsanalyse gewonnenen Informationen grundsätzlich einer *automatisierten, dynamischen Personalisierung* als Entscheidungsgrundlage zugeführt werden und eine situationsgerechte Zuweisung von Seiten bzw. Inhalten unterfüttern.

Sog. *Assoziationsregeln* (a priori) weisen stets eine Kausalstruktur auf, d. h. eine Beziehung in der Gestalt $X \rightarrow Y^{c;\ s}$ mit der Prämisse $X$ (~Bedingung, z. B. vorheriges Set aufgerufener Seiten)[706], der Konklusion $Y$ (~eintreffende Regel, z. B. *als Konsequenz* abgerufene Seite) sowie den Gütemaßen der Konfidenz $c$ sowie des Support $s$.[707]

Bei größeren Datensätzen und umfangreichen zu Grunde liegenden Portalen führt dies selbst bei hohen Anforderungen an die genannten Gütemaße schnell zu einer unüberschaubaren Zahl von Regeln – die Analyse der Log-Dateien des Portals „Mobilität und Nachhaltigkeit“ hat diese Problematik deutlich vor Augen geführt: Obgleich durch den oben skizzierten Prozess der Ressourcenklassifikation bereits für ein hohes, interpretationsförderliches Aggregationsniveau gesorgt wurde, hat die vorliegende Analyse dennoch 5.061 Regeln errechnet, die ein Konfidenzniveau von mind. 60% (bei bis zu vier-gliedriger Prämisse) aufweisen.

---

705 Vgl. Cooley, 2000, S. 18 & 75f.; Mobasher/Cooley/Srivastava, 2000, S. 150; Zaczek, 2004.

706 So erscheint es wenig sinnvoll, Regeln abzuleiten, in denen eine Inhaltezuweisung lediglich von der direkten, vorherigen Seite anhängig gemachet wird. Vor diesem Hintergrund wird ein ausreichend hoher Umfang von Prämissen (z. B. mind. 3 Page-Views) empfohlen, da andernfalls „*[...]we may not be taking enough of the user's activity history into account.*" (Mobasher/Cooley/Srivastava, 2000, S. 150).

707 Vgl. Buxel, 2001, S. 186; Mobasher/Cooley/Srivastava, 2000, S. 150.

Selbst bei einer bewusst hoch gewählten Mindest-Konfidenz von 95% waren dies noch 893 Regeln – deren Dokumentation den Rahmen dieser Arbeit bei weitem sprengen würde.[708] Den gewonnenen Regeln war gemein, dass diese trotz der genannten hoch aggregierten Ressourcenklassifikation (s. o.) in nahezu allen Fällen einen sehr niedrigen Support (zwischen 1% und 2%) und somit eine geringe Reliabilität aufweisen.[709] Sie dürfen daher nur sehr vorsichtig verwendet werden, wie auch MOBASHER, COOLEY & SRIVASTAVA argumentieren: „*The problem with this method is that it might be difficult to find large enough itemsets with sufficient support to match the current session. This is particularly true for sites with very small average session sizes.*"[710] Problematisch ist besonders im Rahmen der internetbasierten Nachhaltigkeitskommunikation, dass (im vorliegenden Fall) mangels Nutzerprofilen nicht nachvollzogen werden kann, ob die Assoziationsregeln von bestimmten Nutzer- oder Stakeholdertypen induziert bzw. durch diese verzerrt wurden. So kann z. B. nur spekuliert werden, ob die folgende Assoziationsregel,

$$\textit{Service - Sitemap \& Modelle} \rightarrow \textit{Wissen}^{97,99;\,1,32},$$

im besonderen Maße durch Kunden verursacht wurde oder nicht. Sie besagt, dass rund 98% aller Nutzer, die die Sitemap und die Rubrik Modelle aufgesucht haben, auch die Rubrik Wissen im Anschluss aufgesucht haben. Diese Regel trifft jedoch auf nur 1,32% aller Fälle zu. Angesichts der extrem hohen Zahl von Regeln mit sehr niedrigen Support-Werten bleibt fraglich, ob die gewonnenen Regeln einer algorithmenbasierten Inhaltezuweisung (Recommender Systems)[711] sinnvoll zugeführt werden können oder nicht eher fehlerhafte, inadäquate Zuweisungen verursachen. Kritisch ist schließlich auch, dass der Analysierende meist eher unerwartete und interessante Muster sucht. Gleichzeitig stellt die Analyse der abgeleiteten Regelsätze eine ermüdende und nur schwer automatisierbare Tätigkeit dar: „*[...] es ist eine quälende, demotivierende Tätigkeit des Analysten, in sog. Large Itemsets nach interessanten Mustern zu suchen. Doch ist gerade an dieser Stelle Expertenwissen und -intuition gefragt, die durch keinerlei Automatisierung zu ersetzen sind.*"[712]

---

708 Als Illustration sei hier die folgende Regel exemplarisch dargestellt: Wenn im Rahmen eines Visits „Umweltbericht 2003/2004 (Verteilerseite)" und die Rubrik „Modelle" aktiviert werden (=*Prämisse*), folgt mit einer *Konfidenz* von 96,17% die Rückkehr auf die „Homepage" (*Konklusion*) – bei einem *Support* von 1,18%.

709 Dies entspricht angesichts des Gesamtvolumens von ~43.000 Visits nicht-repräsentativen Volumina. Da aufgrund technischer Limitationen des Portals nicht bekannt ist, wie viele reale Nutzer sich hierunter im Schnitt verbergen, können nur in Grenzen Rückschlüsse auf die empirische Relevanz einzelner Assoziationsregeln gezogen werden.

710 Mobasher/Cooley/Srivastava, 2000, S. 150.

711 Vgl. vertiefend Kapitel 7.2.2.3.2.

712 Dettmar, 2005.

### 6.1.2.2.4. Die Sequenzanalyse

Weitere Erkenntnisse verspricht die *Betrachtung der zeitlichen Abfolge von Seitenaufrufen* im Sinne sich wiederholender Abfolgen – oft auch als (virtuelle) *„Trampelpfade"* [713] bezeichnet (z. B. *Homepage → Download → Download Umweltbericht*)[714]. Dies geschieht auf der Basis der zuvor festgelegten Klassifikationsetiketten der abgerufenen Ressourcen (z. B. die Etikette „Wissen" für die Ressource */_content/04_wissen/wissen_21079.asp*). Ziel dieser Betrachtung ist es, z. B. Anhaltspunkte für die Optimierung des Webauftritts eines Unternehmens zu ermitteln oder die Klick-Folgen als Artikulation nutzerseitiger Informationsinteressen zu begreifen und damit z. B. eine *dynamische Personalisierung* zu speisen.

Die Analyse der Klickpfade des Portals hat zunächst ein komplexes und heterogenes Bild ergeben. Dabei wurde ein „konventioneller" Navigationsverlauf beginnend mit der Homepage unterstellt. Die 50 am Häufigsten vollzogenen Sequenzen repräsentieren mit einem Gesamtvolumen von 3.629 Visits <10% aller PC-Visits des besagten Zeitraumes. Der am häufigsten gemessene Pfad wurde dabei 281fach in identischer Form gewählt (*Homepage → Umweltbericht 2003/2004 Verteilerseite*), die Rangnummer 50 noch 22fach. Auffällig häufig ist die Rubrik Wissen vertreten (in 29 von 50 Pfaden), bemerkenswert ist auch das regelmäßige Vorhandensein von 2-Klick-Sequenzen, die auf einer thematischen Verteilerseite endeten und nicht – wie konzeptionell erwünscht – weitere Artikel aufgesucht haben. Hierdurch deuten sich entweder ein thematisches Desinteresse, eine „Verirrung" der Nutzer, ergonomische Mängel der Navigation oder Leseermüdung der Nutzer an.

Die minimale Pfadlänge im Rahmen der TOP 50 Sequenzen betrug 2 Klicks, die maximale 14 Klicks (~6,4 im Schnitt). Dies bedeutet zugleich, dass die übrigen ~90% der Sequenzen höchstens 22fach, zumeist weit weniger häufig aufgerufen wurden, weswegen die Gesamtheit der identifizierbaren Sequenzen als heterogen zu bezeichnen ist.[715] Sequenzen, die zwar *nicht in eindeutig identischer*, aber *ähnlicher* Form häufig vorkommen, finden keinen Eingang in eine solche Statistik und entziehen sich so der notwendigen Interpretation. Dies ist insofern problematisch, als die erschöpfende „manuelle" und zugleich nur schwer auto-

---

[713] Hippner/Martin/Wilde, 2003, S. 38.

[714] Die alternative ressourcengenaue Darstellung eines Klick-Pfads verdeutlicht, dass das Web Log Mining nicht ohne eine adäquate *Klassifikation* (s. o.) der einzelnen Seitenressourcen auskommt: So lautet der o. a. Pfad ohne Klassifikationen */_content/homepage.asp → /_content/service_935.asp → /_download/umweltbericht_2003_2004_deutsch.pdf.*

[715] Dies ist besonders erstaunlich, da die vorgeschaltete Klassifikation einzelne Klickpfade auf hoher Aggregationsebene (Rubriken, bzw. Unterrubriken) ausweist – und nicht auf der Ebene einzelner Artikel, wodurch eine erhebliche Komplexitätsreduktion bewirkt wurde.

matisierbare Analyse[716] derartiger Datensätze durch den enormen Umfang der Datensätze erschwert wird. [717] Daher sind derartige Analysen stets behutsam zu vollziehen bzw. mit anderen „verwandten" Analysen – wie z. B. der zuvor dargestellten Assoziationsanalyse – zu gewichten.

#### 6.1.2.2.5. Die kritische Würdigung des Web Log Mining

Insgesamt stellen die Log-Dateien des Portals eine umfassende und detaillierte Datensammlung dar, auf deren Basis zahlreiche Auswertungsmöglichkeiten im Sinne einer rein deskriptiven Seitennutzungsstatistik, einer Assoziationsanalyse und einer Sequenzanalyse bestehen. Allerdings wurden auch durch zahlreiche identifizierte Limitationen die Grenzen dieser Methoden deutlich, die an dieser Stelle mit konkretem Bezug zur PIN und dem Ziel der Ableitung nutzerseitiger Informationsinteressen vertiefend dargestellt werden sollen.

Zum einen sind aufgrund der bereits skizzierten technischen Limitationen des *vorliegenden* Portals „Mobilität und Nachhaltigkeit" (keine persistenten Cookies, kein Log-In) belastbare Analysen auf nutzerindividueller Ebene (z. B. clusteranalytische Verfahren) ausgeschlossen – die vorzunehmenden Interpretationen finden somit stets auf einer *aggregierten* Weise statt und betreffen die Portalnutzerschaft somit in ihrer *Gesamtheit*. So kann z. B. nicht nachvollzogen werden, wie häufig reale *individuelle* Nutzer die Seite frequentieren („Recency").[718] Nicht-reaktiv erhobene Informationen, die eine *nutzerindividuelle* Personalisierung speisen (könnten), sind daher – insbesondere bei vergleichsweise gering frequentierten Portalen – nur in engen Grenzen gewinnbar.[719] Ungeachtet der später noch vertiefend darzustellenden Privacy-Debatte[720] können aufgrund des nicht möglichen „(Wieder-) Erkennens" individueller, realer Nutzer auch die Informationen der Nutzerbefragung und des Web Log Mining nur auf einer sehr aggregierten Ebene zusammengeführt werden. Ein interessanter, direkter Vergleich der Antworten eines Teilnehmers der Befragung und dessen beobachtbaren Surfverhaltens ist daher hier nicht möglich.

Zudem ist trotz des Umfanges und der Detailliertheit der Log Dateien zu konstatieren, dass diese kein *solides* Fundament für eine Ableitung nutzerseitiger

---

716 Problematisch ist insbesondere, dass im Rahmen einer Automatisierung meist eine Datenverdichtung – und somit auch unvermeidlich einer Datenvernichtung einhergeht.

717 Vgl. auch analog die kritischen Anmerkungen zur Assoziationsanalyse (s. o.).

718 Von Interesse wäre hier z. B. ein direkter Vergleich der in der Online-Nutzerbefragung artikulierten Angaben mit den Daten aus der nicht-reaktiven Erhebung des Web Log Mining.

719 Eine Ausnahme stellen dabei die im Rahmen der Assoziationsanalyse gewonnen Erkenntnisse dar (vgl. Kapitel 6.1.2.2.3).

720 Vgl. Kapitel 9.3.

Informationsinteressen im Rahmen der PIN darstellen – und zwar aus folgenden Gründen: Zunächst sind die Log Dateien trotz ihres Umfanges *stets* als *unvollständig* und *fehlerhaft* zu bezeichnen. Dies bezieht sich zunächst auf die skizzierte Bereinigungsphase (vgl. erneut Abbildung 14): So konnten zwar zahlreiche Informationen, die nicht im Analyseinteresse liegen (z. B. Visits sog. Robots), gefiltert werden – aufgrund der hohen Dynamik sowie der deregulierten und zwangsläufig intransparenten Entwicklung des Internet ist hingegen zu vermuten, dass die *Heuristiken*, die derartigen Filterprozessen zu Grunde liegen, zu einem bestimmten Zeitpunkt stets *unvollständig* sind und somit vereinzelt nicht erwünschte Daten in die Analyse einfließen. Zum anderen sind die Log-Dateien – was die gefilterte Datengrundlage i. S. v. PC-Visits betrifft – stets *unvollständig* und in ihrem Informationsgehalt *uneindeutig*:[721] So verdeutlichte die Betrachtung der Klick-Pfade im Rahmen der Sequenzanalyse, dass die in den Log-Dateien befindlichen protokollierten Zugriffe aufgrund existierender Caches stets fragmentarisch sind und einen nicht unerheblichen nachträglichen Eingabeaufwand im Sinne einer Pfadkomplettierung erfordern. *„[...] Caching* (is; D.-S. R.) *essential for the web and disastrous for statistics“*[722] Im Server finden so nur *Bruchstücke* der tatsächlichen Nutzungsvorgänge ihren Niederschlag.[723] Zudem ist – unabhängig von der gewählten Analysemethode – die Frage nach dem realen Nutzungskontext eines Page Views auf der Basis von IP-Adressen im vorliegenden Fall *fast nie* eindeutig zu klären, da zahlreiche denkbare Konstellationen und für die Interpretation notwendigen Informationen sich nicht in den Server Log-Dateien niederschlagen und daher die Identifizierung von Nutzer-Sessions[724] erschweren: Es ist z. B. denkbar, dass mehrere Nutzer gleichzeitig oder hintereinander in einer Gruppe über einen Client oder Rechner auf das Portal zugreifen oder ein und derselbe Nutzer das Portal von verschiedenen PCs (Arbeit, Zuhause) oder Service-Providern aus nutzt. Gleichzeitig kann auch nicht lückenlos nachvollzogen werden, wie viele Browserfenster auf dem Bildschirm des Nutzers geöffnet sind bzw. wie diese visuell angeordnet[725] sind. Teilweise

---

721 Die Qualität der durch sog. Identifikations- und Verifikationsdienstleister bzw. Profildatenhändler wie „Doubleclick“ oder „Choicepoint“ verwalteten Nutzerinformationen ist dabei oft sehr gering. So hat Richard Smith, ehemaliger CTO der “Privacy Foundation” seine durch ChoicePoint gesammelten Informationen eingesehen und festgestellt, dass diese *„[...] more misinformation than correct information [...]“* (EPIC, 2005) enthielten.

722 Goldberg, 1995.

723 Goldberg, 1995, nennt fünf potenzielle Caching Stationen auf dem Datenweg zwischen Client und Server: Browser-Cache, lokaler Seiten-Cache, Netzwerk-Cache, regionale Seiten-Caches und schließlich Server-Caches. Die Umfang des nicht aufgezeichneten Nutzerverhaltens aufgrund von Browser-Caching kann nach Fieber, 1999 sowie Seibold, 2002, S. 86 im Durchschnitt 43% betragen.

724 Vgl. Seibold, 2002, S. 84.

725 Es kann z. B. auch nicht nachvollzogen werden, ob Nutzer von Browsern wie Opera oder Mozilla Firefox das sog. „Tabbed Browsing“ anwenden: Hierunter versteht man eine be-

werden Nutzergesuche durch Proxy-Server auf verschiedene IP-Adressen dynamisch verteilt, weswegen ein und derselbe Nutzer in zwei verschiedenen Sitzungen nur sehr selten dieselbe IP erhält. Sog. Anonymizing Agents[726] verhindern zudem oft den Rückschluss zwischen Nutzer-Request und anfragender IP-Adresse.

Der *Aspekt der Unvollständigkeit* ist zudem auch auf Probleme der Stichprobenziehung zurückzuführen, da das auf einem einzigen Portal in Server Logs manifestierte Nutzerverhalten zwangsläufig nur einen Teil des interessierenden und für die PIN wertvollen *gesamten realen* Nutzerverhaltens widerspiegelt: So wäre z. B. auch von Interesse, welche Informationen Nutzer auf anderen, thematisch verwandten Portalen aufsuchen.[727] Die reine Betrachtung serverseitiger Web Logs ist somit per se lückenhaft und für die Abbildung der Nutzerindividualität buchstäblich *nur partiell* geeignet. Schließlich sind die Log-Dateien entgegen ihrer Unvollständigkeit aufgrund zahlreicher Redundanzen oft schwer „manuell" interpretierbar, wie dies in dieser Arbeit bereits im Rahmen der Assoziations- uns Sequenzanalyse thematisiert wurde.

Des Weiteren lassen die dargestellten Analysemethoden im Rahmen der *Klassifikation von Page Views* dem Anwender einen umfassenden „Manövrierraum", indem dieser durch die Variation einzelner Parameter eine fallweise adäquate Aggregationsebene festlegt und so stets die Analyseergebnisse (un)bewusst beeinflusst bzw. verzerrt. Dies gilt bspw. für die Wahl einer geeigneten Aggregationsebene für die zu erteilenden Klassifikationsetiketten einzelner URLs. Dabei sei unterstellt, dass durch die Wahl einer hohen Aggregationsebene, die mit dem Ziel einer „manuellen" Interpretierbarkeit gewählt wird, eine *Informationsverdichtung* – jedoch auch automatisch eine *Informationsvernichtung* einhergeht. Zudem ist unternehmensseitig eine *Grundsatzentscheidung* erforderlich, welchen Einfluss das nutzerseitige Surfverhalten auf ein Personalisierungsergebnis überhaupt *sinnvollerweise* zu haben hat. So kann bspw. auch von einem wenig zielgerichteten Nutzertypus ausgegangen werden, dessen Surfverhalten als eher impulsiv oder affektiv geleitet zu bezeichnen ist und dessen Nutzungsmotive – ungeachtet der beobachtbaren Klick-Folgen – zwangsläufig intransparent bleiben. Da dieses Verhalten, welches z. B. im Rahmen der Assoziations- und Sequenz-

---

stimmte Surfmethodik, durch die mehrere Webseiten parallel geöffnet und angeordnet werden. Eine neue Webseite öffnet sich nicht mehr in einem neuen Fenster sondern in sog. Tabs (~Register-Reiter), über die zwischen den verschiedenen Seiten gewechselt werden kann.

726 Für einen Überblick vgl. www.epic.org/privacy/tools.html (abgerufen am 15.04.2005).

727 „*What you don't know can hurt*", konstatieren Padmanabham/Zheng/Kimbrough, 2001, S. 154 im Zusammenhang mit dem Personalisierungsproblem. Die Autoren schlagen eine Erweiterung des verbreiteten und in technischen Limitationen begründeten seitenzentrischen Betrachtungs- und Analysefokus zu Gunsten einer nutzer-zentrischen, portalübergreifenden Betrachtungsweise vor.

analyse teilweise abgebildet wird, als Artikulation konkreter Informationsbedarfe *fehl*interpretiert werden könnte, ist der interpretatorische Wert der Log-Dateien kritisch zu betrachten.[728]

Im Lichte dieser Befunde stellt sich auch die Frage, inwieweit es sinnvoll ist, eine jede (situative) visuelle und inhaltliche Anordnung von Portalelementen ausschließlich von den zuvor besuchten Inhalten abhängig zu machen, oder ob sich die abgeleiteten Regeln – z. B. der Assoziationsanalyse – nicht vielmehr auf eine Teilmenge der visuellen und inhaltlichen Gestaltungselemente beziehen sollten (z. B. Beschränkung auf Download-Dateien i. S. e. Warenkorbanalyse: *„Wer PDF X abruft, interessiert sich mit Wahrscheinlichkeit Y auch für PDF Z")*[729]. Durch eine etwaige dynamische Personalisierung wird eine notwendige Interpretation dahingehend erschwert, dass aus Unternehmenssicht nur sehr schwer „manuell" nachvollzogen werden kann, welche Seiten (-module) beim Nutzer angezeigt werden. Der aus interpretatorischer Sicht zugleich notwendige und hinreichende Kontext, der bei statischen Portalen durch das Vorhandensein einer Konzepthierarchie gewährleistet wird, ist bei dynamisch personalisierten Portalen nur schwer nachvollziehbar und führt zu unternehmensseitigen Kontrollverlusten.

Neben diesen eher technisch-methodischen Problemen der Datengüte bestehen weitere *gravierende konzeptionelle Limitationen* einer Ableitung nutzerseitiger Informationsinteressen: So könnte z. B. ein Unternehmen geneigt sein, auf der Basis abgerufener Sequenzen oder errechneter Assoziationsregeln auf konkrete nutzerseitige Informationsinteressen bzw. spezielle „Geschmäcker" i. S. v. Stereotypen (z. B. ökologisch Interessierte, ökonomisch Interessierte etc.) zu schließen. Dies ist im hier untersuchten Portal problematisch, da entgegen des Titels *„Mobilität und Nachhaltigkeit"* ökologische Inhalte – aufgrund der historisch gewachsenen Struktur – überrepräsentiert sind und so die inhaltliche Struktur im Sinne der Triple-Bottom-Line nicht als inhaltlich ausgewogen bezeichnet werden kann. Die Tatsache, dass Nutzer überwiegend ökologische Themen abrufen, lässt keine weitergehenden Interpretationen zu, wie es um das Interesse sozialer und ökonomischer Kriterien oder – allgemeiner – nicht im Portal berücksichtigter Inhalte bestellt ist, da diese zwangsläufig „unausgesprochen" bleiben. Zudem kann die Abfrage einzelner Rubrikenbestandteile bzw. Artikel zwar technisch, wie beschrieben, registriert werden – die „wahren" Nutzermotive, Stimuli bzw. andere für die Interpretation benötigten Kon-

---

[728] Dieser Umstand bezieht sich auch auf die in Kapitel 4.1.3.1, Unterpunkt „Hypermedialität", dargestellte verbreitete Nabe-Speiche-Navigations- bzw. Suchmuster.

[729] Vgl. Agrawal/Imielinski/Swami, 1993. So werden nach wie vor Assoziationsregeln im Bereich der Personalisierung im Online-Versandhandel im Rahmen von Empfehlungssysteme (z. B. Amazon: *„Kunden, die sich diesen Artikel angesehen haben, haben sich auch folgende Produkte angesehen."*, vgl. ausführlich Kapitel 7.2.2.3.2) angewandt.

textinformationen bleiben jedoch zwangsläufig verborgen und dürften sich nur sehr erfahrenen Data Minern erschließen. So bleibt i. d. R. ungeklärt, ob ein bestimmter Klick auf einem intrinsischen Informationsbedürfnis basiert oder eher aufgrund eines bestimmten visuellen Elements, welches das Interesse des Nutzers erweckt hat, erfolgte. Es sei in diesem Zusammenhang angemerkt, dass bereits in Kapitel 3.4.1.2 (Abbildung 5) – unabhängig vom zu Grunde liegenden Kommunikationsmedium und der eingesetzten Analyseinstrumente – die Friktionen zwischen objektivem und subjektivem Informationsbedarf einerseits und der Informationsnachfrage andererseits als gravierend eingestuft wurden. Wird die Analyse der Informationsinteressen auf der Basis der Server-Log-Dateien im Sinne einer „Wahrheitsfindung" oder massiven Transparenzschaffung verstanden, müssen m. E. die hier skizzierten Limitationen bei der Interpretation berücksichtigt werden, da andernfalls u. U. folgenschwere Fehldeutungen im Rahmen einer PIN erhebliche Irritationen auf Nutzerseite verursachen. Besonders die in Kapitel 4.1.3.2 skizzierten Limitationen der Internet-Kommunikation haben teilweise zusätzliche negative Auswirkungen auf diese Problematik: Sollten Nutzer im Internet aufgrund der Informationsfülle und „ubiquitärer Kommunikation" Desorientierung bishin zur Überforderung verspüren – ein Umstand der durch die Komplexität des Themenfeldes der Nachhaltigen Entwicklung begünstigt wird – können an einer reibungslosen „Transmission" zwischen empfundenen Informationsbedarfen, deren Artikulation, deren Messung durch nichtreaktive Analyseverfahren und schließlich deren Zuführung in ein Personalisierungssystem Zweifel angebracht werden („informationelle Sickerverluste"). Ergänzend sei bereits an dieser Stelle bemerkt, dass die Analyse von Server-Log-Dateien aus Nutzersicht stets heimlich und unfreiwillig erfolgt wodurch die Akzeptanz der genannten Methoden stark eingeschränkt sein dürfte (vgl. auch abschließend Abbildung 16).[730]

---

[730] Vgl. vertiefend Kapitel 9.3.

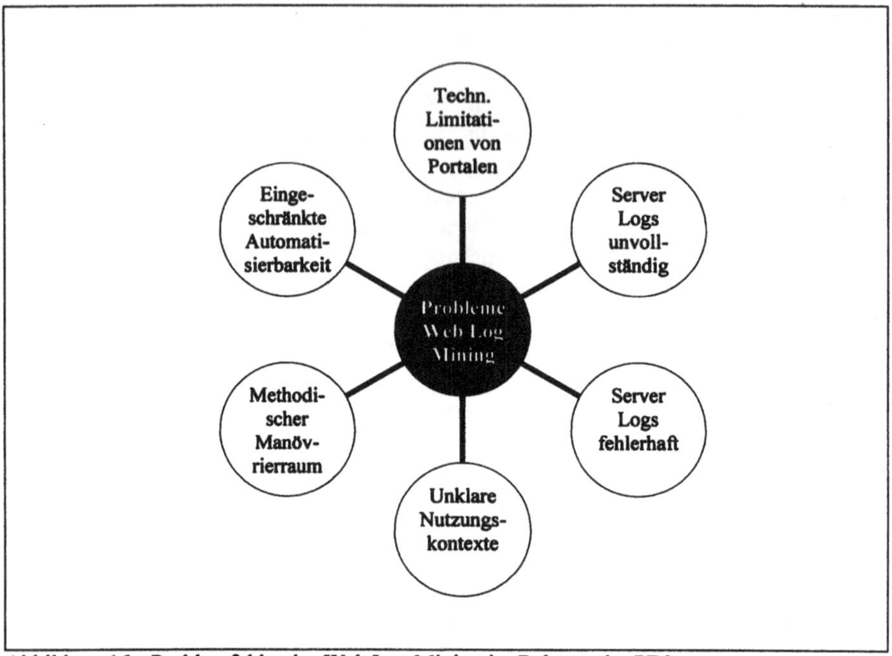


Abbildung 16: Problemfelder des Web Log Mining im Rahmen der PIN.
Quelle: Eigene.

## 6.2. Die Zusammenführung nicht-reaktiv und reaktiv gewonnener Informationen zu Nutzerprofilen

### 6.2.1. Einführende Bemerkungen

Nicht-reaktiv und reaktiv gewonnene Informationen können zu Nutzerprofilen zusammengeführt werden und so als Informationsbasis für verschiedene Personalisierungstypen fungieren. Nutzerprofile stellen gewissermaßen das Kondensat an Informationen dar, welches der Vermittlung zwischen Unternehmen und individuellen Nutzern im Sinne einer Anpassung der Website hinsichtlich Inhalt, Struktur und Darstellung dient. In diesem Sinne stellen Nutzerprofile die informationstechnologische Basiseinheit dar, anhand derer die Nutzerindividualität unternehmensseitig repräsentiert und verwaltet werden kann. Dabei kann die Akzeptanz der Nutzer gesteigert werden, da die automatisierte Nutzerprofilbildung eine intuitive Bedienung und kognitive Entlastungseffekte ermöglichen können.[731]

Die nähere Schilderung der Spezifika von Nutzerprofilen soll im Folgenden anhand drei verschiedener Perspektiven vorgenommen werden: (i) die Betrachtung verschiedener Informationsquellen, (ii) die Darstellung denkbarer, relevanter Inhaltekategorien sowie (iii) die Schilderung von Gestaltungsanforderungen an Nutzerprofile. Abschließend wird eine kritische Würdigung der Nutzerprofilbildung vorgenommen.

### 6.2.2. Die Darstellung der Quellenvielfalt von Nutzerprofilen

Reaktiv und nicht-reaktiv gewonnene Informationen können, wie bereits in Kapitel 6.1 deutlich wurde, unterschiedliche Bezüge aufweisen und mit unterschiedlichem Fokus vorliegen. So können bspw. reaktiv gewonnene Daten personenbezogen oder personenübergreifend, anonymisiert gewonnen werden. Nicht-reaktiv gewonnene Daten, z. B. auf der Basis von Web Logs (wie oben skizziert), liegen theoretisch seitenspezifisch oder auch seitenübergreifend[732] vor (z. B. über den – datenschutzrechtlich „bedenklichen" – Austausch von Profilen, Cookies etc.). Aus diesen drei Perspektiven und den zugehörigen Ausprägungen ergibt sich eine hohe Variantenvielfalt von Nutzerprofiltypen, die sich von der *Minimalvariante* (keinerlei nutzerspezifische Daten) bis hin zur *Maximalvariante* (reaktiv und nicht-reaktiv erhobene nutzerspezifische Informationen, die portalspezifisch und portal-übergreifend vorliegen) spannt (vgl. Abbildung 17). Hierdurch wird – unabhängig von der Qualität zu Grunde liegender Erhebungsmethoden – ein erster Eindruck von der Varianten- und Gütevielfalt der Profilbildung vermittelt. Gleichzeitig wird auch unmittelbar deutlich, dass die Gewinnung von Profilinformationen, die der Maximalvariante entsprechen, einen erheblichen Erfassungsaufwand bzw. ein ganzheitliches, integriertes Wissensmanagement und unternehmensübergreifende Kooperationen notwendig erscheinen lassen. Vor diesem Hintergrund wird der Begriff der Profilbildung gelegentlich in der Literatur weiter gefasst, indem neben der *Nutzer*profilbildung auch die Aspekte der Gruppen- oder Community-Profilbildung thematisiert wird.[733] Dies bedeutet, dass entweder verschiedene Nutzerprofile hinsichtlich ihrer Ähnlichkeiten ausgewertet werden (Clusterbildung) oder aber Nutzer-Communities insgesamt – ähnlich individuellen Nutzern – DV-gestützt abgebildet werden.

---

731 Vgl. ähnlich Specht, 1998, S. 12; Woywood, 1997, S. 41. Die Nutzerprofilbildung stellt ferner in marktökonomischer Sicht einen zentralen Ansatz im Rahmen des IKT-gestützten Relationship Management dar (vgl. exemplarisch die Arbeit von Wiedmann/Buxel, 2004).

732 Vgl. Padmanabham/Zheng/Kimbrough, 2001, S. 154.

733 Vgl. exemplarisch Saari/Turpeinen, 2004, S. 29f.

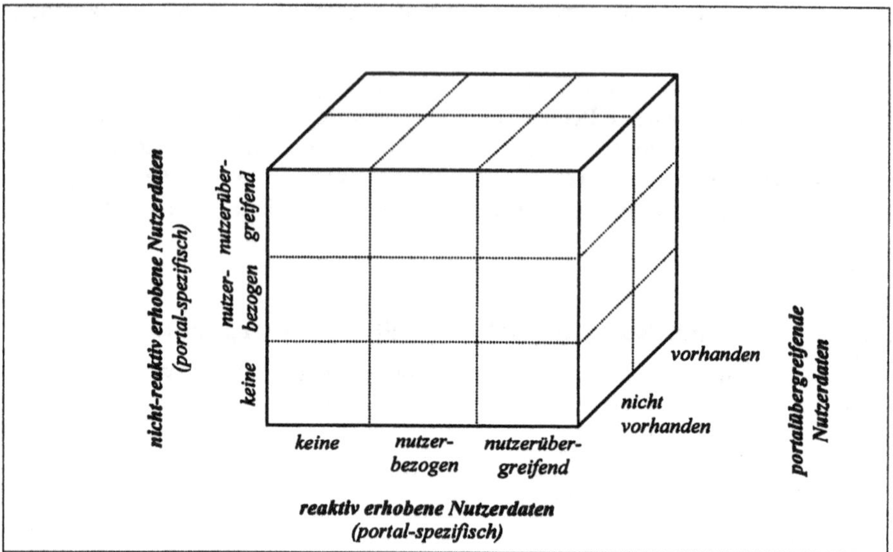


Abbildung 17: Typologie von Nutzerprofilen aus der Perspektive der Informationsquellen.[734]
Quelle: Eigene.

### 6.2.3. Die inhaltlichen Bestandteile von Nutzerprofilen

Hinsichtlich der Inhalte von Profilen existieren verschiedenartige Strukturierungsvorschläge. So kann in Anlehnung an MERTENS & HÖHL zunächst zwischen *quantitativen, empirisch erfassbaren Fakten* (z. B. Alter, Geschlecht etc.) und *qualitativen Annahmen* (Präferenzen, Einstellungen etc.) über den Nutzer unterschieden werden:[735] Während erstere als eher objektiv erfassbar gelten, basieren zahlreiche zusätzliche für die PIN notwendigen Informationen über den Nutzer auf Annahmen, die eher qualitativer Art sind.[736] In diesem Zusammenhang werden auch Präferenzen, Einstellungen, Wissen und Fähigkeiten sowie

734 Aus Gründen der Visualisierbarkeit, die eine 4-dimensionale Darstellung nicht ermöglicht, werden hier reaktiv- und nicht-reaktiv gewonnene *portalübergreifende* Informationen in einer Dimension zusammengefasst.

735 Vgl. Mertens/Höhl, 1999, S. 30.

736 Vgl. Mertens/Höhl, 1999, S. 30. Vgl. Lenz, 2003, S. 200.

Ziele und Pläne genannt.[737] Die Grenzen zwischen diesen Kategorien sind jedoch fließend und bisweilen uneindeutig.[738]

Dabei sind unter *deskriptiven Daten* Angaben zu verstehen, die individuelle Nutzer näher charakterisieren. *Dialogdaten* umfassen die reaktiv und nicht-reaktiv gewonnenen Daten vorheriger Sitzungen[739] sowie weitere Interaktions- und Kommunikationsdaten, die im Zeitverlauf im Sinne einer Lernkurve bzw. in Form „gleitender Durchschnitte“[740] fortgeschrieben werden und so ein Erkennen längerfristiger Trends und belastbarer Zusammenhänge ermöglichen.[741] Die Kenntnis von *Präferenzen* (z. B. Vorlieben hinsichtlich der optischen Aufbereitung von Inhalten und Bevorzugung eines bestimmten Anspruchsniveaus) und *Einstellungen* (z. B. Einstellung gegenüber dem Unternehmen, Gesinnung etc.) ermöglicht einen zusätzlichen qualitativen Schritt der Systemanpassung. *Fähigkeiten* und *Wissen* des Nutzers geben zusätzlich Aufschluss über seine physische und mentale Konditionierung. Für die Dialogführung mit Nutzern sind schließlich auch deren *Ziele* von Interesse. Dabei gilt zu beachten, dass Ziele mit jeweils unterschiedlichen *Plänen* erreichbar sind, weswegen deren empirische Erfassung als problematisch[742] einzustufen ist.[743]

In Tabelle 6 wird eine Zusammenschau inhaltlicher Kategorien von Nutzerprofilen überblicksartig dargestellt.

---

737 Vgl. Eirinaki/Vazirgiannis, 2003, S. 2; Instone, 2004, S. 77f.; Kobsa, 1993, S. 154; Woywood, 1997, S. 53 und Lenz, 2003, S. 199-202, der eine umfassende Darstellung der Kategorien vornimmt.

738 Vgl. Lenz, 2003, S. 200.

739 Vgl. erneut die Ausführungen in Kapitel 6.1.

740 Lenz, 2003, S. 201.

741 Vgl. Woywood, 2003, S. 201.

742 Vgl. ähnlich Woywood, 1997, S. 53.

743 Zu den genannten Aspekten vgl. vertiefend Eirinaki/Vazirgiannis, 2003, S. 2; Instone, 2004, S. 77f.

| Operationalisierbarkeit | Kategorie | Beispiele aus der Perspektive der PIN |
|---|---|---|
| *niedrig* ↑ | **Ziele** | • Gezielte, situative Überprüfung spezifischer Nachhaltigkeitsaspekte eines Unternehmens (z. B. Treibhausgasemissionen)<br>• Beschwerde hinsichtlich einzelner Nachhaltigkeitsaspekte (z. B. mangelnde Verfügbarkeit von Dieselpartikelfiltern bei bestimmten PKW-Modellen) |
| | **Pläne** | • Spezifische Sequenz von Aktionen, die zur Erreichen von Zielen (s. o.) nutzerseitig notwendig erscheinen |
| | **Wissen** | • Art und Umfang der Ausbildung bzw. von Expertenwissen<br>• Wissen über das jeweilige Unternehmen<br>• Systemwissen (z. B. Geübtheit im Umgang mit IKT-Systemen) |
| | **Fähigkeiten** | • Physische Fähigkeiten (Aspekt der Barrierefreiheit bei Behinderungen)<br>• Kognitive Konditionierung |
| | **Präferenzen** | • Inhaltliche Präferenzen (z. B. nach GRI-Kriterien)<br>• Visuelle Aufbereitung<br>• Tonalität<br>• Navigationsumfang und -struktur<br>• Aggregationsniveau und Betrachtungsfokus von Kennzahlen<br>• Aktualisierungstakt redaktioneller Inhalte bzw. Kennzahlen<br>• Bevorzugtes Kontaktmedium |
| | **Einstellungen** | • Gewohnheiten<br>• Objektbezogene Haltung (Vorurteile, Stereotype)<br>• Persönliche Grundüberzeugungen und ethische Prinzipien[744] |
| | **Dialogdaten** | • Reaktiv erhobene Dialog- und Interaktionsdaten<br>• Nicht-reaktiv erhobene Dialog- und Interaktionsdaten<br>• Bei Kunden: zusätzlich Kaufhistorie |
| ↓ *hoch* | **Deskriptive Daten** | • Zugangs-/Identifikationsdaten: Login/Passwort, Cookie<br>• Psychographische Merkmale: Name, Titel, Alter, Geschlecht etc.<br>• Weitere deskriptive Merkmale: Stakeholder-Cluster-Zugehörigkeit, Beruf, Position, Funktion |

Tabelle 6: Inhaltliche Kategorien von Nutzermodellen.
Quelle: Eigene.

744 Das Problem der anwenderspezifischen Berücksichtigung ethischer Prinzipien hat so auch mittlerweile im Rahmen des IKT-gestützten Nachhaltigen Investments (bzw. Socially Responsible Investment (SRI)) Einzug gehalten. So bietet das imug-Institut z. B. Investoren mit dem durch EIRIS entwickelten „Ethical Portfolio Manager (EPM)“ ein Softwaretool an, mit dem Portfolios gescreent sowie nachhaltige Investmentprodukte aufgelegt werden können. Die Datenbank EPM enthält Informationen zu über 2.500 Unternehmen aus Großbritannien, Europa, USA, Australien, Japan und Asien, die nach über 250 sozialen und ökologischen Kriterien untersucht sind. Da der EPM kein standardisiertes Rating vorgibt, wird dem Nutzer ermöglicht, eine Auswahl auf der Basis seiner individuellen moralischen Vorstellungen zu treffen. Dabei kann z. B. die Auswahl der Unternehmen sowohl nach dem „Best-in-Class“-Ansatz getroffen werden oder auch durch die Kombination von Positiv- und Ausschlusskriterien vorgenommen werden.

### 6.2.4. Die gestaltungsbezogenen Anforderungen

Neben der Herkunft und Art der Informationen sind zusätzlich zahlreiche Anforderungen an den Nutzerprofilbildungsprozess von Bedeutung, deren Berücksichtigung notwendig erscheint, um sowohl die nutzerseitige Legitimation als auch eine hinreichende Qualität der Profildaten zu gewährleisten.[745]

So sollte die Verwendung von Profilen im Sinne der *Nachvollziehbarkeit* dem Nutzer gegenüber kommuniziert werden, genauer: *dass* Profile erstellt werden sowie *warum*, *wofür* und *auf welchem Wege* dies geschieht.

Die Forderung nach Nachvollziehbarkeit steht in engem Zusammenhang mit *datenschutzrechtlichen Anforderungen*, da nutzerseitig die Sammlung und Verwendung privater Daten als grundsätzlich unethisch ausgelegt werden kann und das fundamentale Menschenrecht des Schutzes der Privatheit und Intimsphäre berührt wird. Problematisch ist hierbei, dass die transnationale Tragweite des Internet regelmäßig nationalstaatliche Regelungen zum Datenschutz[746] unterminiert bzw. oft unklar lässt, welche Regelungen im Einzelfall einschlägig sind. Fühlt sich der Nutzer beobachtet und überwacht oder unsicher hinsichtlich der Verwendung der Daten (s. „Nachvollziehbarkeit"), wird er das System u. U. nur widerwillig nutzen oder bewusst vage bzw. falsche Angaben machen, was sich wiederum negativ auf die Qualität der Profildaten auswirkt[747], da deren Güte im Wesentlichen von ihrer *Aktualität und Genauigkeit* abhängt. Die Beurteilung dieser Attribute kann indes oft nur durch den Nutzer vorgenommen werden, weswegen Profile nutzerseitig *beeinflussbar* sein müssen.[748]

Zudem wurde bei der Betrachtung verschiedener Quellen von Nutzerprofilinformationen auch die Option, portalübergreifende Nutzerinformationen zu nutzen, genannt. Mit Blick auf die Nutzerprofile erfordert dies wiederum, dass deren

---

745 Vgl. im Folgenden, soweit nicht anders angegeben, Lenz, 2003, S. 194-197.

746 So wird der Datenschutz bspw. in Deutschland durch das Bundesdatenschutzgesetz (BDSG) geregelt, das aber nur dann eingesetzt wird, wenn bereichspezifische Datenschutzgesetze nicht greifen. Zu nennen ist insbesondere das Teledienstedatenschutzgesetz (TDDSG) als Teil des Informations- und Kommunikationsdienstegesetzes (IuKDG) und des Mediendienstestaatsvertrags (MDStV). Diese gesetzlichen Grundlagen regeln u. a. die Erhebung und Verarbeitung personenbezogener Daten, die prinzipiell nicht ohne kundenseitige Einwilligung erfolgen können. Vgl. Wirtz, 2001, S. 598f..

747 Wenngleich nutzerseitig leicht erfass- und handhabbare Privacy-Tools eher die Ausnahme darstellen (so z. B. der „Privacy-Bird", ein Browser-Add-On, welches in Form eines kleinen Vogels die Einschätzung der Vertrauenswürdigkeit einer Internseite visualisiert, vgl. http://privacybird.com/, abgerufen am 15.06.2005), hat die Problematik um nutzerseitige Privacy-Aspekte im Zuge der zunehmenden Diffusion des Internet in der öffentlichen Wahrnehmung an Bedeutung zugenommen, wie die hohe Verbreitung von Anti-Spam- und -Spyware-Softwarepaketen, teilweise in Client-Betriebssystemen eingebettet, andeutet (vgl. auch Pew Internet/American Life Project, 2005, S. 2.).

748 Vgl. ähnlich auch Woywood, 1997, S. 66.

*Übertragbarkeit* (Kompatibilität) gewährleistet ist.[749] Dies setzt wiederum angesichts der in Abbildung 17 skizzierten Komplexität von Profiltypen ein anschlussfähiges System von Profilen voraus, welches in Einsatzfeldern wie z. B. dem E-Commerce Züge einer Harmonisierung aufweisen mag[750], in jungen Einsatzfeldern wie der PIN hingegen hiervon weit entfernt zu sein scheint.

Mit dem *Platform for Privacy Preferences (P3P) Entwurf*[751] wurde durch das World Wide Web Consortium (W3C) bereits früh eine Spezifikation vorgelegt, die eine Harmonisierung im Sinne der oben skizzierten Anforderungen (Übertragbarkeit, Datenschutz, Nachvollziehbarkeit) verfolgt. P3P zielt so auf einen einheitlichen Umgang mit Nutzerdaten und ermöglicht eine Einflussnahme auf deren Verwertung. Die zu Grunde gelegte Struktur eignet sich auch besonders für die clientseitige Speicherung, um so dem Nutzer eine höhere Kontrolle über „intime Daten" einzuräumen. In diesem Fall kann diese Art „Visitenkarte" in den Browser eingebettet sein.[752] Im Kern basiert der Ansatz auf der Schaffung von maschinenlesbaren Datenschutzerklärungen, die bei der Entscheidung hinsichtlich der Weitergabe von Profilinformationen unterstützen.[753] Die P3P 1.0-Policy-Spezifikation sieht dabei XML-basierte, maschinenlesbare Definitionen für zahlreiche Privacy-relevante Aspekte der Nutzerprofilbildung vor.[754]

---

749 Vgl. Murray, 1987, S. 234, zitiert nach Lenz, 2003, S. 195.

750 Die U.S.-Amerikanische Direct Marketing Association (DMA) gilt dabei als „ *[...] the primary apologist for this dossier building. The group lobbies extensively against privacy rights that would limit the ability of entities to collect and exploit individuals' data.* " (EPIC, 2005). Vgl. auch Becker, 2003, S. 202. Zudem existiert mit „CPExchange" (vgl. www.cpexchange.org, abgerufen am 15.06.2005) eine u. a. von IBM, Vignette und Siebel unterstützte Initiative, welche einen anbieterneutralen, offenen Standard entwickelt hat, mit dessen Hilfe Nutzerprofildaten zwischen Unternehmen ausgetauscht werden. Ungeachtet der Betonung, dass der Austausch von Profilen „privacy-based" erfolge, ist diese Initiative bereits früh Gegenstand intensiver Kritik gewesen. Der Grund lag insbesondere in dem Umstand, dass Nutzer nur durch gezielten Einspruch die Weitergabe ihrer Daten im System verhindern konnten, weswegen sich die U. S. Federal Trade Commission (FTC) mit dieser Problematik intensiv auseinandersetzte (vgl. Thibodeau, 2001).

751 Vgl. Cranor/Arjula/Guduru, 2002, S. 1-10; Cranor et al., 2002 sowie Kelly, 2001, S. 173.

752 Vgl. Schubert, 1999, S. 109.

753 Anbieterseitige Datenschutzerklärungen werden z. B. softwaregestützt mit den persönlichen Schutzinteressen des Nutzers, die dieser im Vorfeld definiert hat, verglichen. Stimmen diese nicht überein, erhält der Nutzer einen Warnhinweis. Die Funktionsweise dieses Standards steht und fällt jedoch mit einer kritischen Masse an Anbietern, die diesen Standard unterstützen. Ferner muss sich auch der Nutzer über die technischen Möglichkeiten und Auswirkungen der Browser-Einstellungen im Klaren sein, was nicht zwangsläufig der Fall ist.

754 Die P3P 1.0-Policy-Spezifikation vgl. vertiefend Cranor/Arjula/Guduru, 2002, S. 2.

### 6.2.5. Die kritische Würdigung der Nutzermodellierung

Die Fundierung der Systemanpassung durch Nutzerprofile ermöglicht im Idealfall eine differenzierte Berücksichtigung individueller, nutzerseitiger Spezifika. Voraussetzung hierfür ist die umfassende Bezugnahme auf die zuvor skizzierten Inhalte und Anforderungen. Allerdings sind in der praktischen Umsetzung zahlreiche Einschränkungen zu berücksichtigen, die z. T. einen gravierenden Einfluss auf die Qualität der Nutzerprofilbildung ausüben können.

So konnte in Kapitel 6.2.3 zwar eine Hierarchie inhaltsbezogener Kategorien vorgestellt werden. Allerdings existieren gegenwärtig keine gesicherten Erkenntnisse hinsichtlich der *relativen Bedeutung* einzelner Inhaltskategorien für die Güte der PIN. Es scheint z. B. plausibel, dass die Kenntnis des Alters der Nutzer von geringerer Bedeutung als deren selbst vorgenommene Zuordnung zu einem Stakeholderstereotyp ist. Weiter kann vermutet werden, dass der Grad der Operationalisierbarkeit[755] einzelner Kriterien von Nutzerprofilen in diametralem Gegensatz zu deren Relevanz für die PIN steht. Während eher schwer operationalisierbare Ziele und Pläne der Nutzer in engem Zusammenhang mit der Güte der PIN zu stehen scheinen, spielen z. B. zahlreiche deskriptive Nutzerdaten abgesehen von ihrer etwaigen Identifikationsfunktion eine *qualitativ* eher untergeordnete Rolle.[756] Empirische Gewissheit zu diesem hier unterstellten Zusammenhang existiert jedoch nicht – und eröffnet somit Raum für Folgeforschung. Sicher hingegen scheint, dass Unternehmen das immanente *Spannungsverhältnis zwischen Abbildungstreue der Nutzerspezifika und Praktikabilität des Nutzermodells* im Rahmen der PIN zu bewältigen haben.

Grundsätzlich scheint auch mit Blick auf die Güte der Profildaten ein hinreichend großer quantitativer und qualitativer Umfang an Daten notwendig – eine Forderung, die insbesondere bei eher gering frequentierten Portalen, zu denen Unternehmenswebsites zur Nachhaltigkeit gegenwärtig durchweg zu zählen sind[757],

---

755 Vgl. erneut Tabelle 6.

756 So kann die Funktion der Nutzeridentifikation in erster Linie durch passwortgestützte Pseudonyme erfolgen. Psychographische Daten sind besonders dann von Interesse, wenn gesicherte Erkenntnisse hinsichtlich der Grundgesamtheit eines Portals bestehen, wovon – wie in Kapitel 6.1.1.3.1 dargelegt wurde – nicht immer ausgegangen werden kann.

757 So weist die zweisprachige Nachhaltigkeitswebsite des Konsumgüterherstellers Henkel (vgl. www.she.henkel.de/, abgerufen am 20.10.2005) pro Monat ca. 5.000 bzw. pro Jahr 60.000 Besucher (gemeint sind hier vermutlich „Visits“) aus (vgl. Bergmann, 2005). Wenngleich die Zahlen des Volkswagen-Portals „Mobilität und Nachhaltigkeit“ etwas höher ausfallen, ist doch zu konstatieren, dass diese im Vergleich mit Internet-Präsenzen konventioneller Massenmedien (z. B. Tageszeitungen, Zeitschriften) als eher gering zu bezeichnen sind. Ein Überblick kann z. B. bei der IVW (Informationsgemeinschaft zur Feststellung der Verbreitung von Werbeträgern e. V., vgl. www.ivw.de, abgerufen am 15.05.2005) gewonnen werden – dort werden z. B. für die Internet-Seiten regionaler Tageszeitungen (z. B. die „Aller-Zeitung“) monatliche Volumina von 25.000 Visits veröffent-

(noch) schwer erfüllbar erscheint. Allerdings können auch Bedenken im Zusammenhang mit einem zu erwartenden *großen Umfang von Nutzerprofilen* geäußert werden. Fraglich ist z. B., wie die in Nutzerprofilen im Extremfall hohe Informationsreichhaltigkeit adäquat in geeigneten IKT-Infrastrukturen abgelegt werden kann. Dabei sind nicht alle Speicherorte (z. B. client-seitige Varianten via Cookies bzw. P3P-kompatible Varianten) für Nutzerprofile der PIN gleichermaßen geeignet. Problematisch ist zudem, dass Harmonisierungsbestrebungen wie z. B. die P3P-Spezifikation des W3C[758] nur Teile eines inhaltlichen Maximalprofils[759] berücksichtigen.[760] Da, wie bereits hergeleitet, ein schlankes Erhebungsdesign angesichts verbreiteter Nutzungs- und Verhaltensmuster anzustreben ist, darf ein Vollständigkeitsanspruch m. E. nicht pauschal erhoben werden.[761] So kann die Erhebung einzelner Inhaltskategorien alternativ auch *dynamisch vollzogen* bzw. *verteilt* werden. Während zu Beginn einer (Nutzer-) „Beziehung" lediglich die Erhebung eines Mindestumfangs an Nutzerinformationen opportun erscheint[762], setzt die Erhebung umfassender belastbarer Daten zu qualitativen, bisweilen sensiblen Informationen (z. B. Wissen, Einstellungen und Präferenzen) meist ein hohes nutzerseitiges Vertrauen sowie unternehmensseitig hinreichendes Kontextwissen zur Einordnung der jeweiligen Nutzerdaten voraus. Zudem darf angesichts der in dieser Arbeit bereits hinlänglich thematisierten Komplexität und Kompliziertheit der Themen einer Nachhaltigen Entwicklung bezweifelt werden, dass Nutzer stets eine für das Unternehmen nachvollziehbare Einordnung ihres Wissenstandes vornehmen können. Gleichzeitig mag – z. B. aus taktischem Kalkül oder aufgrund von Misstrauen – nicht jeder Nutzer daran interessiert sein, das Unternehmen in vollem Umfang über intrinsische Motive und Einstellungen zu sensiblen Themen in Kenntnis zu setzen: *„[...] users often do not trust services that collect and use profile information (and therefore try to provide false information)."*[763]

---

licht, während „Flaggschiffe" des deutschsprachigen Online-Journalismus wie „Bild.de" oder „Spiegel-Online" Traffic-Volumina von ~28 Mio. respektive ~49 Mio. Visits monatlich ausweisen (Daten von April 2005). Da jedoch unbekannt ist, in welchem Umfang diese Logfiles einer Datenbereinigung unterzogen wurden, lassen sich Vergleiche nur eingeschränkt vornehmen.

758 Vgl. erneut Kapitel 6.2.4.

759 Vgl. erneut Abbildung 17.

760 So werden zum gegenwärtigen Zeitpunkt in der P3P-1.5er Entwurfsversion in erster Linie quantitative Daten sowie Vorlieben des Nutzers berücksichtigt (vgl. W3C, 2005), jedoch bspw. nicht explizit Ziele und Pläne des Nutzers.

761 Gestützt wird dies nicht zuletzt durch die in Kapitel 6.1.1.3 geschilderten Schwierigkeiten der reaktiven Erhebung von Nutzerinformationen.

762 Denkbar wären hier z. B. basale Identifikationsdaten (z. B. User-ID) und die Zuordnung zu einem Nutzerstereotyp (z. B. Stakeholder-Cluster).

763 Koch, 2002, S. 112f.

Grundsätzlich gilt, dass mit steigender Komplexität und Erklärungsbedürftigkeit der Profile zahlreichen genannten Gestaltungsanforderung wie *Nachvollziehbarkeit, Aktualität, Datenschutz, Genauigkeit* und *Übertragbarkeit* zunehmend schwer nachzukommen ist, da die zwischen den Anforderungen bestehenden latenten Zielkonflikte zusätzlich verstärkt werden. Sollen bspw. Profildaten in großen Umfang erhoben und mit anspruchsvollen multivariaten Verfahren analysiert werden, ist der Forderung nach nutzerseitiger *Nachvollziehbarkeit* des Profilbildungs- und -nutzungsprozesses regelmäßig schwer nachzukommen. Umfangreiche und komplexe Profile verursachen zudem einen großen Erhebungsaufwand, der vor dem Hintergrund begrenzter Unternehmensressourcen und fallweise geringer nutzerseitiger Kooperationsbereitschaft mit der Gestaltungsanforderung der *Aktualität* konfligiert. Insbesondere die Notwendigkeit der nutzerseitigen Kooperation und das bisweilen beobachtbare geringe nutzerseitige Involvement[764] lassen Zweifel aufkommen, ob informationsreichhaltige Profile der Forderung nach *Genauigkeit* gerecht werden können. Selbiges gilt letztlich auch für die wünschenswerte *Übertragbarkeit* von Profilen im Sinne der Nutzung von Maximalprofilen (s. o.) – dabei gilt: je umfangreicher das zu Grunde gelegte Nutzermodell, desto problematischer ist dessen Anschlussfähigkeit in angrenzenden Nutzungskontexten. Schließlich stehen auch berechtigte Bedenken hinsichtlich Privacy in diametralem Gegensatz zu den Güte-Zielen der Informationsgewinnung: Während die Grundidee des Web Log Mining auf einer Mengenstrategie basiert, da sich mit zunehmendem Umfang der Datenbasis die Reliabilität der Daten und somit Prognosegüte verschiedener Analysealgorithmen verbessern, zielt das deutsche bzw. europäische Datenschutzrecht eher auf die Aspekte der *Datensparsamkeit* bzw. *-vermeidung* und deren Zweckbindung.

Vor dem Hintergrund der skizzierten Zielkonflikte sowie der beschriebenen technischen Limitationen sei abschließend angemerkt, dass die Eignung der in Kapitel 6.1 skizzierten Erhebungsmethoden zusätzlich eingeschränkt wird: Während bereits die bloße Evaluation von Nutzerinteressen mit Transmissionsproblemen[765] verbunden ist, kommt erschwerend hinzu, dass diese Nutzerinformationen und -interessen nur eingeschränkt in IKT-Infrastrukturen abgebildet werden können (zusätzliche informationelle Sickerverluste). Zudem ähnelt die Problematik der Güte von Nutzerprofilen einem „Kaltstartproblem“: Zwar dürften Nutzer bereits frühzeitig ein hohes Gütemaß der der Personalisierung zu Grunde liegenden Zuweisungsalgorithmen erwarten – diese Forderung steht gleichzeitig einer oft geringen Bereitschaft zur „Disclosure“ persönlicher Informationen diametral gegenüber. Hierdurch wird die Relevanz, die PIN als Teil eines umfassenden Beziehungsmanagements zu verstehen, unterstrichen.[766]

---

[764] Vgl. hierzu auch erneut das in Kapitel 6.1.1.1 vorgestellte Paradoxon des aktiven Nutzers.
[765] Vgl. hierzu erneut 3.4.1.2, Abbildung 5 sowie Kapitel 6.1.1.3.4 und 6.1.2.2.5.
[766] Vgl. erneut Kapitel 5.1.2.2.

Letztlich stellt die Anschlussfähigkeit der Nutzerprofile im unternehmensinternen Datenhandling einen zentralen Gütefaktor der Systemanpassung dar: Hierfür sind laut INSTONE korrespondierende Content-Profile notwendig, in denen für einzelne Seitenbestandteile Attribute hinterlegt sind, auf deren Basis adäquate Verknüpfungen zwischen Nutzerinteressen und Inhalten bzw. Bausteinen der Website hergestellt werden kann.[767] Der hierauf fußende Gedanke zur IKT-infrastrukturellen Einbettung von Informationen und Personalisierungsdaten auf der Basis der XML-Technologie soll daher im Folgenden vertieft werden.

## 6.3. Das XML-basierte Content-Management in Data Warehouse-Umgebungen

### 6.3.1. Zum Konzept des Data Warehouse

Hinsichtlich der Speicherung von Anpassungsinformationen [768] sind zwei grundsätzliche Vorgehensweisen denkbar: (i) die Installation eines isolierten Datenbanksystems, welches ausschließlich die Informationen der bzw. für die PIN enthält oder (ii) die Integration der Informationen in eine umfassende Data Warehouse-Umgebung (DWH), bei der eine Vernetzung mit anderen – abteilungsübergreifenden – Datenbeständen auf der Basis eines integrierten Ansatzes stattfindet.[769]

Ad (i): Der Erstellung eines isolierten Systems kann dann als sinnvoll angesehen werden, wenn die gewonnenen Informationen ausschließlich der PIN zugeführt werden sollen. In diesem Falle bestehen auch für die Gestaltung des Datenbanksystems vergleichsweise viele Freiheitsgrade, da bspw. eine geringe Zahl informationstechnologischer Schnittstellen bereitgehalten werden muss oder aber der personelle Aufwand der Pflege der Datenbank überschaubar gehalten werden kann.[770]

Ad (ii): Alternativ können aber die an verschiedenen Stellen eines Unternehmens anfallenden Daten logisch-konsistent in einem entscheidungsorientierten Informationsmodell auf der Basis relationaler Datenbanktechnologien zusammengeführt werden.[771] Dies ist insbesondere im Rahmen der PIN von Interesse, da die

---

767 Vgl. Instone, 2004, S. 77.

768 Es sei an dieser Stelle angemerkt, dass in diesem Abschnitt auf eine wenig Ziel führende Schilderung sämtlicher denkbarer Speicherorte von Nutzerprofilinformationen (z. B. clientseitige Speicherung etc.) verzichtet sei. Im Vordergrund steht vielmehr die Perspektive der unternehmensinternen IKT-infrastrukturellen Einbettung.

769 Vgl. Buxel, 2001, S. 156f.

770 Vgl. Buxel, 2001, S. 156f.

771 Vgl. Piller, 2001, S. 297.

gewonnenen, aufgrund des meist nutzerindividuellen Bezuges hoch differenzierten Daten der profunden Unterfütterung des strategischen Managements dienen können. Dabei dürften sich die in der jüngeren Vergangenheit beobachtbaren konzeptionellen und technologischen Forschritte im Bereich der Datenbanktechnologien und DV, der Handhabung großer Datenmassen sowie der (semi-) automatisierten Auswertung förderlich auswirken.[772] Insbesondere der integrative, umfassende, bereichsübergreifende und interdisziplinäre Charakter der Themen einer Nachhaltigen Entwicklung legt diese ganzheitliche Perspektive eines Datenmanagements nahe. Gefordert ist daher ein integrierter Ansatz, der das z. T. verbreitete abteilungsbezogene „Kästchendenken" überwindet und das in IKT-Infrastrukturen eingebettete Unternehmenswissen hinreichend zusammenführt, kontextualisiert und inhärente Querbeziehungen[773] aufdeckt (vgl. Tabelle 7).

| | **Kriterium** | **Operative Datenbank** | **DWH** |
|---|---|---|---|
| *Zweck und Anwendercharakteristika* | **Verwendung** | Transaktional, Unterstützung und Abwicklung von operativen Geschäftsprozessen | Analytisch, Informationsbereitstellung für Entscheidungsträger |
| | **Anwendertyp** | Sachbearbeiter | Analysten, Manager |
| | **Anwenderzahl** | Sehr viele | Relativ wenige |
| *Daten- und Schemacharakteristika* | **Datenquellen** | (Meistens) eine | (Fast immer) mehrere |
| | **Eigenschaften der Daten** | Nicht abgeleitet, zeitaktuell, autonom, dynamisch | Abgeleitet, konsolidiert, historisiert, integriert, stabil |
| | **Granularität der Daten** | Detaildaten | Detaildaten und Aggregate |
| | **Aktualität der Daten** | Online, Realtime | Unterschiedlich (aufgabenabhängig) |
| | **Zeithorizont der Daten** | Aktuelle Daten | Historisierte Daten |
| | **Datenvolumen** | Megabytes bis Gigabytes | Gigabytes bis Terabytes |

Tabelle 7: Gegenüberstellung von operativer Datenbank und Data Warehouse.
Quelle: Eigene, mit Elementen von Hinrichs, 2002, S. 13.

In diesem Sinne wird unter einem DWH ein bereichs- und ebenenübergreifendes Konzept zur Entscheidungsunterstützung von Mitarbeitern aller Bereiche und Ebenen verstanden. INMON, der den Begriff des DWH prägte, definierte es als eine subjektorientierte, integrierende, zeitlich ausgedehnte und inhaltlich beständige Datensammlung[774], deren Kern eine integrierte Datenbank bildet, die sich

---

[772] Vgl. Buxel, 2001, S. 157 sowie die Arbeit von Wiedman/Buckler/Buxel, 2001.

[773] So kann die Zusammenführung reiner E-Commerce-Datenbanken und der Nutzerprofilinformationen der PIN interessante Erkenntnisse im synergetischen Sinne zu Tage bringen.

[774] Die Datenbestände können bedarfsgerecht auf für die Unternehmung relevante interne und externe Einheiten – sprich Stakeholder, Kunden, Händler, Top-Management – subjektorientiert ausgerichtet sein, anstatt lediglich operational-diskrete Prozesse wie Buchungen und Auftragsnummern zu fokussieren. Ferner erfolgt eine Integration uneinheitlicher Datenbestände hinsichtlich Datenherkunft und -format. In zeitlicher Hinsicht werden Momentauf-

aus einzelnen operativen – u. U. räumlich verteilten – Datenbanken und externen Quellen bedarfsgerecht zusammensetzt. Sie beinhaltet sowohl aktuelle als auch historische Daten in verschiedenen Verdichtungsstufen und möglichst einheitlichem Format.[775]

Ein weiteres Eingehen auf sämtliche denkbaren Facetten des DWH würde den Rahmen dieser Arbeit sprengen. Vielmehr soll die hier vorgenommene Darstellung den informationstechnologischen Gestatungsspielraum eines DWH skizzieren.[776] Im Vordergrund der weiteren Untersuchung sollen die für die PIN zentralen Aspekte der *Integration von Informationen* im Rahmen eines Content Managements (Kapitel 6.3.2) sowie der Gewährleistung der *Informationsqualität* eines DWH (Kapitel 6.3.3) stehen.

### 6.3.2. Das WWW-Content Management auf der Basis der XML-Technologie

Mit Blick auf das Gesamtsystem einer DWH-Umgebung müssen die Informationen der PIN so aufbereitet sein, dass diese in das einheitliche und logisch-konsistent gegliederte System integrierbar sind. Da die Informationen der PIN in einem hypothetischen DWH nicht die einzige Datenquelle darstellen, ist bereits im Rahmen der Konzeptionsphase auf die Anschlussfähigkeit des der PIN zu Grunde gelegten Datenmodells zu achten. Dies erfordert im Rahmen der technischen Konzeption, die Struktur bereits bestehender Datenmodelle angrenzender Funktionalbereiche wie z. B. von E-Commerce-Datenbanken des Marketing bzw. Vertriebs zu eruieren bzw. deren Integrationspotenzial hinsichtlich der originären Ziele der PIN zu antizipieren.[777] So können bspw. die in einem Automobilunternehmen u. U. quantitativ umfangreicheren Informationen aus Kundendatenbanken eine aufschlussreiche Kontextualisierung der PIN-Informationen ermögli-

nahmen von Unternehmensdaten zusammen mit vergangenheitsbezogenen Daten aufbewahrt und verfügbar gemacht. Schließlich werden in Data Warehouses Daten durch Aneinanderreihung von Momentaufnahmen zu unterschiedlichen Zeitpunkten gespeichert und sind so inhaltlich beständig. Vgl. Inmon, 1996, S. 33-63.

775 So ist letztlich aber die Idee des DWH nicht als neu zu bezeichnen: Bereits in den 1970er Jahren wurden Management-Informations-Systeme als Allheilmittel der Entscheidungsfindung erklärt – scheiterten jedoch zum damaligen Zeitpunkt an den noch unbefriedigenden Speicher- und Verarbeitungskapazitäten sowie geringer inhärenter „Intelligenz". Diesbezüglich können in der Zwischenzeit zahlreiche Fortschritte registriert werden.

776 Zur Vertiefung sei daher auf die Arbeiten von Hinrichs, 2003; Inmon, 1996 sowie Muksch/Behme, 1998, verwiesen.

777 Dies beinhaltet aus DV-Sicht auch die Berücksichtigung von Integritätsbindungen wie z. B. den korrekten Einsatz von Schlüsseln oder die Einplanung hinreichender Wertebereiche und Variablen (vgl. Hinrichs, 2003, S. 32).

chen.[778] Die Gewährleistung einer semantischen Integrität sowie der Vermeidung drohender Redundanzen setzt dabei die Kooperationsbereitschaft zahlreicher Unternehmensbereiche voraus. Da, wie z. B. im Falle der VOLKSWAGEN AG, die betroffene Reporting-Fachabteilung hinsichtlich nachhaltigkeitsbezogener Themen mit über 20 weiteren Abteilungen bzw. Bereichen im regelmäßigen Informationsaustausch steht, ist auch von einer heterogenen IKT-Infrastruktur auszugehen. Oft werden in unterschiedlichen Fachbereichen – die in multinational agierenden Konzernen oft global verteilt agieren – die „Nachhaltigkeitsrealitäten“ mit verschiedensten Softwaresystemen bzw. Programmversionen gemessen und abgespeichert. Hierdurch wird bereits oft die international einheitliche, konsistente Erfassung relevanter Kennzahlen *eines* Funktionalbereiches erschwert.[779] Zudem zieht die Etablierung eines DWH zwangsläufig auch organisatorische Folgefragen mit sich, die Aspekte der unternehmensinternen informellen Machtverteilung („Deutungshoheit“) betreffen: Dies betrifft z. B. Fragen, wer genau die Person des Data-Manager bestellt, Zahlen aggregiert, im Rahmen des DHW für das Reporting angemessen kontextualisiert, Zuweisungsalgorithmen (nach)justiert bzw. weitere unvermeidliche Selektionsentscheidungen vollzieht und letztlich die Interpretation des hochdifferenzierten Nutzerwissens vornimmt. Diese Abgrenzungsprobleme erhalten zusätzliche Brisanz durch den Umstand, dass im Rahmen der internetbasierten Nachhaltigkeitskommunikation oft externe Kommunikationsagenturen eingebunden sind, deren proprietäre IKT-Infrastrukturen anschlussfähig sein müssen.

Die Metasprache XML stellt dabei eine Technologie dar, auf deren Basis heterogene „Datenbank-Landschaften“ in Unternehmen hinsichtlich ihrer Anbindung ans WWW harmonisiert werden können.[780] In der Gestalt eines sog. Web Content Management kann XML eine wirkungsvolle Unterstützung bei der PIN darstellen, beginnend bei der effizienten Verwaltung der Inhalte und Erstellung elektronischer Berichte bis hin zu deren Verteilung und Präsentation.[781] Basis der Effizienzsteigerung ist dabei die Nutzung der Metasprache XML[782], wonach sich Internet-Content gemäß der Schichten *Inhalte*, *Struktur*

---

778 So können z. B. die Informationen eines Nutzerprofils z. B. mit der Kauf- oder Kommunikationshistorie identischer realer Nutzer (z. B. Beschwerden des Kunden) abgeglichen werden.

779 Vor diesem Hintergrund sind Initiativen wie z. B. „One-Report“ (vgl. www.one-report.com/, abgerufen am 23.06.2004), die als externer Dienstleister ein Tool zur integrierten Erfassung und Darstellung unternehmensbezogener Nachhaltigkeitskriterien anbieten.

780 *„Bei einer Vereinheitlichung, Reduzierung und Wiederverwendung von Datenformaten [...] sollten allgemeine, zukunftssichere Standards wie z. B. XML [...] Einsatz finden.“* (Heck-Weinhart et al., 2002, S. 208). So werden XML und relationale Strukturen auch als komplementär bezeichnet (vgl. o. V., 2005, S. 2).

781 Vgl. Isenmann, 2002; Lenz, 2003, S. 142.

782 Vgl. erneut Kapitel 4.1.1, Unterpunkt „World Wide Web (WWW)“.

(DTDs und Schemas) und *Darstellung* (Templates und Stylesheets) differenziert verwalten lässt (vgl. auch Abbildung 18).[783]

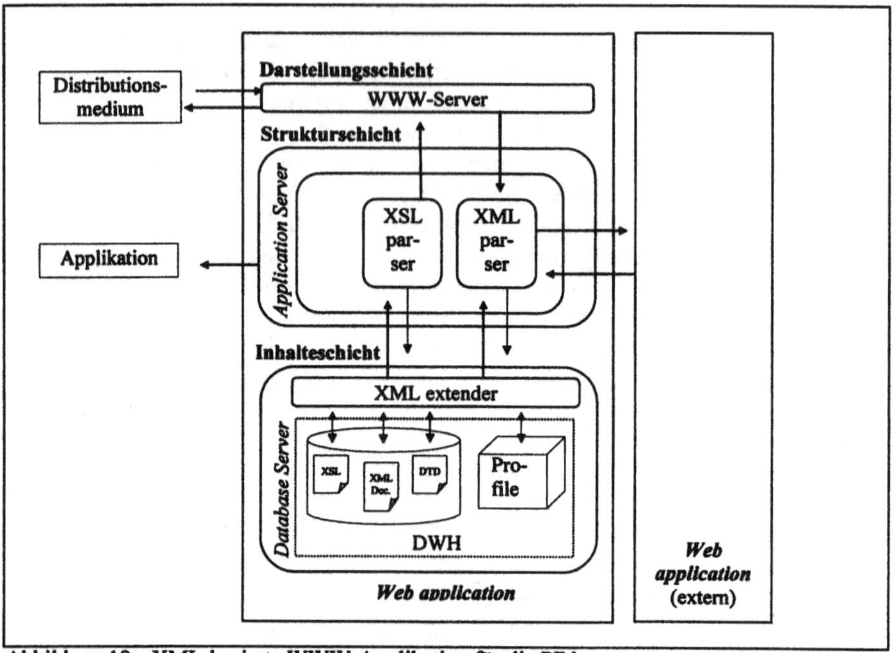


Abbildung 18: XML-basierte WWW-Applikation für die PIN.
Quelle: In Anlehnung an Isenmann, 2005, S. 196.

Die *Inhalte-Schicht* beinhaltet dabei verschiedene Datenquellen, die, wie bereits oben skizziert, im Rahmen eines DWH umfassend organisiert sein können. Den Kern bilden die generierten Nutzerprofile und eine Reihe von XML-Dokumenten bzw. DTDs, in denen in einer hierarchischen Struktur[784] festgelegt wird, welche obligatorischen und ggf. optional wählbaren Inhalte ein elektronischer Bericht usw. enthält und wie diese verschachtelt werden können. Die formalisierten Dokumentenstrukturen dienen ferner als eine Art „*Checkliste*" für die ökonomischen, sozialen und ökologischen Anforderungen, die ein Unternehmen zu erfüllen hat (z. B. in Form von Vorgaben diverser Leitfäden wie z. B. der GRI oder inhaltliche Anforderungen durch die Stakeholder). Insofern können DTDs auch einen Beitrag zur (Teil-) Standardisierung im Rahmen der PIN leisten. In

783 Vgl. im Folgenden ausführlich Isenmann, 2002; Isenmann, 2005, S. 195; Lenz, 2003, S. 255-285, die zur technologischen Konzeption internetbasierter Umweltberichterstattungssysteme (IBUS) umfassende Arbeiten vorgelegt haben. Zum Trennung von Darstellung, Struktur und Inhalt im Rahmen des WWW vgl. erneut Kapitel 4.1.1.

784 Vgl. Lenz, 2003, S. 246.

eXtensible Stylesheet Language-Dokumenten (XSL) können darstellungsbezogene Basisparameter bzw. -varianten gesetzt werden. Der XML-extender bildet dabei die Schnittstellte zur Applikationsschicht (vgl. im Folgenden) und zerlegt die relevanten Inhaltekomponenten bzw. setzt diese wieder zusammen.[785]

In der *Struktur- bzw. Applikationsschicht* ist die Logik des Systems implementiert – sie beinhaltet verschiedene Services und Applikationen, die die Generierung und Distribution der Inhalte in automatisierter Form ermöglichen. Ihr kommt eine „Vermittlerrolle“ zwischen Inhalten und Darstellung zu. Hierfür fungieren sog. XML- und XSL-parser, die die XML- (~Inhaltebausteine) und XSL-Komponenten (~Stylesheets) abfragen und so sowohl die inhaltliche und darstellungsbezogene Übereinstimmung des Personalisierungsergebnisses mit den Nutzeranforderungen automatisch versucht herzustellen.[786]

Die Zusammenfügung wird im Rahmen der *Darstellungsschicht* an den WWW-Server übertragen und so dem Abruf durch den Nutzer-Client (z. B. via Browser) zur Verfügung gestellt. Alternativ können auch andere Darstellungsformen für CD-ROM, Handheld-PC und Fax bzw. Print-on-Demand-Formen gewählt werden, wodurch die Flexibilität des Systems zum Ausdruck kommt.[787]

Durch die logische Dreiteilung des Content-Managements besteht prinzipiell ein umfassender Lösungsansatz zur (Teil-) Automatisierung der PIN. Allerdings steht und fällt die Qualität eines solchen Frameworks mit der Qualität der zu Grunde liegenden Informationen. Dieser Aspekt soll im Folgenden eingehend thematisiert werden.

### 6.3.3. Der Aspekt der Informationsgüte im Data Warehouse

Ein wesentlicher und zugleich „fragiler“ Aspekt, der in unmittelbarem Zusammenhang mit dem Integrationsaspekt steht, ist schließlich die Gewährleistung einer hinreichenden *Informationsgüte*[788] im DWH, die eine qualitative und eine quantitative Dimension umfasst und im Einfluss zahlreicher Determinanten steht (vgl. Abbildung 19).

---

785 Vgl. Isenmann, 2005, S. 195f.

786 Vgl. Isenmann, 2005, S. 195f. Die Applikationsschicht basiert dabei auf dem „Cocoon Publishing Framework“ (vgl. http://cocoon.apache.org/, abgerufen am 10.10.2005), welches sich durch Flexibilität, Erweiterbarkeit und Praxistauglichkeit auszeichnet.

787 Vgl. Isenmann, 2005, S. 195.

788 In der Literatur wird der Begriff der Informationsqualität oft synonym mit Datenqualität verwendet. So werden Qualitätsmerkmale von Datenprodukten oft als Datenqualitätsdimensionen, vereinzelt auch als Datenqualitätsfacetten bezeichnet. Vgl. Hinrichs, 2003, S. 27f.

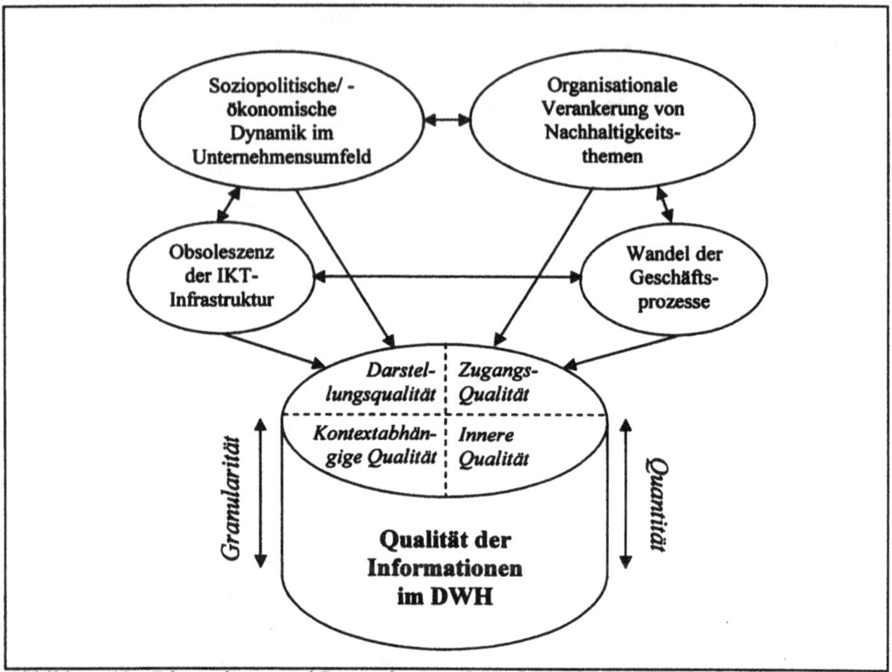


Abbildung 19: Dimensionen und Determinanten der Informationsqualität im DWH.
Quelle: Eigene.

Dabei sollen zunächst die Dimensionen der Informationsqualität kurz geschildert werden:[789] Durch die *innere Qualität* der Informationen werden Merkmale wie Genauigkeit, Objektivität, Glaubwürdigkeit und Vertrauenswürdigkeit subsumiert. Dies betrifft im gewählten Modell insbesondere die Qualität der Nutzerprofile, d. h. die Genauigkeit und somit Belastbarkeit der nutzerbezogenen Informationen sowie die Eignung der auf der Basis der XML-Technologie organisierten Inhalte. Durch den Begriff der *kontextabhängigen Qualität* wird die statische Einschätzung der Informationsqualität erweitert, indem auf Relevanz, Vollständigkeit sowie den Anwendungs- und Zeitbezug im Sinne der Aktualität abgestellt wird. So können insbesondere Informationen zu umfangreichen oder kritisch-sensiblen Themen aufgrund begrenzter Ressourcen nicht immer auf dem aktuellsten Stand gehalten werden. Ähnliches gilt für die Nutzerdaten, die im Lichte sich verändernder Informationsbedarfe und beschreibender Merkmale zu unterschiedlichen Zeitpunkten eine unterschiedliche kontextabhängige Qualität

[789] Diese Unterteilung lehnt sich dabei an den „empirischen Begriff" der Datenqualitätsproblematik an, der insbesondere aus Qualitätsmanagement-Sicht alternativen Ansätzen zu bevorzugen sei. Vgl. Hinrichs, 2003, S. 28f.

haben können. *Darstellungsqualität* liegt vor, wenn die Informationen interpretierbar, widerspruchsfrei, knapp darstellbar und verständlich sind. Problematisch ist es z. B., wenn nutzerseitig artikulierte, profilrelevante Informationen aufgrund einer niedrigen Darstellungsqualität keiner automatischen Auswertung zugeführt werden können und sich so der manuelle Nachbesserungsaufwand erhöht. Die *Zugangsqualität* zielt schließlich auf die Zugriffsmöglichkeiten der Informationen ab.[790] Als grundsätzlich problematisch können Konstellationen betrachtet werden, in denen Unternehmen aufgrund interner DV-Schnittstellenprobleme nur schwer Zugriff auf relevante Nutzerinformationen haben.

Neben der qualitativen Dimension wird auch auf das Problem der Bewältigung von *Datenmassen (Quantität)* verwiesen:[791] Analog zu den bereits diskutierten Aspekten quantitativ umfassender Nutzerprofile bestehen auch Bedenken hinsichtlich des bisweilen beträchtlichen Speicherumfangs von DWH-Komponenten. Bezüglich der genannten Quellen von Anpassungsinformationen stellen selbst bei moderat frequentierten Nachhaltigkeitswebsites die stets sehr speicherbedürftigen Log-Dateien[792] die Hauptursache immens umfangreicher und hoch redundanter Datenbestände dar.[793] Dieser Umstand erfordert eine gezielte, selektive Handhabung der Daten, die sinnvolle Fokussierung interessierender Teilaspekte bzw. eine adäquate Aggregierung bestehender Datensätze. Problematisch ist hierbei insbesondere die Identifizierung eines angemessenen Maßes an *Granularität* (~Verdichtungsgrad): Hohe Granularität wird oft aus Gründen der Handhabbarkeit und Redundanzminderung als vorteilhaft angesehen. Jede Verdichtung vorhandener Informationsbestände geht jedoch unumgänglich mit einer Vernichtung von Informationen einher.[794]

Der Qualitäts- und Quantitätsaspekt des Problems der Informationsgüte sind dabei dynamischer Art und stehen zugleich im Einfluss zahlreicher *Determinanten*: Zunächst steht die Relevanz der im DWH enthaltenen Informationen stets im Kontext der jeweils aktuellen *sozio-politischen und -ökonomischen Rahmenbe-*

---

790 Zu den genannten Aspekten vgl. vertiefend Helfert, 2000, S. 64f.; Huang/Lee/Wang, 1999, S. 43 sowie Strong/Lee/Wang, 1997, S. 103-110.

791 Vgl. Buxel, 2001, S. 161-163.

792 Log-Dateien eines einzigen Monats können sehr schnell mehrere Gigabyte große Textdateien umfassen – die Analyse der Informationen eines ganzen Jahres führt die Systeme und Akteure an „natürliche" Kapazitätsgrenzen. Es drohen *„[...] substantial computational and memory overheads in processing the data"* (Krishnamurthy/Rexford, 1998, zitiert nach Seibold, 2002, S. 87).

793 Die fehlende Thematisierung des Redundanzaspekts ist so auch konsequenterweise der zentrale Vorwurf an den „Empirischen Begriff der Datenqualität" (vgl. Hinrichs, 2003, S. 29).

794 Das Problem der Quantität von Informationen hat letztlich auch die U.S.-Amerikanische National Security Agency (NSA) dazu bewegt, mit „Trailblazer" ein teures Data Mining-Projekt zu initiieren, welches *„[...] den durch die elektronischen Informations- und Kommunikationsmittel anschwellenden Datenfluten"* (Rötzer, 2005) begegnen sollte.

*dingungen* des Unternehmens. So ist zu vermuten, dass die zu einem gegebenen Zeitpunkt in einem DWH enthaltenen Informationen, Interpretationsmuster und Entscheidungsregeln nicht zwingend auf dem aktuellsten Stand sind. Ist z. B. ein Unternehmen von einem dynamischen „Agenda-Setting" direkt betroffen, sind etwaige DWH-Informationen bzw. Entscheidungsunterstützungssysteme oft nicht hinreichend aktuell.[795] Problematisch ist zudem die mitunter recht geringe – da thematisch junge – interne Etabliertheit von Umwelt- und Nachhaltigkeitsthemen bzw. deren *organisatorische und IKT-Infrastrukturelle Einbettung*: Die hiermit verbundenen und zu erwartenden Verschleppungseffekte aufgrund unbefriedigender Einflussmöglichkeiten in eine DWH-Umgebung können letztlich einen erheblichen negativen Einfluss auf die Qualität der PIN ausüben. Dabei erweitert sich der diskutierte Problemkreis durch die nach wie vor rasante (technische) *Obsoleszenz der verwendeten IKT-Infrastrukturen* und den damit verbundenen Wartungs- und Erneuerungserfordernissen. Oft finden die unumgänglichen IKT-Innovationszyklen in großen Unternehmen nicht vollständig „konzertiert" statt, weswegen regelmäßig Inkompatibilitäten, Inkonsistenzen und folglich Strukturbrüche im DWH beobachtbar sein dürften und somit in diametralem Gegensatz zu den originären Zielen eines DWH stehen. Ähnliches gilt für den oft beobachtbaren Wandel der operativen Geschäftsprozesse – oft wiederum beeinflusst durch den Wandel im Unternehmensumfeld: Hierdurch drohen regelmäßig etablierte, funktionierende Berichtswege zu unterbrechen, wodurch „blinde Flecken" in der Struktur eines DWH buchstäblich „vorprogrammiert" zu sein scheinen.

795 Wird z. B. ein Nutzer einer Anspruchgruppe auf der Basis seiner Nutzerdaten mit bestimmten Informationen zu einem sensiblen Thema (z. B. Feinstaub) versorgt – die zu Grunde liegenden DWH-Informationen jedoch aufgrund der starken öffentlichen Dynamik nicht *seinem* aktuellen Stand entsprechen – kann dies regelmäßig starke Irritationen verursachen.

# 7. Die Perspektive des Prozesses der Nutzerintegration

Durch die Perspektive des Prozesses der Nutzerintegration wird das enge Denkschema der PIN als reines „Matching" individuell verschiedener, heterogener Informationsbedarfe[796] erweitert. So kann bezweifelt werden, dass die bestehenden hohen Hürden bei der „bilateralen Klärung" bestehender Informationsbedarfe bzw. kommunikativer Barrieren alleinig durch die fallweise Durchführung von unternehmensseitiger oder gar „outgesourcter" Feldforschung abgebaut werden können.[797] Vielmehr verspricht sich der Autor von diesem Ansatz, eine umfassende Einstufung bestehender Instrumente der PIN hinsichtlich ihrer Eignung vornehmen zu können. Daher sollen im Folgenden die Möglichkeiten und Grenzen der Einbringung des Nutzers in die Kommunikations(erstellungs)prozesse erörtert werden: Personalisierung sei so als Lernprozess verstanden, in dem durch die individuelle Einbringung des Nutzers in originär unternehmensseitige „Reviere" beiderseitig Lernprozesse bewirkt werden.

Dabei wird im Folgenden auf die in Kapitel 5.2.1.1 erarbeitete Prozesslogik zurückgegriffen. Im Gegensatz zu anderen verbreiteten individuumszentrierten Konzepten wie z. B. der Mass Customization[798] ist indes die innere Struktur des Integrationsprozesses der PIN undeterminiert und weitestgehend unerforscht.

## 7.1. Die Dimension der Integrationstiefe

### 7.1.1. Einführende Bemerkungen

Das vorliegende Kapitel widmet sich der vielgestaltigen Rolle, die Nutzer im Rahmen der Integration einnehmen können. Der Begriff der *Integrationstiefe* umschreibt, an welcher/n Stelle(n) eines Erstellungsprozesses der Kommunikationsleistung sich der externe Nutzer einbringt[799], d. h. wie tief in die ursprünglich unternehmensautonomen Abläufe eingegriffen wird. Aus dieser Perspektive wird deutlich, dass abhängig vom Grundverständnis der PIN die Gestalt der Erstellungsprozesse unterschiedlich ausfällt. Wird z. B. die PIN als Angebot verschiedener Teilmodule verstanden, greift der Nutzer im Spezifikationsprozess lediglich im Sinne des „Auswählens" ein. Werden hingegen dem Nutzer weitergehen-

---

796 Dieser Aspekt wird z. B. ausführlich von Lenz, 2003, thematisiert.

797 Gedanklichen Ausgangspunkt hierfür bilden folglich auch die zahlreichen abgeleiteten Bedenken und Kritikpunkte im Rahmen der Informationsintegration.

798 Vgl. exemplarisch die Arbeiten von Piller, 2001; Schnäbele, 1997.

799 Vgl. ähnlich Engelhardt/Kleinaltenkamp/Reckenfelderbäumer, 1992, S. 31f.; Schnäbele, 1997, S. 102; Well, 2001, S. 20f.

de, offenere und flexiblere Integrationspotenziale eröffnet, liegt ein erweitertes Integrationsverständnis zu Grunde. Eng hiermit gekoppelt ist der Aspekt der *Integrationsintensität,* der Art und Umfang der Einflussnahme des Nutzers charakterisiert. Dies umfasst Formen der persönlichen und/oder medialen Integration sowie die Frage, inwiefern der Nutzer die Personalisierung zwar auslöst, im weiteren Zeitverlauf jedoch passiv bleibt – oder aber aktiv mitgestaltet. Vor diesem Hintergrund ist zunächst eine nähere Eingrenzung des Erstellungsprozessverständnisses vorzunehmen (vgl. folgend).

### 7.1.2. Das Verständnis der Integrationstiefe und -intensität

Bei der Entwicklung eines adäquaten Erstellungsprozessverständnisses findet zugleich eine *Anlehnung an* und *Abstrahierung von* Prozessmodelle(n) bestehender „Customizing"-Konzepte[800] statt: *Anlehnung* insofern, als die Erstellungsprozess-Logik zwangsläufig einem Wertschöpfungs- bzw. Leistungserstellungsprozess *ähnelt*, da basale, abstrakte Prozessstufen wie „Konzeption", „Produktion" und „Vertrieb" aufgegriffen werden;[801] *Abstrahierung* dergestalt, dass „Best Practice"-Empfehlungen bestehender Leitfäden[802], Workflow-Schemata[803] und praktische Erfahrungen des Autors berücksichtigt werden. Auf dieser Basis sei folgendes Prozessverständnis vorgestellt, welches sowohl für die Erstellung von print- als auch internetbasierter Nachhaltigkeitskommunikation anwendbar ist (vgl. Abbildung 20). Die Erstellung von Kommunikationsmedien wie einem (Print-) Nachhaltigkeitsbericht oder aber einem Internet-Nachhaltigkeitsportal folgt dabei einem vierstufigen Ansatz. Die Prozesskomponenten seien wie folgt charakterisiert:

- **Konzeption:** Aufgrund der geringen internationalen Harmonisierung der Nachhaltigkeitskommunikation bestehen unternehmensseitig zahlreiche Freiheitsgrade in der Gestaltung sowohl der print- als auch der internetbasierten Nachhaltigkeitskommunikation[804], weswegen der Konzeptionsstufe besondere Bedeutung zukommt (Projektcharakter). Ausgangspunkt ist oft eine Evaluation vergangener (Portal-) Konzeptionen. Auf der Basis dieses „Rückblicks nach vorn" sowie bestehender Ziele können grobe Eckpunkte festgelegt werden, wie z. B. die Grobstruktur des Portals, das Vernetzungskonzept Print-Internet, inhaltliche Leitthemen, qualitative und quantitative Bandbreiten (z. B. Minimal- und Maximalan-

---

[800] Vgl. hierzu die Arbeiten von Piller, 2001; Schnäbele, 1997; Well, 2001.

[801] Dies bedeutet, dass die Logik etwaiger Produktionsprozessmodelle tangibler Güter im Rahmen eines Wertschöpfungsprozesses freilich *nicht* widerspruchsfrei auf das Problem der PIN übertragbar ist.

[802] In diesem Zusammenhang sei auf weitere Prozessmodelle verwiesen (vgl. WBCSD, 2002, S. 36-41; BSR, 2005).

[803] Vgl. exemplarisch Steinert, 2005, S. 18.

[804] Wenngleich freilich die internetbasierte Nachhaltigkeitskommunikation im Zentrum der Untersuchung steht, sind diese beiden Instrumente der Nachhaltigkeitskommunikation konzeptionell oft schwer trennbar.

forderungen an Qualität und Umfang der Nachhaltigkeitskommunikation), relevante Stakeholder bzw. Nutzergruppen sowie die Zusammenstellung des Kommunikationsteams.[805] In dieser Art Planungsphase findet – problematischerweise – trotz der konzeptionellen Freiheitsgrade nur selten eine Konsultation externer Nutzer bzw. Stakeholder statt.[806] Da die Konzeptionsphase vergleichsweise wenig kontinuierlich bzw. eher selten vollzogen wird, ist sie in Abbildung 20 *gestrichelt* markiert.

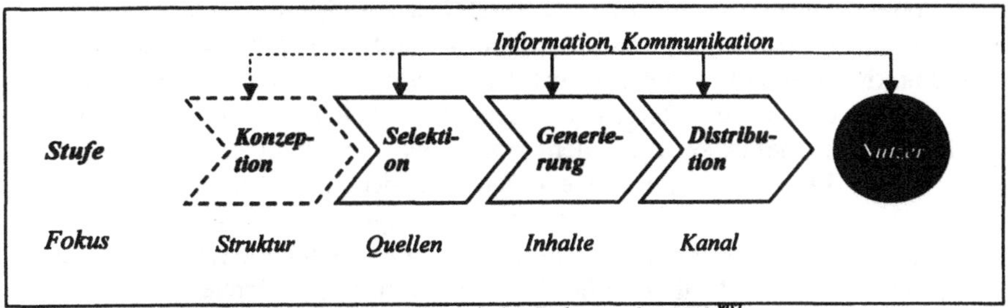


Abbildung 20: Erstellungsprozessverständnis im Rahmen der PIN.[807]
Quelle: Eigene.

- **Selektion:** Nachdem inhaltlich-konzeptionelle Eckpunkte festgelegt wurden, wird in einem umfangreichen Schritt die Selektion relevanter Inhalte vorgenommen. Dies betrifft a) *kriterienbezogen* die ***Auswahl geeigneter Inhaltebereiche***, die später in Form von Textbeiträgen, Kennzahlen und Bildmaterial konkretisiert werden sowie b) *quellenbezogen* die Auswahl relevanter Inhalte-„Lieferanten" bzw. externer Kooperations- bzw. Syndikationspartner, wobei letzterer Aspekt durch den ersteren determiniert wird.

- **Generierung:** In dieser Phase werden auf der Basis der zuvor identifizierten konzeptionellen Eckpunkte sowie inhaltlicher Quellen und Kriterien die Inhalte generiert, d. h. Texte verfasst und mit visuellen Elementen zusammengeführt. Diese müssen im Anschluss einer qualitativen Überprüfung im Sinne einer Endabstimmung/Freigabe, Lektorierung sowie ggf. einer externen Überprüfung im Sinne eines Testats unterzogen werden.

- **Distribution:** Nach Abschluss der Generierung können die Inhalte verschiedenartig distribuiert werden. Hierzu zählt, dass die Inhalte z. B. auf der Basis eines Content Management Systems (CMS) eingepflegt, d. h. online publiziert werden. Des Weiteren gilt es – ähnlich einer Segmentierungsstrategie – zu entscheiden, welche Empfänger mit welchen Inhalten gezielt „versorgt" werden bzw. wie die Navigationstools/Interfaces/Endgeräte hierfür adäquat eingesetzt werden (können). Hierzu zählen die Bereitstellung von Kontaktmöglichkeiten, sinnvolle Zuweisung(en) zu Sonderbereichen/Extranets sowie eine angemessene Kanalwahl bzw. -bündelung.

805 Grundsätzlich käme hier auch die Konzeption der Folgephasen in Frage – dieser Gedanke soll jedoch an dieser Stelle zur Wahrung der heuristischen Qualität nicht weiter verfolgt werden.

806 Vgl. auch WBCSD, 2002, S. 36.

807 Dabei sei angemerkt, dass die hier unterstellte Chronologie der Stufen nicht immer der Realität entsprechen dürfte, sondern in erster Linie didaktischen, heuristischen Wert hat.

Insgesamt werden vielfältige Potenziale von einer Nutzerintegration erwartet. Im Sinne einer *Früherkennungs- und Ideengewinnungsfunktion* können unternehmensseitig wertvolle – da differenzierte, beobacht- und speicherbare – Impressionen vom Kommunikationsumfeld gewonnen werden[808], durch die bspw. auch auf strategische oder aber produktpolitische Mängel u. ä. aufmerksam gemacht werden kann. Durch derartige *transparenzsteigernde Effekte* kann die Effizienz der Kommunikation insofern erhöht werden, als aufgrund präziserer Bezüge die kommunikative Qualität gesteigert werden dürfte. Dies kann sowohl auf die print- als auch die internetbasierte Nachhaltigkeitskommunikation positiv rückwirken. Die Integration kann dem *Abbau von Spannungen* auf Nutzerseite dienen, indem diese durch die aktive Integration der Nutzer adäquat kanalisiert werden können.[809] Da mit zunehmender Einbringung der Nutzer auf beiden Akteursseiten Irritationspotenziale abgebaut werden können bzw. insbesondere auch die Nutzer tiefere Einblicke in die unternehmensspezifischen Topoi sowie die hiermit verbundenen Probleme der Kommunikation gewinnen, ist auch von einer *Sensibilisierungsfunktion* der Nutzerintegration im reziproken Sinne auszugehen, im Rahmen derer beide Akteursseiten Einblicke in die Befindlichkeiten und spezifischen Problemkonstellationen der jeweils anderen Akteursseite erhalten. Nutzer erlangen so u. U. immer mehr einen Partnerstatus – die „Partnerschaft" wiederum bildet eine Basis für laterale Lerneffekte. Die Integration von Nutzern kann so im Idealfall auch in einer *Ver*bundenheit der Nutzer münden und Synergien jenseits der Nachhaltigkeitskommunikation i. e. S. freisetzen: Neben der Annahme, dass im Beziehungszeitverlauf insbesondere sinkende Transaktionskosten der Kommunikation zu verzeichnen sind, können u. U. auch weitere (vor)ökonomische Effekte wie z. B. Vertrauensaufbau und Reputationseffekte verzeichnet werden.[810] Letztlich ist im Rahmen der Nutzerintegration die zu erwartende hohe Qualität der Informationen herauszustellen, die zwar unter quantitativen Gesichtspunkten selten als repräsentativ zu bezeichnen sein dürften, aber derart aufschlussreiche Aspekte transportieren können, die mit (teuren) Massenbefragungen so nicht zu erlangen sind. Insofern kann die Nutzerintegration auch als Instrument der Reduzierung von (Transaktions-) Kosten, insbesondere der Informationsbeschaffung und -kontrolle, aufgefasst werden.

---

808 Vor diesem Hintergrund können auch bestehende Zielgruppenkonzepte (wie das bereits skizzierte Rubrikenkonzept, vgl. erneut Tabelle 5) hinsichtlich ihrer Eignung verifiziert werden.

809 Dieser Aspekt betrifft sowohl negative (Beschwerde, Unzufriedenheit) als auch positive Spannungen (Begeisterung über ein Produkt oder eine Unternehmensankündigung).

810 Hierzu zählt z. B. eine stärkere Markenbindung etc. Zu den Zielen der Nachhaltigkeitskommunikation vgl. erneut Kapitel 3.3.1.

### 7.1.3. Die Integrationsformen

In dieser Arbeit sollen idealtypische von hybriden Integrationsformen abgegrenzt werden. Dabei seien die *idealtypischen Integrationsformen* dadurch gekennzeichnet, dass die Integrationstiefe beschreibt, wie viele Stufen der Nutzer im Rahmen der skizzierten Prozesskette *sukzessiv* „rückwärts“ schreitet. Hierbei wird implizit eine Wertigkeit einzelner Stufen sowie die Notwendigkeit eines „linearen“ rückwärts Schreitens unterstellt – die Integration im Sinne der Distributionsstufe wird dabei als „Mindestmaß“ der Integration verstanden, die Integration innerhalb der Konzeptionsstufe als besonders tief greifende Integrationsform begriffen. Die Betrachtung *hybrider Integrationsformen* hebt diesen zwangsläufig sequentiellen Zusammenhang auf. Es bestehen demnach auch Möglichkeiten, Nutzer in die Erstellung der PIN-Ergebnisse *selektiv* zu integrieren, ohne die Distributionsstufe oder andere nachgelagerte Stufen zu beinhalten. Die Darstellung idealtypischer Integrationsformen hat somit in erster Linie didaktischen Wert (vgl. Abbildung 21).

#### 7.1.3.1. Typ 1 (Autonom)

Diesem Verständnis folgend wird der Nutzer in keiner Stufe der Prozesskette integriert – das Unternehmen vollzieht die Gestaltung sämtlicher Prozessstufen, d. h. der Konzeption, Selektion, Generierung und Distribution völlig[811] autonom. Flexibilitätspotenziale liegen ausschließlich im Rezeptionsprozess, d. h. – in Anlehnung an das Verständnis des (Radikalen) Konstruktivismus[812] – in der individuell begründeten Wirklichkeitskonstruktion bzw. der aktiven, kritischen Nutzung des statischen Internet-Angebots (Eigenselektion). Der gesamte Erstellungprozess des Kommunikationsergebnis wird unternehmensseitig sukzessiv-linear abgearbeitet und basiert auf einem dominanten Konzept, welches ungeachtet der zu erwartenden und in dieser Arbeit empirisch ermittelten Nutzerheterogenität allen Nutzern in identischer Form zur Verfügung gestellt wird.

---

[811] Dabei sei angemerkt, dass die Charakterisierung der „völligen Autonomie“ freilich hypothetischer Natur ist, da Unternehmen im Rahmen der Nachhaltigkeitskommunikation ihre Berichte oder Websites nur sehr selten ohne jeglichen externen Input (z. B. einer Kommunikationsagentur/-beratung etc.) bewerkstelligen dürften.

[812] Vgl. Kapitel 3.1.

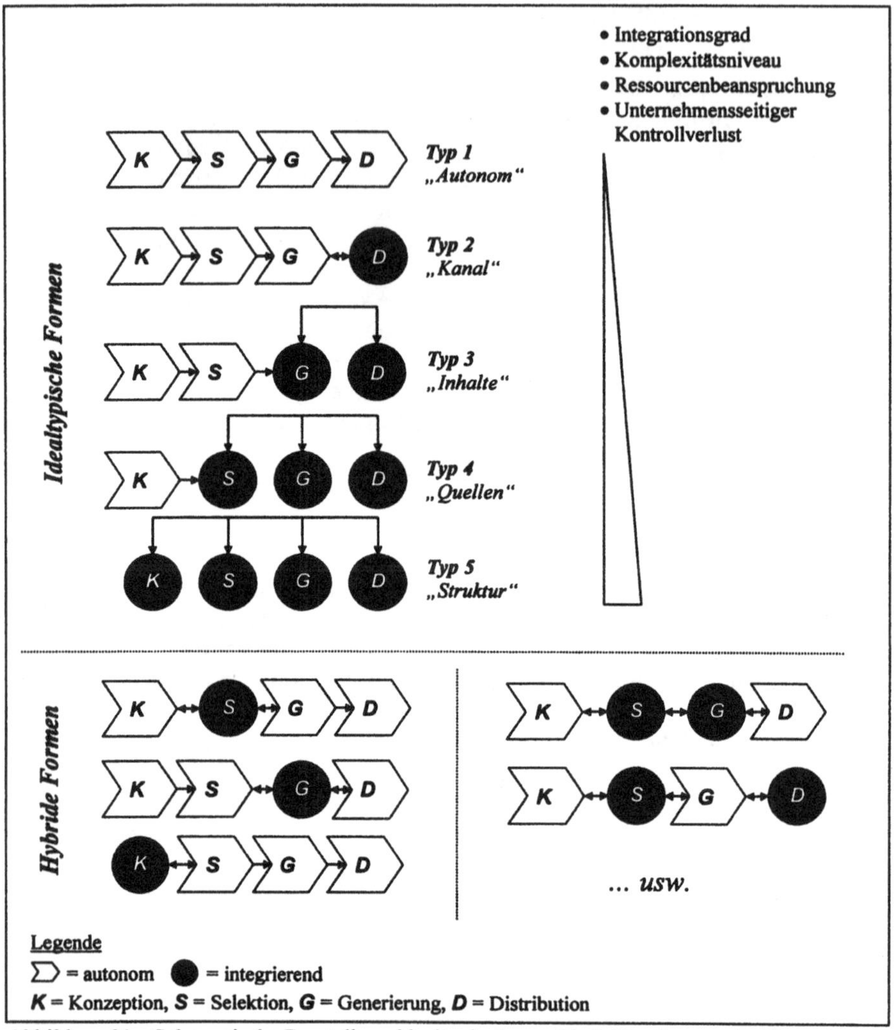


Abbildung 21: Schematische Darstellung idealtypischer und hybrider Formen der Nutzerintegration.
Quelle: Eigene.[813]

[813] Die Darstellung greift dabei einen Gedanken von Lampel & Mintzberg auf (vgl. Lampel/Mintzberg, 1996, S. 24), der hier konzeptionell modifiziert und stark erweitert wurde.

#### 7.1.3.2. Typ 2 (Kanal)

Hinsichtlich der Integration der Nutzer im Rahmen der Distribution gilt es zu beachten, dass der Distributionsbegriff zwei basale Denk- und Aktionsrichtungen beinhaltet: zum einen die konventionelle Auffassung der „Push-Distribution" (z. B. via E-Mail) oder aber die umgekehrte Denkrichtung des aktiven Abrufs von Informationen („Pull-Distribution") *durch den Nutzer*, sofern diese in gewünschter Weise aufgefunden werden.[814]

So kann die Nutzerintegration im Rahmen der *Push-Distribution* im Sinne einer Segmentierungsstrategie vollzogen werden, die letztlich auf den diskutierten Aspekten der *Informationsintegration* basiert, indem auf etwaig durchgeführte Informationsbedarfsanalysen und idealerweise hierauf fußende *unternehmensspezifische*[815] Nutzerstereotype rekurriert wird. Dies beinhaltet nicht nur die Art der zu distribuierenden Informationen, sondern auch die Berücksichtigung des adäquaten Kanals bzw. der gewünschten Konfektionierung (z. B. HTML-Seiten vs. PDF-Dokument). Wird diese „Misch-Form" zwischen Informations- und Nutzerintegration kontinuierlich und profund vollzogen, können – ähnlich biologischen Proliferationsprozessen – nutzerstereotypen-adäquate Varianten bzw. Derivate der internetbasierten Nachhaltigkeitskommunikation abgeleitet werden, die nutzergerecht distribuiert werden („Push") oder zum Abruf verfügbar gemacht werden („Push on Demand"). *„ [...] personalisation can be indicated on a site by the maintenance of different sections for different groups of people."*[816]

Wird das alternative Verständnis der *Pull-Distribution* zu Grunde gelegt, gilt es, dem Nutzer unkomplizierten und adäquaten Zugang zu den gewünschten (generierten) Inhalten zu verschaffen. Dies kann a) durch eine sorgfältig gestaltete Navigation[817], in deren Entwicklung Nutzer ähnlich einer Produkt-Klinik einbezogen werden, b) die Bereitstellung von Wissensdatenbanken/Glossaren mit individuell angemessenem Aggregationsniveau oder c) die Zuweisung von Sonderbereichen („Extranets") geschehen. Zudem kann auch nutzerseitig eine *Aggregation und Bündelung* von Inhalten zu Inhalte-Paketen i. S. v. „Dossiers" oder einer „Warenkorbfunktion" vorgenommen werden. Denkbar ist auch,

---

814 Dabei sei eingeräumt, dass in der Praxis diese beiden idealtypischen Pole nicht immer isoliert nebeneinander stehen, sondern vielmehr sich über die Zeit gegenseitig bedingen bzw. Mischformen existieren, da mit jedem aktiven, nutzerseitigen Abruf auch mittelfristig die „Distributionspolitik" des Unternehmens beeinflusst werden kann.

815 Es sei mit Blick auf die bereits vorgestellten empirischen Befunde (vgl. Kapitel 6.1.1.2) an dieser Stelle erneut auf die Notwendigkeit der unternehmensspezifischen Betrachtung der Nutzerstereotype verwiesen.

816 Gustavsen/Tilley, 2003, S. 6.

817 In diesem Zusammenhang sei hier erneut auf das Rubrikenkonzept des Portals „Mobilität und Nachhaltigkeit." der Volkswagen AG hingewiesen, welches einen interessanten, gangbaren Ansatz der Komplexitätsreduktion im Distributionssinne darstellt.

dass Nutzern (z. B. Analysten) direkte Kontakte zu einzelnen Fachbereichen vermittelt werden.

#### 7.1.3.3. Typ 3 (Inhalte)

Im Rahmen der *Generierung von Inhalten* kann ein Integrationsverständnis verfolgt werden, in dem der Nutzer die Rolle des reinen Rezipierens verlässt und alternative Rollen, z. B. als Co-Autor, Challenger etc. eine aktive Rolle im Prozess der Inhalte-Generierung einnimmt. Die zahlreichen thematischen Synergien und inhaltlichen Ansatzpunkte der Nachhaltigen Entwicklung bieten dafür ausreichend Spielraum.[818] Vor dem Hintergrund einer zu erwartenden Vielzahl potenzieller Nutzer und begrenzter Unternehmensressourcen gilt es zum einen, die Bereitschaft von Nutzern hierfür fallweise zu ermitteln und zum anderen Entscheidungsmechanismen zu entwickeln, die eine Selektion „geeigneter" Nutzer ermöglichen. Dies kann z. B. unter Zuhilfenahme des in Kapitel 2.2.2.3 skizzierten Stakeholder-Mappings geschehen, dessen Zuweisungsqualität bei konsequenter Durchführung sich stetig verbessern dürfte. Hierzu sei angemerkt, dass im Sinne wechselseitiger Lerneffekte auch das bewusste Zulassen kritischer Außensichten von großem Wert sein kann. Denkbar sind auch Themen-Specials zu bestimmten Kriterien bzw. Themen, die dem Unternehmen und Dritten interessante Einblicke und vielfältige, illustrierende Standpunkte eröffnen. So kann das Verständnis etabliert werden, dass *externe* Nutzer im Rahmen von Syndikationsvereinbarungen selbst Inhalte thematisieren bzw. die Relevanz von Inhalten signalisieren (z. B. in reservierten Sonderbereichen). Dies kann auch über die (ungefilterte) Bereitstellung eines Raumes für *intern* moderierte (~Expertenchats) oder unmoderierte IRCs im Rahmen der Unternehmenswebsite erfolgen. Eine ähnliche Form stellt dabei die aktive Beteiligung in bishin zur Moderation von IRCs durch *Externe* oder die aktive Verlinkung auf Weblogs *externer Autoren* dar. Insofern ist auch eine Integration Externer in die Inhalte-Generierung denkbar, ohne dass hierfür zusätzlicher „physischer" Raum auf der proprietären Website des Unternehmens eingeräumt wird.

Neben der Inhalte-Generierung können Nutzer auch vor deren „Distribution" im Rahmen einer *„End-Abstimmung"* beteiligt werden. Dies umfasst zum einen den Aspekt, inwieweit bereits erstellte Inhaltekomponenten (~Texte) als korrekt, vollständig und ausgewogen betrachtet werden können. Zum anderen existiert

---

[818] Analysten können bspw. Beiträge liefern, die sich z. B. als Hintergrundbeitrag dem Feld des Nachhaltigen Investments widmen. Kunden können Erfahrungsberichte zu produkökologischen Aspekten des Unternehmensproduktportfolios liefern. Ausgewählte Mitarbeiter können Einblicke in betriebsökologische Aspekte der Pkw-Produktion in Form einer Werksreportage verfassen. Dieser Gedanke ließe sich entlang der Stakeholderstruktur von Unternehmen beliebig weiter verfolgen.

die Möglichkeit, Nutzer im Rahmen einer Drittbegutachtung zentraler Inhaltekomponenten im Sinne einer externen „Testierung“ einzubeziehen. Vor dem Hintergrund, dass sowohl bei der print- als auch bei der internetbasierten Nachhaltigkeitskommunikation zum gegenwärtigen Zeitpunkt keine etablierten Standards der externen Begutachtung existieren, dieser jedoch zahlreiche Potenziale zur Förderung von Glaubwürdigkeit zugeschrieben werden[819], kann diesbezüglich mit der Integration der Nutzer eine sinnvolle und praktikable (Brücken-) Lösung gefunden werden.

### 7.1.3.4. Typ 4 (Quellen)

Im Rahmen der Selektion *interner* und *externer* Inhalte-Lieferanten kann die Integration des Nutzers zweierlei Ausprägungen annehmen: Zum einen kann die Spezifizierung der Informationsbedarfe auf der Basis reaktiver bzw. nichtreaktiver Verfahren – wie bereits skizziert[820] – erfolgen. Die Spezifizierung kann dabei die Auswahl interessierender Inhaltekategorien betreffen sowie auch eine weitere Eingrenzung erforderlich machen, welche spezifischen Kennzahlen oder visuellen Elemente nutzerseitig als relevant erachtet werden. Zudem können bestimmte Themen einer Abstimmung (Voting) zugeführt werden – die Ergebnisse können dabei sowohl die PIN als auch die standardisiert-uniforme Nachhaltigkeitskommunikation unterfüttern. Zum anderen kann dem Nutzer kriterienabhängig der direkte Kontakt mit verschiedenen Ansprechpartnern einschlägiger Fachabteilungen ermöglicht werden. In Abgrenzung zur Distributionsstufe, in der Nutzern die *Auswahl* inhaltlicher Komponenten ermöglicht wird, greift die Integration im Rahmen der Selektionsstufe tiefer, da dem Nutzer der Eingriff in die Entstehung eben dieses Auswahlsets ermöglicht wird (Quellenselektion anstatt reiner Inhalteselektion). Dies umfasst auch die Gewinnung von Anhaltspunkten, welche *externen* Inhalte-Lieferanten z. B. aus Sicht individueller Nutzer als geeignet eingestuft werden. Die Integration des Nutzers im Rahmen der Selektion eröffnet unternehmensseitig nützliche Erkenntnisse für die bereits skizzierte Inhalte-Generierung. So kann z. B. die gezielte Beobachtung von Nutzerartikulationen im Rahmen von IRCs Anhaltspunkte liefern, welche Inhalte von Relevanz sind und wie „prekäre“ Themen diskutiert werden bzw. ein kommunikatives „Eigenleben“ entwickeln.

Für die Stufe der Selektion gelten die im Kapitel 3.4.1.2 genannten Potenziale und Einschränkungen der präzisen Ermittlung von Informationsinteressen, weswegen an dieser Stelle auf eine nähere Erörterung verzichtet sei.

---

819 Vgl. hierzu ausführlich Clausen/Loew, 2005, insbesondere S. 80.
820 Vgl. erneut Kapitel 6.1.1 & 6.1.2.

### 7.1.3.5. Typ 5 (Struktur)

Im Rahmen der *Evaluation* („Rückblick nach vorn") werden Nutzer hinsichtlich *grundsätzlicher, struktureller Fragestellungen* zur (internetbasierten) Nachhaltigkeitskommunikation einbezogen. Nutzer können so z. B. individuell oder anonym – z. B. via Online-Befragung/-Voting, direktem Face-to-Face-Kontakt bzw. medial vermitteltem Dialog hinsichtlich des Status Quo der unternehmerischen (internetbasierten) Nachhaltigkeitskommunikation befragt werden. [821] Hierdurch kann das Kommunikationsteam auf Fehler, Inkonsistenzen, Navigationsprobleme u. ä. aufmerksam gemacht werden. Die Einordnung individuell vorgenommener Angaben kann z. B. auf der Basis eines Stakeholder-Mappings – d. h. in Abhängigkeit von der „strategischen Relevanz" eines Nutzers – gewichtet werden.

Auch im Rahmen der Festlegung *konzeptioneller Eckpunkte*[822] dürfte auf der Basis der zuvor genannten Instrumente eine hochdifferenzierte Informationsbasis für die Gestaltung der Nachhaltigkeitskommunikation gewonnen werden. So können z. B. die empirische Relevanz und relative Bedeutung von Gliederungspunkten[823] sowie die nutzerseitigen Einschätzungen hierzu erhoben werden. Gleichzeitig signalisiert das Unternehmen hierdurch eine Kooperations- und Dialogbereitschaft, womit reputationssteigernde Effekte verbunden sein dürften.

Hinsichtlich des Aspekts der *Festlegung des Kommunikationsteams* kann ein Verständnis etabliert werden, dass auch individuelle Nutzer als (dauerhafte) Co-/Gast-Autoren, Challenger etc. aktiv eingebunden werden – und somit die Ebene des reinen passiven Rezipierens verlassen. Diesbezüglich besteht eine enge Verbindung zur Stufe der Inhalte-Generierung.[824]

Insgesamt können durch die Nutzerintegration in der Konzeptionsstufe der Gesamtumfang und die Qualität der Teilkomponenten einer PIN deutlicher erhöht werden, als dies bei autonomer Durchführung durch das Unternehmen möglich erscheint, da die Nutzerintegration zusätzlich wertvolle Einsichten in die „Vorstellungen" der Nutzer offenbart. Im Falle von Nutzern, die entlang sämtli-

---

821 So hat die Volkswagen AG in der Vergangenheit regelmäßig das imug-Institut beauftragt, eine Evaluation sowohl der print- als auch internetbasierten Nachhaltigkeitskommunikation vorzunehmen. Im Rahmen dieser Evaluationen wird u. a. deutlich, dass aufgrund der Komplexität der „Materie" hier meist „nur" qualitative Erhebungsmethoden praktikabel erscheinen.

822 Gemeint sind hier z. B. Grobstruktur/Gliederung, inhaltliche Leitlinien, Konsolidierungskreis, sprachliche (Duktus) und visuelle/multi-mediale Grundausrichtung.

823 Vgl. erneut Tabelle 5, in der das Rubrikenkonzept des Portals „Mobilität und Nachhaltigkeit." dargestellt wird.

824 Einen ersten Ansatz stellt das sog. Sustainability Partner-Konzept dar, welches externen Partnern der Volkswagen AG eine Plattform bietet, ihre unternehmensspezifische Rolle zu speziellen Nachhaltigkeitsthemen darzustellen (vgl. auch Volkswagen AG, 2003, S. 4).

cher Stufen „vollständig integriert" sind, kann gewissermaßen von der reinsten Form der PIN gesprochen werden, die beiderseitig hohe Nutzerpotenziale birgt, jedoch auch beiderseitig mit hohem (Kommunikations-) Aufwand verbunden ist.

#### 7.1.3.6. Idealtypische vs. hybride Integrationsformen

Neben der in erster Linie heuristisch-didaktisch begründeten Vorstellung eines „Rückwärtsschreitens" des Nutzers im Rahmen einer Erstellungsprozesskette kann auch ein Verständnis verfolgt werden, in dem Nutzern vor dem Hintergrund begrenzter Ressourcen *fallweise, situativ* Integrationspotenziale in *einzelnen* Stufen eröffnet werden. So ist es durchaus denkbar, dass ein Unternehmen sich dazu entschließt, Nutzer „nur" im Rahmen der Konzeptionsstufe zu integrieren oder bspw. „nur" durch die Bereitstellung eines moderierten IRC (Stufe Generierung) zu integrieren.[825]

Wird die PIN indes als umfassendes, ganzheitliches Konzept der Befriedigung individuell verschiedener Informationsinteressen und Nutzungsgewohnheiten verstanden, ist davon auszugehen, dass die skizzierten Stufen in gewisser Weise aufeinander aufbauen und untereinander Synergien aufweisen. Angaben, die Nutzer im Rahmen der Inhalte-Generierung vorgenommen haben, können so bspw. nützliche Kontextinformationen für eine mögliche Segmentierung der Nutzerschaft im Rahmen der Distributionsstufe beinhalten[826] – oder weiter: Etwaige Stereotypenmodelle, wie sie im Rahmen der Distributionsstufe zu Grunde gelegt werden, sind zudem in der Praxis wohl kaum ohne eine Integration von Nutzern z. B. in der Konzeptionsstufe sinnvoll.[827] Gleiches gilt z. B. für die Angaben innerhalb der Selektionsstufe (Quellenselektion), die der Generierung und Segmentierung dienen können. Gleichzeitig muss aber auch erkannt werden, dass die Synergien-Gewinnung im Sinne positiver Querbeziehungen der Stufen nur begrenzt einer Automatisierung zugeführt werden können und einen hohen Aufwand, z. B. in Form von nachträglicher manueller „Justage"[828] mit sich ziehen. Insofern kann u. U. das unternehmensspezifische Aufwand-Nutzen-Kalkül negativ ausfallen bzw. dürften etwaige „Investitionen" in Form von „Kommunikationsaufwand" stark von der vermuteten strategischen Relevanz

---

825 Die Darstellung aller aus diesem Verständnis resultierenden Kombinationsmöglichkeiten würde den Rahmen dieser Arbeit sprengen. Für eine exemplarische Auswahl vgl. erneut Abbildung 21.

826 Dieser Zusammenhang wird in Abbildung 21 durch die Doppelpfeile zwischen den kreisrunden Piktogrammen angedeutet.

827 Es sei dabei erneut auf die in dieser Arbeit empirisch ermittelten Befunde verwiesen, denen zufolge die belastbare Identifizierung stereotyper Informationsbedarfe problematisch ist (vgl. Kapitel 6.1.1.3.3).

828 Denkbar ist z. B., die im Rahmen der Informationsintegration abgeleiteten Zuweisungsalgorithmen durch zusätzliche Kontextinformationen zu „korrigieren" bzw. zu erweitern.

einzelner Nutzer (Stakeholderwert)[829] abhängen. Da jedoch die Relevanz eines Nutzers keine statische Größe ist, die Nichtbeachtung *vermeintlich* unbedeutender Nutzer prinzipiell problembehaftet ist und zudem den Grundprinzipien der ergebnis-offenen Nachhaltigkeitskommunikation entgegensteht, sind selektive Strategien kritisch einzustufen. In diesem Sinne stellen hybride Integrationsformen eine gangbare, jedoch im Ansatz unvollkommene Alternative zu idealtypischen Integrationsformen dar.

## 7.2. Die Dimension der Integrationshäufigkeit und -struktur

### 7.2.1. Einführende Bemerkungen

Wie in Kapitel 5.2.1.1 sowie in den vorangegangenen Ausführungen verdeutlicht wurde, ist die Perspektive der Nutzerintegration um eine chronologisch-dynamische Sicht zu erweitern. Dieser Aspekt ist als problematisch einzustufen, da im Rahmen der hier vorgestellten Untersuchung die Nutzungsfrequenz[830] des Portals „Mobilität und Nachhaltigkeit" als gering zu bezeichnen ist – gleichzeitig die Qualität der PIN mit der Menge und Güte der zu Grunde gelegten Informationen steht und fällt.[831] *„In the end, most customers are not interested in communicating individually with a company, but in getting [...] services that exactly fit to their needs and desires."*[832] Vor diesem Hintergrund sollen in diesem Kapitel Aspekte thematisiert werden, die mit dem Problem der Integrationshäufigkeit und -struktur verbunden sind. Dabei bezieht sich der Aspekt der Integrations*häufigkeit* unter Rückbezug auf die Prinzipien des Relationship Management[833] auf die Unterscheidung zwischen der Perspektive *singulärer Nutzungsepisoden* einerseits sowie einer *übergeordneten, beziehungsorientierten Perspektive* andererseits. Der Aspekt der Eingriffs*struktur* betrifft eher die Frage, wie die genannten chronologischen Perspektiven im Rahmen der PIN analytisch sinnvoll strukturiert und einer praktischen Implementation zugeführt werden können. Durch die im Folgenden zu präzisierende Ordnungsheuristik wird ein Analyse-

---

829 Vgl. Kapitel 5.1.2.2.

830 Hier sei erneut auf die Online-Nutzerbefragung hingewiesen, in der 76,1% der Nutzer angegeben haben, die Website monatlich oder seltener zu besuchen.

831 Während bspw. bei Konsumgütern im Rahmen des Relationship Marketing die Wiederkehr des Kunden auf eine Website eng mit der produktbezogenen Bedürfnisbefriedigung zusammenhängt, kann angesichts der in dieser Arbeit ermittelten empirischen Befunde bezweifelt werden, inwieweit auch im Rahmen der PIN mit ähnlich hohen Wiederkehrraten zu rechnen ist.

832 Piller/Schaller, 2002, S. 12.

833 Vgl. Kapitel 5.1.2.2.

rahmen aufgespannt, der die Darstellung potenzieller *PIN-Instrumente* systematisiert.

## 7.2.2. Das Verständnis der Integrationshäufigkeit und -struktur: idealtypische Interaktionsstruktur singulärer Nutzungsepisoden

Zur Strukturierung einzelner Nutzungsepisoden soll im Folgenden eine Heuristik vorgestellt werden, anhand derer eine idealtypische Charakterisierung einzelner Nutzungsvorgänge und der hiermit eng verbundenen Instrumente der PIN vorgenommen werden kann. Wie in Kapitel 5.1.2.2 angedeutet wurde, kommt singulären Nutzungsvorgängen die Rolle einer „Keimzelle" gelungener Beziehungen zwischen Nutzern und Unternehmen zu, wodurch die hohe Bedeutung zahlloser transaktionsbezogener Details, die einen wichtigen Beitrag zu nutzerseitigen Attributen wie Qualitätswahrnehmung, Vertrauen und Commitment leisten können, betont wird. Zudem wird durch diese Sicht eine Reflexion[834] über mögliche Kontaktpunkte zwischen Nutzern und Unternehmen ermöglicht. Vor diesem Hintergrund soll das folgende generische Prozessverständnis zu Grunde gelegt werden (vgl. Abbildung 22).[835]

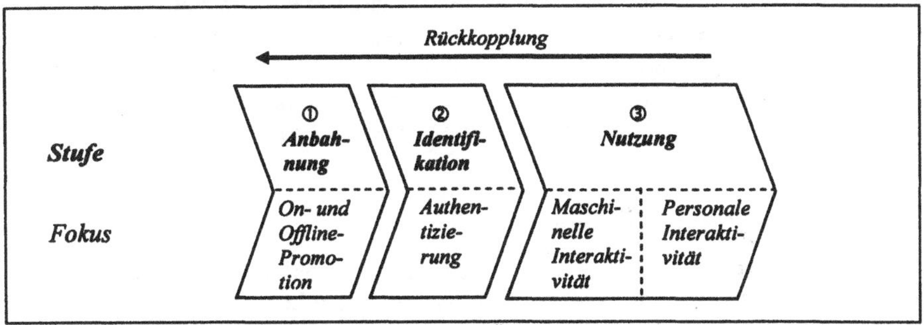


Abbildung 22: Idealtypische Nutzungsepisode im Überblick.
Quelle: Eigene.

① Im Rahmen der *Anbahnungsphase* (vgl. Kapitel 7.2.2.1) können Nutzungsepisoden durch Maßnahmen der Online- und Offline-Promotion induziert werden.

---

834 Vgl. ähnlich Muther, 2000, S. 15. Für alternative prozessuale Ansätze im Rahmen des Beziehungsmanagments im Konsum- und Investitionsgütermarketing vgl. Klein/Güler/Lederbogen, 2000, S. 93; Piller/Zanner, 2001, S. 90; Wirtz, 2001, S. 509; Zerdick et al., 2001, S. 196.

835 Das hier aufgeführte Phasenschema hat vornehmlich didaktischen Wert. Wie bei den meisten Modellen und Prozessschemata repräsentieren einzelne Phasen ein „Kondensat" im Sinne einer Approximation und Vereinfachung der komplexen Realität, in der durchaus Überschneidungen zwischen den Phasen existieren können.

② Im Rahmen der *Identifikationsphase* (vgl. Kapitel 7.2.2.2) können bereits registrierte Nutzer identifiziert und „angesprochen" werden, neue Nutzer einer Registrierung für die PIN zugeführt werden oder bestehende PIN-Informationen aktualisiert werden.

③ Die *Nutzungsphase* (vgl. Kapitel 7.2.2.3), die konzeptionell als am umfassendsten zu bezeichnen ist, widmet sich Aspekten rund um die Interaktionen des Nutzers mit dem Portal. In Anlehnung an das in Kapitel 4.1.3.1 hergeleitete Interaktionsverständnis wird dabei implizit eine Unterscheidung zwischen Formen der *maschinellen Interaktivität* sowie Formen der personalen Interaktivität *durch* das Medium vorgenommen.

Die im Folgenden zu skizzierenden Phasen dienen in hohem Maße der Speisung und Aktualisierung der im Rahmen der Nutzerintegration diskutierten DWH-Komponenten.

#### 7.2.2.1. Die Anbahnungsphase

Im Rahmen der Anbahnungsphase gilt es zunächst, das Zustandekommen des eigentlichen Nutzungs- bzw. Interaktionsvorgangs zu ermöglichen. Um die (potenziell) interessierten Nutzer[836] zum Aufsuchen des Portals zu motivieren bzw. für die Bekanntheit des existierenden Informationsangebots zu sorgen, existieren dabei in Anlehnung an das klassische Instrumentarium der Online-Kommunikation Maßnahmen der sog. Site-Promotion[837], die sowohl Offline als auch Online bzw. idealerweise meist in Kombination angewendet werden. Sofern eingehende Kenntnis der Grundgesamtheit der Nutzer besteht, kann diese auch etwaigen Gewichtungen des Instrumentaleinsatzes dienen.

##### 7.2.2.1.1. Die Offline-Promotion

Maßnahmen der *Offline-Promotion* umfassen alle denkbaren (Träger-) Medien, die einen Kontakt zu (potenziellen) Nutzern herstellen können. So kann z. B. die URL des Portals auf PR-Material, Produkt-Beilagen, Presse-Mitteilungen, Mitarbeiterzeitungen etc. platziert werden. Des Weiteren sind prinzipiell auch klassische Werbeformen wie Print-Anzeigen, Fernsehspots, „Mundwerbung" (Internet „Word-of-Mouth")[838], Medienarbeit, gezielte Mailings, Roadshows oder Events[839] denkbar, wenngleich hierzu im Rahmen der unternehmeri-

---

836 Die Instrumente zielen dabei sowohl auf potenzielle „Erst"-Nutzer als auch auf Nutzerkreise, die bereits mit dem Portal vertraut sind.

837 Vgl. Isenmann/Ghafari/Müller-Merbach, 2001, S. 15; Jones/Alabaster/Hetherington, 1999, S. 87; SustainAbility/UNEP, 1999, S. 17. ACCA/Next Step Consulting, 2001, S. 26f. & S. 30 folgend, stellt der Verzicht auf eine "Site-Promotion" eine verbreitete „Totsünde" der internetbasierten Nachhaltigkeitskommunikation dar. Vgl. ähnlich Pleon Kohtes Klewes, 2005, S. 28.

838 Zum Konzept der Mundwerbung im Internet vgl. exemplarisch Rezabakhsh, 2003, S. 38.

839 Vgl. Steinert, 2005, S. 19.

schen Nachhaltigkeitskommunikation bislang nur sehr wenig empirische Erfahrung besteht. Ein weiterer interessanter Ansatz ist die Platzierung der URL auf den einschlägigen Unternehmenspublikationen, wie z. B. dem Geschäftsbericht oder dem Nachhaltigkeitsbericht – bzw. dort an thematisch geeigneter Stelle.[840] Mittlerweile werden im Rahmen der Vernetzung der Print-Publikationen und der korrespondierenden Nachhaltigkeitsportale Verteilerseiten u. ä. Navigationstools[841] verwendet, die für eine Orientierung innerhalb des zumeist umfassenden Informationsangebots sorgen und die Konsultation vertiefender Information anregen sollen.

#### 7.2.2.1.2. Die Online-Promotion

Zudem können im Sinne einer *Online-Promotion* E-Mail-Newsletter, Partner-Websites (z. B. via Syndikationsvereinbarungen) – bzw. allgemeiner: unternehmensspezifisch adäquate Internet- und Intranet-Angebote – Hyperlinks zum betreffenden Portal enthalten.[842] Um einer drohenden Informationsüberlastung des Nutzers entgegenzuwirken, kann der Versuch unternommen werden, auch diese Form der Site-Promotion einer Personalisierung zu unterziehen, indem Nutzer via personalisierter E-Mails[843] oder Mailing-Listen über Aktualisierungen bzw. interessante Entwicklungen zu unterrichten. Neben Hyperlinks können auch aufwändigere Werbeformen wie z. B. Banner u. ä. Träger[844] Hinweise beinhalten, die z. B. im Rahmen einer Sponsoring-Vereinbarung auf Internet-Seiten externer Non-Profit-Organisationen geschaltet werden können. Da das Medium Internet auch als Medium der aktiven Informationssuche verstanden werden muss, nimmt zudem die Registrierung der Website in Such-Maschinen bzw. Webverzeichnissen eine zentrale Rolle ein.[845] Als gedankliche Erweiterung wären zusätzlich

840 Vgl. erneut Abbildung 10.

841 Als Beispiel können die Online-Berichtslinks des Volkswagen Nachhaltigkeitsberichts 2005/2006 genannt werden (vgl. www.volkswagen-nachhaltigkeit.de/nhk/nhk_folder/de/online-berichtlinks.html, abgerufen am 12.12.2005). Ein ähnliches System wird auch von Henkel verwendet (vgl. www.she.henkel.de/int_henkel/she_de/index.cfm, abgerufen am 12.12.2005).

842 Vgl. Jones/Walton, 1999, S. 424; Steinert, 2005, S. 19; SustainAbility/UNEP, 1999, S. 17.

843 Vgl. Case et al., 2003, S. 95f.

844 Als Banner werden kleine Werbetafeln im Internet bezeichnet, die meist auf fremden Seiten angebracht werden und mit einem Link auf die eigene Homepage versehen sind (vgl. Wirtz, 2001, S. 471), für die in der Praxis gegenwärtig zahlreiche Derivate existieren: Microsites bezeichnen meist mit Java programmierte Miniwebsites, Super- bzw. Interstitials werden i. d. R. extra in den Browser geladen und nehmen dabei entweder den gesamten Bildschirm ein (Interstitial) oder überdecken einen Teil von diesem (Superstitial) (vgl. Urchs, 2001, S. 301-303).

845 Vgl. ACCA/Next Step Consulting, 2001, S. 26f.; Jones/Alabaster/Hetherington, 1999, S. 79; SustainAbility/UNEP, 1999, S. 17.

Maßnahmen des Keyword-Advertising denkbar, durch die auf der Basis thematischer Verwandtschaft mit Suchbegriffen auf dem Nutzerclient ein Verlinkungsangebot anzeigt wird.[846] Eng mit dem Aspekt der WWW-Katalogisierung verbunden ist die interne Vernetzung im unternehmenseigenen System der Internet-Kommunikation: Als Faustregel wird oft die „Three Click-Distance" als Maximaldistanz bezeichnet, die der Nutzer ausgehend von einer zentralen Internet-Präsenz eines Unternehmens zu nehmen haben sollte, um nachhaltigkeitsorientierte Informationen einsehen zu können.[847]

Zusammenfassend besteht die Herausforderung eines Unternehmens darin, ein *angemessenes* und aus Ressourcensicht realistisches *Instrumentenbündel* zu identifizieren, auf dessen Basis die Anbahnung von Nutzungsepisoden gewährleistet wird. Dabei bestehen jedoch auch immanente Fallstricke, die eng mit zahlreichen bereits in dieser Arbeit geschilderten Aspekten der Informations- und Nutzerintegration in Zusammenhang stehen. So ist zunächst das Problem zu nennen, dass Site-Promotion-Aktivitäten nutzerseitig u. U. als *lästig*[848] oder *unseriös* empfunden werden und die originären Ziele der Nachhaltigkeitskommunikation[849] u. U. unterminiert werden. Neben dem Vertrauensaspekt[850] gilt es zu beachten, dass mit der Wahl bestimmter Instrumente unumgehbar auch *Auswirkungen auf die Zusammensetzung der Portalnutzerschaft* einhergehen, wodurch die in Kapitel 6.1.1.3.1 geschilderten Probleme der Stichprobenziehung mangels gesicherter Erkenntnisse der Grundgesamtheit (*Under-* und *Overcoverage-Effekte*) noch verstärkt werden. So könnte die Auswahl geeigneter Instrumente der Sitepromotion mit etwaigen unternehmensspezifischen Untersuchungsergebnissen gewichtet werden.[851] Zudem kann besonders die Gewinnung

846 Vgl. exemplarisch www.adwords.google.de, abgerufen am 29.05.2005.

847 Vgl. SustainAbility/UNEP, 1999, S. 17. Zwar hat sich durch die weite Verbreitung und die mittlerweile hohe Algorithmengüte etablierter Suchmaschinen die Notwendigkeit verringert, eine direkte Querverbindung zwischen Start-Portalen (z. B. www.volkswagen.de) und Nachhaltigkeitsseiten (z. B. „Mobilität und Nachhaltigkeit.") vorzuhalten. Allerdings sei angemerkt, dass durch die Platzierung der Nachhaltigkeitsseiten im Rahmen eines zentralen Verteilerportals dem Nutzer auch die unternehmensintern beigemessene Relevanz von Nachhaltigkeitsinhalten signalisiert wird.

848 Urchs zufolge wird oft nicht der Versuch gemacht, die Denkwelt und Handlungsmuster der Nutzer zu antizipieren. So sei es nicht verwunderlich, dass Interstitials und blinkende Banner, *„[...] die einen anzuschreien scheinen [...]"* (Urchs, 2001, S. 301), von emanzipierten Nutzern als Belästigung empfunden werden und sich so die erhoffte Wirkung ins Gegenteil verkehrt. Vgl. Urchs, 2001, S. 301-303.

849 Vgl. erneut Kapitel 3.3.1.

850 Piller/Moeslein/Stotko, 2004, S. 438, sprechen auch von *„trust-building promotion activities"*.

851 Die im Rahmen der in dieser Arbeit ermittelten Ergebnisse zur Zusammensetzung der Portalnutzerschaft (Online-Nutzerbefragung) könnten mit einem repräsentativen Bevölkerungsdurchschnitt verglichen werden, um etwaige „blinde Flecken" in der Reichweite des Portals zu eruieren.

*potenzieller* neuer Nutzer fokussiert werden, da davon auszugehen ist, dass aktive und „professionelle" Nutzer (z. B. Analysten, Wissenschaftler etc.) aufgrund thematischer Affinitäten meist vergleichsweise leicht den Zugang zu einer Seite finden bzw. sich in relativ geringem Maße von Promotion-Aktivitäten beeinflussen lassen. Zudem sei im Rahmen der Anbahnungsphase auf den Umstand verwiesen, dass die Anbahnung etwaiger Nutzungsvorgänge freilich nicht nur das Ergebnis gelungener Promotion-Aktivitäten sein dürfte, sondern insbesondere bei regelmäßig wiederkehrenden Nutzern eher mit dem *empfundenen Mehrwert* und anderen *Qualitätsattributen* eines Portals im Zusammenhang stehen (dieser Aspekt sei im Rahmen der Nutzungsphase i. e. S. thematisiert – die beiden Phasen stehen demzufolge in engem Zusammenhang, wodurch auch die Rekursivität des Phasenmodells deutlich wird). So gesehen kann auch ein Nachhaltigkeitsportal in einem *Kommunikationswettbewerb* verortet werden, in dem es gilt, eine angemessene *Balance zwischen Kontaktmenge und -qualität* zu erzielen, weswegen eine umfassende generische und unternehmensspezifische Reflexion aller adäquaten Möglichkeiten der Traffic-Generierung erforderlich erscheint.

### 7.2.2.2. Die Identifikationsphase

Gedanklicher Ausgangspunkt dieser Phase ist die Wiedererkennung eines Nutzers und dessen „persönliche" Ansprache („*Hallo Herr XY*" o. ä.)[852]. Ansätze wie C.A.S.E. (Computer-Assisted Self Explication) [853] – auch Checkbox-Personalisierung genannt[854] – dienen oft als Basis sog. MyX.com-Konzepte[855], in denen Nutzer meist aus einem vorgefertigten Set via „Checkboxes" ihre Nutzerspezifika mit vergleichsweise geringem Aufwand erstmalig nennen – oder später präzisieren – können.[856] Sollen einmal registrierte Nutzer wieder erkannt

852 Vgl. Instone, 2004, S. 89; Wu et al., 2002, S. 224. Hierfür existieren bereits Anwendungsbeispiele im Rahmen des E-Commerce, so z. B. der Ansatz von Amazon.com, wo Nutzer persönlich adressiert werden („*Hello Daniel. We have recommendations for you. (If you're not Daniel, click here.)*") sowie persönliche „Shop-im-Shop"-Elemente einsehen können (z. B. „*Daniel's Store*" oder „*Daniel's Gold Box*").

853 Vgl. Hanson, 2000, S. 208.

854 Vgl. Lasica, 2002.

855 Vgl. Bonett, 2001; Brusilovsky, 2001, S. 95; Kravatz, 2000, S. 1; UNCTAD, 2004, S. 12.

856 Diese i. d. R. rudimentäre Form der Personalisierung, oft *[...] a simple checklist that can be managed via ‚your account' functionality [...]*" (Instone, 2004, S. 89), wird mittlerweile auch von etablierten Web Content Management Systemen (CMS) unterstützt, die im Rahmen der internetbasierten Nachhaltigkeitskommunikation in der Praxis Einzug gehalten haben. So bietet z. B. das CMS „Day Communiqué", welches z. B. dem Nachhaltigkeitsportal der Volkswagen AG (www.volkswagen-nachhaltigkeit.de, abgerufen am 10.10.2005) zu Grunde liegt, grundsätzlich Funktionalitäten eines „explicit profiling" an. Vgl. hierzu Day Software Holding AG, 2005.

werden, gilt es, die hierfür geeigneten Instrumente zu wählen. Mittlerweile steht diesbezüglich eine Vielzahl an Methoden zur Verfügung, deren Eignung für die PIN jedoch unterschiedlich ausfällt (vgl. Tabelle 8). Während einige Methoden aus Gründen geringer Praktikabilität (biometrische Verfahren) oder geringer Zuverlässigkeit (IP-Kennung) als Identifikationsmittel für die PIN ausscheiden, sind andere Ansätze aufgrund der methoden-immanenten Heimlichkeit bzw. Unfreiwilligkeit der Identifikation (Cookies) bzw. datenschutzrechtlicher Bedenken (Passport etc.)[857] als problematisch einzustufen. Gleichzeit gilt es jedoch zu beachten, dass oft besonders jene Methoden als wertvoll erscheinen, in denen der Nutzer möglichst wenig zusätzlichen Bearbeitungsaufwand zu leisten hat und sich so unverstellt und -verzerrt seinen „Aufgaben" widmen kann.

Hierzu zählen grundsätzlich auch plattformübergreifende Methoden (Passport etc.), die jedoch zumeist auf die Implementation in Einsatzfeldern des E-Business zielen und daher im Rahmen der PIN noch als „Zukunftsmusik" zu bezeichnen sind.[858] Zudem dürfte hinsichtlich plattformübergreifender Methoden die Tatsache, dass Nutzer unvermittelt und unerwartet erkannt werden, erhebliche Irritationen verursachen. Ferner kann vermutet werden, dass mit einer nutzerseitig *aktiv* vorgenommenen Login-Prozedur, die u. U. zudem technisch gesichert ist (S-HTTP, SSL), hohe nutzerseitige Akzeptanzgrade erreicht werden können, die sich positiv auf die Güte der folgenden Nutzungsepisode(n) auswirken dürfte. So wird durch das Vorhandensein einer aktiven Login-Prozedur dem Nutzer implizit auch die Möglichkeit eröffnet, temporär bzw. situativ von einer Personalisierung Abstand zu nehmen[859] – z. B. um sich zu vergewissern, ob im Rahmen der PIN interessierende Informationen „verschwiegen" werden. Nach KARAT et al. können sog. *Personal Books*[860] Nutzer dabei unterstützen, ihre Nutzungshistorie einzusehen und gezielt zu verwalten, womit – einmal abgesehen von dem zusätzlich anfallenden Eingabe- und Nutzungsaufwand für den Nutzer – hohe Akzeptanzgrade verbunden sein dürften. Allerdings bestehen gegenwärtig keinerlei gesicherten Erkenntnisse, welche Formen bzw. Ausmaße der Nutzeridentifikation angemessen sind.[861]

---

857 Zur Kritik vgl. exemplarisch Spolsky, 2000.

858 Es sei jedoch angemerkt, dass gerade die Datenpools dieser plattformübergreifenden Authentifizierungsdienste zahlreichen *potenziellen* Nutzern Zugang zur internetbasierten Nachhaltigkeitskommunikation von Unternehmen verschaffen kann.

859 Vgl. ähnlich Instone, 2004, S. 91.

860 Die Autoren definieren ein Personal Book wie folgt: „*An area on the Web site that is available from any page on the site. This area provides one place where a registered, logged-in user can access and modify all personal data about himself or herself and access all personalized functions on the site.*" (Karat et al., 2003, S. 690).

861 Vgl. Instone, 2004, S. 92.

| Art | Methode | Beschreibung | Ausgewählte Vor- und Nachteile | Eignung |
|---|---|---|---|---|
| passiv | ***Persistent Cookies*** | Textdateien, die der Server auf dem Client-Rechner ablegt und auch wieder auslesen kann | + Bequeme Art der Identifikation<br>– Verdacht des Datenmissbrauchs<br>– Ablaufdatum bei non-persistent Cookies<br>– Identifizierung von Rechnern, nicht Nutzern | o |
| | ***Position des Nutzers (IP)*** | Identifikation des Nutzerrechners durch seine eindeutige IP-Adresse | + Convenience, da keinerlei nutzerseitige Aktivität notwendig ist<br>– Identifizierung von Rechnern, nicht Nutzern<br>– Hohe Fehlerquoten aufgrund hoher Verbreitung der dynamischen IP-Vergabe | – |
| | ***Add-On Programme*** | Spezielle Software (Push-Technik), die feststellt, auf welchem Computer sie läuft, Nutzer erkennt und diese Daten dann über ein spezielles Protokoll an den Server schickt, welcher dann Seiten personalisiert | + Personalisierung erfolgt auf dem Rechner des Nutzers, dadurch größere Freiheit in den angebotenen Diensten<br>– Ein zusätzliches Programm ist zu installieren, Nutzer kann nicht mehr den Rechner wechseln<br>– Identifizierung von Rechnern, nicht Nutzern<br>– Aufwand kann nutzerseitig als übertrieben aufgefasst werden | – |
| aktiv | ***Login via Texteingabe*** | Kennung (i. d. R. Nutzername, Passwort), welche der Nutzer beim Besuch der Seite in ein Formular eingeben kann/muss | + Identifizierung von Nutzern, nicht Rechnern<br>– Passwort ist leicht zu vergessen und zu missbrauchen, Sicherheitslücke bei Browsern, die sich Passwörter „merken"<br>– Situative Hemmschwelle beim Login | o |
| | ***Login via Texteingabe + Secure HTTP*** | Gesicherte Version des http-Logins via Texteingabe oder der gesamten Netzwerkschicht | *...vgl. „Login via Texteingabe", zusätzlich:*<br>+ Die Verschlüsselung von HTTP vermeidet einige Sicherheitsnachteile der Methode „Login via Texteingabe" (s. o.) | + |
| | ***Login via Cocoon Authentication*** | Dem Nutzer wird ein Anmeldeformular für seine Zugangsdaten zur Verfügung gestellt. | + Identifizierung von Nutzern, nicht Rechnern<br>+ Erweiterte Sicherheitsvorkehrungen<br>– Authentizierungsaufwand<br>– Zugangsdaten sind leicht zu vergessen | + |
| | ***Login via technische Geräte*** | Wiedererkennung durch Kartenlesegerät oder biometrische Verfahren | + Identifizierung von Nutzern, nicht Rechnern<br>+ Convenience<br>– Hoher finanzieller Aufwand<br>– Wird u.U. als übertrieben aufgefasst | – |
| | ***Passport, LAP, DotGnu, XNS*** | Portalübergreifende „Single-Sign-On"-Authentizierungssysteme | + Identifizierung von Nutzern, nicht Rechnern<br>+ Convenience<br>– Fokussiert E-Business als Einsatzfeld<br>– Datenschutzrechtliche Bedenken | o |

Tabelle 8: Methoden der Nutzeridentifikation.
Quelle: Eigene, mit Elementen von Apache, 2002; Dotgnu, 2005; LAP, 2005; Moßgraber, 2001, S. 11-15; Passport, 2005; XNS, 2005.

So kann aus kurzfristiger Perspektive das Vermeiden von Eingabeaufwand sowie eine knappe, reduzierte Darstellung dessen, was im Rahmen der PIN „im Hintergrund" auf der Website geschieht, komplexitätsreduzierend wirken. Das „Unterschlagen" von Details kann nutzerseitig aber auch mittel- bis langfristig als geheimniskrämerisch oder unaufrichtig wahrgenommen werden und somit die originären Ziele der Nachhaltigkeitskommunikation unterminieren. Vor diesem Hintergrund ist auch der – auf den ersten Blick rein „technisch" anmutende – Aspekt der Nutzeridentifikation als ein zentrales Gestaltungselement einzustufen, da mit diesem dem Nutzer gegenüber zum einen der Stellenwert der PIN im Rahmen des Portals kommuniziert wird und zum anderen auch die Prinzipien und Qualitätsattribute (z. B. Glaubwürdigkeit, Transparenz, Genauigkeit) verklausuliert werden, auf denen die PIN bzw. die internetbasierte Nachhaltigkeitskommunikation insgesamt basiert. Dabei steht dieser Aspekt in engem Zusammenhang mit zahlreichen weiteren Aspekten und (Inter-) Aktivitäten, die im Kapitel der *Nutzungsphase* diskutiert werden sollen: „*Once the level of trust is built and people feel that the system correctly knows who they are, the next questions arise about why users are seeing what they are seeing. [...] If it has been personalized, then what rules were used to alter the experience?*"[862]

#### 7.2.2.3. Die Nutzungsphase

##### 7.2.2.3.1. Die kontextualisierte Navigation

Im Rahmen der Hypertextnavigation können zwei Hauptprobleme unterschieden werden, die eng miteinander in Verbindung stehen: *Desorientierung* und *kognitive Überlastung*.[863] Das Problem der *Desorientierung* („lost in hyperspace") kann bereits in wenig umfangreichen Hypertextumgebungen virulent werden: Nutzer haben zeitweise keine klare Vorstellung sowohl von den Zusammenhängen der Website[864] als auch von der eigenen Position innerhalb des Systems von (Unter-) Seiten.[865] (Drohende) Kognitive Überlastung manifestiert sich in – ceteris paribus

---

862 Instone, 2004, S. 92.

863 Vgl. Tsandilas, 2003, S. 3 sowie die Ausführungen in Kapitel 4.1.3.2.

864 Es sei angemerkt, dass hierbei die semantischen Beziehungen von Seitenkomponenten gemeint sind – und nicht nur die internen Verlinkungen.

865 Dies manifestiert sich z. B. in den bereits in Kapitel 4.1.3.1 dargestellten Nabe-Speiche-Navigationsmustern, die teilweise einer „Trial-and-Error"-Vorgehensweise ähneln. Die empirischen Befunde des Web Log Mining (vgl. Kapitel 6.1.2.2), besonders die deskriptive Statistik und die Sequenzanalyse, haben deutlich werden lassen, dass Nutzer auf dem Portal „Mobilität und Nachhaltigkeit." regelmäßig auf Verteilerseiten ihre Nutzungsvorgänge abbrechen lassen, was teilweise auf eine Desorientierung und somit auch Navigationsmängel zurückführbar ist.

– zusätzlich nötiger Konzentrationsleistung, um bestimmte Aufgaben zu erledigen.[866] Die Idee adaptiver Navigation ist es, dem Nutzer Unterstützung zu geben oder aber etwaige kontextuelle Präferenzen zu antizipieren bzw. die Verwirklichung dieser Präferenzen zu erleichtern.[867]

Der Denkansatz adaptiver Navigationsstrukturen erfordert indes eine grundlegende Änderung der Betrachtung einer Hypertextstruktur: Während im weit verbreiteten *konventionellen Hypertext* Nutzer von Seite zu Seite navigieren und diese Seiten zu „Sites" bzw. „Portalen" weitgehend strukturell statisch[868] aggregiert sind, können im *kontextualisierten Hypertext* Inhalte und auch Navigationselemente/-tools an den jeweiligen (Nutzungs-/Nutzer-) Kontext angepasst werden (vgl. hierzu schematisch Abbildung 23). Bereits existierende, etablierte Navigationshilfen wie Sitemaps, Navigationsmenüs, Sonderbereiche und andere visuell stützende Elemente werden so z. B. einer Kontextualisierung unterzogen. Basiert diese Kontextualisierung auf individuellen Nutzerprofilen, liegt eine nutzerindividuelle Personalisierung vor.[869]

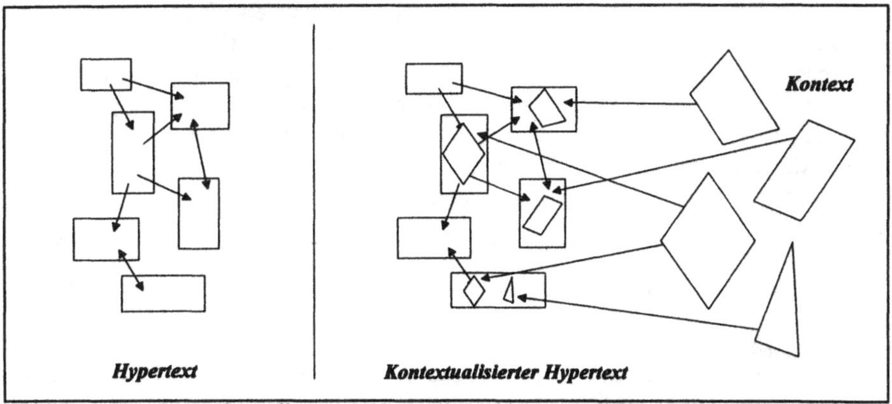


Abbildung 23: Gegenüberstellung von Hypertext und kontextualisiertem Hypertext.
Quelle: In Anlehnung an Instone, 2004, S. 83.

Übertragen auf die PIN bedeutet dieser „Paradigmenwechsel", dass die Auffindbarkeit interessierender Inhalte durch eine adaptive, nutzergerechte Navigation(sunterstützung) erleichtert werden kann. Aus *instrumenteller Sicht* verweist

866 Vgl. Tsandilas, 2003, S. 3.
867 Vgl. Schreck, 2000, S. 14f.; Tsandilas, 2003, S. 3-8; Tsandilas/Schraefel, 2004, S. 5.
868 Es sei angemerkt, dass der Aspekt der Statik sich dabei *nicht* auf eine etwaige ungenügende Aktualisierung und Pflege des Portals bezieht, sondern vielmehr auf die Unterscheidung, ob die für den Nutzer sichtbare Struktur und Navigation des Portals das Ergebnis einer fixierten Hypertextstruktur ist oder aber auf der Basis von Nutzerprofilen und -bedürfnissen dynamisiert wird.
869 Vgl. Instone, 2004, S. 83.

TSANDILAS auf die besondere Bedeutung von Landmarks („visuelle Anker“), die als Orientierungsmarken dem „Lost in Hyperspace“-Problem begegnen können.[870] Der Umfang des Einsatzes solcher Landmarks kann im Rahmen der PIN nutzerspezifisch variieren, z. B. in Abhängigkeit von persönlicher Erfahrung oder Bildungsgrad. „Backtrack“-Mechanismen, „History“-Listen, Übersichtsdiagramme oder personalisierte Sitemaps können dabei flankierend unterstützen.[871] Nach BRUSILOVSKY können zusätzlich im Rahmen der Hyperlink-Navigation die Anpassungsmechanismen „Ausblenden“, „Sortieren“, „Kennzeichnen“ und „Generieren“ von Hyperlinks unterschieden werden.[872]

#### 7.2.2.3.2. Die adaptive Inhaltezuweisung

Angesichts der geschilderten Komplexität und Kompliziertheit der Evaluation und des „Matching“ von Informationsinteressen und Nutzungsgewohnheiten[873] suchen Nutzer regelmäßig nach Anhaltspunkten oder "Sicherheitsankern" in Form von „Peers“ oder glaubwürdigen Quellen, die ihnen die Navigation und immanente Selektionsentscheidungen abnehmen bzw. erleichtern können.[874] In der Personalisierungsliteratur werden dabei regelmäßig zahlreiche Algorithmen diskutiert[875], die inhaltliche Zuweisungen bzw. Lektüre-Empfehlungen (teil-) automatisiert vornehmen, jedoch auf z. T. sehr unterschiedlichen Regeln beruhen und für die PIN von unterschiedlichem Wert zu sein scheinen. Folgende für die PIN relevante[876] Algorithmen können unterschieden werden:

- **Endorsement Systeme** nutzen die Expertise Dritter und schaffen so Zugang zu Expertenwissen und -einschätzungen (Rating-Agenturen, Expertenorganisationen etc.).[877] Diese Systematik beschränkt sich zumeist auf spezielle Plattformen[878], die aufgrund ihrer Inhalte

---

870 Vgl. Tsandilas, 2003, S. 5.

871 Das instrumentell verwandte Konzept adaptiver Suchfunktionen wird dabei in einem gesonderten Kapitel beschrieben, vgl. Kapitel 7.2.2.3.3.

872 Vgl. Brusilovsky, 2001, S. 100. Für die Visualisierung bzw. den Versuch, die Adaptivität intuitiv erfahrbar zu machen vgl. exemplarisch Brusilovsky, 2004, S. 11-17; Schreck, 2000, S. 14f. Ein erster prototypischer Ansatz in Richtung kontextualisierter Navigation kann z. B. unter der URL www.dontclick.it/ (abgerufen am 15.10.2005) ausprobiert werden.

873 Vgl. Kapitel 3.4.1.2

874 Vgl. Bonhard, 2005.

875 Vgl. Bonhard, 2005; Kelly, 2001, S. 179; Lenz, 2003, S. 278f.; Malone et al., 1987, S.391f.; Mertens/Stößlein/Zeller, 2004, S. 9f.; Strauß/Schoder, 1999, S. 116; Wu et al., 2002, S. 224.

876 Weitere Algorithmen, die aufgrund immanenter Probleme keine weite Verbreitung gefunden haben (z. B. „Economic Filtering“) sollen hier nicht vorgestellt werden. Vielmehr sei auf weiterführende Literatur zur Vertiefung verweisen (vgl. Kelly, 2001, S. 179; Strauß/Schoder, 1999, S. 116).

877 Vgl. ähnlich Strauß/Schoder, 1999, S. 116.

878 Als exemplarische Plattform im Rahmen des E-Business sei hier „Bizrate“ (vgl. www.bizrate.com, abgerufen am 29.06.2005) genannt.

einen weiten Interessentenkreis berühren. Denkbar wäre im Rahmen der PIN z. B. eine unternehmensunabhängige Plattform, die die Qualitäten und interessanten Facetten von Nachhaltigkeitsberichten zusammenstellt. Zudem könnten Plattformen von Ratinginstitutionen für Nachhaltigkeitsberichte ihre Ergebnisse im Internet verstetigt darlegen.[879] Letztlich scheinen Endorsement-Systeme nur als flankierender Bestandteil eines nutzerseitig *aktiven* Informationsbeschaffungsprozesses sinnvoll zu sein. Im Rahmen der *(teil)automatisierten* Inhaltezuweisung dürften sie aufgrund des unumgänglich hohen manuellen Nachbesserungsaufwandes im Rahmen der PIN allenfalls eine ergänzende Rolle einnehmen.

➲ **Inhaltebasierte Systeme (Content-Based Filtering)** kategorisieren Nutzermerkmale anhand vordefinierter Kausalbeziehungen („Wenn-dann-Regeln").[880] So werden z. B. Textinhalte auf der Basis von Schlüsselwörtern mit gewonnenen Nutzerprofilen verglichen und mittels bestehender Regeln (z. B. Trigger) kausal zugeordnet.[881] Auf diese Weise lässt sich das bereits in Kapitel 6.2.5 thematisierte „Kaltstart-Problem" der Personalisierung eindämmen.[882] Inhaltebasierte Filter sind hingegen mit für die PIN gravierenden Problemen verbunden: Zunächst wertet der zu Grunde liegende Algorithmus das Nicht-Aktivieren von Schlagwörtern (reaktiv) oder Inhalte-Komponenten (nicht-reaktiv) als Desinteresse, was als kritisch bezeichnet werden muss: zum einen, da Interessen keinen statischen Zustand darstellen sondern dynamisch schwanken mögen, zum anderen, da das Nicht-Aktivieren einer Rubrik/eines Dokuments z. B. auch auf Navigationsmängel eines Portals zurück geführt werden kann. Zudem können zahlreiche Attribute von Inhalte-Komponenten (z. B. Ästhetik, Aktualität, Ladezeit, audio-visuelle Bestandteile) beim derzeitigen technischen Stand nicht hinreichend automatisch analysiert werden, um ihnen aussagekräftige Attribute zuweisen zu können, wodurch eine recht aufwändige manuelle Justage im Rahmen des Content-Managements notwendig wird.[883] Gravierend ist insbesondere, dass inhaltebasierte Verfahren zwar Ähnlichkeiten zwischen Inhalte-Komponenten ableiten können – sollten diese sich jedoch in wenigen zentralen Attributen unterscheiden, aber von gleich hoher Präferenz für den Nutzer sein, werden diese dennoch nicht zugewiesen. Hierdurch bleiben regelmäßig dem Nutzer potenziell interessierende Artikel u. ä. vorenthalten. Zudem neigen die Systeme zu einer „Überspezialisierung", da regelmäßig nur die Informationen gefiltert werden, die in Nutzerprofilen am höchsten bewertet werden und so oft noch nicht bewertete Kriterien – die aber auch von *potenziellem* Interesse sein können, systematisch unberücksichtigt bleiben. Schließlich können inhaltebasierte Verfahren Objekte nicht auf Basis von Kriterien wie Qualität oder Stil empfehlen, wodurch zahlreiche Inhaltekategorien von Nutzerprofilen[884] unberücksichtigt bleiben.[885]

---

879 Denkbar wären z. B. „SustainAbility", vgl. www.sustainability.com oder „Future e.V.", vgl. www.future-ev.de (beide URLs abgerufen am 29.06.2005).

880 Vgl. Mertens/Stößlein/Zeller, 2004, S. 9.

881 Vgl. vertiefend Runte, 2000, S. 11-14, der den Begriff „Feature-based Filtering" synonym verwendet.

882 Vgl. auch Mertens/Stößlein/Zeller, 2004, S. 9.

883 Dies gilt insbesondere für Domänen, in denen es eine sehr große Anzahl für den Nutzer prinzipiell in Frage kommender Objekte gibt (vgl. ähnlich Runte, 2000, S. 24). Dieser Aspekt ähnelt der Kritik am Semantic Web, in dem versucht wird, die semantischen Friktion der Internet-Kommunikation manuell zu reintegrieren (vgl. Kapitel 4.1.1, FN 374).

884 Vgl. hierzu erneut Tabelle 6.

➲ **Kollaborative Systeme (Collaborative Filtering)** umgehen zahlreiche der zuvor skizzierten Problemfelder, indem auch „soziale Aspekte" in die Bewertung von Inhalte-Komponenten einfließen.[886] Grundidee ist, dass *Nutzer* verlässlichere – und für die PIN glaubwürdigere – Einordnungen von Inhalten vornehmen können, als dies bei anderen zuvor skizzierten Filtersystemen der Fall ist. So werden beim Collaborative Filtering Bewertungen von Objekten – und *nicht* der Inhalt von Dokumenten – als Grundlage der Bewertung herangezogen, weswegen durch diesen Ansatz die Nutzerorientierung konsequenter verfolgt wird. Auf der Basis der Nutzerprofile werden *Inhalte zugewiesen* bzw. *empfohlen*, die *andere Nutzer* mit *ähnlichen* Profilen als *interessant* bzw. lesenswert eingestuft haben.[887] Insbesondere bei heterogenen Nutzerpräferenzen und Nutzer- bzw. Stakeholderwerten[888], wie dies angesichts der in dieser Arbeit skizzierten empirischen Befunde[889] zu erwarten ist, werden Kollaborative Systeme als wertvoll angesehen.[890] Wenngleich ein gut funktionierendes Kollaboratives System mit vergleichsweise wenigen Nutzerinformationen auskommt, bestehen besonders bei *neuen Nutzern*, die noch über kein Nutzerprofil bzw. ein Leerprofil verfügen, Probleme, da ihnen keine Inhalte zugewiesen werden können (*„Bootstrapping-Problem"*[891]). Selbiges gilt für Empfehlungen zu *neuen*, noch nicht bewerteten *Inhaltekomponenten*, wie dies z. B. bei aktuellen Themen der Fall ist.[892] Zudem bestehen mit Blick auf die in dieser Arbeit dargestellten Limitationen (z. B. eher geringe Besuchsfrequenzen und -mengen auf Nachhaltigkeitsportalen) Probleme, eine hinreichende Prognosegüte zu gewährleisten. Der Anreiz für Nutzer, selber mit persönlichen Informationen zum Erfolg eines solchen Systems beizutragen, kann indes gering sein (Trittbrettfahrerähnliche Verhaltensmuster). Schließlich sei noch im Rahmen der PIN auf das Problem verwiesen, dass Nutzer gelegentlich die Glaubwürdigkeit der Referenzgeber („Peers") anzweifeln dürften[893] bzw. dem Referenzgebungsmechanismus misstrauen, da das Zustandekommen der Empfehlung im Rahmen eines vollautomatisierten (PIN-) Systems u. U. intransparent bleibt. Insofern wird empfohlen, derartige Inhaltezuweisungen mit flankierenden Informationen bzw. „Signalen" anzureichern. Schließlich sei bemerkt, dass bei Kollaborativen Systemen besonders aufgrund des Heterogenitätsproblems der PIN der „Ähnlichkeitsalgorithmus" an natürliche Grenzen stößt: Reale Personen haben z. T. unterschiedlichste Vorlieben, Motive bzw. kognitiv-affektive Settings, weswegen ähnliche Vorlieben in nur einem Attribut nicht zwangsläufig zu verallgemeinern sind bzw. in einer Gruppierung dieser Personen münden dürfen. Die in dieser Arbeit ausgewiesenen empirischen Ergebnisse stützen diese These.

Da sowohl inhaltebasierte als auch kollaborative Systeme mit (den skizzierten) Problemen verbunden sind, werden vermehrt kombinierte Ansätze entwickelt, die mehrere Verfahren miteinander verschmelzen. So schlägt bspw. PAZZANI

---

885 So kann ein inhalte-basiertes System zwei Textdokumente nicht anhand ihrer Qualität oder Aussagekraft beurteilen, wenn die gleichen Begriffe/Schlüsselwörter verwendet werden.

886 Vgl. Lenz, 2003, S. 278f.

887 Vgl. Klein/Güler/Lederbogen, 2000, S. 93.

888 Vgl. erneut Kapitel 5.1.2.2, Unterpunkt „Investive Perspektive".

889 Vgl. Kapitel 6.1.1.3.3.

890 Vgl. analog Hanson, 2000, S. 215.

891 Runte, 2000, S. 31.

892 Vgl. Runte, 2000, S. 31.

893 Vgl. Bonhard, 2005.

*„Content-based Collaborative Filter"*[894] vor, während SHAHABI et al. mit dem hybriden System *Yoda*[895] eine systematische Verknüpfung Kollaborativer Systeme mit der Auswertung nicht-reaktiv gewonnener Client-Nutzungsdaten[896] sowie einer vollautomatisierten Inhaltsanalyse der bewerteten Dokumente (z. B. Text Mining) vorschlagen. *„Yoda generates cluster recommendation lists based on the Web usage data from the client-side through clustering and content analysis techniques."*[897] Angesichts der inhaltlichen Komplexität der Themen einer Nachhaltigen Entwicklung sowie der z. T. schwierigen Einschätzbarkeit der Glaubwürdigkeit von Inhalten einer Nachhaltigkeitswebsite scheint die Verwendung hybrider Systeme sinnvoll.

#### 7.2.2.3.3. Die personalisierten Suchfunktionen

Angesichts der zumeist großen Breite und Tiefe von Informationen auf Nachhaltigkeitswebsites von Unternehmen[898] können Suchmöglichkeiten in Form von Website-internen *Suchmaschinen* eine erhebliche Navigationserleichterung darstellen.[899] Im Rahmen der PIN ist zudem eine funktionale Erweiterung von Interesse, die an den Einsatz bereits in dieser Arbeit dargestellter Methoden und Instrumente wie *Nutzerprofilbildung*[900] und algorithmenbasierter *Inhalte-Zuweisung*[901] instrumentell anknüpft: So kann eine Suchfunktion selbst Gegenstand einer Personalisierung sein, indem die konventionelle Ausweisung von Suchergebnissen (*„global notion of importance"*[902]) – meist auf sog. Page-Rank-Algorithmen[903] basierend – an die ermittelten Nutzercharakteristika bzw.

---

[894] Pazzani, 1998, zitiert nach Runte, 2000, S. 32.

[895] Vgl. Shahabi/Chen, 2003, S. 9f.

[896] Vgl. erneut Kapitel 6.1.2.

[897] Shahabi/Chen, 2003, S. 9f.

[898] *"As anyone who has put together a website knows, these things can hold huge amounts of information. Finding your way around can be a real nightmare."* (SustainAbility/UNEP, 1999, S. 9).

[899] Vgl. SustainAbility/UNEP, 1999, S. 9 & 17. Die Verbreitung von Suchmaschinen im Rahmen der internetbasierten Nachhaltigkeitskommunikation ist gegenwärtig als sehr gering einzustufen. So bieten 2004 lediglich vier DAX30-Unternehmen eine Suchfunktion an, von denen zwei auch eine Integrationen von Dokumenten (PDF etc.) ermöglichen (ein Unternehmen hiervon ist vermutlich Volkswagen; D.-S. R.) (vgl. Blanke et al., 2004, S. 22). Dieser Befund ähnelt der Untersuchung von Kim, 2005, S. 165, dem zufolge lediglich 8,4% der GF500-Unternehmen kontextsensitive Suchmaschinen anbieten.

[900] Vgl. Kapitel 6.2.

[901] Vgl. Kapitel 7.2.2.3.2.

[902] Jeh/Widom, 2003, S. 1.

[903] Vgl. Page et al., 1998. Sog. Page-Rank-Algorithmen, die die Relevanz einer Seite von der Zahl auf sie verweisender Seiten ableitet, liegen z. B. auch der wohl prominentesten Suchmaschine „Google" zu Grunde (vgl. vertiefend Brin/Page, 1998).

-interessen angepasst wird *(„personalized views of importance“*[904]*)*. Basis einer adaptierbaren Suchfunktion können dabei a) die nutzerindividuell gespeicherte Suchhistorie, b) eine Kategorien-Hierarchie, die relevante Schlagworte inhaltlich-hierarisch ordnet und c) die gewonnenen Nutzerprofile sowie die aus der Analyse der Profile resultierenden Muster und Regeln bilden.[905] Kategorien-Hierarchien (s. b)) können dabei mit bestehenden Berichterstattungsleitfäden (GRI) oder mit im Rahmen der Informationsintegration der PIN erstellten DTDs harmonisiert werden.

Die Effizienz solcher personalisierten Suchfunktionen hat dabei in ersten empirischen Studien im Rahmen des E-Business hohe Gütewerte erzielt, weswegen die Integration dieses Tools – ungeachtet bestehender Problemfelder[906] – als sinnvoller Mosaikstein eines hypothetischen PIN-Systems betrachtet werden soll.[907]

#### 7.2.2.3.4. Embodied Conversational Agents

Der Einsatz „intelligenter“ Softwareagenten kann, so die Vermutung, teilweise kommunikative Aktivitäten übernehmen, indem Nutzern auf der Basis mittlerer bis hoher Grade maschineller Interaktivität bestimmte Aufgaben erleichtert bzw. abgenommen werden. In der Literatur wird dabei unter einem Software-Agenten ein System verstanden, das für *„[...] einen Benutzer bestimmte Aufgaben erledigen kann und dabei einen Grad an Intelligenz besitzt, der es befähigt, seine Aufgaben in Teilen autonom durchzuführen und mit seiner Umwelt auf sinnvolle Art und Weise zu interagieren.“*[908] Eine mittlerweile gängige Form von Agenten, die auf Unternehmenswebsites eingesetzt werden, stellen sog. *Embodied Conversational Agents (ECA)*[909] dar, die als virtuelle „Beratungsgegenüber“ in 2D- oder 3D-animierter Form den Versuch symbolisieren, der Anonymität der maschinellen Interaktion zu begegnen.[910] ECAs können insbesondere anstelle von Frage-

---

904 Jeh/Widom, 2003, S. 1.

905 Vgl. Liu/Yu/Meng, 2004, S. 28-32; Sugiyama/Hatano/Yoshikawa, 2004, S. 675.

906 Diese ähneln den bereits diskutierten Problemen der Ableitung von Informationsinteressen auf der Basis rudimentärer empirischer Daten (vgl. z. B. Kapitel 6.3.3), die auch für den Aspekt der Suchbegriffsanalyse einschlägig sind.

907 Vgl. Liu/Yu/Meng, 2004, S. 36-38.

908 Brenner/Zarnekow/Wittig, 1998, S. 23. Alternative Begriffsfassungen und Typologien der mitunter sehr heterogenen Operationalisierung des Agenten-Begriffs sind z. B. bei Clement/Runte, 2001, zu finden.

909 Vgl. exemplarisch Isbister/Doyle, 2004, S. 3. Synonym wird auch der Begriff des Avatar verwendet.

910 *„[...] an intelligent agent that is at least capable of certain social behaviours and which can draw upon its visual representation to reinforce the belief that it is a social entity.“* (Isbister/Doyle, 2004, S. 3). Eine aktuelle Liste von Anbietern für ECAs etc. vgl. www.alicebot.org/non.html, abgerufen am 10.10.2005.

und Antwortsammlungen (FAQs) eingesetzt werden, wodurch die Ansprache des Nutzers etwas „vermenschlicht" wird.[911] Zusätzlich können auf der Basis der registrierten Fragen und Kommentare Anhaltspunkte gewonnen werden, welche Inhalte von besonderem nutzerseitigen Interesse sind und alternative (humane) Beratungsformen (Hotlines etc.) kapazitär entlastet werden.

Aus *technologischer Perspektive* basieren ECAs auf automatisierten Sprachdialogsystemen – sog. Lingubots –, die meist auf der Basis einer großen Anzahl von Regeln, Erkennungen und fertigen Antworten DV-gestützt arbeiten.[912] Insofern sind etwaige Entlastungseffekte (s. o.) nur vordergründiger Art, da die Implementation eines ECAs einen hohen Eingabe- und Pflegeaufwand des angeschlossenen Datenbanksystems mit sich zieht.[913]

Angesichts der gegenwärtig noch eingeschränkten Funktionsweise sowie der über weite Strecken künstlichen, mitunter deplazierten Anmutung von ECAs ist ihr *potenzieller Nutzen für die PIN* jedoch als *gering* anzusehen – eine aktuelle Studie konstatiert, dass Irritationen, Langeweile und Gleichgültigkeit beobachtbare Verhaltensmuster von Nutzern bei der Interaktion mit ECAs darstellen.[914] Diese dürften auch mit der Problematik verbunden sein, dass eine vollautomasierte Ab- und Nachbildung vielschichtiger und komplexer personaler Kommunikationsprozesse gegenwärtig nur eingeschränkt möglich scheint. Während ECAs in der Vergangenheit wohl oft als eine Art „Eye-Catcher" auf Portalen platziert wurden, sind weitergehende, nennenswerte und dauerhafte Entlastungs-, Reputations- und Differenzierungseffekte[915] im Rahmen der PIN wohl allenfalls langfristig zu erwarten.[916] Des Weiteren sei angezweifelt, dass gegenwärtig ECAs im Rahmen automatisierter „Rede-und-Antwort"-Sequenzen in der Lage sind, beim komplexen Themenfeld der Nachhaltigen Entwicklung belastbare,

---

911 Vgl. Mertens/Stößlein/Zeller, 2004, S. 17.

912 Vgl. Dannenberg, 2002, S. 176.

913 Dass die Qualität von ECAs letztlich immer abhängig von der Pflege der zuständigen Datenbank-Manager des Unternehmens ist, hat der virtuelle Berater „Liam" des TV-Herstellers Loewe im Jahre 2001 deutlich vor Augen geführt. Dieser wusste mit dem Begriff „Flachbildschirm" nichts anzufangen. Heute ist bekannt, dass sein „Arbeitgeber" den Trend zu LCD-Fernsehgeräten verpasst hat und so in eine Unternehmenskrise geriet. Die „Lebenserwartung" von ECAs wird hingegen – nicht nur im Falle von „Liam" – als niedrig eingeschätzt (vgl. Mertens/Stößlein/Zeller, 2004, S. 17).

914 Vgl. Cerrato/Ekeklint, 2004, S. 118.

915 Vgl. Bühler/Piesk, 2002, S. 9.

916 Sog. „Intelligente Agenten", die mit umfangreichen Wahrnehmungs- und Lernfunktionen echte nutzerseitige Convenience-Vorteile versprechen, sind laut einer Delphi-Studie frühestens zwischen 2010 und 2014 „marktreif" (vgl. Münchner Kreis, 1999, S. 11).

aktuelle Auskünfte zu erteilen[917], die der Qualitätswahrnehmung der Website zuträglich sind.

#### 7.2.2.3.5. Die hypermedialen Inhalte

In diesem Abschnitt soll das Augenmerk auf interaktive, hypermediale Elemente gelenkt werden, die mehrere Funktionen in sich vereinen: *erstens* die Schaffung eines Mehrwertes für die Nutzer, indem durch „spielerische", komplexitätsreduzierende Mittel komplexe Sachverhalte der Nachhaltigen Entwicklung dargestellt werden, *zweitens* die Erreichung der in Kapitel 4.1.3.1 skizzierten Flow-Zustände beim Nutzer, *drittens* die Messung bzw. Protokollierung des Nutzerverhaltens und die hierauf basierende systematische Ableitung etwaiger Erkenntnisse für die Portalgestaltung bzw. die PIN hieraus.

In einer rudimentären Form können hypermediale Elemente zunächst aus *audiovisuellen Komponenten* bestehen (z. B. kurze Videos oder sog. Flash-Komponenten), die jedoch meist auf geringen Interaktivitätsgraden (Ein-/Aus-Interaktivität) basieren.[918] Des Weiteren können Kennzahlensysteme und hoch verdichtete Konzernangaben zu einzelnen Standorten, Geschäftsfeldern und Produktgruppen für die Nutzer auf der Basis *interaktiver Tools* nachvollziehbar zusammengestellt werden.[919] Hierdurch kann der Nutzer zudem aktiv die oft unvermeidbar komplexe Darstellung der Sachverhalte auf ein für ihn angemessenes Indikatoren- und Parameter-Niveau reduzieren. Komplexitätsreduzierende Effekte können zudem durch eine *geführte Navigation* im Sinne sog. „Webrides" entstehen.[920] Schließlich können auch „spielerische" Elemente wie z. B. *Quizzes* oder *interaktive Edutainment-Elemente* eine Mischung aus Informations- und Flow-Effekten bewirken.[921]

---

917 So verwundert es nicht, dass mit Smart.com gegenwärtig nur ein Automobilunternehmen einen ECA auf seiner Nachhaltigkeitswebsite anbietet (AISA – Artificial Intelligence Service Agent).

918 Vgl. z. B. die Guided Tour auf den Nachhaltigkeitsseiten von Henkel (zu erreichen über www.henkel.de/int_henkel/she_de/index.cfm, abgerufen am 10.10.2005).

919 Als ein Beispiel soll das „HSE Charting Tool" von BP genannt werden (vgl. BP, 2005), welches dem Nutzer das aktive Zusammenstellen, „aufbrechen" und vergleichen von Kennzahlen ermöglicht.

920 Vgl. Isenmann/Winter, 2002, S. 106.

921 Vgl. z. B. das „Better Business Game" der British Telecom (vgl. www.btplc.com/Societyandenvironment/Businessgame/index.htm) oder den „Carbon Footprint Calculator" von BP (vgl. www.bp.com/extendedsectiongenericarticle.do?categoryId =9006010&contentId=7012265) (beide URLs abgerufen am 13.10.2005).

Den genannten Formen der maschinellen Interaktivität ist hingegen gemein, dass diese entgegen ihrer unproblematischen Automatisierbarkeit [922] gegenwärtig sowohl im deutschsprachigen als auch im internationalen Raum nur sehr selten Anwendung finden[923] bzw. – so der Eindruck – meist bei Unternehmen implementiert werden, die auch im Bereich der Print-Nachhaltigkeitsberichterstattung zu den „First-Movern" zählen.

### 7.2.2.3.6. Die virtuellen Communities

Die Bildung von virtuellen Communities wird in der Literatur als weiteres zentrales Potenzial von Personalisierungskonzepten sowie der internetbasierten Nachhaltigkeitskommunikation verstanden.[924] Aus *terminologischer* Sicht soll in dieser Arbeit der Begriff der virtuellen Community als Aggregat des soziologischen, technologischen und die geschäftliche Nutzung betreffenden Community-Begriffes verstanden werden.[925] In dessen Zentrum stehen gemeinsame Interessen (spezielle Teilaspekte und Anliegen im Rahmen der Nachhaltigen Entwicklung) oder gemeinsame Probleme (z. B. technische, ökologische Probleme in der Produktnutzung), die auf der Basis von impliziten und expliziten Verhaltensregeln durch eine technische Plattform vermittelt und unterstützt werden und den Aufbau von Vertrauen und Gemeinschaftsgefühl ermöglichen.

Besonders bei größeren, multi-national agierenden Unternehmen kann dieses in seiner Intensität und Skalierbarkeit beispiellose Kooperationsmodell z. B. via IRC oder E-Mail eine Art öffentlichen Rücksprachekanal darstellen, über den

---

922 Dies hängt vor allem damit zusammen, dass zumeist recht niedrige Grade maschineller Interaktivität (Ein-Aus-Interaktivität, Menü-, maximal Steuerungsinteraktivität) erreicht werden.

923 Vgl. Blanke et al., 2004, S. 26 & 33, denen zufolge lediglich zwei Unternehmen des DAX30-Kreises adaptierbare und interaktive Grafiken im Rahmen ihrer internetbasierten Umwelt- und Nachhaltigkeitsberichterstattung bereitstellen. Lediglich ein Unternehmen nutzt die Möglichkeit, den Rezipienten komplexe Sachverhalte per maschineller Interaktivität zugänglich zu machen. Hypermediale Edutainmentelemente spielen ebenfalls eine eher untergeordnete Rolle. Vgl. vertiefend auch die Arbeit von Kim, 2005, der im Rahmen einer Untersuchung der Nachhaltigkeits-Websites der GF500 Unternehmen ähnliche Ergebnisse ausweist.

924 Vgl. ACCA/Next Step Consulting, 2001, S. 19; Barth, 2005, S. 268f.; Blanke et al., 2004, S. 20f.; Isenmann, 2005a, S. 622f.; Isenmann/Warkotsch, 1999, S. 1514; Möller, 2005, S. 81; Pleon Kohtes Klewes, 2004, S. 17; SustainAbility, 2002. Derartige Dialoge vermögen z. B., der in einschlägigen Leitfäden (wie z. B. der DIN 33922 „Leitfaden Umweltberichte für die Öffentlichkeit", vgl. DIN, 1997) geforderten Dialogorientierung der Berichterstattung gerecht zu werden.

925 Auf eine umfassende, erschöpfende Darstellung sämtlicher Facetten des Begriffes von „Virtuellen Communities", „Virtuellen Gemeinschaften" oder „Online-Communities" sei in dieser Arbeit verzichtet (vgl. vielmehr vertiefend Krcmar/Leimeister, 2003, S. 659f.).

Stakeholder in die Entscheidungsfindungsprozesse eingebunden werden können.[926] Hierdurch eröffnen sich Möglichkeiten der unternehmensseitigen Initiierung von Online-Stakeholder-Dialogen zu vergleichsweise niedrigen Kosten.[927] Durch eine dialogische Ausrichtung kann so nicht nur Verständnis und Vertrauen auf Seiten der Stakeholder aufgebaut werden, sondern kann zudem deren Feedback aktiv der Beurteilung der Legitimation der (internetbasierten) Nachhaltigkeitskommunikation sowie der Generierung wechselseitiger Lerneffekte dienen.[928] Neben zeitlich unbegrenzten Dialogangeboten können auch zeitlich limitierte Formate genutzt werden, bei denen etwa ein Unternehmensvertreter mit einer größeren Gruppe von (registrierten) Stakeholdern Diskussionen führt.

Etwaige – gezielt intensivierte – Artikulationen der Stakeholder können der Gewinnung von Meinungstrends dienen und so als Mittel der Transparenzschaffung, strategischen Früherkennung und Risikoprävention im Unternehmensumfeld verstanden werden.[929] Communities, die über umfangreiche Interaktionsmöglichkeiten wie z. B. virtuelle Abstimmungen (Votings) oder Online-Chats verfügen, können prinzipiell ein wertvolles „Eigenleben“ mit sozialem Charakter entwickeln – Voraussetzung hierfür ist hingegen eine „kritische Masse“ aktiver und regelmäßig wiederkehrender Mitglieder.[930]

Letztlich deutet sich an, dass der „Community-Gedanke“ sich nicht ausschließlich in der instrumentellen Betrachtung und Konzeptualisierung von speziellen Kommunikationsdiensten im Rahmen von Online-Stakeholderdialogen erschöpft, sondern zahlreiche Ansatzpunkte für eine *umfassende, ganzheitliche Betrachtung der Interaktions- und Kollaborationspotenziale* des unternehmerischen Umfeldes sowie der inhärenten Querbeziehungen der Mitglieder liefert, weswegen eine konzeptuelle Nähe zu anderen bereits geschilderten Instrumenten des Nachhaltigkeitsmanagements bzw. der PIN besteht: So soll im Rahmen der PIN neben Newsgroups, Foren, persönlichen Homepages, Blogs[931] und Expertenchats auch die systematische Betrachtung der Ähnlichkeitsbeziehungen zwischen Nutzern i.

---

926 Das wohl prominenteste Beispiel stellt das Shell-Forum „Tell Shell“ dar (vgl. Shell, 2005), *„ […] one of the best known and most widely used web-based stakeholder dialogue on a company's website."* (Elvins, 2002).

927 Vgl. exemplarisch Pleon Kohtes Klewes, 2004, S. 17; Steinert, 2005, S. 22; SustainAbility/UNEP, 2000, S. 31. So hat z. B. die Agentur SustainAbility im November 2005 eine „Network-Debate“ initiiert, deren Ergebnisse im Internet dokumentiert sind (vgl. SustainAbility, 2005).

928 WBCSD, 2002a, S. 8.

929 Für eine ausführliche Darstellung der Facetten, Potenziale und Risiken virtueller Communities vgl. vertiefend die Arbeiten von Hagel/Armstrong, 1997 sowie Schubert, 1999.

930 Diese Forderung dürfte Unternehmen angesichts der in dieser Arbeit bereits genannten Probleme der Gewinnung einer hinreichenden Besucherfrequenz und -menge vor große Herausforderungen stellen (vgl. z. B. erneut FN 757).

931 Vgl. z. B. http://sustainablog.blogspot.com, abgerufen am 20.10.2005.

S. e. Gemeinschaft – z. B. durch die systematische Auswertung der gewonnenen Nutzerprofile – im Vordergrund der Betrachtung stehen[932], wobei die Erkenntnisse der algorithmen-basierten Systeme der Inhaltezuweisung (Collaborative Filtering, vgl. o.) für die PIN nutzbar sind. So gesehen kann die Analyse der in Foren artikulierten Nutzermeinungen als eine Erweiterung der (nicht-) reaktiven Verfahren der Ermittlung von Informationsinteressen betrachtet werden, durch die zusätzliche interessante Facetten der Nutzercharakteristika im Rahmen der PIN gewonnen werden können. Zusätzlich Synergieffekte können durch die kombinierte Analyse von Community-Aktivitäten, unternehmensspezifischen Stakeholder-Maps[933] oder individueller Stakeholderwerte[934] entstehen. Zudem werden auch medienübergreifende Anwendungs- und Analysepotenziale erkannt.[935]

Vor diesem Hintergrund bestehen wenige Zweifel, dass ein funktionierendes, nachhaltiges Community-System[936], welches permanent Nutzeranforderungen und -spezifika sowie Modifikationsnotwendigkeiten identifiziert, den Aufbau, die Pflege und das Controlling und ggf. die Auflösung von Communities umfasst und somit einen hohen Ressourcenaufwand impliziert.[937] Insofern verwundert es nicht, dass zum gegenwärtigen Zeitpunkt die Forderung nach einem systematischen Community-Management im Rahmen der internetbasierten Nachhaltigkeitskommunikation fast ausschließlich als Forderung im Raum steht.[938]

---

932 So verweist auch die Communications Steering Group der britischen Sustainable Development Commission (SDC) auf die Segmentierungspotenziale virtueller Communities: *„Discussion forums, listserves and e-bulletins provide the tools for individuals to share ideas, seek advice and identify resources. Our new websites for SDC Scotland and Wales allow us to provide these facilities to more targeted audiences."* (SDC Communications Steering Group, 2005).

933 Vgl. Kapitel 2.2.2.3.

934 Zum Konzept des Stakeholderwerts vgl. erneut Kapitel 5.1.2.2, Pkt. „Investive Perspektive".

935 *„A web debate is not just a quick PR-fix, it needs to be closely linked with other forms of stakeholder engagement."* (Stormer, 2002, zitiert nach SustainAbility, 2002).

936 Vgl. Porra/Parks, 2005, S. 1-33.

937 Vgl. Gustavsen, 2003, S. 9. Als praktisch erschwerend sind die Befunde der Online-Nutzerbefragung auf „Mobilität und Nachhaltigkeit" zu nennen, die eine eher niedrige durchschnittliche Nutzungsfrequenz des Portals ausgewiesen haben.

938 Vgl. hierzu die Untersuchungsergebnisse von Blanke et al., 2004, S. 29; Kim, 2005, S. 166. Zudem stehen Communities – unabhängig von der unternehmerischen Nachhaltigkeitskommunikation – keinesfalls im Vordergrund des Nutzungsinteresses breiter Nutzerschichten – vielmehr sind die Milieus der „Jungen Hyperaktiven" und „Jungen Flaneure" Hauptnutzer solcher Kommunikationsformen (vgl. hierzu Eimeren/Frees, 2005, S. 370). Die Befunde gehen insgesamt auch mit den Untersuchungen von Pleon Kohtes Klewes konform: *„Ganz und gar unterentwickelt in Deutschland sind dagegen Online-Stakeholder-Dialoge im Internet, eine Praxis mit der britische Unternehmen zum Teil* (gemeint sind hier vermutlich Shell, BP und BT; D.-S. R.) *sehr gute Erfahrungen gemacht haben. [...] Hier besteht*

### 7.2.2.4. Die dynamische Perspektive der Integrativität

Die in den vorangegangenen Abschnitten aufgeführten Ansätze der Nutzerintegration haben eine instrumentelle Vielfalt offenbart, die aus Gründen der didaktisch-heuristischen Ordnung im Rahmen singulärer Nutzungsepisoden dargestellt wurden. Mit Blick auf die Prinzipien des Relationship Management[939] ist hingegen davon auszugehen, dass der Instrumentaleinsatz auf der Basis eines u. U. vorhandenen individuellen Stakeholderwerts[940] sowie eines Nutzerprofils dynamisch vorgenommen werden kann und sollte. Dem Konstrukt der „Beziehung" zu einem Nutzer bzw. Stakeholder kann so ein evolvierender Charakter zugeschrieben werden. Beziehungen sollen zudem nicht als ein loses Sammelsurium von singulären Nutzungsepisoden[941] verstanden werden, vielmehr gilt es zu gewährleisten, dass initiale Episoden und Folgeepisoden individueller, realer Nutzer einen systematischen Zusammenhang aufweisen.[942] Im chronologischen Verlauf der Nutzerbeziehungen ist so von unterschiedlichen Beziehungsintensitäten auszugehen, die durch den Aufbau, Ausbau, Abbau und Wegfall von Bindungspotenzialen charakterisiert sind.[943]

Problematisch ist zunächst, dass die im Markt-Feld des Relationship Management hierfür regelmäßig verwendeten Systematisierungsansätze wie z. B. sog. Lebenszyklusmodelle (Annäherung → Exploration → Ausweitung → Reife → Auflösung)[944] nicht widerspruchsfrei auf die PIN übertragbar sind – und zwar aus folgenden Gründen: Kommunikationsbeziehungen zwischen Stakeholdern und Unternehmen können oft ebenso schnell „abreißen" wie sie entstehen[945] – zugleich ist dieses Abreißen i. S. v. „Auflösung" nicht zwangsläufiger Art, was die Operationalisierbarkeit einer Beziehungsentwicklung erschwert. Da die Ursache des In-Kontakt-Tretens eines Stakeholders (bspw. eines NGOs) z. B. in der Information zu sensiblen Themen liegen bzw. durch den Wunsch nach Spannungsabbau motiviert sein mag (Beschwerde, Klage), ist zu vermuten, dass „taktische Verhaltensweisen" beobachtbar sein können (plötzliches Auftauchen, gezieltes „sich-bedeckt-halten"), die die Planbarkeit einer Nutzerbeziehung erschweren. Oft sind etwaige Informationsbedarfe auch mit der Veröffentlichung von Unternehmensberichten (z. B Nachhaltigkeitsbericht) „getaktet" bzw.

---

*noch großes Ausbaupotenzial, insbesondere durch die zunehmend belastende Inanspruchnahme der wichtigeren NGOs.* " (Pleon Kohtes Klewes, 2004, S. 17).

939 Vgl. Kapitel 5.1.2.2, Pkt. „Investive Perspektive".

940 Vgl. Kapitel 5.1.2.2.

941 Vgl. Kapitel 7.2.2.

942 Vgl. ähnlich Georgi, 2000, S. 17.

943 Dieser Aspekt gilt hingegen bislang als empirisch weitgehend unerforscht (vgl. Briggs/Simpson/Angeli, 2004, S. 44).

944 Vgl. exemplarisch Dwyer/Schurr/Oh, 1987, S. 11-27.

945 Beispielsweise können durch unerwartete Ereignisse Bezüge zwischen Unternehmen und Individuen emergieren (z. B. durch einen Störfall eines Werkes etc.).

werden durch diese induziert, sodass der Versuch einer Verstetigung der Internet-Nutzung als problematisch anzusehen ist bzw. etwaige Aufforderungen zum (Wieder-) Besuch der Website i. S. v. Site-Promotion[946] oder Incentives als deplaziert, unseriös oder als „bloße PR" wahrgenommen werden. Letztlich variieren die Motive der Nutzung in Abhängigkeit der „Rolle" der Nutzung (Stakeholderart) mitunter stark, wodurch ein idealtypischer Beziehungsverlauf im Rahmen der PIN kaum determinierbar erscheint bzw. das Zugrundelegen eines „Durchschnitts-Lebenszyklus" als kritisch einzustufen ist. Wird z. B. unternehmensseitig angenommen, dass Nachhaltigkeitsanalysten ein vergleichsweise aktives und routiniertes Informationssuchverhalten innehaben und daher ein eher sparsames, unaufdringliches PIN-Instrumentenbündel gewählt, kann genau diese „Zurückhaltung" bei anderen Stakeholdern als Nachlässigkeit oder „Geheimniskrämerei" aufgefasst werden, wodurch ggf. ein Beziehungsabbruch ungewollt katalysiert wird.

Abschließend sei noch auf Spezifika der PIN[947] verwiesen, die einen Einfluss auf die Informationsbedarfe bzw. den nutzerseitig wahrgenommenen Wert einer Information ausüben: So kann vermutet werden, dass die Vertrauenswürdigkeit einer übermittelten Information nutzerseitig individuell verschieden eingeschätzt wird, wodurch die Antizipation des Besuchsverhaltens von Nutzern auf Nachhaltigkeitsportalen erschwert wird. Hierdurch wird verdeutlicht, dass etwaige Bindungen nicht zwingend stabil sind, weswegen die im Rahmen von Lebenszyklusprozessen suggerierte Zwangsläufigkeit im Rahmen der PIN eingeschränkt gültig ist.

Sicher hingegen scheint, dass sich im Zeitverlauf einer Beziehung einige grundsätzliche Akzentuierungen ergeben, die in Abbildung 24 skizziert werden.

So ist zunächst davon auszugehen, dass ein ggf. im Unternehmen angewandter *Stakeholderwert* mit zunehmender Nutzungshistorie an Reliabilität gewinnt. Während bei noch nicht vorhandenen, potenziellen Nutzungskontakten eher hypothetische Aussagen über einen Nutzer(-typus) getroffen werden können, ist im weiteren (Nutzungs-) Verlauf eine Akkumulierung und Verfeinerung des Wissens über den Nutzer („Learning Relationships") bspw. hinsichtlich seines Informationswertes, Referenzwertes usw. zu erwarten. Dies ist vor allem darauf zurückzuführen, dass *Umfang und Informationsgüte des Nutzerprofils* im Zeitverlauf zunehmen und somit sukzessive einer gezielten Analyse im DWH zugeführt werden können. Direkt hiermit verbunden ist eine zu erwartende steigende Güte der auf dem Nutzerprofil basierenden PIN-Instrumente wie z. B. adaptive Navigation und Inhaltezuweisung, wodurch der nutzerseitig *wahrgenommene Mehrwert* steigen dürfte. Gleichzeitig kann auf dieser Basis eine

---

946 Vgl. Kapitel 7.2.2.1.
947 Vgl. Kapitel 5.1.2.1.

Selektion und Priorisierung der Nutzer vorgenommen werden: Dies impliziert z. B., dass den Nutzern in Abhängigkeit ihres Referenz- oder Informationswerts unterschiedliche Rechte und Funktionen im Rahmen des Portals zugewiesen werden.

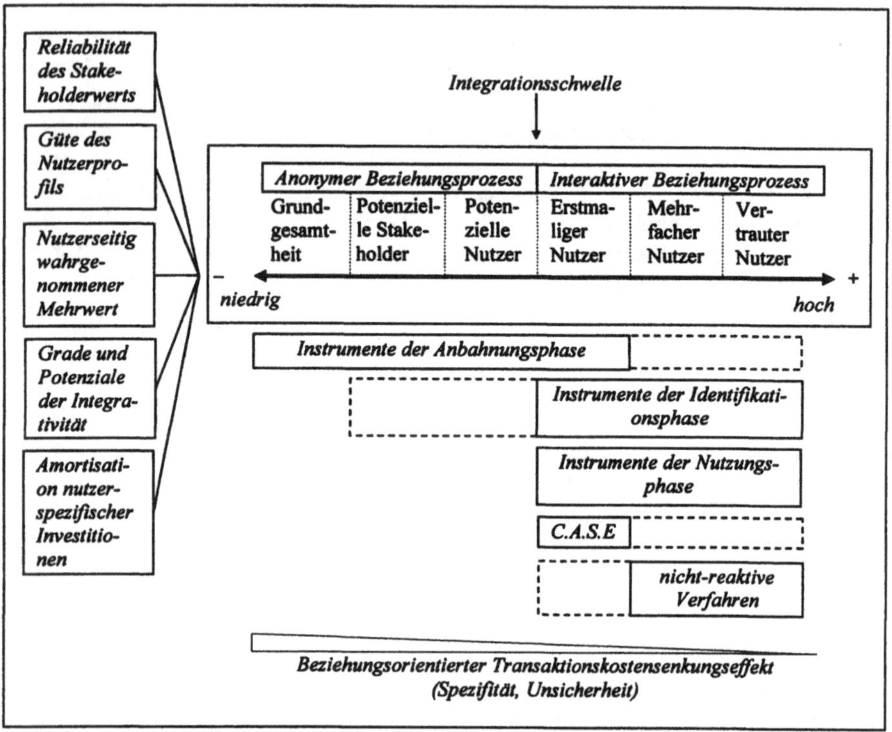


Abbildung 24: Mehrebenen-Kontinuum: dynamischer Instrumentaleinsatz der PIN.
Quelle: Eigene.

Mit zunehmender Beziehungsdauer ist zudem davon auszugehen, dass die nutzer- und unternehmensseitigen *Transaktionskosten gelingender Kommunikation* sinken, da vermutet wird, dass die kumulierten Anbahnungs-, Vereinbarungs-, Abwicklungs- und Kontrollkosten der Kommunikation sich verringern. Das wechselseitige Wissen voneinander eröffnet auch sukzessive zunehmende *Integrationspotenziale* des Nutzers[948], da die hierfür z. T. notwendigen Vertrauensmomente die Legitimation für eine tief greifende Nutzerintegration bilden. Im Zeitverlauf können Nutzern bspw. Moderatorenrollen in IRCs, Newsgroups angeboten werden oder aber sie werden im Rahmen der Konzeption der internet-

[948] Vgl. vertiefend Kapitel 7.1.3.

basierten Nachhaltigkeitskommunikation (Integrationstyp 5[949]) intensiv eingebunden.[950]

Das Wissen um die skizzierten Veränderungen im Zeitverlauf macht flexible, strategische Maßnahmen der Beziehungsgestaltung erforderlich und erweist sich mit Blick auf die skizzierten instrumentellen „Kaltstartprobleme"[951] als virulent. So dürften z. B. hinsichtlich potenzieller bzw. erstmaliger Nutzer Maßnahmen der vertrauensbildenden Kommunikation von Bedeutung sein, um eine gelungene Beziehungsentwicklung zu initiieren bzw. ein Fundament für dauerhafte Beziehungen zu legen. Dies impliziert z. B. die deutliche Herausstellung der Personalisierungstechnik oder die Darstellung des Umgangs mit persönlichen Daten (z. B. mittels einer Privacy Policy). BRIGGS, SIMPSON & ANGELI verweisen auf die Relevanz von *„[...] first impressions and initial trust building activites [...]"*[952], zu denen neben der Verwendung von Reputationsdiensten[953] auch qualitative Aspekte der visuellen Anmutung[954] zu zählen sind. Dabei sind diese Attribute im Kontext zahlreicher anderer Aspekte zu sehen, die Ausstrahlungseffekte auf die skizzierten Misstrauensmomente ausüben (z. B. die Reputation des Unternehmens, die Glaubwürdigkeit der Print-Berichterstattung etc.). Vor diesem Hintergrund ist eine sorgfältige Auswahl und Gestaltung der Instrumente der *Anbahnungsphase* vorzunehmen.

Die Ansätze der *Identifikations- und Nutzungsphase* entfalten ihre Güte im idealtypischen Sinne erst bei Nutzern, die das Portal mindestens einmal besucht

---

949 Vgl. Kapitel 7.1.3.5.

950 Die Möglichkeiten des dynamischen Instrumentaleinsatzes bzw. der zeitlich gleitenden Abschätzung von Integrationsmöglichkeiten ist dabei vielfältig und sollen hier aus Platzgründen nicht erschöpfend diskutiert werden.

951 Vgl. Kapitel 6.2.5 (Nutzerprofile); Kapitel 7.2.2.3.2 (adaptive Inhaltezuweisung) & Kapitel 7.2.2.3.3 (adaptierbare Suchfunktionen).

952 Briggs/Simpson/Angeli, 2004, S. 42.

953 Als exemplarische Reputationsdienste bzw. „Vertrauenssiegel" seien hier Advogato (www.advogato.org/), Truste (www.truste.com) und Verisign (https://digitalid.verisign.com/) genannt. Da zahlreiche Browser die Vertrauenswürdigkeit von Websiten durch sog. Zertifikate automatisiert prüfen (können), ist eine Verwendung authentisierbarer Zertifikate bzw. Verschlüsselungen zu empfehlen, wie sie z. B. von Zertifizierungsstellen wie Geotrust (www.geotrust.com) vergeben werden (alle URLs abgerufen am 31.10.2005).

954 Im Rahmen einer Studie des Stanford Lab haben Nutzer z. T. artikuliert, Websites seien *„[...] not very professional looking. [...] Looks childish and like it was put together in 5 minutes."* (Briggs/Simpson/Angeli, 2004, S. 42). Es darf angezweifelt werden, dass Nutzer bereit sind, „intime" Informationen im Rahmen der nicht-reaktiven Verfahren zu übermitteln, wenn dies mit dem Eindruck mangelnder Professionalität der visuellen Gestaltung einer Website einhergeht. Allerdings erscheint es unrealistisch, dass Unternehmen, die nur wenige Ressourcen für die Erstellung einer Nachhaltigkeitswebsite bereitstellen, die Implementation einer PIN ernsthaft erwägen.

haben und über ein rudimentäres Nutzerprofil verfügen.[955] Zudem können die Instrumente der Anbahnung im Zuge weiterer Folgenutzungsepisoden raffiniert werden, indem z. B. personalisierte E-Mails die Interaktionswahrscheinlichkeit erhöhen. Als besonders kritisch ist das Erkennen von und der Umgang mit drohendem Verlust von Nutzerbeziehungen zu sehen. Hierfür sollte das Unternehmen ein spezifisches Monitoring- bzw. Kontrollsystem, das in den Nutzerprofilen parametrisiert werden muss, erstellen, wodurch Plan- oder Zweifelabwanderungen erkennbar und operationalisierbar gemacht werden können. Es wird daher empfohlen, in Profildatenbanken geeignete Kontrollparameter zu definieren.

Letztlich können im Rahmen der dynamischen Betrachtung individueller Nutzerbeziehungen – wie dargelegt – keine „Pauschalrezepte“ ausgestellt werden, die einmal installiert und unmodifiziert über längere Zeit ihre (u. U. ineffiziente) Funktion erfüllen. Vielmehr gilt es, den Aspekt des dynamischen Managements der Nutzerbeziehung als (aufwändige) Gestaltungsaufgabe zu begreifen, die ein ständiges Entwerfen, Implementieren, Kommunizieren, Prüfen und Modifizieren des Instrumentariums sowohl in seinen Details als auch in seiner Gesamtheit erfordert. Das hierdurch als „Nebenprodukt“ nutzerseitig wahrgenommene Commitment des Unternehmens kann dabei das nutzerseitige Commitment prinzipiell stimulieren und der Transmission der PIN zuträglich sein. Die Reziprozität dieser Perspektive spiegelt sich auch in empirischen Untersuchungen, denen zufolge Personalisierung und Nutzervertrauen wechselseitig sowohl als Determinante als auch als Effekt begriffen werden.[956]

---

[955] Einschränkungen hinsichtlich der Identifikationsphase ergeben sich insofern, als Nutzer, die das Portal noch nicht besucht haben, über portalübergreifende Authentizierungssysteme bzw. Profildatentausch (vgl. Tabelle 8) bereits vor ihrer Erstnutzung bereits „bekannt“ sein *können* (dieser Aspekt ist durch die gestrichelten Linie angedeutet).

[956] Vgl. hierzu Briggs, 2004, S. 46.

# 8. Die Perspektive des Personalisierungsergebnisses

Wie in Kapitel 5.2.1.2 bereits überblicksartig geschildert, stellt der Aspekt des objektiven *Personalisierungspotenzials* einer Nachhaltigkeitswebsite die Frage nach dem Vorhandensein einer hinreichend großen Zahl unterschiedlicher, variabler Eigenschaften und Attribute, denen eine *Konfigurierbarkeit* attestiert werden kann.

Ein *Personalisierungsergebnis* kann so einerseits als das Ergebnis eines *Prozesses* der Informations- und Nutzerintegration und andererseits als das Resultat einer *Gesamtfunktion* verstanden werden, die sich aus mehreren veränderbaren Teileigenschaften und den zugehörigen Ausprägungen zusammensetzt. Die Gesamtheit der Eigenschaften und Ausprägungen stellt das *objektiv nachvollziehbare Personalisierungspotenzial* und im Realisierungsfall das Ergebnis der PIN dar (vgl. folgend).

## 8.1. Das Personalisierungspotenzial von Nachhaltigkeitswebsites

Zunächst ergibt sich eine *theoretische* Zahl an Kombinationsmöglichkeiten eines PIN-Ergebnisses. Auf der Basis der in den vorangegangenen Abschnitten geschilderten Aspekte der Informations- und Nutzerintegration sowie der dort geschilderten Instrumente und Diskussionspunkte soll darauf aufbauend eine *sinnvolle Eingrenzung* der theoretischen Kombinationsmöglichkeiten auf ein *praktikables Niveau* vorgenommen werden. Diese Eingrenzung dient schließlich als gedankliche Basis einer abschließenden Typologisierung der PIN in Kapitel 8.2.

Die Identifizierung der Anzahl verschiedener, möglichst trennscharfer Eigenschaften wird dabei entlang der Flexibilitätsebenen *Inhalte*, *Struktur* und *Darstellung* einer Website vorgenommen, wodurch explizit auf die geschilderten Flexibilitäts- und Effizienzpotenziale sowohl des Semantic Web (vgl. Kapitel 4.1.1) als auch der internetbasierten Nachhaltigkeitskommunikation („Single-Source – Multiple-Media“, vgl. Kapitel 4.2.2.3) rekurriert wird. Dabei bestehen für jeden Parameter dieser Ebenen verschiedene Merkmalsausprägungen, für die wiederum verschiedene Anpassungsmethoden existieren. Tabelle 9 gibt einen detaillierten Überblick hinsichtlich des theoretischen Personalisierungspotenzials der internetbasierten Nachhaltigkeitskommunikation.

| | Parameter | Exemplarische Ausprägungen | Methoden der Adaption |
|---|---|---|---|
| *Inhaltsebene* | ***Art der Information*** | • Inhaltliche Kategorie<br>o nach GRI-Framework<br>o nach Triple-Bottom-Line | • Selektieren<br>• Hinzufügen<br>• Verbergen<br>• (Teil-) Standardisieren |
| | ***Zeitpunkt und Frequenz der Übermittlung*** | • Anlassbezogen (z. B. Veröffentlichung Geschäftsbericht)<br>• Taktbezogen (Tag, Woche, Monat, Quartal etc. oder Wunschfrequenz) | |
| | ***Umfang*** | • Knappe Darstellung, Teaser<br>• Ausführliche Fassung, Vertiefung | |
| | ***Tonalität*** | • Sachlich-nüchtern<br>• Lebendig | |
| | ***Anspruchsniveau*** | • Laien-Niveau<br>• Fachexperten-Niveau | |
| | ***Sprache*** | • Englisch<br>• Deutsch | |
| *Strukturebene* | ***Funktionalität*** | • Menü-Interaktivität<br>• Steuerungs-Interaktivität<br>• Programm-Interaktivität | • Einschränkung der Funktionalitäten<br>• Dialog-/Navigationsführung, Ordnen<br>• Annotieren<br>• Hervorheben<br>• Hinzufügen/Verbergen<br>• Sortieren<br>• Erteilung von Zugangs-/Eingriffsberechtigungen |
| | ***Navigation*** | • Konventioneller Hypertext<br>• Adaptierbarer Hypertext<br>• Adaptiver Hypertext | |
| | ***Rubrizierung***[957] | • Standardisiertes Rubrikenset<br>• Adaptiertes Rubrikenset<br>• Adaptives Rubrikenset | |
| *Darstellungsebene* | ***Visualität*** | • Schriftart, -größe<br>• Farbklima (farbig-bunt, dezent,...) | • Hervorheben<br>• Ein- und Ausblenden<br>• Sortieren<br>• Variation von Präsentationsgeschwindigkeit, Zeit(punkt) oder Reihenfolge<br>• Generierung von Medienformaten<br>• Fokussierung auf verschiedene Medien und Modalitäten durch Referenzierung[958] |
| | ***Formen*** | • HTML-/ASP-/XML-Dokument<br>• Multimedialer Dateityp (Video,...)<br>• Darstellungsformen zur Gewährleistung von Barrierefreiheit | |
| | ***Anordnung*** | • Nach Aktualität<br>• Nach unternehmensseitig definierter thematischer Relevanz<br>• Nach nutzerseitig definierter thematischer Relevanz<br>• Nach Themenclustern | |
| | ***Zeitliche Verfügbarkeit*** | • Permanent<br>• Zeitlich begrenzt | |

Tabelle 9: Morphologischer Kasten: das theoretische Personalisierungspotenzial der internetbasierten Nachhaltigkeitskommunikation.

Quelle: Eigene, mit Elementen von Brusilovsky, 1996, S. 99f.; Bry/Henze, 2005, S. 232; Lenz, 2003, S. 180-187.

957 Denkbar wäre im Rahmen des Portals „Mobilität und Nachhaltigkeit." eine Einflussnahme auf das in Kapitel 5.3.2 vorgestellte Rubrikenkonzept, z. B. im Sinne einer Auswahl interessierender Rubriken, die das Startset bei Folgesitzungen bilden („Menu-Choice").

958 So können z. B. Bildteile durch parallel dargebotenen Text (Mouse-Over, Tooltip-Funktion) oder Sprache („Vorlesen") referenziert werden (in Anlehnung an Goodman, 1993, S. 148-171, zitiert nach Lenz, 2003, S. 185).

Die *Einschränkungen* der theoretischen Vielfalt, die im Rahmen einer Operationalisierung/Implementation zu erwarten sind und z. T. auf den vorangegangenen Untersuchungen der Informations- und Nutzerintegration basieren, sollen im Folgenden entlang der in Tabelle 9 dargestellten Ebenen (i) Inhalte, (ii) Struktur und (iii) Darstellung skizziert werden.

Ad (i): Hinsichtlich der *Selektion der Art der Information* gelten die in Kapitel 6.1 skizzierten Einschränkungen der Evaluation nutzerseitiger Informationsinteressen. Fraglich ist insbesondere, welches inhaltliche Aggregations- bzw. Spezifikationsniveau als adäquat angesehen werden kann. Zahlreiche Nutzer dürften z. B. überfordert sein, aus einem Set von 140 GRI-Indikatoren[959] die für sie interessanten inhaltlichen Kategorien prospektiv und belastbar einzugrenzen. In Anlehnung an die in dieser Arbeit gewonnen empirischen Erkenntnisse der Faktorenanalyse[960] kann vermutet werden, dass vielmehr ein gröberes Aggregationsniveau (im Extremfall z. B. Umwelt – Soziales – Finanzen) sinnvoll erscheint: Hierdurch blieben zum einen thematische und unternehmensseitig redaktionelle Bandbreiten bzw. „Manövrierräume" bestehen. Zum anderen wird so indirekt auch vermieden, dass durch die nutzerseitige Spezifikationen künstliche und ungewollte inhaltliche „Fehlversorgungen" induziert werden.[961] Allerdings kann ein derart grobes Aggregationsniveau auch nutzerseitig den Eindruck vermitteln, dass nur eine wenig ambitionierte „Scheinabgrenzung" vorgenommen wird, in der der Nutzer nur sehr rudimentär seine Informationsbedarfe abbilden kann.

Die Spezifizierung des *Zeitpunktes und der Frequenz* der Übermittlung scheint besonders für Push-Dienste (z. B. E-Mails, Channels) sinnvoll zu sein – zahlreiche Inhalte sind hingegen freilich an den Zeitpunkt ihres „Entstehens" gekoppelt bzw. durch die Taktung des unternehmensspezifischen internen (z. B. Ermittlung und Kalkulation von Nachhaltigkeitskennzahlen) und externen Reportingsystems (Nachhaltigkeitsbericht) determiniert. Etwaigen persönlichen Vorlieben kann so nur eingeschränkt nachgekommen werden, weswegen das mittlerweile strapazierte *Realtime Reporting-Paradigma* nur eingeschränkt erfüllbar erscheint.

Die Aspekte des *Umfangs*, der *Tonalität*, des *Anspruchsniveaus* und der verfügbaren *Sprachen* im Rahmen der PIN dürften besonders durch das virulente

959 Vgl. Kapitel 3.4.1.1.

960 Vgl. ausführlich Kapitel 6.1.1.2, in dem die Faktorenanalyse der Clusteranalyse vorgeschaltet wurde.

961 Sollten z. B. Nutzer entlang des umfassenden GRI-Indikatorensets ihre Informationsinteressen einstufen, können – so die Vermutung – Verhaltensweisen beobachtet werden, in denen Nutzer vorgeben, sich für Inhalte zu interessieren, ohne dass dies den „tatsächlichen" Befindlichkeiten entspricht. Dies kann einerseits in einer künstlich induzierten Einengung oder aber auch Spreizung der Inhalte im Rahmen der PIN bzw. – allgemeiner – zu einer „Fehlversorgung" führen.

Ressourcenproblem auf Unternehmensseite limitiert sein:[962] So ist fraglich, inwiefern ein Unternehmen aus Ressourcensicht in der Lage ist, für identische Inhalte jeweils verschiedene Versionen bereitzustellen. Während *quantitative Inhalte* (z. B. Kennzahlen) vergleichsweise leicht einer automatisierten Modularisierung und Konfiguration zugeführt werden können[963], gilt das Gegenteil bei den weit überwiegend vorhandenen *qualitativen, narrativen Elementen* einer internetbasierten Nachhaltigkeitskommunikation: So scheint es unrealistisch, für mehrere hundert Artikel eines Nachhaltigkeitsportals (wie z. B. bei „Mobilität und Nachhaltigkeit") unterschiedlich *umfang*reiche Versionen bereitzustellen, die zudem auch hinsichtlich ihrer *Tonalität*, ihres *Anspruchsniveaus* sowie der verwendeten *Sprache* variieren. Das inhärente Problem der theoretischen Vielzahl an Kombinationen wird besonders durch die kaum vorhanden Möglichkeiten der automatisierten Erstellung narrativer Varianten (z. B. „sachlich-nüchtern formulierte Executive Summary eines Konzepts alternativer Fahrzeugantriebe für Laien auf Englisch") erschwert.

Ad (ii): Hinsichtlich der Funktionalitäten bestehen weit reichende Flexibilitätspotenziale durch den im Idealfall nutzerseitig *aktiv* gesteuerten Prozess der *Navigation* bzw. *Selektion*. Zudem gelten die in den Kapiteln 7.1.3 (Integrationsformen) und 7.2.2.3 (Nutzungsphase, insbesondere adaptive Navigation) dargestellten Interaktions- bzw. Integrationspotenziale und -grenzen.[964] Problematisch ist aus Unternehmenssicht besonders das Identifizieren eines hinreichenden Grades der Adaptivität (z. B. bei der adaptiven Navigation). Die Variabilität der maschinellen und personalen Interaktivität dürfte dabei nutzerseitig durch einen nicht näher bekannten Schwellenwert[965] legitimierter Komplexität eingeschränkt sein: So wird vermutet, dass eine nutzerseitig gewünschte *Einflussnahme* durch eine parametrisierte Navigation und Steuerung ab einem gewissen Grad in ein ungewünschtes, kontraproduktives Maß an Steuerungs*komplexität* „kippt". Die Identifizierung eines solchen Schwellenwertes setzt dabei unternehmensseitig fortgeschrittene Erfahrungen mit der PIN im Sinne einer „Lernkurve" voraus. Alternativ wird vermutet, dass bereits ein konventioneller Hypertext, der mit zahlreichen flankierenden Elementen (Backtrack-Mechanismen, History-Listen,

---

962 Zu den gegenwärtigen Ressourcenproblemen auf Unternehmensseite vgl. Coope, 2004, S. 21.

963 Denkbar wäre hier, dass Unternehmen aggregierte Kennzahlen in ihre Bestandteile „zerlegen" (z. B. eine Aufspaltung von Emissionsdaten nach Standorte, Gesellschaften etc.) und dem Nutzer im Sinne eines Menüs der Konfiguration zuführen.

964 Hierzu zählen insbesondere die Aspekte der Schätzung von Werten, die nicht in Nutzerprofilen berücksichtigt sind, die Schaffung eines hinreichenden Maßes an Transparenz, welches etwaigen Misstrauensmomenten („Unterschlagung" kritischer Informationen) begegnet sowie der Umgang mit nutzerseitig etwaig wahrgenommenen Kontrollverlusten.

965 Für die Ausprägung dieses Schwellenwertes existiert weder empirische Gewissheit, noch lassen sich pauschale Anhaltspunkte deduktiv ableiten, da vermutet wird, dass das Maß der Interaktions- und Integrationsbedarfe interindividuell z. T. stark variiert.

Übersichtsdiagramme oder personalisierte Sitemaps) unterfüttert ist, gute Convenience-Grade bei vergleichsweise geringem Automatisierungsaufwand erzielt.

Ad (iii): Hinsichtlich der *Visualität* der im Rahmen der PIN darzustellenden Inhalte bestehen Flexibilitätsbeschränkungen, die durch potenzielle Konflikte mit der Corporate Identity des jeweiligen Unternehmens begründet sind. So dürfte bspw. nur ein begrenztes Set an verschiedenen Schriftarten, Farben (unternehmensspezifisches Farbklima) usw. zur Verfügung gestellt werden.[966] Mit Blick auf die verwendeten *Medien* bzw. multimedialen Dateiformate gilt, dass eine automatische Konvertierbarkeit von Textdokumenten in Hypermedia gegenwärtig nur eingeschränkt möglich und sinnvoll ist. Bezüglich der *Anordnung* von Inhalten bestehen zwar *theoretisch* verschiedene Ansätze (nach Aktualität, unternehmens- oder nutzerseitig definierter thematischer Relevanz etc.) – deren Legitimation dürfte indes *praktisch* unterschiedlich ausfallen. Wird z. B. Aktualität als singuläres Anordnungskriterium zu Grunde gelegt, kann regelmäßig ein (unternehmens- und nutzerseitig) ungewünschtes Verbergen/Verschwinden wesentlicher Inhalte die Folge sein. Daher gilt es, sinnvolle Mittelwege der adaptierbaren bzw. adaptiven Anordnung von Inhalten zu ermitteln.

## 8.2. Die Typologie der PIN

Wie die vorangegangenen Untersuchungen gezeigt haben, bestehen hinsichtlich der Ausgestaltung der PIN zahlreiche Möglichkeiten und Grenzen und – daraus resultierend – eine Vielzahl von Varianten einer Berücksichtigung von Nutzerinteressen. Diese sollen im vorliegenden Abschnitt durch eine Typologie abschließend systematisiert werden, deren Ausprägungen durch zwei Kontinua determiniert werden: (i) Die Formen der Integrativität und (ii) der Genauigkeitsgrad der Nutzermodellierung:

Ad (i): Der Aspekt der *Formen der Integrativität* baut explizit auf den vorangegangenen Untersuchungen auf, indem auf die Aspekte der Informations- und Nutzerintegration rekurriert wird. Dabei sollen drei verschiedene Ausprägungen unterschieden werden: *autonome Gestaltung* durch das Unternehmen, Formen der *Informationsintegration* und Formen der *Nutzerintegration*:

- ➲ Die Ausprägung der *autonomen Gestaltung* durch das Unternehmen impliziert, dass keine der dargestellten Integrationsformen bzw. unternehmensspezifische Primärforschung Anwendung findet. Basis der Gestaltung bilden neben persönlichen Erfahrungen der Entscheider des Unternehmens zusätzlich etwaige Sekundärforschungsdaten oder logisch-deduktiv abgeleitete Erkenntnisse.

---

[966] Es sei angemerkt, dass zahlreiche Flexibilitätspotenziale durch nutzerspezifische Browsereinstellungen hinsichtlich der Darstellung bestehen.

➲ Die Formen der *Informationsintegration* stellen auf die Erhebung anonymisierter, nutzerübergreifender, aggregierter Informationen auf der Basis reaktiver (Befragungen) und nicht-reaktiver Verfahren (Web Usage Mining) ab, die im Sinne unternehmensspezifischer Primärforschung wertvolle Erkenntnisse für die Gestaltung der internetbasierten Nachhaltigkeitskommunikation bergen.

➲ Der Aspekt der *Nutzerintegration* klassifiziert, „persönliche" Integrationsformen. Hierzu zählen demnach Formen der Integration von Nutzern im Rahmen des Erstellungsprozesses der internetbasierten Nachhaltigkeitskommunikation sowie eine Operationalisierung dynamischer Beziehungen zwischen Nutzern und Unternehmen im Sinne eines Relationship Management.[967]

Ad (ii): Mit dem *Genauigkeitsgrad der Nutzermodellierung* wird eine zusätzliche Struktierungsdimension eingeführt, die auf die Freiheitsgrade abgestellt, die bei der Güte der Abbildung von Nutzercharakteristika (Informationsinteressen etc.) bestehen. Aus der Perspektive der Unternehmen stellt sich hierbei das Problem, sich auf einem Kontinuum zu positionieren, welches durch die Pole „Uniformität" und „vollständige Berücksichtigung nutzerseitiger Informationsinteressen" aufgespannt wird.

➲ Im Falle der *Uniformität* der internetbasierten Nachhaltigkeitskommunikation sind etwaige Flexibilitätspotenziale in dem aktiven Selektionsprozess des Nutzers begründet („Eigenselektion"). Dieser Denkansatz wird einerseits durch die in dieser Arbeit dargestellten Grenzen der Automatisierbarkeit der PIN gestützt. Andererseits kann wissensintensiven Leistungen wie der PIN prinzipiell eine inhärente Flexibilität attestiert werden, die durch den aktiven nutzerseitigen Navigations- und Selektionsprozess erschlossen werden kann. Gewünschte Informationstiefe und -breite sind dementsprechend nutzerseitig individuell und (inter)aktiv bestimmbar und ermöglichen – auch in zeitlicher Hinsicht[968] – eine flexible Anpassung an die jeweiligen Informationsbedarfe und Verarbeitungskapazitäten, ohne diese bei einzelnen Adressaten explizit kennen und erheben zu müssen. Dieser Ansatz setzt indes eine handhabbare Navigationsstruktur des Portals voraus. Flexibilitätspotenziale resultieren indes auch aus der Perspektive des (Radikalen) Konstruktivismus[969], indem durch den interindividuell verschiedenen Prozess der Wirklichkeitskonstruktion objektiv identische Personalisierungsergebnisse subjektiv unterschiedlich wahrgenommen werden.

---

967 Dabei scheint es plausibel, dass eine Informationsintegration (s. o.) in Form von Online-Befragungen etc. meist einer Integration von Nutzern vorausgeht (im Sinne einer Vorstufe der Integrativität), da diese zum einen vergleichsweise einfach konzipiert und durchgeführt werden können und zum anderen eine hinreichende Kontextualisierung erhobener Informationen begünstigen. Gleichwohl sei – wie auch im Verlauf der Arbeit geschildert – kein Anspruch auf vollständige Trennschärfe zwischen den Aspekten der Informations- und Nutzerintegration erhoben, da diese beiden Eckpfeiler der PIN sich bspw. in instrumenteller Hinsicht stets bedingen und fallweise ineinander aufgehen.

968 Individuelles Timing ist bei konventionellen Medien nicht möglich, da der anvisierte, potenzielle Nutzer zum jeweiligen Zeitpunkt möglicherweise keinen konkreten Informationsbedarf und notwendiges Involvement aufweist. Im Internet stehen hingegen die gewünschten Informationen, wie bereits in Kapitel 4.1.3.1 skizziert, zeit- und raumunabhängig zur Verfügung.

969 Vgl. erneut Kapitel 3.1.

- Der Aspekt der *Typisierung* bezeichnet den Ansatz, in dem Nutzer in spezifische Gruppen, Rollen oder Stereotype unterteilt werden. Als Segmentierungskriterium können die typspezifischen Informationsinteressen dienen, die induktiv oder deduktiv abgeleitet wurden.[970] Basis für die Zuordnung von Nutzern zu „Typen“ bilden individuelle Nutzerprofile. Als „Spiegel“ der Typisierung wird auch die Website gedanklich in geeignete Module zerlegt, die als Basis der Zuweisung und somit verschiedener PIN-Ergebnisse fungieren. Möglichkeiten und Grenzen dieser Modularisierung werden durch das objektive Personalisierungspotenzial der Nachhaltigkeitswebsite (vgl. oben) determiniert.

- Die Ausprägung der *Personalisierung* klassifiziert schließlich den Versuch der Abbildung realer Personen und ihrer individuellen Charakteristika im Rahmen der internetbasierten Nachhaltigkeitskommunikation.

Überträgt man diese beiden Kontinua (i) und (ii) mit den skizzierten Ausprägungen in eine Typologie, ergeben sich acht idealtypische Konstellationen (vgl. Abbildung 25). Diese Alternativen schließen sich freilich nicht gegenseitig aus und stellen auch nicht die einzig denkbaren Ausprägungen dar. Vielmehr können diese auch kombiniert verwendet oder als Mischformen implementiert werden. Sie haben somit in erster Linie didaktischen Wert und können als Heuristiken für die etwaige unternehmensseitige Planung und Implementation von Personalisierungssystemen verstanden werden.

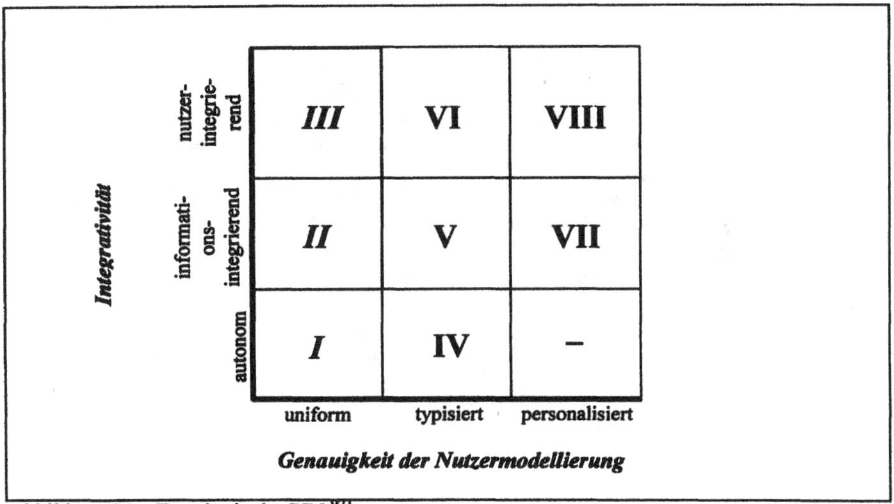


Abbildung 25: Typologie der PIN.[971]
Quelle: Eigene, mit Elementen von Lenz, 2003, S. 212.

---

970 Es sei an dieser Stelle erneut auf die in dieser Arbeit identifizierten Schwierigkeiten der Ermittlung unternehmensspezifischer Nutzerstereotype (vgl. Kapitel 6.1.1.2) hingewiesen.

971 Die Kombination *„autonom < > personalisiert“* soll hier nicht weiter ausgeführt werden, da eine autonome Gestaltung bei gleichzeitiger vollständiger Berücksichtigung von Nutzerinteressen in konzeptionellem Widerspruch stehen.

Die hier vorgestellten Typen symbolisieren dabei in aufsteigender Zahl Grad und Güte der Personalisierung. So wird ein Kontinuum aufgespannt, durch welches die Flexibilität und Varietät eines Nachhaltigkeitsportals klassifiziert wird. Die Bandbreite der aufgeführten Varianten spannt sich dabei von gegenwärtig stark verbreiteten Portaltypen (Typ I), die *nicht* zur PIN im „konventionellen" Sinn zu zählen sind, bishin zu weit reichenden Personalisierungsformen, die angesichts der zuvor skizzierten virulenten Problemfelder der PIN gegenwärtig – und wohl auch mittelfristig – als „Zukunftsmusik" bezeichnet werden müssen (Typ VIII). Auf der Basis dieser Typologie ist eine vergleichsweise differenzierte und innovative Sicht auf „Spielarten" und „Schattierungen" der PIN eröffnet. Die Spezifika der hierdurch ermittelten acht Basistypen werden in Tabelle 10 dargestellt.

➲ **PIN durch Eigenselektion:** Eine zentrale Erkenntnis der vorgestellten Typologie ist zunächst die Tatsache, dass in dieser Arbeit die *Eigenselektion* des Nutzers innerhalb uniformer Portale als (Vor-) Stufe der PIN-Portalkonzepte begriffen wird (kursiv in Abbildung 25). Diese Formen der Personalisierung (Typ I bis III) greifen dabei *nicht* auf Nutzerprofile und somit nutzerspezifische Informationen zurück. Die besondere Bedeutung der Kategorie Eigenselektion begründet sich zum einen durch die Relevanz der „Selektion" als Adaptionsmethode, wie diese im Rahmen der Betrachtung des objektiven Personalisierungspotenzials von Nachhaltigkeitswebsites identifiziert wurde.[972] Ein anderer Grund liegt in den in dieser Arbeit identifizierten gravierenden methodischen Limitationen, die mit der Erhebung nutzerseitiger Informationsinteressen verbunden sind. Obgleich Selektionsprozesse grundsätzlich unternehmensseitig *für den* Nutzer durchgeführt werden können, scheinen Strategien legitim, die eine *nutzerseitige Eigenselektion* (Information-Pull) unterstützen und fördern.[973] *„[...] users often already know what they are looking for, and good navigation design can help them find it."*[974] Insofern kann die Eigenselektion im Rahmen uniformer Portale auf der „Lernkurve der PIN" als eine sinnvolle Vorstufe aufgefasst werden, die methodisch anspruchvolleren Personalisierungsformen (Typ IV und höher) vorausgeht. Beim PIN-Typ II können z. B. auf der Basis der Assoziations- und Sequenzanalyse (Web Log Mining) nutzeradäquate „Einmalanpassungen" vorgenommen werden, die den nutzerautonomen Prozess der Inhalteselektion unterstützen: Am Beispiel des Portals „Mobilität und Nachhaltigkeit" wurde z. B. im Rahmen der Sequenzanalyse ermittelt, dass Nutzungsvorgänge häufig auf Verteilerseiten der zweiten Navigationsebene „abbrechen" – eine Implikation könnte hier die Optimierung der Darstellung und Verlinkung der Inhalte sein.

---

972 Vgl. erneut z. B. Tabelle 9.

973 Dieser Aspekt wird in der Dienstleistungsliteratur auch als „Built in Flexibility" bezeichnet (vgl. exemplarisch Schnäbele, 1997, S. 47). In der Personalisierungsliteratur wird dieser Aspekt der Eigenselektion mitunter als eine Ausprägung der Personalisierung angesehen: *„[...] just clicking on a hyperlink is personalization – you're deciding where you want to go."* (Lasica, 2002).

974 Cranor, 2004, S. 71.

| Typ | Beschreibung | Kategorie |
|---|---|---|
| *I* | „Null-Personalisierung" (uniforme internetbasierte Nachhaltigkeitskommunikation): Eingeschlossen sind Portalkonzepte, denen Normen und Standards unabhängiger Institutionen (z. B. GRI) oder nationaler Gesetzgebung sowie Sekundärforschungsinformationen (z. B. Studien etc.) zu Grunde liegen. | ***PIN durch Eigenselektion*** |
| *II* | Die uniforme Nachhaltigkeitskommunikation wird – in Abgrenzung zu Typ I – zusätzlich mit unternehmensspezifisch induktiv erhobenen Primärforschungsdaten (z. B. anonymisierte Online-Befragungen oder Logfile-Analysen) angereichert. | |
| *III* | Die internetbasierte Nachhaltigkeitskommunikation bietet Nutzern Integrationspotenziale (z. B. Feedback-/Dialogmöglichkeiten, IRCs etc.), die jedoch – in Abgrenzung zu den Typen VI und VIII – nicht in einer Nutzermodellierung münden. | |
| IV | Der individuelle Nutzer kann aus einem Set vorgefertigter Dokumentenversionen (z. B. als PDF zum Download) oder Portalbereiche/Extranets wählen. Diese Derivate basieren bspw. auf deduktiv hergeleiteten Nutzerstereotypen (s. auch Rubrikenkonzept des Portals „Mobilität und Nachhaltigkeit")[975]. | ***Hybride PIN*** |
| V | In Abgrenzung zu Typ IV sind die offerierten Dokument-/Portalversionen zusätzlich durch unternehmensspezifisch erhobene, anonymisierte Primärforschungsdaten fundiert. | |
| VI | In Abgrenzung zu Typ V besteht aus Nutzersicht die Möglichkeit, die offerierten Bausteine nicht bloß auszuwählen, sondern auf der Basis der Nutzerintegration (vgl. z. B. die Integrationstypen „Inhalte"[976], „Konzeption"[977]) im „direkten" Kontakt zum Unternehmen zu modifizieren bzw. mitzugestalten. | |
| VII | Versuch der annähernd vollkommenen Nutzermodellierung, die auf differenzierten Primärforschungsdaten basiert und – in Abgrenzung zu Typ V und II – nicht auf Stereotype zurückgreift. | ***PIN i. e. S.*** |
| VIII | Vollkommene Personalisierung durch den Versuch möglichst präziser bis vorausschauender Nutzermodellierung auf der Basis umfassender Primärforschungsdaten eindeutig identifizierbarer, namentlich bekannter Nutzer sowie hoher Integrationstiefe (inkl. Formen der One-to-One-Kommunikation). | |

Tabelle 10: Typologie der PIN.
Quelle: Eigene.

Unterstützt werden kann die Eigenselektion z. B. durch eine Warenkorb-[978] oder Merkzettelfunktion[979], durch die Nutzer sich interessierende Inhalte in Form von Artikeln u. ä. zusammenstellen. Hierdurch eröffnen sich für das Unternehmen zusätzliche Analysepotenziale, indem die Warenkorbzusammenstellungen der Nutzer analysiert werden.

975 Vgl. Kapitel 5.3.2.
976 Vgl. Kapitel 7.1.3.3.
977 Vgl. Kapitel 7.1.3.5.
978 Vgl. Steinert, 2005, S. 16.
979 Die Merkzettelfunktion ermöglicht es dem Nutzer z. B., interessierende Artikel per Häkchen zu markieren – die markierten Artikel werden dann auf einer gesonderten Seite – ähnlich einer Ergebnisliste bei einer Suchmaschine – in Form einer Linkliste dargestellt.

Das in Kapitel 5.3.2 diskutierte Rubrikenkonzept von „Mobilität und Nachhaltigkeit" stellt zudem einen interessanten Ansatz dar, eine „Zielgruppenorientierung" zu verfolgen, die hingegen mangels Nutzermodellierung auf die Kategorie der „Eigenselektion" beschränkt bleibt. Als viel versprechend sind die in dieser Arbeit dargestellten Ansätze unternehmensspezifischer Primärforschung (Befragungen, Web Log Mining) bei der VOLKSWAGEN AG einzuordnen – diese zeigen im Rahmen der Typologie erste Schritte in Richtung einer Personalisierung, da durch sie ein differenzierteres Bild vom Stakeholder-Umfeld gewonnen werden kann.

➲ **Hybride Personalisierung:** Hinsichtlich des *Modularisierungsverständnisses* im Rahmen der hybriden PIN-Formen sind schließlich verschiedene Varianten denkbar, die hinsichtlich des Umfangs (Zahl der Komponenten), der Struktur sowie der Beeinflussbarkeit der zugehörigen Komponenten variieren und dementsprechend einer zusätzlichen Präzisierung bedürfen.[980] Voraussetzung hierfür ist stets die unternehmensspezifische *Auswahl eines Sets an Komponenten* bzw. eines für die „Zerteilung" des Portals angemessenen Aggregationsniveaus sowohl hinsichtlich der Inhalte als auch der Struktur sowie Darstellung. Gleiches gilt für die nähere Definition eines *Basismoduls*, welches die unternehmensspezifischen Mindestinhalte (wie z. B. den aktuellen Nachhaltigkeitsbericht, aktuelle Meldungen etc.) umfasst.

In einer rudimentären Form ist zunächst denkbar, dass das PIN-Ergebnis stets aus der gleichen Zahl standardisierter Inhaltekomponenten (Dokumente, Rubriken) besteht, die hinsichtlich ihrer (visuellen) Anordnung auf der Basis des Nutzerprofils interindividuell variieren *(Generische Modularisierung)*. Durch die Variation der Darstellung wird somit die individuelle Priorisierung von Inhalten manifestiert.

Zusätzliche Flexibilitätsgrade können dem Nutzer eingeräumt werden, indem aus der Gesamtheit der standardisierten Komponenten algorithmenbasiert[981] die nicht interessierenden Inhalte-Komponenten gefiltert werden *(Filter-Modularisierung)*. Um zu vermeiden, dass durch den Filterprozess aus Unternehmenssicht wichtige, zentrale Inhaltekomponenten „verloren gehen", kann ein Basismodul an Inhalten definiert werden. Dieses kann z. B. bestimmte PDF-Dokumente wie den aktuellen Nachhaltigkeitsbericht oder ein bestimmtes Set an Artikeln umfassen, welche von Filterprozessen ausgeschlossen werden.

Wird das Personalisierungsergebnis aus Inhaltekomponenten in fixer *und* variabler Zahl zusammengesetzt, die z. T. hinsichtlich Inhalt, Struktur oder Darstellung nutzerindividuell zugeschnitten sind, kann von *individueller Modularisierung* gesprochen werden. Auch hier ist ein Basismodul standardisierter Inhalte (s. o.) vorhanden.

*Freie Modularisierung* kennzeichnet schließlich den Fall, indem sowohl standardisierte als auch persönlich zugeschnittene Inhaltekomponenten – ohne Notwendigkeit eines Basismoduls – in variabler Zahl zusammengestellt werden. In Ermangelung eines Basismoduls wird indes der Dekontextualisierung der übertragenen Inhalte Vorschub geleistet.

Die skizzierten Spielarten der Modalisierung im Rahmen der hybriden Formen der PIN werden in Abbildung 26 *schematisch* zusammengestellt.

---

980 Zum Grundgedanken der Modularisierung vgl. auch Piller, 2001, S. 260; Pine, 1993, S. 200-211.

981 Vgl. erneut vertiefend Kapitel 7.2.2.3.2.

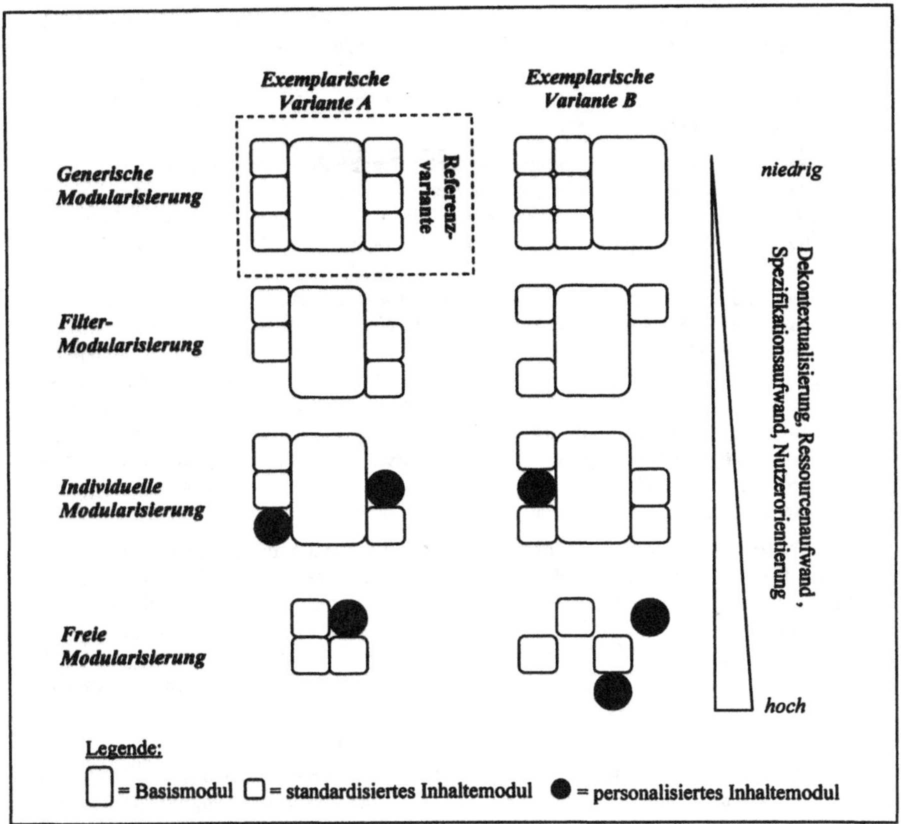


Abbildung 26: Formen der Modularisierung im Rahmen hybrider Formen der PIN.
Quelle: Eigene.[982]

Die Modularisierung bietet den Vorteil, dass durch sie die Komplexität des Prozesses der Informationsbedarfsermittlung und der hierauf basierenden Nutzermodellierung reduziert werden kann. Bereits vergleichsweise wenige Informationen genügen, um rudimentäre (generische) bis vergleichsweise differenzierte (freie) Hybridformen der PIN zu generieren sowie die Güte der Zuweisung auf der Basis der Nutzerprofile im Zeitverlauf zu verfeinern. Zudem kann durch die Modularisierung in Verbund mit verbindlichen Basiskomponenten auch einer drohenden Dekontextualisierung, die durch eine umfassende Nutzerorientierung entstehen kann, begegnet werden. Vorteil dieses Ansatzes ist es somit, eine kommunikativ stabile „Profilierung" der internetbasierten Nachhaltigkeitskommunikation – bei gleichzeitigen nutzerseitigen Freiheitsgraden – zu gewährleisten.

---

[982] Die Abbildung greift gedanklich Modularisierungverständnisse der Mass Customization auf (vgl. z. B. Piller, 2001, S. 262 sowie Pine, 1993, S. 200-211).

Wird auf Nutzerintegrationsformen verzichtet, kann zudem der Koordinierungs- und Erstellungsaufwand der PIN überschaubar gehalten werden. Als besonderes Flexibilitätspotenzial sei dabei erneut auf die Vorzüge der XML-Technologie[983] hingewiesen, durch die etwaige Definitionen von Modulen und semantischen Verknüpfungen vergleichsweise leicht vollzogen werden können.

➲ **Formen der personalisierten internetbasierten Nachhaltigkeitskommunikation i. e. S.:** Modulare Ansätze können indes nie alle Detailvorstellungen und Informationsinteressen präzise abbilden, da Variationen nur im Rahmen der sich logisch ergebenden Kombinationsmöglichkeiten realisierbar sind und somit eine inhärente Unschärfe aufweisen. Mit Blick auf die genannten Einschränkungen soll abschließend auf die Kategorie der *PIN-Formen i. e. S.* eingegangen werden. In Abgrenzung zu den modularen Formen werden hier der Umfang und Intensität der Informations- und Nutzerintegration bei ausgewählten Nutzern deutlich erhöht, um eine höhere Prognosegüte und Flexibilität im Rahmen der Nutzermodellierung zu erzielen. In Abgrenzung zur Kategorie der *hybriden, modularen PIN* werden zunächst die im Rahmen der Komponentendefinition getroffenen Komponentengrenzen aufgeweicht und somit die Gestaltungs- und Anordnungsvielfalt erhöht. Dies geht indes unumgänglich mit entweder einem gesteigerten manuellen Justageaufwand oder aber mit der Notwendigkeit anspruchsvoller und unternehmensspezifisch erprobter PIN-Algorithmen (Inhaltezuweisung etc.) einher.[984]

Das PIN-Ergebnis kann so u. U. den Charakter eines „kommunikativen Unikats" erlangen, dessen Erstellung für das jeweilige Unternehmen mit einem hohen Koordinations- bzw. Ressourcenaufwand verbunden ist. Vor diesem Hintergrund dürfte das Ermöglichen weit reichender PIN-Formen wie Typ VII & VIII auf der Basis von Entscheidungsgrößen wie z. B. des Stakeholderwerts[985] oder Instrumenten des Stakeholder-Mappings erfolgen. Denkbar wäre z. B., derartige PIN-Typen für Nachhaltigkeitsanalysten o. ä. zur Verfügung zu stellen.[986]

Abschließend sei festgehalten, dass freilich auch Mischformen der PIN i. e. S. realisiert werden können: So ist z. B. auch eine kombinierte Umsetzung der Typen VII und VIII denkbar. Werden Formen der Informations- *und* Nutzerintegration angewendet, wird die Maximalausprägung der Berücksichtigung von Nutzerspezifika erreicht.

---

983 Vgl. Kapitel 6.3.2.

984 Hierdurch wird unmittelbar deutlich, dass die Implementation anspruchsvoller PIN-Typen ein gewisses Maß an Erfahrung, z. B. mit niedrigeren PIN-Stufen sowie den hiermit verbundenen empirischen Bausteinen (z. B. Befragungen, Web Log Mining) erfordert.

985 Vgl. erneut Kapitel 5.1.2.2, Unterpunkt „Investive Perspektive".

986 Gleichzeitig sei angemerkt, dass es sich bei der Vorstellung von einer „vollkommenen PIN" realistisch betrachtet meist um eine fiktive Form handelt, deren Struktur stets einen Rest an Standardkomponenten und -ausprägungen im inhaltlichen, strukturellen und darstellungsbezogenen Sinne aufweisen dürfte.

# 9. Die Legitimations- und Implementationsaspekte der PIN

Die vorangegangenen Ausführungen haben bereits implizit erkennen lassen, dass die praktische Implementation eines PIN-Systems ungeachtet der vielfältigen Potenziale mit zahlreichen „Fallstricken“ verbunden sein dürfte. Dieser Gedanke soll im vorliegenden Kapitel vertieft werden.[987]

Ausgangspunkt der Legitimationsdimension ist die Annahme, dass nicht von einer generellen Gewünschtheit einer Personalisierung ausgegangen werden kann. Zentrale Elemente der Diskussion von Legitimationsaspekten bilden dabei zunächst die Partialansätze der NIÖ[988] (vgl. Kapitel 9.2), das eng hiermit zusammenhängende Privacy-Problem (vgl. Kapitel 9.3) sowie vermutete Zielkonflikte mit den gestaltungsbezogenen Anforderungen an eine Nachhaltigkeitskommunikation (vgl. Kapitel 9.4).[989] Zudem wird erwartet, dass die PIN einer intendierten Konklusion des Begriffes der Nachhaltigen Entwicklung entgegensteht (vgl. Kapitel 9.5).

Diese Betrachtung von Legitimationsaspekten steht dabei in der Personalisierungsliteratur z. Zt. fast ausnahmslos als Forderung im Raum: *„While there are many technological approaches to personalization [...] there is no general model of the costs and benefits users consider when deciding if they might want to disclose information to a system or another party, and no general model to guide developers in making decisions concerning how to personalize interaction with a particular system.“*[990] Eine Grundvoraussetzung für die individuelle Legitimation der PIN ist zunächst, dass diese auch von individuellen Nutzern als solche *wahrgenommen* wird. Daher soll die Darstellung dieses Aspekts im folgenden Kapitel vorgenommen werden.

## 9.1. Die individuelle Wahrnehmung der Prozess- und Ergebnisindividualität als Voraussetzung für die Legitimation der PIN

Die Bedeutung des Wahrnehmungsproblems ergibt sich durch das Erkenntnisinteresse, welche konzeptuellen Elemente der PIN nutzerseitig überhaupt wahrnehmbar sind bzw. wahrgenommen werden (können). Dies beeinflusst u. U. die

---

[987] Auf eine zusätzliche erschöpfende Darstellung strategischer, organisationaler und personeller Implementationsaspekte sei hier indes verzichtet, da dies den Rahmen der Untersuchung sprengen und zu zahlreichen inhaltlichen Überschneidungen führen würde.

[988] Vgl. erneut Kapitel 5.1.2.1.

[989] Vgl. erneut Kapitel 3.4.2. Auf eine eingehende Schilderung möglicher Problemfelder der inhaltlichen Anforderungen an eine PIN sei hier verzichtet, da diese Probleme bereits bei der Darstellung der Informationsintegration (vgl. Kapitel 6) erläutert wurden.

[990] Karat/Karat/Brodie, 2004, S. 9.

Qualitäts*wahrnehmung* der PIN, die hier als der Legitimation förderlich angesehen wird sowie – daraus folgernd – auch die „konventionelle“ (internetbasierte) Nachhaltigkeitskommunikation i. S. v. „Ausstrahlungseffekten“. Hieraus ergeben sich letztlich auch Rückschlüsse auf die relative Relevanz einzelner PIN-Instrumente, wodurch der unternehmensseitige Instrumentaleinsatz im Lichte der skizzierten instrumentellen Komplexität der PIN ressourcenadäquat kanalisiert werden kann. Dieses Grundproblem der Wahrnehmungsperspektive bezieht sich dabei sowohl auf die Perspektive des *Prozesses* der Personalisierung, da das Interaktionsparadigma der PIN die besondere Relevanz von Spezifikations- und Kommunikationsprozessen[991] betont als auch auf die Perspektive des *Ergebnisses*, indem gefragt wird, wie eine hinreichende und konzeptadäquate Wahrnehmung gewährleistet werden kann („Signaling“). Allen genannten Betrachtungsperspektiven gemein ist der Umstand, dass das Wahrnehmungsproblem bislang in der Personalisierungsliteratur weitgehend unerforscht ist.[992]

Im Gegensatz zur konventionellen, standardisierten bzw. uniformen Nachhaltigkeitskommunikation eröffnen sich durch die Nutzerintegration sowie die hiermit fallweise verbundene Kooperation in einzelnen Erstellungsprozessstufen[993] eine Vielzahl zusätzlicher Wahrnehmungskomponenten. Vor dem Hintergrund, dass der PIN als „augmentiertem Servicekonzept“ Dienstleistungsattribute zugesprochen werden können[994], sollen hier in Anlehnung an das Qualitätsverständnis von Online-Services nach ZEITHAML, PARASURAMAN & MALHOTRA[995] sowie des SERVQUAL-Ansatzes von PARASURAMAN, ZEITHAML & BERRY[996] die folgenden fünf Qualitätswahrnehmungsattribute auf die PIN übertragen werden und so der Illustrierung des Wahrnehmungsproblems dienen.[997]

---

991 Vgl. hierzu erneut vertiefend die Ausführungen zur Informations- und Nutzerintegration in den Kapiteln 4.1.3.1 & 5.1.2.2.

992 So identifiziert Instone das Wahrnehmungsproblem als zentralen Punkt seines Forschungsausblicks: *„Is a personalized page viewed as a different version of the 'anonymous' page? When users log in, do they envision a whole new site experience, starting at the home page, or do they see their personalized experience as an adjunct to the default, non-personalized experience?"* (Instone, 2004, S. 92).

993 Vgl. vertiefend Kapitel 7.1.2.

994 Vgl. erneut Kapitel 5.1.2.

995 Vgl. Zeithaml/Parasuraman/Malhotra, 2002, S. 362-375.

996 Vgl. Parasuraman/Zeithaml/Berry, 1998, S. 23f., deren Ansatz im Rahmen der Dienstleistungsliteratur weite Verbreitung gefunden hat (vgl. exemplarisch Choi et al., 2004; Schnäbele, 1997, S. 90).

997 So beziehen sich Zeithaml/Parasuraman/Malhotra, 2002, in ihrem Online-Service-Qualitätsverständnis ebenfalls auf das SERVQUAL-Konzept. Die Darstellung der Zusammenschau der Attribute dieser Konzepte erhebt dabei keinerlei Anspruch auf Vollständigkeit – vielmehr dienen sie der Illustration der Bandbreite der nutzerseitigen Qualitätswahrnehmung (für alternative Operationalisierungen vgl. z. B. Cheung/Lee, 2005).

- Die *Verfügbarkeit von Informationen/Inhalten* zielt auf den Kern des Personalisierungsproblems, d. h. die gelungene Transmission zwischen Informationsinteressen und deren Abbildung auf der Basis der Nutzermodellierung.[998] Die Virulenz dieses Aspekts ist zunächst von dem zu Grunde gelegten PIN-Typ[999] abhängig. Während bei hybriden bzw. modularen Typen eine Abgrenzung noch vergleichsweise einfach vorzunehmen ist, wird mit zunehmender Spezifität der Leistung im Sinne einer präzisen Nutzermodellierung (PIN-Typen VII & VIII) dieser Vergleich sukzessive eingeschränkt.
- Der Aspekt der *Usability* verweist auf die Notwendigkeit, durch adäquate Navigationsstrukturen den Zugang zu verfügbaren Informationen (vgl. o.) zu erleichtern. Werden z. B. im Rahmen der PIN kontextualisierte Navigationstechniken[1000] im Sinne der Usability eingesetzt, ist fraglich, bis zu welchem Grad die vorfindbare Navigation als PIN-spezifisch oder konventionell eingestuft wird.
- *Sicherheitsaspekte,* welche den Schutz persönlicher bzw. personenbezogener Daten vor Verlust und Missbrauch umfassen, sind als essenzielle Ausgangsbasis einer gelungenen Beziehungsentwicklung anzusehen. Sicherheitsaspekte stehen in engem Zusammenhang mit dem Attribut der *Zuverlässigkeit,* welches als vornehmlich ergebnisbezogen aufzufassen ist. Hierunter wird aus informationstechnologischer Sicht die Zuverlässigkeit bzw. die Stabilität der Serververbindung (Ladezeiten, Stabilität des Seitenaufbaus, Pünktlichkeit der Übermittlung von Subskriptionsdiensten wie Newsletter etc.) verstanden. Sicherheitsaspekte dürften im Rahmen der PIN aufgrund der vergleichsweise hohen Interaktions- und Integrationsintensität (z. B. Flow-Effekte) sowie der Tatsache, dass persönliche Informationen die Grundlage der PIN darstellen, als relativ bedeutsam eingestuft werden.[1001] Dies setzt jedoch voraus, dass dieses Problem auch aktiv durch das Unternehmen kommuniziert wird.
- Die *visuelle Anmutung* umschreibt die Relevanz der Wahrnehmung und Beurteilung des Erscheinungsbildes der Website. Anspruchsvoll designten Websites werden positive Ausstrahlungseffekte auf die nutzerseitige Wahrnehmung der Technologiekompetenz eines Unternehmens zugeschrieben. Insbesondere Leistungen, die – wie die PIN – ein hohes nutzerseitiges Commitment erfordern, machen ein hochwertiges visuelles und funktionales Design nötig. Die Wahrnehmung PIN-spezifischer Layoutmuster dürfte stets von der nutzerseitigen individuellen Kenntnis des Portals abhängen.
- Die *Reagibilität* subsumiert Einsatzwillen und die Schnelligkeit nutzerindividueller Problemlösungen, z. B. in Form von Online-Hilfe(n), Kontaktmöglichkeiten etc., die grundsätzlich als wahrnehmungsfördernd erachtet werden können.

Legt man diese Attribute als „Wahrnehmungsfeld" des Nutzers zu Grunde, bleibt zunächst fraglich, was genau der Nutzer hierbei einer Personalisierung zurechnet und was genau er als der konventionellen internetbasierten Nachhaltigkeitskommunikation als zugehörig erachtet. Neben diesen Unschärfebereichen ist zudem problematisch, dass die Komplexität der Operationalisierung der PIN, die auf Unternehmensseite besteht, i. d. R. nutzerseitig schwer nachvollziehbar ist: Zunächst begründet sich dies durch den Umstand, dass zahlreiche „Hintergrund-

998 Vgl. Cheung/Lee, 2005, S. 11.
999 Zur Typologie vgl. erneut Kapitel 8.2.
1000 Vgl. Kapitel 7.2.2.3.1.
1001 Vgl. ausführlicher Kapitel 9.2.

aktivitäten" der PIN für den Nutzer grundsätzlich schwer oder nicht wahrnehmbar sind[1002], wodurch den Nutzern wichtige Kontextinformationen fehlen, um die Qualität sowie die unternehmensseitig verfolgten Motive der PIN beurteilen zu können. Dies gilt insbesondere für den Einsatz nicht-reaktiver Verfahren[1003], die Analyse von Nutzerprofilen im DWH bzw. den etwaigen Austausch von Profildaten zwischen den Unternehmen[1004]. Sollten Nutzer die Instrumente als solche wahrnehmen (was Irritationen hervorrufen kann), bleibt zudem regelmäßig die genaue Funktionsweise einzelner Instrumente der PIN unklar (z. B. die algorithmenbasierte Inhaltezuweisung[1005] oder die kontextualisierte Navigation[1006]). Zudem dürfte für zahlreiche Nutzer ungeklärt bleiben, welcher Zusammenhang zwischen den nutzerseitigen Aktivitäten im PIN-Prozess wie z. B. die Teilnahme an Befragungen[1007], Online-Stakeholderdialogen[1008] oder anderen Kooperationsformen im Rahmen der Nutzerintegration[1009] und dem Ergebnis der PIN bestehen. Problematisch sind besonders Szenarien, in denen Nutzer von der „heimlichen" Verwendung ihrer (nicht-) reaktiv gewonnenen Informationen erfahren, ohne dass diese der Verwendung explizit zugestimmt haben. Selbst wenn Nutzer explizit durch das Setzen eines Häkchens o. ä. im Rahmen eines Disclaimers de jure ihre Zustimmung für die Verwendung personenbezogener Daten gegeben haben sollten[1010], bleibt stets fraglich, wie inwiefern dieser Vorgang de facto als illegitim oder unseriös betrachtet wird und somit ungewollt und unbemerkt ein Beziehungsabbruch katalysiert wird. Da die PIN stets eines großen Umfangs und einer hohen Qualität freiwillig zur Verfügung gestellter Informationen bedarf, scheinen Strategien indiziert, die den Umgang mit nutzerseitigen Informationen und die Funktionsweise der PIN-Instrumente offen, d. h. für den Nutzer *wahrnehmbar,* thematisieren.[1011] Da, wie beschrieben, sich den Nutzern die *genauen Ursache-Wirkungs-Zusammenhänge* zwischen den eigenen Aktivitäten und dem dargestellten PIN-Ergebnis oft intransparent darstellen, ist der Aspekt der

1002 Ungeklärt ist indes nach Instone, welches Interesse Nutzer an den Hintergründen und Funktionsweisen haben: *„Do users even care about what 'magic' is happening behind the scenes in terms of personalization? Do they only care about the personalization rules if something unusual happens – but if the experience is good, then they would rather remain oblivious to what is happening?"* (Instone, 2004, S. 92).

1003 Vgl. Kapitel 6.1.1.

1004 Vgl. Kapitel 6.2.2 sowie 6.3.

1005 Vgl. Kapitel 7.2.2.3.2.

1006 Vgl. Kapitel 7.2.2.3.1.

1007 Vgl. Kapitel 6.1.2.

1008 Vgl. Kapitel 7.2.2.3.6.

1009 Vgl. Kapitel 7.1.3.

1010 Problematisch ist in diesem Zusammenhang, dass derartige Policies oder Disclaimer etc. oft nicht gelesen werden (vgl. Pew Internet/American Life Project, 2005, S. 6).

1011 Die Forderung nach aktiver Kommunikation lässt sich zudem auch durch das „Lost in Hyperspace"-Problem bzw. die Vielzahl nutzerseitig notwendiger Selektionsentscheidungen begründen.

Wahrnehmung und der hiermit verbundenen Konsequenzen auch auf *andere Portalinstrumente* und *-bereiche* zu beziehen, die nicht originär der PIN zuzuordnen sind, aber die gesamthafte Qualitätswahrnehmung des Portals inkl. ihrer Querbeziehungen und Ausstrahlungseffekte umfassen.

Den genannten Unschärfebereichen gemein ist die Tatsache, dass das *genaue Wahrnehmungsniveau interindividuell variiert* und z. T. sehr *selektiv* und stets *kontextabhängig* sein dürfte. In Anlehnung an das Verständnis des (Radikalen) Konstruktivismus[1012] wird vermutet, dass die beteiligten Akteure im Rahmen der PIN gemäß der Generalthese der reziproken Perspektiven[1013] agieren: Sie gehen demnach davon aus, dass die jeweils anderen Akteure die Erfahrungen und Bedeutungen nachvollziehen, als wären es ihre eigenen. Tatsächlich sind jedoch die jeweiligen Akteurspositionen pfadabhängig und ihre Perspektiven daher grundsätzlich unterschiedlich – und somit auch deren *Wahrnehmung* bzw. der wahrgenommene Sinnzusammenhang transportierter Information(en).[1014]

In Lichte dieser Befunde erscheint eine Diskussion, *ob* die unternehmensseitige aktive Kommunikation der PIN-Instrumente und der inhärenten Prinzipien (z. B. in Form einer Policy) eine Bring- oder Holschuld darstellt, wenig zielführend: Fraglich ist vielmehr, *wie*, d. h. mit welchen Mitteln ein „adäquates" Wahrnehmungsniveau gewährleistet werden kann. Dies eröffnet vielerlei Chancen: Zunächst kann das Unternehmen hierdurch Verständnis für die spezifischen Problemlagen der PIN-Implementation schaffen. Zudem kann aktiv und gezielt der Zusatznutzen, der aus der PIN resultiert, kommuniziert werden. Ferner kann so auch drohenden Irritationspotenzialen aktiv begegnet werden. Gelingt dies schließlich, kann auch die nutzerseitige Bereitschaft zur Disclosure, die Qualität der gewonnenen Nutzerinformationen und somit die gesamthafte Güte der PIN gesteigert werden.[1015]

Erste *Ansätze für die Lösung des Wahrnehmungsproblems* können gegenwärtig in der Praxis beobachtet werden. Der Online-Buchhändler „Amazon" stellt das zweifelsohne bekannteste Beispiel für das sog. *„Who am I"-Design*[1016] dar, indem ein nutzerindividueller Seitenbereich (z. B. „Daniel's Store"), verbunden mit „persönlicher" Ansprache einen zentralen Platz auf der Startseite und den Folgeseiten einnimmt. Die nutzerseitige Wahrnehmung kann dabei zusätzlich in vielerlei Hinsicht „gelenkt" werden. Neben der *Identität* kann thematisiert werden, *warum* das Sichtbare (=PIN-Ergebnis) angezeigt wird und welches die *nächsten Lektüreschritte* sein könnten.[1017] Zudem kann visuell thematisiert

---

1012 Vgl. Kapitel 3.1.
1013 Vgl. vertiefend die Arbeit von Schütz, 1971.
1014 Vgl. ähnlich Well, 2001, S. 53.
1015 Erste empirische Anhaltspunkte hierfür sind bei Metzger, 2004, zu finden.
1016 Vgl. Instone, 2004, S. 88.
1017 Hierbei kämen die algorithmenbasierten Inhaltezuweisungen zum Tragen.

werden, was aufgrund der PIN an Inhalten im PIN-Ergebnis fehlt. Dieser Aspekt zielt dabei auf das Problem des Filterns im Rahmen der PIN ab. Da durch die PIN (hybride und vollständige PIN-Typen V bis VIII) systematisch Inhalte „ausgeblendet" werden, wäre es im Sinne vertrauensschaffender Kommunikation von großem Wert, darzustellen, welche Inhalte aus welchem Grund ausgeblendet wurden. Da solche „Darstellungen" einerseits aus Platzgründen nie vollständig sein können und andererseits eine „ausufernde" Darstellung angesichts der virulenten „Lost in Hyperspace"-Problematik nicht empfehlenswert erscheint, ist bei der Gestaltung darauf zu achten, dass der Nutzer ein „Gefühl" dafür bekommt, auf welchem Wege seine Informationen gesammelt werden und in welchem Umfang sie genutzt, modifiziert oder gar „weitergereicht" werden.[1018] Der Aspekt der aktiven Kommunikation zur Lösung des Wahrnehmungsproblems darf sich m. E. angesichts der in dieser Arbeit zu Grunde gelegten Systematik *nicht nur* in der *Ergebnisperspektive* erschöpfen, sondern sollte zudem berücksichtigen, inwiefern den Nutzern im *Rahmen der Nutzerintegration* die (etwaige) Verwendung ihrer Informationen gegenüber kommuniziert wird.

Abschließend sei jedoch angemerkt, dass eine aktive Kommunikation und Platzierung der PIN-Mechanismen auch *unternehmensseitig ungewünschte Effekte* haben dürfte, indem z. T. bestimmte Nutzerverhaltensweisen (z. B. taktieren, zurückziehen, profilieren) unbeabsichtigt stimuliert werden. Wird Nutzern zwar aktiv Einblick gewährt in die eigenen Nutzungsprotokolle (Besuchsabfolge bestimmter Seiten), dürfte dies z. B. stets auch ein Restmaß an Irritationspotenzial bergen.

## 9.2. Die Konfliktfelder aus der Perspektive der Neuen Institutionenökonomik

Die Ausführungen in Kapitel 5.1.2.1 haben verdeutlicht, dass das Problem der asymmetrischen Informationsverteilung für die Konzeptualisierung der PIN von hoher Relevanz ist und dass sowohl aus Nutzer- als auch aus Unternehmenssicht *nicht* von einer generellen Gewünschtheit einer Personalisierung ausgegangen werden kann. Diese Hypothese soll am Beispiel von zwei Partialansätzen der NIÖ, dem Property-Rights-Ansatz und der Transaktionskostentheorie, im Folgenden näher dargestellt werden.[1019]

---

[1018] Vgl. zur Grundproblematik auch die in Kapitel 5.1.2.1 im Rahmen der NIÖ thematisierte Property-Rights-Theorie.

[1019] Eine nähere Thematisierung des in Kapitel 5.1.2.1 dargestellten *Prinzipal-Agenten-Ansatzes,* der u. a. die auf *Informationsasymmetrien* basierende Notwendigkeit der Minimierung nutzerseitig wahrgenommener Risiken aufgreift, soll hier nicht weiter thematisiert werden, da andernfalls zahlreiche Überschneidungen mit dem in Kapitel 9.3 darzustellenden Privacy-Problem bestünden. Die ebenfalls im Rahmen des Prinzipal-Agenten-Ansatzes

### 9.2.1. Die Perspektive des Property-Rights-Ansatzes

Mit Blick auf den *Property-Rights-Ansatz* soll zunächst die Nutzerperspektive näher analysiert werden. Individuelle Nutzer dürften sich zunächst fragen, in welchem Umfang das Unternehmen Kenntnis über persönliche Informationen erlangen darf. Dabei offenbart insbesondere die Betrachtung der vier Formen von Einzelrechten für diese Arbeit zentrale Legitimationsaspekte.

Die Perspektive des *Nutzungsrechts („usus")* fokussiert die Formen der unmittelbaren Nutzung der Informationen, die ein Nutzer dem Unternehmen im Rahmen der PIN bewusst (reaktive Informationsbedarfsermittlung) oder unbewusst (nicht-reaktive Verfahren) zur Verfügung gestellt hat. Nutzerseitig kann das zur Verfügung stellen intimer Informationen als ungewünscht bezeichnet werden. Dies ist vor allem dann zu vermuten, wenn das betreffende Unternehmen den Nutzer nicht wahrnehmbar (vgl. o.) informiert, *dass* Nutzerinformationen gesammelt werden, *wofür* diese genutzt werden und *wie* sie konkret verarbeitet werden. Das hierauf fußende mögliche „Ohnmachtsgefühl", welches aus der Wahrnehmung des Nachhaltigkeitsportals als „informationstechnologische Black-Box" und als Bedrohung der individuellen Privatsphäre resultieren kann, dürfte sich in hohem Maße als hinderlich für die Etablierung eines gut funktionierenden und nutzerseitig als legitim betrachteten PIN-Systems sowie den Aufbau von *Learning Relationships*[1020] erweisen.

Die Perspektive des *Fruchtziehungsrechts („usus fructus")* lenkt den Blick auf konkrete Bedenken des Nutzers, dass die bereitgestellten Informationen nicht nur den eigentlichen PIN-Zweck betreffend verwendet werden, sondern auch anderen Anwendungsfeldern zugeführt werden könnten. Ein Verdacht mag z. B. lauten, dass die im Rahmen der (nicht-) reaktiven Informationsgewinnung offerierten Informationen dem betrieblichen Funktionsfeld des (Electronic-) Marketing oder dem Vertrieb zugeführt werden und in nicht gewünschten Maßnahmen des Direkt-Marketings münden.

Die Perspektive des *Rechts, Veränderungen vorzunehmen („abusus")*, zielt auf konkrete Befürchtungen, dass die verwendeten Informationen aufgrund mangelnder Expertise auf Unternehmensseite, zu geringer bereitgestellter Ressourcen oder qualitativ minderwertiger Algorithmen im DWH unsachgemäß verwendet und in ihrem „wahren" Informationsgehalt beschnitten bis „entstellt" werden.[1021] Die hierauf fußenden PIN-Ergebnisse könnten dann derart ungenau und unge-

---

virulente Problematik der dynamischen Veränderung der Risikowahrnehmung ist zudem bereits in Kapitel 7.2.2.4 angeklungen.

1020 Vgl. erneut Kapitel 5.1.2.2.

1021 So sei hier exemplarisch dargestellt, dass mit Blick auf den hohen „manuellen" Aufwand, der durch die Erstellung und Analyse von Befragungen, der Sequenz- und Assoziationsanalyse sowie der integrierten Auswertung im DWH, der personelle Aufwand als hoch zu bezeichnen ist.

wünscht sein, dass der mit der PIN verbundene Spezifikationsaufwand als unverhältnismäßig und somit die PIN durch den Nutzer – gesamthaft „kalkuliert“ – als illegitim eingestuft wird.

Schließlich fokussiert die Perspektive des *Rechts der Überlassung von Informationen an Dritte* auf die konkrete Befürchtung, dass Unternehmen die Informationen im Rahmen eines Profildatentauschs anderen Unternehmen zur Verfügung stellen und die persönlichen Informationen den Einflussbereich des Nutzers – u. U. ungewünschterweise – endgültig verlassen.

Die Relevanz der entlang der Einzelrechte-Ansätze genannten Problemfelder hängt letztlich in wesentlichem Maße von dem Umfang der Integration des Nutzers, seiner Erfahrung im Umgang mit IKT-Systemen und seiner Antizipationskraft ab. Aufgrund des in der Personalisierungs- und Individualisierungsliteratur besonders hoch beigemessenen Stellenwerts des *Privacy-Problems*, sollen die hiermit verbundenen Fragestellungen gesondert ausführlich dargestellt werden.[1022]

Zudem erweist sich die Fokussierung der Verfügungsrechte-Perspektive auch aus Sicht von Unternehmen als wertvoll. Die Darstellung kritischer Aspekte der Teilrechte (Nutzungsrecht etc., vgl. o.) steht dabei in besonderem Zusammenhang mit den im Rahmen der PIN zugelassenen unterschiedlichen Nutzungsintensitäten der Website. Wenngleich streng genommen die Nutzung einer Website – einmal abgesehen von technischen Zugangsvoraussetzungen der Internetnutzung – keinerlei Beschränkungen unterliegt, so sind doch die genannten weiter reichenden Nutzungsintensitäten, die die PIN eröffnet, unter Legitimationsgesichtspunkten von Bedeutung. Besonders durch die Instrumente der Nutzerintegration bestehen nutzerseitig zahlreiche Möglichkeiten der Einflussnahme, Modifikation und aktiven Einbeziehung (~Recht, Veränderungen vorzunehmen, ~Überlassung von Teilrechten an Dritte), bei denen im Einzelnen nicht durchgehend von unternehmensseitig erwünschten Effekten auszugehen ist.[1023] So ist die Nutzerintegration hinsichtlich der *Teilaspekte einzelner Integrationsstufen* mit unterschiedlichen Problemen verbunden.

Als besonders virulent sind befürchtete *Kontrollverluste* zu nennen, die aufgrund des Prozesses der Nutzerintegration und der aktiven Einflussnahme der Nutzer emergieren. So kann die Bereitstellung von unmittelbaren Kontakten (Integrationstyp 2 – Distribution)[1024] u. U. dazu führen, dass kein geordneter Überblick mehr besteht, welche Informationen auf welchem Wege „nach draußen gelan-

---

1022 Vgl. Kapitel 9.3.

1023 Das Fruchtziehungsrecht hingegen, welches hier aufgrund des nicht-monetären Charakters der PIN wenig einschlägig erscheint, soll nicht weiter vertieft werden.

1024 Zum Verständnis der Nutzerintegration vgl. erneut Kapitel 7.1.3.

gen“[1025]: Während Nutzer dies im Sinne der Informationsbeschaffung als sehr erleichternd empfinden mögen, kann z. B. seitens einer zentralen Kommunikationsabteilung befürchtet werden, dass (mühsam hergeleitete) Sprachregelungen zu kritischen Themen durch unvorsichtige Angaben einzelner kontaktierter Mitarbeiter zu erodieren drohen bzw. deren Durchsetzung erschwert wird. Während das hiermit verbundene Risiko nicht immer als wesentlich einzustufen ist, so besteht doch insgesamt das Problem der Aufrechterhaltung einer stimmigen, profilierten und unwidersprüchlichen Außendarstellung des Unternehmens.

Im Zuge des Spezifikationsprozesses der Nutzermodellierung, in dem der Nutzer inhaltliche, darstellungs- und strukturbezogene Parameter auswählt und modifiziert, kann zudem befürchtet werden, dass die Darstellung und Platzierung einzelner Inhaltekomponenten z. B. im Rahmen der modularen PIN[1026] oder tief greifenden Integrationsform (z. B. Typ 5 – Konzeptionsstufe) unbeabsichtigt dekontextualisiert werden – z. B. durch eine selbst gewählte Struktur, Gliederung oder eines bevorzugten Konsolidierungskreises der Kennzahlen. Der innere Zusammenhalt eines konventionellen statischen Nachhaltigkeitsportals und dessen „historisch“ gewachsene Struktur, die sich „über Jahre bewährt hat“, drohen aufzuweichen. Unternehmensseitig kann argumentiert werden, dass bei statisch-uniformen Portalen (PIN-Typ 1)[1027] durch die intern „autonom“ abgestimmte Zusammenstellung gewährleistet wird, dass jeder einzelne inhaltliche Beitrag hinreichend kontextualisiert wird und dass das unternehmensinterne gebündelte Expertentum eine adäquate „innere Hierarchie“ der Inhaltekategorien gewährleistet, deren Rezeption und Interpretation dann dem Nutzer überlassen bleibt. Dieser innere Zusammenhalt droht im Rahmen der Nutzerintegration bzw. der hierauf fußenden PIN im Rahmen der Konzeptionsphase zu erodieren. Aus konstruktivistischer Perspektive besteht diese Problematik indes auch bei statischen Internet-Portalen, da z. B. auch aufgrund einer meist nicht oder nur rudimentär stattfindenden Lese(r)analyse stets ungeklärt bleibt, ob der Nutzer im Zuge des Rezeptionsprozesses die Inhalte in einer vom Unternehmen „favorisierten Weise“ rezipiert[1028] – oder ob hier nicht vielmehr auch der Rezeptionsprozess stets als lückenhaft und fragmentarisch und somit die Kommunikation als unvollkommen zu bezeichnen ist. Unternehmensseitig dürfte argumentiert werden, dass im Rahmen dieser Problematik die Frage der Ursächlichkeit von

---

1025 Zwar kann durch technische Vorrichtungen wie z. B. der cc.-Funktion bei E-Mails Sorge getragen werden, dass eine zentrale Kommunikationsabteilung über die Kommunikationsvorgänge in Kenntnis gesetzt wird. Problematisch ist vielmehr, dass einmal kommunizierte Aussagen nur schwierig und mühsam – und mit gelegentlich „peinlichem Beigeschmack“ – nachträglich wieder korrigiert werden können.

1026 Vgl. Kapitel 8.2.

1027 Zur Typologie der PIN vgl. erneut Kapitel 8.2.

1028 Es sei angemerkt, dass auch unternehmensintern nicht zwingend eine *eindeutige* Vorstellung besteht, wie genau eine Nachhaltigkeitspublikation zu rezipieren sei.

zentraler Bedeutung ist, da mit der Integration des Nutzers in das konzeptionelle Frühstadium ein u. U. empfindlicher Eingriff in die Wirklichkeitskonstruktion bzw. Außendarstellung des Unternehmens vorgenommen wird und eine u. U. illegitime „Entgrenzung" des Unternehmens[1029] begünstigt wird.[1030]

Etwaige Bedenken der Nutzerintegration im Rahmen der Integrationsform Typ 5 (Konzeptionsstufe) können aber auch ganz pragmatisch begründet werden: So kann mit Blick auf das *Layout* oder die sprachliche *Tonalität* die Einbringung des Nutzers Konflikte mit Vorgaben der Corporate Identity verursachen, weswegen hier auch dem Nutzer vermutlich nur grobe Bandbreiten offeriert werden dürften. Dieser Konflikt hat insbesondere in sprachlicher Hinsicht auch einen ressourcenökonomischen Hintergrund. Aus Kapazitätsgründen kann bezweifelt werden, dass ein Unternehmen für Artikel Versionen mit unterschiedlicher Tonalität (z. B. sachlich-nüchtern vs. lebendig) erstellt bzw. vorhält.

### 9.2.2. Die Perspektive der Transaktionskostentheorie

Die Transaktionskostentheorie lenkt zunächst den Blick auf Transaktionen und die akteursseitigen „Kosten" der Durchführung, deren Ausmaß durch *vier Faktoren* determiniert ist, d. h. (i) die Verhaltensannahme der begrenzten Rationalität, (ii) opportunistisches Verhalten, (iii) Unsicherheiten und (iv) die Transaktionsspezifität. Für die PIN ergeben sich u. a. folgende oft reziprok wirkende Problemfelder, die eine „Informationsverkeilung" verursachen:

---

1029 Zu möglichen Konsequenzen vgl. auch Steinle/Bruch/Unruhe, 1995, S. 27-29.

1030 So stellt es – z. B. auch juristisch betrachtet – einen großen Unterschied dar, ob etwaige „Missverständnisse" auf dem Rezeptionsprozess, d. h. auf dem denkbaren „Missverstehen" oder dem unzureichenden Expertenwissen des Nutzers beruhen, oder ob durch eine „verfrühte" Integration einer nutzerseitigen „Entstellung" der unternehmensspezifischen kriteriellen Hierarchie im Rahmen der PIN Vorschub geleistet wird. Eine im Prinzip ähnliche Diskussion wurde auch bei der Volkswagen AG intern geführt, als es zu entscheiden galt, eine interaktive „Graphic-Engine" auf der Website zu installieren, mit der der Nutzer nach eigenem „Gusto" Kennzahlen verschiedener Produktionsstandorte (z. B. Wasserverbrauch, Emissionen etc.) vergleichen kann (eine ähnliche Applikation wird auf einer Website von BP mit dem „HSE Charting Tool" angeboten, vgl. www.bp.com/sectiongenericarticle.do?categoryId=9002348&contentId=3072022, abgerufen am 26.10.2005). Diesbezüglich wurden Bedenken geäußert, dass die Möglichkeiten des Zusammenstellens zwar prinzipiell nutzerseitig (z. B. für Analysten) interessante Einsichten ermöglichen bzw. als „convenient" empfunden werden. Gleichzeitig sind die auf diesem Wege gewonnenen „Einblicke" stets unvollständig: So fehlen oft die für den Vergleich der Kennzahlen (z. B. von zwei Werken) notwendigen Kontextinformationen (z. B. die in einem Werk gefertigten Produkte bzw. Produktionstechnologien), die eine adäquate Interpretation der Kennzahlen erst ermöglichen. Entscheidendes Argument *gegen* diese Applikation war letztlich das Argument, dass das Unternehmen dieser Fehlinterpretation durch ein solches Tool nicht aktiv Vorschub leisten wollte.

Ad (i): Zunächst ist mit Blick auf die *Verhaltensannahme der begrenzten Rationalität* davon auszugehen, dass die erhobenen Nutzerinformationen oft (ungewollt) fehlerhaft oder flüchtig übermittelt worden sind. Für Unternehmen ist dieser Aspekt von hoher Relevanz, da mit der Güte der Nutzerinformation die Qualität und Güte der PIN „steht und fällt" und darüber entscheidet, ob ein etwaiger *Return on Personalization Investment* als angemessen zu bezeichnen ist.[1031] Wurde in Kapitel 5.1.2.1 bei der Einführung der NIÖ der *Verdacht* artikuliert, dass Nutzerinformationen fehlerhaft sein könnten, haben die weiteren Untersuchungen zahlreiche Argumente offenbart, die diesen Verdacht nähren: Zunächst ist für eine qualitativ belastbare und nutzerlegitime PIN ein großer Umfang von schwer artikulier- und operationalisierbaren Informationen über den Nutzer nötig, die von deskriptiven Daten über Einstellungen, Präferenzen, Fähigkeiten und Wissen bis hin zu Plänen und Zielen reichen.[1032] Unterstrichen wird dieser Umstand durch die Diskussion der Potenziale und Grenzen der Verarbeitung der Nutzerinformationen im DWH:[1033] Es gilt unternehmensseitig, die inhärent unpräzisen Nutzerinformationen (z. B. geringe „innere Qualität" der Informationen)[1034] adäquat abzuspeichern und auf der Basis der XML-Technologie semantisch zu kodieren. So mögen Nutzer u. U. zwar grundsätzlich an einer PIN interessiert sein, sich aber nicht genau im Klaren darüber sein, von welch hoher Bedeutung eine präzise Artikulation ihrer Informationsinteressen und „intimer" Charakteristika ist. Dies kann in unbewusst und ungewollt flüchtigen Verhaltensweisen münden, die sich negativ auf die Informationsqualität im DWH auswirken. Letztlich ist die Problematik auch insofern aus Nutzersicht virulent, als Zweifel bestehen können, ob Unternehmen angesichts der skizzierten Friktionen in der Lage sind, persönliche PIN-relevante Daten adäquat zu verarbeiten.

Ad (ii): Die Problematik *opportunistischer Verhaltensweisen* ist zunächst aus Nutzersicht virulent: Eine konkrete Befürchtung lautet, dass Nutzer Unternehmen bewusst fehlerhafte Informationen übermitteln, z. B. um gezielte Kommunikationsstrategien des Unternehmens „abzuwehren". So kann ein NGO z. B. befürchten, dass sein Outing als solcher während des Nutzer-Logins bestimmte „schönfärberische" Kommunikationsaktivitäten des Unternehmens bzw. systematisches Filtern kritischer, bedenklicher Informationen induziert. Allerdings können auch Unternehmen u. U. diese Problematik antizipieren und mit Blick auf die geschilderten Momente der NIÖ gleichermaßen Zweifel an der Belastbarkeit der nutzerseitig übermittelten persönlichen Informationen hegen. Angesichts der

1031 Allerdings ist davon auszugehen, dass die Forderung nach einer belastbaren Quantifizierung des Aufwand-Nutzen-Verhältnisses der PIN angesichts der instrumentellen Vielfalt und hohen Zahl weicher (Einfluss-) Faktoren nur schwer erfüllbar ist.

1032 Vgl. Tabelle 6.

1033 Vgl. Kapitel 6.3.

1034 Vgl. Kapitel 6.3.3.

Komplexität und Kompliziertheit von Nachhaltigkeitsinformationen ist zudem davon auszugehen, dass für eine große Zahl von Nutzern die Nachvollziehbarkeit von Filterprozessen und das (un)bewusste „Unterschlagen" von Informationen nur schwer nachvollziehbar sind. Probleme können sich auch durch eine „Unbedachtsamkeit" von Nutzern ergeben, die für Unternehmen „unversehens" problematisch sein können (~Verhaltensunsicherheiten). So birgt die Integration von Nutzern in (un)moderierte BBDs/IRCs (Integrationstyp 3 - Inhalte-Generierung) stets ein Risiko im Sinne nicht kontrollierbarer Kommunikationshandlungen, die z. B. im Extremfalle in Verunglimpfungen des Unternehmens im eigenen Kommunikationsangebot kulminieren können. Im Internet drohen aufgrund der Dynamik, Internationalität und Hypertextualität der Kommunikationshandlungen prinzipiell regelrechte „Eskalationen", die u. U. über das durch das Unternehmen tolerierbare Maß hinausgehen können. Etwaige kritische Nutzerartikulationen können im ungünstigsten Fall z. B. von Medien aufgegriffen werden, wodurch sich das Unternehmen „unversehens" am „Pranger der öffentlichen Meinung" wieder findet.[1035] So gesehen können faktische „Nebenkriegsschauplätze" durch den dynamischen und oft spektakularisierenden Charakter der Internet-Kommunikation eine unverhältnismäßige öffentliche Beachtung erlangen.

Ad (iii): Hinsichtlich etwaiger *Unsicherheiten* mögen individuelle Nutzer sich fragen, welche genauen Konsequenzen mit der Übermittlung persönlicher Informationen verbunden sind.[1036] So drohen bspw. im Rahmen der Nutzerintegration taktische Dilemmata, die hier exemplarisch anhand des in Kapitel 7.1.3.3 skizzierten Typs 3 (Inhalte) dargestellt werden sollen: Das unternehmensseitig bestehende Angebot der Nutzerintegration in Form von Testierung(en) kann sich oft als schwer einschätzbares Risiko erweisen. Ein als kritisch geltender und bekannter NGO kann bspw. durch die Übernahme eines Testats gegenüber Dritten den Eindruck erwecken, „käuflich" zu sein; ein technisch-fachlich unbedarfter Kunde kann bspw. befürchten, dass seine Position in Fachkreisen nicht ernst genommen würde etc. Da letztlich derartige Effekte oft nutzerseitig nur schwer prognostizierbar sind, gilt es unternehmensseitig, geeignete Auswahlkriterien zu entwickeln und Vertrauen erweckende Maßnahmen zu ergreifen, die den zu erwartenden Misstrauensmomenten und Hemmschwellen entgegen wirken können. Nutzerseitig kann aber auch eine Erwartungshaltung bestehen, dass sowohl die Erstellung als auch die Zusammenstellung, Kontextualisierung und Generierung von Inhalten (gliedern – konsolidieren – verfassen etc.) eine originäre Aufgabe des Unternehmens darstellt und so die Aufforderung des Unternehmens, hier einzugreifen, als anbiedernd oder gar unseriös empfunden wird.

[1035] Vgl. ähnlich Hansen, 1996, S. 50.
[1036] Vgl. Kapitel 5.1.2.1.

Der Unsicherheitsaspekt ist schließlich auch mit einem zu erwartenden *Trade-Off-Effekt* verbunden, der durch den PIN-immanenten Prozess der Nutzerspezifikation entsteht. Wie bereits an einigen Stellen in dieser Arbeit angeklungen, sind Nachhaltigkeitsinformationen sowie auch die PIN im Speziellen als – buchstäblich – schwer begreifbar und intangibel einzustufen. Zwar geht mit der PIN angesichts zahlreicher Selektions-, Spezifikations- und Filtermechanismen ein sinkender Umfang der für den Nutzer potenziell zu rezipierenden Informationsmenge einher, weshalb rein quantitativ betrachtet Entlastungseffekte zu erwarten sind. Gleichzeitig ist jedoch – aufgrund der instrumentellen Vielfalt – die Beurteilungssituation im Gegenzug als zunehmend komplex (~veränderlich) und kompliziert (~schwer nachvollziehbar strukturiert) zu bezeichnen (vgl. zu diesem Zusammenhang Abbildung 27).

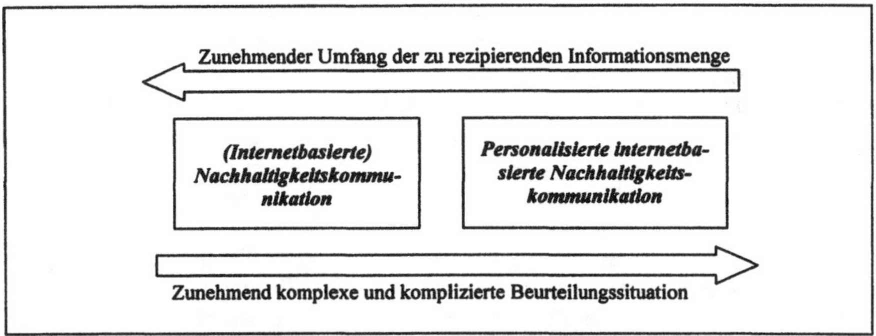


Abbildung 27: Trade-Off-Effekte zwischen internetbasierter Nachhaltigkeitskommunikation und der PIN aus der Perspektive individueller Nutzer.
Quelle: Eigene.

Diese Einschätzung dieser Parameter hängt in erster Linie von nutzerseitigen, psychographischen Determinanten, des Umfangs der Interaktionshistorie sowie der nutzerseitigen Kenntnis des Unternehmens ab. Bestehen zwischen Unternehmen und Nutzer zu einem gegebenen Zeitpunkt nur wenig Anknüpfungspunkte und wechselseitige Erfahrungen, scheint das Vorhandensein verbreiteter (Sicherheits-) Standards, eines positiven Unternehmensimages sowie weiterer „Vertrauensanker" (z. B. eine stabile Server-Verbindung oder eine hochwertige visuelle Anmutung des Portals) von höchster Relevanz.

Allerdings birgt die Nutzerintegration auch stets ein *Risikopotenzial für das Unternehmen*. Dies liegt daran, dass die PIN aus einer analytischen Perspektive heraus der zunehmenden Divergenz rechtlicher und faktischer Unternehmensgrenzen Vorschub leistet: Die Instrumente der Nutzerintegration bewirken zumindest partiell eine Entgrenzung des Unternehmens, welche neben zahlreichen Flexibilitätspotenzialen auch Risiken birgt, die sich zumeist in Kontrollverlusten äußern. Dieser Gedanke bezieht sich in erster Linie auf das PIN-Ergebnis, indem Unternehmen sich fragen, wie viele verschiedene Website-Konstellationen auf den Nutzerrechnern im Zuge der PIN angezeigt werden, wie heterogen diese sind und welche Auswirkungen dies auf die Außenwirkung und Profilierung des Unternehmens hat. Problematisch ist dies besonders dann, wenn ein Nutzer sich hinsichtlich der Auswirkungen der PIN nicht vollständig im Klaren ist, indem er z. B. entgegen des Prozesses des aktiven und bewussten Selektierens und Filterns einen unveränderten Vollständigkeitsanspruch an die Informationsversorgung hegt. Da der Nutzer, wie geschildert, mangels Kenntnis der *genauen* Ursache-Wirkungs-Verkettungen (Spezifikationsprozess → PIN-Ergebnis) nicht unterscheiden kann, für welche Effekte der Unvollständigkeit er selbst oder das Unternehmen „verantwortlich" ist, sind Probleme und Missverständnisse „vorprogrammiert", die auch das Unternehmen wiederum als illegitim betrachten dürfte. Unternehmensseitig kann jedoch die Antizipation dieses Mechanismus nicht ausschließlich im Vordergrund stehen – vielmehr werden u. U. durch die genannte Dekontextualisierung *Zielkonflikte mit originär verfolgten Unternehmens(kommunikations)zielen* befürchtet. Gelten z. B. im Rahmen der Nachhaltigkeitskommunikation bestimmte Reputations- bzw. Imageeffekte als erklärtes Ziel, so ist zu vermuten, dass diese oft nur auf der Basis (eines Bündels) bestimmter überzeugender Inhalte und eines „kommunikativen Timings" möglich sind. Durch die aktive Einflussnahme des Nutzers droht diese Zielerreichung zu erodieren, z. B. durch ungewünschte Artikulationen in BBDs/IRCs, die offiziellen Sprachregelungen widersprechen und somit deren Wirkung unterminieren.[1037] Unternehmen haben so letztlich die schwierige Ausbalancierung zwischen Integrationspotenzialen (~Nutzen) und Integrationsgrenzen (~Aufwand) vorzunehmen.

Ad (iv): Ein weiterer hinderlicher Aspekt wird in der Eigenschaft der *Transaktionsspezifität* der PIN gesehen, die auf die spezifischen Investitionen abzielt, die im Rahmen der PIN notwendig erscheinen. Dieses Bewusstsein dürfte nicht nur auf Unternehmensseite, sondern auch bei (erfahrenen) Nutzern existieren, die u. U. bezweifeln, dass ein sporadisches Besuchen eines Nachhaltigkeitsportals und die in meist großen und unregelmäßigen Abständen erfolgende Abfrage von Informationsinteressen hinreichend für eine qualitativ hochwertige PIN ist. Als zentralen Problempunkt sei hier auf die empirischen Befunde dieser Arbeit hingewiesen, die eine nur geringe individuelle Besuchsfrequenz des Portals ausgewiesen haben. Diese Problematik erweist sich zudem auch aus logisch-deduktiver Perspektive als relevant: So ist zu erwarten, dass z. B. Nachhaltigkeitsanalysten eine Website in vergleichsweise hohen Abständen (z. B. quartalsweise oder – je nach unternehmensspezifischer Taktung – zur Aktualisierung

[1037] Es ist jedoch davon auszugehen, dass Unternehmen, die die PIN einzusetzen beabsichtigen, kritische Außensichten als legitim erachten.

bestimmter Nachhaltigkeitskennzahlen) aufsuchen.[1038] Zudem wurde sowohl in einer theoretischen (vgl. Kapitel 3.4.1.2, besonders Abbildung 5) als auch in einer empirischen Betrachtung (vgl. Kapitel 6.1.1.3 und 6.1.2.2) deutlich, dass die Erhebung belastbarer Nutzerinformationen mittels der in dieser Arbeit dargestellten Methoden problematisch ist.

Die skizzierten Zusammenhänge werden in Abbildung 28, die den Aspekt der Informationsverkeilung nach WILLIAMSON aufgreift, zusammengefasst.[1039]

Zahlreiche Legitimationsaspekte wirken sich auf nahezu alle *Kostenarten der transaktionskostentheoretischen Betrachtung* der PIN aus, d. h. (i) Such- und Informationskosten, (ii) Abwicklungskosten und (iii) Durchsetzungs- und Überwachungskosten:

Ad (i): Grundsätzlich kann die PIN im Falle hoher instrumenteller Güte zu einer Reduktion nutzerseitiger *Such- und Informationskosten* beitragen. Gleichzeitig dürfte die Berücksichtung der verbreiteten Forderungen nach Transparenz schaffender Kommunikation den Kosten senkenden Effekten entgegenstehen, da der Rezeptions- und Interaktionsaufwand des Nutzers zusätzlich steigt.[1040] Da bereits bei der konventionellen internetbasierten Nachhaltigkeitskommunikation von einer hohen kognitiven Belastung des Nutzers auszugehen ist[1041], scheinen Mittelwege geboten, die eine sinnvolle Verknüpfung von Transparenzschaffung bei gleichzeitiger Vermeidung einer „Nutzerablenkung" ermöglicht.

Mit Blick auf die sich abzeichnende Erläuterungsbedürftigkeit und Komplexität scheint den in dieser Arbeit skizzierten Instrumenten der *Sitepromotion* eine große Bedeutung zu zu kommen. Ferner gilt es mit Blick auf die Informationsintegration, die Nutzer zu einer Teilnahme an Befragungen etc. zu motivieren. Zudem scheint es notwendig, angesichts der Komplexität der PIN den konkreten Nutzen, der von der Integration und Interaktion ausgeht, nachvollziehbar und motivationsförderlich darzustellen. Dies umfasst auch die Schilderung der Vorzüge der kontextualisierten Navigation, der personalisierten Suche, der ECAs sowie der Teilnahme an virtuellen Communities. Da zahlreiche potenzielle nutzerseitige Bedenken hinsichtlich der Gefährdung der Privatsphäre bestehen (können), ist die pro-aktive Thematisierung des Privacy-Problems empfohlen, um die Risikowahrnehmung des Nutzers zu minimieren (vgl. vertiefend Kapitel 9.3).

---

[1038] Dieser Gedanke ließe sich ebenfalls für nahezu alle weiteren Stakeholder-Typen darstellen, soll aber hier aus Platzgründen nicht weiter vertieft werden.

[1039] Vgl. auch erneut Abbildung 6.

[1040] Vgl. auch erneut Abbildung 27.

[1041] Gründe hierfür sind die in dieser Arbeit identifizierten Problemfelder der Komplexität und Kompliziertheit der Kriterien einer Nachhaltigen Entwicklung und der Nachhaltigkeitskommunikation im Speziellen (vgl. Kapitel 3.3.2).

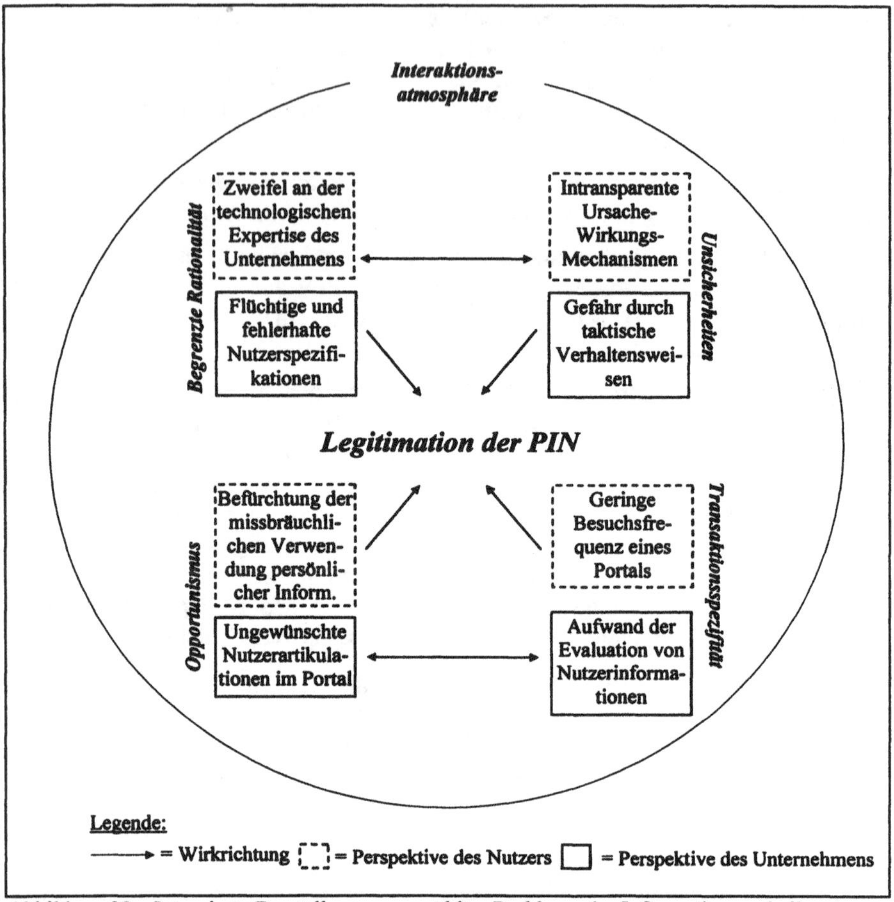


Abbildung 28: Integrierte Darstellung ausgewählter Probleme der Informationsverkeilung.
Quelle: Eigene.

Insgesamt hat das Unternehmen das gewichtige Problem zu lösen, einerseits eine hinreichende Aktivierung ausreichend vieler Nutzer in einer heterogenen Nutzerschaft zu erzielen, ohne andererseits bei diesen etwaige Misstrauens- oder Verdachtsmomente bzw. den Eindruck von Aufdringlichkeit oder mangelnder Seriosität aufkeimen zu lassen.

Ad (ii): Als problematisch können so auch die durch die PIN zusätzlich entstehenden *Abwicklungskosten* genannt werden, die in erster Linie durch die skizzierten Maßnahmen der Informations- und Nutzerintegration entstehen. Die in dieser

Arbeit erfolgte eingehende instrumentelle Betrachtung der hierfür als notwendig anzusehenden Nutzeraktivitäten lässt partiell Zweifel aufkommen, ob a) die Nutzer grundsätzlich in der Lage sind, eine *hinreichende* Einordnung ihrer persönlichen Charakteristika für ein Nutzerprofil vorzunehmen und b) ob das zu erwartende Aktivitätenniveau als ausreichend bezeichnet werden kann. Auch aus dieser Perspektive bleibt fraglich, ob Nutzer, die, wie empirisch ermittelt, eher selten ein Nachhaltigkeitsportal aufsuchen, sich im Extremfall sämtlichen Erhebungsformen in Gänze unterziehen, zusätzlich von zahlreichen Integrationsangeboten (z. B. Integrationstypen 4 und 5)[1042] Gebrauch machen und schließlich noch regelmäßig ihre Einträge im Nutzerprofil direkt oder durch ein Personal Book vermittelt aktualisieren und pflegen.

Unternehmensseitig ist zunächst ein hoher Erhebungs-, Analyse-, Wartungs- und Pflegeaufwand im Rahmen der PIN zu erwarten. Die Konzeption und regelmäßige Durchführung von Evaluationen oder gar die Installation eines „Panels" kann unternehmensseitig zahlreiche Ressourcen binden und wird, wie in dieser Arbeit beschrieben, durch methodische Fallstricke wie z. B. die Stichprobendefinition erschwert. Sind Informationen erhoben, gilt es, ausreichend Ressourcen für die Analyse im DWH, etwaige manuelle Nachbesserungen und Modifikationen bereitzustellen. Die Ausführungen hinsichtlich der Assoziations- und Sequenzanalyse [1043] haben verdeutlicht, dass die Gewinnung wertvoller, belastbarer Erkenntnisse, die z. B. das Strategische Management speisen, nur sehr eingeschränkt automatisierbar sind und meist einer intensiven „manuellen" Analyse bedürfen. Besonders hohe Abwicklungskosten sind bei komplexen PIN-Typen (z. B. Typen VII und VIII)[1044] zu erwarten, da hier die Instrumente der personalen Interaktion (durch das Medium Internet) eine vergleichsweise große Bedeutung haben und der Spezifizierungs- und Erstellungsaufwand relativ hoch ausfällt. Zudem ist bei der Nutzerintegration angesichts der instrumentellen Vielfalt und des mit einzelnen Instrumenten verbundenen und geschilderten Aufwandes[1045] ebenfalls von kritischen Legitimationseffekten auszugehen. Zahlreiche der in dieser Arbeit skizzierten Integrationspotenziale gewährleisten zwar eine *prinzipiell* umfassende und hochdifferenzierte Entscheidungsgrundlage für die Konzeption eines Portals, dürften aber sicherlich (abhängig vom subjektiven Personalisierungsbedarf und den unternehmensseitig verfügbaren Ressourcen) in der Praxis *nicht* mit *allen*, sondern nur mit *ausgewählten* individuellen Nutzern im Sinne einer Priorisierung durchführbar sein. So bleibt z. B. mit Blick auf den zu erwartenden Erhebungsaufwand und die bei individueller Durchführung unum-

---

[1042] Vgl. hierfür erneut Kapitel 7.1.3.

[1043] Vgl. Kapitel 6.1.2.2.

[1044] Vgl. hierzu erneut die Typologisierung in Kapitel 8.2.

[1045] Dabei sei an dieser Stelle exemplarisch auf den in Kapitel 7.1.3.5 skizzierten Integrationstyp 5 (Struktur) und die Durchführung von Online-Stakeholderdialogen (Kapitel 7.2.2.3.6) verwiesen.

gehbare Informationsflut fraglich, wie individuell und wie häufig die Nutzerintegration realistisch durchführbar ist bzw. in welcher Form die Informationen sinnvoll aggregiert werden können. Hierbei gilt aus theoretischer Perspektive der Internet-Kommunikation, dass eher qualitativ hohe *maschinelle Interaktivitätsgrade* (insbesondere Steuerungs- und Programminteraktivität)[1046] indiziert sind. Zudem mag allein von dem Umstand, *dass* Nutzer integriert werden, ein positives Signal vom Unternehmen ausgehen, welches nutzerseitig als Indiz für Aufgeschlossenheit und Innovativität interpretiert werden kann. Fraglich ist aber auch, ob und wie Nutzern die etwaige Nicht-Berücksichtigung ihrer Informationen kommuniziert wird bzw. mit den ggf. hieraus resultierenden Irritationen verfahren wird. Insofern ist aus dieser Perspektive die Nutzerintegration als *optional* – und *nicht* als *obligatorisch* – zu sehen.

Ad (iii): Im Lichte der bereits genannten Befunde und der eingeschränkten Möglichkeiten der Vergleichsziehung eines Nutzers zu nicht-personalisierten Portalversionen bzw. PIN-Versionen anderer Nutzer ist aus Nutzersicht von hohen *Durchsetzungs- und Überwachungskosten* auszugehen. Etwaige Convenience-Potenziale der PIN konfligieren so mit Effekten der Intransparenz. Letztlich bleibt das angestrebte Maß an Transparenz stets unvollständig, weswegen auch stets Restzweifel an der Legitimität der PIN bestehen dürften. Aus Unternehmenssicht sind zunächst die zu erwartenden Aktualisierungs- und Update-Erfordernisse zu nennen. Dieser Aspekt bezieht sich zum einen auf die Notwendigkeit der Erfolgskontrolle der PIN. Dies umfasst zahlreiche denkbare Aufgaben wie z. B. die Überprüfung von operativen „Daumenregeln“ (z. B. bei der adaptiven Inhaltezuweisung) oder der Funktionsweise des adaptiven Hypertexts. Wie die empirischen Ergebnisse der Online-Befragung gezeigt haben, ist die Häufigkeit der individuellen Nutzertransaktionen als gering zu bezeichnen, weswegen die in den Nutzerprofilen abzulegenden Informationen u. U. nur mäßig belastbar sind. Streng genommen müssten sich Nutzer bei vielen verschiedenen, unternehmens- und branchenübergreifenden Informationsquellen informieren, weswegen von einem Trade-Off zwischen *allgemeiner Informiertheit* des Nutzers und dessen Integrationsintensität bzw. -bereitschaft der PIN gesprochen werden kann: Unternehmensübergreifendes Kontextwissen ist zwar von hohem Nutzen für die Güte der Nutzerprofilinformationen, allerdings gehen die Informationsbeschaffungsaktivitäten vor dem Hintergrund begrenzter Zeitressourcen und kognitiver Kapazitäten stets auch zu Lasten eines potenziellen Involvements auf dem betreffenden PIN-Portal. Zudem sind die Nutzerinformationen im DWH aufgrund denkbarer Falschangaben stets Konsistenzprüfungen zu unterziehen. Als problematisch erweist sich auch der Umstand, dass angesichts der geringen internationalen Harmonisierung der internetbasierten Nachhaltigkeitskommunikation die externen Anforderungen und Qualitätsvorstellungen an Nachhaltig-

[1046] Vgl. erneut Kapitel 4.1.3.1.

keitsportale keine statischen Größen darstellen. Vielmehr ist davon auszugehen, dass im Laufe der Zeit neue innovative Impulse und mögliche Qualitätsattribute einer internetbasierten Nachhaltigkeitskommunikation emergieren [1047], deren Berücksichtigung ein Teil eines ganzheitlichen PIN-Managements darstellt.

*Zusammenfassend* lässt sich konstatieren, dass die Effekte sinkender Transaktionskosten insbesondere durch die nur mit hohem Aufwand auflösbaren Konfliktfelder der Verhaltensunsicherheiten und Transaktionsspezifitäten sowie der im Normalfall nur als gering zu bezeichnenden individuellen Nutzungsfrequenz behindert werden. Problematisch ist dies besonders dann, wenn unternehmensseitige Gegenmaßnahmen wie z. B. der Site-Promotion, die eine Steigerung der Nutzungsfrequenz bewirken sollen, als unseriös und deplatziert empfunden werden und somit den originären Zielsetzungen der PIN entgegenstehen. Etwaige Routinisierungseffekte stellen sich vor diesem Hintergrund nur bedingt ein. Insgesamt sinkende Transaktionskosteneffekte sind jedoch nicht zwangsläufiger und automatischer Art und implizieren *nicht*, dass mit steigendem Traffic eines PIN-Systems mit nur geringen Aufwendungen zu rechnen ist. So ist zu vermuten, dass zahlreiche der genannten Aspekte rund um Anbahnungs-, Abwicklungs- und Kontrollkosten eher als dauerhafte denn einmalig-initiale Aufgaben zu verstehen sind. Somit deutet sich an, dass die gelungene Implementation eines PIN-Systems eines „langen Atems" bedarf und stets hohe (Transaktions-) Kosten impliziert.[1048]

## 9.3. Die Privacy- und Datenschutzproblematik

Grundsätzlich sind die im Rahmen der Informations- bzw. Nutzerintegration erhobenen Informationen als privat bzw. vertraulich einzustufen – deren Sammlung und Auswertung kann somit als inhärent unmoralisch und als Eingriff in die Privatsphäre angesehen werden. Die vorangegangene Betrachtung der NIÖ hat die besondere Bedeutung dieses Aspekts für die PIN herausgestellt. Der Diskussion dieser Aspekte kommt daher ein zentraler Stellenwert innerhalb der Legitimations- und Implementationsdiskussion zu.[1049]

---

[1047] Dieser „Evolutionsprozess" von Anforderungen und Qualitätsattributen ist besonders deutlich bei der Print-Nachhaltigkeitsberichterstattung nachzuverfolgen (dies ergibt z. B. eine überblicksartige Betrachtung der Global-Reporters Studien von SustainAbility & UNEP, vgl. Sustainability/UNEP, 2000; Sustainability/UNEP, 2002 sowie Sustainability/UNEP, 2004) und ist im Prinzip auch auf die internetbasierte Nachhaltigkeitskommunikation übertragbar.

[1048] Zur Notwendigkeit langfristiger strategischer Perspektiven vgl. auch ähnlich Dörner, 1991, S. 307.

[1049] Vgl. auch Peppers/Rogers, 1997, S. 282.

Der Schutz der Privat- und Intimsphäre wird dabei als fundamentales Menschenrecht[1050] angesehen, welches die Grundlage für (Handlungs-) Freiheit und die Würde der einzelnen Person bildet.[1051] Empirische Befunde unterstreichen zudem, dass der Schutz der Privatsphäre einen nutzerseitig hohen Stellenwert einnimmt: *„As much as 70-84 % of all participants in various surveys indicated that privacy concerns made them resist providing personal data."*[1052] Insofern ist auch von einer Beeinträchtigung des unternehmensseitigen Nutzens an der PIN aufgrund nutzerseitiger *„privacy concerns"* [1053] und daraus resultierender verminderter Informationsqualität auszugehen: [1054] Da die Effektivität der Nutzermodellierung und somit der PIN von der Reliabilität der Nutzerinformationen sowie – eng hiermit verbunden – dem Vertrauen der Nutzer[1055] abhängt, ist die Wahl und Ausgestaltung der Instrumente der Nutzermodellierung mit besonderer Vor- und Umsicht vorzunehmen. Die aktive Gestaltung des Privacy-Problems stellt sich so als zentrales Qualitätsmerkmal der PIN dar.

In einem ersten Schritt soll jedoch eine Bestandsaufnahme des Privacy-Problems vorgenommen werden. Dabei sollen zunächst verschiedene Arten von „Bedrohungen" der Privatsphäre und die damit verbundenen Bedenken dargestellt werden.[1056]

### 9.3.1. Die Formen der Privacy-Risiken

Zunächst kann die *Aufzeichnung und Sammlung von Daten*, als problematisch angesehen werden, da diese meist *heimlich*, d. h. durch den Nutzer unbemerkt und intransparent sowie ohne dessen Autorisierung erfolgt. Die Unsichtbarkeit der Datenerhebung erstreckt sich dabei z. B. von den Instrumenten der nichtreaktiven Datenerhebung (z. B. Web Log Mining)[1057] bis zu den Methoden der Nutzeridentifikation[1058], die – sofern keine Warnmechanismen im Browser[1059]

---

1050 Artikel 12 der „Allgemeinen Erklärung der Menschenrechte" der UN postuliert: *„Niemand darf willkürlichen Eingriffen in sein Privatleben, seine Familie, seine Wohnung und seinen Schriftverkehr [...] ausgesetzt werden. Jeder hat Anspruch auf rechtlichen Schutz gegen solche Eingriffe oder Beeinträchtigungen."* (UNHCR, 1996).

1051 Vgl. Buxel, 2001, S. 196-198.

1052 Geest/Pieterson/Vries, 2005, S. 28. Als Zeichen dieser Problematik sei darauf hingewiesen, dass z. B. mit www.bugmenot.com (abgerufen am 03.01.2006) bereits Websites existieren, in denen sich Nutzer Zugangsdaten für weitere Portale (z. B. der New York Times) beschaffen können, ohne dass sie dort persönliche Angaben übermitteln müssen.

1053 Wang/Kobsa, 2005, S. 35.

1054 Empirische Befunde zu diesem Zusammenhang sind z. B. bei Metzger, 2004, zu finden.

1055 Vgl. Searby, 2003, S. 15.

1056 Vgl. hierzu auch Buxel, 2001, S. 198-208; Geest/Pieterson/Vries, 2005, S. 28f.; Wang/Lee/Wang, 1998, S. 63-70.

1057 Vgl. erneut Kapitel 6.1.2.2.

1058 Vgl. Tabelle 8.

aktiviert sind – als (unbemerkte) Eingriffe in die Privatsphäre individueller Nutzer angesehen werden können.[1060] MERTENS, STÖßLEIN & ZELLER attestieren vielen Unternehmen besonders im Feld des E-Commerce eine wahre *„Sammelleidenschaft“*[1061], im Rahmen derer oft auch faktisch überflüssige Informationen erhoben werden. Des Weiteren werden die *ungewünschte bzw. inadäquate Aufbewahrung der Nutzerdaten* und die meist *nicht vorhandenen Möglichkeiten der Einflussnahme* durch den Nutzer bemängelt. Dies impliziert, dass Nutzer oft entweder keine Möglichkeiten haben, von der Personalisierung Abstand zu nehmen („Opting-Out“)[1062] oder kritische Informationen nachträglich zu modifizieren (z. B. über ein sog. Personal Book[1063]). Konkrete Bedenken bestehen auch hinsichtlich der *Verwendung der Nutzerdaten,* die u. U. *an Dritte weitergeleitet* werden (z. B. Behörden[1064], andere Unternehmen oder Privatpersonen)[1065] und somit den (potenziellen) Einflussbereich des Nutzers endgültig verlassen.[1066] *„I think it is important to know that if I allow someone to just go ahead, what is actually going to happen. Who knows where you will all end up, where you will be associated with.“*[1067]

Die Verwendung von Nutzerdaten kann zudem *nicht erwünschte Zwecke* betreffen und bspw. in der Zusendung von sog. Spam-Mails oder Erstellung und Veröffentlichung von Statistiken, die persönliche, intime Daten enthalten, münden. Schließlich können Nutzer auch eine *aktive Manipulation oder indivi-*

---

1059 Die meisten Browser ermöglichen gegenwärtig eine Justierung von Sicherheitsniveaus, die die Anforderung von Sicherheits-Zertifikaten oder das Blockieren bestimmter Cookies etc. definieren. Zudem können Nutzer – sofern sie sich der genannten Problematik bewusst sind – auch zusätzliche „Add-Ons“ installieren wie z. B. das bereits dargestellte P3P-Tool „Privacy Bird“ (vgl. FN 747).

1060 Vgl. Buxel, 2001, S. 209f.

1061 Mertens/Stößlein/Zeller, 2004, S. 23. *„Um beispielsweise die Investor Relations-Webseiten anlässlich des geplanten Börsengangs von X-Fab zu betrachten, musste man sich nicht wie üblich bei IPOs lediglich mit Postleitzahl und Ort identifizieren, sondern auch Name und Adresse hinterlegen.“* (O. V., 2001, S. 182, zitiert nach Mertens/Stößlein/Zeller, 2004, S. 23).

1062 Vgl. Geest/Pieterson/Vries, 2005, S. 29.

1063 Vgl. Kapitel 7.2.2.2.

1064 Vgl. z. B. Cranor, 2004, S. 58. Als problematisch wird mittlerweile der Umstand angesehen, dass die Grenzen zwischen den Wirtschaftseinheiten sowie zwischen Wirtschaftseinheiten und staatlichen Institutionen ansatzweise zu verschwimmen drohen: Im Zuge der Privatisierung von staatlichen Einrichtungen und des Auslagerns von staatlichen Leistungen in die Privatwirtschaft komme es so zu einer Konvergenz des staatlichen und wirtschaftlichen Datensammelns, welche die politische und wirtschaftliche Repräsentation von Personen ununterscheidbar werden lässt. In der Konsequenz weise dies auf eine Anti-Utopie eines „Citizen-as-Customer“ hin, in der Konsum und politische Partizipation ein und dasselbe darstellen (vgl. hierzu Becker, 2001, S. 209).

1065 Vgl. auch erneut die Ausführungen in FN 750.

1066 Vgl. EPIC/PI, 2003.

1067 Perik/Ruyter/Markopoulos, 2005, S. 20.

*duelle Diskriminierung* auf der Basis ihrer Informationen befürchten: Der Aspekt der Manipulation zielt dabei auf den möglichen Verdacht, dass Nutzern auf der Basis der explizit oder implizit artikulierten Informationsinteressen und Nutzercharakteristika nur Ausschnitte oder (verzerrte) Artefakte des potenziell interessierenden „Informationsraumes" im Rahmen der PIN übermittelt werden. Ein Nutzer mag z. B. antizipieren, dass er durch das „Outing" der Zugehörigkeit zu einem bestimmten Stakeholder-Typus (z. B. NGO) eine bestimmte „Kommunikationstaktik" des Unternehmens induziert (wodurch der Nutzer wiederum das Vornehmen von Falschangaben bzw. das Vorenthalten von Informationen als legitim erachtet). Da für die Beurteilung von Nachhaltigkeitsinformationen meist eine Vielzahl von Informationsquellen und ein Mindestmaß an Kontextwissen notwendig erscheint, muss eine individuenspezifische „Verengung" der Informationsströme als problematisch angesehen werden. Die Einschätzung indes, welches das richtige Maß an *Kontextinformationen* bzw. *Vollständigkeit* darstellt, kann meist nur das Unternehmen aufgrund seines unvermeidbaren Wissensvorsprungs vornehmen.[1068] Für den Nutzer entstehen wiederum *Transaktionskosten der Durchsetzung und Überwachung*, die sich *zu Lasten der Legitimation der PIN* auswirken können. Der Verdacht der Manipulation und/oder Diskriminierung beruht dabei nicht ausschließlich auf einer unterstellten „Böswilligkeit" des Unternehmens, sondern auch in dem Verdacht, dass die unternehmensspezifische Expertise (z. B. in Form von Humankapital oder statistischen Methoden) nicht ausreichend ist, um belastbare und adäquate Rückschlüsse zu ziehen, die der Individualität des Nutzers bzw. der inhärenten Ungenauigkeit der Nutzerinformationen gerecht werden. *„[...] inaccurate information inferred by computer becomes available to people who believe it to be accurate."*[1069] Meist lässt die Angabe eines Nutzercharakteristikums (z. B. bestimmte Vorlieben oder Geschmäcker) verschiedenartigste, z. T. untereinander widersprüchliche Rückschlüsse zu. Da Nutzer – wie angedeutet – diese Denk- und Wirkmechanismen zu antizipieren vermögen, kann der erhoffte Nutzen der PIN so aus Nutzersicht ungewollt ins Gegenteil verkehrt werden bzw. im Extremfall in einer Verweigerungshaltung münden.[1070]

---

1068 Im weiteren Verlauf der Beziehung zwischen Unternehmen und Nutzer ist hingegen zu erwarten, dass sich die Rollenverhältnisse und -gewichte diesbezüglich verschieben.

1069 Cranor, 2004, S. 58.

1070 *„Some participants indicate that other people cannot derive much from knowing music preferences, whereas for personality traits people may judge you before they actually get to know you."* (Perik/Ruyter/Markopoulos, 2005, S. 20).

### 9.3.2. Die Charakterisierung des internationalen Datenschutzrechts

Vor dem Hintergrund dieser Befunde sind zahlreiche (inter-) nationale Bemühungen um eine wirksame *Regelung des Datenschutzes* zu verzeichnen[1071], die jedoch im Vergleich sehr unterschiedlich ausfallen und teilweise sogar *intra*national als zersplittert[1072] und in ihrer Anwendbarkeit als kritisch zu bezeichnen sind.[1073] Laut WIRTZ sei derzeit im Internet nur auf eine bedingt abgesicherte rechtliche Basis zurückgreifbar, weswegen alle beteiligten Parteien aufgefordert sind, *„[...] unter Wahrung der bereits existierenden rechtlichen Anforderungen die Transaktionen derart zu gestalten, daß eine Akzeptanz bei allen involvierten erzeugt wird.“*[1074]

Besonders im Fall von multi-national agierenden Unternehmen wie der VOLKSWAGEN AG, deren kommunikative Leistungen sich aus vielen verschiedenen Ländern speisen und international distribuiert werden, stellt sich angesichts der Vielzahl an Einzelregelungen die Frage, welches Recht überhaupt anwendbar ist. Zudem ist zu vermuten, dass Verstöße gegen Datenschutzregelungen meist keine Konsequenzen haben, weil die betroffenen Individuen von einer missbräuchlichen Datenverarbeitung in der Regel keine Kenntnis haben und die nationalen Datenschutzbehörden nicht über die notwendigen personellen und technischen Ressourcen verfügen, um z. B. die Daten verarbeitenden Unternehmen effektiv zu kontrollieren und Missbräuche zu ahnden.

Den zahlreichen internationalen Gesetzesinitiativen[1075] zum Datenschutz gemein ist die Tatsache, dass sie – implizit – auf supranationalen Regelwerken wie den

---

1071 Eine Auflistung und Systematisierung von über 30 internationalen Gesetzen zum Datenschutz ist z. B. bei Kobsa et al., 2002, zu finden.

1072 *„In the United States, most privacy laws are sector-specific. [...] In addition, US sites need to be aware of any state laws that may impact them as well as the privacy laws in other countries where some of their customers may reside.“* (Cranor, 2004, S. 62). Zur Abgrenzung des US-amerikanischen und europäischen Datenschutzrechtsverständnisses vgl. vertiefend Institute for the Future/Peppers and Rogers Group, 2001, S. 37-48.

1073 In Deutschland ist z. B. das Bundesdatenschutzgesetz (BDSG) einschlägig, welches aber nur dann eingesetzt wird, wenn anwendungsspezifische Datenschutzgesetze nicht greifen. Hierzu zählen das Teledienstedatenschutzgesetz (TDDSG) als Teil des Informations- und Kommunikationsdienstegesetzes (IuKDG) und des Mediendienstestaatsvertrags (MDStV). Diese gesetzlichen Grundlagen regeln u. a. die Erhebung und Verarbeitung personenbezogener Daten, die prinzipiell nicht ohne nutzerseitige Einwilligung erfolgen können (vgl. Wirtz, 2001, S. 598f.).

1074 Wirtz, 2001, S. 600.

1075 Auf eine – zwangsläufig unvollständige – Darstellung nationaler Gesetzgebung zum Datenschutz wird hier verzichtet. Vielmehr sei auf folgende Quellen zur Vertiefung verweisen: Buxel, 2001, S. 32; Wirtz, 2001, S. 600.

*„OECD Guidelines on the Protection of Privacy and Transborder Data Flows of Personal Data"* basieren (vgl. Tabelle 11).[1076]

| Prinzip | Erklärung | Exemplarische PIN-Problemfelder |
|---|---|---|
| ***Collection limitation*** | *Nur unmittelbar benötigte Informationen sollen erhoben werden.* | • Unternehmen, die noch über geringe Erfahrungen mit der PIN verfügen, können die Relevanz bestimmter Informationskategorien schwer abschätzen.<br>• Der Begriff „unmittelbar" ist dehnbar. |
| ***Data quality*** | *Die erhobenen Informationen sollen nur für relevante Zwecke verwendet werden und präzise, aktuell sowie vollständig sein.* | • Die Eingrenzung des Begriffs „Relevanz" ist schwierig.<br>• Forderung nach Aktualität/Vollständigkeit impliziert hohen Eingabe- und Nachbesserungsaufwand. |
| ***Purpose specification*** | *Die Nutzer werden über Zeitpunkt und Zweck der Informationsnutzung in Kenntnis gesetzt.* | • Nennung der Zwecke kann bestimmtes Antwortverhalten von Nutzern bei Befragungen induzieren, wodurch insgesamt die Qualität der Nutzerprofilinformationen eingeschränkt wird. |
| ***Use limitation*** | *Eine Ausweitung des Nutzungszwecks soll nur mit Zustimmung des Nutzers erfolgen.* | • Die unternehmensinterne Nutzung von Synergien im DWH wird eingeschränkt. |
| ***Security safeguards*** | *Es sollen probate Sicherheitsmaßnahmen im Rahmen der Erhebung und Verarbeitung von Informationen getroffen werden.* | • Verwendung von Verschlüsselungstechnologien erfordert infrastrukturelle Vorkehrungen und verursacht zusätzliche Kosten. |
| ***Openness*** | *Die Informationssammlung soll nicht heimlich, sondern transparent erfolgen (Art der Informationen, Art der Verwendung sowie Art der Verarbeitung).* | • Die Transparenzschaffung kann bei Nutzern Irritationen verursachen und bestimmte Verhaltensweisen induzieren.<br>• Dokumentation dieser Aspekte kann sehr umfangreich ausfallen. |
| ***Individual participation*** | *Den Nutzern sollen Möglichkeiten der Einflussnahme eröffnet werden.* | • Einflussnahme bedeutet zusätzlichen Eingabeaufwand für den Nutzer.<br>• Inhalte der Nutzerprofile können Nutzer irritieren. |
| ***Accountability*** | *Die Verwender der Informationen sollen ihrer Verantwortung im Rahmen der Informationsverarbeitung nachkommen.* | • Entwicklung von Policies und Instrumenten ist mit hohem Ressourcenaufwand verbunden.<br>• Policies werden oft aufgrund ihres hohen Umfangs nicht beachtet und erfüllen „lediglich" eine Signaling-Funktion. |

Tabelle 11: Die OECD-Privacy-Prinzipien und exemplarische Problemfelder der Operationalisierung bezüglich der PIN.

Quelle: Eigene, mit Elementen von OECD, 1980.

[1076] Vgl. Cranor, 2004, S. 60. Eine alternative supranationale Regelung ist z. B. auf europäischer Ebene die EU-Richtlinie *„95/46/EG zum Schutz natürlicher Personen bei der Verarbeitung personenbezogener Daten und zum freien Datenverkehr"* (EU, 1995), die das Datenschutzniveau innerhalb des Europäischen Wirtschaftsraums harmonisieren soll.

Obgleich die OECD-Prinzipien bereits vergleichsweise früh eingeführt wurden (1980), bilden diese auch gegenwärtig nach weitläufiger Auffassung einen probaten Analyserahmen für personalisierungsspezifische Problemstellungen.[1077]

Die Berücksichtigung dieser Prinzipien zielt dabei in erster Linie auf eine anwenderspezifische Selbstverpflichtung bzw. -regulierung. Zwar konstatiert HOOFNAGLE in einer aktuellen Bestandsaufnahme, dass die in den Unternehmen ergriffenen Maßnahmen der Selbstverpflichtung bislang unbefriedigend seien.[1078] In dieser Arbeit soll jedoch in Anlehnung an die bisherigen Untersuchungsergebnisse die Argumentationslinie verfolgt werden, dass Unternehmen im Sinne der Wahrung der Informationsqualität ein originäres Interesse an der Wahrung von Privacy-Prinzipien haben.[1079] Die für die PIN hieraus ableitbaren Konsequenzen sollen dabei im Folgenden geschildert werden.

### 9.3.3. Die Konsequenzen für die PIN

Angesichts der in dieser Arbeit hergeleiteten Typenvielfalt der PIN[1080] ist zunächst zu konstatieren, dass es keine Pauschalrezepte für das adäquate Design von „Privacy-Issues" zu geben scheint. In Anlehnung an CRANOR[1081] sollen daher einführend zentrale Charakteristika der PIN als Mehrebenen-Kontinuum dargestellt werden, die eine Identifizierung und Wahl adäquater Privacy-Instrumente erleichtern.[1082] Die Relevanz und Gestalt der in Abbildung 29 genannten Kontinua wird dabei sowohl durch die interindividuell verschiedene(n) Nutzersicht(en) als auch durch internationale Unterschiede des Datenschutzrechts determiniert – wobei sich diese beiden Aspekte gegenseitig bedingen.

Zunächst ist festzuhalten, dass *nicht-reaktive Verfahren* der Informationsintegration im Vergleich zu *reaktiven Verfahren* als vergleichsweise problematisch angesehen werden, da diese im Prinzip *heimlich* erfolgen. Nicht-reaktive Verfahren können dabei Privacy-freundlicher gestaltet werden, indem den Nutzern leicht verständliche Mitteilungen gemacht werden, die sie hinsichtlich

1077 Vgl. Cranor, 2004, S. 60; Hoofnagle, 2005, S. 3; Institute for the Future/Peppers and Rogers Group, 2001, S. 43; Kobsa, 2001, S. 155.

1078 Vgl. vertiefend Hoofnagle, 2005.

1079 *„Yet, the privacy concerns of users imply that organisations should approach the process of user profiling with extreme caution. Effective user profiling depends on the correctness of information and on the willingness of users to provide data [...]."* (Geest/Pieterson/Vries, 2005, S. 28).

1080 Vgl. Kapitel 8.2.

1081 Vgl. Cranor, 2004, S. 64.

1082 Bei der Darstellung ist jedoch kein Anspruch auf Vollständigkeit der Darstellung *sämtlicher* Einflussfaktoren erhoben.

der Motive des Unternehmens in Kenntnis setzen und den Nutzern im Idealfall auch eine Kontrolle der Informationen (z. B. Modifikation) ermöglicht.

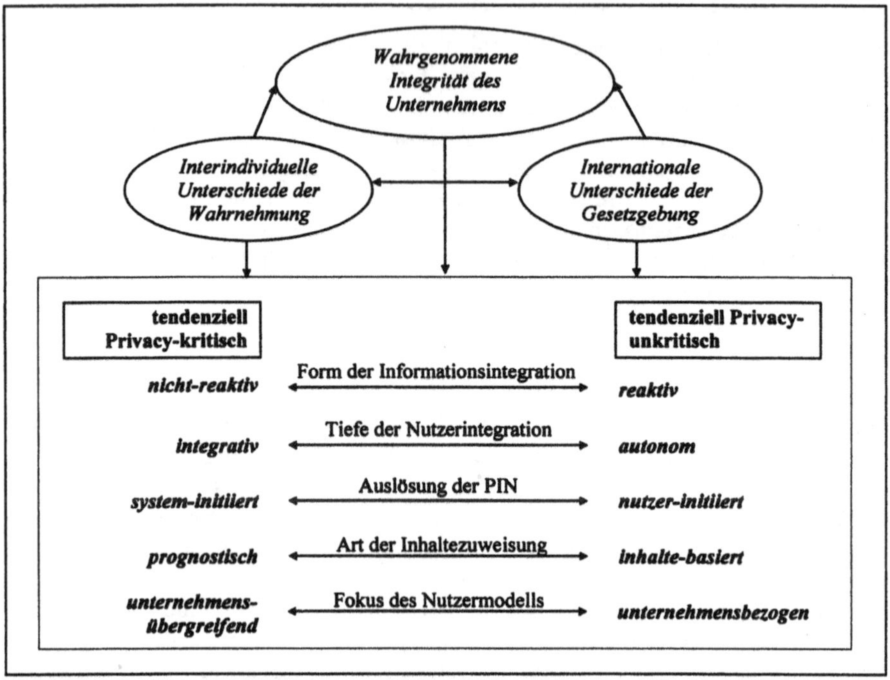


Abbildung 29: Exemplarische Ebenen und Determinanten des Privacy-Problems.
Quelle: Eigene, mit Elementen von Cranor, 2004, S. 64.

Die Gestaltung (intensiver) *Formen der Nutzerintegration* ist zudem auch so vorzunehmen, dass die Gewinnung der nutzerspezifisch gewonnen Erkenntnisse nicht nutzerseitig als Missbrauch oder „Invasion of Privacy" gewertet wird. Dieser Umstand ist als besonders gewichtig einzustufen, da hohe Formen der Integrativität zum einen hohe nutzerspezifische „Investitionen" bedeuten und zum anderen die hiermit verbundenen Nutzerkontakte als besonders wertvoll einzustufen sind („Stakeholderwert")[1083]. Des Weiteren können Nutzer bei rein *systeminitiierter*, session-basierter PIN sich zwangsläufig nicht immer über die Zusammenhänge im Klaren sein, die zwischen dem eigenen Surfverhalten und der darzustellenden Seite(n) bestehen. Ferner ist davon auszugehen, dass im Rahmen der *adaptiven Inhaltezuweisung*[1084] diejenigen Verfahren, die aktiv auf Nutzerspezifika („Collaborative Filtering") abstellen, als problematischer

[1083] Vgl. 5.1.2.2, Unterpunkt „Investive Perspektive".
[1084] Vgl. Kapitel 7.2.2.3.2.

anzusehen sind, als solche Methoden, die inhalte-basiert arbeiten. Schließlich erscheint es einleuchtend, dass Nutzermodelle, die sowohl Nutzerinformationen von dritten Websites als auch die eigens gesammelten Nutzerinformationen integriert verarbeiten, als kritischer einzustufen sind als diejenigen Portale, die „nur" die eigenen, seitenspezifischen Nutzinformationen in Profilen bzw. im DWH systematisieren. Mit Blick auf die in Kapitel 8.2 eingeführte Typologie lässt sich so vereinfachend konstatieren, dass mit steigender Ordnungszahl der PIN-Typen (insbesondere IV bis VIII)[1085] auch das Privacy-Problem an Virulenz gewinnt.

Für die genannten Aspekte gilt, dass diese im Einfluss zahlreicher Determinanten stehen. Dabei sind zunächst die möglichen Ausstrahlungseffekte zu nennen, die von den kommunikativen Instrumenten jenseits der PIN extern wirken. So kann vermutet werden, dass ein in einschlägigen Rankings als sehr glaubwürdig eingestufter Nachhaltigkeitsbericht oder eine allgemein positive öffentliche Berichterstattung über das Unternehmen die Wahrnehmung der „Bedrohlichkeit" beeinflusst. Die Relevanz dieses Aspekts sowie der zahlreichen weiteren zu nennenden Aspekte ist wiederum von der individuellen Einschätzung des Nutzers abhängig. Zudem ist der Aspekt der *internationalen Differenzierung* insofern von Bedeutung, als Nachhaltigkeitswebsites meist in einem bestimmten Land erstellt, jedoch international rezipiert werden.[1086] Zwar können nach WIRTZ im Internetbereich relevante Fragestellungen nicht unter ein klar definiertes (inter-) nationales Onlinerecht subsumiert werden.[1087] Dennoch sollte im Prinzip bei der Erstellung einer jeden Website geprüft werden, ob sie das nationale Recht irgendeines Staates der Welt verletzt. Im Ergebnis bedeutet dies, dass eine Website den „größten gemeinsamen Nenner" internationaler Privacy-Bestimmungen zu berücksichtigen hat.[1088] Allerdings scheint diese Forderung in der Praxis nur begrenzt erfüllbar, da einerseits die Kenntnis sämtlicher datenschutzrechtlicher Facetten und deren Umsetzung unrealistisch erscheinen. Andererseits droht auch eine Verwässerung des seitenspezifisch implementierten Privacy-Niveaus: *„This solution is likely to run into problems if more than a very few jurisdictions are involved, since the largest permissible denominator may then become very small."*[1089] Diese Forderung legitimiert sich insofern, als die Qualität der Nutzerinformation in engem Zusammenhang mit den *Akzeptanzgraden der Nutzer* hinsichtlich Privacy zusammenhängen dürfte: Zahlreiche Nutzer kennen sich nicht dezidiert hinsichtlich komplizierter Fragestellungen zum

---

1085 Betroffen sind in erster Linie die Typen, die auf Nutzerprofilen basieren (PIN-Typen IV und höher).

1086 Vgl. hierzu erneut die Befunden der Online-Befragung, in der Nutzer aus 20 verschiedenen Ländern registriert wurden (vgl. Kapitel 6.1.1.2).

1087 Vgl. Wirtz, 2001a, S. 395.

1088 Vgl. Wang/Kobsa, 2005, S. 36.

1089 Wang/Kobsa, 2005, S. 36.

internationalen Datenschutzrecht aus und vermögen auch nicht die für sie bedeutsamen Zusammenhänge zwischen der PIN und dem Privacy-Problem zu erkennen. Dennoch setzen sie aber u. U. implizit voraus, dass die ihnen geläufigen ethisch-moralischen Prinzipien (die auf nationalem Recht beruhen können) eingehalten werden. Viele Nutzer mögen sich schließlich auch aus grundsätzlichen Überlegungen heraus *gegen* eine Nutzerprofilbildung aussprechen, selbst wenn diese pseudonymisiert erfolgt. Die nutzerseitige Einschätzung der Relevanz einzelner Teilaspekte des Privacy-Problems dürfte so vor allem von der individuellen Einstellung bzw. den persönlichen Präferenzen abhängen: Aus diesem Grund kann das wahrgenommene „Bedrohungspotenzial“, welches im Rahmen der Nutzerintegration, einer system-initiierten PIN oder dem Web Log Mining potenziell besteht, unterschiedlich ausfallen. In letzter Konsequenz kann das individuell angemessene Kommunikationsniveau an die persönlichen kognitiv-affektiven Settings des Nutzers angepasst werden: Bestehen bspw. konkrete Anhaltspunkte für eine hohe Risikosensitivität des Nutzers, kann eine adäquate Anpassung des Privacy-Niveaus vorgenommen werden. Für diesen „Automatismus“ gelten indes dieselben Einschränkungen, wie sie im Rahmen der getreuen Abbildung individueller Informationsinteressen diskutiert wurden: Aus Gründen der Operationalisierbarkeit scheinen Lösungen geboten, die nur rudimentäre Variationen (z. B. „niedrig – mittel – hoch“) erlauben.[1090] Gleichzeitig sind Zweifel angebracht, ob nicht im Sinne einer gesamthaften Integrität(swahrnehmung) ein für alle Nutzer einheitliches und verbindliches hohes Sicherheitsniveau angemessener erscheint.

## 9.4. Die Konfliktfelder aus der Perspektive der gestaltungsbezogenen Anforderungen an die Nachhaltigkeitskommunikation

Die im vorliegenden Abschnitt gewählte Perspektive rekurriert auf die GRI-Gestaltungsprinzipien der Nachhaltigkeitskommunikation, wie sie in Kapitel 3.4.2 aufgeworfen wurden. Die konkreten Bedenken lauten, dass zunächst die im Rahmen der PIN direkt beteiligten Akteure (Nutzer und Unternehmen) sowie z. B. auch Normungsinstitutionen[1091] nennenswerte Problemfelder und Zielkonflik-

[1090] Ein derartiges System wird z. B. bei Wang/Kobsa, 2005, S. 37-44, vorgestellt. „*Our approach facilitates the construction of personalized websites operate in a privacy-aware manner (both with respect to legal and user requirements). Our software product line approach allows personalized websites to address the combinatorial complexity of privacy constraints in a systematic and flexible manner, which builds on state-of-the-art industry practice for managing software variants at runtime.*“ (Wang/Kobsa, 2005, S. 37).

[1091] Dabei sei angemerkt, dass hier *nicht* ausschließlich Normungsinstitutionen i. e. S. (z. B. ISO, DIN etc.) gemeint sind, sondern vielmehr sämtliche Akteure, die nicht zu den direkt durch eine PIN betroffenen Akteuren zählen (wie das konkrete Unternehmen und die betroffenen Nutzer) und ein Interesse an qualitativen Mindeststandards der Nachhaltigkeitste antizipieren, was sich wiederum negativ auf die Legitimation eines PIN-Systems bzw. den hiermit verbundenen Implementationsaufwand auswirken dürfte.[1092] Die Diskussion der Legitimationsaspekte orientiert sich dabei an der von der GRI gewählten Unterscheidung von Rahmen-, Umfangs-, Qualitäts- und Zugangsprinzipien.

### 9.4.1. Die Perspektive der Rahmenprinzipien

Zunächst soll auf die ***Rahmenprinzipien*** näher eingegangen werden, zu denen die GRI (i) Transparenz, (ii) Einbeziehung und (iii) Überprüfbarkeit zählt:

Ad (i): Die zentrale *Transparenzforderung* sieht eine *„[...] vollständige Offenlegung von Prozessen, Verfahren und Annahmen der Berichtserstellung [...]“*[1093] als unerlässlich für die Glaubwürdigkeit der Nachhaltigkeitskommunikation an. Mit Blick auf die PIN impliziert dies, dass besonders im Falle der „kommunikativen Substitution“ der Nachhaltigkeitskommunikation durch die PIN die der PIN zu Grunde liegenden Prozesse und Verfahren offen zu legen sind, was die betroffenen Unternehmen vor mindestens zwei Probleme stellen dürfte: Zum einen ist mit Blick auf die instrumentelle Komplexität der PIN fraglich, mit welchem Genauigkeitsanspruch ein Unternehmen eine etwaige Dokumentation der Verfahren Algorithmen etc. sinnvoll vorzunehmen hat bzw. vornehmen kann. Fraglich ist auch, ob diese Dokumentation – abgesehen von den Vertrauen schaffenden Aspekten – nicht auch die skizzierte Komplexität und Kompliziertheit der PIN steigern dürfte. Zum anderen können konkrete Bedenken auch dahin gehend bestehen, dass eine lückenlose Dokumentation der Methoden und Prozesse auch für dritte Untenehmen einsehbar ist und diese somit von den Investitionen und der Expertise des PIN-implementierenden Unternehmens (First-Mover) i. S. v. „Trittbrettfahrer-Verhalten“ (Second-Mover) profitieren. Sollte das Instrument der PIN dem Transparenzkriterium umfassend gerecht werden, sind folglich in hohem Umfang finanzielle, personelle und IKT-infrastrukturelle Ressourcen bereitzustellen.

Ad (ii): Dem Prinzip der *Einbeziehung* der Stakeholder wird im Rahmen der PIN in hohem Maße nachgekommen, in dem die Organisation ihre Stakeholder systematisch integriert, um die Qualität der Kommunikation kontinuierlich zu

---

kommunikation insgesamt haben. Als Beispiel seien hier nationale Regierungen, Verbände oder NGOs genannt.

[1092] Bei der folgenden Diskussion der Prinzipien ist dabei kein Anspruch auf Vollständigkeit erhoben. Es sei zudem angemerkt, dass die bereits in Kapitel 3.4.2 dargestellten – unabhängig von der PIN – zwischen den Prinzipien bestehenden Zielkonflikte verdeutlicht haben, dass eine synchrone und 100%ige Erfüllung aller Prinzipien unrealistisch und schwer erfüllbar erscheint.

[1093] GRI, 2002, S. 20.

präzisieren und zu erhöhen.[1094] In diesem Zusammenhang bezieht sich die GRI explizit auf den zentralen konzeptionellen Ansatzpunkt der PIN: *„Jede Nutzergruppe hat bestimmte Informationserwartungen, die manchmal mit denen anderer Gruppen überlappen, teilweise aber verschieden sind.“*[1095] Problematisch ist hierbei, dass die in dieser Arbeit identifizierten empirischen Befunde ein hohes Maß an Heterogenität des Stakeholderumfeldes ausgewiesen haben, die eine etwaige Typisierung der PIN erschweren. Interessanterweise ermutigt die GRI – ähnlich dem Konzept des Relationship Management[1096] – zu einer *„[...] Gruppierung und Priorisierung der Stakeholder [...]“*[1097] sowie der deutlichen Offenlegung der *„[...] Vorgehensweise, mit wem* (sic!) *und wie sie am besten einbinden [...]“*[1098]. Zwar kann die Relevanz der investiven Perspektive des Relationship Management und der (dynamischen) Selektion und Priorisierung von Nutzern im Rahmen der PIN nicht stark genug betont werden. Gleichzeitig wird aber auch erkannt, dass die geforderte Dokumentation sowohl einen nicht unerheblichen zusätzlichen Aufwand für das Unternehmen mit sich zieht als auch Irritationen bei den Nutzern auslösen kann, die eine „Ungleichbehandlung“, die insbesondere mit der Priorisierung verbunden ist, u. U. als ungerecht oder illegitim erachten. Fachkundige Stakeholder können so das Gebot eines im Prinzip ergebnis-offenen Dialogs mit Vertretern aller Stakeholdergruppen als verletzt ansehen und die PIN als Instrument gezielter kommunikativer Manipulation auffassen. Ob die üblicherweise bereitstehenden Ressourcen ausreichend für eine Einbeziehung der Nutzer sind, darf zum gegenwärtigen Zeitpunkt angezweifelt werden – stellt doch die strategische Verankerung der Nachhaltigen Entwicklung mangels belastbarer, zwischenbetriebliche Vergleiche ermöglichender Kennziffern etc. oft (noch) eine *„Terra Incognita“*[1099] für Unternehmen dar.

Ad (iii): Als weiteres Prinzip nennt die GRI die *Überprüfbarkeit* der kommunizierten Informationen, die *„[...] auf eine Weise erfasst, zusammengestellt, analysiert und offengelegt werden, die es internen oder externen Auditoren ermöglicht, deren Zuverlässigkeit zu attestieren.“*[1100] Aus Unternehmenssicht problematisch erweist sich dabei vor allem die folgende Präzisierung des Prinzips durch die GRI: *„Beim Design von Datenerfassungs- und Informationssystemen sollten die berichterstattenden Organisationen antizipieren, dass interne und externe Begutachtungsverfahren in Zukunft verwendet werden könnten.“*[1101] Hier scheinen mit Blick auf die vorangegangenen Untersuchungen

1094 Vgl. GRI, 2002, S. 21.
1095 GRI, 2002, S. 21.
1096 Vgl. Kapitel 5.1.2.2.
1097 GRI, 2002, S. 21.
1098 GRI, 2002, S. 21.
1099 Severin, 2005, S. 70.
1100 GRI, 2002, S. 22.
1101 GRI, 2002, S. 22.

Bedenken angebracht, ob eine wirksame Zusammenführung der PIN und externer Begutachtungsmechanismen sowohl zum gegenwärtigen Zeitpunkt als auch mittelfristig realistisch ist: Zum einen besteht konkret das Problem der für externe Gutachter nachvollziehbaren Dokumentation der Mechanismen und Methoden der PIN, die etwaige Verdachtsmomente des gezielten Verschleierns und Filterns z. B. durch inhaltebezogene Zuweisungsalgorithmen[1102] umfassen kann. Zum anderen ist auch – unabhängig von der Personalisierung – das Gebiet der externen Begutachtung der (internetbasierten) Nachhaltigkeitskommunikation noch weitgehend unerforscht bzw. die hiermit verbundenen Fragestellungen z. B. der Kontrolle von Fakten angesichts der Flüchtigkeit des Mediums Internet ungelöst.[1103] Solang die konkreten Auswirkungen auf die Informationsversorgung eines „Durchschnittsnutzers" nicht nachvollziehbar dokumentiert werden (können)[1104], existieren so ungeachtet der zahlreichen Vorzüge stets Restzweifel an der Effizienz, Belastbarkeit und Glaubwürdigkeit einer PIN. Dieses Argument gilt auch insofern, als durch eine eventuelle Selektion und Priorisierung[1105] von Nutzern Verzerrungen und unerwünschte Effekte durch „Ungleichbehandlung" resultieren, die der Forderung nach einer im Prinzip ergebnisoffenen Diskursbereitschaft entgegensteht. Aufgrund der Vielzahl von Nutzern und der vermuteten Heterogenität ihrer Informationsinteressen kann zudem die befürchtet werden, dass ein externer Experte sich keinen Überblick mehr darüber verschaffen kann, welche Nachhaltigkeitsinformationen durch das Unternehmen zu bestimmten Zeitpunkten publiziert werden bzw. wie fragmentarisch und (un)ausgewogen die Kommunikation erfolgt. Vergleichende Bewertungen der Effizienz und Glaubwürdigkeit der Nachhaltigkeitskommunikation auf Sektorenebene werden dadurch stark erschwert.[1106]

---

1102 Vgl. Kapitel 7.2.2.3.2.

1103 Es sei zudem angemerkt, dass auch im Rahmen der (Print)-Nachhaltigkeitskommunikation keinerlei etablierte Mechanismen bestehen, die eine belastbare externe Begutachtung von nachhaltigkeitsorientierten Publikationen ermöglicht (vgl. hierzu die Arbeit von Clausen/Loew, 2005).

1104 Es soll in diesem Zusammenhang ausdrücklich *nicht* eine Vorsätzlichkeit personalisierender Unternehmen unterstellt werden – vielmehr gibt der Autor zu bedenken, dass angesichts der zu erwartenden Komplexität und Kompliziertheit des PIN-Konzepts die Dokumentation der Mechanismen ein äußerst anspruchsvolles „technisches Problem" darstellt.

1105 Vgl. erneut Kapitel 5.1.2.2.

1106 Dieser Aspekt ist streng genommen nur dann virulent, wenn eine hohe Zahl an Unternehmen von einer Print-Nachhaltigkeitsberichterstattung Abstand nehmen und diese durch eine (personalisierte) internetbasierte Nachhaltigkeitskommunikation substituieren.

### 9.4.2. Die Perspektive der Umfangsprinzipien

Zu den Umfangsprinzipien zählt die GRI (i) Vollständigkeit und Relevanz[1107] und (ii) Nachhaltigkeitskontext:

Ad (i): Die Forderung nach *Vollständigkeit,* d. h. *„[...] Informationen, die für die Adressaten wichtig sind, um die Nachhaltigkeitsleistung einer Organisation zu beurteilen [...]“* [1108], ist nicht völlig widerspruchsfrei mit der PIN vereinbar. Zwar mag durch den Prozess der Informationsbedarfsermittlung, Nutzermodellierung und der Abbildung der Bedarfe in Nutzerprofilen dem Vollständigkeitsprinzip zwar theoretisch nachgekommen werden – allerdings dürfte dieses Selektions- und Abbildungsergebnis aus normativer Sicht regelmäßig als unvollständig bzw. inhaltlich verengt bezeichnet werden. Problematisch ist besonders, dass der Begriff der Vollständigkeit in hohem Maße *dehnbar* ist: Während individuelle Nutzer, die oft über ein eher geringes „Insiderwissen“ zu den spezifischen Problemfeldern des Unternehmens verfügen, das auf ihrer persönlichen Spezifikation beruhende PIN-Ergebnis als durchaus zufriedenstellend betrachten können, mögen externe Experten dasselbe PIN-Ergebnis als in hohem Maße unvollständig bezeichnen.[1109] Dabei gilt dieses Argument freilich nicht nur für die statische „Momentaufnahme“ einzelner PIN-Ergebnisse – vielmehr können diese Unvollständigkeiten sich auch über den Zeitraum einer individuellen Nutzerbeziehung fortschreiben und sich im Sinne einer Überspezialisierung „einschleifen“, sodass der Nutzer im ungünstigen Falle aus externer Sicht permanent fehl- bzw. lediglich teilinformiert bleibt. Der Unvollständigkeitsaspekt steht dabei in engem Zusammenhang mit der *Relevanzforderung* der GRI: *„Relevanz ist der Grad der Bedeutung, die einem besonderen Aspekt, Indikator oder einer Information zugemessen wird.“*[1110] Wird diese Forderung auf Indikatoren bezogen, stellt sich unmittelbar das Problem, eine sinnvolle Beurteilung der individuellen Relevanz aller 140 GRI-Indikatoren plus Sector-Supplement-Kriterien vorzunehmen. Dies impliziert für die Unternehmen, dass im Rahmen der PIN, wie dies bei der Diskussion hybrider PIN-Konzepte bereits angeklungen ist[1111], ein Mindest-Umfang an Informationen definiert werden sollte, der unabhängig von den persönlichen Interessen individueller Nutzer einen (zentralen) Bestandteil der PIN bildet.

Ad (ii): Die Forderung nach einer Gewährleistung eines hinreichenden *Nachhaltigkeitskontextes,* der *„[...] die Verständlichkeit der berichteten Informationen*

---

1107 Aufgrund der starken inhaltlichen Nähe sollen die von der GRI separat genannten Prinzipien „Vollständigkeit“ und „Relevanz“ hier integriert diskutiert werden.

1108 GRI, 2002, S. 22.

1109 Es sei erneut darauf hingewiesen, dass dieses Vergleichen rein hypothetischer Art ist und in der Praxis eher schwer realisierbar sein dürfte.

1110 GRI, 2002, S. 24.

1111 Vgl. erneut Kapitel 8.2.

*grundlegend erhöht.“* [1112] kann zwar *grundsätzlich* nachgekommen werden, indem einer künstlichen kontextuellen Verengung der Nachhaltigkeitskommunikation begegnet wird: *„Die berichterstattende Organisation sollte versuchen, ihre Leistung in den größeren Kontext ökologischer, gesellschaftlicher oder anderer Grenzen oder Einschränkungen zu stellen, insbesondere dann, wenn ein solcher Kontext die Verständlichkeit der berichteten Informationen grundlegend erhöht.“* [1113] Diese Forderung scheint indes mit Blick auf die genannten Aspekte der Vollständigkeit/Relevanz, die zu erwartend hohe Heterogenität der Stakeholderinteressen sowie die eingeschränkte Automatisierbarkeit der PIN nur begrenzt erfüll- und operationalisierbar. So besteht die Gefahr, dass die an sich umfassende und integrative Konnotation des Leitbildes der Nachhaltigen Entwicklung z. B. durch ungenau arbeitende Algorithmen und verengte, unreflektierte Spezifikationen „verwässert“ wird – und Nutzer im Rahmen der PIN lediglich wenig kontextualisierte und sehr begrenzte „Wissensbruchstücke“ übermittelt bekommen. Sollte im Extremfalle die PIN eine hohe, unternehmensübergreifende Verbreitung finden, darf bezweifelt werden, dass die Empfänger der PIN in ausreichendem Maße über ein für eine Diskussion notwendiges *gemeinsames, einheitliches Kontextwissen* verfügen.

### 9.4.3. Die Perspektive der Qualitätsprinzipien

Die Qualitätsprinzipien der GRI werden in (i) Genauigkeit, (ii) Neutralität und (iii) Vergleichbarkeit untergliedert:

<u>Ad (i):</u> Das Prinzip der *Genauigkeit „[...] bezieht sich auf das Erreichen eines bestimmten Grades an Exaktheit der berichteten Informationen. Ziel ist es, eine niedrige Fehlerquote zu erreichen, damit die Nutzer ihre Entscheidungen auf Basis von sehr verlässlichen Informationen treffen können.“* [1114] Für die PIN als problematisch erweist sich besonders die Operationalisierung des Genauigkeitsprinzips, die die Einschätzung bzw. Antizipation der Absichten und Anforderungen bei der Entscheidungsfindung der Nutzer sowie die verschiedenen Bedingungen der Informationserfassung erfordert. Ist der Begriff der Genauigkeit angesichts der Vielzahl qualitativer und narrativer Kommunikationselemente bereits im Rahmen der konventionellen internetbasierten Nachhaltigkeitskommunikation sehr dehnbar und zudem beobachterabhängig (da das erforderliche Genauigkeitsniveau teilweise vom gewünschten Verwendungszweck der Informationen beeinflusst[1115] wird), bleibt zudem fraglich, welchen Einfluss die PIN auf die Spezifizierung eines Genauigkeitsmaßes hat. Zwar ermöglicht die

---

1112 GRI, 2002, S. 24.
1113 GRI, 2002, S. 24.
1114 GRI, 2002, S. 25.
1115 Vgl. ähnlich GRI, 2002, S. 25.

Internet-Technologie, insbesondere XML, eine effiziente Trennung von Inhalten, Struktur und Darstellung, weswegen der reine Informationskern eines PIN-Ergebnisses und somit zunächst die Genauigkeit durch eine Nutzerspezifikation *im Prinzip* unbeeinflusst bleibt. Diese Sicht gilt allerdings nur eingeschränkt, da die Genauigkeit einer Information einerseits in hohem Maße durch das Niveau der Klarheit, den Detaillierungsgrad und die Ausgewogenheit der Darstellung determiniert und andererseits durch den spezifischen Nutzungszweck bestimmt wird. So formuliert auch die GRI, dass die Anwendung des Genauigkeitsprinzips eine nähere Einschätzung *„[...] der Absichten und Anforderungen bei der Entscheidungsfindung [...] und der verschiedenen Bedingungen, unter denen die Informationen erfasst werden.“*[1116] erfordert. Ob Unternehmen die Berücksichtigung verschiedener individueller Genauigkeitsvorstellungen gewährleisten können, bleibt so zum gegenwärtigen Zeitpunkt ungeklärt.

Ad (ii): Durch das Prinzip der *Neutralität* sollen *„[...] Vorurteile und Verzerrungen in der Wahl und der Darstellung von Informationen [...]“*[1117] vermieden und *„[...] eine ausgewogene Darstellung der Unternehmensleistung [...]“*[1118] bewirkt werden. In diesem Zusammenhang entstehen durch die PIN zahlreiche Konfliktfelder, deren Effekte auch bereits bei der Diskussion der Prinzipien der Vollständigkeit, Relevanz und des Nachhaltigkeitskontextes ähnlich diskutiert wurden. So kann vermutet werden, dass besonders durch die Effekte des Spezifizierens, Filterns und Eingrenzens im Rahmen der Nutzermodellierung ungewollt, dennoch unvermeidlich Verzerrungen und Unausgewogenheiten in der Nachhaltigkeitskommunikation bewirkt werden. Aus dieser Erkenntnis soll zwar keine Ablehnung der Nutzerintegrativität abgeleitet werden – allerdings darf angezweifelt werden, dass die spezifische Nutzerorientierung im Rahmen der PIN nicht auch unumgänglich mit einer (nutzerseitig) „voreingenommenen“ Rezeption und Informationseingrenzung einhergeht und somit etwaigen Bemühungen des Unternehmens um Neutralität entgegen steht. Das personalisierende Unternehmen ist sich u. U. nicht hinreichend im Klaren, welche individuell verschiedenen „kompensatorischen Maßnahmen“ notwendig sind, um dem Neutralitätsgebot nachzukommen.

Ad (iii): Die Forderung nach *Vergleichbarkeit* zielt auf die Beibehaltung einmal gewählter Grenzen und Bereiche, z. B. im Sinne eines gewählten Konsolidierungskreises. *„Von der berichtenden Organisation wird verlangt, dass sie alle Änderungen offen legt und zuvor berichtete Informationen weiterhin veröffentlicht.“*[1119] Diese Forderung erweist sich besonders dann als problematisch, wenn die kontinuierlich durchgeführten Spezifikationsprozesse der PIN Auswirkungen

---

[1116] GRI, 2002, S. 25.
[1117] GRI, 2002, S. 25.
[1118] GRI, 2002, S. 25.
[1119] GRI, 2002, S. 26.

auf gewählte Grenzen und Bereiche (s. o.) hat und der Nutzer sich dessen nicht bewusst ist. Dem Unternehmen kommt vor diesem Hintergrund die Aufgabe zu, Mechanismen zu etablieren, die die Vergleichbarkeit sowohl im innerbetrieblicher Sicht als auch in zwischenbetrieblicher Perspektive sicherzustellen. Ein denkbares und zugleich äußerst problematisches Szenario wäre z. B., wenn ein Nutzer bei zwei verschiedenen Unternehmen Nachhaltigkeitsinformationen sucht und beide Unternehmen diese Informationen im Rahmen einer PIN aggregieren und ausweisen. Der oft bereits in der konventionellen (Print-) Nachhaltigkeitskommunikation schwierige zwischenbetriebliche Vergleich der Nachhaltigkeitsperformance dürfte, so die Vermutung, zusätzlich erschwert werden.

### 9.4.4. Die Perspektive der Zugangsprinzipien

Abschließend sei noch auf Zielkonflikte mit den *Zugangsprinzipien* der GRI eingegangen, d. h. (i) Klarheit und (ii) Aktualität:

Ad (i): Die Forderung nach Klarheit wird durch die GRI wie folgt formuliert: *„Informationen sollten in der Form verfügbar gemacht werden, dass sie eine größtmögliche Anzahl von Stakeholdern ansprechen und dabei ein geeigneter Detaillierungsgrad aufrechterhalten wird. Dies wird dem berichtenden Unternehmen durch die aktuelle und laufende Information über die verschiedenen Ansprüche und Hintergründe ihrer Stakeholdergruppen ermöglicht."*[1120] Während im Rahmen der Finanzmarktkommunikation eine „primäre Nutzergruppe" als Richtschnur für das adäquate Maß an Klarheit dienen kann, ist ein Äquivalent in der Nachhaltigkeitskommunikation nicht unverrücklich identifizierbar, wie die GRI bemerkt[1121] und auch in dieser Arbeit empirisch ermittelt wurde. Insofern bleibt der Klarheitsbegriff im Kern selbst unklar und ist in seiner Gültigkeit beobachterabhängig. Für ein Unternehmen bleibt somit auch hier das Problem, das Klarheitsgebot interindividuell verschieden abzubilden bzw. zu operationalisieren. Mit den vielen Freiheitsgraden, die sich für ein Unternehmen hierdurch ergeben, bestehen auch zunehmende Irritationspotenziale, da eine übergeordnete Beurteilungsinstanz (z. B. externe Verifizierer) eine Vielfalt an Klarheitsvorstellungen und -operationalisierungen als illegitim betrachten kann.

Ad (ii): Die dargestellte Argumentationslinie lässt sich dabei auch auf das Aktualitätsgebot übertragen: *„Berichte sollten regelmäßig veröffentlicht werden, um die Bedürfnisse der Adressaten zu erfüllen und dem Charakter der Informationen zu entsprechen."*[1122] Die Operationalisierung individuell verschiedener Aktualitätsvorstellungen und -anforderungen ist stets als ressourcenintesiv zu

---

1120 GRI, 2002, S. 26.
1121 Vgl. GRI, 2002, S. 26.
1122 GRI, 2002, S. 27.

bezeichnen. Unternehmen können zu dem Schluss kommen, dass im Rahmen der PIN die Gewährleistung des Aktualitätsgebots zusätzlich erschwert wird. So kann vermutet werden, dass die individuelle Berücksichtigung und Erfüllung individueller Aktualitäts- und Klarheitsvorstellungen im Lichte einer Priorisierung der Nutzer nur bei Nutzern mit hohem Stakeholderwert erfolgen wird: Unternehmen dürften aufgrund ihrer spezifischen internen (zeitintensiven) Prozesse der Wissensgenerierung (z. B. interne Evaluation von Kennzahlen etc.) nur bedingt in der Lage sein, die individuellen Aktualitätsanforderungen der Nutzer zu erfüllen. Werden PIN-Typen auch als Motor etwaiger Realtime-Reporting-Systeme verstanden, bestehen zumindest durch die genannten internen Limitationen erhebliche Widerstände: Aus übergeordneter Perspektive ist dabei auch fraglich, ob der durch die PIN geförderte Trend einer Verstetigung der Informationsflüsse überhaupt gewünscht wird. Probleme entstehen genau dann, wenn durch die vielen verschiedenen, heterogenen Taktungen der PIN-Ergebnisse besonders die zwischenbetriebliche Vergleichbarkeit von Informationen und somit ein weiteres Kernanliegen der Nachhaltigkeitskommunikation (vgl. o.) eingeschränkt wird. So gesehen besteht ein Zielkonflikt mit dem Klarheitsgebot: Eine gezielte Berücksichtigung individueller Aktualitätsvorstellungen kann die gesamthafte Klarheit der unternehmerischen Nachhaltigkeitskommunikation beeinträchtigen. Vor diesem Hintergrund scheinen Strategien geboten, die in dieser Arbeit bereits im Rahmen der Typologisierung der PIN, insbesondere die hybriden Konzepte, diskutiert wurden: Verbindliche Bündel von Informationen (z. B. PDF-Berichte), die zu verbindlichen Zeitpunkten veröffentlicht werden und einen festen Bestandteil der PIN bilden, scheinen eine angemessene Lösung darzustellen, der drohenden qualitativen Fragmentierung durch die PIN zu begegnen.

### 9.4.5. Fazit

Die vorangegangenen Ausführungen haben verdeutlicht, dass beim Betrieb eines PIN-Systems zahlreiche Zielkonflikte mit bestehenden gestaltungsbezogenen Anforderungen einer (internetbasierten) Nachhaltigkeitskommunikation entstehen können. Probleme ergeben sich dabei sowohl für Nutzer und Unternehmen als auch für externe Dritte, die insgesamt an einer Wahrung der Qualität der unternehmerischen Nachhaltigkeitskommunikation interessiert sind (z. B. Normungs- und Harmonisierungsinstitutionen, NGOs etc.). Dies gilt für die Rahmen- und Umfangsprinzipien wie auch für die Qualitäts- und Zugangsprinzipien gleichermaßen. Die skizzierten Problemfelder werden in Abbildung 30 abschließend zusammengefasst.

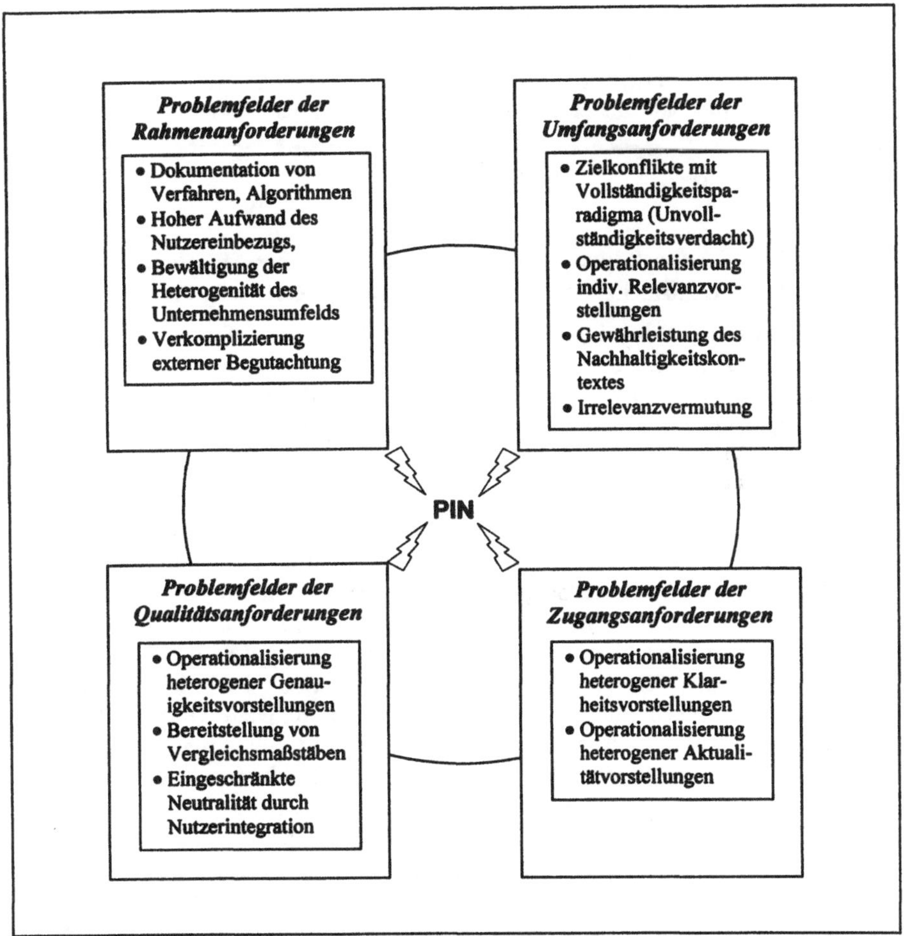


Abbildung 30: Problemfelder der Erfüllung gestaltungsbezogener Anforderungen im Rahmen der PIN.
Quelle: Eigene.

Als gravierendes Problem erweist sich dabei die in dieser Arbeit herausgearbeitete zu erwartende große Heterogenität der Nutzerinteressen, deren Bewältigung zahlreiche Zielkonflikte mit den GRI-Prinzipien erwarten lässt (z. B. heterogene individuelle Klarheits- und Aktualitätsvorstellungen). Zudem ist mit der PIN unternehmensseitig stets ein hoher Aufwand verbunden, der sich durch eine gleichzeitige Erfüllung sämtlicher Prinzipien tendenziell erhöht. Problematisch ist auch, dass fundamentale Ziele der Nachhaltigkeitskommunikation, nämlich die Schaffung einer breiteren Wissensbasis für eine große Vielzahl von Nutzern und deren Qualifizierung für Entscheidungsprozesse durch parzelliert-isolierte Informationsströme in vielen Fällen eher unterminiert als gefördert werden dürfte. Schließlich ist im Lichte der vorangegangenen Untersuchungen zu befürchten, dass die Erfüllung sämtlicher Prinzipien schlicht an technischen Limitationen scheitert.

## 9.5. Die Konfliktfelder aus der Perspektive der begrifflichen Konkretisierung des Leitbildes der Nachhaltigen Entwicklung

Abschließend soll auf die eingangs in dieser Arbeit aufgeworfenen Probleme der begrifflichen Diffusion und Konklusion der Nachhaltigen Entwicklung [1123] eingegangen werden. In diesem Zusammenhang stellt sich die Frage, welche Rolle das Konzept der PIN – eine weite Verbreitung hypothetisch vorausgesetzt – hinsichtlich der in Kapitel 2.1.2 identifizierten Probleme der begrifflichen Konklusion spielt.

Zunächst kann angenommen werden, dass das im Rahmen der PIN verfolgte Interaktions- und Integrationsparadigma und die hiermit verbundene Intensivierung der Informationsaustauschprozesse zwischen Unternehmen und den Stakeholdern eine begriffliche Diffusion im Grundsatz fördern. Mit Blick auf die in dieser Arbeit dargestellten empirischen Befunde, besonders die Struktur des Stakeholderumfeldes, kann erwartet werden, dass durch die PIN viele Nutzer mit der Thematik der Nachhaltigen Entwicklung vertraut gemacht werden (können), die bislang eher keinen oder geringen Zugang zu der Nachhaltigkeitsdiskussion haben bzw. hatten (z. B. bestimmte Kundengruppen). Wurden in Kapitel 2.1.2 (Tabelle 1) kulturelle, nationale und zeitliche Barrieren der begrifflichen Konklusion angeführt, ist unabhängig von der Digital Divide-Debatte[1124] davon auszugehen, dass das Medium Internet hier maßgebliche Beiträge zur Distanzreduktion leisten kann, da es prinzipiell zusätzliche Diskussions- und Facharenen eröffnet und somit die Pluralität der Debatte steigert. Gleichzeitig können aber auch Bedenken angemeldet werden, dass die Diffusion des Konzepts der Nachhaltigen Entwicklung regelmäßig durch um Definitionshoheit konkurrierende Akteure[1125] beeinträchtigt wird. Normbildungsprozesse, die die Basis für (welt)gesellschaftliche Wirklichkeitsdeutungen und institutionelle Praktiken bilden, können durch das Emergieren zahlreicher verschiedener Arenen, die in keinem systematischem Zusammenhang zu stehen scheinen, erschwert werden. Probleme tauchen besonders dann auf, wenn Unternehmen Instrumente wie die PIN verwenden, um ihre spezifischen thematischen Vorstellungen zu vertreten. Wenngleich der

---

1123 Vgl. Kapitel 2.1.

1124 Vgl. Kapitel 4.1.3.2.

1125 Vgl. Brand, 2005, S. 153.

Vorgang der Parteiergreifung im Sinne pluralistischer Willensbildungsprozesse als legitim zu bezeichnen ist, sind jedoch auch Szenarien vorstellbar, in denen die PIN als Instrument der gezielten und nur schwer überprüfbaren Manipulation verwendet wird: So ist z. B. denkbar, dass Unternehmen ihre Kommunikationstaktiken von der Zugehörigkeit eines Nutzers zu einer Stakeholdergruppe abhängig machen und z. B. bei bestimmten Stakeholdern kritische Inhalte filtern oder „schönfärberische Elemente" hinzufügen. Diese Argumentationslinie lässt sich hingegen auch auf die Perspektive der Nutzer übertragen. So ist auch denkbar, dass Stakeholder vereinzelt die gesteigerten Interaktionsmöglichkeiten und die skizzierten Mechanismen der Selektion und Priorisierung ge- oder missbrauchen, um ihre eigenen Vorstellungen öffentlichkeitswirksam z. B. in BBDs oder IRCs zu platzieren. Aus einer übergeordneten Metaperspektive können die hieraus resultierenden Friktionen als illegitim betrachtet werden.

Etwaige „Verzerrungen", „Verengungen" oder „Verkürzungen" müssen, wie bereits in dieser Arbeit angeklungen, jedoch nicht zwingend vorsätzlicher Art sein, sondern können auch durch ungenaue Funktionsweisen der PIN-Instrumente (z. B. Zuweisungs-Algorithmen) entstehen. So kann vermutet werden, dass zwar die Diskussion um die Inhalte einer Nachhaltigen Entwicklung zusätzlich an Dynamik gewinnt, gleichzeitig aber auch durch zahlreiche besonders aktive Akteure verzerrt wird. Verstärkt wird dieser Aspekt durch die Tatsache, dass viele personalisierende Unternehmen trotz Aktivitäten der Sitepromotion angesichts der in dieser Arbeit aufgeworfenen Digital-Divide-Debatte[1126] zahlreiche (potenzielle) Nutzer nicht erreichen. Daher kann letztlich auch aus dieser Perspektive vermutet werden, dass eine pluralistische, ergebnisoffene Diskussion der konkreten Implikationen des Leitbildes der Nachhaltigen Entwicklung nicht durchgängig durch die PIN begünstigt, sondern vielmehr innerhalb eines akademisch und technisch überdurchschnittlich sensibilisierten Fachpublikums weiter „überspezialisiert" wird.

So gesehen kann mit Blick auf die international einsetzenden begrifflichen Standardisierungsbemühungen wie z. B. durch die ISO befürchtet werden, dass durch die PIN ein weiterer „terminologischer Wildwuchs" gefördert wird und die knappe Ressource des *Orientierungswissens* in der Nachhaltigkeitsdiskussion schlechterdings zusätzlich verknappt wird.[1127]

---

[1126] Vgl. Kapitel 4.1.3.2.

[1127] Vgl. erneut die Ausführungen in Kapitel 2.1.

# 10. Schlussbetrachtung

## 10.1. Zusammenfassung der Untersuchungsergebnisse

Die vorliegende Untersuchung hatte zum Ziel, ein umfassendes und differenziertes Bild der Personalisierungsmöglichkeiten und -grenzen der internetbasierten Nachhaltigkeitskommunikation zu erarbeiten. Vor diesem Hintergrund wurde das Konzept der PIN auf der Basis grundlegender Ausführungen zur Nachhaltigen Entwicklung (Kapitel 2) und der (internetbasierten) Nachhaltigkeitskommunikation (Kapitel 3f.) näher untersucht. Die *zentralen* Elemente und Erkenntnisse der *Hauptuntersuchung* der PIN (Kapitel 5ff.) werden im Folgenden zusammengefasst.

In **Kapitel 5** wurde ein **eigenständiger Bezugsrahmen** hergeleitet. Den Kern hierfür bildeten die Durchsicht der Personalisierungsliteratur und die Erklärungsbeiträge der NIÖ sowie des Relationship Management.

- Die Perspektive der Gestaltungsobjekte wurde in eine Prozess- und eine Ergebnisdimension analytisch aufgeschlüsselt. Innerhalb der Prozessdimension wurden die Perspektiven der Informations- und der Nutzerintegration unterschieden. Die Ergebnisperspektive zielte auf das objektive Personalisierungspotenzial von Nachhaltigkeitswebsites. Zudem wurde die Relevanz der Thematisierung zentraler Gestaltungsaspekte, in deren Vordergrund die Legitimation der PIN steht, offensichtlich.
- Abschließend wurden Ausführungen zum empirischen Forschungsprogramm der Arbeit sowie zur Evolution und zu den Charakteristika der (internetbasierten) Nachhaltigkeitskommunikation der VOLKSWAGEN AG gemacht.

Als erste zentrale Perspektive der Untersuchung der PIN wurde der Prozess der Integration von Nutzerinformationen (Kapitel 6) gewählt. Durch diesen Blickwinkel wurde zunächst der Blick auf das „klassische Personalisierungsproblem" der Gewinnung und Verarbeitung nutzerseitiger Information(sinteress)en gelenkt. Die theoretische Untersuchung wurde durch empirische Einsichten des Volkswagen-Nachhaltigkeitsportals „Mobilität und Nachhaltigkeit" (Online-Nutzerbefragung, Web Log Mining) flankiert.

- Zunächst wurden die *reaktiven Verfahren* der Ermittlung von Informationsinteressen fokussiert. Die im Vergleich zu der konventionellen Sicht der Personalisierungsliteratur wichtige Erweiterung bestand darin, dass nicht ausschließlich die nutzerindividuelle, sondern auch die nutzerübergreifende anonymisierte Informationsgewinnung als relevant für die PIN identifiziert wurde. Auf deren Basis können Unternehmen hinreichendes Kontextwissen erwerben, welches eine adäquate Nutzung individueller Informationen erleichtert.

➲ Die im Rahmen einer Online-Nutzerbefragung generierten Erkenntnisse auf der Basis einer Faktoren- und Clusteranalyse haben eine hohe Heterogenität der Informationsinteressen einer Nachhaltigkeitsportalnutzerschaft (Automobilsektor) angedeutet. Hieraus ergeben sich gewichtige Konsequenzen: Zunächst scheint die Eignung des Stakeholdermodells für die Zuschreibung von typischen Informationsinteressen bestimmter Nutzergruppen (Deduktion) eingeschränkt zu sein. Zudem bleibt fraglich, ob angesichts der ermittelten Heterogenität der Nutzerschaft des Portals eine typisierende Operationalisierung des Unternehmensumfeldes generell sinnvoll ist. Des Weiteren wurden auch methodologische Hemmnisse bei der Ermittlung nutzerseitiger Informationsinteressen deutlich (z. B. mangelnde Kenntnis der Grundgesamtheit, Beeinflussungseffekte und zusätzlicher Aufwand für den Nutzer).

➲ Zudem wurden *nicht-reaktive Instrumente der Ermittlung von Nutzerinformationen* beleuchtet. Im Vordergrund stand die Methode des Web Log Mining. Die Eignung der wichtigsten Partialanalysen des Web Log Mining (deskriptive Statistik, Assoziations- und Sequenzanalyse) wurde mit konkretem Bezug zum Portal vorgenommen. Die kritische Beleuchtung des Web Log Mining hat dabei zahlreiche gravierende methodologische Limitationen für eine PIN deutlich werden lassen (z. B. technische Limitationen, Unvollständigkeit und Fehlerhaftigkeit von Log Dateien, kontraproduktiver methodischer Manövrierraum), die den Schluss zulassen, dass eine belastbare Ermittlung nutzerseitiger Informationsbedarfe im Rahmen der PIN zum gegenwärtigen Zeitpunkt nur sehr eingeschränkt möglich ist.

➲ Hinsichtlich der *Zusammenführung reaktiv- und nicht-reaktiv gewonnener Informationen in Nutzerprofilen* haben besonders Operationalisierungsprobleme einzelner Informationskategorien eine hohe Relevanz: Der Grad der Operationalisierbarkeit bestimmter Informationskategorien scheint im diametral gegensätzlichen Verhältnis zu ihrer Relevanz für die PIN zu stehen. Wenngleich Nutzerprofile den Dreh- und Angelpunkt einer PIN i. e. S. bilden, ist ihre hinreichende „Füllung“ mit Kaltstart-ähnlichen Problemen verbunden.

➲ Die informationstechnologische Verarbeitung von Nutzerprofilen kann idealerweise durch ein *XML-basiertes Content-Management* in bereichs- und ebenenübergreifenden DWH-Umgebungen erfolgen. Neben den grundsätzlichen Vorzügen des DWH-Konzepts wurde ein technisches Layout eines XML-basierten CMS dargestellt. Als zentrales Problem wurde die Gewährleistung einer hinreichenden Informationsgüte im DWH näher beleuchtet.

Als zweite zentrale Perspektive der Untersuchung der PIN i. e. S. wurde der Prozess der Integration von Nutzern (Kapitel 7) gewählt, der zwei Dimensionen umfasst, auf deren Basis Integrationspotenziale und instrumentelle Besonderheiten dargelegt wurden: Die Perspektive der Integrationstiefe und -intensität sowie die chronologische Perspektive der Integration (Häufigkeit, Struktur).

➲ Hinsichtlich der *Integrationstiefe und -intensität* wurde ein eigenständiges Prozessmodell mit den Stufen *Konzeption* → *Selektion* → *Generierung* → *Distribution* vorgeschlagen, auf deren Basis die Integrationspotenziale dargestellt wurden. Neben idealtypischen Integrationsformen, in denen die Nutzerintegration gedanklich sukzessiv „rückwärts" schreitend vollzogen wird, wurden auch hybride Formen diskutiert, die eine selektive Integration repräsentieren.

➲ Die Dimension der *Integrationshäufigkeit und -struktur* wurde ebenfalls durch ein eigenständiges chronologisches Prozessmodell spezifiziert, welches sich in die Phasen *Anbahnung* → *Identifikation* → *Nutzung* unterteilt – wobei die Nutzungsphase den Schwerpunkt der Untersuchung eingenommen hat. Im Rahmen der *Anbahnungsphase* wurden zahlreiche Instrumente der Online- und Offline-Promotion dargestellt. Neben der großen Bedeutung der Maßnahmen der Sitepromotion sind auch Akzeptanz hemmende Effekte diskutiert worden. Die Perspektive der *Identifikationsphase* hat die Eignung technischer Methoden für die Wiedererkennung individueller Nutzer im Rahmen der PIN näher eingegrenzt. Zwar konnte eine hohe instrumentelle Vielfalt der Nutzeridentifikation dargestellt werden. Die Eignung einzelner Identifikationsmethoden für die PIN fällt hingegen sehr unterschiedlich aus. Die Spezifizierung der *Nutzungsphase* umfasste zahlreiche personalisierungstypische Instrumente, deren Eignung für die PIN näher untersucht wurde: Hierzu zählten eine kontextualisierte Navigation, algorithmenbasierte Inhaltezuweisung, personalisierte Suchfunktionen, Avatare (ECAs), hypermediale Inhaltekomponenten sowie virtuelle Communities. Die instrumentelle Betrachtung singulärer Nutzungsepisoden wurde abschließend durch eine dynamische, beziehungsorientierte Perspektive der Integrativität erweitert, welche chronologische, dynamische Akzentuierungen eines Instrumentaleinsatzes und zu erwartender Probleme verdeutlicht hat.

Als Konsequenz der prozessualen Betrachtung wurde durch die Ergebnisperspektive in Kapitel 8 die Darstellung und Diskussion des theoretischen Personalisierungspotenzials von Websites vorgenommen. Unter Rückbezug auf die Prozessbetrachtung in Kapitel 6 und 7 wurden die Erkenntnisse in eine Typologie der PIN überführt.

➲ Die Darstellung des theoretischen Personalisierungspotenzials einer Nachhaltigkeitswebsite (Ergebnis) wurde auf der Basis inhaltlicher, struktureller und darstellungsbezogener Attribute vorgenommen. Dabei ergaben sich zahlreiche praktische Einschränkungen des zuvor theoretisch deduzierten Personalisierungspotenzials.

- ➲ In einem zweiten Schritt ist die Ableitung und Präzisierung einer Typologie der PIN-Formen erfolgt, welche durch die Formen der Integrativität und den Genauigkeitsgrad der Nutzermodellierung aufgespannt wurde. Als zentrales Ergebnis der Typologie wurden drei Stufen der PIN ermittelt: PIN als „Eigenselektion", hybride Formen der PIN und Formen der PIN i. e. S. (insgesamt acht PIN-Typen).

| Die Ausführungen in den vorangegangenen Kapiteln haben zahlreiche Limitationen der PIN erkennen lassen, die in Kapitel 9 vertieft wurden. Ausgangspunkt der Legitimations- und Implementationsdimension war die Annahme, dass nicht von einer generellen Gewünschtheit einer Personalisierung ausgegangen werden kann. |
|---|

- ➲ Zunächst wurde die individuelle Wahrnehmung der PIN als Voraussetzung der Legitimation hervorgehoben. Auf der Basis des SERVQUAL-Ansatzes wurden „Unschärfebereiche" der nutzerseitig wahrgenommenen Prozess- und Ergebnisindividualität dargestellt und diskutiert. Diesen Unschärfebereichen gemein ist die Tatsache, dass das genaue Wahrnehmungsniveau interindividuell variiert und z. T. sehr selektiv sowie stets kontextabhängig ist.
- ➲ Anschließend standen ausgewählte *Partialansätze der NIÖ* im Vordergrund. Mit Hilfe der *Property-Rights-Theorie* wurden Bedenken thematisiert, die auf der Art und Weise der Verwendung nutzerseitiger Informationen sowie auf unterschiedlichen Graden der Nutzerintegration beruhen. Auf der Basis der *Transaktionskostentheorie* wurden Problemfelder der Informationsverkeilung sowie verschiedener Transaktionskostenarten diskutiert.
- ➲ Das Privacy-Problem, welches in engem inhaltlichen Zusammenhang mit den durch die NIÖ aufgeworfenen Problemfeldern steht, wurde aufgrund der in der Literatur beigemessenen hohen Relevanz gesondert diskutiert. Dabei konnten zunächst verschiedene *Formen von Privacy-Risiken* (z. B. Heimlichkeit der Verwendung von Informationen, Weitergabe an Dritte etc.) identifiziert werden. Zudem wurden die *Besonderheiten des internationalen Datenschutzrechts* dargestellt. Auf der Basis bestehender Anforderungen wurden die *Konsequenzen für die PIN* mittels eines Mehrebenen-Kontinuums abgeleitet.
- ➲ Zudem wurden mögliche *Zielkonflikte* thematisiert, die bei der Berücksichtigung einschlägiger *gestaltungsbezogener Anforderungen* an die Nachhaltigkeitskommunikation – am besonderen Beispiel der *GRI* – erwartet werden. Existierende Problemfelder wurden entlang der GRI-Prinzipienfelder „Rah-

menprinzipien", „Umfangsprinzipien", „Qualitätsprinzipien" und „Zugangsprinzipien" diskutiert.

- Schließlich wurden auch Bedenken aus der Perspektive der begrifflichen Konkretisierung des Leitbildes der Nachhaltigen Entwicklung thematisiert. Dabei wurde besonders der Frage nachgegangen, ob die PIN nicht den begrifflichen Wildwuchs der Nachhaltigkeitsdebatte weiter verschärft und dementsprechend einer intendierten – wenngleich kaum erreichbaren – terminologischen Konklusion entgegensteht.

## 10.2. Die zentralen Handlungsempfehlungen für Unternehmen

Angesichts der zahlreichen Problemfelder der PIN sollen im vorliegenden Abschnitt konkrete Handlungsempfehlungen anhand des Fallbeispiels dieser Arbeit, dem VOLKSWAGEN-Nachhaltigkeitsportal „Mobilität und Nachhaltigkeit", abgeleitet werden.[1128] Als Basis der Betrachtung dient dabei die Typologie der PIN (vgl. Kapitel 8.2) sowie die Einordnung des Portals in die Typologie. Wie in Abbildung 31, die auf Abbildung 25 aufbaut, angedeutet wird, weist das Portal bereits Elemente der PIN-Typen I, II, IV und V auf, da auf ihm durch Online-Befragungen und kontinuierliche Maßnahmen des Web Log Mining bereits *erste Formen* der Informationsintegration zu verzeichnen sind und zudem mit dem Rubrikenkonzept Ansätze der Typisierung von Inhaltebereichen, die die adressatengerechte Eigenselektion fördern, implementiert wurden. Allerdings ist die Einordnung in die Typen IV und V nur eingeschränkt zutreffend, da *keinerlei Maßnahmen der Nutzermodellierung* – weder typisiert noch personalisiert – zu verzeichnen sind.

Um höhere Formen der PIN (besonders die Typen VI, VII und VIII) zu erreichen, sind die in der Arbeit skizzierten ambitionierten Maßnahmen der Nutzerintegration bzw. der individuellen Nutzermodellierung zu implementieren, die schlechterdings mit technologischen Problemen und den in Kapitel 9 identifizierten Legitimationseffekten verbunden sind.

---

[1128] Es sei an dieser Stelle ausdrücklich betont, dass die im Folgenden zu nennenden Handlungsempfehlungen im besonderen Maße auf die Installation eines PIN-Systems i. e. S. abstellen. Dabei sei erwähnt, dass Unternehmen idealerweise zusätzlich auch Maßnahmen der Integration der Prinzipien einer Nachhaltigen Entwicklung bzw. der Nachhaltigkeitskommunikation in die Funktionsbereiche, Managementprozesse und Ebenen des Unternehmens vorzunehmen haben (besser: bereits haben sollten), deren eingehende Schilderung jedoch den Rahmen dieser Arbeit sprengen würde. Vielmehr sei exemplarisch auf die Arbeit von Steinle, 2005, besonders S. 194-216, verweisen, in der dieser Denkansatz in ökologieorientierter Hinsicht vertieft wird. Die im Rahmen der PIN zu erwartende Entgrenzung des Unternehmens birgt zusätzliche Implikationen, die z. B. in den Arbeiten von Picot/Reichwald/Wiegandt, 2003 sowie Steinle/Bruch/Unruhe, 1995 näher dargestellt werden.

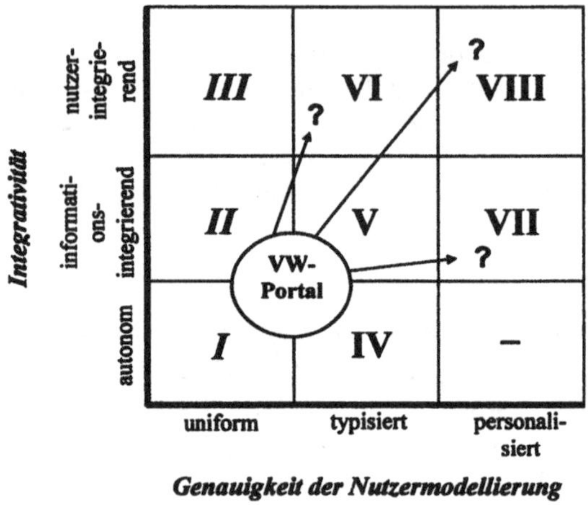


Abbildung 31: Positionierung des Volkswagen-Portals „Mobilität und Nachhaltigkeit" im Rahmen der Typologie der PIN.
Quelle: Eigene.

Inwieweit diesen Hürden begegnet werden kann, soll im Folgenden näher dargestellt werden. Dabei werden die in Abbildung 31 zu Grunde liegenden zentralen dimensionalen Stoßrichtungen aufgegriffen: (i) die vornehmlich methodischen und technischen Probleme, die die *Genauigkeit der Nutzermodellierung* (Abszisse) behindern und (ii) die aus Nutzersicht virulenten Probleme der Vertrauenswürdigkeit von PIN-Aktivitäten, die *höheren Graden der Integrativität* (Ordinate) entgegen stehen und in engem Zusammenhang mit den im Rahmen der NIÖ thematisierten Problemfeldern stehen. Die folgenden Ausführungen akzentuieren dabei kritische „Stellschrauben" und zugleich „Fallstricke", deren Thematisierung für eine gelungene Implementation eines nutzerintegrierenden PIN-Systems unumgänglich erscheint.[1129]

Ad (i): Die in dieser Arbeit, besonders Kapitel 6.1.1.3, gewonnenen Erkenntnisse haben den zentralen Stellenwert unternehmensspezifischer Primärforschung im Sinne einer umfassenden Transparenzschaffung im Unternehmensumfeld (z. B.

1129 Es sei an dieser Stelle angemerkt, dass die Darstellung von Handlungsempfehlungen sich auf die wesentlichen Kernpunkte beschränkt und nicht den Anspruch auf Vollständigkeit bzw. die Berücksichtigung aller denkbaren Eventualitäten erhebt. So sind die hier genannten Punkte besonders für große, multi-national agierende Unternehmen (des Automobilsektors) von Bedeutung. Je nach Größe und Sektor von Unternehmen können sich Verschiebungen und abweichende Akzentuierungen in der Argumentation ergeben, die hier nicht weiter vertieft werden sollen. Zahlreiche methodische und instrumentelle Details sind zudem in der Hauptuntersuchung der PIN (vgl. Kapitel 6ff.) zu finden.

Struktur der Nutzerschaft im Vergleich mit idealtypischen Stakeholder-Modellen) herausgestellt. Wie die Untersuchungen zudem verdeutlicht haben, sind für die Anwendung von Methoden der Informationsgewinnung (Primärforschung) *ausreichend Ressourcen* und ein *hinreichendes Methodenwissen* essenziell, um belastbare Ergebnisse – und nicht statistische Artefakte – ableiten zu können. Etwaige Defizite sollten durch intensive Kooperationen mit externen Partnern oder Hochschulen kompensiert werden. Angesichts der in dieser Arbeit herausgestellten Interpretationsschwierigkeiten von (reaktiven) Untersuchungsergebnissen sind zudem auch stets *vorgeschaltete Maßnahmen* erforderlich, die die meist unklaren Vorstellungen hinsichtlich der *Grundgesamtheit der unternehmerischen Nachhaltigkeitskommunikation* zu beheben versuchen. Bei quantitativ umfangreich angelegten Studien ist zu empfehlen, etwaige Stichprobenquotierungen mit Sekundärstudien zu vergleichen bzw. andere interne Fachbereiche (z. B. die Unternehmenskommunikation) zu kontaktieren, die ebenfalls umfassende Erhebungen planen oder durchgeführt haben. Wenngleich derartige Vergleichsziehungen kaum zur endgültigen Klärung der Zusammensetzung einer Grundgesamtheit führen dürften, wird doch so der Gefahr einer verkürzten, unreflektierten Erhebung und Interpretation von Nutzerinformationen begegnet.

Um dem Problem der zu erwartenden oft *geringen situativen Auskunftsbereitschaft der Nutzer* bzw. *geringen Teilnehmerzahlen bei Befragungen* zu begegnen, sind von Unternehmen „schlanke" und gründlich reflektierte Erhebungsdesigns für die Nutzerprofilbildung zu entwickeln, was wiederum eine intensive Auseinandersetzung mit statistischen Methoden voraussetzt – Maßnahmen der Online-Promotion bzw. der (übermäßigen) Incentivierung sind jedoch angesichts der in dieser Arbeit diskutierten Irritationspotenziale behutsam einzusetzen.

Um besonders die nicht-reaktiven Verfahren des *Web Log Mining* aussagekräftig zu gestalten, gilt es, etwaige *technische Limitationen zu vermeiden* bzw. zu beheben. Dies betrifft im Falle der VOLKSWAGEN AG die gezielte Nutzung von persistenten Cookies und Log-In-Funktionen. Durch diese technischen Maßnahmen sind die nicht-reaktiv gewonnenen Informationen auf nutzerindividueller Ebene (z. B. durch clusteranalytische Verfahren) analysierbar. Zwar werden besonders mit Cookies oft datenschutzrechtliche Bedenken assoziiert (Privacy-Problematik). Allerdings dürften die möglichen Vorbehalte aufgrund der meist geringen Informationsreichhaltigkeit von Cookies und der Möglichkeit der *transparenten Dokumentation einer Privacy-Policy,* deren Erstellung von großer Bedeutung zu sein scheint (vgl. auch die Ausführungen in Unterpunkt (ii)), lösbar sein. Angesichts der in Kapitel 6.1.2.2.5 dargestellten Kritikpunkte am Web Log Mining sei zum gegenwärtigen Zeitpunkt empfohlen, diese Erhebungsmethode in erster Linie als ergänzendes Instrument der Transparenzschaffung (z. B. Aufdecken von Portal-Navigationsmängeln etc.) – und nicht als zentrales Instrument der nutzerseitigen Informationsbedarfsermittlung – zu begreifen.

Sollte den hier skizzierten Problemen der Informationsgewinnung ausreichend begegnet worden sein, gilt es, die Datenbestände unternehmensintern anschlussfähig zu gestalten, um die vielfältigen Analysepotenziale einer breiten Gruppe interner Interessenten zugänglich zu machen. So scheint sicher, dass die Installation eines PIN-Systems in Unternehmen nur schwer als isolierte Lösung erfolgen kann und im Vorfeld der Planung die *gezielte Prüfung interner Kollaborationspotenziale* erfordert, weswegen an dieser Stelle der Aufbau eines bereichsübergreifend zu speisenden DWH empfohlen sei. Dies umfasst auch die sorgfältige Planung von Verantwortungen und Zugriffsrechten, die einen dauerhaft funktionierenden Betrieb eines DWH gewährleistet. Da bei multi-national agierenden Unternehmen DWHs stets globale Ausmaße erreichen dürften, sind bei der Planung ausreichend Koordinationsressourcen (Finanzen, Zeit, Personal) zu berücksichtigen. Die bereichsübergreifende (Mehrfach-) Verwendung von Informationen steht indes im Zielkonflikt mit datenschutzrechtlichen Bedenken, die u. a. im folgenden Punkt (ii) thematisiert werden.

Ad (ii): Bei der Zielverfolgung einer umfassenden Nutzerintegration sind vor allem die *Probleme der Vertrauenswürdigkeit* von PIN-Aktivitäten virulent. Vor diesem Hintergrund sollen folgend konkrete Handlungsempfehlungen im Sinne einer gelungenen Gestaltung integrativer PIN-Systeme dargestellt werden.

Die Betrachtung ausgewählter Partialansätze der NIÖ hat dabei besonders das Problem *nutzerseitiger Unsicherheiten* offensichtlich werden lassen, die mit dem Problem intransparenter Ursache-Wirkungs-Mechanismen, befürchtetem Opportunismus und der Spezifität der PIN zusammenhängen. Verstärkt wird diese Unsicherheit durch das im Kapitel 9.1 dargestellte Problem der eingeschränkten Wahrnehmbarkeit, dessen pro-aktive Thematisierung hier einführend empfohlen sei. Durch die Adressierung des Wahrnehmungsproblems kann m. E. die nutzerseitige Bereitschaft zur Disclosure, die Qualität der gewonnenen Nutzerinformationen und somit die gesamthafte Güte der PIN gesteigert werden. So scheint es unumgänglich, dass Nutzer *explizit* und *nachvollziehbar* darüber informiert werden, *dass* Personalisierung stattfindet, *welche Instrumente* hierfür Verwendung finden sowie welche spezifischen *Zwecke* hiermit verbunden sind. Hierdurch wird auf den besonderen Stellenwert Transparenz schaffender, dialogischer Maßnahmen, z. B. hinsichtlich der Verwertungsprinzipien (Privacy Code of Conduct) oder etwaiger Sicherheitsstandards, verwiesen. Analog ist z. B. eine pro-aktive Thematisierung des Web Log Mining zu empfehlen. Gleichzeitig gilt es darzustellen, welche Konsequenzen im Kommunikationsergebnis (z. B. Filtern von Inhalten etc.) hiermit verbunden sind und inwieweit sich dies auf die Vollständigkeit des PIN-Ergebnisses auswirken kann. Da – wie die Untersuchungen verdeutlicht haben – nicht zwingend von einem Einverständnis der

Nutzer hinsichtlich einer PIN auszugehen ist, sollte die Partizipation nur über eine *aktive* Einwilligung (Opting-In) erfolgen.[1130] Alternativ kann den Nutzern eine Möglichkeit gegeben werden, von der PIN Abstand zu nehmen, indem auch eine nicht-personalisierte Version angeboten wird oder aber eine deutliche Trennlinie zwischen personalisierbaren und nicht-personalisierbaren Bereichen markiert wird.

Mit Blick auf das PIN-Problem von Bootstrapping- bzw. Kaltstart-ähnlichen Effekten gilt es unternehmensseitig, ein Signal technologischer bzw. gesamthafter Vertrauenswürdigkeit auszustrahlen, um etwaigen initialen Misstrauensmomenten bei individuellen Nutzern zu begegnen. Somit sei empfohlen, zunächst besonderes Augenmerk auf technologisch orientierte Aspekte der Vertrauenswürdigkeit (z. B. Stabilität der Serververbindung, Ladezeiten und Stabilität des Seitenaufbaus) zu lenken. Eine professionelle, klare visuelle Anmutung eines PIN-Portals kann zudem positive Ausstrahlungseffekte induzieren.[1131]

Um weiteren denkbaren Reaktanzen zu begegnen, sollten im Sinne der nach internationalen Datenschutzstandards gebotenen Datensparsamkeit [1132] nur unmittelbar benötigte Informationen erhoben werden. Im Rahmen der PIN zählen hierzu die *relevanten* Komponenten der Nutzerprofilbildung, deren Auswahl sorgfältig erfolgen sollte. Anhaltspunkte über die Wertigkeit einzelner Inhaltekategorien liefern Tabelle 6 sowie einzelne Ausführungen in Kapitel 6.2.5 dieser Arbeit. Mit Blick auf die in dieser Arbeit ermittelte relativ geringe unmittelbare Relevanz von „intimen“, psychographischen Informationen (Name, Geschlecht etc.) [1133] scheint der Ansatz der sog. *pseudonymisierten Verwendung von Nutzerinformationen* interessant. Die Pseudonymisierung erlaubt es Nutzern, gegenüber dem PIN- bzw. dem zu Grunde liegenden IKT-System als reale Person unbekannt zu bleiben. Es wird registriert, *dass* ein und derselbe (wiederkehrende) Nutzer oder Rechner das System nutzt – wer sich jedoch als reale Person dahinter verbirgt, bleibt ungeklärt, wodurch automatisch die nutzerseitige Privatsphäre weitgehend gewahrt bleibt.[1134] Für Unternehmen wie die VOLKSWAGEN AG mit

---

[1130] Einige nationale Datenschutzgesetze erfordern zudem eine Einwilligung in (quasi-) schriftlicher Form (vgl. Kobsa, 2001, S. 7).

[1131] Es sei angemerkt, dass Ausstrahlungseffekte freilich auch von der wahrgenommenen Integrität des Unternehmens bzw. der (internetbasierten) Nachhaltigkeitskommunikation insgesamt ausgehen.

[1132] Vgl. erneut Kapitel 9.3.2.

[1133] Vgl. Kapitel 6.2.3, Tabelle 6. Dieser Befund gilt in Abgrenzung zu anderen Personalisierungsanwendungen wie dem E-Commerce, wo spätestens im Rahmen der Bezahlung die reale Identität des Nutzers zu erheben ist.

[1134] Vgl. Kobsa/Schreck, 2003, S. 157-160.

Stammsitz in Deutschland scheint dies von Interesse, da hierdurch auch die deutsche Gesetzgebung zum Datenschutz berücksichtigt wird.[1135]

Werden Informationen (pseudonymisiert) erhoben, sei mit Blick auf mögliche nutzerseitige Irritationen empfohlen, diese nicht ungeprüft bzw. pauschal weiteren Funktionsbereichen – z. B. der E-Commerce-Abteilung – zur Verfügung zu stellen. Hierfür sind im Rahmen der integrierten Informationsbetrachtung im DWH geeignete Zugriffsrechte zu definieren. Sollte die Entscheidung *für* eine integrierte Nutzung fallen, ist hierfür grundsätzlich das Einverständnis der Nutzer einzuholen.[1136] Zudem ist, wie auch unter (i) bereits angedeutet, bei der Wahl geeigneter Komponenten der IKT-Infrastruktur die Berücksichtigung probater Sicherheitsmaßnahmen von großer Bedeutung. Im Rahmen der PIN sollten daher Nutzerinformationen z. B. nur über gesicherte S-HTTP- bzw. SSL-Technologie übermittelt werden.[1137] Diese Vorkehrungen sind idealerweise auch dann vorzuhalten, wenn Nutzer ihre persönlichen Nutzerprofile (~Personal Books) einsehen und die dort enthaltenen Informationen bearbeiten. Angesichts der beträchtlichen Komplexität und Kompliziertheit der Nachhaltigen Entwicklung, der Nachhaltigkeitskommunikation und der PIN im Speziellen sei empfohlen, die mit Sicherheitsvorkehrungen und (Privacy) Policies verbundenen Informationen *kompakt* zu kommunizieren. Sämtliche Aktivitäten können z. B. durch eine Teilnahme an einem Datenschutzaudit (in Deutschland in Anlehnung an §17, MDStV) untermauert werden, die im Sinne einer staatlich organisierten Zertifizierung Unternehmen als „Belohnung" zu einer kommunikativen Verwendung eines Datenschutzauditzeichens autorisiert.[1138]

Mit Blick auf die möglichen Bedenken des gezielten Filterns im Rahmen der PIN sei empfohlen, einen Mindest-Umfang an Informationen zu definieren, der unabhängig von den persönlichen Interessen individueller Nutzer einen (zentralen) Bestandteil der PIN bzw. der (internetbasierten) Nachhaltigkeitskommunika-

---

1135 Die Datenerhebung und -verwertung ist nach deutschem Recht immer dann ohne Einwilligung des Nutzers zulässig, wenn mit ihrer Hilfe ausschließlich solche Daten erhoben werden, die nicht personenbezogen oder personen*beziehbar* sind (dieser Mechanismus gilt nach Wang/Kobsa, 2005, S. 36 auch für andere Länder). Bilden Pseudonyme die alleinige Basis der Profilbildung, stehen der Gewinnung von Nutzerinformationen aus Sicht des deutschen Datenschutzrechts keinerlei Regelungen und Bedenken entgegen (vg. Buxel, 2001, S. 42). Dieser Aspekt ist zudem für die in Kapitel 7.2.2.3.2 dargestellte adaptive Inhaltezuweisung relevant: Datenschutzrechtlich betrachtet stellt die bloße Erstellung der Zuweisungsregeln kein Problem dar, sofern *pseudonymisierte* Daten verwendet werden und so ein Rückbezug auf bestimmte reale Personen unmöglich wird.

1136 Hierdurch wird implizit die Anforderung der „Use limitation" der „OECD Guidelines on the Protection of Privacy and Transborder Data Flows of Personal Data" (vgl. Tabelle 11) berücksichtigt.

1137 Zu technischen Lösungen vgl. vertiefend Schreck, 2000, S. 81-130.

1138 Vgl. exemplarisch www.datenschutzzentrum.de/material/recht/audit/audit.htm#b11, abgerufen am 18.08.2006.

tion bildet. Dies ist somit nicht zuletzt eine Teilaufgabe eines *ganzheitlichen Managements der unternehmerischen Nachhaltigkeitskommunikation*, zu der die PIN als wesentlicher Baustein – und nicht als isoliertes Software-Tool – zu zählen ist. Die Definition dieses Mindestumfangs ähnelt dabei der gegenwärtig verbreiteten Problematik der Priorisierung von Inhalten, die in Print-Nachhaltigkeitsberichten publiziert und durch Nachhaltigkeitsportale gezielt ergänzt werden (z. B. durch Online-Berichtslinks)[1139]. Zudem wird durch die Definition auch ein Stück weit die Begutachtungsproblematik der PIN im Sinne externer Testierung bzw. Verifizierung erleichtert.

Abschließend sei bemerkt, dass die vorangegangene Darstellung von Fallstricken einen insgesamt hohen Ressourcenaufwand erwarten lässt. Unternehmen, die eine PIN zu implementieren beabsichtigen, sei daher abschließend eine *gründliche und langfristige Ressourcenplanung* empfohlen. Ob anspruchsvolle PIN-Typen (z. B. Typ VIII) aus Ressourcensicht überhaupt als sinnvoll zu erachten sind, ist auf der Basis profund definierter unternehmensspezifischer Kosten- und Nutzenkategorien zu entscheiden.

## 10.3. Ausblick

Die vorangegangenen Ausführungen haben nicht zuletzt den hohen Ressourcenaufwand, der im Rahmen der Implementation einer PIN zu erwarten ist, deutlich werden lassen. So wurden in dieser Arbeit neben zahlreichen Instrumenten auch vielfältige, z. T. gravierende Problemfelder einer PIN identifiziert, deren Auflösung Unternehmen vor große Herausforderungen stellen kann. Angesichts der zahlreichen denkbaren Unvollkommenheiten einer PIN soll abschließend zum gegenwärtigen Zeitpunkt dem Paradigma eines 100%ig maßgeschneiderten Informationsangebots eher ein ideeller denn realistischer Charakter zugeschrieben werden. Endgültige Aussagen über das genaue Verhältnis zwischen Vor- und Nachteilen einer PIN im Sinne einer präzisen „Bilanzierung" sind indes kaum zuverlässig vorzunehmen – und zwar aus drei Gründen: Zunächst sind die Ausführungen zur PIN aufgrund ihrer marginalen praktischen Diffusion gegenwärtig rein theoretischer, hypothetischer Natur, da fast keine praktischen Erfahrungen mit PIN-Systemen existieren.[1140] Zudem besteht das Problem, dass eine belastbare Erfolgskontrolle einer PIN nur schwer vorzunehmen ist. Schließlich hat die Typologie der PIN die Facettenvielfalt dieses Konzepts herausgestellt, weswegen pauschale Aussagen zu Chancen-Risiken-Verhältnissen nicht sinnvoll getroffen werden können, sondern vielmehr auf spezielle PIN-Typen bezogen werden müssen.

---

1139 Vgl. hierzu das Online-Vernetzungskonzept im Nachhaltigkeitsbericht 2005/2006 des Volkswagen-Konzerns (vgl. Volkswagen AG, 2005).

1140 Vgl. erneut FN 497.

Die große Zahl und fallweise hohe Virulenz der dargestellten Problemfelder sowie der bisweilen pessimistische Tenor der Arbeit dürfen jedoch nicht darüber hinwegtäuschen, dass einige Limitationen besonders zum *gegenwärtigen Zeitpunkt* gewichtig sind. Die Auflösung der hiermit verbundenen Spannungsfelder scheint in besonderem Maße von *zukünftigen Entwicklungen* abhängig zu sein. Während im Lichte der Untersuchungen gegenwärtig die Problemfelder der PIN die Potenziale zu überwiegen scheinen, lässt sich an dieser Stelle kaum eine belastbare Einschätzung vornehmen, in welchem Verhältnis Personalisierungspotenziale und -grenzen zukünftig zueinander stehen. Es ist jedoch zu erwarten, dass die mittel- bis langfristige Etablierung der PIN von mindestens drei Determinanten abhängig ist, deren Einfluss auf zentrale Variablen der PIN im Folgenden dargestellt werden soll (vgl. Abbildung 32).

➲ Als erste Determinante sei die *zukünftig zu erwartende Diffusion des Leitbildes der Nachhaltigen Entwicklung* genannt. Wie in dieser Arbeit thematisiert, ist die gegenwärtige Verbreitung des Leitbildes als gering zu bezeichnen. Dieser Befund kann mit Blick auf die ursprüngliche Konnotation und Ziele des Leitbildes kaum befriedigen und dürfte der zukünftigen kommunikativen Operationalisierung gewichtig entgegenstehen. Die daher – jenseits z. B. wissenschaftlicher Fachkreise – geringe Sensibilisierung eines breiten Publikums für die Inhalte einer Nachhaltigkeitskommunikation (Kriterienebene), die im Kontrast zur hohen Zahl „nicht-professioneller" Nutzer (z. B. Kunden) steht, dürfte z. B. stark auf die Belastbarkeit nutzerseitig artikulierter Informationsinteressen bei der PIN und die „inhaltliche Synchronisierung" der Akteure rückwirken: So ist *gegenwärtig nicht* von einem breiten begrifflichen Commonsense auszugehen, der weite Teile der potenziellen Nutzerschaft eines Nachhaltigkeitsportals befähigt, eine für das personalisierende Unternehmen nachvollziehbare, belastbare Eingrenzung ihrer Informationsbedarfe vorzunehmen. Die Heterogenität ist somit zugleich Treiber und Hemmnis der PIN: Treiber, da sie die Begründung für die Implementation eines PIN-Systems liefert, Hemmnis, da die in dieser Arbeit herausgestellten Problemfelder vor allem auf der Heterogenität der Nutzerschaft beruhen. Gleichzeitig dürften zahlreiche Nutzer massive Schwierigkeiten haben, neben der Artikulation ihrer Interessen zudem auch die Vertrauenswürdigkeit des Unternehmens hinsichtlich der Verwendung ihrer persönlichen Informationen einzuschätzen. Vor diesem Hintergrund wird den zukünftigen Entwicklungen hinsichtlich eines Ordnungsrahmens der Nachhaltigkeitsdiskussion und -kommunikation eine gewichtige Rolle beigemessen.

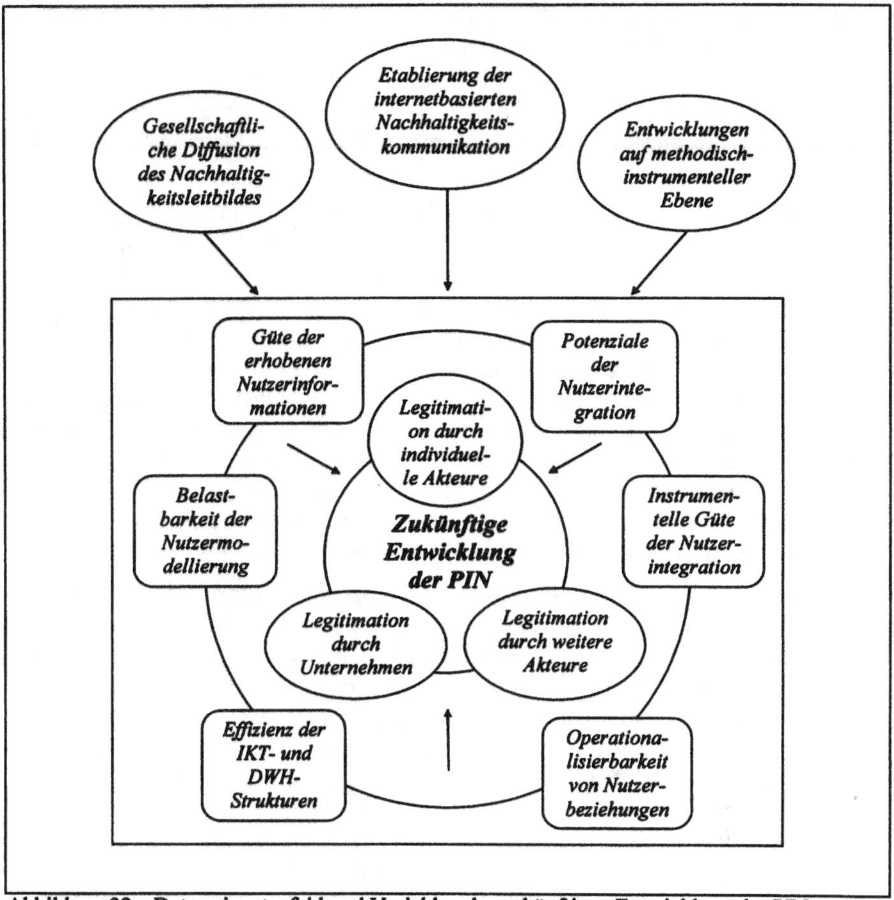


Abbildung 32: Determinantenfeld und Variablen der zukünftigen Entwicklung der PIN.
Quelle: Eigene.

➲ Des Weiteren dürfte die Realisierbarkeit der PIN im Wesentlichen von der weiteren *Diffusion* und besonders der *unternehmensinternen Etablierung der internetbasierten Nachhaltigkeitskommunikation* abhängen. Während zahlreiche in der Theoriebildung diskutierten Potenziale der internetbasierten Nachhaltigkeitskommunikation gegenwärtig ungenutzt bleiben[1141], ist zudem die unternehmensinterne Anschlussfähigkeit der PIN an das strategische Ma-

[1141] Vgl. hierzu die Arbeiten von Ahsen/Herzig/Pianowski, 2006 (Fokus: DAX30-Unternehmen); Blanke et al., 2004 (Fokus: DAX30-Unternehmen); Kim, 2005 (Fokus: GF500-Unternehmen) sowie Schulz, 2003 (Fokus: Unternehmen des Lebensmittelsektors).

nagement und die internen IKT-Infrastrukturen zu bemängeln.[1142] Zahlreiche Unterstützungspotenziale und Vorzüge der PIN, die der Unterfütterung des strategischen Managements dienen können, dürften sich nur dann entfalten, wenn die gewonnenen Informationen in integrierten, der Entscheidungsunterstützung des strategischen Managements dienenden Datenbankumgebungen (DWH) verarbeitet werden.

➲ Schließlich sei auch auf die zukünftigen Entwicklungen auf methodisch-instrumenteller Ebene verwiesen. So ist die weitere Entwicklung der in dieser Arbeit z. T. noch als unbefriedigend bezeichneten Funktionalität zahlreicher PIN-Instrumente (z. B. adaptive Inhaltezuweisung, ECAs etc.) davon abhängig, welche Forschritte auf den Gebieten der IKT, insbesondere der künstlichen Intelligenz und der methodischen Reife einzelner Applikationen, gemacht werden. Ähnliches gilt für die Virulenz des Privacy-Problems, welches teilweise auch durch die technologischen Friktionen determiniert wird. Diese Trendvermutung korrespondiert mit Ergebnissen einer Delphi-Studie des MÜNCHNER KREISES, denen zufolge eine nennenswerte Etablierung individualorientierter Kommunikationskonzepte sowie zahlreicher assoziierter Instrumente frühestens 2009, eher 2014 zu erwarten sei.[1143]

Abschließend sei bemerkt, dass nach Meinung des Autors die zahlreichen genannten – gegenwärtig noch rein hypothetischen – Verdachtsmomente und Befürchtungen durch die zahlreichen Vorzüge der PIN zumindest teilweise kompensiert werden dürften, da die Implementation einer PIN insgesamt die für die Nachhaltigkeitsdiskussion eminent wichtigen Informationsaustauschprozesse intensiviert. So kann konstatiert werden, dass zahlreiche der genannten Bedenken der Manipulationen und Ungenauigkeiten nicht immer durch die PIN *verursacht,* sondern vielmehr *verstärkt* werden. Vermuten Nutzer oder andere Akteure Glaubwürdigkeitsdefizite, so ist stets fraglich, ob diese auf das Instrument der PIN oder die Integrität des Unternehmens zurückzuführen sind. So gesehen ist das Instrument der PIN eher als „Medium“ zu verstehen, welches die inhärenten Chancen und Risiken von Informationsaustauschprozessen – sowohl in die vorteilhafte als auch die nachteilige Richtung – zu intensivieren vermag.[1144] Das „Heben“ der „Wissensschätze“ ist jedoch sowohl für Unternehmen als auch für individuelle Nutzer mit einem stets hohen Aufwand verbunden.

---

1142 Vgl. Severin, 2005, S. 71.

1143 Vgl. Münchner Kreis, 1999, S. 21 & 25. Diese Aussagen sind insofern bemerkenswert, als die Studie in der Hochphase der New-Economy-Euphorie durchgeführt wurde.

1144 Nichtsdestotrotz bleibt fraglich, in welchem Maße ein Nutzer zwischen diesen Ursächlichkeiten zu differenzieren vermag. In letzter Konsequenz dürften sich die mit den Problemen verbundenen Effekte (Verweigerungshaltung etc.) in erster Linie negativ auf die instrumentelle Güte der PIN auswirken, weswegen die hier skizzierte Differenzierung von eher geringer praktischer Relevanz ist.

Letztlich erscheinen die weiteren Entwicklungen im oben skizzierten Determinantenfeld als zentral für eine Etablierung und eine hinreichende Funktionsfähigkeit von PIN-Systemen. Erst mit der Bewältigung dieses aufgezeigten Konfliktfeldes kann m. E. dem eingangs in dieser Arbeit aufgeführten Zitat EMERSONS im Rahmen der PIN widersprochen werden.

# Literaturverzeichnis


**Aachener Stiftung Kathy Beys (2004) (Hrsg.):** Lexikon der Nachhaltigkeit, im Internet: www.nachhaltigkeit.info, abgerufen am 15.02.2004.

**ACCA – Association of Chartered Certified Accountants/Next Step Consulting (Hrsg.) (2001):** Environmental, Social and Sustainability Reporting on the World Wide Web: A Guide to Best Practice, London.

**ACEA – Association des Constructeurs Européens d'Automobiles/JAMA – Japan Automobile Manufacturers Association (Hrsg.) (2002):** UNEP Report on the automotive industry as a partner for sustainable development, Brüssel/Tokyo.

**Achleitner, Paul (1985):** Sozio-politische Strategien multinationaler Unternehmen, Bern/Stuttgart.

**Agrawal, Rakesh/Imielinski, Tomasz/Swami, Arun (1993):** Mining Association Rules between Sets of Items in Large Data Bases, in: Buneman, Peter/Jajodia, Sushil (Hrsg.), Proceedings of the 1993 ACM SIGMOD Conference on Management of Data, Washington, S. 207-216.

**Ahsen, Anette von/Herzig, Christian/Pianowski, Mathias (2006):** Nachhaltigkeitsberichterstattung der Dax-30 Unternehmen im Internet, in: Umweltwirtschaftsforum, Jg. 14, Nr. 1, S. 30-35.

**Alpar, Paul (1999):** Kommerzielle Nutzung des Internets – Unterstützung von Marketing, Produktion, Logistik und Querschnittsfunktionen durch Internet, Intranet und kommerzielle Online-Dienste, Berlin.

**Apache (2002):** Apache Cocoon Authentication Framework, im Internet: http://cocoon.apache.org/2.1/developing/webapps/authentication.html, abgerufen am 28.06.2005.

**Arndt, Johan (1978):** How Broad Should the Marketing Concept be? In: Journal of Marketing, Jg. 42, Nr. 1, S. 101-103.

**Arnold, Wolfgang/Freimann, Jürgen/Kurz, Rudi (2001):** Vorüberlegungen zur Entwicklung einer Sustainable Balanced Scorecard für KMU, in: Umweltwirtschaftsforum, Jg. 9, Nr. 4, S. 74-79.

**Arrow, Kenneth J. (1985):** The Economics of Agency, in: Pratt, John. W./Zeckhauser, Richard. J. (Hrsg.), Principals and Agents: The Structure of Business, Boston, S. 37-51.

**Arthur D. Little/BITC – Business in the Community (Hrsg.) (2003):** The Business Case for Corporate Responsibility, London.

**Austin, John L. (1985):** Zur Theorie der Sprechakte, Stuttgart.

**Azzone, Giovanni/Brophy, Michael/Noci, Giuliano/Welford, Richard/Young, William (1997):** A Stakeholders' View of Environmental Reports, in: Long Range Planning, Jg. 30, Nr. 5, S. 699-709.

**Backhaus, Klaus/Erichson, Bernd/Plinke, Wulff/Weiber, Rolf (2003):** Multivariate Analysemethoden. Eine anwendungsorientierte Einführung, Berlin usw.

**Bagozzi, Richard (1975):** Marketing as Exchange, in: Journal of Marketing, Jg. 39, Nr. 4, S. 32-39.

**Balzert, Helmut (1988):** Trends und Perspektiven der Software-Ergonomie, in: Balzert, Helmut (Hrsg.), Einführung in die Software-Ergonomie, Berlin/New York, S. 345-374.

**Barnhard, Chester (1938):** The functions of the executive, Cambridge.

**Barth, Matthias (2005):** Internetbasierte Nachhaltigkeitskommunikation, in: Michelsen, Gerd/Godemann, Jasmin (Hrsg.), Handbuch Nachhaltigkeitskommunikation – Grundlagen und Praxis, München, S. 641-650.

**Bauer, Hans H./Hammerschmidt, Maik (2004):** Kundenzufriedenheit und Kundenbindung bei Internetportalen – Eine kausalanalytische Studie, in: Bauer, Hans H./Rösger, Jürgen/Neumann, Marcus M. (Hrsg.), Konsumentenverhalten im Internet, München, S. 189-214.

**BDI – Bundesverband der deutschen Industrie e.V. (2003):** Lektion Nachhaltigkeit längst gelernt? Hintergrundpapier des Bundesverbands der deutschen Industrie, im Internet: www.bdi-online.de/Dokumente/Umweltpolitik/NE2. doc, abgerufen am 15.05.2004.

**BDI – Bundesverband der deutschen Industrie e.V. (2004):** Eckpunkte – Nachhaltigkeitskommunikation, im Internet: http://www.bdi-online.de/red dot/abt_umweltpolitik_dateien/7g_NachhEntw.DOC, abgerufen am 01.08. 2004.

**Beck, Ulrich (1986):** Risikogesellschaft – Auf dem Weg in eine andere Moderne, Frankfurt a. M.

**Becker, Konrad (2003):** Politik der Infosphäre, Bonn.

**Bennett, Martin/James, Peter (1999):** Key Themes in Environmental, Social and Sustainability Reporting, in: Bennett, Martin/James, Peter (Hrsg.), Sustainable Measures. Evaluation and Reporting of Environmental and Social Performance, Sheffield, S. 29-75.

**Berger, Peter L./Luckmann, Thomas (1980):** Die gesellschaftliche Konstruktion der Wirklichkeit – Eine Theorie der Wissenssoziologie, Frankfurt a. M.

**Berghaus, Margot (1999):** „Alte" Theorien über „neue" Medien, in: Berghaus, Margot (Hrsg.), Interaktive Medien – interdisziplinär vernetzt, Opladen/Wiesbaden, S. 31-62.

**Bergmann, Uwe (2005):** Nachhaltigkeitsberichterstattung bei Henkel: Verknüpfung von Print und Internet. Präsentation auf dem Workshop „Ranking

Nachhaltigkeitsberichte 2005 " am 15.03.2005 in Hannover, im Internet: http://www.ranking-nachhaltigkeitsberichte.de, abgerufen am 15.05.2005.

**Berle, Adolf/Means, Gardiner (1932):** The modern corporation and private property, New York.

**Besser, Howard (1998):** The Information SuperHighway: Social and Cultural Impact, in: Brook, James/Boal, Ian (Hrsg.), Resisting the Virtual Life: The Culture and Politics of Information, San Francisco, S. 59-70.

**BITC – Business in the Community (Hrsg.) (2005):** A Director's Guide to Corporate Responsibility Reporting, London.

**Blanke, Moritz/Godemann, Jasmin/Herzig, Christian/Nierling, Linda/Rauer, Felix (2004):** Wie nutzen große Unternehmen das Internet, um über Nachhaltigkeit zu kommunizieren? Studie zur internetgestützten Nachhaltigkeitsberichterstattung von DAX 30-Unternehmen. INFU-Diskussionsbeiträge Nr. 24 der Universität Lüneburg, Lüneburg.

**Blecker, Thorsten (1999):** Unternehmung ohne Grenzen. Konzepte, Konzepte Strategien und Gestaltungsempfehlungen für das Strategische Management, Wiesbaden.

**Bliemel, Friedhelm W./Eggert, Andreas (1998):** Kundenbindung – die neue Sollstrategie, in: Marketing ZFP – Zeitschrift für Forschung und Praxis, Jg. 20, Nr. 1, S. 37-46.

**BMI – Bundesministerium des Innern (2005):** Datenschutzaudit, im Internet: http://www.bmi.bund.de/cln_028/nn_163544/Internet/Content/Themen/Datenschutz/DatenundFakten/Datenschutzaudit_Id_79780_de.html, abgerufen am 28.12.2005.

**BMU – Bundesministerium für Umwelt, Naturschutz und Reaktorsicherheit (Hrsg.) (1992):** Agenda 21. Konferenz der Vereinten Nationen für Umwelt und Entwicklung in Rio de Janeiro, Bonn.

**BMU – Bundesministerium für Umwelt, Naturschutz und Reaktorsicherheit (Hrsg.) (2003):** Nachhaltige Mobilität – Leitlinien des Bundesumweltministeriums, Berlin.

**Bolz, Norbert (1993):** Am Ende der Gutenberg Galaxis: die neuen Kommunikationsverhältnisse, München.

**Bohnet-Joschko, Sabine (2001):** Stichwort Umweltkommunikation, in: Schulz, Werner F./Burschel, Carlo/Weigert, Martin/Liedtke, Christa/Bohnet-Joschko, Sabine/Kreeb, Martin/Losen, Dirk/Geßner, Christian/Diffenhard, Volker/Maniura, Anja (Hrsg.), Lexikon Nachhaltiges Wirtschaften, München, S. 459-465.

**Bonett, Monica (2001):** Personalization of Web Services: Opportunities and Challenges, im Internet: http://www.ariadne.ac.uk/issue28/personalization/, abgerufen am 20.06.2005.

**Bonhard, Philip (2005):** Who do trust? Combining Recommender Systems and Social Networking for Better Advice, Positionspapier zum Workshop "Beyond Personalization 2005" der "International Conference on Intelligent User Interfaces (IUI 2005)" in San Diego, im Internet: http://www.group lens.org/beyond2005/position/bonhard.pdf, abgerufen am 10.10.2005.

**Borken, Jens/Höpfner, Ulrich (2004):** Sustainable Mobility – nachhaltig verkehrt? Im Internet: http://www.ifeu.de/verkehr/seiten/v_nachh.htm, abgerufen am 15. Mai 2004.

**Bornmann, Lutz (1997):** Das World-Wide-Web auf dem Weg zum Massenmedium, in: Medien Journal, Jg. 21, Nr. 1, S. 73-78.

**Bornemann, Daniel (2004):** Die Konzeptualisierung und empirische Überprüfung des Vertrauenskonstrukts im Rahmen einer vergleichenden Studie zwischen internetbasiertem und traditionellem Handel, Frankfurt a. M. usw.

**Bos, Auke de (1995):** Materiality in Accounting: A pilot study into the opinions of investment analysts, Rotterdam.

**BP – British Petroleum (2005):** HSE charting tools. How we report health, safety and environment data, im Internet: http://www.bp.com/section genericarticle.do?categoryId=9002348&contentId=3072022, abgerufen am 13.10.2005.

**Brake, Matthias (2005):** Das Semantische Web - eine Vision in der Halbzeit, im Internet: http://www.telepolis.de/r4/artikel/21/21498/1.html, abgerufen am 14.12.2005.

**Brand, Karl-Werner (2000):** Vision ohne Herzblut: Über die Resonanzfähigkeit des Leitbildes der Nachhaltigkeit, in: Politische Ökologie, Jg. 17, o. Nr. (Heft 63/64), S. 19-22.

**Brand, Karl-Werner (2005):** Nachhaltigkeitskommunikation: eine soziologische Perspektive, in: Michelsen, Gerd/Godemann, Jasmin (Hrsg.), Handbuch Nachhaltigkeitskommunikation – Grundlagen und Praxis, München, S. 149-159.

**Brandtweiner, Roman (2000):** Differenzierung und elektronischer Vertrieb digitaler Informationsgüter, Düsseldorf.

**Brenner, Walter/Zarnekow, Rüdiger/Wittig, Hartmut (1998):** Intelligente Softwareagenten. Grundlagen und Anwendungen, Berlin usw.

**Briggs, Pamela/Simpson, Brad/Angeli, Antonella de (2004):** Personalisation and trust: a reciprocal relationship? In: Karat, Clare-Marie/Blom, Jan O./Karat, John (Hrsg.), Designing personalized user experiences in eCommerce, Dordrecht/Boston, S. 39-55.

**Brin, Sergey/Page, Lawrence (1998):** The Anatomy of a Large-Scale Hypertextual Web Search Engine, im Internet: http://www-db.stanford.edu/pub/pap ers/google.pdf, abgerufen am 28.06.2005.

**Bruhn, Manfred (1995):** Integrierte Unternehmenskommunikation: Ansatzpunkte für eine strategische und operative Umsetzung integrierter Kommunikationsarbeit, Stuttgart.

**Bruhn, Manfred (1997):** Multimedia-Kommunikation: systematische Planung und Umsetzung eines interaktiven Marketinginstruments, München 1997.

**Brunner, Marc (2003):** The Business Case for Sustainability – Automobile Industry Sector Report (IMD Working Paper Series), im Internet: www.imd.ch/documents/research/bcs/AutomotiveReport041103.pdf, abgerufen am 09.08.2004.

**Brusilovsky, Peter (1996):** Methods and techniques of adaptive hypermedia, in: User Modeling and User Adapted Interaction, 1996, Jg. 6, Nr. 2-3, S. 87-129.

**Brusilovsky, Peter (2001):** Adaptive Hypermedia, in: User Modeling and User-Adapted Interaction, Jg. 11, Nr. 1-2, S. 87-110.

**Brusilovsky, Peter (2004):** Adaptive Navigation Support: From Adaptive Hypermedia to the Adaptive Web and Beyond, in: PsychNology Journal, 2004, Jg. 2, Nr. 1, S. 7-23.

**Bry, François/Henze, Nicola (2005):** Personalisierung, in: Informatik Spektrum, Bd. 28, Nr. 3, S. 230-233.

BSR – **Business for Social Responsibility (2005):** Issue Brief: CSR Reporting, im Internet: http://www.bsr.org/CSRResources/IssueBriefDetail.cfm?DocumentID=50962, abgerufen am 15.04.2005.

BT – **British Telecom (2005):** A guide to the language of sustainable development, im Internet: http://www.btplc.com/Societyandenvironment/PDF/2005/Glossary.pdf, abgerufen am 13.10.2005.

**Bühler, Kai/Piesk, Jens (2002):** Personalisierung – Mit virtuellen Charakteren Image gewinnen, in: absatzwirtschaft, Jg. 45, Nr. 2, S. 7-10.

BUND – **Bund für Umwelt und Naturschutz Deutschland/Misereor (1996):** Zukunftsfähiges Deutschland – Ein Beitrag zu einer Nachhaltigen Entwicklung, Basel usw.

**Burkart, Roland/Hömberg, Walter (1997):** Massenkommunikation und Publizistik – Eine Herausforderung für die kommunikationswissenschaftliche Modellbildung, in: Fünfgeld, Hermann/Mast, Claudia (Hrsg.), Massenkommunikation – Ergebnisse und Perspektiven, Opladen, S. 71-88.

**Burschel, Carlo/Losen, Dirk (2002):** Globalisierung und Nachhaltigkeitsberichterstattung, in: Umweltwirtschaftsforum, Jg. 10, Nr. 1, S. 23-29.

**Büschken, Joachim/Thaden, Christian von (2000):** Clusteranalyse, in: Herrmann, Andreas/Homburg, Christian (Hrsg.), Marktforschung: Methoden, Anwendungen, Praxisbeispiele, Wiesbaden, S. 339-380.

**Buxel, Holger (2001):** Customer Profiling im Electronic Commerce. Methodische Grundlagen, Anwendungsprobleme und Managementimplikationen, Aachen.

**Carroll, John M./Rosson, Mary B. (1987):** Paradox of the Active User, in: Carroll, John M. (Hrsg.), Interfacing Thought: Cognitive Aspects of Human-Computer Interaction, Cambridge, S. 80-111.

**Case, Simon/Thint, Marcus/Ohtani, Takeshi/Hare, Stephen (2003):** Personalisation and Web communities, in: BT Technology Journal, Jg. 21, Nr. 1, S. 91-97.

**Cerrato, Loredana/Ekeklint, Susanne (2004):** Evaluating User's Reactions to Human-Like Interfaces, in: Ruttkay, Zsófia/Pelachaud, Catherine (Hrsg.), From brows to trust: evaluating embodied conversational agents, Dordrecht, S. 101-126.

**Cheung, Christy M./Lee, Matthew K. (2005):** Research Framework for Consumer Satisfaction with Internet Shopping, im Internet: http://www.is.cityu.edu.hk/Research/WorkingPapers/paper/0501.pdf, abgerufen am 20.12.2005.

**Choi, Byounggu/Leeb, Choongseok/Leeb, Heeseok/Subramania, Mani (2004):** Effects of Web Retail Service Quality and Product Categories on Consumer Behavior: A Research Model and Empirical Exploration, in: Sprague, Ralph H. (Hrsg.), Proceedings of the 37th Annual Hawaii International Conference on System Sciences (HICSS'04) – Track 7, S. 177-186.

**Cingil, Ibrahim/Dogac, Asuman/Azgin, Ayca (2000):** A Broader Approach to Personalization, in: Communications of the ACM, Jg. 43, Nr. 8, S. 136-141.

**Claremont McKenna College (2005):** Environmental and Sustainability Reporting, im Internet: http://www.roberts.mckenna.edu/, abgerufen am 10.12.2005.

**Clarke, Roger (1993):** Profiling: A Hidden Challenge to the Regulation of Data Surveillance, im Internet: www.anu.edu.au/people/Roger.Clarke/DV/Paper Profiling.html, abgerufen am 04.05.2005.

**Clarkson, Max B. E. (1995):** A Stakeholder Framework for analyzing and evaluating Corporate Social Performance, in: Academy of Management Review, Jg. 20, Nr. 1, S. 92-117.

**Clausen, Jens/Klaffke, Kathrin (2000):** Kommunizieren oder Erbsen zählen, in: Ökologisches Wirtschaften, Jg. 5, Nr. 5, S. 4.

**Clausen, Jens/Loew, Thomas (2005):** Mehr Glaubwürdigkeit durch Testate? Internationale Analyse des Nutzens von Testaten in der Umwelt- und Nachhaltigkeitsberichterstattung. Endbericht des IÖW an das BMU, Hannover/Berlin.

**Clausen, Jens/Mathes, Maite (1998):** Ziele für das nachhaltige Unternehmen, in: Fichter, Klaus/Clausen, Jens (Hrsg.), Schritte zum nachhaltigen Unternehmen, Berlin, S. 27-44.

**Clement, Michel/Runte, Matthias (2001):** Internet-Agenten, in: Albers, Sönke/Clement, Michel/Peters, Kai (Hrsg.), Marketing mit Interaktiven Medien – Strategien zum Markterfolg, Frankfurt a. M., S. 175-190.

**Cooley, Robert W. (2000):** Web Usage Mining: Discovery and Application of Interesting Patterns from Web Data, University of Minnesota.

**Coope, Richard (2004):** Seeing the "Net potential" of online CR communications, in: Corporate Responsibility Management, Jg. 1, Nr. 2, S. 20-25.
**Cornelissen, Antonius M. G. (2003):** The Two Faces of Sustainability – Fuzzy Evaluation of Sustainable Development, Wageningen.
**Cottman, Tobias (2002):** Sustainability – a Case for Communication, Präsentation anlässlich der Triple Bottom Line Investing Conference (TBLI) am 08. November 2002 in Brüssel, im Internet: http://www.agenturcafe.de/downloads/Sustainibility_communication.pdf, abgerufen am 15.01.2004.
**Coupland, Christine (2005):** Corporate Social Responsibility as Argument on the Web, in: Journal of Business Ethics, Jg. 62, o. Nr., S. 355-366.
**Cranor, Lorrie F. (2004):** I Didn't Buy it for Myself: Privacy and Ecommerce Personalization, in: Karat, Clare-Marie/Blom, Jan O./Karat, John (Hrsg.), Designing Personalized User Experiences in eCommerce, Dordrecht, S. 57-74.
**Cranor, Lorrie F./Arjula, Manjula/Guduru, Praveen (2002):** Use of a P3P user agent by early adopters, in: Feigenbaum, Joan (Hrsg.), Proceedings of the 2002 ACM workshop on Privacy in the Electronic Society, Washington, S. 1-10.
**Cranor, Lorrie F./Langheinrich, Marc/Marchiori, Massimo/Presler-Marshall, Martin/Reagle, Joseph (2002):** The Platform for Privacy Preferences 1.0 (P3P 1.0) Specification – W3C Recommendation, im Internet: http://www.w3.org/TR/P3P/, abgerufen am 15.02.2005.
**Crowther, Yasmin (2003):** From Conflict to Complacency, in: SustainAbility Radar – The Language Issue, o. Jg. (2003), o. Nr. (October/November), S. 6-9.
**Csikszentmihalyi, Mihaly (1993):** Flow: Das Geheimnis des Glücks, Stuttgart.
**Cyert, Richard/March, James (1963):** A behavioural theory of the firm, New Jersey.
**Danish EPA – Environmental Protection Agency (2003):** The Danish Green Accounts, Experiences and internal effects 2003, im Internet: www.mst.dk/indu/05050000.htm, abgerufen am 15.12.2004.
**Dannenberg, Marius (2002):** Innovationsstufen der WWW-Präsenz von Unternehmen, in: Frosch-Wilke, Dirk/Raith, Christian (Hrsg.), Marketing-Kommunikation im Internet: Theorie, Methoden und Praxisbeispiele vom One-to-One bis zum Viral-Marketing, Braunschweig/Wiesbaden, S. 169-180.
**Datz, Frank (2002):** Management von Kundenartikulationen im Internet, Nr. 11 der Reihe muk-Premium des Lehrstuhls Marketing I: Markt und Konsum, Hannover 2002.
**Day Software Holding AG (2005):** Day Communiqué Personalization Features, im Internet: http://www.day.com/site/en/index/products/content-centric_

applications/overview/communique_libraries/personalization.html, abgerufen am 10.10.2005.

**Debatin, Bernhard (1997):** Metaphern und Mythen des Internet, im Internet http://www.uni-leipzig.de/~debatin/German/NetMet.htm, abgerufen am 28. 06.2005.

**Debatin, Bernhard (2002):** Digital Divide und Digital Content – Grundlagen der Internetethik, in: Karmasin, Matthias (Hrsg.), Medien und Ethik, Leipzig, S. 220-237.

**Derieth, Anke (1995):** Unternehmenskommunikation: Eine Analyse zur Kommunikationsqualität von Wirtschaftsorganisationen, Opladen.

**Dettmar, Gebhardt (2002):** Knowledge Discovery in Databases, Teil I - Methodik und Anwendungsbereiche, im Internet: http://www.c-o-k.de/cp_artikel_d.htm?artikel _id=137, abgerufen am 20.03.2005.

**Deutsche BP AG (2005):** Was wissen die Deutschen über Kyoto, Öko-Steuern und Emissionshandel? Eine repräsentative Befragung der deutschen BP, Bochum.

**Diekmann, Andreas/Preisendörfer, Peter (1992):** Persönliches Umweltverhalten: Diskrepanzen zwischen Anspruch und Wirklichkeit, in: Kölner Zeitschrift für Soziologie und Sozialpsychologie, Jg. 44, Nr. 2, S. 226-251.

**Diller, Hermann (1995):** Beziehungs-Marketing, in: Wirtschaftswissenschaftliches Studium, Jg. 24, Nr. 9, S. 442-447.

**Diller, Hermann (1997):** Veränderungen im Marketing durch Online-Medien, in: Bruhn, Manfred/Steffenhagen, Hartwig (Hrsg.), Marktorientierte Unternehmensführung: Reflexionen – Denkanstöße – Perspektiven, Festschrift zum 60. Geburtstag von Heribert Meffert, Wiesbaden 1997, S. 513-538.

**Diller, Hermann (2001):** Die Erfolgsaussichten des Beziehungsmarketing im Internet, in: Eggert, Andreas/Fassott, Georg (Hrsg.), eCRM – Electronic Customer Relationship Management: Management der Kundenbeziehungen im Internet-Zeitalter, Stuttgart, S. 65-86.

**DIN – Deutsches Institut für Normung e.V. (1997):** DIN 33922. Leitfaden Umweltberichte für die Öffentlichkeit, Berlin.

**DJSI – Dow Jones Sustainability Indexes (2004):** Dow Jones Sustainability Indexes (DJSI) – Annual Review 2004, im Internet: www.sustainability-index.com/djsi_pdf/publications/Presentations/DJSI_PRT_040902_Review.pdf, abgerufen am 15.09.2004.

**DJSI – Dow Jones Sustainability Indexes (2004a):** Key Facts – What is corporate sustainability? Im Internet: http://www.sustainability-indexes.com/ htmle/other/ faq.html, abgerufen am 15.09.2004.

**Dörner, Dietrich (1991):** Die Logik des Mißlingens – Strategisches Denken in komplexen Situationen, Reinbeck.

**DotGNU (2005):** DotGNU Project, im Internet: www.dotgnu.org, abgerufen am 28.06.2005.

**Drieënhuizen, Fred (2001):** Environmental reporting in the Netherlands and international developments in standard setting – both for reporting and assurance, Paris.

**DTI – Department of Trade and Industry/DEFRA – Department for Environment, Food and Rural Affairs (2002):** Sector Sustainability: Best Practice Reporting Toolkit, im Internet: www.dti.gov.uk/sustainability/pdf_files/Reporting Toolkit.pdf, abgerufen am 15.04.2005.

**DTI – Department of Trade and Industry (2003):** The Operating and Financial Review Working Group on Materiality – A Consultation Document, im Internet: http://www.dti.gov.uk/cld/ofrwgcon.pdf, abgerufen am 15.01.2005.

**Duncan, Tom/Moriarty, Sandra E. (1998):** A Communication-Based Marketing Model for Managing Relationships, in: Journal of Marketing, Jg. 62, Nr. 2, S. 1-13.

**Duray, Rebecca/Ward, Peter/Milligan, Glenn/Berry, Bill (2000):** Approaches to Mass Customization: Configurations and Empirical Validation, in: Journal of Operations Managements, Jg. 18, o. Nr., S. 605-625.

**Dwyer, F. Robert/Schurr, Paul H./Oh, Sejo (1987):** Developing Buyer-Seller Relationships, in: Journal of Marketing, Jg. 51, Nr. 2, S. 11-27.

**Dyllick, Thomas (1992):** Management von Umweltbeziehungen. Öffentliche Auseinandersetzungen als Herausforderung, Wiesbaden.

**ECC Kohtes Klewes (2002):** Was ihr wollt – Nachhaltigkeitsberichte im Spannungsfeld zwischen gesellschaftlichen Ansprüchen und kommunikativen Möglichkeiten, im Internet: http://www.agenturcafe.de/downloads/ecc_was_ihr_wollt.pdf, abgerufen am 02.02.2004.

**ECC Kohtes Klewes (2002a):** Sustainability Reporting Rethought, Bonn/Düsseldorf.

**ECC Kohtes Klewes (2002b):** Raus aus der Sackgasse – Reporting als Beziehungsmanagement, Bonn/Düsseldorf.

**ECC Kohtes Klewes (2003):** Global Stakeholder Report 2003: Geteilte Werte? Die erste weltweite Stakeholder-Befragung zum Non-financial Reporting, im Internet: http://www.kohtesklewes.de/media/pdf/Studien/ECC_FH_Stakeholder_Report_03_dt.pdf, abgerufen am 02.02.2004.

**econsense (2004):** Das Nachhaltigkeitsverständnis der Mitglieder von econsense, im Internet: http://www.econsense.de/deu/nachhaltigkeitsverstaend.htm, abgerufen am 14.02.2004.

**Eimeren, Birgit van/Frees, Beate (2005):** ARD/ZDF-Online-Studie 2005 – Nach dem Boom: größter Zuwachs in internetfernen Gruppen, im Internet: http://www.daserste.de/service/ardonl05.pdf, abgerufen am 15.09.2005.

**Eimeren, Birgit van/Gerhard, Heinz/Frees, Beate (2004):** ARD/ZDF-Online-Studie 2004: Internetverbreitung in Deutschland – Potenzial vorerst ausgeschöpft? Im Internet: http://www.daserste.de/service/ardonl04.pdf, abgerufen am 04.12.2004.

**Eirinaki, Magdalini/Vazirgiannis, Michalis (2003):** Web Mining for Web Personalization, in: ACM Transactions on Internet Technology, Jg. 3, Nr. 1, 2003, S. 1-27.

**Elkington, John (2003):** Is this a CSR Bubble? In: SustainAbility Radar – The Language Issue, o. Jg. (2003), o. Nr. (October/November), S. 4.

**Elvins, Lynne (2002):** Best Practices for Online Reporting in Corporate Responsibility, im Internet: http://www.greenbiz.com/toolbox/howto_third.cfm?LinkAdvID =24687, abgerufen am 13.10.2005.

**Emerson, Jed (2003):** Silo-Buster John Elkington, in: SustainAbility Radar – The Language Issue, o. Jg. (2003), o. Nr. (October/November), S. 20-21.

**Empacher, Claudia/Kluge, Thomas (1999):** Die Integration der sozialen Dimension in eine nachhaltige Unternehmenspolitik, in: Umweltwirtschaftsforum, Jg. 7, Nr. 1, S. 87-91.

**Empacher, Claudia/Kluge, Thomas/Lux, Alexandra (2001):** Das Nachhaltigkeits-Audit als Instrument für Nachhaltiges Wirtschaften, in: Umweltwirtschaftsforum, Jg. 9, Nr. 1, S. 68-72.

**Engelhardt, Werner H./Freiling, Jörg (1995):** Integrativität als Brücke zwischen Einzeltransaktionen und Geschäftsbeziehungen, in: Marketing ZFP – Zeitschrift für Forschung und Praxis, Jg. 17, Nr. 1, S. 37-43.

**Engelhardt, Werner H./Kleinaltenkamp, Michael/Reckenfelderbäumer, Martin (1992):** Dienstleistungen als Absatzobjekt. Arbeitsbericht Nr. 52 des Instituts für Unternehmensführung und Unternehmensforschung der Ruhr-Universität Bochum, Bochum.

**Engelhardt, Werner H./Kleinaltenkamp, Michael/Reckenfelderbäumer, Martin (1995):** Leistungstypologien als Basis des Marketing – ein erneutes Plädoyer für die Auflösung der Dichotomie von Sachleistungen und Dienstleistungen, in: Die Betriebswirtschaft, Jg. 55, Nr. 5, S. 673-678.

**EPIC – Electronic Privacy Information Center (2005):** Privacy and Consumer Profiling, im Internet: http://www.epic.org/privacy/profiling/, abgerufen am 15.06.2005.

**EPIC – Electronic Privacy Information Center/PI – Privacy International (2003):** Privacy and Human Rights 2003 – World Privacy Survey, im Internet: http://www.privacyinternational.org/survey/phr2003/, abgerufen am 15.12.2005.

**Europäische Kommission (2002):** Die soziale Verantwortung der Unternehmen – Ein Unternehmensbeitrag zur Nachhaltigen Entwicklung, Luxemburg.

**Europäische Kommission (2004):** The idea of Sustainable Development, im Internet: www.europa.eu.int/comm/sustainable/pages/idea_en.htm, abgerufen am 15.06.2004.

**EU – Europäische Union (1995):** Richtlinie 95/46/EG des Europäischen Parlaments und des Rates vom 24. Oktober 1995 zum Schutz natürlicher Personen bei der Verarbeitung personenbezogener Daten und zum freien

Datenverkehr, im Internet: http://www.datenschutz-berlin.de/infomat/heft2 4/dde.htm, abgerufen am 15.12.2005.

**EU – Europäische Union (2004):** Nachhaltige Mobilität: Aktionsprogramm 2000-2004, im Internet: http://europa.eu.int/scadplus/printversion/de/lvb/l2 4208.htm, abgerufen am 20.05.2004.

**Evans, Philip/Wurster, Thomas S. (2000):** Blown to Bits. How the New Economics of Information Transforms Strategy, Boston.

**Faßler, Manfred (1996):** Mediale Interaktion – Speicher, Individualität, Öffentlichkeit, München.

**Faßler, Manfred (2001):** Netzwerke – Einführung in Netzstrukturen, Netzkulturen und verteilte Gesellschaftlichkeit, München.

**Faßler, Manfred (2002):** Was ist Kommunikation? München.

**Faber, Malte/Jöst, Frank/Manstetten, Reiner (1997):** Wann und wie erreichen wir eine nachhaltige Entwicklung? In: Steger, Ulrich (Hrsg.), Handbuch des integrierten Umweltmanagements, München/Wien, S. 51-67.

**Fichter, Klaus (1998):** Schritte zum nachhaltigen Unternehmen. Anforderungen und strategische Ansatzpunkte, in: Fichter, Klaus/Clausen, Jens (Hrsg.), Schritte zum nachhaltigen Unternehmen, Berlin, S. 3-26.

**Fichter, Klaus (1998b):** Umweltkommunikation und Wettbewerbsfähigkeit: Wettbewerbstheorien im Lichte empirischer Ergebnisse zur Umweltberichterstattung von Unternehmen, Marburg.

**Fichter, Klaus (2000):** Umweltkommunikation und Wettbewerbsfähigkeit, in: Fichter, Klaus/Schneidewind, Uwe (Hrsg.), Umweltschutz im globalen Wettbewerb. Neue Spielregeln für das grenzenlose Unternehmen, Berlin, S. 263-276.

**Fichter, Klaus (2001):** Nachhaltige Innovationsstrategien in der Internet-Ökonomie, in: Umweltwirtschaftsforum, Jg. 9, Nr. 3, S. 10-14.

**Fichter, Klaus/Paech, Niko (2003):** Nachhaltigkeitsorientiertes Innovationsmanagement – Prozessgestaltung unter besonderer Berücksichtigung von Internet-Nutzungen. Endbericht der Basisstudie 4 Projektes „SUstainable Markets eMERge“ (SUMMER), Berlin.

**Fieber, John (1999):** Browser Caching and Web Log Analysis, im Internet: http://ella.slis.indiana.edu/~jfieber/papers/bcwla/bcwla.html, abgerufen am 28.06.2005.

**Fielding, Roy T./Gettys, Jim/Mogul, Jeffrey C./Frystyk, Henrik/Masinter, Larry/ Leach, Paul/Berners-Lee, Timothy I. (1998):** Hypertext Transfer Protocol – HTTP/1.1 Draft Standard , HTTP-Working Group, World Wide Web Consortium (W3C), im Internet: http://www.w3.org/Protocols/HTTP/1.1/draft-ietf-http-v11-spec-rev-06.doc, abgerufen am 15.11.2004.

**Figge, Frank/Schaltegger, Stefan (2000):** Shareholder Value dank Stakeholder Beziehungen – Messung des Werts als strategisches Optimierungsinstrument, in: Neue Zürcher Zeitung, Jg. 103, Nr. 252, S. 103.

**Fittkau & Maaß (2004):** Die 19. W3B-Umfrage, im Internet: http://w3b.de, abgerufen am 19.12.2004.

**FONA – Forschung für Nachhaltigkeit (2004):** Forschung für die Nachhaltigkeit – Rahmenprogramm des BMBF für eine zukunftsfähige innovative Gesellschaft, Berlin.

**Franck, Georg (1998):** Ökonomie der Aufmerksamkeit: ein Entwurf, München.

**Freeman, Robert E. (1984):** Strategic Management: A Stakeholder Approach, Boston.

**Freter, Hermann/Obermeier, Oliver (2000):** Marktsegmentierung, in: Herrmann, Andreas/Homburg, Christian (Hrsg.), Marktforschung: Methoden, Anwendungen, Praxisbeispiele, Wiesbaden, S. 740-763.

**Frings, Ellen (2002):** Vom Umwelt- zum Nachhaltigkeitsbericht – Programm Lebensgrundlage Umwelt und ihre Sicherung (BWPLUS). Sachstandsbericht für das Statusseminar BWPLUS am 26.2.2002, im Internet: http://www.ifeu.de/entw/pdf/Nachhaltig_Bericht_ifeu.pdf, abgerufen am 10.08.2003.

**Frings, Ellen (2002a):** Perspektiven der Nachhaltigkeitsberichterstattung, in: Umweltwirtschaftsforum, Jg. 10, Nr. 1, S. 100-102.

**Frings, Ellen (2003):** Vom Umwelt- zum Nachhaltigkeitsbericht - Programm Lebensgrundlage Umwelt und ihre Sicherung (BWPLUS). Endbericht anlässlich des Statusseminars es BWPLUS am 11. und 12. März 2003 im Forschungszentrum Karlsruhe, im Internet: http://www.ifeu.de/entw/pdf/End berichtBWPlus_ 2003_20010.pdf, abgerufen am 10.08.2003.

**Future e. V. (2000):** Nachhaltigkeit. Jetzt! Anregungen, Kriterien und Projekte für Unternehmen, München.

**Future e.V./IÖW – Institut für ökologische Wirtschaftsforschung (2004):** Bedeutung der CSR-Diskussion für Nachhaltigkeit und die Anforderungen an Unternehmen, im Internet: http://www.future-ev.de/projekte/future-IOEW_CSR.pdf, abgerufen am 18.08.2004.

**Garvin, David A. (1988):** Die acht Dimensionen der Produktqualität, in: Harvard Manager, Jg. 10, Nr. 3, S. 66-74.

**Geest, Thea van der/Pieterson, Willem/Vries, Peter de (2005):** Informed Consent to Address Trust, Control, and Privacy Concerns in User Profiling, in: Kobsa, Alfred/Cranor, Lorrie F. (Hrsg.), Proceedings of PEP05, UM05 Workshop on Privacy-Enhanced Personalization, Edinburgh, S. 23-33.

**Gemünden, Hans G. (1992):** Informationsverhalten, in: Frese, Erich (Hrsg.), Handwörterbuch der Organisation, Stuttgart, S. 1009-1029.

**Gemünden, Hans G. (1993):** Information: Bedarf, Analyse und Verhalten, in: Wittmann, Waldemar/Kern, Werner (Hrsg.), Handwörterbuch der Betriebswirtschaft, Stuttgart, S. 1725-1735.

**Georgi, Dominik (2000):** Entwicklung von Kundenbeziehungen – Theoretische und empirische Analysen unter dynamischen Aspekten, Wiesbaden.

**Gersch, Martin (1995):** Standardisierung integrativ erstellter Leistungen, Arbeitsbericht Nr. 57 am Institut für Unternehmensführung und Unternehmensforschung an der Ruhr-Universität Bochum, Bochum.

**Gießer, Sandra (2001):** Personalisierung, im Internet: http://www.lrz-muenchen.de/~piiseminar/11012001personalisierung.htm, abgerufen am 14.04.2004.

**Gleich, Arnim von (2000):** Zwischen Überleben und Gutem Leben, in: Ökologisches Wirtschaftsforum, o. Jg. (2000), Nr. 3-4, S. 25-26.

**Goldberg, Jeffrey (1995):** Why web usage statistics are (worse than) meaningless, im Internet: http://www.goldmark.org/netrants/webstats/, abgerufen am 15.06.2005.

**Gottschalk, Ingrid (2000):** Ökologische Verbraucherinformation: Grundlagen, Methoden und Wirkungschancen, Berlin.

**GRI – Global Reporting Initiative (Hrsg.) (2002):** Sustainability Reporting Guidelines 2002 – Deutsche Übersetzung, Amsterdam.

**GRI – Global Reporting Initiative (Hrsg.) (2004):** Boundary Protocol, im Internet: www.globalreporting.org/guidelines/protocols/boundaries/BoundariesExposureDraftFinal.pdf, abgerufen am 28.09.2004.

**GRI – Global Reporting Initiative (Hrsg.) (2004a):** Sector Supplements, im Internet: http://www.globalreporting.org/guidelines/sectors.asp, abgerufen am 15.08.2004.

**Grill, Bartholomäus (2002):** Zu groß, zu wirr, zu vage – Die Ergebnisse des UN-Gipfels von Johannesburg nähren die Zweifel am Sinn solcher Mammutveranstaltungen. Eine Bilanz, im Internet: http://www.zeit.de/archiv/2002/37/200237_zu_gross_zu_wirr.xml, abgerufen am 28.06.2004.

**Gröner, Susanne/Zapf, Michael (1998):** Unternehmen, Stakeholder und Umweltschutz, in: Umweltwirtschaftsforum, Jg. 6, Nr. 1, S. 52-57.

**Gronover, Sandra/Bach, Volker (2000):** Kundensegmentierung. Bericht BE HSG/CC CRM/12 der Universität St. Gallen, im Internet: http://web.iwi.unisg.ch/org/iwi/iwi_pub.nsf/wwwPublAuthorEng/E0C2523825E5DE83C1256DF4003C54D4/$file/Kundensegmentierung_09_sgr.pdf, abgerufen am 15.05.2004.

**Grunenberg, Heiko/Kuckartz, Udo (2005):** Umweltbewusstsein. Empirische Erkenntnisse und Konsequenzen für die Nachhaltigkeitskommunikation, in: Michelsen, Gerd/Godemann, Jasmin (Hrsg.), Handbuch Nachhaltigkeitskommunikation – Grundlagen und Praxis, München, S. 195-206.

**Gustavsen, Petter A./Tilley, Elspeth (2003):** Public relations communication through corporate websites: Towards an understanding of the role of interactivity, im Internet: http://www.praxis.bond.edu.au/prism/papers/refereed/paper5.pdf, abgerufen am 15.05.2005.

**Habermas, Jürgen (1984):** Vorstudien und Ergänzungen zur Theorie des kommunikativen Handelns, Frankfurt a. M.

**Hagel III, John/Armstrong Arthur G. (1997):** Net Gain – Profit im Netz. Märkte erobern mit virtuellen Communities, Boston.

**Halm, Michael J./Pelikan, Michael (2002):** Enterprise Content Management Systems: Beyond Digital Asset Management and Web Content Management Systems, im Internet: http://its.psu.edu/dmr/notes/ECM%20finish-c.pdf, abgerufen am 15.01.2005.

**Hansen, Hans R./Neumann, Gustaf (2001):** Wirtschaftsinformatik I, Stuttgart.

**Hansen, Ursula (1988):** Marketing und soziale Verantwortung, in: Die Betriebswirtschaft, Jg. 48, Nr. 6, S. 711-721.

**Hansen, Ursula (1996):** Marketing im gesellschaftliche Dialog, in: Hansen, Ursula (Hrsg.), Marketing im gesellschaftliche Dialog, Frankfurt a. M./New York, S. 33-54.

**Hansen, Ursula/Niedergesäß, Ulrike/Rettberg, Bernd/Schoenheit, Ingo (2001):** Unternehmensdialoge als besondere Verfahren im Rahmen des Interessenausgleichs zwischen Unternehmen und Gesellschaft, in: Hansen, Ursula (Hrsg.), Verbraucher- und umweltorientiertes Marketing: Spurensuche einer dialogischen Marketingethik, Stuttgart, S. 109-125.

**Hansen, Ursula/Bode, Matthias (1999):** Marketing und Konsum: Theorie und Praxis von der Industrialisierung bis ins 21. Jahrhundert, München.

**Hansen, Ursula/Schrader, Ulf (2001):** Nachhaltiger Konsum – Leerformel oder Leitprinzip? In: Schrader, Ulf/Hansen, Ursula (Hrsg.), Nachhaltiger Konsum: Forschung und Praxis im Dialog, Frankfurt a. M., S. 17-45.

**Hansen, Ursula/Schrader, Ulf (2005):** Corporate Social Responsibility als aktuelles Thema der Betriebswirtschaftslehre, in: Die Betriebswirtschaft, Jg. 65, Nr. 4, S. 373-395.

**Hanson, Ward (2000):** Principles of Internet Marketing, Cincinatti.

**Harbourth, Hans-Jürgen (2003):** Dauerhafte Entwicklung statt globaler Selbstzerstörung: Eine Einführung in das Konzept des „Sustainable Development“, Berlin.

**Hardtke, Arnd/Prehn, Marco (2001):** Perspektiven der Nachhaltigkeit. Vom Leitbild zur Erfolgsstrategie, Wiesbaden.

**Hauff, Volker (1987):** Unsere gemeinsame Zukunft. Der Brundtland-Bericht der Weltkommission für Umwelt und Entwicklung, Greven.

**Hauff, Volker (2004):** Nachhaltigkeit – Modebegriff oder eine Strategie für eine andere Reformpolitik? Vortrag zur Vorstellung des Nachhaltigkeitsstrategie „Zukunftsfähiges Schleswig-Holstein“, im Internet: www.nachhaltigkeitsrat.de/service/download/pdf/Vortrag_Hauff_ Kiel_29-01-04.pdf, abgerufen am 10.02.2004.

**Hauptmanns, Peter/Lander, Bettina (2003):** Zur Problematik von Internet-Stichproben, in: Theobald, Axel/Dreyer, Marcus/Starsetzki (Hrsg.), Online-Marktforschung: theoretische Grundlagen und praktische Erfahrungen, Wiesbaden, S. 27-40.

**Hauth, Philipp/Raupach, Michaela (2001):** Nachhaltigkeitsberichte schaffen Vertrauen, in: Harvard Business Manager, Jg. 23, Nr. 5, S. 24-33.

**Heck-Weinhart, Gertrud/Mutterer, Gabriele/Herrmann, Clemens/Rupprecht, Josef (2003):** Entwicklung eines angepassten Vorgehensmodells für Data-Warehouse-Projekte bei der W&W AG, in: Maur, Eitel von/Winter, Robert (Hrsg.), Data Warehouse Management: Das St. Galler Konzept zur ganzheitlichen Gestaltung der Informationslogistik, Heidelberg, S. 197-219.

**Heidegger, Gerald (2003):** „Bloggen" im 18. Jahrhundert, in: Telepolis – Magazin der Netzkultur, o. Jg., o. Nr. (15.09.2003), im Internet: http://www.telepolis.de/r4/artikel/15/15601/1.html, abgerufen am 20.06.2004.

**Helfert, Markus (2000):** Maßnahmen und Konzepte zur Sicherung der Datenqualität, in: Jung, Reinhard/Winter, Robert (Hrsg.), Data-Warehousing-Strategie: Erfahrungen, Methoden, Visionen, Berlin usw., S. 61-77.

**Hennig-Thurau, Thorsten (1998):** Konsumkompetenz: Eine neue Zielgröße für das Management von Geschäftsbeziehungen, Frankfurt a. M.

**Herrmann, Thomas (2001):** Kommunikation und Kooperation, in: Schwabe, Gerhard/ Streitz, Norbert/Unland, Rainer (Hrsg.), CSCW Kompendium. Lehr- und Handbuch zum computerunterstützten kooperativen Arbeiten, Berlin, S. 15-25.

**Hermanns, Arnold/Thurm, Manuela (2000):** Customer Relationship Marketing – Die Wiederentdeckung des Kunden im Marketing, in: Controlling, Jg. 12, Nr. 10, S. 469-476.

**Herzig, Christian/Schaltegger, Stefan (2004):** Nachhaltigkeit in der Unternehmensberichterstattung: Gründe – Probleme – Lösungsansätze, Diskussionspapier zum Fachdialog des Bundesumweltministeriums (BMU) am 13. November 2003 in Berlin, Lüneburg.

**Hess, Thomas/Rawolle, Joachim (2000):** Redaktionssysteme für klassische und digitale Medien, in: HMD – Praxis der Wirtschaftsinformatik, Jg. 37, Nr. 211, S. 53-65.

**Hettich, Steffi/Hippner, Hajo (2001):** Assoziationsanalyse. In: Hippner, Hajo/Küsters, Ulrich/Meyer, Matthias/Wilde, Klaus D. (Hrsg.), Handbuch Data Mining im Marketing – Knowledge Discovery in Marketing Databases, Wiesbaden, S. 427-463.

**Hillebrand, Bernhard/Löbbe, Klaus/Clausen, Hartmut/Dehio, Jochen/Halstrick-Schwenk, Marianne/Loeffelholz, Hans D. von/Moos, Waike/Storchmann, Karl H. (2000):** Nachhaltige Entwicklung in Deutschland – ausgewählte Problemfelder und Lösungsansätze, Essen.

**Hinner, Eike-Nils (2000):** Vernetzte soziale Gruppen und ihr Sprachverhalten – untersucht am Beispiel des Chats, im Internet: http://www.e2007.de/netwiss.htm, abgerufen am 15.12.2004.

**Hinrichs, Holger (2002):** Datenqualitätsmanagement in DataWarehouse-Systemen, Oldenburg.

**Hippner, Hajo/Martin, Stephan/Wilde, Klaus D. (2003):** Customer Relationship Management – Strategie und Realisierung, in: Teichmann, René (Hrsg.), Customer und Shareholder Relationship Management, Berlin, S. 3-52.

**Hippner, Hajo/Merzenich, Melanie/Wilde, Klaus D. (2002):** Web Mining – den Internet-Usern auf der Spur, in: Wilde, Klaus D./Hippner, Hajo (Hrsg.), Web Mining - Informationen für das E-Business, Eichstätt, S. 9-11.

**Hoffman, Donna L./Novak, Thomas P. (1996):** Marketing in Hypermedia Computer-Mediated Environments: Conceptual Foundations, in: Journal of Marketing, Jg. 60, Nr. 7, S. 50-68.

**Hoffman, Donna L./Novak, Thomas P./Yung, Yiu-Fai (1999):** Measuring the Customer Experience in Online Environments: A Structural Modeling Approach, Arbeitspapier der Owen Graduate School of Management der Vanderbilt University, im Internet: http://www2000.ogsm.vanderbilt.edu, abgerufen am 10.10.2005.

**Homann, Karl (1996):** Sustainability: Politikvorgabe oder regulative Idee? In: Gerken, Lüder (Hrsg.), Ordnungspolitische Grundfragen einer Politik der Nachhaltigkeit, Baden-Baden, S. 33-47.

**Homans, George C. (1967):** Soziales Verhalten als Austausch, in: Hartmann, Heinz (Hrsg.), Modern amerikanische Soziologie – Neuere Beiträge zur soziologischen Theorie, Stuttgart, S. 170-185.

**Hoofnagle, Chris J. (2005):** Privacy Self Regulation: A Decade of Disappointment, im Internet: http://www.epic.org/reports/decadedisappoint.pdf, abgerufen am 15.05.2005.

**Hopfenbeck, Waldemar/Roth, Peter (1994):** Öko-Kommunikation. Wege zu einer neuen Kommunikationskultur, Landsberg/Lech.

**Horstmann, Petra/Menzel, Ulrich (2002):** Dialogorientierte Umweltkommunikation – Umweltbericht der Volkswagen AG, in: Piwinger, Manfred/Prött, Monika (Hrsg.), Ausgezeichnete PR – von Profis lernen: Fallbeispiele exzellenter Kommunikation, Frankfurt a. M., S. 92-102.

**Hothi, Jatinder/Hall, Wendy (1998):** An evaluation of adapted hypermedia techniques using static user modelling, in: Brusilovsky, Peter/Bra, Paul de (Hrsg.), Proceedings of the 2nd Workshop on Adaptive Hypertext and Hypermedia at HYPERTEXT'98, S. 45-50.

**Huang, Kuan-Tsae/Lee, Yang W./Wang, Richard Y. (1999):** Quality Information and Knowledge, Upper Saddle River usw.

**Hünerberg, Reinhard (1996):** Online-Kommunikation, in: Hünerberg, Reinhard/Heise, Gilbert/Mann, Andreas (Hrsg.), Handbuch Online-Marketing: Wettbewerbsvorteile durch weltweite Datennetze, Landsberg/Lech, S. 107-130.

**imug – Institut für Markt, Umwelt und Gesellschaft (Hrsg.) (1997):** Unternehmenstest: neue Herausforderungen für das Management der sozialen und ökologischen Verantwortung, München.

**Inmon, William H. (1996):** Building the Data Warehouse, New York.

**Institut für Demoskopie Allensbach (2004):** Allensbacher Computer- und Telekommunikations-Analyse: das Internet in der Konkurrenz mit anderen Medien, im Internet: http://www.acta-online.de/praesentationen/acta_2004/acta_2004_rk.zip, abgerufen am 15.01.2005.

**Institut für Demoskopie Allensbach (2005):** ACTA 2005 – Trends in der Internetnutzung und Entwicklung der Online-Medien, im Internet: http://www.acta-online.de/praesentationen/acta_2005/acta_2005_jsgf.zip, abgerufen am 16.07.2006.

**Institute for the Future/Peppers and Rogers Group (2001):** Personalization: Managing Opportunity and Risk in the Consumer Direct Channel, im Internet: http://www.1to1.com/downloads/en/cdpersonalization.pdf, abgerufen am 15.12.2005.

**Instone, Keith (2004):** An Information Architecture Perspective on Personalization, in: Karat, Clare-Marie/Blom, Jan O./Karat, John (Hrsg.), Designing personalized user experiences in eCommerce, Dordrecht/Boston, S. 75-94.

**IÖW – Institut für ökologische Wirtschaftsforschung/imug – Institut für Markt, Umwelt und Gesellschaft (Hrsg.) (2000):** Nachhaltigkeitsberichterstattung. Zwischenbericht zum internationalen Stand, Erfahrungen aus Umwelt- und Sozialberichterstattung und Informationsbedarf der Zielgruppen, imug-Arbeitspapier 11/2000.

**IÖW – Institut für ökologische Wirtschaftsforschung/imug – Institut für Markt, Umwelt und Gesellschaft (Hrsg.) (2001):** Der Nachhaltigkeitsbericht – ein Leitfaden zur Praxis der glaubwürdigen Kommunikation für zukunftsfähige Unternehmen, Berlin.

**IÖW – Institut für ökologische Wirtschaftsforschung/imug – Institut für Markt, Umwelt und Gesellschaft (Hrsg.) (2002):** Nachhaltigkeitsberichterstattung – Praxis glaubwürdiger Kommunikation für zukunftsfähige Unternehmen, Berlin.

**Isbister, Katherine/Doyle, Patrick (2004):** The Blind Men and the Elephant Revisited – Evaluating Interdisciplinary ECA Research, in: Ruttkay, Zsófia/Pelachaud, Catherine (Hrsg.), From brows to trust: evaluating embodied conversational agents, Dordrecht, S. 3-26.

**Isenmann, Ralf (2002):** Internetbasierte Nachhaltigkeitsberichterstattung – Mehr Nutzen und weniger Aufwand für die Unternehmen, Mehrwert für die Zielgruppen, im Internet: http://www.nachhaltigkeit.at/monthly/2002-07/pdf/isenmann.pdf, abgerufen am 15.05.2005.

**Isenmann, Ralf (2005):** Corporate Sustainability Reporting: A Case for the Internet, in: Hilty, Lorentz M./Seifert, Eberhard K./Treibert, René (Hrsg.), Information Systems for Sustainable Development, Hershey/London, S. 164-212.

**Isenmann, Ralf (2005a):** Online-Nachhaltigkeitsberichterstattung: Trends, Gestaltungschancen, Befunde, Fallstricke, in: Michelsen, Gerd/Godemann, Jasmin (Hrsg.), Handbuch Nachhaltigkeitskommunikation – Grundlagen und Praxis, München, S. 617-628.

**Isenmann, Ralf/Ghafari, Ramin/Müller-Merbach, Heiner (2001):** Umweltberichterstattung im Internet: Empirische Befunde, Klassifizierung, Praxiserfahrungen, Tendenzen, im Internet: http://kluedo.ub.uni-kl.de/volltexte/2001/1254/pdf/ fue_4.pdf, abgerufen am 19.12.2004.

**Isenmann, Ralf/Warkotsch, Nicolas (1999):** Internetbasierte Umweltberichterstattung, in: Das Wirtschaftsstudium, Jg. 28, Nr. 11, S. 1509-1518.

**Isenmann, Ralf/Winter, Michael (2002):** Internetbasierte Nachhaltigkeitsberichterstattung, in: B.A.U.M. – Bundesdeutscher Arbeitskreis für Umweltbewusstes Management e.V. (Hrsg.), B.A.U.M. Jahrbuch 2003. Nachhaltigkeitsstrategien und ihre Umsetzung in der Praxis, Hamburg, S. 104-107.

**Ishikawa, Eisuke (2003):** Japan's Sustainable Society in the Edo-Period, in: Japan for Sustainability Newsletter, Jg. 2, Nr. 3, im Internet: http://www.japanfs.org/en/newsletter/200303.html#1, abgerufen am 19.01. 2004.

**Ishikawa, Hiroshi/Ohta, Manabu/Yokoyama, Shohei/Nakayama, Junya/ Katayama, Kaoru (2002):** On The Effectiveness of Web Usage Mining for Page Recommendation and Restructuring, in: Lecture Notes In Computer Science, o. Jg. (2002), Nr. 2593, S. 253-267.

**Ivens, Björn (2002):** Nachhaltigen Erfolg erzielen durch konsequentes Relationship Marketing, in: Thexis, Jg. 18, Nr. 2, S. 13-17.

**Jacob, Frank (1995):** Produktindividualisierung – Ein Ansatz zur innovativen Leistungsgestaltung im Business-to-Business-Bereich, Wiesbaden.

**Jacob, Frank (1995a):** Produktindividualisierung als spezielle Form des Dienstleistungsmarketing im Business-to-Business-Bereich, in: Kleinaltenkamp, Michael (Hrsg.), Dienstleistungsmarketing. Konzeptionen und Anwendungen, Wiesbaden, S. 193-223.

**Jaeckel, Ulf D. (1994):** Funktionen einer Umweltberichterstattung, in: Wirtschaftswissenschaftliches Studium, Jg. 23, Nr. 3, S. 112-116.

**Jakubowicz, Dan (2002):** Genuß und Nachhaltigkeit: Handbuch zur Veränderung des persönlichen Lebensstils, Wien.

**Janisch, Monika (1993):** Das strategische Anspruchsgruppenmanagement. Vom Shareholder-Value zum Stakeholder-Value, Bern/Stuttgart.

**Jeh, Glen/Widom, Jennifer (2003):** Scaling Personalized Web Search, im Internet: www.acroterion.ca/flash/Scaling_Personalized_Web_ Search.pdf, abgerufen am 13.10.2005.

**Jones, Kathryn/Alabaster, Tony/Hetherington, Karen (1999):** Internet-Based Environmental Reporting. Current Trends, in: Greener Management International, Jg. 26, o. Nr. (Summer), S. 69-90.

**Jones, Kathryn/Walton, Julia (1999):** Internet-Based Environmental Reporting, in: Bennett, Martin/James, Peter (Hrsg.), Sustainable Measures. Evaluation and Reporting of Environmental and Social Performance, Sheffield, S. 412-425.

**Karat, Clare-Marie/Brodie, Carolyn/Karat, John/Vergo, John/Alpert, Sherman R. (2003):** Personalizing the user experience on ibm.com, in: IBM Systems Journal, Jg. 42, Nr. 4, S. 686-701.

**Karat, John/Karat, Clare-Marie/Brodie, Carolyn (2004):** Personalizing Interaction, in: Karat, Clare-Marie/Blom, Jan O./Karat, John (Hrsg.), Designing personalized user experiences in eCommerce, Dordrecht/Boston, S. 7-17.

**Keller, Bernd (1996):** Unternehmensexterne ökologische Berichterstattung: Entwicklung einer Konzeption mit Ansatzpunkten zur Prüfung, München.

**Kelly, Kevin (2001):** NetEconomy – Zehn radikale Strategien für die Wirtschaft der Zukunft, München 2001.

**Kent, Michael L./Taylor, Maureen/White, William J. (2003):** The relationship between Web site design and organizational responsiveness to stakeholders, in: Public Relations Review, Jg. 29, o. Nr., S. 63–77.

**Kim, Ki-Cheol (2003):** Kriterien der interaktiven Unternehmenskommunikation im Internet, Arbeitspapier der Universität Lüneburg (Juli 2003), Lüneburg.

**Kim, Ki-Cheol (2005):** Interaktive Nachhaltigkeitsberichterstattung von Unternehmen. Konzeption und Analyse der Internetnutzung von GF 500 Unternehmen hinsichtlich der Nachhaltigkeitsberichterstattung, Frankfurt a. M. usw.

**Kirchgeorg, Manfred (2002):** Nachhaltigkeits-Marketing, in: Umweltwirtschaftsforum, Jg. 10, Nr. 4, S. 4-11.

**Klein, Stefan/Güler, Sedat/Lederbogen, Kai (2000):** Personalisierung im elektronischen Handel, in: Das Wirtschaftsstudium, Jg. 29, Nr. 1, S. 88-94.

**Kleinaltenkamp, Michael (1998):** Begriffsabgrenzungen und Erscheinungsformen von Dienstleistungen, in: Bruhn, Manfred/Meffert, Heribert (Hrsg.), Handbuch Dienstleistungsmanagement, Wiesbaden, S. 29-52.

**Kleinsteuber, Hans J./Hagen, Martin (1998):** Interaktivität – Verheißungen der Kommunikationstheorie und das Netz, in: Neverla, Irene (Hrsg.), Das Netz-Medium. Kommunikationswissenschaftliche Aspekte eines Mediums in Entwicklung, Opladen/Wiesbaden, S. 63-88.

**Kobsa, Alfred (1993):** Adaptivität und Benutzermodellierung in interaktiven Softwaresystemen, in: Herzog, Otthein/Christaller, Thomas/Schütt, Dieter (Hrsg.), Grundlagen und Anwendungen der künstlichen Intelligenz, Proceedings der 17. Fachtagung für Künstliche Intelligenz an der Humboldt-Universität zu Berlin, Berlin usw., S. 152-156.

**Kobsa, Alfred (2001):** Tailoring Privacy to Users' Needs, Invited Keynote of the 8th International Conference on User Modeling, Sonthofen, Germany.

**Kobsa, Alfred (2002):** Personalized Hypermedia and International Privacy, in: Communications of the ACM, Jg. 45, Nr. 5, S. 64-67.

**Kobsa, Alfred/Koenemann, Jürgen/Pohl, Wolfgang (2001):** Personalized Hypermedia Presentation Techniques for Improving Online Customer Relationships, in: The Knowledge Engineering Review, Jg. 16, Nr. 2, S. 111–155.

**Kobsa, Alfred/Schreck, Jörg (2003):** Privacy through Pseudonymity in User-Adaptive Systems, in: ACM Transactions on Internet Technology, Jg. 3, Nr. 2, S. 149-183.

**Kobsa, Alfred/Teltzrow, Maximilian (2005):** Contextualized Communication of Privacy Practices and Personalization Benefits: Impacts on Users' Data Sharing and Purchase Behavior, in: Lecture Notes in Computer Science, Jg. 34, Nr. 24, S. 329-343.

**Kobsa, Alfred/Wang, Yang/ Teltzrow, Max/Chen, Zhaoqi (2002):** Catalog of requirements imposed by international privacy laws, im Internet: www.ics. uci.edu/~kobsa/privacy/intlprivlawsurvey.html, abgerufen am 15.12.2005.

**Koch, Michael (2002):** Global Identity Management to Boost Personalization, in: Schubert, Petra/Leimstoll, Uwe (Hrsg.), Proceedings of the 9th Research Symposion on Emerging Electronic Markets, Basel, S. 137-147.

**Koch, Michael/Möslein, Kathrin (2005):** Identities Management for E-Commerce and Collaboration Applications, in: International Journal of Electronic Commerce, Jg. 9, Nr. 3, S. 11-29.

**Koch, Michael/Schubert, Petra (2002):** Personalization and Community Communication for Customer Support, in: Luczak, Holger/Cakir, Ahmet E./Cakir, Gisela (Hrsg.), Proceedings of the 6th International Conference on Work With Display Units – World Wide Work (WWDU2002), Berchtesgaden, S. 530-532.

**Kolk, Ans (1999):** Evaluating Corporate Environmental Reporting, in: Business Strategy and the Environment, Jg. 8, Nr. 4, S. 225-237.

**Koutri, Martha/Avouris, Nikolaos/Daskalaki, Sophia (2004):** A survey on web usage mining techniques for web-based adaptive hypermedia systems, im Internet: www.ee.upatras.gr/hci/papers/v13_Koutri_Avouris_ Daskalaki _2004.pdf, abgerufen am 27.02.2005.

**KPMG (2002):** KPMG International Survey of Corporate Sustainability Reporting 2002, Amsterdam/De Meern.

**KPMG/University of Amsterdam (2005):** International Survey of Corporate Responsibility Reporting, Amsterdam.

**Kravatz, Harris (2000):** Designing Web Personalization Features, in: Proceedings of the Society for Technical Communication's 47th Annual Conference, Orlando.

**Krcmar, Helmut/Leimeister, Jan M. (2003):** Virtuelle Communities, in: Das Wirtschaftsstudium, Jg. 32, Nr. 5 , S. 659-668.

**Krippendorff, Klaus (1990):** Der verschwundene Bote – Metaphern und Modelle der Kommunikation, in: Deutsches Institut für Fernstudien (Hrsg.), Medien und Kommunikation, S. 11-50.

**Kroeber-Riel, Werner/Weinberg, Peter (1999):** Konsumentenverhalten, München.

**Krotz, Friedrich (1998):** Digitalisierte Medienkommunikation: Veränderungen interpersonaler und öffentlicher Kommunikation, in: Neverla, Irene (Hrsg.), Das Netz-Medium. Kommunikationswissenschaftliche Aspekte eines Mediums in Entwicklung, Opladen/Wiesbaden, S. 113-135.

**Kunczik, Michael/Zipfel, Astrid (2001):** Publizistik, Köln usw.

**Küpper, Hans-Ulrich (2001):** Controlling: Konzeption, Aufgaben und Instrumente, Stuttgart.

**Lampel, Joseph/Mintzberg, Henry (1996):** Customizing customization, in: Sloan Management Review, Jg. 38, Nr. 1, S. 21-30.

**LAP – Liberty Alliance Project (2005):** Liberty Alliance Project – Digital Identity Defined, im Internet: www.projectliberty.org, abgerufen am 28.06.2005.

**Lasica, Joseph D. (2002):** The Promise of the Daily Me – From My News to digital butlers: An in-depth look at the different flavors of personalization, im Internet: http://www.ojr.org/ojr/lasica/1017779142.php, abgerufen am 14.12.2004.

**Lass, Wiebke/Reusswig, Fritz (2001):** Nachhaltigkeit und Umweltkommunikation. Ein Forschungsprojekt auf der Suche nach sozialwissenschaftlichen Perspektiven, in: Umweltbundesamt (Hrsg.), Perspektiven für die Verankerung des Nachhaltigkeitsleitbildes in der Umweltkommunikation: Chancen, Barrieren und Potenziale der Sozialwissenschaften, Berlin, S. 13-36.

**Lasswell, Harold D. (1948):** The Structure and Function of Communication in Society, in: Bryson, Lyman (Hrsg.), The Communication of Ideas, New York, S. 37-51.

**Leffson, Ulrich (1987):** Die Grundsätze ordnungsmäßiger Buchführung, Düsseldorf.

**Leitschuh-Fecht, Heike (2002):** Mit dem Stakeholder-Dialog zur Nachhaltigkeit, in: Umweltwirtschaftsforum, Jg. 10, Nr. 1, S. 34-37.

**Lenz, Christian (2003):** Empfängerorientierte Unternehmenskommunikation – Einsatz der Internet-Technologie am Beispiel der Umweltberichterstattung, Lohmar/Köln.

**Li, Hairong/Daugherty, Terry/Biocca, Frank (2001):** Characteristics of Virtual Experience in Electronic Commerce: A Protocol Analysis, im Internet: http://elab.vanderbilt.edu/research/papers/pdf/manuscripts/JIM.pdf, abgerufen am 10.10.2005.

**Lichtl, Martin (1999):** Ecotainment: der neue Weg im Umweltmarketing: emotionale Werbebotschaften, sustainability, cross-marketing, Wien.

**Liessmann, Konrad P. (2003):** Der Geschmack von Nachhaltigkeit - Eröffnungsvortrag des Symposions "Der Geschmack der Nachhaltigkeit. Ästhetik und Design der entwicklungspolitischen Polemik" am 23. Oktober 2003 in Eisenstadt, im Internet: http://www.nachhaltigkeit.at/bibliothek/nachrich ten 2001.html, abgerufen am 15.05.2004.

**Link, Jörg (2001):** Grundlagen und Perspektiven des Customer Relationship Management, in: Link, Jörg (Hrsg.), Customer Relationship Management – Erfolgreiche Kundenbeziehungen durch integrierte Informationssysteme, Berlin usw., S. 1-34.

**Link, Jörg/Tiedtke, Daniela (2001):** Von der Corporate Site zum Databased Online Marketing, Grundlagen und Entwicklungsperspektiven, in: Link, Jörg/Tiedtke, Daniela (Hrsg.), Erfolgreiche Praxisbeispiele im Online-Marketing: Strategien und Erfahrungen aus unterschiedlichen Branchen, Berlin usw. 2001, S. 1-26.

**Liu, Fang/Yu, Clement/Meng, Weiyi (2004):** Personalized Web Search for Improving Retrieval Effectiveness, in: Institute of Electrical and Electronics Engineers (IEEE) (Hrsg.), Transactions of Knowledge and Data Engineering, Jg. 16, Nr. 1, S. 28-40.

**Loeffelholz, Hans D./Moos, Waike/Storchmann, Karl H. (2000):** Nachhaltige Entwicklung in Deutschland – ausgewählte Problemfelder und Lösungsansätze, Essen.

**Loew, Thomas (2001):** Unternehmen auf dem Weg zur Nachhaltigkeit, in: Ökologisches Wirtschaften, Jg. 6, Nr. 1, S. 10-11.

**Loew, Thomas (2004):** Der IÖW/Future Anforderungskatalog für Nachhaltigkeitsberichte, Präsentation bei der Tagung des Umweltgutachterausschusses „EMAS und Nachhaltigkeit: Die Integration von Umweltmanagement und Nachhaltiger Entwicklung in Unternehmen“ am 12.05.2004 in Frankfurt.

**Loew, Thomas/Ankele, Kathrin/Braun, Sabine/Clausen Jens (2004):** Bedeutung der internationalen CSR-Diskussion für Nachhaltigkeit und die sich daraus ergebenden Anforderungen an Unternehmen mit Fokus Berichterstattung – Endbericht an das Bundesministerium für Umwelt, Naturschutz und Reaktorsicherheit, Münster/Berlin, im Internet: http://www.ioew.de/home/downloaddateien/bedeutung%20der %20csr%20diskussion.pdf, abgerufen am 28.12.2004.

**Loew, Thomas/Clausen, Jens/Westermann, Udo (2005):** Nachhaltigkeitsberichterstattung in Deutschland – Ergebnisse und Trends im Ranking 2005, Berlin.

**Lotter, Wolf (2002):** Trägheit, im Internet: http://www.brandeins.de/home/inhalt_ detail.asp?id=326&MenuID=130&MagID=11&sid=su84130251112 7790076, abgerufen am 28.06.2004.

**Lühmann, Birte (2003):** Entwicklung eines Nachhaltigkeitskommunikationskonzepts für Unternehmen – Modellanwendung am Beispiel T-Mobile

Deutschland GmbH. Diplomarbeit am Lehrstuhl für Umweltmanagement der Universität Lüneburg.

**Lumley, Sarah/Armstrong, Patrick (2003):** Some of the Nineteenth Century Origins of the Sustainability Concept, in: Environment, Development and Sustainability, Jg. 6, o. Nr., S. 367-378.

**Lunau, York (2004):** CSR-Initiativen: Wenn Ethik und Erfolg zusammen gehen, in: io New Management, Jg. 74, Nr. 5, S. 9-15.

**Maignan, Isabelle/Ferrell, Oliver C./Hult, G. Thomas (1999):** Corporate citizenship: Cultural antecedents and business benefits, in: Journal of the Academy of Marketing Science, Jg. 27, Nr. 4, S. 455-469.

**Maitland, Alison (2003):** Corporate Responsibility. Top Companies avoid a full and frank exchange, im Internet: www.ft.com, abgerufen am 16.05.2005.

**Majer, Helge (2003):** Nachhaltige Entwicklung – Leitbild für Zukunftsfähigkeit, in: Das Wirtschaftsstudium, Jg. 32, Nr. 7, S. 935-943.

**Maletzke, Gerhard (1963):** Psychologie der Massenkommunikation - Theorie und Systematik, Hamburg.

**Malone, Thomas W./Grant, Kenneth R./Turbak, Franklin A./Brobst, Stephen A./Cohen, Michael D. (1987):** Intelligent Information-Sharing Systems, in: Communications of the ACM, Jg. 30, Nr. 5, S. 390-442.

**Maresch, Rudolf (2001):** Elektromagnetische Illusionen, in: Maresch, Rudolf/Rötzer, Florian (Hrsg.), Cyberhypes – Möglichkeiten und Grenzen des Internet, Frankfurt a. M., S. 53-75.

**Marra, Andreas (1999):** Standardisierung und Individualisierung im Marktprozess, Wiesbaden.

**Mast, Claudia/Fiedler, Katja (2005):** Nachhaltige Unternehmenskommunikation, in: Michelsen, Gerd/Godemann, Jasmin (Hrsg.), Handbuch Nachhaltigkeitskommunikation – Grundlagen und Praxis, München, S. 565-576.

**Mayer, Peter (1999):** Individuumzentrierte Sustainable Development-Fundamentierung – Ein Beitrag zur Operationalisierung des Konzeptes der Nachhaltigen Entwicklung, Hannover.

**Mayer, Jörg H. (1999a):** Führungsinformationssysteme für die internationale Management-Holding, Wiesbaden.

**Meffert, Heribert (1993):** Marketing: Grundlagen der Absatzpolitik, Wiesbaden.

**Meffert, Heribert (2000):** Marketing. Grundlagen marktorientierter Unternehmensführung, Wiesbaden.

**Meier, Marco/Stößlein, Martin/Mertens, Peter (2001):** Personalisierung von Management- und Stakeholder-Informations-Systemen, in: Buhl, Hans U./ Huther, Alexander/Reitwiesner, Bernd (Hrsg.), Information Age Economy – 5. Internationale Tagung Wirtschaftsinformatik 2001, Heidelberg, S. 235-249.

**Merten, Klaus (1977):** Kommunikation. Eine Begriffs- und Prozeßanalyse, Opladen.

**Mertens, Peter/Höhl, Michael (1999):** Wie lernt der Computer den Menschen kennen? Bestandsaufnahme und Experimente zur Benutzermodellierung in der Wirtschaftsinformatik, in: Scheer, August-Wilhelm/Nüttgens Markus (Hrsg.), Electronic Business Engineering, Heidelberg, S. 25-50.

**Mertens, Peter/Stößlein, Martin/Zeller, Thomas (2004):** Personalisierung und Benutzermodellierung in der betrieblichen Informationsverarbeitung – Stand und Entwicklungsmöglichkeiten, Arbeitspapier Nr. 2/2004 des Bereichs Wirtschaftsinformatik I der Universität Erlangen-Nürnberg, Erlangen-Nürnberg.

**Mesterharm, Michael (2001):** Integrierte Umweltkommunikation von Unternehmen – Theoretische Grundlagen und empirische Analyse der Umweltkommunikation am Beispiel der Automobilindustrie, Marburg.

**Metagroup/Peppers and Rogers Group (2002):** One to One Web Best Practices, im Internet: http://www.1to1media.com/View.aspx?ItemID=640, abgerufen am 19.09.2004.

**Metzger Miriam J. (2004):** Privacy, Trust, and Disclosure: Exploring Barriers to Electronic Commerce, in: Journal of Computer-Mediated Communication, Jg. 9, Nr. 4.

**Meyer, Kirsten (1997):** Internet und strategisches Umweltmanagement. Krisenabwehr durch stakeholderorientierte Kommunikation, Wiesbaden.

**Meyer, Matthias/Weingärtner, Stefan/Jahke, Thilo/Lieven, Oliver (2001):** Web Mining und Personalisierung in Echtzeit, Arbeitspapier 5/2001 des Instituts für Organisation der Ludwig-Maximilians-Universität München, München.

**Michelsen, Gerd (2005):** Nachhaltigkeitskommunikation: Verständnis – Entwicklung – Perspektiven, in: Michelsen, Gerd/Godemann, Jasmin (Hrsg.), Handbuch Nachhaltigkeitskommunikation – Grundlagen und Praxis, München, S. 25-41.

**Michelsen, Gerd/Godemann, Jasmin (2002):** Die Kommunikation über Nachhaltigkeit braucht mehr Professionalität, in: Brickwedde, Fritz/Peters, Ulrike (Hrsg.), Umweltkommunikation – Vom Wissen zum Handeln, Berlin, S. 329-337.

**Minte, Horst/Menzel, Ulrich/Roth-Daniel-Sascha/Thurn, Ina (2005):** Das Leitbild der Nachhaltigen Entwicklung als Herausforderung für Volkswagen, in: Michelsen, Gerd/Godemann, Jasmin (Hrsg.), Handbuch Nachhaltigkeitskommunikation – Grundlagen und Praxis, München, S. 641-650.

**Mobasher, Bamshad/Cooley, Robert W./Srivastava, Jaideep (2000):** Automatic Personalization Based on Web Usage Mining, im Internet: http://maya.cs.depaul.edu/~mobasher/papers/MCS00.pdf, abgerufen am 15.05.2004.

**Möller, Andreas (2005):** Herausforderung Neue Medien, in: Michelsen, Gerd/ Godemann, Jasmin (Hrsg.), Handbuch Nachhaltigkeitskommunikation – Grundlagen und Praxis, München, S. 76-84.

**Morgan, Robert M./Hunt, Shelby D. (1994):** The Commitment-Trust Theory of Relationship Marketing, in: Journal of Marketing, Jg. 58, Nr. 3, S. 20-38.

**Morhardt, J. Emil/Adidjaja, Elgeritte (2004):** Electronic presentation styles of corporate sustainability information and how they reflect the quality of reporting, in: Symposium Volume from the 18th International Conference Informatics for Environmental Protection (EnviroInfo 2004), Genf, S. 125-135.

**Moßgraber, Jürgen (2001):** Personalisierung im Projekt „$I^2$BN" – State of the Art, Arbeitspapier des Fraunhofer Instituts für Informations- und Datenverarbeitung, im Internet: http://i2bn.server.de/servlet/is/356/Personalisierung-State-of-the-Art.pdf, abgerufen am 26.06.2005.

**Muksch, Harry/Behme, Wolfgang (1998):** Das Data Warehouse-Konzept als Basis einer unternehmensweiten Informationslogistik, in: Muksch, Harry/Behme, Wolfgang (Hrsg.), Das Data Warehouse-Konzept: Architektur – Datenmodelle – Anwendungen, Wiesbaden, S. 33-100.

**Müller-Christ, Georg (2001):** Nachhaltiges Ressourcenmanagement. Eine wirtschaftsökologische Fundierung, Marburg.

**Münchner Kreis (1999):** 2014 – Die Zukunft von Information, Kommunikation und Medien: Ergebnisse der vom Münchner Kreis durchgeführten Delphi-Studie, im Internet: http://www.muenchner-kreis.de/site/fileadmin/dateien/Veroeffentlichungen/Zukunft.pdf, abgerufen am 08.02.2005.

**Mundorf, Norbert/Zwick, Detlev/Dholakia, Nikhilesh (1999):** Die Web-Präsenz führender deutscher Industrieunternehmen, in: Fritz, Wolfgang (Hrsg.), Internet-Marketing: Perspektiven und Erfahrungen aus Deutschland und den USA, Stuttgart, S. 81-106.

**Münzing, Tell (2004):** The People's Entrepreneurs, in: SustainAbility Radar – The Big Ideas Issue, o. Jg. (2004), o. Nr. (October/November), S. 28-29.

**Murphy, Brian/Stevens, Keith/McLeod, Robert (1997):** A Stakeholderism Framework for Measuring Relationship Marketing, in: Journal of Marketing Theory and Practice, Jg. 5, Nr. 2, S. 43-57.

**Murti, Bamshad P. S./Sarkar, Sumit (2003):** The Role of the Management Sciences in Research on Personalization, in: Management Science, Jg. 49, Nr. 10, S. 1344-1362.

**Muther, Andreas (2000):** Electronic Customer Care – Die Anbieter-Kunden-Beziehung im Informationszeitalter, Berlin usw.

**Nahal, Sarj (2002):** Mandatory Sustainability Reporting – France Leads the Way, in: Amnesty International Business Matters Newsletter, o. Jg. (2002), o. Nr. (Autumn/Winter).

**Nanda, Rajeev (2000):** Limits Of Personalization, im Internet: http://www.dqindia.com/content/strategy/management/100053011.asp, abgerufen am 31.10.2004.

**Nee, Eric (2005):** Web Future is Not Semantic, Or Overly Orderly, im Internet: http://www.cioinsight.com/article2/0,1540,1815338,00.asp, abgerufen am 25.05.2005.

**Negroponte, Nicholas (1995):** Total Digital – Die Welt zwischen 0 und 1 oder die Zukunft der Kommunikation, München.

**Nelson, Philip (1970):** Information and Consumer Behaviour, in: The Journal of Political Economy, Jg. 78, o. Nr., S. 311-329.

**Neuberger, Christoph/Tonnemacher, Jan (1999):** Online – die Zukunft der Zeitung, Opladen.

**Nielsen, Jakob (2001):** Gewohnheitstier Mensch, in: Internet World, o. Jg., Nr. 2, S. 44-46.

**Nohr, Holger (2000):** Content Management – Die Einführung von Content Management-Systemen, Arbeitspapier Wissensmanagement Nr. 11/2000 der FH Stuttgart, Stuttgart.

**Nyquist, Siv (2003):** The Legislation of environmental disclosures in three nordic countries – a comparison, in: Business Strategy and the Environment, Jg. 12, Nr. 1, S. 12-25.

**o. V. (2001):** Der Umweltbericht der Volkswagen AG, in: Krichbaum, Jörg/Dreyer, Clemens (Hrsg.), Deutsche Standards – Vorbildliche Umweltberichte, Köln, S. 388-391.

**o. V. (2002):** Reputation bestimmt Unternehmenswert mit, in: Frankfurter Allgemeine Zeitung, 16.12.2002, S. 21.

**o. V. (2004):** Die neue Nachhaltigkeit, im Internet: http://www.politik-digital.ch/nachhaltig.htm, abgerufen am 23.08.2004.

**o. V. (2004a):** Les éléments de cadrage relatifs au décret d'application de l'article 116 de la loi NRE, im Internet: http://www.novethic.fr/novethic/site/article/index.jsp? id=74612, abgerufen am 15.12.2004.

**o. V. (2004b):** 12% der Medienzeit fließen ins Internet, im Internet: www.faz.net/netzwelt, abgerufen am 19.11.2004.

**o. V. (2005):** Comparing XML and relational storage: A best practices guide, im Internet: www.competence-site.de/datenbanken.nsf/CE6139FA068B70BFC12570810034B3E1/$File/comparing_xml_and_relational_storage.pdf, abgerufen am 10.10.2005.

**OECD – Organisation for Economic Co-operation and Development (1980):** Empfehlung des Rates über Leitlinien für den Schutz des Persönlichkeitsbereichs und den grenzüberschreitenden Verkehr personenbezogener Daten, im Internet: http://www.datenschutz-berlin.de/gesetze/internat/ben.htm, abgerufen am 15.12.2005.

**OECD – Organisation for Economic Co-operation and Development (2000):** OECD Guidelines for Multinational Enterprises, Paris.

**Osmers, Henning (2004):** Stakeholderdialoge und Unternehmenserfolg – Eine empirische Studie über Erfahrungswerte bei führenden deutschen Konzernen, GELENA-Diskussionspapier Nr. 04-01, Oldenburg/Berlin.

**Padmanabhan, Balaji/Zheng, Zhiqiang/Kimbrough, Steven O. (2001):** Personalization from incomplete data: What you don't know can hurt, in: Provost, Foster/Srikant, Ramakrishnan (Hrsg.), Proceedings of the 7th ACM SIGKDD International Conference on Knowledge Discovery and Data Mining, San Francisco, S. 154-163.

**Page, Lawrence/Brin, Sergey/Motwani, Rajeev/Winograd, Terry (1999):** The PageRank citation ranking: Bringing order to the Web. Technical Report der Stanford University Database Group, im Internet: http://dbpubs.stanford.edu/8090/pub/1999-66, abgerufen am 13.10.2005.

**Parasuraman, Anantharanthan/Zeithaml, Valerie A./Berry, Leonard L. (1988):** SERVQUAL: A Multi-Item Scale for Measuring Consumer Perceptions of Service Quality, in: Journal of Retailing, Jg. 64, Nr. 1, S. 12-40.

**Passport (2005):** Microsoft Passport Network, im Internet: www.passport.net, abgerufen am 28.06.2005.

**Patil, Sameer/Kobsa, Alfred (2003):** The Challenges in Preserving Privacy in Awareness Systems, ISR Technical Report #UCI-ISR-03-3, Institute of Software Research, University of California, Irvine.

**Paul, Claudius/Runte, Matthias (1999):** Wie ziehe ich den Kunden an? – Virtuelle Communities, in: Albers, Sönke/Clement, Michel/Peters, Kay/ Skiera, Bernd (Hrsg.), eCommerce – Einstieg, Strategie und Umsetzung im Unternehmen, Frankfurt a. M., S. 123-136.

**Payne, Adrian/Rapp, Reinhold (1999):** Relationship Marketing: Ein ganzheitliches Verständnis von Marketing, in: Payne, Adrian/Rapp, Reinhold (Hrsg.), Handbuch Relationship Marketing – Konzeption und erfolgreiche Umsetzung, München, S. 3-16.

**Peppers, Don/Rogers, Martha (1996):** The One to One Future: Building Relationships one Customer at a Time, New York.

**Peppers, Don/Rogers, Martha (1997):** Enterprise One to One – Tools for Competing in the Interactive Age, New York.

**Perik, Evelien/Ruyter, Boris de/Markopoulos, Panos (2005):** Privacy & Personalization: Preliminary Results of an Empirical Study of Disclosure Behavior, in: Kobsa, Alfred/Cranor, Lorrie F. (Hrsg.), Proceedings of PEP05, UM05 Workshop on Privacy-Enhanced Personalization, Edinburgh, S. 15-22.

**Personalization Consortium (2002):** What is Personalization? Im Internet: http://www.personalization.org/faqs1.html#questionone, abgerufen am 19.01.2005.

**Peters, Thomas A. (1999):** Computerized Monitoring and online privacy, Jefferson usw.

**Pew Internet/American Life Project (2005):** Spyware – The threat of unwanted software programs is changing the way people use the internet, im Internet: http://www.pewinternet.org/pdfs/PIP_Spyware_Report_July_05.pdf, abgerufen am 14.10.2005.

**Pfeiffer, Christiane (2004):** Integrierte Kommunikation von Sustainability-Netzwerken – Grundlagen und Gestaltung der Kommunikation nachhaltigkeitsorientierter intersektoraler Kooperationen, Frankfurt a. M.

**Picot, Arnold/Dietl, Helmut/Franck, Egon (2005):** Organisation. Eine ökonomische Perspektive, Stuttgart.

**Picot, Arnold/Reichwald, Ralf/Wigand, Rolf T. (2003):** Die grenzenlose Unternehmung – Information, Organisation und Management, Wiesbaden.

**Pierrakos, Dimitrios/Paliouras, Georgios/Papatheodorou, Christos/Spyropoulos Constantine D. (2003):** Web Usage Mining as a Tool for Personalization: A Survey, in: User Modeling and User-Adapted Interaction, Jg. 13, Nr. 4, S. 311-372.

**Pietschmann, Herbert (2001):** Gesundheit 2050 – Nachhaltige Entwicklung durch neue Denk- und Entscheidungsstrukturen, Vortrag im Rahmen der Vortragsreihe "Visionen der Zukunft" des Österreichischen Instituts für Nachhaltige Entwicklung und dem Austrian Business Council for Sustainable Development, im Internet: http://www.nachhaltigkeit.at/bibliothek/nachrichten2001.html, abgerufen am 17.09.2004.

**Piller, Frank T. (2001):** Mass Customization. Ein wettbewerbstrategisches Konzept im Informationszeitalter, Wiesbaden.

**Piller, Frank T. (2003):** Glossary: Mass Customization, Open Innovation, Personalization, and Customer Integration, im Internet: http://www.mass-customization.de/glossary.htm, abgerufen am 15.01.2005.

**Piller, Frank T./Moeslein, Kathrin/Stotko, Christof M. (2004):** Does mass customization pay? An economic approach to evaluate customer integration, in: Production Planning & Control, Jg. 15, Nr. 4, S. 435-444.

**Piller, Frank T./Schaller, Christian (2002):** Individualization Based Collaborative Customer Relationship Management. Motives, Structures and Modes of Collaboration for Mass Customization and CRM, Arbeitsbericht Nr. 29 (Mai 2002) des Lehrstuhls für Allgemeine und Industrielle Betriebswirtschaftslehre der TU München, München.

**Piller, Frank T./Zanner, Stefan (2001):** Mass-Customization und Personalisierung im Electronic Business, in: Das Wirtschaftsstudium, Jg. 30, Nr. 1, S. 88-96.

**Pitt, Leyland F./Berthon, Pierre/Watson, Richard T./Zinkhan, George M. (2002):** The Internet and the birth of real consumer power, in: Business Horizons, Jg. 45, Nr. 4, S. 7-14.

**Pine, B. Joseph II (1993):** Mass customization, Boston.

**Pleon Kohtes Klewes (2004):** Geheime Mission? Deutsche Unternehmen im Dialog mit kritischen Stakeholdern – eine Umfrage unter den 150 größten Unternehmen, Bonn.

**Pleon Kohtes Klewes (2005):** Unternehmen Verantwortung: der Global Stakeholder Report 2005. Die zweite weltweite Stakeholder-Befragung zur Nachhaltigkeitsberichterstattung von Unternehmen, Bonn.

**Polat, Huseyin/Du, Wenliang (2005):** Privacy-Preserving Collaborative Filtering, in: International Journal of Electronic Commerce, Jg. 9, Nr. 4, S. 9-35.

**Porra, Jaana/Parks, Michael S. (2005):** Sustainable virtual communities: suggestions from the colonial model, in: Information Systems and E-Business Management, o. Jg., o. Nr. (Dezember 2005), S. 1-33.

**Potter, David (1954):** People of Plenty, Chicago.

**Propper, Simon/Short, Annabel (2002):** Is the CSR bubble about to burst? In: Environmental Finance, Jg. 3, Nr. 10, S. 20.

**Raffée, Hans/Wiedmann, Klaus-Peter (1989):** Corporate Communications als Aktionsinstrumentarium des strategischen Marketing, in: Raffée, Hans/ Wiedmann, Klaus-Peter (Hrsg.), Strategisches Marketing, Stuttgart, S. 662-691.

**Rapp, Reinhold (2000):** Customer Relationship Management – Das neue Konzept zur Revolutionierung der Kundenbeziehungen, Frankfurt am Main.

**Ratchford, Brian T./Talukdar, Debabrata/Lee, Myung-Soo (2001):** A Model of Consumer Choice of the Internet as an Information Source, in: International Journal of Electronic Commerce, Jg. 5, Nr. 3, S. 7-21.

**Raupach, Michaela/Clausen, Jens (2001):** Nachhaltigkeitsberichterstattung ist auf dem Weg, in: Ökologisches Wirtschaften, Jg. 6, Nr. 1, S. 26-27.

**Regierungskommission Deutscher Corporate Governance Kodex (2005):** Deutscher Corporate Governance Kodex, im Internet: http://www.corpor ate-governance-code.de/, abgerufen am 20.07.2005.

**Reichardt, Christian (2002):** One-to-One-Marketing im Internet: Erfolgreiche Strategien für Finanzdienstleister, Wiesbaden 2002.

**Reiß, Michael/Koser, Martin (2001):** Individualisierungspotentiale des E-Business, in: Zeitschrift für Führung und Organisation, Jg. 70, Nr. 3, S. 135-141.

**Renner, Andreas (2002):** Nachhaltigkeit und Globalisierung, Partizipation, Demokratie – Identifizierung von Zusammenhängen und Gestaltungsansätzen. Kurzstudie für den Rat für Nachhaltige Entwicklung, Bensheim/Berlin.

**Reusswig, Fritz (1994):** Lebensstile und Ökologie: gesellschaftliche Pluralisierung und alltagsökologische Entwicklung unter besonderer Berücksichtigung des Energiebereichs, Frankfurt a. M.

**Rezabakhsh, Behrang (2003):** Die Marktmacht von Konsumenten im Zeitalter des Internet, Nr. 12 der Reihe muk-Premium des Lehrstuhls Marketing 1: Markt und Konsum der Universität Hannover, Hannover.

**Rich, Elaine (1979):** User Modelling via Stereotypes, in: Cognitive Science, Jg. 3, Nr. 4, S. 329-354.

**Richter, Rudolf/Furubotn, Eirik (1996):** Neue Institutionenökonomik – Eine Einführung und kritische Würdigung, Tübingen.

**Rink, Dieter (Hrsg.) (2002):** Lebensstile und Nachhaltigkeit – Konzept, Befunde und Potentiale, Opladen.

**Riske, Jörg (2002):** Internet und die Auswirkungen auf die Unternehmensorganisation aus der Sicht der Neuen Institutionenökonomik, Frankfurt a. M.

**RNE – Rat für Nachhaltige Entwicklung (Hrsg.) (2004):** Momentaufnahme – Nachhaltigkeit und Gesellschaft, Berlin 2004.

**Robin Wood (2005):** Autoindustrie – Klimasünder ausbremsen, im Internet: http://www.robinwood.de/german/verkehr/ausbremsen/index-protest.htm, abgerufen am 24.09.2005.

**Rosenberger, Günther (2001):** Denkanstöße zu den Zukunftsperspektiven des nachhaltigen Konsums, in: Schrader, Ulf/Hansen, Ursula (Hrsg.), Nachhaltiger Konsum: Forschung und Praxis im Dialog, Frankfurt a. M., S. 437-444.

**Rössler, Patrick (2003):** Online-Kommunikation, in: Bentele, Günter/Brosius, Hans-Bernd/Jarren, Otfried (Hrsg.), Öffentliche Kommunikation. Handbuch Kommunikations- und Medienwissenschaft, Wiesbaden, S. 504-522.

**Roth, Gerhard (1985):** Die Selbstreferentialität des Gehirns und die Prinzipien der Gestaltwahrnehmung, in: Gestalt Theory, Jg. 7, Nr. 4, S. 228-244.

**Rötzer, Florian (1999):** Nach den Cookies die Web Bugs, im Internet: http://www.heise.de/tp/r4/artikel/5/5482/1.html, abgerufen am 15.05.2004.

**Rötzer, Florian (2005):** Geheimdienste in der Datenflut, im Internet: http://www.telepolis.de/r4/artikel/19/19951/1.html, abgerufen am 11.11.2004.

**Rudolf, Matthias/Müller, Johannes (2003):** Multivariate Verfahren. Eine praxisorientierte Einführung mit Anwendungsbeispielen in SPSS, Göttingen usw.

**Runte, Matthias (2000):** Personalisierung im Internet – Individualisierte Angebote mit Collaborative Filtering, Kiel.

**Saari, Timo/Turpeinen, Mirko (2004):** Towards Psychological Customization of Information for Individuals and Social Groups, in: Karat, Clare-Marie/Blom, Jan O./Karat, John (Hrsg.), Designing personalized user experiences in eCommerce, Dordrecht/Boston, S. 19-37.

**Sachs, Wolfgang (2002):** Nach uns die Zukunft – Der Globale Konflikt um Gerechtigkeit und Ökologie, Frankfurt.

**Savage, Grant T./Nix, Timothy W./Whitehead, Carlton J./Blair, John D. (1991):** Strategies for Assessing and Managing Organizational Stakeholder, in: Academy of Management Executive, Jg. 5, Nr. 2, S. 61-75.

**Schaltegger, Stefan (2003):** Herausforderungen an die Nachhaltigkeitsberichterstattung von Unternehmen. Vortrag am Fachdialog des Bundesministeriums für Umwelt, Naturschutz und Reaktorsicherheit am 13. November 2003 in Berlin.

**Schaltegger, Stefan/Burritt, Roger/Petersen, Holger (2003):** An introduction to Corporate Environmental Management. Striving for Sustainability, Sheffield.

**Scherhorn, Gerhard (2004):** Wertorientierung, Lebensstil und Lebenslage – Chancen und Grenzen individueller Nachhaltigkeit, im Internet: www. nachhaltigkeitsrat.de/service/download/termine/2004/Vortrag_Scherhorn_B N_RNE_16-10-04.pdf, abgerufen am 11.11.2004.

**Scherhorn, Gerhard/Weber, Christoph (Hrsg.) (2002):** Nachhaltiger Konsum: Auf dem Weg zur gesellschaftlichen Verankerung, München.

**Schmid, Uwe (1997):** Das Anspruchsgruppen-Konzept, in: Das Wirtschaftsstudium, 26. Jg., Nr. 7, S. 633-635.

**Schmidt, Reinhard (1983):** Grundzüge der Investitions- und Finanzierungstheorie, Wiesbaden.

**Schmidt, Siegfried J. (1990):** Wir verstehen uns doch? Von der Unwahrscheinlichkeit gelingender Kommunikation, in: Deutsches Institut für Fernstudien an der Universität Tübingen (Hrsg.), Medien und Kommunikation – Konstruktionen von Wirklichkeit, Weinheim/Basel, S. 50-78.

**Schnäbele, Peter (1997):** Mass-Customized Marketing. Effiziente Individualisierung von Vermarktungsobjekten und -prozessen, Wiesbaden.

**Schneider, Ursula (1990):** Kulturbewusstes Informationsmanagement, München.

**Schneidewind, Uwe (1997):** Public Private Partnership, in: Steger, Ulrich (Hrsg.), Handbuch integriertes Umweltmanagement, München/Wien, S. 69-86.

**Schneidewind, Uwe (2002):** Probleme und Perspektiven der Informationsgesellschaft vor dem Hintergrund einer „Nachhaltigen Entwicklung“, in: Zabel, Hans-Ulrich (Hrsg.), Betriebliches Umweltmanagement – nachhaltig und interdisziplinär, Berlin, S. 347-360.

**Schögel, Marcus/Schmidt, Inga (2002):** E-CRM – Management von Kundenbeziehungen im Umfeld neuer Informations- und Kommunikationstechnologien, in: Schögel, Marcus/Schmidt, Inga (Hrsg.), E-CRM – Management von Kundenbeziehungen im Umfeld neuer Informations- und Kommunikationstechnologien, Düsseldorf, S. 29-83.

**Schönborn, Gregor/Steinert, Andreas (2001):** Sustainability Agenda. Nachhaltigkeitskommunikation für Unternehmen und Institutionen, Neuwied/Kriftel.

**Schoenheit, Ingo (2005):** Markttransparenz im Socially Responsible Investment – Konsequenzen für eine nachhaltige Erwachsenenbildung, Frankfurt a. M.

**Schrader, Ulf (2003):** Corporate Citizenship: Die Unternehmung als guter Bürger?, Berlin.

**Schraml, Thomas/Schoop, Eric (1996):** Umweltinformationsmanagement mit neuen Medien. Elektronische Berichterstattung durch Hypertext-Dokumente, in: HMD – Praxis der Wirtschaftsinformatik, Jg. 33, Nr. 191, S. 59-71.

**Schreck, Jörg (2000):** Security and Privacy in User Modeling, St. Augustin.

**Schröder, Michael (2005):** Is there a Difference? The Performance Characteristics of SRI Equity Indexes, ZEW-Diskussionspapier Nr. 05-50, im Internet: ftp://ftp.zew.de/pub/zew-docs/dp/dp0550.pdf, abgerufen am 12.10.2005.

**Schubert, Petra (1999):** Virtuelle Transaktionsgemeinschaften im Electronic Commerce: Management, Marketing und Soziale Umwelt, Lohmar/Köln.

**Schulz, Thomas M. (1995):** Ökologieorientierte Berichterstattung von Unternehmen, Bern usw.

**Schulz, Daniela (2003):** Internetbasierte Nachhaltigkeitskommunikation von Unternehmen. Eine Analyse am Beispiel der Lebensmittelindustrie, Lehr- und Forschungsbericht Nr. 53 des Lehrstuhls Marketing 1: Markt und Konsum an der Universität Hannover, Hannover.

**Schulz, Werner/Burschel, Carlo/Losen, Dirk (2001):** Corporate Sustainability Reporting, Wittener Diskussionspapier Nr. 82 an der Fakultät der Wirtschaftswissenschaft der Universität Witten/Herdecke, Witten/Herdecke.

**Schulz, Werner/Gutterer, Bernd/Geßner, Christian/Sprenger, Rolf-Ulrich/Rave, Tilman (2003):** Nachhaltiges Wirtschaften in Deutschland Erfahrungen, Trends und Potenziale, im Internet: www.oekoradar.de, abgerufen am 10.08.2003.

**Schütz, Alfred (1971):** Wissenschaftliche Interpretation und Alltagsverständnis menschlichen Handelns, in: Schütz, Alfred (Hrsg.), Gesammelte Aufsätze I. Das Problem sozialer Wirklichkeit. Den Haag, S. 3-54.

**Schwab, Thomas (1989):** Methoden zur Dialog- und Benutzermodellierung in adaptiven Computersystemen, Stuttgart.

**SDC Communications Steering Group (2005):** Communicating sustainable development: the role of the SDC, im Internet: http://www.sd-commission.org.uk/news/download_pdf.php?attach_id=45O2Q0S-3APVA2H-MTRZSF 6-IE4CN0R, abgerufen am 20.10.2005.

**Searby, Stephen (2003):** Personalisation – an overview of its use and potential, in: BT Technology Journal, Jg. 21, Nr. 1, S. 13-19.

**Searle, John R. (1988):** Sprechakte: ein sprachphilosophischer Essay, Frankfurt a. M.

**Seibold, Balthas (2002):** Klick-Magnete: Welche Faktoren bei Online-Nachrichten Aufmerksamkeit erzeugen, München.

**Seitz, Bernhard (2002):** Corporate citizenship: Rechte und Pflichten der Unternehmung im Zeitalter der Globalität, Wiesbaden.

**Severin, Andreas (2005):** Nachhaltigkeit als Herausforderung für das Kommunikationsmanagement in Unternehmen, in: Michelsen, Gerd/Godemann, Jasmin (Hrsg.), Handbuch Nachhaltigkeitskommunikation – Grundlagen und Praxis, München, S. 64-75.

**Shahabi, Cyrus/Chen, Yi-Shin (2003):** Web Information Personalization: Challenges and Approaches, in: Bianchi-Berthouze, Nadia (Hrsg.), Proceedings of the 3rd international Workshops „Databases in Networked Information Systems“ (DNIS), Aizu, S. 5-15.

**Shahabi, Cyrus/Banaei-Kashani, Farnoush/Chen, Yi-Shin/McLeod, Dennis (2001):** Yoda: An Accurate and Scalable Web-based Recommendation System, im Internet: http://imsc-dmim.usc.edu/publications/COOPIS2001-YODA.pdf, abgerufen am 24.08.2005.

**Shannon, Claude E./Weaver, Warren (1949):** The mathematical theory of communication, Urbana.

**Sheehan, Kim B. (2002):** Online research methodology: Reflections and speculations, in: Journal of Interactive Advertising, Jg. 3, Nr. 1.

**Shell (2005):** Tell-Shell, im Internet: www.shell.com/tellshell/, abgerufen am 15.10.2005.

**Shepherd, Kristen/Abkowitz, Mark/Cohen, Mark (2001):** Online Corporate Environmental Reporting: Improvements and Innovation to Enhance Stakeholder Value, in: Corporate Environmental Strategy, Jg. 8, Nr. 4, S. 307-315.

**Sohn, Dongyoung/Lee, Byung-Kwan (2005):** Dimensions of interactivity: Differential effects of social and psychological factors, in: Journal of Computer-Mediated Communication, Jg. 10, Nr. 3.

**Specht, Markus (1998):** Adaptive Methoden in computerbasierten Lehr/Lernsystemen, Sankt Augustin.

**Spolsky, Joel (2000):** Does Issuing Passports Make Microsoft a Country? www.joelonsoftware.com/articles/fog0000000047.html, abgerufen am 28. 06.2005.

SPSS – **Statistical Package for the Social Sciences (2005):** Web Mining for Clementine® 1.5 Application Template – Manual, Chicago.

**Srivastava, Jaideep/Cooley, Robert W./Deshpande, Mukund/Tan, Pang-Ning (2000):** Web Usage Mining: Discovery and Applications of Usage Patterns from Web Data, in: SIGKDD Explorations, Jg. 1, Nr. 2, S. 12-23.

**Staehle, Wolfgang/Nork, Manuela E. (1992):** Umweltschutz und Theorie der Unternehmung, in: Steger, Ulrich/Prätorius, Gerhard (Hrsg.), Handbuch des Umweltmanagements: Anforderungs- und Leistungsprofile von Unternehmen und Gesellschaft, München, S. 67-82.

**Stauss, Bernd (1995):** „Augenblicke der Wahrheit” in der Dienstleistungserstellung – Ihre Relevanz und ihre Messung mit Hilfe der Kundenkontaktpunkt-Analyse, in: Bruhn, Manfred/Stauss, Bernd (Hrsg.), Dienstleistungsqualität: Konzepte, Methoden, Erfahrungen, Wiesbaden, S. 379-399.

**Stauss, Bernd (1997):** Global Word of Mouth. Service Bashing on the Internet is a Thorny Issue, in: Marketing Management, Jg. 6, Nr. 3, S. 28-30.

**Stauss, Bernd (1998):** Internet-Kunden-Kommunikation: Globale Kundenkritik im World Wide Web und Newsgroups, in: Marktforschung & Management, Jg. 42, Nr. 4, S. 139-144.

**Steger, Ulrich (1999):** Globalisierung und Nachhaltigkeit im Widerstreit? Im Internet: www.prometheusonline.de/heureka/wirtschaftswissenschaften/vortraege/steger1/globalisierung.htm, abgerufen am 11.12.2003.

**Steger, Ulrich (2002):** Globalisierung, Nachhaltigkeit und Unternehmensstrategien – Bestandsaufnahme und Perspektiven, in: UWF, Jg. 10, Nr. 1, S. 4-13.

**Steinert, Andreas (2005):** Print versus Internet im Non-financial Reporting, Präsentation im Workshop „Ranking der Nachhaltigkeitsberichte 2005" in Hannover, im Internet: http://www.ranking-nachhaltigkeitsberichte.de/pdf/workshop/steinert 2005.pdf, abgerufen am 10.06.2005.

**Steinle, Claus (1995):** Ökologieorientierte Unternehmungsführung, in: Corsten, Hans/Reiss, Michael (Hrsg.), Handbuch Unternehmungsführung, Wiesbaden, S. 913-925.

**Steinle, Claus (2005):** Ganzheitliches Management: eine mehrdimensionale Sichtweise integrierter Unternehmungsführung, Wiesbaden.

**Steinle, Claus/Bruch, Heike/Unruhe, Andreas (1995):** Grenzenlose Unternehmen – virtuelle Realität der Unternehmenspraxis? In: io New Management, Jg. 64, Nr. 12, S. 27-29.

**Steinle, Claus/Lawa, Dieter/Schollenberg, Anette (1993):** Ökologieorientiertes Management – Stand und Ausgestaltungsformen zentraler Managementteilprozesse, in: Umweltwirtschaftsforum, Jg. 2, Nr. 3, S. 7-17.

**Steuer, Jonathan** (1992): Defining Virtual Reality: Dimensions Determining Telepresence, in: Journal of Communication, Jg. 42, Nr. 4, S. 73-93.

**Steurer, Reinhard/Langer, Markus E./Konrad, Astrid/Martinuzzi, André (2005):** Corporations, Stakeholders and Sustainable Development I: A Theoretical Exploration of Business-Society Relations, in: Journal of Business Ethics, Jg. 61, Nr. 3, S. 263-281.

**Steven, Marion (2001):** Integration der sozialen Dimension des Sustainable Development in Rechenwerke, in: Umweltwirtschaftsforum, Jg. 9, Nr. 4, S. 29-33.

**Stößlein, Martin/Mertens, Peter (2001):** Rechnergestütztes Stakeholder Relationship Management, in: Gronau, Norbert (Hrsg.), Wissensmanagement: Systeme – Anwendungen – Technologien, Aachen, S. 157-172.

**Strauch, Bernhard (2002):** Entwicklung einer Methode für die Informationsbedarfsanalyse im Data Warehousing, St. Gallen.

**Strauss, Judy/Frost, Raymond (2001):** E-Marketing, New Jersey.

**Strauß, Ralf/Schoder, Detlef (1999):** Wie werden Produkte den Kundenwünschen angepaßt? – Massenhafte Individualisierung, in: Albers, Sönke/Clement, Michel/Peters, Kay/Skiera, Bernd (Hrsg.), eCommerce – Einstieg,

Strategie und Umsetzung im Unternehmen, Frankfurt am Main 1999, S. 109-122.

**Strong, Diane M./Lee, Yang W./Wang, Richard Y. (1997):** Data Quality in Context, in: Communications of the ACM, Jg. 40, Nr. 5, S. 103–110.

**Sugiyama, Kazunari/Hatano, Kenji/Yoshikawa, Masatoshi (2004):** Adaptive Web Search Based on User Profile Constructed without Any Effort from Users, in: Proceedings of the 13th international conference on World Wide Web, New York, S. 675-684.

**SustainAbility (2002):** Virtual Sustainability, London.

**SustainAbility (2004):** Gearing Up – From corporate responsibility to good governance and scalable solutions, London.

**SustainAbility (2004a):** The Changing Landscape of Liability, London.

**SustainAbility (2005):** Network Debate, im Internet: www.sustainability.com/ network/article_feedback.asp?id=329, abgerufen am 20.12.2005.

**SustainAbility/UNEP – United Nations Environment Programme (1998):** The Non-Reporting Report, London.

**SustainAbility/UNEP – United Nations Environment Programme (1999):** The Internet Reporting Report, London.

**SustainAbility/UNEP – United Nations Environment Programme (2000):** The Global Reporters – First International Benchmark Survey of Corporate Sustainability Reporting, London.

**SustainAbility/UNEP – United Nations Environment Programme (2002):** Trust Us – The Global Reporters 2002 Survey of Corporate Sustainability Reporting, London.

**SustainAbility/UNEP – United Nations Environment Programme (2004):** Risk & Opportunity – Best Practice in Non-Financial Reporting, London.

**Szerenyi, Timea (1999):** Zur Operationalisierung von Nachhaltigkeit und nachhaltiger Entwicklung, Arbeitspapier Nr. 999-01 des Wirtschafts- und Sozialgeographischen Instituts an der Universität zu Köln, Köln.

**Szyperski, Norbert (1980):** Informationsbedarf, in: Grochla, Erwin (Hrsg.), Handwörterbuch der Organisation, Stuttgart, S. 904-914.

**Takatalo, Jari (2002):** Presence and Flow in Virtual Environments, im Internet: http://eve.hut.fi/Publications/ttalo_thesiswoa.pdf, abgerufen am 10.10.2005.

**Tan, Pang-Ning/Kumar, Vipin (2002):** Discovery of Web Robot Sessions based on their Navigational Patterns, in: Data Mining and Knowledge Discovery, Jg. 6, Nr. 1, S. 9-35.

**TDDSG - Teledienstedatenschutzgesetz (1997):** Teledienstedatenschutzgesetz: Gesetz über den Datenschutz bei Telediensten, im Internet: www.netlaw.de/ gesetze/tddsg.htm, abgerufen am 28.06.2005.

**Teichert, Volker (1995):** Perspektiven sozial-ökologischer Bilanzierung. Gutachten im Auftrag der Hans-Böckler-Stiftung, Düsseldorf.

**Teltzrow, Maximilian/Kobsa, Alfred (2004):** Communication of Privacy and Personalization in E-Business, in: Proceedings of the 1st Workshop "WHOLES: A Multiple View of Individual Privacy in a Networked World", Stockholm.

**Theobald, Axel (2000):** Das World Wide Web als Befragungsinstrument, Wiesbaden.

**Thibodeau, Patrick (2001):** FTC to focus on consumer profiling at privacy workshop, im Internet: http://www.computerworld.com/managementtopics/ebusiness/story/0,10801,57460,00.html, abgerufen am 15.04.2005.

**Tochtermann, Klaus/Westbomke, Jörg/Schwartz, Susanne/Kussmaul, Andreas (2000):** Personalisierung von Umweltinformationen mittels XML, in: Cremers, Armin B./Greve, Klaus (Hrsg.), Umweltinformatik '00. Umweltinformation für Planung, Politik und Öffentlichkeit, Marburg, S. 399-412.

**Tsandilas, Theophanis (2003):** Adaptive Hypermedia and Hypertext Navigation, im Internet: http://www.dgp.toronto.edu/~fanis/docs/Depth.pdf, abgerufen am 20.10.2005.

**Tsandilas, Theophanis/Schraefel, Monica C. (2004):** Usable adaptive hypermedia systems, in: New Review of Hypermedia and Multimedia, Jg. 10, Nr. 1, S. 5-29.

**UBA – Umweltbundesamt (1997):** Nachhaltiges Deutschland: Wege zu einer dauerhaften umweltgerechten Entwicklung, Berlin.

**UBA – Umweltbundesamt (2004):** Bereich Umwelt und Verkehr – Nachhaltige Entwicklung, im Internet: www.umweltbundesamt.de/verkehr/index-nachhaltig.htm, abgerufen am 20.05.2004.

**UFZ – Umweltforschungszentrum Leipzig-Halle/DIW – Deutsches Institut für Wirtschaftsforschung (2004):** Sustainability Impact Assessment – Herausforderungen für die ökologisch-ökonomische Modellbildung, Proceedings des Expertenworkshops am 7./8. Juni 2004 (DIW, Berlin), Berlin.

**Ulrich, Peter (1977):** Die Großunternehmung als quasi-öffentliche Institution: Eine politische Theorie der Unternehmung, Stuttgart.

**Ulrich, Peter (2000):** Republikanischer Liberalismus und Corporate Citizenship: Von der ökonomistischen Gemeinwohlfiktion zur republikanisch-ethischen Selbstbindung wirtschaftlicher Akteure, Berichte des Instituts für Wirtschaftsethik Nr. 88, St. Gallen.

**Ulrich, Peter/Fluri, Edgar (1995):** Management: eine konzentrierte Einführung, Bern usw.

**Umwelt- und Verkehrsministerium Baden-Württemberg (2003):** Zukunftsfähiges Wirtschaften: ein Leitfaden zur Nachhaltigkeitsberichtserstattung von Unternehmen, Stuttgart.

**Umweltdialog (2005):** Nachhaltigkeit im Web – VW Vorreiter, im Internet: www.umweltdialog.de/umweltdialog/csr_management/2005-05-18_VW_Vorreiter_im_Web.php, abgerufen am 20.05.2005.

**UNCTAD – United Nations Conference on Trade and Development (2004):** Use of the Internet for Efficient International Trade – Guide for SME Managers, New York/Genf.

**UNCTAD – United Nations Conference on Trade and Development (2005):** Information Economy Report 2005 – E-Commerce and Development, New York/Genf.

**Ungeheuer, Gerold (1987):** Vor-Urteile über Sprechen, Mitteilen, Verstehen, in: Ungeheuer, Gerold: Kommunikationstheoretische Schriften, S. 290-338.

**UNHCR – United Nations High Commissioner for Refugees (1996):** Universal Declaration of Human Rights, im Internet: www.unhchr.ch/udhr/lang/ger.htm, abgerufen am 15.12.2005.

**Urban, Glen L. (2002):** Consumer Power & the Internet, Projektbericht des Sloan School of Management am Massachusetts Institute of Technology, im Internet: http://mitsloan.mit.edu/50th/consumerpowerpaper.pdf, abgerufen am 30.08.04.

**Urchs, Ossi (2001):** Werbung, in: Albers, Sönke/Clement, Michel/Peters, Kay/Skiera, Bernd (Hrsg.), Marketing mit Interaktiven Medien – Strategien zum Markterfolg, Frankfurt a. M., S. 298-312.

**Versen, Klaus von (1999):** Internet-Marketing, Berlin.

**Vigeo (2004):** Corporate Responsibility Rating – Specific Questions to VW, Bagnolet.

**Voigt, Stefan (2002):** Institutionenökonomik, München.

**Volkswagen AG (1995) (Hrsg.):** Umweltbericht 1995, Wolfsburg.

**Volkswagen AG (1997) (Hrsg.):** Umweltbericht 1997, Wolfsburg.

**Volkswagen AG (1999) (Hrsg.):** Umweltbericht 1999/2000, Wolfsburg.

**Volkswagen AG (2001) (Hrsg.):** Umweltbericht 2001/2002 – Mobilität und Nachhaltigkeit, Wolfsburg.

**Volkswagen AG (2003) (Hrsg.):** Umweltbericht 2003/2004 – Partnerschaft in Verantwortung, Wolfsburg.

**Volkswagen AG (2003a) (Hrsg.):** Geschäftsbericht 2003, Wolfsburg.

**Volkswagen AG (2004) (Hrsg.):** GRI Content Index, im Internet: www.volkswagen-umwelt.de/download/download.asp?lng=DEU&downloadFile=/_download/GRI-Tabelledownload.pdf, abgerufen am 30.04.2004.

**Volkswagen AG (2005) (Hrsg.):** Nachhaltigkeitsbericht 2005/2006 – Generationen bewegen, Wolfsburg.

**VZBV – Verbraucherzentrale Bundesverband (Hrsg.) (2004):** Was Verbraucher wissen wollen – Ergebnisse einer empirischen Studie zum Informationsbedarf der Verbraucher, Berlin.

**W3C – World Wide Web Consortium (2005) (Hrsg.):** The Platform for Privacy Preferences 1.1 (P3P1.1) Specification, Working Draft 1 July 2005, im Internet: www.w3.org/TR/2005/WD-P3P11-20050701/, abgerufen am 10.12.2005.

**Wamser, Christoph (2000):** Electronic Commerce, München.

**Wang, Huaiqing/Lee, Matthew K./Wang, Chen (1998):** Consumer Privacy concerns about Internet marketing, in: Communications of the ACM, Jg. 41, Nr. 3, S. 63-70.

**Wang, Yang/Kobsa, Alfred (2005):** A Software Product Line Approach for Handling Privacy Constraints in Web Personalization, in: Kobsa, Alfred/Cranor, Lorrie F. (Hrsg.), Proceedings of PEP05, UM05 Workshop on Privacy-Enhanced Personalization, Edinburgh, S. 35-45.

**Warhurst, Alyson (2001):** Corporate Citizenship and Corporate Social Investment. Drivers of Tri-Sectoral Partnerships, in: Journal of Corporate Citizenship, Jg. 1, Nr. 1, S. 57-73.

**Watzlawick, Paul/Beavin, Janet H./Jackson, Don D. (1996):** Menschliche Kommunikation: Formen, Störungen, Paradoxien, Bern usw.

**WBCSD – World Business Council for Sustainable Development (2002) (Hrsg.):** Sustainable development reporting – Striking the balance, Stevenage.

**WBCSD – World Business Council for Sustainable Development (2002a):** The Business Case for Sustainable Development – Making a difference toward the Johannesburg Summit 2002 and beyond, Genf.

**WBCSD – World Business Council for Sustainable Development (2004) (Hrsg.):** Mobility 2030: Meeting the challenges to sustainability. The Sustainable Mobility Project – Full Report, Stevenage.

**WBCSD – World Business Council for Sustainable Development (2004a) (Hrsg.):** The Mobility Dilemma, im Internet: http://www.wbcsd.org/web/publications/mobility/dilemma.doc, abgerufen am 10.10.2004.

**Weischenberg, Siegfried (1998):** Pull, Push und Medien-Pfusch: Computerisierung – kommunikationswissenschaftlich revisited, in: Neverla, Irene (Hrsg.), Das Netz-Medium. Kommunikationswissenschaftliche Aspekte eines Mediums in Entwicklung, Opladen/Wiesbaden, S. 37-61.

**Weiß, Ralf (2002):** Unternehmensführung in der Reflexiven Modernisierung. Global Corporate Citizenship, Gesellschaftsstrategie und Unternehmenskommunikation, Marburg.

**Well, Bennet van (2001):** Standardisierung und Individualisierung von Dienstleistungen. Zur Organisation wissensintensiver Unternehmungsnetzwerke, Wiesbaden.

**Welsch-Lehmann, Frank-Michael (2001):** Personalisierung, in: Albers, Sönke/Clement, Michael/Peters, Kay/Skiera, Bernd (Hrsg.), Marketing mit Interaktiven Medien – Strategien zum Markterfolg, Frankfurt am Main, S. 131-144.

**Wheeler, David/Elkington, John (2001):** The End of the Corporate Environmental Report? Or the Advent of Cybernetic Sustainability Reporting and Communication, in: Business Strategy and the Environment, Jg. 5, Nr. 10, S. 1-14.

**Wiedmann, Klaus-Peter (1986):** Public Marketing und Corporate Communications als Bausteine eines strategischen und gesellschaftsorientierten Marketing, Mannheim.

**Wiedmann, Klaus-Peter (1993):** Rekonstruktion des Marketingansatzes und Grundlagen einer erweiterten Marketingkonzeption, Stuttgart.

**Wiedmann, Klaus-Peter/Buckler, Frank/Buxel, Holger (2001):** Data Mining: ein einführender Überblick, in: Wiedmann, Klaus-Peter/Buckler, Frank (Hrsg.), Neuronale Netze im Marketing Management: Praxisorientierte Einführung in modernes Data Mining, Wiesbaden, S. 15-33.

**Wiedmann, Klaus-Peter/Buxel, Holger (2004):** Profilbildungstechniken als Ansatz der Verhaltensforschung im Internet, in: Bauer, Hans H./Rösger, Jürgen/Neumann, Marcus M. (Hrsg.), Konsumentenverhalten im Internet, München, S. 386-411.

**Wiedmann, Klaus-Peter/Stoll, Ingo (2001):** Online-Marketing – Chancen und Anforderungen an das Marketing der Zukunft, Göttingen.

**Wild, Werner (2002):** Nachhaltigkeitsberichterstattung des Dialogs zwischen Unternehmens und Gesellschaft, in: Barens, Ingo (Hrsg.), Die Rolle des Staates in der Ökonomie : finanzwissenschaftliche Perspektiven – Festschrift für Otto Roloff zum 65. Geburtstag, Marburg, S. 321-341.

**Will, Markus/Geisler, Ulrike (2000):** Verändert das Internet die Unternehmenskommunikation? In: Thexis, Jg. 17., Nr. 3, S. 21-25.

**Willeke Rainer (2002):** Nachhaltigkeit durch Wachstum, Reihe Kölner Texte & Thesen Nr. 66, Köln.

**Williamson, Oliver E. (1975):** Markets and Hierarchies: Analysis and Antitrust Implications. A Study in the Economics of Internal Organization, New York.

**Wimmer, Frank (1996):** Der Nutzen des Dialogs mit der Unternehmensumwelt, in: Hansen, Ursula (Hrsg.), Marketing im gesellschaftliche Dialog, Frankfurt a. M./New York, S. 109-117.

**Wirth, Werner/Schweiger, Wolfgang (1999):** Selektion neu betrachtet: Auswahlentscheidungen im Internet, Opladen/Wiesbaden.

**Wirtz, Bernd W. (2001):** Electronic Business, Wiesbaden.

**Wirtz, Bernd W. (2001a):** Medien- und Internetmanagement, Wiesbaden.

**Wiswede, Günter (1991):** Der „neue Konsument" im Lichte des Wertewandels, in: Szallies, Rüdiger/Wiswede, Günter (Hrsg.), Wertewandel und Konsum:

Fakten, Perspektiven und Szenarien für Markt und Marketing, Landsberg/Lech, S. 11-40.

**World Commission on Environment and Development (1987):** Our common Future, Oxford usw.

**Woywood, Anett (1997):** Die Verfeinerung von Expertisesystemen durch Benutzermodellierung, Frankfurt a. M.

**Wu, Dezhi/Im, Il/Tremaine, Marilyn/Instone, Keith/Turoff, Murray (2002):** A Framework for Classifying Personalization Scheme Used on e-Commerce Websites, in: IEEE – Institute of Electrical and Electronics Engineers (Hrsg.), Proceedings of the 36th Hawaii International Conference on System Sciences (HICSS'03), Big Island, S. 222-233.

**XNS – Extensible Name Service (2005):** XDI.org – Infrastructure for accountable Networks, im Internet: www.xns.org, abgerufen am 28.06.2005.

**Zaczek, Ludmila (2004):** Web Usage Mining für Personalisierung, im Internet: http://www.millaz.de/MMT/, abgerufen am 15.05.2005.

**Zadek, Simon/Merme, Mira (2003):** Redefining Materiality – Practice and public policy for effective corporate reporting, London.

**Zahrnt, Angelika/Rudolph, Sven (2004):** Der EU-Emissionshandel: Effizienter Umwelt-Schutz oder Klimapolitische Mogelpackung? Rede auf der Tagung "Energiewende und Klimaschutz" des BMU, 13. und 14. Februar 2004 in Berlin, im Internet: http://www.bmu.de/files/vortrag_zahrnt_emissionshan del.pdf, abgerufen am 15.06.2004.

**Zaïane, Osmar R./Xin, Man/Han, Jiawei (1998):** Discovering Web Access Patterns and Trends by Applying OLAP and Data Mining Technology on Web Logs, im Internet: www.cs.ualberta.ca/~zaiane/postscript/weblog 98. pdf, abgerufen am 15.01.2005.

**Zarzer, Brigitte (2004):** Nachhaltigkeit rechnet sich, in: Telepolis – Magazin der Netzkultur, im Internet: http://www.heise.de/tp/deutsch/special/eco/18 260/1.html, abgerufen am 01.11.2004.

**Zeithaml, Valerie A./Parasuraman, Anantharanthan/Malhotra, Arvind (2002):** Service Quality Delivery Through Web Sites: A Critical Review of Extant Knowledge, in: Journal of the Academy of Marketing Science, Jg. 30, Nr. 4, S. 362-375.

**Zerdick, Axel/Picot, Arnold/Schrape, Klaus/Artopé, Alexander/Goldhammer, Klaus/Heger, Dominik K./Lange, Ulrich T./Vierkant, Eckart/López-Escobar, Esteban/Silverstone, Roger (2001):** Die Internet-Ökonomie – Strategien für die digitale Wirtschaft, Berlin usw.

**Zerfaß, Ansgar (2004):** Unternehmensführung und Öffentlichkeitsarbeit: Grundlegung einer Theorie der Unternehmenskommunikation und Public Relations, Wiesbaden.

**Zerr, Konrad (1994):** System-Marketing: Die Gestaltung integrierter informationstechnologischer Leistungssysteme, Wiesbaden.

**Ziemann, Andreas (2005):** Kommunikation der Nachhaltigkeit. Eine kommunikationstheoretische Fundierung, in: Michelsen, Gerd/Godemann, Jasmin (Hrsg.), Handbuch Nachhaltigkeitskommunikation – Grundlagen und Praxis, München, S. 121-131.

**Zimmerli, Walther C. (2003)**: Wir machen es anders, Interview in der Rubrik „Magazin" des Portals „Mobilität und Nachhaltigkeit", im Internet: http://www.mobilitaet-und-nachhaltigkeit.de/_content/magazin_20927.asp, abgerufen am 15.08.2004.

**Zollinger, Peter (2000):** Sustainability Reporting: Ein Führungsinstrument für nachhaltiges Wirtschaften, in: Hamschmidt, Jost/Dyllick, Thomas (Hrsg.), Nutzen Managementssysteme? Vom Umwelt- zum Sustainability-Management-System, IWÖ-Diskussionsbeitrag Nr. 82, St. Gallen, S. 65-78.

**Markt und Konsum**

Herausgegeben von Prof. Dr. Dr. h. c. Ursula Hansen

Band 1 Kurt Jeschke: Nachkaufmarketing. Kundenzufriedenheit und Kundenbindung auf Konsumgütermärkten. 1995.

Band 2 Jürgen Schwill: Reparaturservice als Marketingaufgabe des Handels. 1995.

Band 3 Holger Wochnowski: Veranstaltungsmarketing. Grundlagen und Gestaltungsempfehlungen zur Vermarktung von Veranstaltungen. 1996.

Band 4 Peter Schöber: Organisatorische Gestaltung von Beschwerdemanagement-Systemen. 1997.

Band 5 Thomas Nassua: Die Rolle des Einzelhandels bei der Entwicklung des Konsumentenverhaltens in den neuen Bundesländern. 1998.

Band 6 Stephan Kull: Ökologieorientiertes Handelsmarketing. Grundlegungen, konzeptuale Ausformungen und empirische Einsichten. 1998.

Band 7 Michael Korpiun: Erfolgsfaktoren personendominanter Dienstleistungen. Eine quantitative Analyse am Beispiel der Friseurdienstleistung. 1998.

Band 8 Thorsten Hennig-Thurau: Konsum-Kompetenz: Eine neue Zielgröße für das Management von Geschäftsbeziehungen. Theoretische Begründung und empirische Überprüfung der Relevanz für das Konsumgütermarketing. 1998.

Band 9 Bernd Rettberg: Der Unternehmensdialog als Instrument einer gesellschaftsorientierten Unternehmensführung. Theoretische Fundierung, empirische Untersuchung und Handlungsempfehlungen. 1999.

Band 10 Ulf Schrader: Konsumentenakzeptanz eigentumsersetzender Dienstleistungen. Konzeption und empirische Analyse. 2001.

Band 11 Klaus Wieser: Schwule Männer als Zielgruppe für das Marketing. Eine qualitativ orientierte empirische Untersuchung. 2001.

Band 12 Frank Eretge: Kollektive Selbstregulierungen als Möglichkeit der Verantwortungsübernahme durch Unternehmen. 2002.

Band 13 Jens Hoffmann: Automobilmarketing im Spannungsfeld von gesellschaftlichen Umweltzielen und Kundennutzen. 2002.

Band 14 Christiane Pfeiffer: Integrierte Kommunikation von Sustainability-Netzwerken. Grundlagen und Gestaltung der Kommunikation nachhaltigkeitsorientierter intersektoraler Kooperationen. 2004.

Band 15 Matthias Bode: Musik in der Werbemittelforschung unter besonderer Berücksichtigung interpretativer Verfahren. 2004.

Band 16 Daniel Bornemann: Die Konzeptualisierung und empirische Überprüfung des Vertrauenskonstrukts im Rahmen einer vergleichenden Studie zwischen internetbasiertem und traditionellem Handel. 2004.

Band 17 Dirk Hohm: Marketing für Wohndienstleistungen. Theoretische Grundlagen, empirische Einsichten und Gestaltungsempfehlungen zur Kundenzufriedenheit und Kundenbindung in der Wohnungswirtschaft. 2005.

Band 18 Ingo Schoenheit: Markttransparenz im Socially Responsible Investment. Konsequenzen für eine nachhaltige Erwachsenenbildung. 2005.

Band 19 Günther Rosenberger: Risiken für Konsumkompetenz und Persönlichkeitsentwicklung in der Wohlstandsgesellschaft. 2005.

Band 20 Daniel-Sascha Roth: Personalisierung internetbasierter Nachhaltigkeitskommunikation. Theoretische Analyse und empirische Einsichten am Beispiel der Automobilindustrie. 2007.

www.peterlang.de

FSC
www.fsc.org
MIX
Papier | Fördert gute Waldnutzung
FSC® C083411

Kolibri 360 GmbH
Ferdinand-Jühlke-Straße 7
99095 Erfurt, Deutschland
produktsicherheit@kolibri360.de

Druck:
CPI Druckdienstleistungen GmbH
im Auftrag der
Kolibri 360 GmbH
Ferdinand-Jühlke-Str. 7
99095 Erfurt